蒋介石与现代中国

THE GENERALISSIMO

CHIANG KAI-SHEK AND STRUGGLE FOR MODERN CHINA

[美] 陶涵◎著
林添贵◎译

中信出版集团 | 北京

图书在版编目（CIP）数据

蒋介石与现代中国/（美）陶涵著；林添贵译．—北京：中信出版社，2012.8(2025.4重印)
书名原文：The Generalissimo：Chiang Kai-shek and the Struggle for Modern China
ISBN 978－7－5086－3333－6

Ⅰ．蒋…　Ⅱ．①陶…　②林…　Ⅲ．蒋介石（1887～1975）—传记　Ⅳ．K827＝7
中国版本图书馆 CIP 数据核字（2012）第 078680 号

蒋介石与现代中国
JIANG JIESHI YU XIANDAI ZHONGGUO

著　　者：〔美〕陶　涵
译　　者：林添贵
策划推广：中信出版社（China CITIC Press）
出版发行：中信出版集团股份有限公司（北京市朝阳区东三环北路27号嘉铭中心　邮编　100020）
（CITIC Publishing Group）
承 印 者：北京通州皇家印刷厂
开　　本：787mm×1092mm　1/16　　**印　　张：**35　　**字　　数：**636 千字
版　　次：2012 年 8 月第 1 版　　**印　　次：**2025 年 4 月第 45 次印刷
京权图字：01－2010－5766
书　　号：ISBN 978－7－5086－3333－6/K・224
定　　价：68.00 元

目　录

推荐序 ……………………………………………… 杨天石　Ⅴ

自　序 ……………………………………………… Ⅸ

第一部　革命 ……………………………………… 001

第一章　新儒家青年 ………………………………… 003

第二章　北伐与内战 ………………………………… 035

第三章　南京年代 …………………………………… 069

第二部　抗战 ……………………………………… 099

第四章　长期战争开始 ……………………………… 101

第五章　蒋介石和他的美国盟友 …………………… 141

第六章　中国战区 …………………………………… 181

第七章　雅尔塔、东北和战后战略 ………………… 273

第三部　内战 ……………………………………… 303

第八章　妄想胜利 …………………………………… 305

第九章　大失败 …… 335

第四部　岛屿 …… 359

第十章　荒漠甘泉 …… 361
第十一章　操控保护者 …… 394
第十二章　换档 …… 432
第十三章　尼克松及晚年 …… 465

结　语 …… 496

推荐序

杨天石

说老实话，我没有想到，陶涵先生会写出这样一本颇见功力的蒋介石传记，也没有想到，这本书会和中国读者见面。

那是多年以前的事了。陶涵先生原在美国国务院中国科工作，退休之后，成为哈佛大学费正清研究中心的研究员。他应哈佛大学出版社之邀，正在撰写蒋经国传记。为此，他不远万里，到北京来访问我。我们一起交谈过。我还陪他去访问过蒋经国当年的亲信贾亦斌先生，还曾联系奉化的朋友，为他在溪口开过一个座谈会，调查蒋经国少年和青年时期的状况。当时我曾想，蒋经国留学苏俄的那一段很重要，陶涵先生大概不懂俄文，怎么办？没想到，有一次在台北见面，他却已经和中研院近史所的俞敏玲女士相处得很熟，谈话中，口口声声“敏玲”、“敏玲”。俞女士留学莫斯科多年，那时，正在帮助陶涵先生收集蒋经国留苏时期的资料。那一次在台北，我还了解到陶涵先生正在广泛访问蒋经国当年的故旧和同僚。我对陶涵先生的研究精神和方法都很赞成。后来，蒋经国传出版了，在西方学术界评价颇好。哈佛大学出版社要他继续写蒋介石传。我得知这一消息后，既为他高兴，又颇为他担心。蒋经国去世未久，故旧、同僚存世者颇多，广泛访问可以抢救记忆，掌握一些难见于文献记载的口述资料，为著作增色。但是，蒋介石的故旧、同僚却大都已经逝去，留存的文献资料则浩如烟海，难以尽读，陶涵先生阅读中文的能力不是很过硬，他为了参考和引用的准确，利用中文文献时常须请中国专家先行翻译成英文。写蒋介石传，要读的资料实在太多。行吗？然而，出乎意料的是，陶涵先生的“蒋介石传”又在哈佛大学出版社出版了，西方学术界仍然评价很高，并且很快在台湾出了中文版。

一部历史著作能成功，一定要有自己独具的特色。或以史实，或以观点，或以文字。陶涵先生为写作“蒋介石传”，尽其所能收集、阅读、研究了相关文献资料，也访问了蒋氏故旧、同僚和部属中的健在者。美国胡佛档案馆的蒋介石日记开放后，他又迅速前去阅览。蒋介石日记，用文言、毛笔，以行书书写，没有标点，年龄大一点儿的中国学者读起来顺畅，年轻一点儿的中国学者读起来就会碰到一些疙瘩；对于外国学者说来，困难会更大，然而，陶涵先生仍然勇敢地走进了胡佛档案馆的阅览室。据斯坦福大学的朋友告诉我，陶涵先生为了理解准确，曾邀请中国研究生帮助，慎重选择，慎重翻译，因此，本书利用了大量蒋介石的日记资料，可以说，他是利用蒋介石日记为蒋介石写传的第一人。

陶涵先生是美国人，长期在美国外交部门工作，熟悉美国政情，他利用这一优势，查阅了美国的国家档案和保存在美国的若干中美政军要人，如宋子文、马歇尔、史迪威、魏德迈等人的文献，也研读了许多西方学者关于中国近现代史的著作，因此，本书为我们打开了一扇大门，可以帮助我们深入，而不是肤浅地了解蒋介石在美国的史料及其相关研究状况。中美关系是近代中国最重要的外交关系之一。抗战开始以后，中美关系日益密切。政要、军要之间交往频繁，美国政府深深地卷入了中国的政治、军事、经济和外交的各个层面。可以说，不了解中美关系史，就不可能全面地了解中国近代和现代的历史。1949 年国民党迁台，这以后，台湾领导人和美国政府之间的关系更加密不可分，可以说，不研究那一时期台湾领导人和美国政府的往来，就无法阐释台湾 1949 年以来的历史。陶涵先生的书，以蒋介石为线索，揭示了那一时期中美包括台美之间的复杂关系，就这一方面史料、史实的开拓、挖掘来说，其深入程度，大大超过了前此的任何一本同类著作。我以为，这是陶涵先生此书的最大成就，也是其贡献所在。

蒋介石这个人，地位重要，经历复杂，历来争议不断，尊之者抬上九天，贬之者踩入九地。即以毛泽东言，抗战初期，毛泽东曾称蒋为国民党中孙中山之后的第二位“伟大领袖”，但是时间不长，抗战刚一结束，毛泽东即斥之为“人民公敌”。古语云：盖棺论定。蒋介石的棺盖虽然早已盖上，但离论定尚远，争论还可能持续若干年，而且，在历史的发展尚未告一段落，历史的本质尚未充分显露之前，有些问题还可能无法作出结论，自然更难取得共识。中国俗话说：摆事实，讲道理。日常生活中的议论、辩论应该如此,历史研究更应如此。所谓摆事实,说的是必须从严格的、经过检验的可靠史实出发;所谓讲道理,说的是在叙述史实的基础上,提出思想,提出观点,作出结论。在这一过程中,前者是基础,是历史著作的根本任务。史实讲清楚了,而且讲得可信、可靠,当代、后代以至千秋万代的读者从中自会得出自己的结论。中国古代的优秀史著大都符合这一特点。时移境迁,人们的认识会变化,观念会变化,但是,这些著作所保存的可靠史实仍然魅力常在,成为各个时期不同情况下各类历史学家或历史爱好者研究的出发点。我觉得,陶涵先生出生、成长于太平洋彼岸,对中国历史和国情可能会有某种隔膜,在阅读中文文献时可能会有误读,某些叙述、判断不一定正确,有些问题,文献阙如,难免依靠猜测,例如,1949 年之后蒋介石和周恩来之间的关系,等等;但是,从总体上,本书是按照摆事实,讲道理的正确原则写作的。你可以不同意他的这一个,或者那一个观点,但是,他所叙述的史实你却必须面对。

中国古代大诗人白居易在描写音乐时写道:“嘈嘈切切错杂弹。”科学的发展与此类似,它不怕辩论,也不怕众声嘈杂。在辩论中,在不同观点的切磋、攻难中,真相会显示,真理会昭明。近年来,关于中国近现代史,以至关于中国历史的许多问题都在讨论,新见迭出,这是大好现象,是学术活跃、思想解放的表现,也是“百家争鸣”的表现。陶涵先生这本书,从一个外国人的视角提出了他对蒋介石其人和对近现代中国历史的看法。他认为蒋介石是个“高度矛盾”的人物,讲了他的功,他性格中的优点,也讲了他的过,他的毛病和缺点,这一总体把握是合适的,两分法的解剖也是可取的。当局者迷,旁观者清,陶涵先生的经历、教养、思维方式都和中国人不完全相同,他以异邦人的身份,能够既沉潜于中国历史之中,又超脱于中国历史之上,摆脱中国原有党派、政治团体之间的恩怨情仇和利益需要,不以宣传,而以还原历史真相为目的,力争以科学态度比较全面地、客观地阐述蒋介石丰富、复杂的一生,这对于人们了解蒋介石、研究蒋介石,为其作出比较准确的历史定位,自然是有意义的,对于进一步深入地研究近现代中国的历史也是有意义的。既往研究蒋介石的西方学者大都将之视为“失去大陆的人”,以贬斥为主,陶涵先生本书与之不同,说了不少蒋介石的好话,有些方面的评价甚至很高。自然,本书的观点可能有些读者同意,有些读者反对,我在台湾学界的两位老朋友,一位写书评说好,一位则写书评大骂。这不要紧,只要著者言之成理,持之有故,读者持开放心态,各种意见其实都可以促进我们思索，作为我们在通向揭示本相、昭明真理途程中的参照和思维资料。

陶涵先生的文字很好。他以自己的语言叙述传主的生平和思想，一般不大段引用原文，因此，行文干净、流畅。我觉得，陶涵先生本书，严格遵守学术规范，既有历史学家的严谨、求实精神，又有文学家对形象的敏感。本书在叙述历史发展过程时，在确保真实性的前提下，注重环境描写、人物的肖像描写、心理刻画，以至细节烘托。有时候，我甚至觉得，作者的叙述能力高于其思辨能力，这就使本书的若干部分写得相当生动、可读，给予我们写作人物传记以启示。

陶涵先生本书的英文版出版后，很快就寄了一本给我，我在研究工作中，曾经参考过这本书。其间，我在加拿大，在中国重庆，都曾有过和陶涵先生见面的机会。陶涵先生希望他的书能在大陆出版。大概是2010年的夏天，我正在胡佛研究所访问，陶涵先生再次写信，重提他的愿望，并且用特快专递给我寄来了两部台湾翻译并出版的中文版来。今年5月，中信出版社的王强先生通知我，本书决定出版。我既为陶涵先生的著作有和大陆读者见面的机会高兴，也为中国的学术、出版环境的进步高兴，因此，在王强先生要求我为本书写篇导读时，我便愉快地答应了。但是，一动笔，却感到“导读”太严肃，太正规，担负的任务过重，还是不如写篇序言，轻松、自如一点儿吧！

是为序。

2012年6月2日写于北京东厂胡同之书满为患斋

自　序

一九七五年四月，蒋介石以八十九岁之龄（官方公布为虚岁）逝世时，我在美国国务院中国科任职，负责有关中华人民共和国的政治事务。当时，我正在中国大陆旅行，由于负责中国台湾事务的是另一个单位，我对这位国民党高龄领导人的过世，并没太加注意。二十世纪六十年代初期，我还是派驻台北的年轻外交官，曾有两三次在酒会中和他握过手。他看来身材不高，又很脆弱；我很惊讶他握手时力道很轻。

蒋氏过世之时，我对他的观点和许多中国事务专家的看法一样。一般公认他是个残暴的独裁者，掌握权柄近五十年；同时也是一个失败的军事领袖，在命运大逆转之下，把中国大陆丢失给了毛泽东。就我所知，他除了被认为自身清廉诚实之外，毫无可取之处；更甚的是，他还隐忍了其支持者普遍的贪渎之风。他似乎成了没有真正原则或理想的人，一生也没有太大成就。影响到我观点的书籍，有伊罗生（Harold Issacs）的《中国革命的悲剧》（*The Tragedy of the Chinese Revolution*）、佩克（Graham Peck）的《两种时代》（*Two Kinds of Time*）、马尔罗（Andre Malraux）的小说《人的命运》（*Man's Fate*），以及杜希曼（Barbara Tuchman）的《风中尘埃》（*Sand against the Wind*）。

将近二十年之后我撰写蒋氏的儿子、继承人蒋经国的传记时，发现这位老人并不是西方人经常描绘的那种肤浅人物，当然，也不是二十世纪八十年代以前台湾随处可见的歌功颂德的文章中所描述的偶像。不过，我在他儿子的传记中仍按一般的看法来描述这位父亲。哈佛大学出版社继《蒋经国传：台湾现代化的推手》一书出版之后，又要求我为蒋氏本人写本传记，对这项必然耗时甚久、颇具挑战性的工作，我忖思良久。虽然我对蒋氏的看法大半属于负面，但身为温和的自由派和外交政策的务实派，我想我能够开明地处理好这个主题。

我又受到若干学者的鼓励，他们证实了我的印象；近年来，在中国、俄罗斯、日本和美国等地，都出现了大量的新档案材料，但西方还没有人善加利用写出一部丰富而完整的蒋介石传记来。中国学者则利用这些素材，就蒋在大陆和台湾长久任期中的特定事件和国内外动态关系，已写成数百篇有见解且中肯的研究成果。而蒋家后人也开始陆续公开蒋氏长跨五十六年的原始日记。

通过新的访谈，加上我以前撰写《蒋经国传》时所作的准备，结果我引用的访谈过的相关人士有几百人——许多人也认识蒋介石。只不过这些人士上了年岁，交谈的机会恐将不再，因此集结这些材料来源，似乎是很美妙、很值得的一项计划。此外，就像他儿子的传记，我也将这本新书视为一个独特的工具，述说中国痛苦、动荡不安的历程，从一个在二十世纪初受满族统治的腐朽旧王朝，到百年之后成为一个和平、安定、快速繁荣强盛的国家。

在我为本书旅行、研究和访谈的过程，我发现蒋是个高度矛盾的人物。他是个现代的新儒家，支持女权，也能接受他太太外甥女兼亲信公开穿着男装的女同志行径。他是个强烈的民族主义者，极端痛恨过去西方列强对中国的侵凌与羞辱，可是他却一点也不介意自己除了两个非婚生孙子之外，所有的孙子女全是欧亚混血儿。他没有太多领袖魅力，大体上也不为同侪所喜欢，但有时他的坚决、勇气和清廉往往也使他颇受爱戴。他是个很自我约束的人，但却具备气势凌人的个性，表面看来沉着、不苟言笑，脾气极坏，却又笑容可掬，偶尔伤感啜泣。从日记分析，他是位虔诚的基督徒。可是，一旦面临对国家存亡、统一或他本身统治地位的威胁，他会不惜诉诸残暴手段。在日记中，他有时候会陷入偏执的怒吼，但是碰到危机又往往能够冷静分析事理，反映出他了解当前问题的动态和可能性。在大陆，某段时期他军功显赫、战绩彪炳，但一切都止于一九四八、一九四九年的大溃败。无论是有意或无心，他也替台湾活力充沛的民主发展作好准备。

蒋的日记让我们对重大的历史事件有了新的了解：他意外蹿升为国民党领袖，他早年的左倾思想，他在一九二七年的血腥清共，军阀一再兴兵作乱，他一面建军一面对日姑息历五年之久，一九三六年西安事变中遭到劫持，国共联合阵线的过程与破裂,他和周恩来长久的特殊关系。我们也重新认识到他在淞沪保卫战及其后的军事策略,他和斯大林相互使劲把对方卷进对日战争,他和史迪威将军的长期斗争,以及在珍珠港事变后他对盟国严正的军事承诺——然而盟国的不断失信以及他仔细盘算却又不智的回应,都让这份坚贞大打折扣。

战后的大事则包括:马歇尔使华调停失败,蒋错误决定在东北孤注一掷,他早在一九四六年就计划退守台湾。最后,蒋氏日记和其他新材料也对他撤守台湾后,提供早先更多不为人知的事实:他对台湾本省潜在的反对势力进行残暴、无情的威吓和弹压,国民党内不满他领导的种种风波,他对朝鲜战争、越战的悲观看法,他私底下早早就认识到自己有生之年无法“光复大陆”,可又一再公开宣布即将“反攻”。他利用这些警告从华盛顿得到特别待遇,同样成功的,还有将两次濒临核战边缘的金门危机扭转成自己的优势,以及拒绝艾森豪威尔一项可能导致美中大战的危险提议。

后来还有许多重大事件相继出现,但是蒋氏在他生前最后的重大危机中倒回应得很务实——其中之一就是隐藏他对尼克松的痛恨之情。尼克松和毛泽东的修好,他显然先从周恩来那里得知的。现代史上主要的世界领导人能像蒋一样长年居于最高位、积极参与缔造历史的世界大事,此一纪录恐怕也非后人能及。基于这个理由,不论你怎么看待蒋一生动荡岁月的功过,他的故事大有可观之处。

THE GENERALISSIMO
CHIANG KAI-SHEK
AND THE STRUGGLE FOR MODERN CHINA

第一部　革命

第一章　新儒家青年

一九四五年八月十五日近午时分，在迭遭战火摧残、炽热的重庆，一名助手拿着一台短波收音机进入蒋介石宽敞但简朴的办公室，打开东京电台频道，几分钟后，通晓日语的蒋和日本人民一样静静地听到了裕仁天皇的首次“御音”广播。代表日本灵魂神圣化身的裕仁要子民“忍其不能”，为了保护无辜性命不再受敌人“残忍”的炸弹伤害，他接受了盟国领袖的“波茨坦宣言”。换言之，“伟大”的武士之国无条件地投降了！

终于，大战结束了。中国人民在蒋领导下浴血抗战八年，有一半的时间更是孤立无援。其实自从一九三一年日本入侵东北以来，抗日战争即已间歇性地开打。经过十四年的冲突，中国士兵至少伤亡三百万人，可能另有一百万人因病及营养不良而亡故。[1]阵亡的士兵中绝大多数——九成以上——是蒋的部队。死于战乱——炸死、烧死、饿死、淹死、被枪打死——的中国人民还有九百万人。不同时期，前后有数千万人成为难民，很多人颠沛流离死在逃难途中，不少人则在难民营过世。从上海等大城市逃离出来的中产阶级家庭几乎失去了一切；数百万个农村家庭则是日本皇军“烧光、杀光、抢光”三光政策的牺牲者，沦为赤贫。有些城市整个被夷为平地——有些城市，如长沙，还不止一次遭到焚城厄运。

当天傍晚，蒋来到重庆酷热不堪的广播电台，向全国人民宣布这个消息。和往常一样，他穿着朴素的军服，笔挺地站在麦克风前。他的秘书陈布雷当天生病了，因此他本人亲自撰写讲稿。他调整了一下眼镜，用他清晰的尖嗓子向全国同胞报告日本投降了，他赞扬了中国人民的英勇斗争，也不忘褒奖盟国。[2]他说：“正义必然胜过强权的真理，终于得到了它最后的证明，这亦就是表示了我们国民革命历史使命的成功。”绝大部分中国人听不懂他浓厚的宁波腔，但大家晓得是他在讲话。接下来他谈到未来：“如果这一次战争是人类历史上最后一次的战争，那么我们同胞们虽然曾经受了忍痛到无可形容的残酷与凌辱，然而我们相信我们大家决不会计较这个代价的大小和收获的迟早的。”然后，他迂回暗指内部敌人，提到说：“相信我们武装之下所获得的和平，并不一定是永久和平的完全实现，一直要作到我们的敌人在理性的战场上为我们所征服，使他们能彻底忏悔，都成为世界上爱好和平的分子，像我们一样之后，才算达到了我们全体人类企求和平及此次世界大战最后的目的。”[3]

消息先由有收音机的人传开来，不久全国大小城镇的人们走上街头奔走相告。大部分农村没有收音机，但似乎不到一小时，大家都知道抗战胜利了。从上海到重庆，从城市到农村，数亿男女老少齐欢腾，而日本士兵守在营房里呆若木鸡。数百万爆竹彻夜点爆。在重庆，美国人也加入庆祝中，群众“抓住他们的制服，向他们欢呼，高喊‘美国顶好！’”[4]。这可以说是人类有史以来最大的欢庆，也是中国历史上最伟大的一刻。美国人和原子弹击败了日本人这样的事实，一点儿也没减损中国人大胜的感觉。中国人觉得，毕竟这么多年来他们英勇抵抗日寇，牵制住了上百万的日本劲旅和上千架敌军飞机。

蒋介石在广播中告诉国人，日本人民不是敌人，我们“不要报复，更不可对敌国无辜人民加以污辱”[5]。当天晚上当他走出广播电台时，美国记者白修德（Theodore White）注意到，一下子“这位当今之世的大人物平静的外表仿佛被刺穿了，多年来的疲惫与紧张全都浮现上来”。然后，“西方人称之为大元帅的他，面容严肃地点头致意，走过欢呼的群众，回到他的指挥中心”。[6]

驻在中共基地的美国人员注意到，在重庆北方约八百公里，毛泽东的延安总部也进行了一场游行来迎接胜利的消息，但却少了一分薄海欢腾的激情。

但是，不论是蒋或是毛，当天夜里都无心庆祝。国、共两党已经断断续续交战近十二年，胜负未定，要看到底是哪个党、哪个领导人能带领中国实现强国富民的梦想。两位领导人都说要进行谈判，以达成和平、统一的中国，但他俩心知肚明，一场殊死战已开始。钢铁般的意志和顽固的坚忍，让两人走过大败岁月，熬过敌人势力比他们强大不知多少倍的艰巨考验。在这一刻，蒋似乎在军事、经济方面占尽上风，比起以往任何时刻，他更孚民心、更有实力。美国人正在替国民党军队组训、装备三十九个师的兵力，使蒋对即将来临的国共之战充满信心。但是毛比蒋更乐观。美国人员派驻延安，正是象征了美国政府内部一部分人对蒋的领导的厌恶态度，这对蒋来说是一个隐而未发但严重的问题。与此同时，蒋本人私底下也一直相信，共产党部队的官兵以及文职干部，整体而言比起国民党的部队和文职干部更尽忠职守、更有纪律——这个结论使他即使在此胜利的时刻也感到前途黯淡。

蒋拍发电报给毛，向他担保“世界永久和平局面可期实现”，“诚挚”邀请他到“陪都”重庆来共同商讨“国家大计”。[7]毛很清楚，蒋的邀请不仅是在国共斗争中显示亟盼两党团结与和平的一个诡计，这也证明了他长久以来的看法：蒋不正直，又一直自命仁义道德——更不用说这也是蒋的政治手腕和危机处理的伎俩。

蒋介石的崛起乃是一个与坚毅、忠诚、勇气、真诚等种种品质相关的故事，同时也是愿意承认降临他个人及中国的悲剧超乎他的控制的故事。蒋从一个仅在军校预备班受过一年教育、见识褊狭的军官，一步步成长为具有战略观、能洞察中国和世界格局的动态关系，也知道如何以弱克强、以柔制刚的国家领袖。他以战事紧急和达成国家目标之需求为理由，在大陆合理化他冷酷的战略和军事决定，在台湾则以无情的军事行动和秘密警察的镇压，令数千人丧失性命。他和其他不民主的强大领导人一样伪善，但他并不犬儒。和同时代的人（包括共产党在内）一样，有相当长一段时间，他和秘密的政治、帮派社团关系密切，征收鸦片税同样也是他在大陆执政时期政府税收的来源之一。可是，他仍自认为是个有道德的、真诚的、与时并进的儒家基督徒，并比较少地受到个人权力欲的驱使，反而是着重于维护一个统一、现代和独立的中国。

一

十九世纪末，蒋介石的祖父玉表公在上海南方一百八十公里的浙江省奉化县溪口镇外拥有三十亩（约五英亩）农地。不远之处即是云雾缭绕的山岭，有着

"屠虎"、"雪窦"等戏剧化的地名，层层瀑布坠泻入谷。本地所产的武岭茶，迄今仍是中国上好茗茶。

蒋家的地产包括山麓竹林、梯田和茶园。这三十亩地使蒋家在溪口镇成为五大首富之一，可谓地方精英，不过还称不上乡绅阶级。[8]十九世纪六十年代太平天国战争结束后，隔了几年，玉表公把农地出租，在村子里开了一家盐铺。盐当时是政府专卖，玉表公通过某种关系或服务（或许与平定太平天国战乱有关），取得贩盐执照。

小店生意开始兴旺，是在蒋介石的父亲肃庵公接手经营，且又取得卖酒执照（另一项官方专卖生意）之后。蒋家三代一起住在小店楼上，店铺面临剡溪，这条平常平静的溪流，每到春天水位升高，偶尔会淹了小店一楼。肃庵公的元配早逝，留下一个儿子取名瑞生，一个女儿取名瑞春。二房无子女，亦过世。一八八六年，他娶进年轻的王采玉为继室；这一年，王氏二十二岁，肃庵公四十二岁。蒋、王两家的一位亲戚记得，王氏来自"山区一个很穷的村子"，当地主要作物就是竹子，王氏和当时大多数女人一样缠着小脚。[9]（这原本是富有人家的一种虚矫习惯，但是到了十九世纪中期，中国相当多数父母——满洲人则不——都让女儿缠足，这种做法很痛苦，把足背绑紧，可使脚小了约三分之一。）不过，王氏很精明干练，对子女前程颇有野心。

一八八七年十月三十一日，婚后一年，王氏在盐铺上方一间房里产下一个男孩。祖父玉表公替孙子依辈分取名瑞元，学名志清；按中国的传统，瑞元后来以字行，称为介石。数十年后，因为革命领袖孙中山以广东音称呼他这个名字，外界遂跟着喊他"介石"。

蒋家的小铺生意兴旺，一八八九年全家搬到沿武岭街约三十米外的一座两层楼商房。接下来，王氏又生下两个女儿，但只有瑞莲一人存活。一八九四年，玉表公去世，同年王氏又生下儿子瑞青。瑞青长相俊秀、性格可爱，深得母亲宠爱。长子介石则既不英俊，书也没念好，而且越来越有叛逆性格、脾气坏。据蒋自述，幼时母亲"一再责打，才不会使我变坏"[10]。可是他能言善道，个性浮躁且喜欢发号施令。一八九六年，年方五旬的肃庵公突然去世；不久，介石的同父异母兄长瑞生过继给一位伯父，并继承了盐铺。九岁冲龄的介石继承了住家的房子，以及每年可有四五十银元收入的竹林及水稻田。[11]家里的女子分不到什么财产。

少年蒋介石的教育就是跟着私塾老师学习。据说，九岁之前，他已念完“四书”（《大学》、《中庸》、《论语》与《孟子》）。[12]这些书都是以文言文写成，佶屈聱牙，小学生的蒋介石自然读不懂，每天花好几个钟头去背诵，只是囫囵吞枣而已。[13]

↑蒋介石与母亲王采玉（国民党党史馆提供）

蒋介石十四岁那年，王太夫人基于种种理由决定给儿子成亲。在亲友建议下，王太夫人希望给自己找个身强体壮、顺从听话的媳妇，也可服侍儿子。[14]最终她挑选了邻近岩头村一位十九岁、半缠足的姑娘毛福梅为儿媳妇。婚礼在一九〇一至一九〇二年的冬天举行。婚后，福梅搬进蒋家那栋两层楼的房子。[15]而她在八年之后才怀孕，足可证明夫妻俩的婚姻并不和谐。[16]

一九〇三年，蒋介石参加童子试，未考取。但王太夫人并未气馁，立刻让儿子入奉化县城凤麓学堂，学习英文、算术等西学，但传统经史仍占相当大比重。[17]奉化虽是个小城，已远比溪口先进；介石在城里首次见识到“大鼻子”的外国传教士——也开始嫌弃替他料理家室的不识字的糟糠之妻。[18]根据种种转述，福梅曾向朋友抱怨她不时遭到丈夫殴打。[19]但是据乡人传说，她仍然和蔼可亲。蒋后来在日记中写道，他母亲常常护着媳妇。[20]

二

有两股力量影响到蒋介石在此一成长阶段的认同与人生观。第一个影响是儒家教育，或者更重要的是新儒家精神——十三世纪蒙古人入侵中原，并建立起元朝，这场剧变之后，汉人学者、官员心心念念要恢复、保护中国文化传统，到了十九世纪蒋介石就学时，死记硬背两千多年来的古籍以及撰写八股文，还被认为远比学习艺术、音乐和算术来得重要。

但是，新儒家精神最影响少年蒋介石的，是它对修身养性、自律和自省的强调，并且注重责任、勇气、荣誉和积极进取，而非消极冥想。能培养这些原则，方能成为人上人。新儒家同时亦鼓励传统儒家有关道德行为及社会责任的观念。儒家看待道德是以政治秩序为基础，具有政治目标——创造和谐、有序的大同世界。这套信念历经数千年的打造，使得大家庭生活在拥挤、以血缘为基础的农业社会里，虽有独立、家户的耕作，也要靠社区共同维护基础建设和秩序。

影响蒋介石的政治观点和事业，甚至影响到20世纪所有其他中国领导人的第二股力量，是此前六十年内，“天朝上国”一再丧失领土、主权和自尊的惨痛经历。蒋介石出生时，满人建立的清朝已经统治中国近两百五十年，作为帝国的统治者，满人虽然保持自己的民族语文、禁止满汉通婚，但采纳了许多中华文化。和从前的外族朝代一样，他们的统治体系要靠汉族大臣、农村精英士绅的合作。可是，十九世纪四十年代的清朝，在西方列强的坚船利炮前，屡战屡败；这些西方人不仅相貌迥异于汉人，也不像满人或者中国其他的少数民族那样接受中华文化的优势地位。

一再的战败和丧权辱国记录，实在可怕。十九世纪下半叶，西方列强凭恃军事力量逼迫中国接受种种屈辱，包括准许鸦片进口；到了二十世纪最初几年，中国人中吸食鸦片的人数已经达数千万人之众。孱弱的清廷被迫接受“治外法权”，把西方人在中国犯罪的司法管辖权让渡给列强驻华使领馆，并且开放通商口岸，准许西方商人及传教士进出，他们享有即使最富有的中国人也不具有的特权。此外，列强还接管中国海关税收之管理，以尽可能地榨出他们“被迫”和中国交战而取得的赔款。

英、法、德、俄全在中国境内取得特殊权益或租界及租借地。美国西部爆发反华暴动，美国国会通过立法，禁止华人移民。接下来，脱离封建孤立状态仅只四十年的日本，也加入掠夺行列。经过一场短短的战争，它强迫中国付出巨额赔偿，并且“永久”割让台湾。中国人大吃一惊，文化抄袭自中国的“倭寇”而今竟也拥有可与欧洲列强媲美的现代化海军和陆军。即使最食古不化的大臣也感到势必需要激烈改革，可是大权在握的慈禧太后和清廷却弹压了光绪皇帝发起的“百日维新”。

一八八七年，亦即蒋介石出生那一年，在香港学医的二十一岁青年孙逸仙，开始萌发建立现代、民主中国的理想。孙逸仙幼时曾与大哥住在夏威夷，一八九二年从医学院毕业，但两年之后决定全身心投入推翻满清的革命事业。[21]他的第一次广州起义很快失败，孙逸仙逃亡出国，辗转来到日本。在日本他得到了日本自由派及激进民族主义者的支持，他们预见到中、日应携手对抗西方。孙也认为日本是中国理所当然的盟友。

当一九〇〇年中国上演一场爱国但又荒谬的血腥仇外运动，造成中国最屈辱的一段历史时，蒋是个十三岁的少年。义和团矢志消灭在华所有洋人及信奉基督教的华人，他们不分男女老幼残暴地杀害数千名教徒以及数百名外国传教士。慈禧太后忌惮义和团，但更恨洋人；义和团初期的成功也使她相信了他们具有刀枪不入的神奇力量，因此支持他们“扶清灭洋”。

但是，包括美国、日本在内的一支八国联军轻易地击败义和团和清朝军队，并及时打到北京，救了数千名教徒和洋人。八国联军同时也展开了奸杀掳掠行径，并逼迫中国赔偿数额高得令人惊诧的大把银子——大约等于二〇〇二年币值的五十亿美元，还强迫中国同意不在沿海设防。[22]

大多数中国人，包括最蒙昧的大臣、清廷以及不识字的大众，现在都了解到西方与日本不只军事上比中国强，在科学、技术、医学、教育、公共服务乃至生活水平上都遥遥领先中国。紫禁城颁发一系列谕令，建立推广数学、工程和现代科学的公立学校新体系。可是，改革的步子慢得出奇，令人痛苦。[23]

此时，日本和俄国已经觊觎中国东三省（西方人称之为“满洲”）。满人这片广袤的老家，面积约为大不列颠的四倍半，矿产丰富；虽然朝廷有令禁止汉人移入，东三省的汉人人数早已超过满人。一九〇五年，日、俄双方在东三省爆发战争。五月间，东乡平八郎大将率领的日本海军舰队，歼灭俄国由波罗的海调来参战的大型舰队。

对于消息灵通的中国人而言，日本能击败欧洲大国是个令人鼓舞的大事，这也可能是触动蒋介石决心投笔从戎，立志做革命党而不是去保卫清廷的主要原因。一九〇三年二月，他转入宁波箭金学堂。[24]毛福梅陪读，但几个月后，蒋嫌她土里土气，打发她回溪口侍候婆婆。[25]

一九〇六年二月，蒋显然是仰慕既是新儒家又不守旧的老师顾清廉之名，决定再转回奉化龙津学堂。顾鼓励这个新学生研读王阳明（浙江人，一四七二至一五二九年）、曾国藩（湖南人，一八一一至一八七二年）的著作。王阳明主张能自知，才能有道德实践，知而能行，道德才有意义。但是，身为“儒绅”，他也强调正直、诚实、忠诚。[26]王阳明的哲学似乎颇能引起青年蒋介石的共鸣。董显光是龙津学堂老师，宿舍恰与蒋同一层楼；他记得这个十八岁的学生每天早起，在寝室前走廊上立正半小时，抿紧双唇，眼神坚定，双臂抱胸，全神贯注在他的目标上。[27]

在龙津学堂也只待了几个月，蒋便向家人报告，他要东渡日本。他剪去辫子以示坚决反清，此举令亲友、邻居大惊。十八岁的蒋介石已经是个革命青年。

三

一年之后，各个反清组织领导人和一群学生在东京集会，组成一个新的革命团体“同盟会”，推举孙中山为总理。此时，孙已发展出其集现代政治理论及实践大成的“三民主义”，强调民族、民权与民生。这是一个温和的政纲，反映出当时西方的知识潮流。

年轻的蒋介石又把妻子丢在家乡，自费前往东京学习日文，见识到这个格外整洁且井然有序的国家，似乎不论是铁路、警察、公用设施，当然也有军队，样样运用都有效率。[28]蒋这段期间能自费念书，显示他除了继承田产之外，一定还颇有积蓄。但是他无法进入向往的军事学校学习，不得不折返国内，报考竞争激烈的保定军校。蒋考取后便在保定接受军事教育约一年，旋即又获取官费赴日本就读军校。他再度到东京，进入专收有志到日本军校研习的中国学生之预备学校——振武学校。

蒋因自视甚高，在同学中人缘不好，但也结交了几个朋友，其中有位同样来自保定军校的四川学生张群，后来是他的终身密友；另外一位贵州学生何应钦，后来一直是蒋的重要将领。放假日，蒋和同伴会上馆子饮酒，偶尔也会逛窑子。蒋在这段时期养成了喜欢漂亮的妓女的嗜好，美女往往令他神魂颠倒。

不上学的日子里，他也与来自浙江的同盟会要角陈其美保持接触。蒋初次到日本时即结识陈其美。经由陈其美介绍，蒋及其朋友加入同盟会，陈成为蒋的“大哥”，一路提携他。[29]蒋也结识了在日本法政大学学习法律的青年戴季陶。戴是个意志坚决、早熟的青年，他的爱国激情令蒋大为折服。[30]

这段时期，蒋接触到一份在旅日华人中流行的报纸——《民报》，了解到从卢梭（Jean-Jacques Rousseau）到穆勒（John Stuart Mill）等西方思想家。《民报》有两位重要编辑和写作者——汪精卫和胡汉民。他们俩都来自广东，日后都成为国民党的重要领导人。汪精卫毕业于日本法政大学，擅长辩论、思虑清晰，和戴季陶都是在日革命党人中的翘楚。《民报》不仅鼓吹不惜一切手段（包括暗杀）推翻清朝，还主张土地国有化，支持世界革命。

在中国留学生（包括蒋在内）中间酝酿的这股激进革命思潮，引起了日本统治当局的密切关注；一九〇七年，日本政府要求孙中山离境。许多中国留学生也越来越警觉日本人的帝国主义行径，尤其是日本人在朝鲜的活动。可是，同盟会领导人并不打算批评日本，仍然以与日本合作为主要目标。孙在离境之前，甚至在东京发表演讲，表示日本如果因协助中国革命而觉得应该取得东北北部地区，他也不会抱怨。[31]

同年，陈其美由东京迁回上海，成立秘密总部，预备在江苏、浙江起事。蒋在暑假时回到上海，协助陈其美。一九〇九年夏天，蒋决心休妻，和毛福梅离异，但王太夫人听算命先生铁口直断，说蒋介石元配生下的儿子日后必是大官、贵人。王太夫人决心介入，她带着媳妇来到上海。蒋起先不肯听从母亲的安排，王太夫人哭着以自杀威胁，他才不得不从。毛福梅与丈夫在这个夏天共处了一段时间，总算怀了身孕。她告诉蒋，蒋旋即要她回家。[32]

一九一〇年四月二十七日，毛福梅产下一子。很可能是王太夫人记起算命先生的预言，替孙子取名“经国”。“国”遂成为蒋介石未来或许还会再生下儿子时的辈分之名。[33]当儿子周岁时，做父亲的显然根本没当回事。[34]他不注意自己的亲生儿子，反映出蒋不仅和孩子的娘感情不好，也显示他越来越投入孙中山领导的革命。

↑蒋介石与张群赴日求学时期，1909 年摄（国民党党史馆提供）

一九〇九年十一月，蒋从东京振武学校毕业，和友人张群奉派到驻在高田的日本陆军第十九野炮联队实习——凡要进入日本军校接受军士官养成教育，都需先经历实习阶段。军营生活非常清苦，训练严格，部队经常在风雪中操练。蒋积极接受挑战，但是他仍被认为冷漠，尤以脾气坏而出名，他自己也承认这一点。[35]他的认真和努力或许赢得过师友们的勉强尊敬，不过他的整体成绩实在并不突出，在预备班同期六十二名中国学生当中，蒋排在第五十四名。[36]

然而，十九联队中认识蒋介石的日本军士官，却记得他愿意接受严格的纪律，也表现出绝对的忠诚。有个士官记得他“仪表堂皇”[37]。二十多年之后，当蒋已成为国民党领导人、开始清共时，他拜访昔日的日本师团长长冈外史将军。告辞时，蒋留下一幅题字“不负师教”给长冈。长冈认为，这正是蒋成功的秘诀：“忠诚、感恩”[38]。

↑在日本陆军炮兵团实习的蒋介石（国民党党史馆提供）

一九一一年夏、秋，陈其美忙着策划在长江流域各城市（包括武汉）起义。蒋以低级助理身份参与了攻占浙江省的计划。但是，十月九日武汉革命党人的地下炸弹工厂有一枚炸弹意外爆炸，引起清廷注意。这时蒋还在日本，清廷侦骑查获同盟会会员名册，开始逮捕新军中的革命党人。十月十日，新军第八镇中的革命党人鸣枪起义。

革命因而爆发。[39]各省新军高级军官纷纷响应，成为实际上的政治领导人或都督。也有少数情况是由帮会头目与军事单位合作抢下控制权。虽然尚未正式得名，中国已迈入“军阀时期”。蒋介石听到武汉新军起义的消息后，与张群等一百二十名中国籍士官学校学生立刻离营，把制服寄回联队，设法尽快回国。

二十四岁的蒋介石，在日本已居留三年，读日文、说日语都不是问题。除了一夜情，他大多在华人圈中生活，并没有结交真正的日本友人，但是日本对他影响很大，加强了性格里与生俱来的一些倾向，他从此保有强烈的军事纪律感、革命热忱与对主义及领袖的忠诚。这些特质加总起来，使他格外坚持政治信念、个人勇气和诚实。他认为武士道至死不渝的精神是日本军事成功的主要原因，但是他也认识到，日本现代化的成功，是与日本生活中从铁路系统、教育和生产制造领域，样样讲究纪律、效率分不开的。终其一生，蒋认为爱国和民族精神——尤其是认同国家高于家庭、个人生命及财产——是恢复中国的尊严及世界地位的关键。问题出在，中国似乎缺乏建立这样一支大军所需的公共意志力以及热切的民族主义。孙中山就慨叹中国犹如“一盘散沙”。

蒋介石、张群等人从长崎搭乘日本货轮，在上海日租界码头上岸。上海市四分之三的地盘是外国租界，但中国人仍占全市人口的九成五。洋商汇集的黄浦江畔江湾，以及商业街道南京路等主要道路，形形色色的中国人熙来攘往：洋买办穿梭其间，留长辫、穿长袍的本地商贾亦出入市井。西方金融家、日本生意人也穿着黑色西装，点缀其中；少数洋人已有了新兴时髦的汽车，和推板车、人力黄包车以及一根竹竿挑起重担的苦力争抢道路。但是，上海的生命线是市区里数以百计的胡同巷弄，午夜以前的任何时候，都有上万名商贩、工人、家庭主妇、工匠、学生、店员和失业者，川流不息地穿梭在一排又一排的水果摊、面摊、云吞摊、作坊、菜市场与茶室之间。店家坐在凳子上和邻人、行人闲扯。蒋、张两人走在人潮中，十分失望，因为这里根本看不到大革命正在进行的丝毫景象。

他们抵达同盟会秘密总部时，陈其美正在计划攻打位于上海华人地界的兵工厂（江南制造局），以及一百四十五公里之外的浙江杭州巡抚衙门。杭州方面，支持革命的官兵已经准备好了。陈其美命蒋率领由奉化县渔民及上海青帮、红帮会众组成的“敢死队”。[40]

这些“秘密会党”是地下、革命、准宗教等事物的歃血兄弟。这些各自独立的会党后来逐步涉入而且控制今天称之为“组织犯罪”的活动，同时往往也经营有合法事业。会党强烈的反满根源促使他们坚守中国的民族主义。会党成员中有知名商人、银行家和其他值得尊敬的公民。孙中山本人即与广东省的会党联系密切。

蒋对于生平第一次作战任务十分兴奋。他一直憧憬这一天的到来，并写了一封信给母亲，声称献身革命，请她原谅不能尽孝。[41]其实，在浙江起义事件中，蒋只是小角色。一九一一年十一月四日，起义新军占领了省城各重要建筑物，蒋率领的敢死队虽也加入战团，却没遭遇太大抵抗；清廷巡抚已逃往上海，驻军守将在最后关头也决定加入革命。蒋的表现或许不错，但详载起义规划、执行内容的省城公报，根本没提到他。[42]

攻打杭州的前一天，陈其美率领的部队（包含三千名青帮会众）攻占上海抚衙、警局和江南制造局。革命党的“五色旗”一夕之间挂满上千座屋顶，兴奋的民众挤满街头。不久，即有五十万男子纷纷剪去辫子。[43]

蒋回到上海后，发现大哥陈其美已被拥立为沪军都督。据说，陈曾任命蒋为沪军第五团团长。但是，有那么多日本军校生回国参加起义，比较可能的是，陈交代了蒋设法尽量留住他那支敢死队里的渔民和会众，再招募兵员，试图打造一支有纪律的部队。陈也指示手下指挥官自筹军饷，维持部队。[44]

武汉双十起义时人还在美国的孙中山，终于在湿冷的圣诞节搭船返抵上海，直接前往法租界的住所。各方访客纷纷上门，其中有一名替《纽约先驱报》（*New York Herald*）担任记者的澳洲青年唐纳德（William Henry Donald），从一九〇八年起就是同盟会的顾问。眼光远大、充满理想的孙中山和务实的唐纳德立刻结为好友。数十年后，唐纳德说他的角色是“导引”孙、“像个荷兰大叔对他训话”；但国民党高级官员形容唐纳德主要是参与公关事务，有人甚至怀疑他曾秘密替英国人工作。[45]至少，他是个有趣的目击者，见证了往后二十五年中的许多事件。

十二月二十九日，革命党人在南京召开由同盟会主导的临时国会。光复会首脑陶成章想当浙江都督，但陈其美坚持要由同盟会人士出任。[46]双方争执激烈，陶成章深恐性命危险而退出，躲进一家医院，然而还是被蒋查出其下落。陈派出杀手于一九一二年一月十二日潜入陶的房间，将他杀害。蒋曾暗示他没有策划暗杀案，但"负起责任，以免牵连陈其美"。当时的报纸没提蒋涉及此一谋杀案，这代表说不定事发时他并不在场。[47]

一月六日，南京临时国会推举孙中山为临时大总统。此时，孙与清廷派任的总理大臣、控制华北的前军事领袖袁世凯之间长期的政治对峙，似乎已不可避免。除了日本之外，列强都希望孙下台。后来事情有了意外的发展，在达成终身之梦、成为中华民国临时大总统十六天后，孙中山答应辞职、让位给袁世凯。孙愿意作出痛苦让步，来实现组织联合政府、达成国家团结；这个无私无我的伟大动作反映出他的理想崇高和政治天真。蒋介石和陈其美一样，强烈不赞同孙的辞职决定，但孙中山以大局为重、不计较个人权位的风格，令蒋大为佩服；他后来一生中也多次效法。三月十二日，袁世凯正式接任总统，但他也只对半数的清朝军队有明确的指挥调度权威。接着，孙中山又做了一个事后看来乃是大错的决定：同意以北京为国家首都，临时政府应该北迁。

陈其美继续留任沪军都督（最重要的省级位置之一），蒋也继续在上海练兵、筹饷。但是，革命的激情已止，这位年轻军官花了不少时间与陈其美、戴季陶和少数留日同僚讨论政治。蒋的急性子渐渐闹得圈子里人人都知道了。陈其美的家坐落在公共租界跑马场附近的马霍路（Mohawk Road），有一天蒋去探望陈，一名卫兵不让他进门，蒋竟动手殴打卫兵。这件事惹得陈对蒋一顿痛责，"有些人"也劝陈甩掉这个年轻人。但是，陈其美显然认为军事领导人好勇斗狠一点并不是妨碍。蒋本人也知道急性子是个麻烦：他也一再自责对黄包车夫等平常人发脾气。[48]

这段时期蒋的个人生活有几项重要的变化。一天，他在青楼邂逅了非常有魅力的年轻女子姚冶诚，姚出身苏州，那是座以古老运河和美丽女子闻名的城镇。蒋对她一见钟情，带着她在蒋法租界的公寓里同居。[49]大约在此时，蒋结识了陈其美的十八岁的侄儿、助理陈果夫，以及十二岁的陈立夫两兄弟。他俩就在陈其美的家里住，多年之后，陈氏兄弟组成国民党内著名的 CC 派。通过陈其美，蒋又结识了古董商人张人杰，一个非常支持孙中山的浙江人。张人杰个子瘦小，瘸了一只脚，虽出身富有的丝绸商贾之家，但思想上倾向于无政府主义而非右翼保守派。这个关系使蒋更接近核心圈，但是他仍未得到孙本人的注意。

同时，蒋留日时期学问最好的朋友戴季陶，成了中国革命之后的潘恩（Tom Paine），创办《民权报》，成为“中国新共和政治的良心”[50]。孙中山辞职后，戴仍继续批评袁世凯，以及个人与省区利益挂帅、取代国家利益的政治风气。戴的思想左倾，不仅强调经济发展，也反帝国主义和进化的社会主义。蒋天天阅读《民权报》上的文章。

孙中山的同盟会此时与另四个政团合并，组成国民党。曾经参与广州及武汉起义的宋教仁负责国民党党务，在新国会选举中赢得多数席次。可是八月间，在北京经过四个星期的谈判，孙中山宣布应该让袁世凯做十年的总统，并立刻接受了袁授给他的全国铁路督办一职。[51]

此时，陈其美也辞去沪军都督这个重要权位，偕蒋介石一起东渡日本。两人可能是担心遭暗杀才出国。[52]他们虽然坚决不同意孙与袁合作，但仍然先请示孙且得到同意后才出国。陈、蒋此时已考虑到恐有发动“二次革命”的必要，可是孙、袁的政治协议似乎会持续若干年之久。蒋一度匆匆、秘密回到上海，带着姚冶诚一起匆匆去了日本。[53]

四

一九一三年三月，国民党在大选中赢得对国会的控制，也因而与袁世凯的关系顿时紧张起来，结果造成干劲十足的代理事长宋教仁遭人暗杀身亡，显然是袁政府的特务所为。脆弱的联合政府立刻瓦解，孙中山遂发动“二次革命”。陈其美、蒋介石潜回上海，号召蒋的旧部（包含青帮会众）组织讨袁军。但是这次青帮被袁方或许也被上海的欧洲人当局收买，不肯参加讨袁革命。帮会毕竟只是反清，并非支持民主，而且清朝不是已被推翻了吗？根据友好的传记家之记载，蒋英勇攻打江南制造局和吴淞要塞失利，差一点被俘，但是他和同伙设法乔装沿江逃出。袁展开搜捕行动，杀了数千名支持国民党的人士，就连国民党籍的国会议员也不放过。他下令国民党全面解散，缉拿陈其美及国民党其他领导人。蒋则名气不够大，还上不了通缉名单。[54]

蒋、陈又逃赴日本，一九一三年八月，曾经满怀乐观壮志的孙中山也狼狈流亡到横滨。他恢复使用原来的日本名字“中山”*，住进日本极端民族主义的“黑龙会”首脑头山满提供的秘密住所。孙立刻召集东渡党员重组秘密组织“中华革命党”。党员必须宣誓效忠孙中山作为党无可争议的总理及革命军总司令。汪精卫等人拒绝接受这个条件，离开日本，但陈其美、蒋介石认同有必要全面效忠，遂宣誓入党。新的党纲采纳孙的原始构想：革命运动取得权力之后，要先经历一段由革命党及军事统治的训政时期，才能过渡到民主宪政。换句话说，中国要经历一段时间不明确的威权、军事统治。[55]

追随孙中山东渡的人士当中有一位即是著名的宋耀如。宋耀如曾在美国念了八年书，得到范德比大学神学学位。回到中国后，他做了几年卫理公会传教士，后来投入《圣经》印制业，最后又从事大量产销面粉的生意，并因此而致富，旋即成为孙中山的重要金主。宋偕家人抵达日本后，其长女霭龄又恢复担任孙的英文秘书；霭龄自佐治亚州梅肯镇卫斯理安学院（Wesleyan College）毕业后来到上海，在共和政府成立后曾一度担任孙的秘书。

这一年的十二月，孙首次见到蒋，对他的投入印象深刻，旋即派他回国从事一项秘密任务。[56]宋霭龄注意到这位留着小胡子的瘦削军官，额头高、宁波腔极重。她问也刚从卫斯理安学院毕业的妹妹庆龄，有没有兴趣与蒋介石交往。庆龄一口就回绝了。[57]霭龄这时还不知道孙中山已经喜欢上她，有一天孙向宋父吐露心意，想要向霭龄求婚。孙中山和蒋介石一样，早早就娶了一名村姑为妻（卢慕贞），这时正和他一起住在东京。他们育有两个子女，都已成年。对于当时的中国男人而言，离婚休妻易如弹指。但孙和宋家人都是基督徒——宋耀如一听，大吃一惊，当下就拒绝了这门亲事。

几个月后，宋霭龄嫁给东京中华基督教青年会（YMCA）总干事孔祥熙。孔

---

* 孙一生只用“孙文”为名，“中山”是革命期间在日本的用法，同志称他为“中山先生”，他不自称“孙中山”。——编者注

祥熙出身山西省一个富商、金融业家族，拿的是美国欧柏林学院和耶鲁大学的经济学文凭，是孔子后裔。[58]孔祥熙年轻时即受洗为基督教徒，义和团运动蔓延到山西时，他的家人和很多朋友——华人教民、传教士，都被杀害，孔自己则被亲戚藏起来，才保住性命。从美国留学归国后，孔并没有从事家族的生意，反而受聘主持一所教会学校。辛亥革命之后，孔成为二十八岁的山西都督阎锡山的顾问。后来，显然不满阎与袁世凯合作，他辞职改就东京中华基督教青年会工作——可见孔在年轻时并不看重金钱与权力。[59]

接替霭龄的秘书工作、服务革命领袖的，是二十一岁的妹妹庆龄，她比姐姐更苗条、美丽；孙立刻又爱上了妹妹。[60]孙中山没向庆龄表露心意，而且既然已知宋耀如的态度，也不用再向他透露。而庆龄对于这位大她二十六岁的长官的感情纯粹是政治、精神上的崇拜敬爱。[61]

此时，宋耀如可能感觉到孙中山又喜欢上他的二女儿，决定全家回上海。庆龄原本不肯走，但违不过父亲的坚持。回国之后，她悄悄寄了一封信给孙；孙回信说，他在东京迫切需要她的协助。一天夜里，在家中女用人的帮助下，庆龄爬窗、沿扶梯逃出家，旋即搭乘日本船只来到横滨。[62]孙中山在东京迎接她时，已完成简易的离婚手续，并向她求婚。这一年，宋才二十出头，孙已四十八岁。婚后庆龄继续担任他的英文秘书，也开始负责他的秘密电码通讯。因为这件婚事，宋耀如宣布与女儿断绝关系，发誓再也不跟孙中山往来。[63]

一九一四年春天，孙派蒋到上海组织已经星散且士气低落的地下革命党人。蒋的若干部下被捕，他再次间不容发地回到日本。[64]次月，孙又派他到满洲，考察与东北军阀合作的可能性。[65]但名义上已接受袁世凯节制的东北军阀，对蒋发动“三次革命”的提议反应冷淡；蒋只好准备回到日本。在回日本前，蒋写了一封信给孙中山，预测如果欧洲爆发一场前所未有的大战，日本就将借机在东亚扩张势力。[66]

一九一五年一月十八日，东京秘密向袁世凯提出“二十一条”要求，其中包括日本实质从经济上控制满洲，把德国在山东和福建的权利让渡给日本；其他一些要求更将使中国实质上沦为日本的半殖民地。[67]消息披露后，海内外中国人群情激昂。孙中山很多支持者这时离开日本，但是孙留了下来。袁世凯先是对“二十一条”尽量敷衍，但在日本威胁要发动战争时，袁只好让步，批准了一项纳入大部分二十一条的条约《中日民四条约》。[68]

支持者的相继离去，使革命事业陷入最低潮，孙因此更珍惜那些仍然留在他身边的忠贞部属。蒋介石理解和支持孙的观点：推翻袁世凯和建立统一、现代化的政府，最为优先。这是蒋牢记在心的另一个教训：“攘外必先安内。”

尽管孙的支持者大减，蒋和陈其美不久后又潜回上海，躲在法租界胡同里，酝酿新的革命计划。首先，他们计划暗杀淞沪镇守使郑汝成。十一月十日，两名枪手在外白渡桥拦下郑的座车，将其乱枪打死。接着，陈和蒋率领敢死队攻打警察总局，但不幸失败了，陈、蒋勉强脱身。[69]这项行动普遍被认为失败，孙的声望跌到底点。疲惫使蒋病倒了，王太夫人来到上海陪他，在她的悉心照顾下，蒋终于病愈。[70]

二月间（一九一六年），陈其美和蒋介石带着日本人借给孙中山的七十万美元巨款，在上海法租界青帮老大黄金荣（绰号“黄麻子”）的保护下，再度试图在上海建立中华革命军。[71]但是，一群可能是北洋军阀收买的杀手，潜入陈的办公室，打死了陈和卫士。两天之后，蒋为这位大哥发丧，在祭文中自许：“继公事业，不渝初衷者，更有何人。”[72]他还动容地说道，有些人试图“向之趋炎附势，排我斥我毁我诬我者，果何如乎？”，但蒋声称不怕谗言的，“不恨生前之中谗，唯愿死后之可告慰耳”。[73]

这篇祭文透露了这个二十八岁革命青年的雄心勃勃，但至少在公开场合他仍努力克制、不轻易表露。蒋很清楚自己的缺陷，在他那从一九一八年起就不曾间断过的日记中，一再列出自己必须克服的一些性格缺点，譬如“暴躁、性急、自负、顽固、狂暴……浪费、嫉妒、吝啬、好色、傲慢、怨恨”，“好炫耀财富”。[74]

一九一六年六月六日，袁世凯的突然病故，结束了政治危机。副总统黎元洪重新召集经选举产生、国民党人居多数的国会；孙中山也偕夫人自日本返国，定居上海法租界莫里埃路二十六号。[75]接下来两年，孙中山和他的核心支持者们都居住在法租界里，彼此照应。蒋介石若到上海，有时候会住在张人杰家；现在张取代陈其美，成为他的“老师”。[76]蒋的爱妾姚冶诚也随他从日本回国，蒋把她安置在宁波。一九一七年九月，蒋向孙提出一份进攻北京、统一全国的军事蓝图——

他称之为“北伐计划”。[77]

蒋一连四年为党奔走各方，接二连三忙着一个又一个起事计划，但一九一六年至一九一七年的活动却罕为人知。在他始于一九一八年的日记中，曾经略为提到这段期间的事。他曾提到，一九一七年春天奉已经前往广东的孙中山之命，应该是从德国领事馆领取了一百万元德国政府答应借给革命党的钱。[78]

二〇〇六年蒋氏家人交给胡佛研究所档案馆的蒋氏日记副本（一九一八至一九二二年），有一百多页经过编修——有些是家族所编辑，有些则是数十年前经蒋本人或其儿子所修订。鉴于删除的这些记事已时隔九十年，它们极有可能是关系到蒋氏家人觉得尴尬或有所牵连的行为或意见，也因此各方猜测颇多。[79]

我们或许可以相信，蒋在这段时期参与了青帮的一些犯罪活动。一九一四年，上海的英国籍保安处长曾针对蒋发布逮捕令，指他涉及“小沙渡的犯罪”，但并未说明详细犯罪情形。这个指控可能有关此时他和陈其美在上海从事、后来失败的地下工作。一九一七年十月，北洋政府的淞沪护军使向英国公共租界警署提出状子，指控蒋涉及“一九一〇年谋害公共租界知名华人”，那是七年前的事。但有可能它指的是一九一三年一月的陶成章被刺事件，却把日期弄错了。一九一〇年，蒋只有夏天在上海逗留，又无其他报道指出有类似的犯案。一九一八年七月，同一个护军使又指控蒋“涉及一九一七年十月十八日发生在公共租界西华路的武装抢劫案”。英国当局或许认为所控事件是中国各党派斗争的一部分，怀疑这项指控有政治动机，并未逮捕蒋。[80]

二〇〇八年时，蒋家有位成员断然表示，家人针对蒋氏日记所做的修正，绝对没有涉及青帮、犯罪活动或政治事件，只跟“个人私事”有关，不涉及政治议题。但即使如此，有关前面一类的记载也不无可能是由蒋本人或其儿子经国删除的。[81]

从一九一八年起，蒋每天以文言文至少写下一页日记。这个习惯一直维持到一九七二年，因为健康原因才告终止。蒋的日记中，除了记录一天里发生的大事以及感想之外，还记下每天起床、就寝的时间，温度和天气。进入二十世纪二十年代后，日记中也列举自己的缺点，此举固然反映儒家修身思想对他的影响，也表示蒋承认自己行为的一些不成熟。不过，列举的缺点并没有得到很好的改正。孙中山对蒋的严重缺陷就看得很清楚，但是他也看到蒋可贵的特质，如坚忍不拔、忠心耿耿、大胆不畏死，接连失败和死里逃生都挫折不了他的斗志。[82]

袁世凯过世后，中国政治陷入一片混乱，北京接二连三上演军阀政变闹剧。一九一八年，国民党籍国会议员逃往广州，和孙中山联手发动“护法运动”，成立临时军政府，推举孙为陆海军大元帅。[83]广东和云南的军事统治者都宣誓效忠，其中就有粤军首脑陈炯明。[84]尽管头衔赫赫，但孙中山即使对广州的新政府——事实上，它派系林立——也并不具有绝对权威。[85]

三月，蒋奉孙中山之命加入陈炯明的援闽粤军司令部，担任作战科主任。[86]可是，因为南方一些军阀要求在新政府中有更大的权力，孙中山在广州脆弱的联合政府很快又动摇起来。孙中山辞职返回上海。[87]陈炯明及其三万兵力仍坚定支持孙；七月，蒋在福建作战，成功攻克一座重要城镇，不久由于脾气不好，与粤军军官处不来，他一度辞职，不过陈炯明仍要他回来，担任粤军第二支队司令，手下有一千名士兵。[88]蒋全力以赴练兵，率领他们翻山越岭，深入敌后作战。[89]

一九一七年十一月，一件影响到中国及世界的大事发生了，列宁率领的布尔什维克党人夺取了彼得格勒，并掌控了大部分的俄罗斯。次年十一月，第一次世界大战结束，由南、北政府合组的中国代表团出席巴黎和会，要求收回德国以不当手段在中国取得的但现已落到日本手中的一切权利。美国总统威尔逊支持中国的立场，但投票表决时输给欧洲列强，只好妥协，把德国在华半数领土权利正式让渡给日本。[90]当《凡尔赛和约》的内容于一九一九年五月四日传回中国时，学生、知识分子和大多数消息灵通的中国人群情激昂。北京大学首先发生抗议活动，旋即蔓延到其他大学、中学和工厂。蒋在日记中记载：“排日风潮，皆未稍息。此乃中国国民第一次之示威运动，可谓破天荒之壮举。”并认为：“国民气不馁，民心不死，尚有强。”[91]

一九一一年之前，中国革命党人的焦点集中在结束中国的落后与屈辱上，并把形成这种现状的原因归咎于当时的清朝统治者。现在，清朝结束了，汉人主导的共和政体建立了，但国家却在分裂，军阀兵戎相见，比起清朝来更加衰弱，不仅内战战火不断，还继续受到列强压榨。面对此种情景，有改革之心的中国人一方面责备列强帝国主义使中国沉沦至此，但另一方面，也开始觉得只有对中国文化和国民性格进行彻底改造，才能使国家重新站起来。戴季陶即是反复申论此一主题的健笔之一。不过最著名的是作家鲁迅，他批判了中国传统中孕育退步、愚昧的文化，以及中国人道德上的怯懦。孙中山也一再呼吁应该有不自私、爱国、英勇的新中国人，一个他认为前所未有的新民族。蒋也同意应该改造国民性，但是他的乐观并没维持太久。他注意到，人民精神固然似乎已有提振，但大部分中国人仍是文盲。他担心，很难在十年之内完成国家性格的大改造。以国民坚毅精神而言，“日本人民之智识普及，过于吾国者，其改革之速，更可知矣”[92]。往后二十六年，蒋在这一点上一直很悲观。

一九一九年的五四运动（或称新文化运动）固然令孙中山信徒士气为之一振，它也对在中国新生的马克思主义运动及其在学术界的领导人陈独秀、李大钊，提供了巨大动力。知识界受到哥伦比亚大学哲学博士、北大教授胡适这一位杜威实证主义派作品的影响，也出现“第三势力”，不过它在政治上一直没有太大影响力。实际上，包括军阀在内的所有的中国人都支持五四运动的目标。问题在于，中国在追求实现重振国势、现代化的共同梦想时，应由哪个党、哪一派或哪个军阀来领导。

虽然孙中山认为马克思的阶级斗争论不符合中国国情，但他仍越来越受俄国革命成功消息的鼓舞，和它的消除阶级差别、全世界终止帝国主义的理想之启发。蒋介石也一样，他开始阅读《俄国革命纪事》。在日记中写着，他会永远敬佩这桩历史大事件、人类史的新时代。日记中一再出现“读俄文”、“习俄文”等字样，他喜欢左派的《新潮》杂志，有时候早上读了下午又读。[93]这一类阅读益发激起蒋反对西方帝国主义的强烈情绪。当莫斯科宣布它将放弃帝俄沙皇取得的在中国东北的特殊权利、取消对华一切“不平等”条约时，俄国革命在中国人心目中的吸引力大增。对于长久受苦受难的中国人而言，这是善意的闪电。

这时候，蒋仍在福建率领粤军作战。他在日记中写下，他不喜欢福建姑娘，但是脑子里赶不走性的念头，“色念，仇恨，嫌恶，诸几未绝，虚灵未足也”。[94]一九一九年三月，他暂时离开前线、回到上海，与他称为“介眉”的新爱人同住。从蒋所表现出的热情来判断，她一定是个美女。由于姚冶诚好赌，俩人感情不睦，现在蒋疯狂爱上介眉。根据他的日记，有一天他已到了码头，准备回到福建前线，但又舍不得分离，因此又多留了几天。他甚至想要娶她，但是根据她写给他的一封信所述，即令她想和他长相厮守，也并不想被一纸正式婚约所捆住。[95]这段时期，尽管感情不睦，蒋仍不时返回宁波去看姚冶诚。[96]

蒋和许多女子发生性关系的一个结果，就是他自认感染了性病、失去生育的能力。也因此，他越来越关心唯一的亲生儿子。在返回福建驻地之前，蒋折回奉化，拜托他的老师顾清廉看看九岁的经国，评估这个孩子的潜力。蒋在写给经国的第一封信中提到，顾老师说孩子"天资虽不甚高，然颇好诵读"。蒋不久即送儿子到奉化，进他的母校凤麓书院就读。[97]

同一时期，蒋告诉母亲和毛福梅，姚冶诚将带着一个他认养的三岁小童到溪口。蒋介石替他取名"纬国"的这个男孩，是蒋的好友戴季陶和日本情妇所生。姚和纬国住进蒋家，但毛夫人和她处不来；后来由蒋介石的伯父出面安置纬国和他的养母。[98]从蒋写给两个小孩的信来判断，他疼爱养子胜过了亲生儿子。一九二〇年春天，蒋陪母亲到城市治病，但不久自己即因伤寒病倒。养病期间，他有更多时间反省，在日记中频频要求自己改进。[99]

受到思想越来越左倾的影响，蒋这段时期的文字也越来越多地批评商人和资本家的"狡猾势利"。他写道："资本家之不扫除殆尽，则百家无乐利自由之道。"有个地主想骗姚冶诚，他就评论说富人脑筋里想的尽是如何占别人便宜。[100]但是，一九二〇年七月一日，新成立的上海证券交易所（由支持国民党的人士为了替党筹募资金而设）正式开业时，蒋立刻买起了股票。蒋和陈果夫四处借钱，成立一家投资公司"炒股"。原始资本三千银元，初期略有亏损，不久就上涨到三万银元；十二月初，张人杰帮他向另一家投资公司买进三千五百银元的股份。可是，股市很快就下跌，到了年底，蒋在日记里坦承，他损失了七八千银元。这笔钱他显然欠着。[101]

蒋没有时间去盯紧股市。一九二〇年九月三十日，孙中山派他出任粤军第二军参谋长，这是他前此未有的最高职位。蒋在日记中承诺，为避免别人的怀疑，绝不接受任何（政治）官位，暗示他将恪守军职，不招惹是非，不要因其直言批评人及坏脾气而讨人厌。蒋接任参谋长职务时，孙中山领导的粤军部队，在帮会、河盗和一万名苦力支持下，已经慢慢胜过一九一八年逼孙下台的南方军阀。整个十月，蒋与部队一再进军、"连战告捷"。[102]但是，作战压力使他脾气更大，经常对同僚发作，使得大家给他一个绰号“大炮”。[103]

当年秋天，孙中山写了一封信，责备他的坏脾气：

> 执信忽然殂折，使我如失左右手。计吾党中知兵事而能肝胆照人者，今已不可多得，唯兄之勇敢诚笃，与执信比，而知兵则尤过之。兄性刚而嫉俗过甚，故常龃龉难合，然为党负重大之责任，则勉强牺牲所见而降格以求，所以为党，非为个人也。[104]

蒋也同意，但他似乎依然改不了。有一次，他和戴季陶激烈辩论后，写了一封虽表歉意但仍自我维护的信给他这位“兄”。他说：“有不自爱惜，暴弃傲慢，何面目以对良师畏友？”[105]戴季陶回信时，重申对蒋的友爱和敬意，但形容他是“任性使气，不稍自忍，以此处世，深虑根祸，亦足碍事业之成功”。蒋按捺不住，又回信驳斥老朋友用词尖锐、有偏见、太冲动，但又自承：“弟处世之病，在乎极端，故有生死患难之至友，而无应酬敷衍普通之交好。”[106]蒋的强项——对革命事业坚持专注、自视甚高——也成了他的弱点。

十月底，陈炯明率粤军第二军进入广州，民众夹道欢迎。[107]蒋仍在前线与桂系军阀残部作战，但于十一月十二日赶到上海向孙中山汇报，次日再回浙江老家，探望生病的母亲。[108]次月，孙中山得到海军第一舰队支持，由上海返抵广州；不料，他和陈炯明马上就对广州新政府的未来方向发生意见不合。孙主张要有强势的中央政府，准备及早发动北伐、推翻北洋军阀。陈则希望先专心建设广东为模范省，主张以和平协议方式推动“联省自治”。[109]

蒋从溪口拍发电报给孙，促请尽早以军事行动占领整个广西省，为北伐作好准备。孙要他回到工作岗位，他却轻率地回答：“今莅粤五旬，未闻发一动员令，中是以有待。如果出师期定，当不俟召前来效力也。”[110]一九二一年四月底，桂系军阀得到北京政府支持，再次打进广东。五月十日，蒋终于赶到广州见孙中山。可是，五月二十四日夜里，他梦见“雪深数尺，一片白色”，觉得这是母亲病危之兆，赶紧奔回老家。[111]王太夫人于六月四日去世。

许崇智率领粤军第二军迎战桂军；桂军阵脚大乱，指挥官弃职逃走。粤军有几架双翼飞机，但没有炸弹，就追着溃败的敌军扔木头。[112]许崇智率部打进广西，不久，出人意料地，粤军和广州政府正式控制了广西所有大城市。五月四日，孙中山复任总统，认为发动北伐、统一全国的时机已经成熟。他把大本营迁到山水秀丽的广西省会桂林。

五

南方军事虽然告捷，蒋仍留在溪口，遵守古礼，为母亲守丧。他筹划丧礼，选定墓地。在通往雪窦寺半路的蜿蜒山径边，蒋替自己盖了一座亭子，可坐览山景。他一连多日静坐亭中沉思，不理会孙中山急催他回桂林的函电。此时，蒋能够"更成熟地了解自己的长处和缺点"[113]，他经常在日记里详载自己性格和行为上根深蒂固的缺点。虽然经常反省，他还是免不了会吹牛、自以为是和傲慢。他的急性子和严于律人，经常使同侪和部属不痛快。而上司虽然欣赏他意志坚定，但也时不时会被他的桀骜行为激恼。此外，即使已经纳了一房侧室，他仍性好渔色，流连青楼。固然对于一个青年军官而言，这些都算不上不寻常的行为，但也绝不是儒将所应为。

蒋在山间漫步沉思良久，为自己拟订新的人生计划，决心身体力行新儒家的理想——正心诚意、慎思笃行。[114]虽然年仅三十四岁，在孙中山阵营里也只是中级军官，但他对自己的使命已经看得很清楚——他注定将是现代中国的伟人之一。此时或许他已看到自己即将肩负神圣使命，将会领导孙中山麾下的部队北伐、统一全国。他内心里甚至也隐隐想过，在更远的未来，自己可能继承现年五十六岁、身体仍然健康的孙中山的地位。虽然这种可能应该是在更远的未来。为了准备此一领导角色，他必须克制自己，以自省、自律来控制自己莽撞、冲动的坏脾气。

这段期间，蒋和两个儿子感情远比前些年亲近。纬国只有五岁，因此宠溺似属必然，经国已经十一岁，则必须严加管教。不过，蒋每天仍抽出时间和经国相处，他带着经国上雪窦寺、游千丈岩瀑布。蒋认为："经儿可教，纬儿可爱。"[115]

九月初，蒋终于起程南下到桂林向孙报到。途中他在上海停留，和陈果夫商讨他们的投资在最近大跌的状况。几个月前，蒋还因市场自去年十二月后恢复元气而大为振奋。但是上海的证券号子现在却一家又一家关门，经纪人纷纷破产，有些人（包括蒋的一个朋友、共同投资人）甚至自杀身亡。[116]蒋本人自一九二〇年开始投资至一九二二年崩盘为止，大概损失了二十万银元（可能是墨西哥鹰洋）。[117]没多久，蒋的债主开始向他追讨积欠的两千五百银元，孙中山还伸出援手寄给他一部分钱，其余债务则通过友人出面调停而一笔勾销。[118]青帮首脑黄金荣邀请了蒋的“五十多名债主”吃饭，请他们把这位青年军官的欠债记到他（黄）头上。据黄金荣的说法，来宾看在他的面子上，都情愿一笔勾销，因此蒋拜在他门下当“徒弟”。[119]蒋怪自己不留心、没经验，才会赔钱，但又说此事并没什么好气馁的。就像对待军事与政治上的挫败一样，蒋扛住了这次个人财富的重大损失，然后完全置之度外。

这一次商场经验使蒋思想上比往常更加左倾，也更加专注在革命及军事生涯上。不久之后，他试图在溪口开办学校，收容本地儿童，但是根据他的日记，这件事遭到了某位村绅的阻挠。他发誓，除非这个村绅死了，否则他绝不再回老家。[120]他也观察到，要改造中国，必须终止绅、商统治。事实上，在蒋漫长的一生当中，他对资本家和资本主义并没太大好感。不过，他一贯相信共产主义无法在中国实行，阶级斗争是个有害的观念；而有钱的精英和富有的士绅，则和军阀、秘密会党一样，是可以善加利用与交往的现实力量。[121]对于自己的革命前程，蒋现在已觉得是“极广大极光明”。[122]

蒋在上海邂逅了一个年轻女子陈洁如；两年前，她才十三岁，蒋已迷恋上她。陈的父亲是个纸商，一向支持国民党，根据她的说法蒋在她家的一场聚会中认识她，几天后就约她吃午饭。饭后，蒋引诱她到旅馆，但是她机灵地跑掉了。后来蒋又试图说服陈母，让洁如做他的侧室——陈在回忆录中则坚称是要娶她为妻。[123]陈母尚未给出回复，蒋这时已回去溪口安排母亲王太夫人的丧事了。

母亲过世后，蒋才休了毛福梅。蒋给毛的哥哥毛懋卿写信说：“十年来，闻步声，见人影，即成刺激……高明如兄，谅能为我代谋幸福，免我终身之苦痛。”[124]与毛氏离异后，蒋仍然出钱资助姚冶诚的生活。他虽可以弃她于不顾，但因感念她愿意带养纬国，遂安排她带着纬国住到她老家苏州。同时，陈洁如母亲也答应把女儿托付给蒋。陈洁如声称，他们两人在一九二一年十二月五日结婚。[125]六年后，蒋已贵为国民党领导人，想娶宋美龄，便公开宣称陈洁如是他的妾，不是正室。[126]

不论他们在何时又是如何结识、相恋的，根据陈洁如的说法，这是一段不寻常的遇合。陈并声称自己在蜜月期间就染上性病，这段经验不像是她编出来的。她说，蒋为示悔改，发誓再也不喝酒、咖啡或茶。从此以后，蒋果真只喝白开水，不再喝酒或茶。蒋新的俭朴生活方式可能就是从这段时期开始的，包括表明忠于陈洁如，每天只吃简单的宁波菜，养成每天早睡早起的习惯，除了仪式需要，通常只穿军便服、不佩勋章，只在胸前挂着潘兴式的背带或单纯一袭中山装或长袍。这些习惯给人强烈却非常好的苦修印象，象征了他的成熟、自律和严肃。这些后来更变成他举止的鲜明特质。

蒋旋即回到粤军第二军参谋长的工作岗位，忙着规划北伐攻打湖南、江西的作战。但在这时，孙中山和陈炯明之间关系越来越紧张，孙宣布免去陈的广东省省长和粤军总司令的职务，广州陈部企图夺权，孙被迫连夜逃出广州，仓皇间乘着炮舰“永丰舰”驶向黄埔。孙又伪装成给蒋的养子纬国拍发电报，通知人在溪口的蒋“事紧急、盼速来”。[127]在这次危机中，孙求助于这位一向忠诚、意志坚定的行动派大将。

蒋匆匆赶到上海，找到后来当上上海总商会会长的虞洽卿——孙中山的一个长期支持者，借到六万银元（银元类别不明）。带着这笔巨款，蒋搭船到香港，再租一艘小艇沿珠江而上。一九二二年六月二十九日，蒋登上泊靠黄埔的“永丰舰”，与孙会合。[128]随即蒋接过“永丰舰”的指挥权，命令它驶往下游。往后五个星期，粤军第二军和陈炯明部队激战时，“永丰舰”就停靠在闷热的河港白鹅潭。但是舰上孙部接获报告，陈炯明已击败许崇智以及效忠孙的滇黔盟军。[129]八月九日，英国一艘军舰同意载孙中山一行人到香港，到了香港后他们再转往上海。

蒋登上“永丰舰”和孙中山独处，是蒋一生事业的转折点。很显然，孙自此对他更加铭记在心。蒋在战场指挥官、涉及多单位的参谋长任上，以及都市游击战、秘密作业（涉及两桩暗杀案）和其他地下工作中，都表现得可圈可点。他似乎忠心耿耿，又不怕向最高领袖表达异见。尽管蒋受的教育有限，但好学深思，肯研究世界事务，对俄国新社会情况能侃侃而谈，并且还提出过一份北伐计划；他有胆识且极为诚正；还有一个优点就是，除了富有的张静江，他没有其他靠山，背景清白，又只有戴季陶、张群等少数好友，没有拉帮结派。这样一个人，没有什么会妨碍他全心全意地效忠孙中山和革命事业。这些条件是蒋崛起的一个关键。

孙中山再次遭遇失败，但他仍很乐观——他有了值得期待的新支持者，甚至可说是迄今最为重要的新盟友。前一年（一九二一年），化名马林的共产国际代表和孙会面，建议苏联可与新改组的中国国民党合作，并把这一年稍早时刚在上海成立的中国共产党拉过来，和国民党成立统一战线。[130]马林答应孙，苏联可以提供大量的军事武器与补给品来援助国民党，一直苦于没有日本和西方列强这类援助的孙，闻之大喜。[131]

虽然孙不肯和共产党组成统一战线，但他同意让中国共产党及社会主义青年团成员加入国民党。中国共产党方面也在共产国际的坚持下修正立场，同意接受统一战线，其成员可以个人身份加入国民党，成为“国民党内的集团”。[132]苏联此一决定，反映出它希望有了孙中山这样具社会主义思想的领导人，国民党会接受共产主义的影响。苏联人也觉得他们需要有个强大、统一和友好的中国，作为抵抗英国和日本的前沿堡垒；在中国各派力量中，国民党是较有可能促成实现这一目标的政党。这时的中国共产党只有一百二十三名党员，马林还不觉得它是重要的组织。国民党本身虽然只有几千名党员，但是他们涵括了职业军人、作家、教师和学者，还有新兴的爱国商人阶级及金融家。最重要的是，国民党有军队。[133]苏联认为，共产党员加入国民党，也可以使居于少数的共产党得到尊重和信赖。[134]

一九二三年一月十七日，苏联高级外交官越飞（Adolph A. Joffe）在上海拜会孙中山，定下了一个详细的合作计划，包括莫斯科要提供的武器、弹药及现金的数量，准许中国共产党党员（以个人身份）加入国民党，以及国民党依照马列主义路线彻底改组。[135]此时，蒋写了一封长信给孙，陈述他的政治策略观点。他说，在努力于国家统一、争取革命领导权上，国民党“当先求政权而后推行主义”，也就是“不妨先用中国式政治家。如谭、唐、李、孙，专为统一中国之预备不然”。[136]孙同意这个看法，这时又恢复了自己大元帅的头衔而非总统的名号。他认为，军事手段是目前作战的最高优先。[137]

孙委派蒋介石担任许崇智的参谋长，十月间，蒋抵达福建后第一个建议就是派遣更多特务去收买陈炯明部下的高级军官。蒋很早时就参与过国民党的地下工作，这里正是他重视特务工作的又一例证。[138]但是，担任参谋长不久，孙又派他率领一个代表团，赴苏联考察、学习其军事及政治制度。有鉴于此时孙对与苏联关系的重视，这是一件相当重要的任务。孙致函列宁和托洛茨基，介绍蒋是他的“参谋长和密使”：八月中旬，蒋和另三名代表（其中两人为中共党员）搭乘邮轮前往东北。[139]他们在大连坐上火车，跨越满洲里中苏边境，再转搭横越西伯利亚的火车。[140]

蒋介石和三名同伴在苏联逗留了将近三个月，考察红军单位以及海、空基地。他也参观了苏共（当时名称为联共）各级单位、军事院校等，甚至还包括一家化学武器工厂。然而，蒋此行主要任务是寻求苏联支持他本人设计的、经孙中山认可的一项西北军事策略方案。这项策略希望苏联支持国民党在中国西北地区建立军事基地，好让国民党进攻北洋政府。[141]蒋在拜会革命战争委员会副主席斯克良斯基（E. M. Sklyansky）及参谋长加密热夫（L. B. Kamenev）时，强调不论采取何种计划，国民党希望尽早发动北伐以铲除军阀、统一中国。但是苏联人并不高兴，他们不希望苏联支持的革命会激怒日本；何况，早日北伐，中国共产党就没有时间发展实力。斯克良斯基告诉蒋，在中国，应该做大量政治准备工作后，才可能发动军事作战，否则“此种行动注定会失败的”。[142]

托洛茨基也向蒋说明，“苏俄对中国国民革命的援助，除了不能用军队直接援助外，其他武器与经济等需要，都当尽力所能，积极援助”。[143]经过这些会谈之后，蒋写下：俄国革命之所以能够成功，是因为工人晓得必须要革命，农人希望有社会主义制度，而其领导人允许国内一百五十个不同民族组织联邦来自治。十一月二十五日，共产国际邀请蒋到其执行委员会演讲。蒋在演讲中暗示，共产主义是下一阶段中国革命可能的目标；但是国民党若公开拥抱共产主义，将会伤害到它当前的主要目标——团结所有的中国人、驱逐帝国主义。起先，这似乎是暗示说，国民党基于战术理由，现阶段不能拥抱共产主义，但随后他直接告诉共产国际执委会：“无产阶级革命并不适合”中国。[144]听完蒋的演讲，共产国际执委会通过一项有关中国民族解放运动的决议文，强调无产阶级和农民在革命中的角色。

蒋对于共产国际如此直接抵触他对团结路线的解释，以及孙中山对阶级斗争的排斥，相当失望。[145]他在日记中形容苏联政府“轻信，迟缓，自满”。当他参观彼得格勒时，觉得这座城市“精神颓唐，士气消沉”。[146]他也注意到，国有化造成过度集权，工厂缺乏能力强的管理者。此外，平等分配在社会主义的苏联还很难做到。[147]

向红军团体讲话的请求获准后，蒋向四百名士兵发表了演说，宣称他和他们一样是革命者，他的目的是来向苏联学习、和苏联联合起来，以便击败帝国主义和资本主义。当他演讲时，“声音提高、两手发抖”。十月中旬，蒋率领的代表团向共产国际提出一份有关中国革命的书面报告。报告指出，除非我们（全世界人民）推翻世界资本主义和帝国主义，否则中国就不可能有真正的独立。[148]虽然蒋很喜欢以世界革命来对抗可恶的帝国主义这个理想，但对蒋来讲，这句话大体上也只是说说而已。不过，他还是接受了红军中设置政治工作人员的制度，后来把它纳入国民党部队；他也接受了共产主义青年团的构想，写道：“（共青团）对于青年竭力培植注重，是其第一优良政策。”[149]

苏联考察之行也在蒋的事业上扮演了关键角色，使他突然间成为国民党成败所系的这个既强大又神秘的北方邻国的头号专家。蒋在十二月十五日搭苏联船只回到上海时，主管国民党财务的大员廖仲恺前去迎接。廖也是孙中山挑选出来负责依照马列主义改造国民党的人员之一。国民党内有些人士深刻关切莫斯科的真正意图，对此，蒋向他们担保：苏联提议援助国民党是真心的。（不过多年后，他痛苦地表示，当年回国时他已对苏联的意图极为警觉；此说分明不确。）[150]蒋在一九二四年一月十二日终于回到广州，向孙交上一份书面报告。[151]

此时，共产国际新派来的驻国民党政治顾问鲍罗廷（Mikhail Borodin）已在广州依照列宁主义路线改组国民党。在孙中山的命令下，国民党党员以“同志”称呼中共及苏联盟友。不过，孙在一九二四年一月国民党全代会上宣称，中国并无明显的阶级差异，每个人只是大贫与小贫的分别。这一说法和共产党进行剧烈的社会革命的主张大为不同。军事方面，孙就比较能接受苏联的影响。他晓得，当他指派蒋介石为军事委员会成员，并主持为训练军官而成立的新军校时，莫斯科一定会很高兴。一九二四年六月，蒋陪孙站上司令台，主持黄埔军校的开学典礼。开办军校的费用靠的是苏联赠送的两百七十万元（中国钱），另外每月补助十万元，才得以成立。孙在开学典礼的演讲中宣称，目标是仿效苏联红军打造一支“新革命军”。[152]

应蒋的要求，苏联派蒋在西伯利亚结识并一见如故的苏联远东部队司令加仑（V. K. Blucher）到广州，担任他的参谋长。[153]莫斯科另外派了几个军官到黄埔军校。[154]蒋搬出在莫斯科学到的东西，派戴季陶为黄埔军校政治部主任，至于戴之下的副官，则是中共提名的共产党员周恩来，周曾留学日本两年、法国近四年，刚回国不久，时年二十七岁。周也是浙江人，和蒋很谈得来；他长相英俊，有如默片电影明星，风趣幽默、仪表堂堂、谦恭有礼、饱学多闻、自信满满，且温文儒雅。在蒋看来，周是个很真诚的人。国共两党虽历经四十七年的竞争、斗争和激烈交战，两人之间却发展出不寻常的关系，彼此尊重，即使在两党激烈冲突之际，这种感情仍会不时显现出来。

黄埔军校倡导武士道精神，校训“亲爱精诚”，还有一套威武不屈、誓死不降的荣誉规约。这套价值的极致就是“坚守阵地到最后一兵一卒；不计牺牲、英勇攻敌；不容疑问、奉命唯谨”。它还订立“连坐法”，任何单位只要有一成员失败或犯规，全体接受惩罚。[155]战术课和武器操练只占四分之一的受训时间；大部分的讲课是政治思想课程，即研修三民主义，但也教授马列主义对帝国主义的观点，以及中国沦为分裂、被压迫的半殖民地之历史。尽管上课时间甚长，操练仍十分严格，需要全心全神投入。

中共有权推荐若干人进军校各期受训，但国民党招募来的报名者占大多数——总共有七千人，大多来自中等以上阶级的城市居民或地主乡绅家庭。[156]蒋介石从名单中亲自挑选了约五百人作为头几期的学员。[157]每期三个月的密集训练——长度与美国收大学毕业生的陆军军官预备班相同——一年下来，培训了约两千名新军官。“黄埔系”成为未来二十五年蒋的核心支持者。

前一年，国民党内有十一名元老曾因共产党势力大增（包括在各阶层皆已建立秘密小组），首次向孙中山提出警告。到了一九二四年六月，其中多位大佬又呈请下令清共。这些人拿出中共的秘密文件质问鲍罗廷，文件显示，共产党密谋

↑1924 年 6 月，孙中山与蒋介石于黄埔军校合影（国民党党史馆提供）

利用国民党达成其革命目标。但是，包括蒋介石在内的广州国民党领导人并没在意。蒋认为，“当此关键时刻……（同志）必须紧密合作，国民党员应与共产党携手对抗共同敌人”[158]。蒋在一次演讲中赞扬苏联布尔什维克党人，“为他们国家及平民之福利奋斗，不全为个人利益努力”[159]。同时，一九二四年十月七日，苏联答应给的第一批八千支步枪抵达广州，不久又送来一万五千支步枪，以及若干机关枪和大炮。[160]到了当年年底，莫斯科派到中国工作的军事、政治人员已达一千人左右，并且提供给国民党每月三万五千元（中国钱），外加其他补助。[161]从这段时间起，至一九六〇年为止，苏联是在中国最有决定性影响力的国家——例外的情况有二，一是作为侵略者及占领者的日本，二是一九四一至一九四五年抗战期间作为中国盟国的美国。

苏联武器源源而来、堆满广州码头之际，广州商团和国民党右翼人士组成了一支九千人的民兵队，在英国人默许下，香港的保守派华人运送一船的武器给这支民兵队。蒋获报后，召集军校学生组成作战队伍开进广州，没收这批武器。商团威胁要展开总罢工，香港的英国人炮舰也升火待发，孙下令交还武器，但民兵队和国民党军队仍爆发冲突。孙终于授权蒋平乱，短短几天里，蒋完成了这一任务。

同时，北洋军阀新的联合政府邀请孙中山北上共商国是。孙的健康情形已经大坏，但觉得这是他和平统一中国的最后机会，仍决定抱病北上。他一到北京即病倒，医生诊断他的癌症已经无法治愈。孙在一九二五年三月十二日去世，享年五十有八。[162]直到这一刻，蒋还从来没想过要这么快成为政治领导人，不过他一定考虑过总有这个机会的可能性。两年前，他在日记里曾引述过十九世纪湘军领袖曾国藩的话："看曾公尺牍，至《复陆立夫书》，有'事机之转，其始赖一二人，默运于渊深微莫之中，而其后人亦为之和，天亦为之应'。"后面是他咬文嚼字地说："信乎，吾可不以迁移默运之人，自任乎。"[163]

孙逝世时，蒋还不是国民党中央执行委员，党内高层人士中多数也不认为他足堪竞争领导人地位。蒋在军队中也有政敌（这段时期他随身带着手枪）。[164]但是，他强悍的军事指挥官的形象已经英名在外。这个阶段，他在低阶军官及一般党员中的追随者数量，可能已经超过任何其他的国民党政治领袖。在他们心目中，蒋不仅是个战功彪炳的军人，还是孙中山首屈一指的学生，是个坚强又有独立主张的左派分子，不贪腐，且"坚定不移"地追求目标。[165]蒋也被公认是个熟悉苏联的军人，受到苏联的信赖。苏联在中国革命中扮演的新角色，对于蒋在国民党内的蹿升，起了极大作用，而蒋也明白，在未来几年内，苏联的影响将更加重要。

第二章 北伐与内战

一九二五年春天，列强在中国依然横行无忌，但中国人民已越来越不愿容忍这些侮辱。五月间，孙中山逝世之后两个月，上海某日资纺织厂的守卫开枪打死罢工工人；学生爆发示威活动，英国人带领的警察又打死十一名示威者。武汉方面，英国志愿队架起机关枪对付“数千名滋事苦力”；当滋事者焚烧九江的日本、英国领事馆时，英、法陆战队紧急驰援。[1]

警方把上海骚乱归咎于“中国布尔什维克”活动，尤其是“国民党激进派”。[2]《纽约时报》特派记者警告说：“激进党”（国民党）决心废除“所有的外国特殊地位、特权和治外法权”。他又叹息列强对如何处理这一挑战，并无共识，不像当年对义和团事变的反应。记者还警告，就连日本也有可能“和黄种人世界站在同一边，对抗西方”。[3]

由春季迈入夏季，动乱愈演愈烈。一九二五年六月二十三日，包括童子军和黄埔军校学生在内的一支反帝游行队伍在行经广州沙面外侨居住区时，有人开了一枪，岛上英军开火反击，击毙五十二人，另有上百人受伤。[4]蒋介石闻报有二十名黄埔学生丧生，对英国的仇恨升至新高。他写下：“英贼凶暴……不以华人之性命为事。”他每天在日记中写下一些反英意见，如“汝忌阴番之杀同胞乎”，他也一度提到：“法、美可恨。”[5]蒋介石反帝国主义的心，跟他的爱国精神一样强烈，因为他视两者为共生关系。

七月一日，国民党宣布在广州成立国民政府，推举汪精卫为主席。另两名重要成员是党内大佬中最左倾的廖仲恺，以及高级将领许崇智。蒋氏为强化自己高尚、无私的军官形象，觉得军人不宜参与政府运作，因而婉拒出任政府委员。[6]不过，他还是被任命为新成立的军事委员会委员；在他建议下，所有的军事单位，包括联盟的军阀部队，今后都统称“国民革命军”。此外，他替主张及早发动北伐以统一中国的若干国民党领袖站上最前线，提议建立七个军，在广东建立若干军火库，并将广西纳入革命阵营。最后一个提议的目标，是把新兴的“广西陆军第一军”纳入国民革命军，这支由三十四岁的李宗仁率领的部队在一九二五年底即将征服广西省内大大小小的军阀。经过冗长交涉，李宗仁和他的两大亲信同僚黄绍竑和白崇禧，正式同意加入国民革命军，但是事实上，他们对广西的军队和省政仍保持着有效的控制。[7]

李、黄、白三人不仅是军阀，还是当时少数有能力的军事领袖，强烈认同“让中国统一、强大”的理想。他们率领的桂系军队是当时中国所有部队中领导统御最佳、效率最高的，并且借由对经过广西省的鸦片课税，粮饷也最充裕。桂系对社会或经济改革没有太大兴趣，一向强调维持本身的独立地位。[8]

在准备北伐时，蒋介石提出一个主要目标，即肃清军中的贪腐。他下令：“自某月起，各团饷项，向军需局直接支领，师部军需长，只于发饷时负监督稽核之责任，各部更不得于驻防地自行筹款。”[9]他打算把国民革命军打造成为纪律严格、现代化的组织，像日本的皇军或苏联的红军那样诚实、有效率的部队。[10]这也正是他高度重视政工干部角色，也愿意接受政工干部大部分为共产党员的原因之一；这也表明：早在此时，他已承认中共党员比国民党干部更有纪律、专心致志和诚实。政工干部另外的功能是确保部队指挥官以及其他军官的忠诚和诚实，并且要保证征召来的士卒和平民得到相对人道的待遇。

不幸的是，蒋氏手下大多数将领根本拒绝这个集中军中财务的方案——蒋介石不久就发觉，他必须把反贪腐的优先度降低，先着重保持他手下品流复杂的文武官员的团结和忠诚。他别无选择。然而很重要的是，他在一九二五年取得国民革命军总司令职位之后，立刻停止了这一财务改革，这一事实显示出：尽管蒋很了解军队和政府中的贪腐毛病及其可怕后果，但他从未能成功地反贪腐过。这一情形，一直持续到他一九四九年撤退台湾之前。

一九二五年八月二十日，廖仲恺在广州出席国民党中央执行委员会会议，刚下车即有几个人从暗处跳出来，开枪把他打死。蒋介石获讯后，在当天的日记中记下：此事应系英国人在幕后策划。[11]在鲍罗廷的建议下，国民政府由汪精卫、许崇智和蒋介石组成一个特别委员会，负责调查此事。蒋氏以后生晚辈之姿突然跃居党内三大要角，而党内领袖当中被公认为最保守的胡汉民则被排除在外。事实上，不久就发现刺杀廖仲恺的一个主嫌竟是胡汉民的堂弟，此人在被传讯之前就逃离广州。

调查也发现，国民党和粤军中有一群保守派阴谋铲除广州的左派分子。中央政治会议下令将许崇智——负责调查工作的三大员之一——手下几名高级军官处以极刑。许崇智本人并未被认为直接涉及廖案，但是不久又冒出另一指控——他涉嫌和陈炯明有秘密接触。九月二十日上午，蒋介石率领少许士兵包围许崇智住处，要求名义上仍是上司的许崇智离开广州三个月。[12]许崇智贪腐尽人皆知，中央政治会议同意他立刻前往上海。汪精卫和蒋介石也在中央政治委员会的通过下，派反共的胡汉民前往莫斯科。挺讽刺的是，胡汉民不久后又被派为国民党驻共产国际代表。[13]

决定国民党方向的权力落到了两个人的肩上：汪精卫，政府领导人、革命军首席党代表，也是昔日反清革命党人最知名的人物；蒋则是地位较低的军事领导人，兼黄埔军校校长、广州卫戍司令。两人似乎都坚定地站在国民党的左翼；汪外向、好说大话，蒋则内向、一本正经。根据鲍罗廷的说法，汪善体人意，“能闻一知二”，但若被要求“负起责任，他一向退让不遑”。[14]

汪能言善道，但“重权力、好出名”。鲍罗廷、李宗仁等人认为汪不能信任，也不够坚定。鲍罗廷反而觉得蒋虽才学有限，却“勇于承担责任”。李宗仁和蒋第四度也是最后一次决裂之后多年，说蒋“心胸狭窄、偏执顽固、狡猾、多疑、好妒”，但也承认，“他喜爱作决定”。[15]

事实上一般公认，顽固（或说坚定）和果决是蒋的主要特质。他刻意培养、练习并向外界展现这些特质，可是一生当中，他在和军阀、日本人、中共及美国人谈判当中，也有战术灵活的时候，必要时也会务实地后退、让步。在蒋所处的环境里，狡猾和猜疑往往是成功政治领袖的标记，蒋也有这样的特质且一路精进。尽管如此，他对自己的诚心以及精明之强烈信念，不但让他喜欢被赞扬和奉承，也颇能领受传达尊重、好意，以及让步的举措。本质上，他不是一个愤世嫉俗的人。

直到许崇智下台之前，蒋一路稳步上升，并无任何拉帮结派的可疑举动，他没有试图打造派系（除了年轻的黄埔学生）以积累政治盟友，也没有争取政治地位。此外，蒋看来是个异常能克制自己野心的权力人物。浙江人的身份是他政治缺陷的其中一项，革命军当中除第一军有许多黄埔学生外，绝大部分的官兵来自广东、广西、云南、湖南。

廖仲恺、胡汉民和许崇智等大佬相继退出舞台，加上共产党的持续崛起，国民党内出现裂痕。一九二五年夏天，戴季陶发表两本小册子，指控共产党代表外来的激进主义，“轻蔑中国价值，威胁到中国的社会秩序”。[16]戴也写了一封长信给蒋，重申他担心共产党对国民党的渗透后果将十分可怕。蒋却大怒，慨叹戴和一干老朋友“老朽、跟不上时代”。[17]

蒋大部分的政工已是共产党籍，由周恩来领导，蒋对政工们的动员工作越来越关注，他甚至任命周担任他最忠诚的第一军中第一师的政治部主任。就和当时他的日记内容一样，此一任命表明蒋的思想依然十分左倾，相信与苏联的同志关系，以追求共同利益——打倒全球帝国主义、统一中国，除了不愿让共产国际干预中国国内事务。这个态度还有另一个例证：十月间，他很快就答应十五岁的儿子经国前往莫斯科东方劳动者大学念书。同一个月，终于敉平陈炯明的势力，他在中苏军官一起出席的庆祝大会上赞扬苏联人的国民精神和共产国际的力量，以及它反帝国主义革命的使命。他说，中国若不与世界上所有的革命派结合，中国的革命必败。[18]

但是，国民党的裂缝日益扩大。十二月间，戴季陶等一干大佬在北京西山召开出席人数不足的中央执行委员会，表决开除国民党内的共产党人党籍，停聘鲍罗廷，解散中央政治委员会。对此，蒋在一封私人信函中责备中国革命迄今未能成功，就是因为西山会议派的傲慢和腐化的嫉妒。同一个月，他对黄埔学生演讲，“吾为三民主义而死，亦即为共产主义而死也”。[19]同时，蒋在中国青年心目中的地位越来越高。一九二六年一月，国民党在广州召开第二次全国代表大会，蒋肩上披着披风出现在代表们面前，很是吸引众人的目光。共产党的领袖张国焘对此的印象是：蒋是在传达一个“重要军事领袖”的感觉，并塑“自成一格”的形象。[20]

国民党“二全大会”有三分之一的党代表是共产党人，蒋首次被选为中央执行委员。[21]国民党党工干部中百分之七十为共产党人，国民革命军的八百七十六名政工干部中，有百分之七十五为共产党员。[22]共产国际的档案文件显示，黄埔军校甄选第一期学生时，蒋甚至向苏联顾问建议所有的政工人员都由共产党人担任，而共产党在国民革命军基层官兵中只占极少数。[23]有位苏联顾问向他的上级提出警告：蒋对中共的偏袒已引起“国民党内各级指挥官的愤慨”，搞不好会有反弹。[24]

同时，苏联顾问团在广州的人数也快速扩张。苏联六艘轮船定期载送石油、武器甚至拆解开的飞机到广州来。[25]苏联派在华南的代表团向北京苏联大使馆报告，说它实际上已承担起国民革命军参谋本部的工作。这份报告说道：“国民党现今的存在是我们创造出来……到目前为止，只要我们提案没有一项不会被政府采纳。”化名季山嘉（Kisanka）的库比雪夫（N. Y. Kuibyshev）将军，十一月间取代加仑出任苏联军事顾问团团长。两个月后季山嘉呈报给莫斯科一份报告，透露苏联的终极目标：现在还不能“完全控制”住国民革命军。[26]

有位苏联顾问觉得蒋“自负、缄默、野心勃勃”，但是若能“微妙地赞美”他，“以平等地位待他，绝不显示向他夺取一丝一毫权力”，便可从他那里得到许多。即令如此，季山嘉仍然公然鄙视他的中国军方同僚，写下：“他们完全不懂兵法。”[27]冲突遂在所难免。早在一九二六年一月，蒋就记下他对这位新任苏联军事顾问团团长及其部属的不满：“我已诚往，彼以诈来。”季山嘉“讪笑”他之后，蒋又抱怨苏联人欺骗、多疑、善妒。[28]

很快就导致双方失和的事件之一是，蒋全力规划早日发动北伐，此时国民革命军拥有八万五千名部队官兵、六万支枪；军阀对手虽有十倍之多。但蒋深信，精神、意志力才是胜负关键。可是，斯大林反对提早北伐：他依然担心日本的反应，也知道中国共产党的壮大还需要时间。[29]

同时，上海的西山会议派散布谣言，试图煽风点火，挑起广州人士的疑共心理，并传说汪精卫和苏联人有阴谋要铲除蒋。[30]蒋的部属向他报告，广州出现明显出自共产党之手、诋毁蒋的传单。蒋此时也开始在日记中批评起共产党，有一天他写下：国民党内的共产党人“在党内活动不能公开，即不能开诚相见……”不久，他开始觉得自己是“单枪匹马，孤苦伶仃”，政治生活仿佛“绝境”。[31]

就在这时候，汪精卫派他到莫斯科去和苏联人商讨北伐计划，以及他和季山嘉的不和。陈果夫的弟弟陈立夫刚从美国留学回来，出任蒋的机要秘书。陈立夫后来著书说，蒋并不想去莫斯科，但是觉得他必须接受国民党和孙中山的原则，即党（汪精卫）控制军（蒋本身）。[32]照陈立夫的说法，三月十八日午夜过后，中共中央执委会里头有个浙江籍成员传递密告给蒋，表示共产党和苏联人正阴谋要逼他下台。[33]

次日，革命军一艘炮艇“中山舰”（舰长为共产党员）作出令蒋起疑的移动，而且汪精卫当天两度打电话问起蒋的行程。[34]据陈立夫的说法，蒋担心有陷阱，决定搭车前往广州城外效忠他的第一军驻地。途中，他决定要反击共产党冲着他来的威胁。[35]经过和第一军高级将领彻夜讨论后，三月二十日清晨四点钟，蒋宣布广州全市戒严，逮捕中山舰舰长（李之龙）以及周恩来在内的约五十名共产党人。第一军部队解除了广州共产党纠察队的武装，并没收苏联顾问团营区卫兵的武器。[36]下午，廖仲恺遗孀何香凝冲到蒋的总部，追问：“你疯了吗？还是你要向帝国主义投降？”想到总理孙中山一向深信他会接受文人统治，蒋不禁“伏案痛哭，有如小童”。[37]

苏联对此事件的后续报告似乎证实，蒋怀疑汪精卫居心叵测似乎不无道理，但莫斯科方面此阶段根本不可能试图倒蒋。每一个迹象都显示斯大林和鲍罗廷视蒋如雅各宾激进派，近似共产党人，在国际事务上可接受共产国际的权威，但在内政事务上则不，有朝一日说不定可将他争取过来。奉系军阀张作霖一九二七年四月初闯进苏联驻北京大使馆，在抄出的文件中也找不到一九二六年三月苏联有倒蒋的阴谋。苏联内部的报告也下结论，认为苏联顾问躁进，想抓权，却激起公愤，但也暗示汪精卫在“中山舰事件”期间及事后都是反蒋联盟的一员。[38]

尽管有这些不确定，事后蒋也相信中山舰舰长未涉及阴谋，他仍然把握这个机会，不仅确立了国民党在中国有超越苏联顾问的完全权力，制止中共渗透国民党，还确立了他在国民党乃至革命运动中的领导地位。可是，他希望避免被看做是借由政变来达成这些目标，因为这会违背孙中山的原则以及他自己诚正的誓言，也会危害到未来苏联的援助。因此他立刻向苏联人保证，一切不变。事件当天下午，他就把部队撤离苏联营区，并表示道歉。他也命令士兵撤离工会，释放周恩来等大部分被扣押的共产党人。汪精卫大怒，以为除了第一军之外，他可以号召所有部队反对蒋，不料各军司令除了一二例外，都强烈反共，乐于见到蒋对中共及苏联人的限制。[39]

国民党中央执行委员会迅即核准蒋的行动，包括让他接手汪精卫的军事委员会主席职位，中执会还提议，“鉴于当前情势，左翼同志应暂时后退”。汪精卫遂以养病为名，立即前往上海，后转赴法国。[40]蒋向苏联在广州的高级外交官索罗扶耶夫（Solovyev）担保，他的目的不是阻止国民党联苏容共，他要求加仑回任，以及暂时回去莫斯科的鲍罗廷快点回到广州。索罗扶耶夫同意，并表示他会罢免季山嘉。[41]

蒋也逮捕若干国民党保守派，并向黄埔师生发表公开信表示他和孙中山一样，认为若不容共，革命阵线无从团结起来。[42]这时正好在广州的苏联考察团团长布伯诺夫认为，蒋愿意也有能力“和我们合作”。[43]虽然中共此时已有三万名党员，但短期内夺权的机会不大，斯大林和共产国际因而同意它应继续维持和国民党的统一战线。

蒋为“三二〇”事件向国民党中执会自请处分，不出意外地，中执会不但没惩处他，反而决议把革命大业交付给他。[44]六月五日，蒋被任命为国民革命军总司令、北伐总指挥，一个月之后又接任中央执行委员会常务委员会主席。和孙中山一样，西方媒体自此即称他“Generalissimo”（委员长）。[45]国民党中央组织部部长陈果夫和弟弟陈立夫，以及一向提携蒋的张人杰联手清共，拔掉多数共产党人所担任的各级党务主管工作。陈果夫也开始派出手下秘密小组渗透进工会、农会甚至军中政工干部。[46]

此时蒋早日发动北伐的想法更加坚决了，他预计一开始若能连番告捷，政界、学界和企业界就会团结起来都支持他。他也晓得，虽然苏共、中共都认为他只是“刚刚蹿起的无名小卒”、“自封的拿破仑”，可是他一旦发动北伐，他们别无选择，就只能支持他。蒋有第一、第七和第四三个军的实力，承担了北伐一路激战的主要任务。除了第一军外，其他军都有军阀部队的背景。六月间，反国民党的湖南军阀中，最大一个师的师长唐生智率部倒戈，被授予第八军的番号。

蒋的策略是取湖南，占领往北近五百公里的长江重镇武汉，与左倾的军阀“基督将军”冯玉祥（以水管替官兵施洗，要他们信基督教而闻名）联合，再往北京推进。长沙的美国籍传教士医生菲尔·葛林（Phil Greene）在家书中提到，湖南有许多“小王国”割据，各有军事首脑和成群的游手好闲的士兵。[47]事实上，湖南一省就有二十三个大小军阀，国民革命军北进，他们不是闻风而逃，就是加入革命军行列。蒋的军官宣称“所向无敌”。[48]

七月十一日，国民革命军在一大队青年学生尾随下进入长沙。次月某一天，湘雅医院（Yale-in-China Xiang Ya Hospital）的外科医生葛林接到军方总部传话："立刻派牙医来照料委员长。"湘雅医院受西式训练的华人牙医早已逃往上海，因此葛林亲自出诊。等了好几个小时后，"进来一名男子，身穿平常白衫、灰裤，中式鞋子"。葛林以为他是传令兵，问起名字，病人只说："姓蒋。"葛林解释，他虽不是牙医，但可以替他拔牙。蒋说："那就拔吧。"葛林说，蒋不像一般中国人"东问西问"，很干脆。三天后委员长在湘雅医院对面设立一所全新、设备齐全、两百张病床的军医院，所有的美国人都很佩服。这是可喜的兆头。葛林认为，或许梦想终能成真——中国恢复完全主权，重建自尊，欢迎愿意伸出援手的外国人。[49]

↑1926 年，送别蒋介石与苏联远东部队司令加仑去长沙参加北伐（国民党党史馆提供）

蒋命令国民革命军立即进攻湖北。接下来的武汉争夺战，一向不怎么欣赏蒋的李宗仁，赞佩总司令“镇定地”站在前线，“不畏黑暗中擦身而过的子弹”。[50]十月底，革命军已击溃湖北军阀势力，攻占武汉。同时，何应钦率领的第一集团军也绥靖福建，进入浙江。闽、浙两省军阀立刻宣布效忠国民党，蒋也立予收编。[51]后来，蒋一再招降纳叛，来者不拒，后续的政治问题以后再头痛。这是孙中山的旧策略，它日后使蒋吃尽苦头，但是在这一刻，他觉得也别无他计。

北伐途中，蒋率本部参谋随主力部队行进，经常骑马，偶亦坐轿（因为根本没有卡车）。不论身在何方，蒋总是晨起静坐、运动。他每天早晨五点起床，先练拳术，用那种梦幻似的传统姿态慢慢地伸展、紧缩并放松他的肌肉，然后练习吐纳。面对每天的挑战，他总以曾国藩和王阳明为师，并参考古代兵学家孙子，思索他们会怎么做。[52]

蒋面临的挑战极大，他又巨细靡遗、大小皆管。由于他对底下多数将领的能力没有信心，或是未必信赖他们，有时他直接找团长沟通。[53]台北所藏他的军事指令和通信的全集，有七十八卷之多。[54]他经常亲自裁定分配多少弹药和器材给哪个单位，有一次还细微到配给四门臼炮、一百发炮弹、四百枚手榴弹。鉴于当时器材、弹药、军毯、粮食当然还有金钱奇缺，有时候是否配发四门臼炮这种小事都不只是军事问题，还是政治问题。每一次蒋分配稀少的供应品、每一次的部队战术调遣，都会影响到其他单位，引起羡妒。第一次世界大战所用的重炮是特别珍贵的罕有资产，有时候这几门炮要怎么调遣都得由蒋亲自裁定。

显然蒋指挥的是一支良莠不齐的杂牌军，各部队的训练、经验、忠诚度、可靠度都天差地别。[55]他经常请教加仑和白崇禧，但又觉得到头来只能相信自己以及少数在日本军校的同学，如何应钦和张群等人。固然共产党籍的政工起先协助他降低军中的贪渎邪风和弄权玩法，在“三二〇中山舰事件”之后，他撤销了最信赖的部队第一集团军中的共产党政工干部。（李宗仁的第七集团军则自始即不准他们进入。）

蒋和陈洁如在这段期间的关系也是跌宕起伏、吵吵闹闹。两人一分别，他就想念她，要她到不同地点会合；她若不能准时出现，他就发脾气。他们经常吵架，吵完他又后悔。一九二六年六月，他曾到孔祥熙、宋霭龄寓所去拜会宋氏三姊妹。三天后他又单独上门找美龄。宋家三小姐和陈洁如——更不用提蒋以前的女性同伴——的差异相当大，他开始嫌弃陈洁如没念多少书，不会打理家事。[56]

蒋第一次邂逅宋美龄是一九二一年十二月在上海孙中山寓邸的圣诞晚会上，据说他一见宋美龄就惊为天人（毫无疑问，她的家世背景也是一个因素）。尽管不久之前他才把陈洁如迎进门——他问孙中山和宋庆龄，他们是否觉得宋美龄会接受他。据说，他们俩斩钉截铁告诉他，“不可能”。[57]宋美龄本人也回话，她一点兴趣都没有。[58]五年后的一九二六年八月，蒋短暂回广州处理公务，孔祥熙夫妇邀请蒋介石、陈洁如吃晚饭。陈洁如认为，孔氏夫妇此时已经打主意要撮合声望如日中天的蒋介石和宋美龄的婚事。待男士离开房间，宋家两姊妹问起陈洁如和蒋的生活情形，话题转到他出名的坏脾气。宋美龄说：“可是，男人有坏脾气，总比没脾气要好呀！”[59]蒋追求宋美龄的希望大增，此次会面后，他和美龄开始不时鱼雁往来。当北伐军攻克武汉时，她还发函恭喜他。[60]

革命军北上时，往往带走由地方士绅和地主供饷、掌控的民兵团练，结果是跟在革命军后头，中共创设的农民协会收益更大，许多地方的地方官反而失去权势。照毛泽东的叙述，年轻的中共干部通常把新团体的领导权交给一无所有的村民，如失业者、乞丐、佣兵等。他们领导一伙最穷的农民斗争地主及其他阶级敌人，且对“土豪劣绅”举行群众公审。[61]毛泽东在他撰写的《湖南农民运动考察报告》中说：“革命不是请客吃饭，而是一个阶级推翻另一个阶级的暴烈的行动。”他说：“质言之，每个农村都必须造成一个短期的恐怖现象。”[62]

基督教会也受到攻击和劫掠。葛林和太太露丝的一些传教士友人在“仅有蔽体衣物”之下逃往长沙。一月二十六日，美国驻长沙领事范宣德（John Carter Vincent）力劝葛林和四个子女夜里秘密前往一艘拖船，它会带他们往下游去找另一艘英国邮轮。葛林一家人遂在学校医学院学生协助下顺利在午夜逃亡，但誓言一定会回来。[63]

中共中央试图阻止在农村这些太早漏出痕迹的过当行为，却不成功。[64]苏联在湖南的军事顾问对这些贫下农民攻打有土地的乡绅以及革命军，忧心忡忡。许多集团军司令官事实上罢黜共产党籍的政工，换上非共产党籍的政工，弹压贫农暴动及退还没收的土地。[65]

↑1926 年 11 月，蒋介石与加仑司令及其他苏联军官在北伐途中休整（国民党党史馆提供）

一九二六年底，蒋介石控制了从广西、越南边界起，往西至四川（当地军阀已正式加入革命）、往北到达长江的武汉，往东到闽北这一大片土地。蒋这段时期令人意外大败军阀一直被归因于“民众自发起义，使国民党部队顺势占领”业已夺下的地方。[66]但当时中国的报纸，不分中外文，都形容民众对革命军的支持是“散乱、随其兴之所至，且不积极的”。北伐之所以能以一当十，主要原因是革命军军纪良好。[67]蒋不久即把军事总部移到南昌。

同时在广州方面，国民党中执会的自由派，包括宋庆龄、宋子文姐弟，担心蒋军功彪炳、声望日升，无可避免会建立军事独裁。让他们忧虑的是，蒋在中山舰事件之后紧接着的动作，如当选为中执会主席，以及继续把中共党员清出国民党各级机关和部门。蒋了解反共的各集团军司令官也忌惮他取得独裁掌控，因此，蒋并没有进一步巩固自己权力的动作。国民党左派再结合中共党员，此刻掌控了中执会；十月间，中执会通过决议案，对蒋在中山舰事件之后进行政治权力的集中，暗暗地表达不满。甚且，十一月间，它又表决将中执会和国民党中央移到武汉，就近掌握北伐情势，而且当地环境也较有利于工会。蒋在日记里起先欢迎国民党党中央北迁，可能是不想扩大间隙。[68]

两个月之后，国民党内亲蒋、非共派在江西庐山集会。庐山是江西省的山区度假圣地，雄峙长江南岸。蒋再次为了消除各方对他个人野心的忧虑，在会中附议一项提案，解除自己中执委主席的职位，并如早先的作为，呼吁汪精卫回国，恢复与党的关系。或许这些动作被批太假惺惺，但从他的日记和脾气判断，他可能希望妥协可使国民党内非共人士包含汪在内能够团结——这是设法抑制共产党势力之前必需的一步。他在日记写下，他急欲攻下“长江下游”，稳住武汉，并发展经济。[69]

一月十一日，他又以一项大胆行动表白他的诚意——亲赴武汉，把自己交到国民党左派人士和共产党人的手里，试图说服中执会迁到南昌。鲍罗廷在中执委欢迎蒋的接待会上，几番暗讽独裁者和追求权力的军阀。[70]鲍罗廷“几乎当下”就怕说得太过火。[71]不久之后，这个苏联代表发信给李宗仁，建议李取而代之，出任北伐军总司令。李担心若逼蒋这位国民党新领导人下台，中共会乘虚而入，予以拒绝。由于他痛恨共产党，也为了自保以防鲍罗廷的信遭到拦截，李极有可能向蒋报告此一接触。[72]此时蒋十分忧心，一连几天失眠，四度在日记中吐露了自杀的念头，希望以死明志，“使全国同胞起而自救其危亡”。二月一日，他写下：“决将政府迁移武昌也。”但是，只要鲍罗廷还在中国——他的“奸邪”难以言喻——蒋似乎就不可能这么做。[73]

此时，革命军通往上海之路已经打开。武汉国民党党中央、共产党和苏联顾问都希望北伐军北上，和冯玉祥部队联手。从冯玉祥最近访问莫斯科的言行声明来分析，他应该已坚定站到国民党左翼立场。可是，蒋坚持革命军先取南京、上海，因为新的国民政府就可定都南京，直接取得上海巨大的财金资源，甚至外国的承认。庐山会议赞同蒋的策略。但是，一九二七年三月一日，武汉中执会正式把蒋纳入它新改组的军事委员会节制之下。会议亦把蒋的重要党职移交给不在国内的汪精卫，同时发布秘密命令要逮捕蒋。陈果夫可能事先得知此一密令，蒋极可能此时下定决心必须清共。[74]

革命军向上海挺进，上海的共产党和国民党工会发动联合罢工响应。接下来的暴乱中，两百名工人丧生；但三月二十二日，上海军阀防卫司令投向革命阵营，福建海军舰队也易帜投靠，蒋遂控制了长江流域。[75]白崇禧三月二十二日率部进入上海。已率部进入南京的程潜将军，收到武汉中央命令要他逮捕蒋；程不予理会；而且，为了自保，蒋三月二十四日搭乘新取得的“楚同舰”到达南京时，程肯定向蒋报告了此事。[76]两天后，蒋到上海，发现工人和学生天天集会示威，要求收回外国租界。许多西方人怀疑蒋有意愿或能力控制局势。[77]周恩来此时主持上海市中共活动。

四月一日，汪精卫搭乘苏联船只抵达上海。上海的国民党领导人包括蒋在内，多数要求汪留在上海，领导团结统一的国民党，驱逐鲍罗廷，“节制”共产党。鉴于大多数人强烈支持汪精卫回国，除了何应钦之外各军的军、师长亦莫不皆然，蒋一定觉得他必须接受汪回复政治领导地位。如果汪同意反共，情况如何发展很难说，但他可以在强化个人控制后，号召多数的左派国民党人归队。果真如此，则可能无限期地延搁蒋崛升政治领导地位的时程，甚至永久阻绝。可是汪拒绝了，坚持必须在武汉召集全体中央执行委员开会来决定这样一件大事。[78]

次日，蒋通电全体司令官，宣布汪“主席”已回国，今后所有的军事、民政、财政和外交事务都应集中接受汪的指挥。然后蒋拜访汪密谈，力陈必须把碍事的鲍罗廷遣送回国，并肃清党内共产党员。蒋认为汪的反应正面。可是，同一天中共领导人陈独秀突然也来到上海，他和汪很快就发表联合声明，否认中共意图颠覆国民革命军或推翻国民党——不过，结尾又是一句马克思的话：中国需要民主专政，让所有被压迫的人民起来对付世界反革命。汪、陈旋即秘密登上邮轮，前往武汉，使得蒋成为国民革命军和国民党内所有反共势力的共主。[79]蒋颁布戒严，下令解除民间一切武装，然后又搭乘军舰折回南京。[80]

四月二日，国民党中央监察委员会一致决议清共，并成立“沪清党委员会”主司其事。中央监察委员会大体上是个荣誉性质的机构，并无执行权力，其成员有支持蒋最力的张人杰，以及戴季陶和陈果夫、陈立夫兄弟。陈立夫在回忆录中告诉我们：“最重要的目标”是确保青帮不和中共结盟，因为国民党分析此事可能性不小。[81]

青帮两大首脑杜月笙、黄金荣“基于政治理由”和共产党、国民党都保持

↑杜月笙，穿梭于国共之间的青帮头子（国民党党史馆提供）

密切关系。根据陈立夫的说法，杜月笙和上海总工会（Shanghai Federation of Trade Unions）负责人汪寿华有直接接触；汪是青帮人，也是中共党员。由于这层关系，中共中央不认为强大的青帮是个迫在眉睫的威胁。可是，青帮大佬杨虎早年和蒋一起参与革命，现在担任清党委员会和杜月笙主要接触人。清党委员会同意给杜六十万（中国）银元成立“中华共进会”之类的武装暴徒组织，协助执行青帮被赋予的任务。蒋在出城前也任命杨虎为上海卫戍司令。[82]

同一天，奉系军阀张作霖的警察冲入北京的苏联大使馆，逮捕苏联外交官和中共党员，并载走好几卡车的文件，这些“可靠证据证明莫斯科通过其特务鲍罗廷控制中共”。张作霖下令勒杀在使馆里抓到的李大钊和其他十九名中共党员。

但是，双方其实都一样残酷和尔虞我诈。凑巧，斯大林不知北京这头发生的事，在莫斯科对三千名党工干部演讲，表示“当（国民党）右派已经没有用处，蒋介石将像柠檬一样被挤干后丢掉”。[83]

历时二十二年之久的国共内战于一九二七年四月十二日清晨在上海展开。前一天晚上，青帮杜月笙邀请共产党籍的工会首脑汪寿华到家里谈话。杜劝汪退出共产党，加入国民党。汪拒绝。当他告辞后，两名刺客开枪撂倒他。过了午夜，白崇禧的第七集团军部队于上海接管亲共的总工会办公室，不听话的人就地格杀，青帮组织的共进会武装人员在若干地方攻打工人纠察队，杀了数十人。周恩来等人又被捕，送到白崇禧总部。周是中共在上海的高级领导人，但白释放了他，很可能是经蒋核准或直接下令。[84]

青帮人马揪出躲起来的中共党员，据说杀了好几百人，另有几千人逃跑。第七集团军部队也开枪驱散一群示威民众，又打死了好几十人。广州、桂林、宁波、厦门等地，亦纷起响应清共。数十年后，陈立夫说：“这是一种残忍的方法去消灭内部敌人。我必须承认许多无辜的人被杀了。”据陈的说法，一万六千名共产党员“投靠到我们这一边”。[85]蒋日记里没提清共，但是他在四月十四日写说，“余决心暂取守势，巩固江南，以运用时局之变化也”[86]。武汉领导人为示报复，杀了八名抵抗共产党主宰武汉的工会领袖。长沙方面，与外国往来的三四十名生意人也被共产党人枪决。

四月十八日，蒋在南京另立国民党政府，推举胡汉民为主席。胡在廖仲恺遇刺后被迫下台，最近才从苏联回国。胡汉民和汪精卫一样，自命比蒋高明，把蒋当成乡气十足的后生小子。纵使如此，胡以国民政府名义嘉许蒋的忠诚和勇气，并下令逮捕鲍罗廷和陈独秀、毛泽东、周恩来等二百名中共党员。另一方面，武汉的中执会以汪精卫为主席，指控蒋介石犯了十二项罪名，如“屠杀人民，镇压党”，并革除蒋一切职务，悬赏二十五万两银子活捉蒋，若是杀了他也有十万两银子的赏金。[87]

没有迹象显示蒋在发动清党以前有考虑到一九二五年十一月即在莫斯科念书的儿子的命运。蒋经国已经成为狂热支持托洛茨基激进路线的青年，当清党消息传到莫斯科时，他既震惊又生气。次日，他公开谴责父亲是“叛徒、凶手”。固然国民党官方的解释是经国被迫发表此一声明，但蒋介石可能都怀疑这是实情。他这个充满理想主义的儿子还要滞居苏联十年，留苏期间他一直自视为真实的马列主义信徒，而他的父亲由于清共，乃是中国人民的叛徒。[88]

二

上海清共之后，蒋在军阀群中的声望大增。他现在得到浙江、福建以及上海、南京和一部分安徽、江苏的军阀之支持。广西、广东和四川似乎牢牢掌握在国民革命军阵营中反共的军阀的手中，不过这些军阀对蒋的忠诚度不足。立场摇摆的唐生智军事力量独步湖南，但乡村地区大部分受到中共控制。北方军阀控制了长江以北大部分地区。基督将军冯玉祥控制陕西、甘肃和一部分的河南、内蒙古，拥有苏联新型武器，在宁、汉之间举足轻重。

↑宁汉分裂后，蒋介石争取军阀冯玉祥、阎锡山（右），企图瓦解共产党势力（国民党党史馆提供）

蒋的地盘包括上海、宁波和南京等商业及金融中心。这些城市财金领袖对他的支持并没受到冲击其军事基础的派系斗争之影响。事实上，资本家在国民党内并无地位，国民党依然反资本家。蒋介石整个事业历程一向紧密控制这些城市的许多金融家、企业家组织，榨取他们的钱，必要时还借杜月笙帮众的威胁、捣毁财产甚至绑架的手法——只是都不承认罢了。[89]往后十年，蒋也靠向鸦片的种植和消费课税而获得大量财源。官方的本意是借由此一课税办法逐步减低毒品的使用——杜月笙也成为反毒任务的正式成员！[90]

蒋确认在军事上、政治上都有必要维持北伐的动力，遂派出最可靠的部队跨过长江，继续北伐。效忠他的第一集团军和靠得住的第七集团军再度打头阵，不久，三路部队已占领苏北大部分地区。

上海清党之后，蒋在日记的每日反省内容已变成："叛逆未灭，列强未平。"[91]汪精卫领导的国民党左翼和中共之同盟仍在湖南、湖北和江西三省有些微势力。但是，这些地区对武汉政府的支持开始瓦解，因为共产党不分青红皂白在乡村展开斗争，激起民愤。湖南左倾的国民党将领唐生智某天午夜在长沙发动对共产党人的血腥突击。反共的屠杀很快就散布到湖南其他县份，并波及到湖北、江西。蒋满意地注视这些发展，他也极可能躲在幕后操纵了一切。

中共的重挫使得斯大林难堪，激使他发电给鲍罗廷以及刚派到武汉的共产国际代表罗易（M. N. Roy）。斯大林下令共产党人占领中国农村土地，"换下摇摆不定的国民党领导人"，铲除"不可靠的将领"，并组建一支七万人的革命工农部队。[92]这些任务一点也不实际，当中共领导人读到指令时"啼笑皆非"。[93]罗易也不知怎么想的，居然向汪精卫出示电文，使汪骇然发觉苏联打算清除武汉政府的非共人士。他告诉了冯玉祥，冯也紧张起来，设法要和蒋介石会谈。

六月十九日，蒋率若干将领在上海西北方四百多公里的徐州火车站恭候冯玉祥。他们穿军礼服，腰间的佩剑也笨拙地晃来晃去。为示隆重迎接贵宾，军乐队也来了。冯的"花车"缓缓开进月台，迎宾队向车厢张望，只看到几个穿制服的仆役。仆役指指专列后头的车厢。蒋终于透过车门见到一个穿破烂制服的高大汉子坐在地板上。待列车停稳，这名军人起身离开车厢。蒋问："冯司令在哪儿?"这个汉子笑答："我就是冯玉祥。"军乐队奏乐，冯一一和众人握手。[94]

冯、蒋两人有许多共同的地方：两人都有左派观点，也都接受苏联大量军事援助；两人都有小孩在莫斯科——事实上冯有两个子女在苏联；冯是基督徒，蒋日后也信奉基督教；最重要的是，两人此时都将中共和苏联视为大敌。会谈结束，达成完整的协议。由于蒋此时有中国大型银行的“贷款”、捐款的门路，又有鸦片税收，他答应每个月给冯两百万（中国）银元的津贴；远比武汉答应给冯的数额高出许多。[95]

冯回到郑州总部（郑州位于武汉北方约三百六十多公里），立刻下令驱逐——有些地方是枪毙——他部队中的共产党员。二十五岁的邓小平，先后在巴黎和莫斯科念过书，此时在冯部担任政工，仅以身免。山西军阀阎锡山原本依违于南京、武汉和北京之间，听到冯清共，也宣告支持蒋，追拿山西省内少有的共产党人。

北洋军阀孙传芳却让国民革命军在徐州吃了败仗。蒋坚持亲自领兵反攻，却惨败，军队后撤到长江北岸。[96]蒋满脸胡髭、风尘仆仆于八月五日回到南京，对于战败大发雷霆。他下令枪毙前敌指挥官王天培——通常只有未奉命令、敌前撤退的将领才会受到如此严惩。私底下他写下战败的原因之一是他自己“轻敌”。[97]

同时，汪精卫也开始清共，把共产党人赶出武汉，并解除工人纠察队的武装。在武汉被捕的一些共产党人遭到枪决，但汪小心保护苏联顾问，假装最近事态发展不应干扰对苏关系。可是，苏联承认其对华政策已乱了套，决定退出中国。罗易率领三辆大车，挂满汽油桶，跨越戈壁沙漠撤退。鲍罗廷因为北方军阀抓了他太太，关在北京，所以他没走。等到他的太太化装成修女逃出，他们才在七月底穿越戈壁，逃到蒙古。[98]

但是苏联还不肯放弃在中国其他地区的作战。中共中央政治局隐蔽到上海，奉莫斯科的指示，宣布只要有可能就起义的政策。一九二七年九月，共产国际派人携三十万美元到上海给中共，斯大林另外批准运送一万五千支枪、一千万发子弹和三十挺机关枪给中共。[99]毛泽东也回到家乡湖南，重启农民运动。九月初，毛泽东的军事单位杀死地方官员和地主，攻击长沙等城市。到了九月中，各省军队实质上已摧毁了共产党的军队。毛泽东被迫率领残部撤退到湖南、江西交界的井冈山。[100]

回到南京的蒋介石再次派人和汪精卫接触，提议尽弃前嫌、修好合作。可是，汪坚持蒋必须先辞职才能讨论和解方案。蒋派人请李宗仁过来一谈，告诉他由于汪的坚持，他已决定下台。[101]李宗仁很清楚，蒋若下台，南京同盟必将分裂为派系互斗，汪精卫无法维系国民党团结，北伐也将停滞。蒋虽然缺点不少，如盛气凌人、个性冷酷，但专心一致要统一中国、廉声在外、迄今领导北伐成绩斐然，使他仍足资号召全国。李也认识到蒋一旦下台，将严重伤害到南京当局从上海筹款的能力。李“恳求”他再考虑。[102]

但蒋认为是时候应该走人了，遂于一九二七年八月十二日递出辞呈，呼吁国民党团结光复华北和北京。他恳求：“武汉同志，为何踌躇？”[103]他清空南京的办公桌，搭乘军舰由长江前往上海。从上海，由两百名警卫护从前往溪口，由险道登上雪窦寺。每天清晨五点在僧众梵唱和寺庙钟声中起身后，蒋即读书、静思。身穿灰色长袍，他告诉两位美国记者，他打算未来五年出国考察各国风土民情，作为中国跻身大国之参考。[104]同时，中国记者也把一位乐善好施、坚守原则的将军自我流放和僧众为伴的形象，传遍全国。蒋等待复出，但要争得道德制高点之前，他必须冒不可预知的风险。

二

这位四十岁的领导人不只沉思哲学和政治问题。他和宋美龄鱼雁往来已经一年。[105]一九二七年五月，也就是他辞职前，他通过书信向她求婚。据说一九二二年宋美龄拒绝他，但这一次却欣然接受。他现在中外知名，而她也已二十九岁，当年中国女子若此时仍旧未婚都会开始担心自己的尴尬年龄。但是，美龄的母亲反对——毕竟她已有一个女儿不孝地私奔，和大她三十岁的已离婚的国民党领导人结婚，而这桩婚事并未带来子嗣。但是，至少孙中山受过高等教育，也是基督徒；蒋介石却不是基督徒，也没受过大学教育。更糟的是，他至少结过一次婚，有好几个小妾，且育有一子。有意思的是，蒋一九二七年夏天的日记提到宋美龄的次数不多。但是一九二七年十月一日，他写下：“近日无论昼夜，心中但有三妹别无此思矣。”[106]

九月底，在雪窦寺静修已有数星期，蒋脱下长袍下山，然后乘船到上海。他一到沪上，就向记者表明此行唯一目的在求宋美龄家人同意婚事。可是，宋夫人此时正和霭龄、美龄姊妹在日本的疗养中心。蒋追到日本镰仓表明来意，并提出文件证明已和毛福梅离异。他也保证会研读《圣经》与基督教义，但表示不能保证受洗为基督徒。宋夫人终于同意这桩婚事。蒋向报界宣布，他已付钱、结束和陈洁如的关系，像早年遣散小妾（姚夫人）一样。[107]

↑蒋介石与宋美龄 1927 年结婚照（国民党党史馆提供）

一九二七年十二月一日，蒋介石和宋美龄的婚礼乃是当年上海社交界最大盛事。他们先在法租界宋氏宅邸举行小型的基督教婚礼，然后再到大华饭店大宴会厅办中式婚礼。美龄身穿银、白配色的珠绿礼服，蒋则穿上翼领燕尾服与直条纹裤。[108]两人对披着国民党旗的孙中山遗照鞠躬三次，接着蒋宣读一份声明，表示这场婚礼“是中国社会再造的象征……也是革命的基础”。[109]结婚证书被大声朗诵、盖印，新郎与新娘先互拜，再同拜婚礼证人；紧接着开始的是一场宾客上千的茶会。这对夫妇婚后起程前往浙江的莫干山，在借来的别馆度蜜月。[110]

蒋这门婚事在每一方面来讲都是最优异的安排。他的太太是个在美国受过教育的美女，她有国际观、能言善道、聪慧、富有。在长期抗战的艰苦岁月里，她向全世界及中国人民传递了中国尊严、勇敢的形象。她知道自己的角色，也知道如何恰如其分扮演角色，如参与基督教青年会（YMCA）以及保护童工的公益活动（也可能是诚心的）。她和蒋截然不同，绝无俭朴、低调的生活方式；她尽可能地雍容华贵。她一向化妆打扮、穿传统旗袍（开衩及膝），但不佩戴昂贵珠宝。综其一生，她享受财富，一点也不扭捏作态。她有位专用旗袍师傅，每三四天就替她裁制一件新旗袍。[111]她视仆从如云为天经地义，有时候出外旅行仆从六七十人。然而，生活奢华、一直有仆人服侍并不一定使她生活颓废。丘吉尔一生穿衣、脱衣也都由仆人服侍。[112]

宋美龄喜欢西洋音乐和香烟，婚前也爱跳舞、饮宴。她一直是个夜猫子，看书、写作至午夜，蒋则早睡早起。她喜爱阅读，研究中外历史和政治；而且是个虔诚的卫理公会教友。她在政治上果断，经常是个精明的幕后操纵者，并且在各个不同场合通过考验证明勇气不逊须眉，也经常陪先生亲自上战场、参与不同战役，住在帐篷或火车上。她能言善道，很好相处，和索然无味、毫无幽默感的蒋先生完全不同；蒋害羞又情绪冲动，作为一个中国男子，蒋太容易流泪。他试图改变沉默寡言的形象。或许在他母亲过世之后，蒋刻意要软化他的公共形象，他开始展现祥和的一面，接受访问和拍照时经常面带微笑。

蒋和宋美龄的夫妻生活交织着深刻的差异、相互龃龉、共同的伟大志业、真情相爱。宋美龄二十一岁时写信给一位美国女性友人，提到：“如果你把这（性）和其他组成爱的元素一起考虑，它就不让人觉得恶心。”[113]这段晦涩的评论，并不意味着宋美龄对性有热切的观感，但是那些说这桩婚姻乃基于政治的结合且两人根本不曾圆房的传言，是不可信的。蒋精力旺盛，只不过他以前总是和知识上、地位上低于自己的女人在一起。新的对象让他意识到自己从没交往过独立、聪明、自主的女人，这定使他相当振奋。宋美龄称他做“Darling”，他则以英文缩语“Da”称她。他会挑鲜花送给她，在公共场合牵她的手，这些对多数中国人而言都是相当令人震惊的举动。

宋庆龄不喜欢蒋，但与美龄姊妹情深，她说这两人是“情投意合”。[114]蒋脾气不好，但他太太脾气也不小。宋美龄认为她比他聪明，也更懂得人情世故，而他的顽固和对效忠者的信任常常令她沮丧。不过，她依然认为他是个伟岸男子。

宋美龄和蒋介石成为中国的象征，他们也自认自身命运与中国的命运结为一体——民主国家的战时领袖也都有这种倾向，只是程度不一。直到蒋介石的儿子从苏联回来、赢得父亲的信任之前，宋美龄是委员长的亲信，发挥极大的影响力，不仅担任他的英文翻译，也介绍他了解西方行事作风。她有钱、信仰基督，在许多方面高度西化，似乎没让多数中国人介意。一九四一年五月周恩来在为共产国际写报告时提到，宋美龄在国际事务和财经事务方面可以影响其丈夫，比她丈夫更开明民主，也支持对日抗战以及国共合作。[115]她对蒋在中国的形象可能颇有正面贡献——至少直到战后经济和士气皆溃堤之前是如此。

蒋现在认为对新中国构成最大威胁的是日本的帝国野心，不是英国。六月间，依然在职期间，他回应日本在山东的施压，发起“断绝对日经济关系同盟”。这个杯葛运动得到青帮支持，发动一群乞丐盯紧贩卖日本货品的商人，检举他们，榨取大额“罚金”。蒋前往日本向宋美龄提亲时，放弃孙中山对东北的立场，告诉日本首相田中义一说，他的意向是重申中国的主权，包括东北在内。田中劝蒋力守长江以南，不要和北方军阀——日本的势力范围——交锋。蒋不为所动，反而要求日本政府不要干预北伐，应该协助北伐，以扫除他们和东北大帅张作霖沆瀣一气的印象。[116]

蒋非常钦佩日本社会的各方面，但也明白武士道心灵里的残酷和主宰一切的意志。在此一早期阶段，他担心日本会竭力阻止中国统一。[117]可是，这时候全世界只有一个国家愿意在收费之下协助中国。虽然仍然“在野”，蒋欢迎他从德国延揽来的外籍军事顾问——曾在鲁登道夫（Erich Ludendorff）元帅麾下担任首席作战官的鲍尔（Max Bauer）将军。往后十年，鲍尔率领四十六名德国军官替中国中央军起草三十年的现代化建军计划，并开始执行它。德国人也制定一套参谋本部制度，一旦蒋回任总司令，即可掌握每个阶段的军事作战和决策。[118]

蒋介石下野，南京政府遭逢数不清的困难，尤其是财务方面寸步难行，因为上海的银行家和其他富有的资本家不再有青帮在背后施压要放款、捐款。因此也就不足为奇，当蒋从日本求婚回国之后不久，国民党人就在上海和他初步接触，邀他再度出山。蒋在第一天会议后前往黄金荣公馆向这位青帮大佬祝贺六旬花甲大寿，黄金荣六年前替蒋解决了债务问题。[119]

宋美龄和蒋介石在浙江莫干山区新婚燕尔，各方军阀和黄埔门生函电交驰，呼吁他复出。汪精卫终于提议蒋官复原职，国民党中执会一致同意。翌月，蒋偕同新婚妻子搭乘铁皮火车回到南京，五天之后，回任军事委员会主席和北伐总司令职务。汪精卫承认颜面尽失，突然又赴法国，使得蒋大致上统摄政府和军事大权。[120]国民革命军的苏联武器和补给即将告罄，但蒋决心维持动力，不等待重新补给就发动第二阶段北伐。新声望、新权力在手，蒋告诫自己要“宽裕温柔”。[121]

蒋首先原谅他那位哈佛毕业、三十三岁的大舅子宋子文，不计较他和左翼国民党的结合，派他出任财政部长。宋子文和他幼妹一样，相当西化、直来直往，喜欢社交生活；但也和妹妹一样，易于陷入情绪低潮。他出身哈佛，和他敬爱的二姊宋庆龄一样是个自由派，又是改革派，可是在财政议题上他是个保守派。他个子相当高，头发后梳成油头，走路带着几分霸气，经常穿西装；这一点蒋介石就不干，一生只有两三次穿西装。宋子文脱下西装外套时，经常露出身上枪袋有一把手枪。他对蒋这位未来妹夫、上司发展出谦卑的态度，在外国人面前称他为“委座”（Gissimo），但他也相当敬畏蒋介石。[122]

银行家信赖宋子文，很快地政府岁入就超过前一个夏天。作为紧急措施，商人和工厂老板被期待购买相当于一个月员工薪资的政府公债。上海企业界人士爆发被绑架的风潮，可能即是青帮策划的把戏，据信与被害人不愿对政府适量捐献有关。但是，即使他们慷慨解囊，这些钱在未来军事作战也扮演关键角色，上海资本家对蒋的政治决定还是几乎毫无影响力可言。[123]

蒋现在将注意力投到战场，发动攻势对抗北方军阀联军（人数仍有六十万人之多）。孙传芳残部在山东一度抵抗甚力，然后越黄河北逃。往省会济南的大路门户洞开。济南的日侨约有两千人，田中义一首相要求国民革命军绕过济南，但蒋需要掌控穿过本市的南北铁路线。东京内阁意识到其侨民处境危险，批准派出福田彦助（Fukuda Hikosuku）将军率麾下五千名士兵“保护日本国民及其财产”。[124]

蒋对于占领济南的风险十分焦虑，以致国民革命军在一九二八年四月接近济南时，他辗转反侧、不能入眠。[125]五月一日晚间，蒋穿简单的战地制服坐车进入济南城，发现福田的五千名士兵帐篷遍布城里城外。[126]他和福田和气地会谈，可是国军第四十军士兵已在城里撕扯日本国旗，冲突终于无可避免。次日早晨，日本炮轰一部分城区，打死数百名民众。五月五日，蒋照会福田他将率领全部国军渡河，只留下少数在城里维持秩序。[127]可是，日军逮捕外交部济南特派员蔡公时，声称有人从他的办公室朝日军开枪。他拒绝下跪，也不肯指出谁开枪，日本人割他舌头、刨他眼珠，然后开枪打死他和十多位部属。当天夜里，蒋在日记里首次用中国人歧视日本人的词语，痛批他们为“倭子”。[128]

蒋的部下，包括冯玉祥的联络官，力促他调来旧大炮对付日本人。国民革命军在当地约有十万兵力，远远超过日军人数，但蒋晓得日本的武装部队有飞机、坦克、重炮和重型机关枪，实力远胜过国军，而且东京会不惜投入大量兵力来报复。他写下：“日本军队……横暴……唯有忍辱而已，对一般愤激之军民，亦唯有劝止。……其种种挑衅侮辱行为令人难受。不屈，何以能伸？”[129]

两军交火消息传到日本，田中首相下令从满洲和朝鲜调一万六千名后援军兵到济南。日本军舰沿长江而上，陆战队也在浙江温州登陆。同时，中国举国沸腾，呼吁南京政府与日本断交，发起抵制日货。蒋在日记中说：“民情激昂……但是要长期、深刻地维持，并不容易。”[130]他下令大部分国军退出济南，取道西侧，渡黄河继续北上，只留下两个团五千兵力。可是，福田要求中方完全退出济南城。次日，确认要求未遂后，他下令攻击国军。蒋命令留下的两个团长率部突围、撤退。他们在伤亡惨重下完成任务。根据各方的估计，日军杀害两千至一万一千名中国军民；而日方却表示，伤亡仅有三十八人。[131]五月十日，蒋向日方道歉，并调走国军指挥官；但是他在日记中下定决心，此后每天要记下“灭倭方法一条”。[132]

全世界对日本人的傲慢、野蛮大哗。田中担心行动太过火，同意谈判。将近一年之后，中日双方在一九二九年三月二十八日达成协议，双方各接受一部分责任，日军被限期在两个月内完全撤出山东——他们也的确履约撤军。

蒋若是预料到济南事变的发展，他可能会避免当时、当地和日军冲突，但是，一旦冲突爆发，他决定退让或许是明智之举；因为日本人会歼灭稚嫩、配备不良的国军。而且一九二八年的美国陷于孤立主义，中国从美国或其他国家得不到有意义的支持。只有在日本帝国的威胁，和纳粹德国崛起、严重伤害世界秩序串联在一起——那已是十多年后的事情——西方国家才认真关注日本在中国的武装扩张。但是就日本军国主义者而言，济南事变证明对中国可以恣意侮慢，不虞后果。中国方面，此一奇耻大辱激发中共宣传的新重点——猛烈抨击蒋介石对日姑息。

蒋在日记中一再写下“复仇”、“忍耐”。他写下：“有雪耻之志，而不能暂时容忍者，是匹夫之勇也，必不能达成雪耻之任务。”[133]济南事变证明了蒋的新发现：日本是中国的最大敌人，在未来远比欧洲列强、共产党或军阀的威胁更严重。他对军校学生演讲，呼吁他们协助他洗刷济南事变之耻，但是他也提醒他们，要把这股仇恨隐藏到最后一分钟，否则就会令日本人起戒心。他认为目前唯一的路就是姑息日本，但绝不正式签字放弃中国主权，同时要建立健全的政府统一全国，并努力以德国武器和训练推动国军现代化。[134]

五月间，蒋正朝前盗匪、东北大帅张作霖盘踞的北京推进时，日本首相却令蒋以及全世界大吃一惊，宣布日本将接受国民党接管中国——满洲除外。[135]张作霖晓得，没有日本人撑腰，守不住华北，遂下令奉军退入东北。六月二日晚间，全副戎装的张作霖率领奉系高级将领搭乘专列打道回府。两天后，火车驶近沈阳，经过皇姑屯一道桥下，突然炸弹爆炸，整座桥垮塌，砸在大帅的专列上。张作霖受到重伤，几天后不治身亡。[136]

东京日本当局事先并不知道这起暗杀阴谋，但张作霖二十八岁的少帅儿子张学良立刻怀疑驻扎满洲的日本军部策划整个事件。（的确，日本关东军一群军官不满田中义一的政策，觉得他们可以控制少帅，安排了此一暗杀行动。）张学良秘密赶回沈阳，经过一段政治不确定之后，承接了东北军总司令的职位。少帅是个强烈的爱国者，决心绝不向日本人卖国。[137]六月十九日，他发电报给蒋介石，表达效忠国家，东北决定投向中央政府。可是，委员长对少帅的前景颇有疑虑。蒋在日记写下：“汉卿（即张学良）仰慕之忱，似属诚意，惜其未经危难，恐不能当此危局耳。”[138]

拿下北平*之后，七月六日，蒋在北平郊外西山和主要的军事盟友集会。冯玉祥是嘻嘻哈哈，阎锡山则不苟言笑。伊斯兰教徒白崇禧也个性内敛，沉默寡言。平常外向的李宗仁在这种场合通常是冷眼旁观。[139]这群高级将领进入碧云寺在孙中山灵柩前祭告总理。虽然没有任何一个外国观察家和少数中国观察家预料得到，距总理去世仅有三年半，国民党旗已由北平一路飘扬至广州。蒋一手扶棺，公然落泪。冯、阎一样频频拭泪。[140]五大将领各自宣誓效忠国家、服膺国父遗教。但是，五人之中只有蒋恪遵遗教：中国要重振国势，必须成为高度集权的统一的国家。

蒋很快就和张学良接洽妥当东北易帜的协议，让青天白日旗飘扬在东北。田中首相严正警告张学良不要和南京政府结合，但少帅冷冷回答，已依人民意志作出决定。[141]张学良此举是个非常大胆的决定。十月十日，蒋介石成为国民政府新任“委员长”——即总统、主席，他又是国民党的总裁、武装部队的总司令。张学良被提名出任国民政府委员、东北政务委员会会主席；十二月二十九日，他宣誓效忠国民政府，在沈阳升起青天白日满地红国旗。[142]

此时，少帅担心他父亲的参谋长杨宇霆勾结日本人。一九二九年一月十日，张邀杨以及杨的一位亲信一起晚餐。席间，张暂退去吸鸦片（另有一说是打一针吗啡）；卫兵进到房里，格杀杨宇霆及其副手。有一说，张学良委决不下，靠投硬币来决定是否亲手杀杨。[143]

蒋这位最新盟友是又一个军阀，而且是军阀中最为富有的，更是花花公子、鸦片成瘾。即使他比其他区域军阀更加爱国，少帅还是为自己的区域“王国”、为自己个人、为自己的大家族、为高级将领的内圈干部，争取高度自主权。不过，张学良也是相对自由派、现代化人物，一个理想主义者，必要时愿赌上他的遗产、封国和前途，追求伟大的中国统一之梦想。许多军阀依然恼怒国民党领导权落在新秀蒋介石手中之际，张学良却是新世代。他敬重蒋总司令，蒋的沉默寡言和僵硬的个性很像他同样的强悍和坚毅的父亲。数十年后，张学良告诉一位访

---

* 一九二八年六月二十日，北京改名北平。——编者注

客："起先，我全心全力支持（蒋介石）。"[144]

令日本陆军懊恼的是，田中首相虽然言辞强硬，却默默接受满洲重申它是中国主权领土的一部分。现在，从极北的乌苏里江直到东南亚国境，中国似乎已完整联结起来；虽然中央政府的实质权力仅能及于少数省份。蒋介石冲决各种拂逆，竟然击败各路军阀，或号召他们纳入共和政府及单一政党（国民党）旗下。这是历史性的丰功伟业。

一九二九年一月份一项重要的军事编遣会议上，蒋举德国和日本为中国武装部队改组的模范，强调军事编遣需把军队控制权交还给中央政府。[145]但是，军阀们及其周围的扈从、家人都无意交出对数百万人民以及广大资源的控制权，去换取到中央政府当高官。他们认为蒋只不过是牺牲他们，要把军权统统抓在自己手上罢了。各路军阀佯称接受编遣，可是军政部长冯玉祥、内政部长阎锡山纷纷弃职逃回自己的地盘，蒋觉悟到他唯一的办法就是挑拨军阀互斗、贿赂他们、收买他们的支持者，以及必要时在战场上击败他们。

接下来的两年于是乎就演出了一场合纵连横、阴谋诡诈，甚至大军火拼的大戏，蒋和想扩展势力以及通力对付自己的各方军阀一路混战。动员的兵力动辄数十万，死伤也不下数万人。最重要的是，从头到尾张学良一直效忠委员长。蒋能成功，间谍和地下工作，尤其是大手笔行贿，居功厥伟。这时，陈立夫奉蒋之命，成立中央组织部调查统计局（中统）这个情报单位。后来，蒋展现出创造重叠机关、使官僚派系斗争的行事作风，又要黄埔毕业的戴笠领导一个军事委员会调查统计局（军统）。这两个情报机关都从事地下工作，包括收买、暗杀敌人和黑色宣传，以及通过渗透、威胁和贿赂秘密收集情报。[146]

蒋和军阀混战之际，一九二九年四月中苏边境爆发一场危机。据日后张学良的说法，他自作主张派人占领哈尔滨苏联领事馆，抄出一些敏感文件。三个月之后，在蒋答应必要时可派兵支援之下，张学良又接管了自一八九六年以来即由中苏共管的中东铁路。少帅和蒋天真地认为斯大林忌惮国际反弹（包括日本）、不敢入侵中国，或者他若真的出兵，东北军也可力敌红军的远东师团。[147]

张和蒋错了。一九二九年十月十二日，苏军在蒋的昔日老友、顾问加仑率领下越过边界、进入东北，迅速击败张的精锐部队，俘虏八千人。少帅退守新防线，急电南京求援，但蒋却收回早先大胆的立场，建议张学良撤退。十二月，南京和沈阳当局跟苏联达成伯力（Khabarovsk）协议，斯大林并不想刺激日本人，便接受恢复苏联在中东铁路的地位，并在铁路公司董事会增添一席董事的方案。可是，日本人注意到，蒋一旦面对优势兵力、国际社会又没受理他的求助时，在政治上、军事上都会迅速退却。[148]

三

一九二九年十月开始的史无前例的世界大萧条，对中国产生深刻影响。由于国际贸易崩溃，中国刚萌芽的生丝、香烟、棉花、黄豆的出口大幅衰退。某些农村地区，数万人因营养不足而死亡。时局不好，使得南京政府——摇摇欲坠，四面环敌的政治联盟——尤其不易推动财政及农村改革。它们也替青年和知识分子的激进化创造沃土，提升了共产主义社会代表未来浪潮的想法。此外，情势使斯大林认为全世界已出现革命浪潮，中国是一个关键地区。共产国际有一份检讨中共财务状况的报告在一九二八年六月十一日送呈斯大林。它指出从一九二七年八月至一九二八年年底，苏联已提供约一百八十万元（中国银元）给中国共产党。[149]

蒋介石经常公开警告全国提防中共之威胁，但是他希望先胜过军阀，再来对付中共游击队基地。因此他暂缓大举征伐毛泽东及其他中共游击队首脑，把“围剿”工作交给地方及省级军事指挥官负责。[150]但是，这些“苏区”得到三年的喘息时间，有些成长得相当具规模。中共一位领导人张国焘就说：中共各“特区”成长的“主因”是蒋专注第二阶段北伐和后来与军阀的冲突。这些战争在全国各地打得难分难解，让原本够糟的状况更加恶化，使国人疏离，创造出逃兵溃卒成群游荡，他们极易被中共吸收。最重要的是，国民党派系内讧消耗掉中央政府的力量，使中共的苏区在苏联金钱及武器的援助下得到时间去扩张。[151]

中共游击队基地从一九二七年至一九三〇年的成长，也反映出一九二七年中躲入山区的中共青年领导人令人佩服的执著、领导力和组织技巧。蒋仍然渴望替他的党和军队贯注同样的精神。朱德留学法国期间，经周恩来吸收加入共产党，他也上了井冈山和毛泽东会合。他们合组红军第四军，社会最底层民众被吸纳进队伍。此时，中共三个苏区合起来只有一万五千支步枪。[152]毛泽东传奇性的战术口号是他们得以存活的关键——“敌进我退，敌停我扰，敌疲我攻，敌退我追。”

一九三〇年六月，中国又爆发一轮冲突，李宗仁、白崇禧、冯玉祥和张发奎，纠合阎锡山，同刚回国的汪精卫合组一个反蒋同盟。[153]这些军阀担心蒋要打造强大的中央政府之种种作为，如企图以德国武器和训练建立强大的中央军，消除各省和区域之货币等等——全是让中国强大起来足可抵御日本的必要条件。

反蒋同盟在全国共有六十万大军。蒋有一百万部队，但相当大的数量担任驻守各地、维持治安的任务。东北的张学良在两大阵营之间具有举足轻重的影响。一九三〇年从夏天到秋天一系列的流血冲突，使得河南、湖南、山东广大地区再次成为焦土。但是，蒋的中央军（包括德式训练部队首次参战）后来得到张学良的戴毛皮军帽东北军之助，战胜。[154]这是一场代价不菲的战争——共有二十四万人死伤。[155]蒋并没追击已战败的军阀、打进他们的地盘，他早已放弃了试图说服或强迫他们执行大规模裁军的念头。这个克制之举或许是出自他抱持天真的念头，希望因为他的诚意和新近的声望会使他们回心转意；更有可能是他晓得张学良会反对裁军政策。[156]但是，这些军阀存活下去只会使蒋再度空有一支巨大但分歧的联军，其质量和忠诚度高低不一。[157]

即使如此，四年征战下来，他已建立军功彪炳的名声。既无坦克，只有一个用第一次世界大战旧炮的炮兵单位，经常没有地图，实际上也没有卡车，全国又只有少数几条铁路干线，他却能够从长达一千六百多公里的前线调遣多个军队。[158]外国记者开始跟在中国记者后头，报道蒋的英勇事迹。[159]他在某些地区集中兵力，在别的地区又采取防御措施，也执行有效的侧翼包抄动作。针对军阀，他继续运用分而治之战术，以及承诺大额补助，甚至贿赂收买的手法——可是这套策略用到中共或日本人身上却不管用。不过，他的部队士气比军阀的高昂，在他以及许多中国人的心目中，他屡次战胜叛变，证明了国家强盛之命运。他还在日记里自责本身的缺点——有点类似口号化的新儒家自修以及更严厉的行为要求——这些苦水似乎并非过分虚饰的自欺，而是反映他对自己及其军队的弱点通常有切实的体悟。

一九三〇年年底，蒋公告全国，中央政府现在将致力改革、政治重建，以及建设农工等一切事业。他承认在军事行动时期，财政管控和经济管理“相当混乱”，誓言要全面展开财政改革——包括每年公开预算、加强会计和监督程序、统一各种已存在的货币，最重要的是要有一个强大、有效率和诚实的中央政府。他毫无疑问十分认真，因为就每一方面而言，这样的政府符合他也符合中国的利益。所谓的“南京年代”（一九二七至一九三七年）事实上向全世界，也向中国人民展示，现代中国或许会有所作为。纵使全球大萧条、出口崩溃、毫无外国援助、空前的旱涝、与日本冲突不断、军阀内讧、军费浩繁、传统贪渎横行、对大多数省分及其财政税收中央无法管控、国民党内派系又无休无止的权力斗争，条件可谓恶劣至极，它仍能举步维艰向前走。

南京位于河宽可达近六公里半的长江南岸，乃四千年的古城。一九三一年的南京仍是艺术文化和工业的重心。[160]国民党政府接收太平天国天王在城里兴建的宫殿，打通蜿蜒、狭窄的弄堂，代之以新的宽广大马路的过程早已展开。南京人口只有三十四万，比上海少得多，没有大型百货公司、跑马场和西方式的娱乐消遣。夏天时比起上海更热，但是宋美龄和国民党一些大员的内眷不一样，还是搬到南京住，在市郊紫金山、距雄伟的中山陵不远盖了一栋房子，取名“小红山官邸”（Mayling Palace）。她经常出现在丈夫的办公室，或是出城参加各种协助孤儿、残障及阵亡士卒家属的团体活动。有时候也陪蒋到前线。

但是宋美龄也忧愁。她在前一年八月流产，事后几度陷入严重忧郁。流产（蒋介石日记也提到）似乎驳斥了外界传闻以及他自己的臆测，指蒋因早年嫖妓得了性病以致不能生育。[161]许多年以后，蒋夫人告诉她的侄儿、侄女，她也想要有小孩，但是南京某位无能的医生失误，害她无法受孕。[162]很显然她和常人一样也想要有小孩，也渴望替将成为现代中国之父的男人留下子嗣。一九三一年七月母亲逝世，使宋美龄又深受打击，觉得“精神沮丧、凄凉和孤寂”。[163]

自从结婚以来，蒋就定期阅读宋美龄送他的《圣经》。他决心在决定是否受洗之前至少要读完两遍《圣经》。当他在城里时，宋美龄和她的传教士朋友有时会和蒋一起读经，而他出差也都带着《圣经》。[164]经过三年读经，他决定在上海宋氏家族的教堂受洗。就像所有他对外宣称的信仰，蒋对基督教的态度是严肃的。据他后来在台湾的牧师表示，蒋受基督教义吸引是因为它强调将道德思想转化为行动，这一点和儒家学说相符。[165]蒋对羞耻心的哲学和情感关注，亦与其新信仰对原罪、救赎的强调不谋而合。除此之外，通过磨难和死亡的砥砺以成就约伯般的毅力，也和他苦修、新儒家的形象首尾一贯。有些批评攻击蒋接受外来信仰，但对折中的中国人民而言，蒋信基督教所带来的问题绝对不比毛拥抱外来意识形态多。

蒋指派江西省主席鲁涤平（Lu Diping）为第一次围剿总司令，统帅十二个师进剿江西境内毛泽东的苏区。战役始于一九三〇年秋天，但进入井冈山的国军部队几近一半非死即降。此外，有位师长张辉瓒被俘，遭到斩首；它象征国共之战和蒋与军阀之冲突不同，是个你死我活的惨烈斗争。[166]一九三一年，蒋调何应钦和二十万经验丰富的冯玉祥部属到江西展开第二次围剿，但部队水土不服，又被打败。[167]同时，汪精卫和华南军阀又在广州另立一个国民政府和蒋打对台。不过，此一政府暂时还未对蒋构成军事威胁，因此蒋赶到南昌，亲自指挥第三次围剿。他在日记中自承：这是民国从未曾有的“艰巨时刻”。[168]

七月一日，蒋动员十三万精锐部队，包括他的第一军团（第一军扩展而成）的几个师，分兵两路深入游击队区域。[169]双方激战、互有严重伤亡，在最后一役中共红军投入的两万人折损五分之一。蒋已“胜利在望，不料沈阳事变爆发，打乱了围剿作战”。[170]

这次新危机始于一九三一年夏天，张学良的东北军抓到一名穿便服搜集情报的日本军官，当他企图逃跑时杀了他。日本极端国家主义派抓住此一事件兴风作浪，相对温和的东京内阁在民间压力下公开要求“彻底解决”中国问题。同时，驻守旅顺和南满铁路沿线的日本关东军，其政治激进派军官决定自己采取行动。一九三一年九月十八日夜里，他们在沈阳市郊引爆铁路线，并向附近的中国兵营（即北大营）开炮。战事因此爆发，日军司令下令全面进攻。日军攻占沈阳时，

↑1931年4月，“少帅”张学良（左二）与蒋介石（右二）在南京一次领导会议上合影（台北中央通讯社提供）

少帅急电南京请示。这一刻，蒋正在返回南京的军舰上，行政院给少帅的答复是“自行妥善处理”。少帅以为南京当局也不晓得如何处理危机，遂下令东北军撤退。[171]

当时，日本在东北的兵力只有一万人，张学良手下有二十万劲旅。[172]蒋介石过世多年之后，张学良有一次接受访谈，他自责错估了日方意图，以及攻击开始就撤退。[173]但是，日本在朝鲜有大批后备部队，只需铁路运送，而东北军实则大多数在河北省。即使蒋介石回到南京，开始和张学良取得联络，他也没有下令东北军反攻，更没有派中央军增援。蒋早先曾赌过，若中国在东北强烈坚持主权，日本不会在该区域追求霸权。但是，在沈阳事变后的第一次军事会议中，蒋强调在国内动荡且准备不足之下，中国必须避免和日本爆发全面冲突。因此，实际上他又退回到一九二八年济南事变之后的“卧薪尝胆”策略，先姑息日本，同时努力致力国家统一，争取时间培养足够力量来抗击日本皇军。这个暂时姑息的政策持续了六年之久。[174]

日军迅速从沈阳推进，不战即占领长春及东北其他城市。同时，蒋仍然试图让日本及全世界相信他真心准备对日一战。他发动全国抵制日货，公开宣示要派中央军赴东北，和幕僚讨论军事动员，也讨论要把首都和中国主力部队迁移到西北。他认为这些动作可能警醒国际社会向日本施压。他在南京频频会见西方高级外交官，蒋在交谈中坦白承认，危机间接因为中方——事实上就是他本人——态度软弱而起，但是他强调现在迫切需要坚定地和日本交涉。他说："在任何情况下，中国都绝不向暴力威胁低头，在日本军队撤离并恢复'九一八'以前的状态之前，中国也不会以任何形式进行谈判。"[175]事实上，南京会谈判，但协议绝不会由中国政府最高阶层批准。美国和西方列强只在言辞上表示支持，但不肯派观察员或施援；同样，国际联盟也只派一个没有力量的调查团（李顿调查团）来瞧瞧。

东京根本不介意口头批评，还发出准备就绪甚且渴望扩大事端的信息，派出军舰溯黄浦江深入，并在长江水域进行海军演习。十月初，蒋慨叹："倭寇威胁之行，迄为杀止，实不知余为何如人也。可笑！"[176]一度他分别向张群和宋美龄表示，他决心放手一战；她说，她会和他共生死。但是他又觉得中国"弱得不可能再弱了"。[177]

对于政治积极的中国人而言，不肯对日作战分明就是怯懦的表现。"九一八"事变一起，青年学生就涌上街头示威，要求武装抗日。有两万名学生在首都集会。其中，有一千名南京中央大学学生闯入蒋的外交部长王正廷的办公室殴打他。在广州的汪精卫敌对阵营已经和南京濒于交战边缘，此时呼吁全国团结，但蒋应下台。

东北绝大多数城市已沦入日本控制，要侵略者和平撤走的机会越来越渺茫。事实上，蒋也认为日本人"宁可放弃扶桑三岛，也不肯放弃东北"。但是他在日记里仍说，仓促交战"非惟治国无益，而且反速其亡"。[178]十月十五日，他写下他要辞职，但旋即改变主意。十月中旬，他和宋美龄飞到上海，同汪精卫、胡汉民会面。这两位孙中山的忠实信徒早就决心赶走后起之秀蒋介石，现在又获得希望削弱中央政府的军阀之支持，他们指控蒋不抗日、搞独裁。蒋写下："谈话诋毁讥讪，未改旧态。"[179]当中国政府撤出东北最后一些城市，而反蒋示威更加凶猛时，蒋又改变心意，向广州方面表示，若为国家团结之需，要他下台“不是问题”。[180]

蒋一度写下，他“痛恨”青年学生，但是他仍然向他们演讲，甚至在冻人的天气下告诉他们，要么回去上课，要么就从军抗日。可是，动乱持续不断。[181]政府禁止一切示威活动，但是数以千计的学生主张对日抗战，涌入首都，再次攻打政府高级官员。[182]警方疲于奔命弹压。情势升高到失控的地步，外界批评又集中在蒋身上，他再度和左右亲信讨论引退的方案。蒋向一名官员透露心声，如果不辞职，他就必须将全国置于军事统治之下，由他本人担任最高领袖，也就是一名独裁者。[183]他不肯考虑批评者要求的对日抗战，因为他认为此时此际抗日将是一场灾难。

在风暴不断当中，蒋首次写下他思念儿子经国的感情。他说：“迩来甚念经儿，中正不孝之罪，于此增重，心甚不安。”又说：“于国于党为不忠，于母为不孝，于子为不慈，自觉愧怍无地。”[184]这份感情很可能是因十二月初宋庆龄来访而起。左倾的宋庆龄和蒋介石这位妹夫并不和洽，自一九二七年清党之后就到莫斯科住了两年。她显然曾和莫斯科的权威人士交谈过，才向蒋说如果他肯释放被捕的共产国际代表牛兰（Hilarie Naulen）及其妻子，莫斯科可以安排遣返蒋经国。[185]

从蒋的日记来看，似乎宋美龄听到宋庆龄的提议，力促丈夫接受。可是，蒋在日记中写下，三十多万官兵“犹亲生扶长之子”死于革命，他怎能把个人需求置于国家利益之上。释放人民之敌以换回自己儿子，根本不能考虑。[186]

蒋决定不为儿子介入，即使动用很小的特权也不行，增添了他的在批评日炽之下产生的烈士意识。他可能认为再次下野，像一九二七年那次，会替他挣回已失去的道德权威，同时也许终能完全恢复其地位——虽然不是百分之百保证。因此，一九三一年十二月十五日，蒋介石辞去一切职务，次周即偕同夫人搭机离开南京。他们先降落在奉化附近的草地，再换汽车沿新辟的一条泥土路，搭轿回溪口。

第三章 南京年代

和上次一九二七年下野一样，蒋介石在一九三一至一九三二年的冬天于溪口赋闲，不久就接到黄埔系将领函电交驰，宣称仅肯接受他的命令，又说自从他下野，就再也没收到支付部队粮饷的资金。政府主要岁入来源是关税收入，东北一失，关税流失占了全国海关总税收的百分之十五。[1]中央政府虽换由孙中山之子孙科领导，各省扣住盐税不肯上缴。[2]工商组织、民间团体甚至一些青年社团现在疾呼总司令回任。蒋亦获悉，莫斯科继释放蒋经国之际，又向南京提议恢复外交关系。蒋可以肯定斯大林企图增强国民党内反日派的声势，而又不明白蒋的真正立场。[3]

一九三二年一月蒋在溪口武岭学校的一篇演讲，经上海等地报纸刊载。他重申政府“坚持不屈服，不订损失国权之约”。但是，他也警告，鉴于当前国家实力和精神，不宜轻举妄动，否则“战败之国未有不失地，未有不丧权者”，结果势必“斵丧……中华民族之命脉”。[4]他的话引起当家负责的同志共鸣。固然南京政府当权派只有少数人喜欢蒋，而广州那一伙更没人喜欢他，他们不情愿地接受，在此一危机下，他毕竟是不可或缺的人物；一个月之内，他们投降了。一九三二年一月，蒋和汪精卫在杭州会面，协议由汪精卫取代孙科出任政府首脑，蒋回任军事总司令。[5]

此时，和日本的危机已转移到上海，在上海每天都有暴力的反日事件发生。[6]一月底，日本一支陆战队以保护侨民的名义在上海登陆。当蔡廷锴的第十九路军向日军开火时，日本出动飞机轰炸上海，杀死许多平民。蒋亲自负责全面调度指挥军事行动，通电前线士卒誓死御敌。[7]同时，他下令在河南省洛阳设立临时首都，以示政府决心持久抗战。日本急派更多部队和军舰，使得全市日军高达五万人。[8]杜月笙也派出青帮狙击手在敌后攻击日本人。[9]

根据蒋的说法，他警告蔡廷锴，敌军可能从长江南岸的浏河国军防线后方登陆。蔡未能派出部队守住此一地区。三月一日，一万名日军乘船溯长江抵达浏河。打从战事开始，中方部队就有四千人阵亡、七千七百人负伤，再也抵抗不了，全部退出上海。[10]中国报纸、学生团体、宗亲会、寺庙和商业团体，无不主张全面抗日，但蒋批准局部停火，在城的四周划出中立区，国军不准进入。这个协定，和其政府与日本的一切协议相同，不由汪精卫或他本人签署；在他们眼里，协议因此是非官方的文件。三月，蒋就任军事委员会委员长及总参谋长。[11]

由于日本攻击上海中国管辖区使得政府不遑兼顾，中共分散各地的苏区乘机快速发展。毛泽东在江西的苏区规模最大，涵盖三十个县、三百万人口；其次是张国焘的鄂豫皖边区。国军针对鄂豫皖边区发动两次围剿都以惨败告终，在淞沪战事冷却下来之后，蒋于一九三二年四月集结约四十万部队再次进剿，这次包围着对方兴建同心圆的碉堡。张国焘发觉自己寡不敌众，且即将被彻底包围，遂率领鄂豫皖边区大部分部队突围，往西边的四川撤离，历时四年，其实比毛泽东的“长征”更壮观。[12]

一九三二年六月，蒋在一项军事会议上讲话，宣称中共的根基就是国民政府机器的无能和贪腐……如果我们这次（围剿）不能取得决定性的胜利，将有大麻烦，因为政府不能既抗日而后方遭人攻击。[13]但是一九三二年和一九三三年初针对江西共军的围剿之役又失败，且损失惨重，数以千计的武器被共军抢走。一九三三年五月，蒋指挥第五次围剿战役，采纳对付鄂豫皖边区的战术，集中力量兴建碉堡网，逐步围拢。[14]这次他召集了八十万大军，大部分投入在扩建、补给和维护碉堡网，它们则受到机关枪交织火网的保护。双方损失皆以千计，但是到了一九三四年，作战区盖了一万四千座碉堡，修了近两千五百公里的新道路，提供对共军地盘的有效封锁。[15]

同时，对日停火只适用于上海地区；一九三三年元旦，日军从东北出发，进占位于黄海边、长城最东端、扼东北进出门户的山海关。守山海关的东北军断断续续地抵抗，但他们不是日军的对手。一月间在军事会议上蒋说明他何以未能投入中央军抗日时，喊出“攘外必先安内”的口号。[16]未来四年，他一再以此为号召。

日军继续南进，威胁到北平、天津。蒋在汪精卫支持下很难堪地同意华北局部停火（俗称《塘沽协定》），宣布河北省北部为非军事区，实质上又把中国一大块领土让给日本实质（但非法理）的管控。[17]蒋对一群军官解释，停火目的是“为缓和侵略”，争取时间以“保存华北，稍纾喘息”。[18]他又说，“若是能抵抗三年、五年，我预料国际上总有新的发展，敌人自己国内也一定有的变化”，可以缓解情势，给我们机会“死中求生的一线希望”。[19]同时，他禁止在沿海地区兴建新工厂，下令规划把重工业移到内陆省份。[20]

一九三四年三月，蒋对一群资深政治领导人说，“总共还不到一千一百天”就会开始对日抗战——这个估计只比实际爆发抗战多了四十三天！[21]他估计抗战要打十年，也算得上准确。他说，这段期间，列强最后会介入，世界大战将爆发；最后，日本国内将爆发革命。[22]

日军占领热河，张学良辞去一切职务，进入上海一家教会医院勒戒鸦片烟瘾，用俗称的“冷火鸡法”成功戒毒。等到出院后，他舍政治、军事，纵情社交，出入皆有美女在侧。四月，少帅偕元配、爱妾赵一荻及大批扈从前往欧洲。同船的还有他另一位情妇席爱娜女伯爵（Countess Eddy Ciano）——墨索里尼的女儿，也是意大利大使的夫人。她后来要求张交还她写给他的情书。[23]

委员长调派张学良还剩下的十三万东北军赴江西，参加下一次围剿。[24]蒋晓得军事行动必须伴随着“政治措施，才能争取民心效忠”。他告诉属下将领，反共斗争是“三分军事、七分政治”。[25]他说，如果“中共的宣传赢得人民支持”，特定的战役就不会有成果。[26]因此，除了展开军事作战，他还投入大量时间和资源训练公民行动及宣传团队，甚至在庐山设立一个训练营专司其事。蒋好几次到学校演讲，强调土地改革是国家的生死大事，中国的根本问题，必须在军事命令下执行。[27]可是就跟肃贪问题一样，主要的关键是如何不动摇军中及国民党内的稳定去执行土地改革。

国军包围圈越收越紧，红军在江西的司令员朱德、政治部首脑周恩来，手下共有九万支步枪，几百挺轻、重机关枪，尝试各种方法突围。斯大林极力提供援助。一九三三年六月二日，共产国际驻上海代表报告，计划购买飞机，聘美国飞行员驾驶，“可轻易到达我们的地区”（显然指的是江西）。十一月二日，莫斯科指示上海购买“重型飞机、瓦斯面罩和药品”，并问需要以美金或墨西哥银元采购。十一月十四日，上海报告已收到三百万墨西哥银元，并要求再给二十五万美元。[28]但是，即使有此奥援，共军士兵逃亡者日益增加——悄悄溜过封锁线——对中共红军而言，前景越来越黯淡。

和毛泽东不同，蒋介石根本没有外国的军事或经济援助，还得自掏腰包向德国买武器和支付训练。但是此时他相信他统一中国的整体战略是有效的：他可以暂时姑息日本，同时打造兵力扑灭有外国支持的共产党。

普鲁士的典范令蒋介石大感兴趣，在他听说希特勒这号人物之前，就已通过阅读以及实事求是的德国顾问晓得，德国重纪律、守秩序。他特别敬佩德国、日本、土耳其近年提振其“国民精神”的做法。在送纬国赴慕尼黑军事学院就读之前，他告诉养子：“德国是唯一一个国家，我们可以从它那里学到东西。它可以给我们基础，进而发展出我们自己的坚实风格。”[29]

但是，钟情德国的成就并不就是要全盘抄袭纳粹主义。蒋和日本人不一样，没有兴趣复制纳粹思想的主要面向，如种族优越论、领土扩张和征服世界。他的日记中从来没提过，更不会有欢迎字句记述德国法西斯主义崛起的任何里程碑事迹，如希特勒出任总理，国会大厦纵火事件，德国成为一党专政国家，或是希特勒被封为国家元首。无论就目标和手段而言，蒋都不是法西斯分子。

二十世纪三十年代，一个半秘密的政治势力——俗称“蓝衣社”的“力行社”，的确在国民党统治时期扮演短暂但声名狼藉的角色。许多作家也以蒋支持这个组织作为他具有法西斯倾向的证明。蓝衣社和纳粹党的冲锋队以及意大利的对应组织一样，源自一小群充满理想主义却又颇有挫折感、全力效忠国家主义及最高领袖的军官。和日本法西斯一样，这群人的狂热使他们自以为可以为达目的不择手段（包括动用暗杀行刺）。但是，“褐衫队”（Brown Shirt）人数高达两百万人，担任希特勒的私人部队；蓝衣社门户森严，一九三八年解散时，成员只有三百人左右。附属于它的群众组织，人数或许有数十万人，但是他们没被派上街头担任冲锋队。[30]

蓝衣社的任务是在全国各级学校灌输军事纪律和爱国精神，包括效忠“领袖”。种族主义和征服野心不是他们要教的科目。有些蓝衣社成员力主正式宣告蒋介石为绝对领袖，但并未成功。尽管时常自我批评检讨，蒋的确十分自大，但是在他的演讲或日记里从来没有他同意自己被像法西斯领导人那样崇拜的迹象。他不准外人替他立碑塑像。他在大陆的近身文职幕僚依然称呼他“委员长”或“校长”，不是充满崇敬之意的“领袖”；到了台湾，他只被称为“先生”或“总统”。[31]

据传他在一九三二年曾经有一次被广泛引用“秘密演讲”，歌颂外国“法西斯”并宣称中国“必须建立独裁”。言外之意，就是建立法西斯领导。这段话据说引述三十年代的一卷日本政府材料“特辑”当中的说法，而这些材料辑录蓝衣社的种种反日活动，以及针对日本傀儡“满洲国”的地下工作。[32]很有可能这些话是印刷、发行这本特辑的日本宣传机构所编造的。可是，有些知名学者的确引述这些字句来证明蒋向往法西斯主义。

另一个可能不实的说法，指蒋说过“日本法西斯和意大利法西斯的成功是因为”两国恢复了民族精神，如果中国革命要成功，“我们必须打造党的独裁”。这段可疑的引用中，蒋也在赞扬了日、意两国的法西斯主义之后，接着强调说中国必须振兴的民族精神是，“忠、孝、仁、爱、信、义、和平、礼、义、廉耻”。[33]这些可不是希特勒、墨索里尼和日本法西斯，甚至中国共产党所想要恢复的精神美德。

蒋固然有时也无情无义、残暴不仁，但他缺乏一个极权主义独裁者病态的狂妄自大和绝对的意识形态。他不断对自己重申的善意目的，其实是自我妄想多过伪善，而且（诚如毛、周所相信）蒋对德性与伦理的宣扬，不是假意做作——他是一个诚恳的人。

蒋在大陆时期，不像他的法西斯主义和其他极权主义敌人，必须忍受报界和政治对手不断的批评。蓝衣社经常被报界谴责，不当行为也被揭发。蒋原本对蓝衣社的热衷，反映出他体认到国民党的贪渎、派系斗争和一事无成相当严重。起初，他希望在蓝衣社身上找到他的忠实、理想的追随者，类似毛泽东阵营的忠贞干部。蒋到了一九三二年一月才知道蓝衣社的存在，一连好几个月他喜爱拔擢其青年成员为助手。但是到了七月，他抱怨蓝衣社“不成熟”。到了一九三四年，他“对这个组织彻底失望”。[34]

和共产党地区不同，在国民党辖区要对报章杂志实施新闻检查并不一定十拿九稳。想在外国租界或条约口岸查封一家中文报刊杂志更是十分困难。有一个鲜明的例子就是《生活》周刊不断抨击蒋姑息日本，它在一九三三年遭到查封，改名《新生》再出刊，直到一九三五年七月停刊，然后事隔数月又改名（刊名中还是有生活）出刊。其他批评政府的报纸，如《大公报》、《光明日报》在南京时期的国民党辖区都可买得到。[35]根据共产国际的文件，中共秘密利用莫斯科的钱资助上海、天津、香港甚至日本统治下东北某不知名城市的报纸。[36]

反政府的评论也继续由军阀控制地区的媒体流出来，例如云南的《观察日报》。中国的八卦小报也难以管束。这些八卦小报固然专注歌伎名伶的社交绯闻、新闻动态，偶尔也挖掘国民党贪渎失政的新闻——有些真实，有些虚假。更没有管制的是传单，充满着各式各样政治言论。[37]在大部分城市里，中国读者从来不愁找不到反政府、反蒋的材料；在共产党地区则绝对见不到反共产党的作品。两者真是天差地别。

由蓝衣社扶植的中国学生运动并不是"极端民族主义"的团体——这个名词立刻使多数读者联想到对其他国家和民族的侵略、恶毒的态度。[38]蓝衣社痛恨法西斯日本，也激烈反帝国主义——我们可以理解，绝大多数中国人无不如此。他们喜欢夸称通过恫吓他们对压制一九三三至一九三四年的反蒋、反政府民众（主要是学生）示威运动作出了贡献。但是他们的活动都没能停止中英文报纸及非正式印刷品对蒋及对蓝衣社本身不断出现的抗议和猛烈批评。[39]

暗杀是蓝衣社最受人诟病的活动。有两个著名的被害人是军阀将领，其中一人涉嫌和日本人有往来；还有两人是天津的亲日报人。这反映出蓝衣社强烈反日分子的心态，该社的一份出版品声称一九三三年春天，它在武汉杀了四十名勾结日本人的"叛徒"。[40]虽非亲日派，但批评蒋不遗余力的自由派人士也有遭到蓝衣社毒手的；中国保护人权联盟两名会员遇害，一是联盟副主席杨杏佛，一是上海最著名的中文报纸《申报》负责人史量才。[41]蒋有可能并没下令干掉这些人，蒋的情报头子戴笠或许未请示老板就自作主张（这样蒋就可否认涉及）。不论怎么说，报界把这笔账通通记在蓝衣社和蒋本人头上。更重要的是，蒋即使事先不知情，他也没在日记中显示关心它们，也没提到他试图制止这种行为，以免恶名昭著。

除了这些个案，某些历史学家指控蓝衣社涉及广泛杀人最戏剧化的证据，是

《大美晚报》(*Shanghai Evening Post and Mercury*)一九三三年七月十九日刊出的一份“神秘文件”。据说，这份文件由蒋介石的“中国法西斯组织”发出，把五十五名“中国领导人”列入“暗杀对象名单”。伊罗生的杂志《中国论坛》(*China Forum*)把这份文件交给《大美晚报》。[42]伊罗生公开表态亲共，日后成为托洛茨基派，不是没有偏见，但是他并没向《大美晚报》隐瞒此一“神秘文件”是由中共中央印刷局交到他手中。[43]

据说，戴笠手下在上海的外国租界搞绑架，有人指责他们“大规模”干这些勾当。据说大部分受害人是“无名”的学生和工人，因此无法估计人数。两个出名的案例是作家丁玲和左翼帮派刺客王亚樵。丁玲一九三三年初加入中共，但实际上是被租界警察逮捕，再交给南京，不是被戴笠手下绑架。她获得假释，在南京住了三年后逃跑——以严重的异议分子而言，这个待遇算不上严苛。[44]王亚樵则被判刑十年。

蒋有能力下令干出数以百计的暗杀和绑架，如果他认为这么做攸关他政府的成功或中国的生存的话，而他或许也果真如此做，但是，证据并不清晰。明显的是，发生的杀人事件还不足以大量减少中国大城市里对蒋及其政府的公开批评，更谈不上结束批评了。亲共作家茅盾和鲁迅持续发表文学作品，痛骂国民党的残暴、贪腐，以及蒋介石的对日姑息。就和这些大贪渎的指控一样，国民党从事政治暗杀的故事，管它是真是假，对中共而言都是好消息，[45]蒋的反共派政敌、乘机作乱的军阀，以及非共产党的自由派，也不问真假，努力散布这些谋杀的指控。

他们的目的当然是要进一步拉低中国——尤其是上海——的知识分子、文化精英对蒋及其政府的评价，助长大部分西方新闻记者、外交官和军事武官对政府的鄙视。我们还可从其他情况看出，蓝衣社根本不是残暴不仁、使命必达的模范。共产国际派在上海公共租界秘密活动的代表应该是国民党绑架、暗杀的主要目标。可是，国民党在上海的情报及地下组织挖出这些外国代表的成绩却相当有限。莫斯科收藏的二十世纪三十年代档案文件透露，共产国际在上海有一个地下组织处理巨款转账，资助共产党青年和劳工运动以及记者和书店，负责与莫斯科及江西苏区的无线电通讯(它有“六到八个发报机”)，经营一所报务员学校培训十一名学员，还有如前文所述，购买一架飞机。尽管它如此活跃，蒋的特务人员、英法租界警察、青帮，只抓到少许共产国际代表。

戴笠的手下倒是有一个罕见的突破，逮到中共“秘密勤务”（secret service）（显然与“特务部”有别）的负责人顾顺章。戴“说服”顾投向国民党，导致“（在上海）逮捕了不少人，也杀了一些人，中共总书记向忠发也落网”。

二

国、共在江西打得不可开交之际，蒋发动一项群众运动要改造中国的政治、学术和道德生活。有人认为以其提振经济生活、推动土地改革，以及争取全民尊敬的目标而言，这是蒋的政治伎俩，也是一大挫败。[47]可是，近年的评估则认为运动固然失败，却不是虚情假意。[48]当共产党在赣南节节后退之际，国民党的民间活动队深入到各县、乡、村去建立法律与秩序，并推动农业及教育的重大改革。早先的一次庐山会议中，某些官员主张共产党重新分配土地，给了国民党大规模改革土地所有权及租赁形态的机会。他们认为，进行会扰及社会经济秩序的彻底改革之最佳时机，就是与支持更激烈手段一方的拉锯结果还不确定的时候。但是，国民党采取比较保守的做法，把土地还给原来的主人，暂停重新分配，等候已经大伤元气的地方经济复苏再说。国民党官员在扑灭暴力的农村革命之火时，“并不想再去搅动余烬”。[49]

不过，蒋的团队倒是尝试不同方法，实施非土地充公的土地所有权改革，譬如政府逐渐购买流入市场的土地，建立合作社，使地主的土地可出租给无地农民耕作。这些民间活动队中有些热忱、正直的官员认为，在家长制的架构中，从既有传统为根基去打造，他们可以进步到更公平、繁荣的社会。因此，恢复讲究团体责任的传统的保甲制，以它为关键的社会体制，不仅推动法律与秩序，还可作为新的小区模范。他们希望上述改革再搭配上水利灌溉渠道和公共卫生所，可产生全新的国民荣誉感和爱国精神。

但是，红军一九三四年从江西撤离之后一年，国民党的草根运动也四分五裂了。或者换个较精确的说法，在江西推动政治、经济“新政”的希望，因为地方贪婪的乡绅重回台面而被粉碎。这些农村的上层人士不像受过更多教育、不在籍的地主以及其他优势阶级的文化精英，那些人一般住在商业、财政、专业更能快速发展的城里。这些人是较低层的地方人物和地主，把一部分土地出租给佃农耕作。[50]这些小地主除了略有几亩地出租作为收入来源，也别无太多财产，而共产党来之前和期间的多年动乱已使他们流离颠沛。共产党既已撤离，这些小乡绅又起来，借助地痞流氓抢回权力。不久，他们就主宰村子里的社会、政治和经济生活，强化权力。[51]

蒋介石在江西进行第五次围剿作战时，也展开“新生活运动”。蒋一直在思索如何发展一套精神和文化架构以补足、加强民族主义和中国的现代化。蒋说：“革命即生活形态之改进也。”他认为国民党革命到现在仍失败的基本原因是，“全国国民生活态度始终无所改进”。新生活运动意在改变这一切。[52]

新生活运动想要培养的价值观，大部分就是新儒家优点和传统的日本习惯——简朴、良知、单纯、诚实，甚至准时、卫生和整洁。在批评者眼里，新生活运动令人不安的是，它意图让“全国国民的生活彻底军事化”。可是，“完全军事化”的目的不是要征服其他民族，而是要培养“勇气和敏捷、吃苦耐劳、忍受辛苦工作，特别是有统一行动的习惯和能力”。它的目标是“告别昨天的野蛮生活方式、无秩序、倦怠和萎靡”。[53]这些根本不是什么好反对的目标，尤其是当它们摆在平凡的儒家和基督教框架中。

基督也越来越深入委员长的思想当中。他的日记经常提到《圣经》，通常是在忍辱负重的脉络下。譬如，一九三四年五月四日他写下：“基督信徒必须克己忍辱耐苦。（他们）日日背着十字架，跟从耶稣。”[54]蒋大约也在此时开始读一本基督教的文集《荒漠甘泉》（*Streams in the Desert*）。[55]它的主题是清贫自修，面对失败、灾害和牺牲关头要坚贞信念。蒋在每个鼓舞人心的信息和故事旁都做眉批。

蒋夫人在新生活运动中扮演相当重要角色。根据一项记载，在谈到她受不了中国十分欠缺卫生条件时，她、澳洲顾问端纳和陈立夫三个人兴起这个念头。蒋夫人“忍受不了城市街道的肮脏，中国人厨房的零乱，以及人人用同一副筷子伸进菜盘去取菜”。她甚至随身带布巾铺座椅，在家里更坚持每道菜都得有一副公筷夹菜。但是她拿中国人的“干咳和吐痰一点办法都没有”。[56]

陈立夫建议新生活运动也强调儒家的旧美德——礼、义、廉、耻。蒋又加上节俭、纪律和爱国精神。在蒋夫人发起下，美国传教士响应，加入推动此一符合基督教教义的运动。强调卫生和礼貌也切中美国人的礼貌和清洁习惯。不过南京的美国传教士也注意到，这项运动强调香烟的害处（美国的灾祸）大过对鸦片的挞伐。[57]

早先，南京政府继续尝试各种办法以管制及逐步终止吸食鸦片，但是在国内混战那段动荡时期，对种植、配销和吸食鸦片所课的税，一直是中央政府及各地军阀的重要收入来源，对于禁绝鸦片就没有太大进展。一九二八年，政府颁布法令要改善执法、治疗和教育，但因为中央对各省没有实权，进展依然有限。一九三二年，军事委员会显然在蒋核可下负起责任，成立一个毒品管制委员会；加重刑罚（包括死刑）；两年之内在十七个省市正式全面禁绝鸦片。青帮头子杜月笙也成了委员会一员——非常诡异的一项任命案。但是杜月笙已经赚了许多合法钱，如果他真心合作，显然成绩将会大有可观。

根据中国大陆二〇〇〇年出版的一篇未载明来源出处的文章，这段期间从鸦片生意课征到的规费和税款，每年高达二十亿（中国）银元以上，其中毫无疑问大部分被侵吞。文章认为固然成绩有限，新规定加重刑罚以及军事委员会的魄力，替下一阶段奠定"坚实基础"，可是新阶段却被战事打乱。总之，中国的吸毒恶习继续替政府、贪官污吏、军阀制造所得，但已有一些认真措施试图终结它或降低它。[58]

与取缔鸦片相反的是，到了一九三四年，蒋介石明显已在围剿上取得相当进展，不仅江西苏区，就是城市里的中共势力都受到打击。根据毛泽东的说法，中国红军一九二九年高达三十万名战士，到了一九三四至一九三五年，只剩下两万五千人。有一度，中共中央代表江西苏区要求共产国际多拨点钱，莫斯科建议在赣南设立一个"驻地"以便运交补给品到被包围的苏区去。[59]中共在江西原本控制七十个县，现在全丢了，只剩下六个县。中共领导人开始辩论是否突围，长途撤退到靠近苏联的某个偏远地区。[60]终于斯大林借由短波无线电指示中共突围、寻找新的基地，或许接近外蒙古。[61]俄罗斯社会与政治历史国家档案馆［Russian State Archive of Socio-Political History（RGASPI）］收藏的各种资料表明，斯大林在共产党长征之前曾提供此类的物资援助。

十月十六日，中共红一方面军八万名红军战士踏出他们的赣南基地，展开向北方撤退的行程。[62]其中只有三分之一的战士有步枪。这大批人马中，有三十五人是领导人的妻子，如毛的第二任妻子贺子珍。毛本人带着一袋书、一把伞，骑在一匹褐色马背上。他和大家一样，有一条毛毯和三天的口粮。[63]他们携带大量墨西哥银元，一路上用来买粮食和其他物资，甚至行贿军阀让他们通行无阻。早在突围之前，中共上海局就向共产国际报告，已把五万墨西哥银元送到江西苏区；在十月中旬它又表示还需要四十万元，“以后恐怕就没有机会”送交这些钱了。[64]去年十一月，它已收到三百万墨西哥银元，显然已送到江西苏区，现在又追加这些款项。[65]

逃出包围圈竟然相当容易。当年稍早，蒋介石力促李宗仁、白崇禧和陈济棠（广东实际当权者）参加第五次围剿。可是，军阀们担心蒋要把红军赶入他们的省界，以便替自己的中央军打开一条路跟进，然后乘势占领他们的地盘。多年之后白崇禧接受访问时说，他向大伙儿建议表面上参加围堵共产党，但基本上还是保留实力固守地盘。[66]

这些军头不肯积极参加围剿，也不是全没道理。蒋此时的优先目标是歼灭共产党，但是和所有的中国现代化人士一样，他的长期目标是消除独立的军队和割据王国。当共产党进入贵州时，蒋在日记里写下，这个发展提供机会可从军阀省主席王家烈手中接管全省。[67]

共军没受到阻挠，从守在湖南、江西南部边境的广东部队的防线溜出重围。十一月底，毛部抵达湘江，蒋亲自赶到湖南指挥作战。经过一星期激战，双方损失都很惨重，红军趁火力稍弱，越过湘江进入贵州。[68]中央军追上来，蒋飞往省会贵阳，拉下省主席，换上效忠他的顾祝同为省主席。[69]

一九三五年一月，红一方面军抵达贵州省遵义，与一九三三年撤出鄂豫皖边区的张国焘红四方面军会师。中共中央在此开会，推选毛泽东为中共政、军领导人。一月中旬，张国焘率部往西，毛则率领红一方面军先往南、再折西穿过云南。云南军阀龙云大概是收了中共的墨西哥大洋，允许共军和平过境。蒋又飞到四川省会成都亲自坐镇，他没办法追上张国焘或毛泽东，但是中央军的追剿在政治上的收获不小，他乘势掌握了四川、贵州两省（不过，此外也没有其他收获了）。这个经验也使得蒋开始认真思考以高踞三峡天险的四川为基地，将来抗日战争时可将政府及军队迁移此处。

尽管中共撤退，中国政治依然不稳定。南京又发生一件事故。秋天某个清凉的上午，国民党中央执行委员会在党部门口集合拍团体照时，一名记者掏出手枪，朝汪精卫连开数枪，重伤了他。事有凑巧，蒋当天身体不适，没出席拍照，当然引人猜疑。汪精卫太太陈璧君公开要求国民党中央解释。蒋对自己被暗指涉及阴谋非常不痛快，下令戴笠一定要查个水落石出。戴笠动用“最残酷的刑求”，亲自盘诘刺客，同时陈立夫奉蒋之命也另行调查。[70]陈立夫和戴笠一致的结论是，汪精卫自己的改组派内部有人心生不满，发动枪击事件。当特务人员杀了一名嫌犯又逮捕了若干人之后，陈璧君向委员长道歉，夫妻俩即搭船赴欧洲治伤。蒋可能并未涉及暗杀阴谋，但他因而接任行政院长，又掌控了南京政府。[71]

九月，日本外相广田弘毅交给蒋一项增进中日关系的三点方案：中国要接受对日关系优先于和西方的关系；承认“满洲国”；“和日本一起设法消灭共产主义”。蒋的回答避开第一、二点，但表示，只要日本尊重中国领土的完整，中国预备和东京讨论扑灭“中国北方边境共产主义”的有效方法。蒋也照会广田，如果“两国军方之间”所有的协议，包括一九三二年的《淞沪停战协定》、一九三四至一九三五年的《塘沽协定》，统统废除，东北问题可以暂时搁置，中国会停止反日活动。[72]

蒋亦拍电报给中国驻日大使重申任何方案里，中国都不会承认满洲的傀儡政府，但是若传统主权得到尊重，中国可以同意不用军事手段处理此一问题。最令日本动心的是，蒋愿意探索两国合作“对付北方边境共产主义”的方法，但日本必须符合恢复中国主权此一基本条件。同时，蒋也设法展现如有必要，他预备和日本开战；他在南京城外进行大规模军事演习，沿陇海铁路部署军队，并在武汉增建防御工事。[73]

华盛顿此时终于愿意提供南京五千万美元的贷款，伦敦也提供一笔一千万美元的融资。但是，美、英都要求中国在东北问题上面要“务实”。九月，英国使节李斯－罗斯（Sir Frederick Leith-Ross）访问东京和南京，提议日本尊重中国在东北之外的主权，以交换中国“承认”伪满洲傀儡政府。在重庆经过长谈之后，李斯－罗斯向伦敦报告，蒋的政府绝不会放弃东北的主权。[74]

记录显示得十分清楚：蒋不预备在主权问题上面妥协退让。[75]东京和南京之间这段期间的交涉记录突显出，蒋及其谈判代表坚定地坚持中国保有对东北的主权，即使他们有时候提议，只要日本完全尊重中国在东北之外的主权并且废除违反此一原则的所有不平等协议，可以暂时搁置东北主权问题。[76]

但是，日本关东军继续伺机进一步侵犯中国的主权。东京方面亦要求委员长停止对日本的双面政策——公开表示友好，秘密准备开战；同时中国的党、政、军及情报机关所有人员一律退出河北省及北平、天津。蒋觉得即使这个要求很可恶也得接受，他向深感屈辱的中国民众解释，中国接受了它，并不是正式“协议”，因为并没有任何文件是经由最高层批准的。次月，中日双方有一个“非协议”的协议，让南京政府全面退出内蒙古的察哈尔省。蒋在国人心目中的政治声望更往下坠，但他很欣慰毛泽东溃逃，德式训练的中央军也有了持续进步——不过他害怕会刺激日本更加侵略，不能炫耀建军成绩。

日本并不以最近的收获为满足，又有新计划要建立完全自治的华北，包含河北、山东、山西和内蒙的察哈尔、绥远共五个省，每一省分别册立一个愿和日本配合的中国将领。[77]阎锡山和冯玉祥拒绝合作，但其他人接受这个机会。有一天蒋在日记里激动地写下，现在“唯有自强与力抗，再无其他方策”。但是现实上，歼灭溃逃的红军、完成军事现代化，仍是他的最高优先。他消极地接受，但不承认“华北”在日本人挑选的中国“当局”之下组成“特区”。[78]实质上，淮河以北的中国已完全由日本人掌握，只差没正式从南京政府独立出去。愤怒的学生再次涌上街头，抗议中国遭到瓜分。

一九三五年十月，毛率领七八千名跟他一起长征的士兵抵达陕西北部的小村保安。他们走了二万五千里（约一万公里）。在村子四周的岩洞安置下来，毛泽东带领的队伍和本地的一支共军（刘志丹）会师，有约两万名士兵。毛告诉大家，目标是扩大控制区，和苏联、外蒙古联结起来。[79]

这一年，墨索里尼入侵埃塞俄比亚，希特勒冲破《凡尔赛条约》禁止德国武装的条款。民主国家显得瘫痪无力，但是苏联和共产国际在八月一日号召全世界成立反法西斯的“人民统一阵线”，它似乎代表放弃全球共产主义革命，转而支持以共产党、基督教民主党、自由派、温和保守派和民主社会主义党派共组反法西斯同盟。共产国际对中国的新策略口号是“联蒋抗日”。

毛泽东在陕北仍然无法和莫斯科通过无线电联系，但显然有信差带给他共产国际新的全球统一阵线政策的消息。毛、蒋都明白局势变了：由于战争快速接近，而中国唯一可恃的武器供应及直接军事援助来源是苏联，蒋剩下可以歼灭中共的时间正在快速流失。周恩来在抵达陕北新根据地之前，就在一九三五年九月一日写了一封“正式信件”给陈果夫、陈立夫兄弟。陈立夫此时负责国民党中央组织部，刚入选为中央执行委员（中执会此时终于拥蒋派占多数）。陈果夫担任江苏省主席。可是，两兄弟仍主管情报及地下工作。周的信函提到，报道指南京政府“计划联俄”，南京的气氛“已与过去相当不同”。周说，两党间的合作又再度可能。他宣称，中共红军在西北的唯一目的是防守该地区不受日本侵略。他要求陈氏兄弟向蒋进言，立刻停止军事行动，并与苏联、中共联合抗日，同时又要求国共尽早会面，开始“负责任的协商”。[80]

蒋认为共产国际的新政策以及周恩来的信函，不仅反映出斯大林觉得来自东、西两翼的威胁日益严重，也反映出中共十分衰弱。他指示陈立夫给周恩来正面回复。蒋决心发动最后一次对毛全面进剿，但他也有诱因认真考虑以统一阵线的政治协议。一方面毛有可能率部逃入苏联或外蒙古；另一方面若是接受政治协议，或许可使苏联大规模提供军事援助，在即将来临的对日抗战中，可发挥跟北伐期间同样重大的作用。蒋获悉周恩来来信之后，于十月十八日召见苏联大使鲍格莫洛夫（Dimitri Bogomolov），提议与苏联签订秘密军事条约。莫斯科答说，蒋必须先“规制和中共的关系”。[81]蒋和鲍格莫洛夫接下来讲好，由张群和鲍氏就此一秘约的细节进行后续谈判，在中国政府和中共就统一阵线达成协议后即可生效。通过中间人，陈、周决定将在一九三六年初在上海首次秘密会谈。[82]

但是，蒋、毛都相信“谈谈打打”的策略。因此，蒋一方面试图和苏联、中共和解，一方面又指示张学良率领东北军进驻陕北，与陕西绥靖公署主任杨虎城会合。杨虎城不识字、土匪出身，是冯玉祥旧部。张、杨奉命准备一九三五年十一月对毛泽东新根据地的杂牌军发动攻击。张学良两年前由欧洲回国后，他的反日民族意识益发强烈，蒋的这道命令使他起了疑心：它表示他的东北军将驻防西北，离老家越来越远，何况还要接受另一个效忠于蒋的区域指挥官的节制。张开始相信其他军阀指控蒋介石消灭了共产党之后，就要收拾各地区独立部队的说法（蒋有这个想法当然是真，只不过他希望以和平方式去达成）。张学良和杨虎城慢慢觉得蒋的用心就是让他们的部队在剿共作战中失血。

第一次交手，国民党又失利。张学良报告，他折损两个师，数千名部属投降过去。毛初期交战能得胜无疑是因为他的组织能力高明、战术运用灵敏，但对手的领导能力和军纪欠佳也是原因。东北军和陕西部队的官兵此时根本没有斗志。但是也有可能，即使在此一初期阶段，张学良和杨虎城就没像向南京报告的那样全力攻打共产党，也没有受到那么严重的损失。早先，蒋为了保存实力对付未来的抗日之需，何应钦提议派出手下精锐的德式训练部队北上剿共，被蒋否决。

很可能蒋只是要这两支军阀部队驻守陕南，骚扰毛泽东部队，等候大批中央军（但不是精锐部队）从南方调来。可是，把两支军阀部队投进和中共交战而失利，反而强化了毛，使他虏获不少武器和兵员，把许多被俘兵员编入共军部队。最重要的是，吞下败绩使得张学良更听进去中共的联合抗日的号召。周恩来的宣传部队已经在全国各城市及大学宣讲抗日统一战线，他们甚至渗透到蒋底下各路军队，尤其是东北军之中。

二

一九三六年一月，蒋再度向一群大学师生辩护他的外交政策，声称虽然他“不惧日”，中国仍不够强大到足以和日本帝国一战。[83]这个立场无论在情感上或意识形态上都不能让中国人民满意，但是很明显，中国按照进度在未来三四年继续整军经武，必可在对日抗战时发挥重大作用。此外，这时候的西方民主国家仍未把中国的领土完整，与欧洲或美国的命运视同一体，完全无意提供实质援助。

下一个月的东京，经过狂热军人流血政变失败之后，广田弘毅领导的文人新内阁宣布“积极外交”的新政策；简单地说，就是日本要主宰全亚洲。这些“理性的极端国家主义派”支持与太平洋列强开战的备战，不是只同苏联开战。他们也希望在真正的大战开始之前，先制服中国。广田内阁立刻向中国提出新一轮的要求，如“睦邻亲善、联防反共、经济合作”。蒋体会到他再也姑息不了日本，战争已即将爆发。[84]

东京发生政变之同时，西伯利亚和中国东北也爆发一场战事。苏联远东军仍由加仑将军率领，击退日军和满洲国傀儡部队的多师团联手进攻。此役战败使日本海军南进的主张大盛，压过陆军向西、向北发展的声音。华盛顿政府许多人不理解此一简单的动态。一九三六年，日本制服中国而称霸，似乎根本没引起罗斯福政府或大多数美国人的关心。美国驻华大使詹森（Nelson Johnson）认为，日本侵夺中国，与美国没有直接关联。他说，日本事实上"有效率地"经营东北和华北，可能替美国企业打开重要的经济机会。[85]

蒋再次下令张、杨进攻陕北共军部队。战绩再次相当难看：又有数千名士卒阵亡或失踪，虽然数字仍可能被夸大。通过一名被俘军官，周传话给张学良，表示希望和他谈谈抗日统一阵线。[86]二月间，无疑是得到杨虎城的同意，张在西安与周派来的中共代表秘密碰面。经过这次会谈，周和毛通过联络人与张学良持续接触；张甚至准许他们在东北军里成立左翼的"抗日同志会"。[87]

张学良和中共接触后，已不需要更多的说服。他反而主动提出，不可能与蒋介石联合抗日；他说，蒋的姑息政策已摧毁了他领导国家的道德权威。在周恩来鼓励下，张建议成立西北反日政府，含纳中共及其他爱国（军阀）势力，打出"联张、反蒋、抗日"的口号。野心和爱国精神使少帅决定和蒋总司令反目。他建议由他本人领导这个反蒋联合政府，周立刻就同意。此时，毛已经被正式告知共产国际的新政策是联蒋抗日的统一战线，并不是反蒋抗日。即令如此，毛还是认可了少帅此一（与共产国际）相抵触的策略，认为可以好好利用他的"英雄主义"，莫斯科终究会同意这个决定。他搁了四个月，没告诉共产国际有此一新计划。

蒋介石的特使并不知道张学良和中共暗通款曲，经过陕西前往中共在保安的总部与敌人展开谈判。保安是位于陕北的一个贫困市集城镇，以窑洞出名。中共在这次会谈中建议国共成立联合政府，致力国防并建立抗日联军——国民党先要停止内战，承认苏区的合法地位。双方同意南京政府将在下一次于上海会谈时作回答。[88]

春天时，张学良秘密穿过陕北共产党地区，来到延安某个已荒废的天主教教堂和周恩来碰头；延安此时仍在杨虎城部队控制下。周夸赞充满理想主义、天真的少帅，张则告诉温文儒雅、饱读群书的周，当代中国最受他尊敬的几个人物当中，周是其中之一。[89]虽然与南京当局已展开秘密会谈，中共此时仍起草一份和张、杨合作的反蒋同盟详细协议。大约同一时间，中共通电全国要求停火、与国民党和谈。

一九三六年六月，无线电通讯恢复了，毛泽东才首度通知共产国际，已经成功地和张学良有了秘密协议。毛报告说，此一反蒋同盟将亮出“西北国防政府”的旗号，推举张学良为“政府主席”以及“抗日联军”总司令。毛又指出，东北军每月俸银大多仰赖南京政府拨付两百万元（应该是指中央政府发行的纸钞“法币”），但是少帅一旦与蒋介石决裂，这一大笔钱当然就没了。因此，毛问共产国际是否每个月能拨三百万元支付红军和东北军的饷银。他说，当然红军的饷银“必须和东北军一样”。毛在同一封函电中也要求重炮、飞机和其他武器，并保证两个月内发动攻势，成功“歼灭蒋介石西北部队”。[90]

斯大林读到毛泽东这份报告大吃一惊，认为蒋若受到此一共产党主导的军阀同盟严重威胁，他会怀疑是苏联躲在背后支持它。这种遭到出卖的感觉，会为日本打开种种的可能性，如与国民党内保守、强烈反共分子结成同盟。这种发展也会刺激日本的反布尔什维克、反苏情绪。斯大林八月十三日回信，全面拒绝毛泽东的做法。他直截了当地指示毛泽东“立刻正式向国民党及蒋介石提议展开停火谈判，并就共同抗日签署具体协议”，包括成立“统一指挥本部及共同的军事计划”。斯大林又说：“不能把张学良当做可靠的盟友”——即使他可能“直接叛逃过来”。中共及军阀联合反蒋阵线的构想自此消沉。[91]

毛泽东立刻遵命行事。八月底，他撤销中共反蒋口号，发信给国民党中执会，恭喜蒋的“进步”，表示认同他的对日政策。蒋把毛的恭维解读为共军首脑已走投无路。[92]他准备在年底以前再全力发动另一波围剿作战。张群扮演蒋的密使，春天起即与鲍格莫洛夫多次讨论如何共同维护和平——意即协助中国抗日。[93]可是，因为日本在内蒙、外蒙都搞颠覆动作，斯大林与傀儡蒙古人民共和国签订共同防卫条约。中国从来不承认外蒙古的独立，蒋遂搁置中苏谈判。[94]于是斯大林就安排《真理报》（*Pravda*）刊登蒋经国写给母亲毛福梅的信，再次谴责他的父亲是“人民公敌，是他儿子势不两立的敌人”。[95]

蒋的某些核心干部劝他再与日本反共的领导人接触。陈立夫强烈主张——但没有成功——领袖应派戴笠到东京游说日本人，中日若是爆发战争将会增强苏联和共产主义威胁亚洲的力量。但是蒋明白日本帝国的野心无法制止——日本“鹰派”已经胜出，他们决心逼中国成为其属国。中国若要达成和平，就必须正式接受东北以及淮河以北中国的独立。他说："决不能避免战争。"[96]

蒋一九三六年双十国庆节在南京向群众宣布："共党余孽已被围在少数边区，要歼灭并不困难。现在，共产主义对中国已不再具有威胁性。"[97]蒋演讲后，进行阅兵典礼，穿着讲究整齐的部队踢正步，一排又一排的德国武器亦接受检阅。受惠于德国机械工具，中国兵工厂现在可制造若干高质量的精准武器。即使如此，新任德国顾问法肯豪森（Alexander von Falkenhausen）认为，中国仍需两年时间才能达成他培训六十个现代化师团的目标。新的德国岸炮、十二艘潜水艇、一艘德制巡洋舰、鱼雷快艇等武器，在一九三八年以前还不会交货。德国空军已接管培训中国空军的任务，如果按照计划发展，中国空军飞行员到了一九三九年就可飞现代化的"梅塞施密特"（Messerschmitts）战斗机和斯图卡（Stukas）式轰炸机，代表中、日势力均衡的大转变。[98]

尽管内战不断、世界经济大萧条、日本侵夺并且全面备战，中央政府的权力却是自太平军起义以来的最高点。春天，蒋展现他的军事、政治和地下工作的技巧，很快又敉平两广一场作乱。乱党再次指控蒋姑息、独裁，但基本上它反映出军阀和中央政府之间持续的权力斗争。这些军阀在各自省份里，独裁的程度比蒋介石有过之而无不及；而且，两年之内，他们属意的国家领导人汪精卫（此时仍在欧洲）就会投靠日本。蒋对这些积习难改的华南军阀宽大为怀，甚至送给他们三百万元法币作为急难救助，可谓开明的自利行为，展现出国家领导人的气度。

此时令人振奋的成绩也不少。政府部队中的文盲率由七成降至三成。[99]法律条文已经修订，并在全国施行。最近中央财政权延伸到被击败的华南省份，有助于国家货币（即法币）的通行。南京政府财政部长宋子文把农民应纳的年税赋降低了五千万法币，秋季农作物收成是二十年来最大的一年。中国已稍为自世界大萧条的困境中熬过来。现在，更多的中国农民有更多的钱可花，轻型制造业和工业生产稳定上升。[100]即使在这段艰苦的岁月，中国人的勤奋和创业精神已开始展现可观性。固然仍有许多失败、普遍亦贫穷，但杰出的中国问题专家梅谷（Franz Michael）仍肯定蒋介石南京政府头十年政绩斐然，"在经济开发、社会及教育改革、政治统一，以及提升中国国际地位等等许多方面，都有极大进步"[101]。

毛泽东既已推崇蒋介石，自由派的报纸有的住嘴，有的也表现出乐观态度。

学生的怒气很快也消退。平常批评政府的《大公报》宣称："人民的信心犹如死而复生。"专门研究民国史的重要学者易劳逸（Lloyd E. Eastman）说，蒋原本被认为是不学无术、图谋个人权力的武夫，可是到了一九三六年双十国庆，已被称誉为"高瞻远瞩的领袖，在国家陷于内部斗争时，明智地避免和日本冲突"。他成为"民望很高无可取代的领导人"。[102]

一九三六年秋天，毛泽东的状况也有改善。他只有三万名步枪部队士兵，但苏联援助已定期送到。他业已收到共产国际二十万美元；九月，斯大林批准再给他一万五千至二万支枪、八门加农炮、十门臼炮和"足够数量的弹药"。次年，共产国际答应再送给毛一百六十万美元。[103]十月，宋庆龄在上海应毛的请求，自掏腰包给他五万美元，以二〇〇五年币值来算，相当于七十万四千美元。[104]

五月，在蒋担保安全无虞下，周恩来偕同共产国际（亦即斯大林）的代表潘汉年在上海和陈立夫、张群秘会，继续交涉抗日统一战线事宜。潘汉年参与讨论，还带着与共产国际通讯的密码本，代表斯大林盼望谈判成功，如果谈成，他会提供苏联军援给国军部队。[105]国民党方面向周提出一份强硬的要求清单，最重要的是要求中共把红军裁到三千人，废止"红军"名号，接受中央政府军事委员会的控制。中共亦必须取消所有的苏区，允许在他们的地区成立民主政府。最后，中共高级领导人应该离职，并出国半年——蒋对战败军阀典型的惩处就是遣其出国。这些要求根本不符现实——毛泽东必然宁可退入苏联，也不会接受它们。周当下就拒绝这些条件，坚持中共必须保持对红军的指挥权。但是他也让步说，共军可以纳入为中国军队的一部分，遵守联合统帅部（以蒋为首的军事委员会）的调度。会谈暂时告停。[106]

如果粉碎中共会失掉在未来抗日作战唯一可能的武器来源，蒋必须重新评估这样做是否值得尤其是考量到若共军战败，毛泽东大可躲进苏联或蒙古。毛泽东则秘密地继续与张学良讨论联合反蒋事宜，让张觉得事情顺利发展中（也因此间接地促成了即将爆发的西安事变）。

十月三十一日是蒋五十大寿之日，他回到河南洛阳的剿共总部。宋美龄带着两个大蛋糕由上海飞来，两人牵手在西式、点了蜡烛的蛋糕后合照——他手持软呢帽、身穿布披肩，她则穿毛皮披肩。上午，两万名民众在洛阳中央军校集合向他致敬。二十一响礼炮之后，群众欢呼、行三鞠躬礼。次日，蒋发表一篇乐观的

↑1936 年 10 月 31 日，蒋介石与宋美龄在洛阳庆祝 50 岁生日（国民党党史馆提供）

长文，宣称国内局势“化险为夷……十月乃为外交转弱为强之期”。他说，最鲜明的是日本要求在华北联合反共。他指示张群准备一份声明，宣布中国决心恢复领土主权。[107]

生日派对后，蒋悄悄和来到洛阳的张学良会面。蒋因张最近给他一封信要求成立抗日统一战线而生气。委员长以严厉、说教的口吻警告说，任何人在收拾完毕中共之前主张抗日，就是“国贼”。后来蒋都怀疑自己怎么会用词如此强烈。[108] 根据张学良日后的说法，委员长的态度增强了他劫持领袖的决心，他回到西安向杨虎城谈到会谈经过，杨引述了一句古谚：必须“挟天子以令诸侯”。[109]

当月，日本、德国和意大利签署反共公约，日、德联手攻击苏联的可能性突然大增——这是斯大林寝食难安的最大噩梦。许多人猜疑何应钦和不在国内的汪精卫私底下赞同中国加入此一反共同盟。日本军国主义者希望尽速收服中国，他们才能依计划攻打苏联。日本特使川越茂悄悄搭日本军舰来到南京，带来新要求：中国赋予日本权利可派部队到中国政府军和共军正在作战的任何地方。蒋接见川越茂，但拒绝和他谈判。川越茂和外交部长张群的谈话没有进展。[110]对于斯大林而言，听到日中接触，使他觉得益发迫切，要赶快成立国共抗日统一战线。

十一月二十四日，蒋又回到洛阳，接到张学良报告说，陕西局势吃紧，请准向他亲作报告。蒋在日记中写下："汉卿要求带兵抗日，而不愿剿共，是其无最后五分钟之坚定力也。"[111]十二月初，张到了洛阳，向领袖报告驻防陕西的部队军心不稳，陷入叛变心境。尽管蒋最近才警告不得主张联合阵线，少帅还是直接主张，两人吵了一个多小时。蒋警告说，如果国民党在这个关头停止内战，改为抗日，势必使得全国领导权落到中共手中。[112]

张主张蒋到西安，亲自向东北军、西北部队官兵讲话。蒋同意。张学良一回到西安，就发电报向毛泽东说明谈话经过。根据张国焘的说法，张学良没有提到计划劫持蒋委员长，但是十一月初，少帅在西安曾告诉毛的密使叶剑英说：他打算"发动兵变"。毛只简单回答："好极了。"[113]

三

孔祥熙提醒蒋，西安之行太危险，但委员长反而更执意要去。他过去深入敌营总能化险为夷，更因无惧无畏而声望日增。因此，他在大批高级官员及奉化子弟兵卫队及二十名士兵的陪同下，飞往西安。

同时，周恩来和斯大林的代表潘汉年秘密由上海到南京，继续谈判抗日统一战线事宜。[114]委员长前往西安后不久，周恩来告诉张群和陈立夫，中共已同意国民党对抗日统一战线所要求的大部分条件，譬如废除红军的名号和徽章，部队接受政府军事委员会的调遣，停止没收地主财产，允许成立民主政府。唯一的歧异在于共军的人数；此时，国民党谈判代表同意共军在新名号下，等候纳入中央军之前，可以有三万兵员，不是先前的三千人。周立刻接受这个比较符合现实的数字。[115]这时不再提到毛、周等必须出国的要求。根据陈立夫的回忆录和蒋介石一九五七年的书，双方“实际上就所有问题”达成共识。[116]

根据这些模糊且易操纵的条件，双方起草正式组成抗日统一战线的共同声明，等候蒋、毛核可。但是，即使尚待最后核可，若无双方首脑事先的同意，谈判代表也不会同意这些条件。周恩来在回去向毛报告途中短暂逗留西安，但他显然没见到张学良，告诉他有此一草约的事。或许双方协议好要保密到经由领导人正式核可之后才得公开。张群陪着周恩来到西安，毫无疑问他向蒋报告了此事，蒋显然也原则同意这些最终条件。[117]多年之后，蒋说协议只待他回到南京“正式批示”就可完成。[118]

如果蒋告诉张学良这个十分重要的消息，张可能就会放弃劫持计划。可是，蒋是个守口如瓶的人，对部属只要求其服从，不会对其说明解释。因此很可能他决定，除非毛泽东签字的正式同意已到手，相关的中苏军事协议最后条件也揭明，他不会告诉张学良国共已有此一“共识”。双方正式同意结束内战之前，蒋也不希望与共军殊死作战的意志已够消沉的陕西部队，士气再进一步低落。蒋也有可能，不管毛对草约作出何种决定，都无意停止军事攻势。但是，鉴于短期内苏联军援对中国而言十分重要，斯大林派代表出席协调草约的签订，加上毛若遇到全面攻击可能逃入苏联，很可能蒋对联合抗日十分认真。

飞机降落西安机场后，蒋住到城外十六公里的温泉胜地临潼。临潼是个小城，附近有许多温泉屋。蒋在此个别召见东北军和陕西部队的高级将领，告诉他们（和对张学良讲话一样），长久的剿灭共军作战已到“最后五分钟”。

十二月九日，西安开始飘雪。当天上午，一群学生要到临潼围堵蒋委员长，警察开枪，造成若干人死伤。张学良赶到现场，告诉学生他可代表大家与总司令对质。当他到了临潼向蒋报告时，蒋大发脾气，质问他：“你究竟站在哪一边?”根据少帅的说法，蒋表示他不怕学生，“让他们来，我可以用机关枪杀了他们”。这番话——若是属实——使张十分烦恼，他因计划劫持领袖，压力已经十分大。他躲进洗手间克制自己的情绪。[119]

蒋预定十二月十二日离开西安。当天黎明，张学良的护卫队冲进蒋落脚处。蒋在房里听到枪声大作，一名军官冲进来报告：戴毛皮帽的士兵——东北军的标准配备——正在进攻这里。这位军官敦促委员长逃到后头山上。蒋穿着睡衣、爬出窗户，在一名卫士、一名副官陪同下朝荒山奔逃。

眼前是一堵高墙。三人爬了过去，沿着一条宽敞的干沟跑。突然间蒋失足跌了一跤，伤了背，假牙也掉了。此时他们遇上几个同伴，大伙跑到已经积雪的山顶一个洞穴里。次日早晨，张学良部队找到一名又冷又饿、赤脚，睡衣之外只披了一件长袍的逃犯。他对追兵表示："我是委员长。杀了我，别侮辱我。"[120]带队的军官说："我们不会杀你，我们只要求你领导抗日。"[121]

士兵们把蒋送到西安的省政府办公室，杨虎城部队负责监管他。过了一会儿，张学良进入房间，立正，称他为总司令。蒋质问："你还喊我总司令？如果你还承认我是你的长官，你就应该送我到洛阳，否则你就是叛徒。既然我落到叛徒手中，你最好枪毙我。我们没什么好说的！"[122]张学良回答说："你就是被坏脾气害了。"[123]

兵变消息当天上午就传到上海，但没人晓得委员长是生是死。孔祥熙告诉宋美龄，她立刻派人去找张学良和孙中山的老朋友、曾任《纽约先驱报》记者的端纳。三人一起飞往南京。南京政府已经收到张、杨电报，证实委员长已被他们挟持。张、杨表示他们"含泪"向委员长说明他们被迫这么做的苦衷，但"一再被他责骂"。他们俩旋即提出八点"救国主张"，希望南京政府采纳，"为未来开启生机"。[124]

这八点救国方案包括：成立"救国政府"、立刻停止内战、赦免及释放所有的政治犯、保障政治自由等。国民党中执会和中政会推孔祥熙代理行政院长，何应钦代理总司令。何下令立刻准备出兵讨伐西安，并且派了一团陕西部队去占领潼关。何亦发电报给人在意大利的汪精卫，要求他尽快回国。中央军开始向西安前进。[125]

全国民众听到西安事变的消息，普遍同情蒋。一般人认为，两个有野心、专制的军阀粉碎了国家的希望，恐将再掀起新一波的血腥内战。据说全国军民为此抱头哭泣，而文盲急托识字的人告诉他们最新的消息。[126]各地军阀的反应不一。有些人，如冯玉祥，呼吁张、杨快快释放委员长；也有些人，如李宗仁、白崇禧，则暗示支持张学良。

军事行动令莫斯科更加迫切盯住危机的发展，但蒋夫人担心调兵会太过挑衅，力主节制。接下来的会议，意见纷杂，吵成一团。蒋夫人决定自己找出"迅速、平静、不流血”的解决办法，甚至表示西安事变策划者说不定有“合理的诉求”。她派唐纳德飞往西安，宣布她本人稍后也会赶到。[127]同一天，陈立夫利用中共特务（共产国际代表）潘汉年的密码，直接发电给共产国际，警告说若是委员长有了三长两短，“中国抗日将群龙无首，这将对苏联不利”。

张学良派兵到临潼之前，发电通报毛泽东他即将行动。毛告诉他的秘书：“早上就会有好消息了。”次日中午，报务员冲进毛泽东的窑洞，递交来自张学良的急电。中共领导人鱼贯进入毛原始的总部聆听消息。毛向大家宣读电文，现场欢声雷动。朱德、张国焘等人主张立刻把蒋及同行的国民党将领处死。毛大笑，也有同感。即使如此，他立刻征询莫斯科的指示，提议把蒋交给“人民”公审。然后，毛拍发贺电给少帅，恭维他是“国家抗日领袖”，赞扬他“惊天动地的举动”，表示和蒋已无法达成妥协，暗示他应“坚决”处理蒋。[128]

蒋被劫持的消息几个小时后就传到莫斯科，但斯大林不像毛泽东，他笑不出来，反而立刻看出来此事会给苏联招惹灾祸。次日，共产国际收到陈立夫来电，很可能也获悉何应钦下令中央军精锐部队往西安移动及促请汪精卫兼程回国。委员长被杀，何、汪共组亲日政府的可能性突然大增。斯大林急电毛泽东，以明确口吻表示苏联不赞成这桩“阴谋”——暗示这是日本人幕后策动的。他命令毛和蒋友好谈话，找出和平解决方法，并释放这位国民党领袖。[129]接到斯大林如此命令之后，毛、周、朱于十二月十五日通电全国宣布中共主张“西安事变”和平解决，任何草率动作“只会如日本人的意”。[130]

斯大林认为，如果他和毛能被外界看做斡旋有功、促成蒋介石获释，可能有助于促成国共及共产国际的抗日统一战线。斯大林晓得他手上还有一张王牌——蒋介石的儿子经国，与他的苏联太太及男婴住在斯维尔德洛夫斯科，供职于一家大型工厂，而且凑巧再过几天就要正式成为苏联共产党党员。可能是斯大林本人下令立刻停止蒋经国入党程序，并召令小蒋立刻到莫斯科报到。[131]斯大林旋即致电周恩来，要他在和蒋介石谈话时，应该提到接受联合抗日政府还有一个好处：他那任性的儿子可能可以回到中国。[132]

危机升高之际，两天前才离开西安的周恩来，又从中共根据地坐驴子前往延安（仍由杨虎城部队占领），再搭飞机回到西安。据说，他一见到少帅，就告诉他“不能动（委员长）一根汗毛”。[133]和张学良交涉反蒋密约的周恩来，现在反过来告诉他，中国迫切需要蒋介石领导。[134]他说，斯大林和共产国际要求委员长继续领导中国。[135]周告诉少帅，他应设法说服蒋，在原则上同意成立抗日统一战线，然后就只能释放蒋，期待他信守承诺。[136]从一开始，周就明白，蒋不会签任何文件或采取任何行动以换取获释，但是有可能原则上同意成立抗日统一战线，尤其是周和张群前几天才讲好的条件，蒋、毛必定都已暂时同意了。

少帅晓得这下子纰漏捅大了。他现在的目标是尽可能争取释放蒋的功绩，可是他不能一个人做主，因为西安是由杨虎城控制；而杨表示他可不想当“断头将军”，深怕没得到坚实保证就纵虎归山。[137]同时，中央军已朝西安推进，飞机已经朝通向此一古都的铁路线投掷炸弹。根据宋美龄的说法，何应钦已经决定不再多费唇舌，要攻打西安。她担心这个做法会害死她丈夫，因此痛责“这些军人的脑袋”。次年她发表西安事变时期的日记，明白暗示何应钦利用危机为自己私心安排。十二月十五日，唐纳德从洛阳打电话给她，报告说委员长没有受到虐待，原本拒绝但现已同意搬到比较舒适的住处，而且不再由杨虎城看管，改由张学良看管。此外，他说，少帅私底下承认自己虽然动机纯正，却做错了。[138]

同一时间欧洲方面，汪精卫却作出惊人之举——在回到中国之前先飞往柏林，与希特勒会晤。两人讨论中国加入反共轴心的可能性；如果如此，德国愿意大量扩大它对华援助。然后汪才赶回南京，盼望终于能够取代蒋介石成为国民党及中国无可争议的领袖。汪精卫和希特勒会晤的新闻必然使斯大林及苏联领导人大为震撼。《真理报》社论指控汪精卫和张学良代表日本军阀策划西安事变。[139]

十二月二十日，张学良在西安机场接了宋子文，带他去见委员长。宋子文单独走进房间，蒋抬头一看，大为意外，不禁痛哭流涕，浑身涌上挫折感和极端的无助。十年作战，努力制服军阀、剿灭共军，眼看已到“最后关头”，眼前不是军事胜利，就是还算令人满意、以实力地位谈判、得到斯大林保证的政治交换。岂知全都功亏一篑，现在全无地位可跟苏联谈判；如果他同意了组成抗日统一战线，不就显得是被恫吓而接受了吗？[140]

中国的经济，甚至蒋的支持度，终于开始有了起色。他认为，再过两年，他的军队就可完全准备好对抗日本。甚且，反共公约使得日本很可能卷入希特勒的

↑蒋介石在国民党内的主要政敌汪精卫（国民党党史馆提供）

对苏战争。新时代眼看即将到来。哪晓得两个军阀——在蒋的眼里，一个是急躁、无能，一个是贪腐、无知——却坏了大事。宋子文交给蒋一封宋美龄的信。她写说："如子文三日内不回来，则必来与君共生死。"[141]蒋又潸然落泪。

重新控制住情绪后，蒋重申他绝不在胁迫下接受任何东西。他告诉宋子文，他对张学良说过，他可以率领东北军进入内蒙古，这样可以稍微取得对日本人作战的优势；杨虎城可以改组陕西省政府，换上他属意的人选。他说，另外一个办法，就是中央军攻打西安。宋子文说，如果中央军进攻，张、杨部队可能退入共产党地区，"内战会到处爆发"。蒋的大舅子又对他说，蒋的性命已和国家的命运绑在一起。[142]

张、杨和宋子文交涉时，似乎不愿退让。宋子文似乎也不了解两个军阀处境疲弱，只要保证赦免其罪，他们很可能就会放了委员长。他决定，他妹妹宋美龄及代表黄埔系的情报头子戴笠应该来西安劝说委员长要妥协。

南京方面，宋美龄和戴笠急着要和宋子文一起到西安。宋美龄仍然设法阻止何应钦发动攻击，何终于同意轰炸暂停三天。[143]她一到西安机场，和张学良、杨虎城握了手，就向少帅要求，别让他的手下搜查她的行李，因为她“不喜欢我的东西被弄乱”。张学良一脸尴尬答说：“夫人，我绝不会这么做。”[144]

一进到城里，宋美龄单独去见她丈夫，发觉他又病又倦。他眼眶又红了，责备她怎么涉险而来。他说，当天上午他翻阅《圣经》，正好读到一段：“耶和华今要做一件新事，即以女子来护卫男子。”蒋说他预备为国家而死，他太太告诉他为了救国，他必须活下去。夫人前脚离开，戴笠冲进房里，扑通一声跪下，抱住委员长双腿，自责没有善尽保护领袖的责任。[145]

张学良实际上已经十分沮丧。他告诉宋美龄，他知道自己闯了大祸，预备立刻释放委员长，可是杨虎城一伙人不肯。[146]这时候宋美龄才说，如果委员长平安回到南京，她保证张不会受到惩罚。[147]蒋同时也决定，没有必要和张、杨谈判。针对他的释放，他必须交涉的对象是，他的黄埔军校旧部属周恩来。如果一九二七年四月上海清党时，蒋下令放了周的传说属实，两人都可以察觉其中的讽刺意味。十二月二十二日晚间，委员长要宋子文向周传达他对中共有四点要求：（一）取消中国境内的苏维埃政府；（二）取消“红军”的名号；（三）停止阶级斗争；（四）遵奉委员长为总司令。[148]

这些要求和周恩来、张群秘密协商完成的抗日统一战线共同声明稿内容相似。但蒋也要宋子文告诉周，“他无时无刻不忘重组国民党的必要”，他预备在三个月之内召开各党各派国民大会，结束“训政”，“还政于民”。蒋重申，关键是共产党必须遵守他这位领袖的命令。周告诉宋子文、宋美龄兄妹，中共本来就接受所有这些条件，立场丝毫不因西安事变有所改变。[149]

周重申中共将接受中央政府的领导抗日，但也要维持独立于中央军之外的军事体系。他说：“这应该不困难，因为有许多军事体系都独立于委员长本身的部队之外”，这指的是各路军阀部队。周要求宋子文向蒋强调，共产党很难向自己人解释他们接受了这些条件。此外，周又一再向宋子文警告，南京的亲日派此时“以为委员长回不来，正在设宴缔结派系，想要夺权”。[150]

当天稍晚，蒋和宋子文、宋美龄会商时又表达若干口头上的让步，表示他会停止中央军向西安推进，政府军不进驻陕西和甘肃，当中日战争开始，他会“支持”（现金补助和补给供应）所有的部队。宋子文把这几点转告周、张、杨时，他们都很满意。次日，张、杨底下大多数军官坚持在蒋离开西安之前，至少部分条件应先兑现时，宋子文告诉他们，蒋宁死也不肯在获释前作出任何让步。但是，这些军官也坚持不让。于是乎，戴笠匆匆带着蒋给何应钦的命令离开，要何停止向西安推进。[151]

当天夜里，张学良告诉宋子文，他和杨虎城出现激烈争执，因为杨不想在没得到具体让步前放人。张、宋讨论带委员长夫妇逃到机场，但觉得太危险而作罢。[152]圣诞节大清早，唐纳德进入蒋的房间，把他的一双高尔夫球袜挂在壁炉边。一只袜子底下是一台新式手提打字机，要送给蒋夫人；另一只袜子底下则是送给委员长的一张电毯。委员长还穿着睡衣，笑了，这是事变发生以来他第一次笑了。[153]

当天早上，周恩来告诉宋氏兄妹，他希望和委员长见面。上午八点钟，周在宋子文陪同下进入房间，举手敬礼——象征着红军服从抗日统一战线总司令。周以浙江方言向这位身份特殊的囚徒报告，共产党一年来避免作战，为国家保存实力，又说共产党没有从西安事变得渔翁之利。他们对此次事变提议的解决方案和“几个月前”（在上海和南京）提出的方案一样。周表示中共希望蒋个人担保将会停止剿共，把共军纳入抗战队伍，并允许他们派代表到南京向他说明他们的立场。[154]蒋回答，如果共产党愿意服从他作为他们的领袖，他会把他们和其自己的部队一视同仁。他说，中共多数领导人过去都是他的部属，他可以像对待最近作乱的桂系一样，宽大为怀。[155]周接下来告诉蒋，蒋经国不久将回到中国，他是个爱国青年，毫无疑问会“希望他父亲抵御外侮”。[156]

后来，宋子文和宋美龄要周恩来指定一个人在上海负责联络。令他们惊讶的是，周告诉他们，可以通过他们的二姊宋庆龄和他联系；而且又说，宋庆龄最近才给了毛泽东五万美元。日后，宋子文质问二姊是否送钱给毛，使得她通过共产国际在上海的代表抱怨周太不小心了，怎能对人提起这种事。很显然，宋美龄和宋子文都没向蒋介石提到他们二姊是中共的联络人。[157]对于宋家人来讲，血浓于政治。

次日下午两点，美龄看见一名苦力推着行李，穿过他们的庭院，张学良则跟在他后头。几天前还阴谋推翻蒋介石、预备取而代之为中国主要领导人的少帅，现在表示他要陪他们回南京，向国人展现他用心坦荡。突然，宋子文出现，说掌控西安的人同意他们可以走了。委员长说，他要先和张、杨说点话。杨虎城赶到后，蒋告诉这两位军阀，他不记个人恩怨，他的重点是救国。[158]他说，如果他们无保留地服膺中央政府命令，国家即可因祸得福、化险为夷。[159]根据宋子文的日记，蒋明确地原谅了他们的行为。[160]

一伙人挤进几辆汽车，驶经已经覆盖了雪的马路，前往机场。委员长夫妇搭乘少帅的波音专机离开，委员长坐在副机师的位子。[161]当天他们抵达南京时，从机场到城里，数千民众夹道欢呼，沿路鞭炮有如机关枪响个不停。蒋前往西安时是个孚民望的领袖，现在则以民族英雄之姿归来。

西安事变凸显出蒋、周之间的个人关系。如果蒋要归功任何人帮他脱险，毫无疑问，周要居首功。一九四一年，蒋告诉拉铁摩尔，他认为“虽然周受的是延安的控制，却是个可以信赖的人”[162]。多年之后，蒋写说，在西安时，他认为共产党（当然指的是周恩来）“真心后悔”。[163]虽然周有时候也跟毛泽东同一调子，嘲讽蒋相信他的真心，但是事后的事件展现，周的确相信也在中共党内力主，如果蒋遵守他在西安的承诺，共产党应该奉蒋介石的实质领导优先抗日。

委员长认为在政治场域上，他确实忠于自己对个人德性的信仰。在西安，蒋遭受尤其严重的背叛与折磨，类似周这样的忠诚宣誓，对他而言是外人所能展现最真情流露的请吁。每当面对严重挫败，蒋强烈但内向忧郁的个性倾向将自己视作注定要受苦的烈士。两个月后，蒋在日记中拿西安考验与耶稣的屈辱和审判作比较。[164]他对周说如果中共将领听命于他，便会对待他们如同对待他最忠心的部属，此处所言应不假，因为起码这能展现他高尚的姿态。然而他心里深处对中共的不信任，其实并未消散。

蒋回到南京后，召见陈立夫。陈立夫问：“周恩来在西安的态度如何?”蒋答说：“很好。”接下来，陈建议大批中央军既已部署在陕西附近，何不趁势收拾共产党，但蒋低头不语。他已经作了承诺。消灭共产党，或是把他们赶出中国的机会已经错失。陈觉得蒋已经累了，就告退了。[165]

若是没被劫持，蒋又推动剿共，毛可能被迫躲入西伯利亚或外蒙古；而鉴于苏联遭受的严峻威胁，斯大林可能也会提供给蒋一九三七年七月七日军侵华时他给的同样的军事援助。在这种情况下，蒋在战后和共产党交战时就会更强而有力。但是，如果没发生西安事变，毛泽东被斯大林催促，可能也会同意陈立夫、张群、周恩来、潘汉年所谈妥的抗日统一战线方案。如果斯大林接下来又与中国建立秘密军事同盟，蒋可能会取消“最后五分钟”的攻势，抗日统一战线还是会开始。因此我们可以说劫持事件本身并没改变历史，影响事件发展的是蒋的决定。十二月二十六日，从西安平安回到南京后，他有另一个大好机会可选择以全面军事手段解决共产党问题。

THE GENERALISSIMO

CHIANG KAI-SHEK

AND THE STRUGGLE FOR MODERN CHINA

第二部　抗战

第四章　长期战争开始

回到南京后，尽管在西安饱经羞辱、无比愤慨，蒋介石的决定却是经过盘算，果决又大胆。最重要的是，这些反映出他一心希望着手统一中国、准备对日作战的重要任务。毛泽东的好友兼传记作者斯诺（Edgar Snow）写道："蒋个人所遭受的惊骇震撼，或许会令一个较乏远见的人动怒、乱了方寸，驱使他匆匆采取报复行动——事实上，蒋在南京的追随者就是如此怒气冲冲要求报复。"但是，蒋却是"妥协大师"。[1]首先，实际上不动兵戎，委员长就成功控制了陕西两个兵变阵营，部署五个军向西安进军，又更换东北军的师长，并且重新调遣所有东北军到江苏和安徽。效忠者很快镇服由少数亲共军官发动的兵变，大多数的东北军官兵，几周前似乎还桀骜不驯，现在却俯首听命。

一行人回到南京，军情人员扣留少帅张学良，但蒋夫人出面求情，蒋后来颁令宽赦，把他"监管"起来。[2]这等于是无限期软禁——果真就是长达五十年沉闷（但还算惬意）的居家监禁。张学良以打麻将、读史书和收集艺术品排遣时间，有一阵子由元配夫人和宠爱的红粉知己赵一荻轮流陪侍。他第一个软禁处所是奉化溪口镇蒋家村山区。蒋夫人表示愿代管他的艺品珍藏，也定期写信、送特产食品和其他小礼物给他。[3]相反，委员长错误认定是主谋者的杨虎城，却以"军事专员"身份送到欧、美考察一年。杨虎城一九三八年回国，旋即被委员长下令逮捕。[4]

周恩来从西安回报时，毛泽东简直不敢相信，蒋只是出言保证说会停止内战。他担心几天前似乎落入掌中的这位大敌，现在已不受控要大举"迅速、残酷的报复"。不过，周恩来说，蒋"可能不会食言"。他以调侃的口吻说：蒋自命为英雄人物，会有言出必行的虚荣心。毛泽东想起自己从前也是这样讽刺蒋的天真，也就认同了这个判断。[5]他说，蒋可能又扮演起阿Q的角色——作家鲁迅笔下那个中国自我幻想、蒙昧无知的代表人物。毛认为，蒋就像阿Q一样，对自己的美德和真诚以及中国的传统充满幻想，中共正好可以好好利用他这一点天真。拿定了主意之后，毛泽东就接受张国焘的建议，共产党表面上对委员长毕恭毕敬，但内心里要如公元前四百多年的越王勾践一样卧薪尝胆，静待时机，完成大业。[6]

蒋介石的确没有公开承诺任何条件，在调走原先兵谏的部队之后，大可迅速调集大军包围延安基地。中共在陕北的三个红军主力只有五万人左右；其中只有两万九千六百五十人有枪，而且他们没有空军。[7]同时，蒋氏统领大军两百零二万九千人，其中三十万人受德式训练，有八万人更是配备德制武器。此外，他拥有"三百一十四架军机，六百多名战斗机飞行员"。甚至，斯诺说"他安全脱险后全民拥护的声势极大"，证实他在国人心目中的地位如日中天，"远胜于中国现代史上任何一位领袖"。[8]以民意而言，这是发动攻击的最佳时刻。

但是，蒋介石恢复自由身之后，根本没想到要动武。果如周恩来预见，他信守承诺、停止"剿共"。甚至，还开始每月拨款二三十万元给中共部队。[9]共产国际也继续它的资金提供，于一九三七年初给了中共八十万美元，另外还有等额的钱备"额外采购"之需。[10]同时，毛泽东告诉同僚，执行统一战线的时候，中共要利用各种借口防止国民党整编或打散红军。抗日战争一爆发，毛就预测："一切都会顺利解决。"[11]

二月间，国民党中央委员会拒绝为统一战线背书，重申必须反共到底。不少中央委员依然相信和日本合作而非和共产党合作，才是恢复中国主权的道路。但是蒋介石执意要做，下令对西北红军根据地开放贸易，部分恢复邮电服务。同时，中共因莫斯科和南京的钱源源而来，买了一队美制卡车，开通西安至延安的公路交通。[12]访问延安的中国记者纷纷报道，中共已铲除贪污和压榨，数百、数千青年响应"到延安去"。

但是，和蒋的协议也在中共和红军基层制造出极大的混乱。为了澄清，中共向全体党员发布秘密公告，宣称搞统一战线只是策略，使党既能抗日又可"千百倍"扩张势力。蒋也看到这份公告，写下：这显示"共产党的奸诈"，但是他并未公开宣扬这个观点，继续把中共当做忠心的小老弟看待。[13]他也放弃削弱军阀的努力，现在全神贯注到准备抗日。他需要全国团结以及苏联的军援。

蒋介石认为，如果一年内他可以领导抗日成功——他相信至少这是可能的剧本——事后总有办法处理共产党的威胁。蒋氏突然很正面甚至高度评估对日作战的胜算，有一大部分是反映他的德籍顾问冯·法肯豪森（Alexander von Faulkenhausen）将军突然变得乐观；这位德国将军前几个月还说中国军队需要两年时间才能跟日本开战，现在他却告诉蒋，国军已够强大，可“把日本人赶出长城”，因此力促委员长要防守沿海地区和长江流域，不要计划早早退守四川。[14]一九三七年三月，他建议蒋派遣中央军部队进驻北平、天津地区，此一行动势必会引爆全面战争。[15]蒋氏很早就了解日本皇军所拥有的陆海空现代火力——此一力量可与欧洲的兵力互较高下——现在，他觉得已可和日本大敌放手一搏。

蒋也可能因为目睹新练精锐部队演习操练的壮观景象而信心倍增，加上他觉得民气可用——民意不仅支持他本人和统一战线，也支持政府终于明显有了抗日的计划。此外，他可能也说服自己相信，国共停止内战已使中国有了抗日必需的团结和精神力量，可以对抗日本——不论是打一场有限战争，或是旷日持久的长期抗战，都没问题。不论出于什么原因，他和法肯豪森对当时中国军事力量的评估，有过度高估的情况。

六月间，蒋派出一支半官方的国民党代表团到中共边区考察，发表抗日演讲。蓝衣社也奉命集中力量惩罚亲日“汉奸”。共产党控制地区变成“边区政府”，名义上受南京中央管辖。中共开会时，蒋介石的照片也和马克思、列宁、斯大林、毛泽东的照片并列，即使一般中共党员也晓得这只是做做表面文章。中共为示“守信”，停止新的没收土地做法，但早先占走的土地则不予归还；停止反国民党的宣传；拥护孙中山的三民主义。斯诺观察到，这些改变“并未影响中共的基本理论、方案或自主地位”。[16]蒋氏对这一切全都心里有数。

一九三七年四月十九日，蒋经国带着苏联妻子方良、十六个月大的儿子孝文，回到上海。几个星期后，蒋经国踏进杭州一处招待所，恭迎父亲驾到，并跪地磕头。委员长指示儿子花几个月时间重拾中文作文、温习古籍和国父遗教。然后，他带蒋经国进入书房，拜见继母宋美龄。[17]每个人都正经八百、客气相待，完全不提父子多年来的不合；蒋也建议儿子把他在苏联滞留近十三年的经验写下来。

虽然蒋仍苦于西安事变所受的伤，他的政治地位却日益坚固。詹森大使向国务院报告说：中国人“不问其个人或政治倾向如何”，普遍认为蒋氏继续在位，“是救国大业最需”。[18]蒋本人尽管身体不适，却觉得“数日来，精神与身体皆觉较前舒适”。[19]

七月七日炎热的夜晚，明月当空。日本华北驻军（兵力仅约五千到七千人）约一百三十五人在距北平十六公里的八百年古桥卢沟桥附近演习。当晚十点半左右，中国二十九路军士兵对朝向卢沟桥逼近的日本武装队伍开火。日军反击。双方军营联络官通电话后，互相道歉，但是日本旅团长不想示弱，下令炮击中国部队，中方也立刻回敬颜色。[20]

蒋氏正在庐山主持军事会议，半夜接到电讯报告此一事件。他不敢确定究竟这是又一次的意外开火，还是有如“九一八”事件，是日军借机挑衅。他指示二十九路军军长谈判，但“应固守勿退”。[21]然后，他拍发电报给各省主席、各直辖市市长，以及驻军司令长官，下令实施戒严以及“全面动员准备”。最重要的是，他从最精锐的德式训练部队，派遣三个师跨过黄河部署到华北地区。这可是《塘沽协定》对中央军下的“禁区”，蒋晓得日本人不甘示弱，必定会有反弹。

卢沟桥开了第一枪之后不到数小时，毛泽东和朱德通电蒋委员长和共军所有单位，宣布红军将完全听命委员长领导，接受指挥。七月九日一大早，卢沟桥地区中、日双方指挥官协议停火，相互撤退。日本陆军最高本部训令驻华派遣军司令不要诉诸武力，可是，国内出现异声，要求非得教训狂傲的中国人不可。新任首相近卫（Konoe）亲王派三个师团驰赴事件地区。[22]

日军七月十二日抵达天津时，蒋拍电报给国军十九路军，声明：“我已决定对日宣战。”[23]他立刻呼吁国际联盟及九国公约的西方签署国家介入调停，但是蒋无疑料想得到美、英、法、意只会怯生生促请日本节制。为避免激恼日本，美国国务卿赫尔（Cordell Hull）甚至停止交运中国政府已购买的轰炸机。美国传教士推动禁运战略物资给日本，但国会拒绝采取行动。[24]

詹森大使觉得中日双方剑拔弩张的原因不明，他只能向国务卿报告：“对于起因与后果，皆无法有可靠的评估。”[25]美国驻日大使格鲁（Joseph Grew）则深怕引爆“反外情绪”，虽奉训令，却不愿传递华盛顿婉转表示关切的信息。[26]七月二十二日，卢沟桥地区日军指挥官定下期限，要求中方部队后撤；但中方奉蒋之命发动攻击。近卫内阁在全民热切支持下宣布，日本“现在被迫诉诸果断行动，惩罚中国军队的暴行，让南京政府恢复理智”。[27]日本政府内部“有人主张对华开战，也有人坚决反对开战”。[28]原因之一，像当时关东军参谋长东条英机一样，多数日本人对皇军痛惩野蛮中国的能力极度有自信，认为中国终将被迫接受扮演月球的角色，做起东方新兴帝国的卫星。

七月二十四日，蒋介石拍发电报给在溪口读史籍、练书法、写留学苏联回忆录的蒋经国，叮嘱他“不必分心于倭寇之扰华，以我必有以制之也”。所谓“有以制之”指的是德国顾问培训的部队，尤其是已经配备德制武器装备的部队。[29]同时，在庐山举行的一项全国会议正式宣布共产党为合法组织，但是蒋无法让出席人士同意“对日宣战”的议案。于是他在八月七日召开军事委员会，宣布全面抗战是国家政策。[30]蒋不顾党、政体制，凭一己之力强行通过对日抗战。过去八年，蒋始终相信坚持暂时求和、争取时间建构兵力凭的是他过人的意志力和勇气。现在，他决定坚持作战到底的政策。[31]

到了七月底，已有十六万名日军涌入河北省。十九军军长不战就弃守北平。毛泽东命令共军跨山西，向河北挺进以支援系出军阀冯玉祥西北军的傅作义部队。然而，七月三十一日，毛泽东显露他欲与日本人避免严重冲突的意向，通过无线电告知共军将校，早先的命令纯为宣传之用。他说，事实上，共军部队应慢慢移动。他们可以“每天移动五十里，每行军三天，休一天”。[32]

蒋立刻调遣受过精良训练、配备德国武器的八十七、八十八师布防在上海市郊。[33]他在上海求战的主要目标是，尽可能吸引众多敌军离开华北，阻断日军向武汉前进，使苏联对华供应线畅通。蒋选择固守上海，并在败象已定的情况下仍然坚不撤军，还有其他原因。首先，前文已述，他和德国顾问法肯豪森相信他们可以战胜，法肯豪森一再坚持“上海必须固守”。[34]他们俩都晓得，华北平原无险可守，有利于日本机械化部队运动，但上海的街道和周遭地区满布水道，则有利于中国轻武装部队。

蒋氏一心一意坚守上海还有心理及政治层面的考虑。当败战迹象已明显时，他不但没有控制损失，反而下令部队奋战到底，因为他要借英勇牺牲和展现钢铁般的意志，号召全民团结。此外，他希望上海保卫战能比华北作战，更加影响签署一九二二年九国公约的西方国家；这些国家，除了德国之外，即将于十一月初在布鲁塞尔开会。[35]美国和欧洲国家在上海有巨大的商业利益，数千外侨住在毗邻接战地区的外国租界里。但是，鉴于蒋氏过去数星期、数月和西方政府的外交互动乏善可陈，华盛顿怯懦地表示中立，民主国家已为本身经济萧条焦头烂额，其人民又有浓厚的孤立主义甚至姑息主义的倾向，蒋介石很清楚，即使只是口头上强烈干预，恐怕也不能期待从欧美那里得到，可是，他要的是替未来打造同情的氛围。[36]

要相信蒋氏在上海牺牲精锐部队，主要是为了让上海的外国租界产生恐惧感，且不计成败，借此取得西方国家的某种实质支持，这个说法恐怕不具可信度。可是，西方著名作家们坚称，抗战开始，“从头到尾，蒋介石只有一个目的：摧毁共产党，等候外国援助以击败日本”。对外国介入抱持希望，正是他决定坚守上海的背后因素——这一役使他牺牲了极多最现代化的战斗部队。[37]

头几天激烈巷战期间，中方部队把业已驻扎在上海的日军陆战队逼到码头一带，困守阵地。可是，强大的日本海军舰艇炮火却挡住中国精锐部队的猛攻。接下来十天内，日本七万五千名援军在上海附近登陆。此时，蒋在上海地区部署七十一个师、总数五十万至七十万的官兵，包括了几乎全部的德式训练部队、最现代化的炮兵、新组建的空军，以及来自广东、广西的爱国军阀部队。[38]但是，新近在上海附近登陆的日军师团骁勇善战，几天之内就把中国两个精锐师的兵力歼灭一半。在此一中国城市狭窄胡同里进行的巷战，双方皆伤亡惨重。两个日本师团几天下来，伤亡亦达四千人。上海街头、黄浦江上，一片血泊。[39]副参谋总长白崇禧和李宗仁在前线督战，力主撤退；但同样也常到前线附近的蒋氏却问：“南口阵地已固，此心略安。以今日战况，敌或有退却可能也。”[40]

尽管顽固，蒋介石并不认为输了上海保卫战就会决定抗战的结果。他下令沿海各省所有的大学，立刻将全体师生撤退到内地省份。[41]

九月二十三日，中共发表公开声明，重申共军并入国民革命军，接受军事委员会调遣。蒋也公开宣布，中共此一声明代表“全体国人现在都了解只有一个方向、只有一个目标”。但是，他立刻接到报告，由红军改番号的第八路军，不遵守军事委员会下达的作战令。私底下，他对中共的“投机、取巧”，以及“此辈不顾信义之徒”极为生气。[42]纵使如此，由于迫切需要苏联大规模援助，不久他就向斯大林提要求派作战部队援华，他有更多理由避免公开批评中国共产党。

斯大林这边，却得一方面不刺激日本，另一方面又得尽一切可能让中国政府可以抗战到底。[43]他不久就派出大批苏联供应车队经新疆送到中国各地，同时，苏联军机满载重型军事设备长途跋涉，运抵广州。苏联第一批飞机于十月中旬飞抵中国。接下来四个月，苏联有二百九十七架攻击机和轰炸机飞入中国的空军基地，其船只和卡车队送来二百九十门加农炮、八十二辆坦克车、四百辆汽车，以及大量武器和弹药。总共苏联三次贷款给中国支付军事援助，以一九三七年美元价值计，高达二亿五千万美元。[44]

蒋夫人所认养的中国空军，在此之前只表现出它需要更多的训练、更多的现代飞机。上海保卫战开始时，空军的三百架飞机，只有八十七架能飞，其他飞机有不少罩在帆布下。[45]空军的差劲还真令人叹为观止。八月十四日，蒋下令轰炸黄浦江上的日舰“出云号”（Izumo），炸弹却击中平民地区，炸死两千名中国百姓。中国境内的一千五百架日本军机一再扫射、轰炸国军防线，如入无人之境。白崇禧大叹：“不能制空，焉能作战！”[46]十月二十三日，这个弱点暴露无遗。蒋夫人当天在唐纳德陪同下，从南京赶往上海鼓舞前线官兵士气。日机低飞扫射夫人座车，车子翻覆，宋美龄昏迷过去。她断了一根肋骨、伤了背，但是据唐纳德的说法，她坚持完成劳军任务。[47]

十一月五日，重演一九三一年上海之役故事，日军三个师团在没有守军抵抗之下于杭州湾北岸（上海以南约六十四公里）登陆。蒋把部队从该地区调走去支持城市防务，事后他承认这是他犯的最大错误，代价惨重。这些日军部队往北方苏州河移动，大有如一九三二年把上海地区大量国军包围住之势。十一月八日，蒋终于下达撤退令。[48]蒋介石急电斯大林，请求派出苏联部队支持，斯大林的答复是：苏联“固然乐见日本弱下去，但现在还不是苏联和日本开战的时机”。[49]

虽然中方部队兵员是日本入侵部队的至少五倍，法肯豪森对柏林报告时也盛赞他们的英勇，他们却抵挡不住日本现代化的杀人机器。[50]三个月之内，中国死伤士卒高达约十八万七千人，其中有不少是蒋介石和他的德国顾问花了数年工夫训练、装备出来的精锐部队。中国通过黄埔军校及其他军校培养了三万名年轻军官，是军方未来希望之所系，却有相当一部分为国捐躯。上海沦陷，中国政府也失去它最重要的税收来源以及工业生产重镇。

大约四十万名中央军和其他残部从上海沿长江后撤。蒋已决定让日军为推进付出代价，但他晓得现在必定得长期抗战了。他把政府迁到重庆，军事总部则设在武汉。到了十一月中旬，日军已进逼南京，蒋游移不定是否要固守首都。国军大部分将领和法肯豪森都认为，坚守南京没有战略上的好处，只会平白牺牲。[51]

如果蒋在抗战此一早期阶段的主要目的是苦撑、以待外国援助，他或许就会接受此一建议，保留下大量的人员与武器。可是，蒋氏却决定：由于南京是民国新首都，国父中山先生奉安所在，加上它有崭新的建筑、宽敞的街道，是未来中国的样板，政府不能不战而走。他认为，若是不战而走，必将永远被视为懦夫的决定。[52]毫无疑问，他也认为英勇守卫南京，将在上海保卫战之后，再次加强中国人仇日情绪，使国人在未来艰巨抗战时更加英勇。胡适等人继续恳请蒋介石展开和谈。蒋对此却嘲笑道："老派与文人动摇主张求和，彼不知此时求和乃为降服而所和议也。"[53]

二

日军开始炮轰南京城之际，蒋又拍发急电给斯大林，表明他衷心希望苏联能果敢派兵。[54]可是，斯大林十二月五日的复电却也符合逻辑地说，如果苏联助中国打日本，此时西方国家怕布尔什维克犹胜于怕纳粹，就会把日本当成受害人。[55]蒋读这封复电时，炮火正打在附近。天空中，绘上中国空军记号的苏联制飞机，由苏联飞行员驾驶，首次和日本交锋。

南京守军在委员长领导、蒋夫人也在场之下，奋战三个星期。蒋氏夫妇后来在十二月七日飞离已经残破的首都，前往庐山。[56]两天后，日军猛攻古城若干城门，中方虽勇敢作战，但已渐不支。两度背叛蒋委员长的前湖南军阀唐生智，自告奋勇担任守城司令官，拒绝向日本投降。但是，十二月十二日，手下三个师只剩两个师，防线也崩溃，他只好下达突围命令。

这下子局势大乱。有些部队为了抢船渡江，落水淹死；也有些部队争先恐后抢着从日军尚未占领的某一城门逃命，践踏致死。唐生智本人则在夜里搭上一艘烧煤的船艇逃亡，此时长江江面上军民争相利用各种工具逃命，古城也笼罩在大火之中。七万名士兵阵亡，中方伤亡率犹高过在上海的伤亡率。但是，这还不是最惨的一幕。从一九三七年十二月中旬进行到次年二月中旬的“南京大屠杀”事件中，数万名中国人，也有人说高达三十万人，遭到最惨无人道的方法杀害，活埋、开膛剖腹、斩首、尖竹穿杀婴童、强奸等等，不一而足。[57]如果说这场大屠杀的暴行旨在恫吓中国人，它的效果却适得其反。中国百姓同仇敌忾的精神全被激发起来，更加支持抗战到底。

南京沦陷之后，蒋介石发表一份文告，足可媲美二十一个月之后丘吉尔的告英国同胞书。蒋氏说：“且中国持久抗战，其最后决胜之中心，不但不在南京，抑且不在各大都市，而实寄于全国之乡村与广大强固之民心；我全国同胞诚能晓然于敌人鲸吞无可幸免，父告其子，兄勉其弟，人人敌忾，步步设防，则四千万方里国土以内到处皆可造成有形无形之坚强壁垒，以制敌之死命。”[58]

南京大屠杀消息传遍全国之后，数以百万计的难民抢在日军推进之前展开大逃亡。全国各地冒出难民营，陷入大混乱，但是在难民本身的勇气与智谋、沿路地方民众的协助、地方政府（有时军方也参与）的努力之下，绝大部分熬过难关。同时，数以千计的邮轮、渔船、牛车、推车载着各种家当，从大学图书到大型机械工具，也往广西、云南、重庆等大后方疏散。蒋介石指派他的奉化同乡、哈佛毕业生俞大维主持此一疏散行动。此外，数千箱原本已由北平运到南京的故宫古物，也经由船只运到长江三峡，再转到木筏，由岸边纤夫以粗绳拉着，穿过急流、溯江而上。

虽然华盛顿官方没有任何援助中国的作为，美国政府和民众却一面倒地同情中国及其领导人。全世界都看到中国各城市的英勇保卫战，以及日军残暴杀人的照片画面和新闻报道。蒋介石夫妇在沉沦为奴隶的世界，变成高尚、英勇的象征。《时代周刊》发行人亨利·鲁斯的父亲早年在中国传教，他本人更是带头支持中国和蒋氏夫妇。《时代周刊》选出他俩为“年度风云夫妇”。封面照片中的蒋介石身穿粗制长袍、手持软帽，正气凛然；她则穿朴素的长衫。《时代周刊》以近乎谄媚的文字称颂中国的第一夫妇：在一位重要领袖及其优秀另一半的领导下，中国人的一九三七年不至于抬不起头来。过去像一盘散沙的中国人——很少使用“中国”这个字眼的千百万人口——如今也因为这对夫妇，慢慢有了国家意识……（蒋氏夫妇）不到一个世代就兴起成为旧中国实际与道德上的领袖，是历史的重要一页。[59]

德国顾问法肯豪森现在强调“战情严峻”，高级将领“主和、主战皆有”。[60]已经让中国人惨败也占领好大一片中国领土的日本，现在觉得可以和谈了。东京要求德国大使陶德曼（Oskay Trautman）担任调停人，蒋接受和谈之议，其实志在缓兵之计。他担心日本提出温和条件以鼓动中国政府里的主和派；当他看到日方通过陶德曼提出的条件较预期来得严格，不禁大喜。可是，国防最高会议十二月开会时，实际上大多数人支持和谈，更有些人批评蒋对开启和谈“举棋不定”。可是蒋氏明白，如果与日本缔和，内部动乱会造成政府垮台。更重要的是，他告诉汪精卫：“决不能屈服于敌人，与之订立各种不堪忍受之条件，以致我国家与民族永远受其束缚。”[61]

元月二日，蒋介石回绝了东京的四项和谈原则。他告诉自己的外交部长说：“日方所提条件等于征服与灭亡我国，与其屈服而亡，不如战败而亡之为愈。”[62]东京旋即宣称今后不再以蒋为交涉对象，等于是说中国需要有个新政府。继“满洲国”之后的第一个中国傀儡政府——中华民国临时政府立刻出现。它由北洋军阀时期的旧人物担纲，辖区包含大部分的华北。

同时，汪精卫在国民党内成立一个非正式的主和团体；日本方面也有一个小型主和派，其成员对日本陷入的泥淖相当惊慌。蒋氏批准和这个团体的两名秘使头山满（Mitsuri Toyama）和萱野长知（Nagatomo Kayano）秘密交谈，这两人昔年支持孙中山，是孙的好友。中方代表遵奉蒋氏的指示，要求“日军完全撤退”，但也暗示如果日本同意全面撤出中国，委员长愿意下野。[63]这项秘密接触之后，东京秘密传话给汪精卫，他应该成立一个新政府，可以谈判和平方案。汪精卫认为抗战已经输了，开始计划另组一个政府。[64]

蒋介石的军事总部此时已移驻长江中游的武汉，距南京约一千公里，有铁路可直通北边的郑州。周恩来也重新在蒋底下任职，出任军事委员会政治部主任陈诚的副官。尽管一九三七年下半年中方伤损惨重，蒋在短期内又募集约一百一十万兵员准备在长江中游和华北的山东迎战日军。可是，中方部队以火力、机动力、空中掩护和器材装备而论，都比以前弱。

靠近山东省界的苏北徐州，是铁路四通八达的险要之地，现已战云密布。李宗仁、白崇禧率领的部队在淮河流域与南、北两路扑向徐州的日军作战。在白崇禧的规划下，日军两个师团在距徐州六十五公里的铁路支线台儿庄遭到伏击。[65]经过七天激战，日军伤亡惨重；据传约有一万五千至两万官兵阵亡。这则新闻虽然夸大，中国人民却极为振奋。[66]蒋氏再次展现乘胜追击的精神，认为继台儿庄大捷之后可展开另一波反攻，急调援军驰赴当地。[67]但是，李宗仁没再进攻，反倒“精心规划、执行战略撤退”。[68]

日军坐火车，直扑西边三百二十公里的郑州。蒋介石亲赴位于平汉铁路线上的这个战略要冲督师。中央政治学校教育长陈果夫建议军方炸毁黄河古堤，水淹广大平原，以阻日军直扑郑州、再沿铁路南下进犯武汉。法肯豪森稍早也建议采取此一激烈措施。[69]数百年来，黄河淤积十分严重，逼得中国人把堤防越建越高，有些地方河床已高出附近地面。若是溃堤，对人命、环境都将造成大灾难，但是蒋批准了。六月五日、七日，士兵奉命炸塌南岸河堤，大水往西南流向河南、安徽和江苏。

洪水淹没数以千计平方公里的农田，漫向淮河、大运河，甚至进入长江。黄河入海口也因之南移数百公里。数千村庄被淹没或摧毁，数百万农村人口流离失所。[70]战后，国民政府官方估计有八十万人淹死——真正的数字可能更高。[71]当时，蒋发表声明谴责是日军轰炸造成溃堤。黄河决堤使得南、北战场隔离，往后六年日军无法跨入黄河泛滥区以西地带——郑州直到一九四四年四月才沦陷。今天中华人民共和国有些学者认为这对中国有重大的战略意义，当然许多人也有不同看法。

蒋毫无疑问认为在中国文明存亡绝续脉络下，此一牺牲虽不得已，却有其必要。他私底下并无愧疚，在日记中完全没提到这件事。他没有时间对人命牺牲表达同情，但大战中又有哪些领导人会呢？

黄河决堤果真迫使日军司令官畑俊六（Hata）将军改变策略，只好沿长江向武汉推进。[72]蒋决定不再投入大量兵力防守武汉，而是在日军从长江南侧进击时进行一系列战斗。法肯豪森也附和白崇禧的主张，转向小单位机动作战，蒋原则上赞同此一新战术。[73]但是，几乎全转向游击战，却使得日军不费吹灰之力就占领城市和运输线；如果蒋氏希望保住大片领土、凝聚人民的忠诚，并等候外国援助，他就必须保有庞大的传统兵力。

蒋介石认为中国“抗倭作战”要得胜，必须靠“外交”——中国必须和日本帝国下一阶段明显的目标——苏联、美国和英国——结为盟国。丘吉尔和斯大林先后遭纳粹攻击，他们当时就估计到若要战胜亟须美国援助。毛泽东的部队依然没什么损伤，他也公开说：“中国的外交政策，很明显的应该是抗日的外交政策。这个政策以自力更生为主，同时不放弃一切可争取的外援。”[74]当然，毛心目中想到的只是苏联，以及可能在日本及其他国家的马克思主义革命力量。事实上，在可预见的未来，中国唯一可恃者是苏联。五月间，蒋告诉斯大林，没有“你的帮助”，中国无法撑下去，中国仍在“生死关头”。他请求苏联赶快再交运六十五架飞机，表示中国只剩下十架轻型轰炸机。斯大林迅速答复，他将送出所需之轰炸机，供“阁下伟大的抗战”使用。[75]

蒋明白，固然他远比过去更需要苏联援助，斯大林协助他抗日的利益也远比从前更大。在夏天和秋天，日本和苏联已在东北边境发生多起流血冲突，这些争端使斯大林更加增援中国。不久，苏联派到中国的军事人员，包括顾问、飞行员、技师等等，高达三千六百六十五人。[76]斯大林助蒋还有一个新的强大动机，那就是英、法在慕尼黑姑息希特勒，同意德国可以兼并捷克斯洛伐克一大块领土。

希特勒在日本施压下，终于推翻手下参谋本部的亲中立场，召回德国顾问团，停止一切武器销售给蒋介石。可是，有七位反纳粹的德国军官辞职，留在中国。有位不在正式顾问之列的德国前任情报官员斯坦纳斯（Walther Stennes），曾任褐衫队柏林领导人，于一九三一年起事反希特勒失败，逃出集中营后辗转来到中国——至少他自己是这么说的。他成为“顾问”，实际上是蒋介石的卫队长，颇得宋美龄宠信。日后，他身份曝光，竟是苏联克格勃特务。[77]

一九三八年夏天异常炎热，长江水位在此季节一向很高。日本巡洋舰得以沿江而上，短距离内炮轰中方阵地。日军有时候使用毒气瓦斯，逐一攻击中方据点，屠杀不少平民。日本人花了三个星期，才推进十六公里。同时，数以千计的中国人依然千辛万苦把数千艘载货艇筏拉过三峡急流。到了九月底，日军终于越过黄河泛滥区，从北边进犯武汉。[78]此时谣言又起，也不晓得是出自中共还是蒋本人，传说委员长可能和日本缔结和约；斯大林急电蒋介石，宣称更多援助将要起程，包括足够六十个师的装备，以及追加五百架战斗机。[79]

毛泽东公开场合颂扬“国民党光荣的未来”，但在中共中央政治局的内部会议里却强调大家别忘了共产党要夺权，唯一的路子是武装斗争。[80]他重申：“枪杆子底下出政权。”会后，周恩来十月五日回到武汉，带了一封毛泽东的亲笔信给蒋，赞扬蒋的“指导全民族进行空前伟大的民族革命战争”，和“国共两党，休戚与共，亦即长期战争与长期团结之重要关节”。[81]但是蒋晓得毛在冷嘲热讽。如果他需要证明的话，张国焘已在四月间脱离共产党，来到武汉，有可能是亲向蒋介石报告：毛泽东意图利用抗战和统一战线心怀不轨——扩大中共军事力量和根据地，以备和国民党最后对决。[82]

蒋依旧担心——不仅担心中共的口是心非，也担心中共党员高明的政治技巧和动力。他写下：“共产党因其共产国际百年来之秘密活动，顾其纪律最严，方法最精，为任何党派所不及。”[83]同时，蒋对国民党同志的批评益发严厉。他说“大部分”同志已变成“特殊阶级”，争权夺利。他叹息，这一切已使得“群众”与本党“为敌”。[84]

蒋氏一九四九年退到台湾之后，仍不时在日记中写下此一令他沮丧的比较。蒋痛恨中共的意识形态、阶级斗争的手段，以及唯命是从听从莫斯科的指挥；但是他也佩服中共士兵、干部的理想主义、精神和专注，这都是国民党同志欠缺的特质。反映出他对本党同志这份深刻的悲观，蒋在一九三八年数度向周恩来提起，国民党和共产党合并为一个新政党——条件是毛、周出国。他甚至很严肃地提议，国共合并后，中共不需要正式解散，国民党可以加入共产国际。毛的回答是，建议共产党员如二十年代往例，以个人身份加入国民党。最后，双方都无法作出此一极其重大的妥协。数星期后，周恩来终于告诉蒋，这个主意行不通。[85]从这里又可以看出来，蒋不是坚持意识形态、食古不化的人，也不是强烈的保守派。事实上，他是个左派儒家，只要共产国际不来指挥他如何治理中国，他也可以接受反帝国主义的共产国际。

抗战开始了约一年半，中、日双方仍未正式宣战；武汉也仍在中方控制下。但是，十月底，日军增兵已达到警戒状态，力守武汉北侧的李宗仁被迫把部队撤退到山区。蒋下令摧毁城里一切堪用设施或工厂，守军和政府人员秩序井然地撤退。十月二十四日上午，蒋通过无线电话对高级将领及文职部属下达撤退令。每个部属都说，总司令不走，他们也不走。蒋回答说："不，你们先走，我立刻就走。"[86]

晚上十点，他和蒋夫人在武汉机场会合。灯火通明下的机场，雪花穿过烟雾飘落，炮弹落下亦撼动着大地。由美国机师里昂纳德（Royal Leonard）——原本是张学良的机师——驾驶的专机因无线电讯号出错已经延误抵达。受命载蒋氏夫妇飞往衡阳的一名德国机师，因为承认夜间起飞不是问题，但他可没把握降落，也被排除出任务。后来，民营的"中国全国航空公司"（China National Air Corporation）一架飞机降落，蒋氏夫妇赶紧登机，机师穿透浓烟迅速起飞。里昂纳德的飞机几分钟后降落。听说蒋氏夫妇已经走了，他让团团围住飞机的百来人当中的四十人挤进来，也在炮火轰隆、城市大火的火光中急忙起飞。[87]蒋氏夫妇在衡阳稍事逗留后，没有飞到陪都重庆，反而前往古城长沙。公元前二二一年建城的长沙，位于湖南米仓湘江之畔。蒋氏夫妇住了几天，又飞往广州前线。

在长沙湘雅医院服务的美国传教士医生葛林（Phil Greene）记载，当四万名难民、许多国民党将官、委员长陆续来到这个湖南省会，长沙是一片兵荒马乱：

> 十月二十六日：医院后方的弹药库轰的一声就炸了，整个地方不见了——大约一百人受伤，三十人死亡。我们在医院拼命抢救伤患。挖掘的时间，跟救治的时间一样长。
>
> 十月二十八日：据说从武汉撤退进城的伤患有两万一千人……
>
> 十月二十九日：城里人迅速疏散，医生则坚守岗位……
>
> 十一月一日：人们预期长沙在两星期内会沦陷，政府提供我们五艘渔船，可把两百吨的医院物资撤到沅陵……
>
> 〔几天之后〕：祈祷会之后，整个城靠船只、火车、巴士、黄包车、手推车展开疏散，有些朋友告诉我们，看到分发汽油和棉花油给区长，以便放火。谣言很多……
>
> 十一月十一日：城里五十万居民只剩一小部分留下不走。我是（教会里）唯一留下的医生……
>
> 〔十一月十二日〕：诡异的沉寂……全城人迹杳然……

十一月十二日当天，湖南省主席张治中接获报告，日本骑兵距省城不到三十二公里，他下令全城撤退。军医院的中国医生们说，在官方派出交通工具让他们的伤员撤走之前，他们不走。次日清晨，葛林和留下来的同僚——他是唯一的医生——被街上嘈杂喧闹声吵醒，见到全城陷入一片火海，那是中国军警放的火。传教士、护士、学生和留下来的工作人员恳求士兵别放火烧他们的建筑物。葛林回忆说："一连两天两夜，火烧个不停，浓烟罩顶，恣意破坏。"逃到湘雅避难的传教士说，他们看到城里的军医院陷入火海，伤员爬窗、夺门逃命。

但是，鉴于补给线拉得太长，日军在七十多公里外的洞庭湖就停下，不再向湖南省推进。纵火焚城是个大错。或许是蒋下的命令，但是在此之前，他从未下令火烧即将失守的城池，在此之后也没有。[88]十一月十四日，星期一，省主席发表道歉，声称他没下令放火。葛林的太太在卫斯理（Wellesley）学院和宋美龄是同班同学。次日，他接到宋美龄的信，宣称委员长也没有下令焚城。十一月十六日，蒋抵达长沙视察，传教士们很快就获悉守城的驻军团长和警察局长都被枪毙。黄埔毕业的省主席张治中是一九三二年淞沪之役英雄，受委员长宠信，虽遭免职，却仍留在长沙。葛林通过停泊在湘江的英国炮艇发电给太太说："一切平安。医院全满，（院内）丝毫无损。城里人大部分都逃了。"[89]

上海、南京、徐州和武汉相继沦陷，并没像西方国家和日本所预期，导致中国政府投降或垮台。蒋介石所领导的长期抗战反而使日本成绩有限，陷入长达七年的僵持局面。日本虽然占领中国大多数重要城市、整个东北、大部分的内蒙古、全部的华北，直抵西安的大西北之东半部，到达武汉的长江流域，往南直抵温州的沿海各省，以及更南边的若干大港口如厦门、广州，占地不可谓不广；四分之三广大的农村地区、近三分之二的人口，却仍在国民政府掌握下——这就是自由中国。[90]

一九三八年十一月，蒋介石在湖南衡阳召开军事会议，宣称他第一阶段的策略已完成。中国军队已经拖垮敌军。他说，第二阶段重点摆在改进部队的战技和作战能力，期望能转守为攻。这个阶段的目标是，准备好一年之内发动总反攻。同时，若是条件成熟、有必胜把握，也可发动反攻。[91]蒋在日记中写下："倭寇民族特性急而短，而其军事学术，非德式即法式，皆以短兵白刃速战速决为性能。"

中国现在的战略是："则应以坚韧、忍耐、延缓，持久之道，致其死命也。"[92]

接下来的七年里，蒋虽非一直是却大体上遵循此一战术。同时，他对任何反攻作战定下严格的标准。他曾说：在抗战的第一阶段，国军常用三个师甚至有时六个师的兵力和日本一个师团交战，若就全局而言，我军几以八师或十余师人数与敌军一师对战，然若不能战胜敌军者，且取守势，故敌军用锥形战术，突破我正面之一点，即可动摇我阵地，此我军不敢攻势之误也。[93]

二

古城重庆位于长江和嘉陵江会合处一块巨岩之上。夏天燠热，从十月至四月则水气充足、雾锁全城。一九三八年十一月，蒋氏夫妇偕同撤退军民抵达时，古城墙依旧矗立。数百年前工匠从巨岩切出石阶，使居民能够从陡峭高处拾级而下到江边。码头上，旧邮轮和方帆、长桨的渔船忙着卸货，苦力再辛苦地以竹竿挑货拾级而上，送进城里；光脚市民也一样挑着水桶到江边汲水回家去。国民党进城后，到处都是穿中山装的蓝衣人。他们通常比四川人个子高，走在街上、坐着轿子或黄包车，轿夫或车夫一路叫喊，要行人让路。数十万名难民从长江下游或其他地方涌入重庆，住在茅草屋里，抢光粮食和工作机会。工程师忙着炸开山岩，辟建防空洞。还有数百万人则在四川各地及大后方立起难民营。[94]

蒋委员长夫妇住在重庆郊外一处简朴的寓邸，共有十间房间，名为"黄山"。[95]黄山寓邸四面皆是高墙，制服侍卫和便衣人都经斯坦纳斯特别训练，巡守四周。往后八年，蒋氏需要静思军国大计时，便爱在庭院中盘桓。他所面临的问题大得不得了。虽然已有许多厂房设备西迁，但大约九成的工业基础、八成的军火工业已经流失。他建军所恃的城市税收全没了。好在还有印钞机，因此通货膨胀开始上升，只不过令人称奇的是，竟然不是天文数字般的蹿升。[96]

蒋介石的部队散布各地，北起蒙古边界，南抵东南亚边城，东至浙江、福建、广东和广西海岸。在这片混乱的局面下，蒋的顽固和从上海到武汉代价不菲的抵抗，就军事意义而言是否明智，固可不论，它却已经替中国人民长期抗战、保卫国家命脉打下坚定信念。[97]打从一开始就打游击战或运动战，就长期而言或许是较好的策略，但中国初期可能会丢掉更多城市，而且必然会激生指控，责怪蒋氏抗日不力。何况，蒋介石在某种程度上好像势必得坚定立场。

尽管蒋本人声望崇隆，但自从上海沦陷之后，他的政治力量的基础就受到重创。一九三六年底之前他好不容易才对军阀们建立起的优势已经消失。除了粤系、桂系部队之外，其他军阀部队的伤亡远比中央军为轻。华南和西南军阀的地盘没被日本占领，他们比起中央军能更快征募兵员。这些军阀沿袭旧规，让各单位靠金钱激励、爱国主义之诉求，在自己防区征兵。抗战开始后，中央军失去大体上可以志愿从军方式添补新兵的大部分防区。中央军征兵时越来越有扰民的做法，各个村镇被定下必须征集新兵的额度，因而民怨迭生。从一九三七年至一九四五年，有一千四百万壮丁被征集当兵。以军事动员来讲，这是相当低的比例——每年只占人口的百分之零点四；相形之下，日本是百分之一点三，苏联为百分之三。即令如此，战争旷日持久，大部分家庭千方百计设法逃避征兵，造成政府军的素质日益低落。由于经费有限，且军官不是久居某职，就是永久派驻在同一单位，有一部分中央军也出现军阀部队的特性——贪渎、裙带关系和高级长官滥权，不一而足。[98]

武汉在一九三八年十月底沦陷之后，战事沉寂了四个月；此时，蒋介石的政治优先目标开始转变。一九三九年一月六日，他写下：“吾人当前最迫切之危险，不是倭寇，而是共产党……在我们后院扩张势力。”共产党八路军人数大增，跨越指定防区进入华北和西北。长江以南的敌后地区，共军还有一支较小的新四军，由游击队组合而成，同样也扩张到指定界限——长江的北边。

中共在组织占领区正规军和游击队、建立地下行政体系时，都比国民党有效率，甚至还能说服许多秘密会党加入抗日游击运动。中共在西北边区和敌后地区都能扩大地盘，党员由一九三七年的四万人，暴增至一九四〇年八十万人左右。[99]蒋命令胡宗南和阎锡山布下防线，试图把北方共军堵在指定地区之内。

一九三九年三月，希特勒占领捷克其他领土，蒋介石晓得他所预期的世界大战即将爆发，届时中日之战的国际动态将发生变化。全球姑息主义浪潮快速退潮。五月时，蒋就告诉伦敦应该尽快与莫斯科签署军事联合阵线，不然，苏联的缔约对象就是德国。这个分析当时并不为丘吉尔、罗斯福与多数观察家所注意。[100]

日本依然对跟德国正式结盟持保留态度，因为如此将形同与西方、苏联为敌。蒋认为如果日本和德国缔盟，就会使日苏对敌成为定局，也会让华盛顿看清楚即将爆发的欧战和已在进行的中日战争，两者之间息息相关。三月十六日，蒋派宋美龄以医治牙病名义前往香港，去见日本的温和派人士萱野长知和小川平吉。蒋提出的和平条件是：全面恢复中国的“领土完整和主权”。萱野和小川建议以蒋承诺攻打共产党作为交换，宋美龄表示可以此为基础达成秘密协定。但是，蒋不接受这个构想，东京方面也无意放弃它在中国经营多年所得到的成果，包括满洲。[101]

↑日军 1939 年重庆大轰炸（国民党党史馆提供）

一九三九年春天，日本发动另一波震撼攻势，以压制顽强的中国人。冬天和早春的浓云密雾终于散去，数百架日本轰炸机出现在已经挤了上百万人的重庆上空。中国根本没什么防空高射炮，因此日机如入无人之境，恣意轰炸。燃烧弹和炸弹摧毁散布在蜿蜒街道上的许多办公大楼和商业大楼，政府官署和外国使馆疏散到重庆北郊。[102]蒋氏夫妇和部属不时躲在寓邸后方的防空洞里。她写信给一位美国友人，描述某次空袭后的景象："贫与富，聪明与愚笨，在轰炸中都成了用铲子不断从闷烧房子挖出的烧焦尸块。现在，亲朋好友们还在如火如荼地挖着……请竭尽所能让你的国人了解，降临在我们身上的死亡与浩劫，用的是美国的汽油、燃料与物料。"[103]

蒋氏夫妇在重庆经常生病，但尽管压力极大，他们露面时看来相当不错。蒋维持相当健康的体格，只有少许皱纹。他保持俭朴的习惯，做运动、沉思和祈祷。在庭院散步时，他经常自言自语，却不喜欢别人有这个习惯。[104]他在早晨和夫人独处，然后她又回房间睡觉。夜里，他写完日记、祈祷，才就寝。白天，他和阁员、高级将领开会、研读地图、批阅外交电文和情报报告，并不断地口述命令和电报。他在开会前掌握资料，因此对议题相当深入，使外国访宾印象深刻。现在，他比往常较能授权下去，但仍紧紧抓住重大问题——当然有许多不重要的事，他也不放手。

有一天，蒋告诉外国记者：中国的策略是积小胜为大胜，以空间换取时间。他说，中国古时候，"楚汉七十二战，楚无不利，最后胜利，卒归于汉。"[105]然而，现实是蒋仍然相信基于战术、地缘政治和国内环境的考虑，他的部队仍需要从事大规模的守势作战，甚至偶尔对日军反攻——大部分是趁敌军在有限作战撤退时予以进击。保住华南大部分领土（这是自由中国主要的粮仓），使它不落入日本控制，是持久抗战极为重要的一个策略。要让美国、苏联以及中国人民看到重庆领导人坚定不移与日寇进行生死决斗，也十分重要。

美国总统罗斯福也越来越认为，中国的抗战是维持国际秩序，和对法西斯国家侵略行为"防疫隔离"，相当重要的一个环节。[106]七月间，蒋氏和中国接到开战以来，从国外来的最重要鼓励。罗斯福通知东京：美国预备废止一九一一年签署的《美日友好通商航海条约》。蒋氏认为这个举动反映出，在法、英逐渐淡出亚洲之际，美国参与亚洲事务的意愿已日益上升。蒋在日记中写下："只有美国对外交事务有理想。”[107]

一九三九年八月，周恩来向中共中央政治局提出一份足可反映他个人全力支持与蒋介石结成统一战线的报告。他指出，抗战进入第二阶段，国共之间已出现困难和危机，但如果处置得宜，情势可以巩固团结、加强作战力。他解释说，蒋的做法就是与苏联结盟，与中共则是结盟、斗争和同化。周恩来总结他和蒋多次长谈的印象，指出蒋虽然不明白中共的阶级基础和进步性质，他“隐约承认（中共）它的组织技巧、实质斗争、克服万难的能力、坚持不懈、主动精神”。更有意思的是，周恩来兼顾到双方的说法：“（国共）两党都怕被推翻，有疑虑、心胸不开阔。”甚且，两党“落后的积极分子会被其他人利用来挑衅、制造分裂”。他说：“中共应支持蒋介石的领导；当他遇上困难时，协助他，当他不公正时，摒弃他。”“固然不应对他期望太高，但也不表示他的态度不能改变。”他建议政治局，八路军不应进入山东省，也不要进入淮河平原。[108]

蒋、周之间的关系一向客客气气、相互敬重，现在变得多了些关心。周恩来写完报告后不久，即从马背上摔下来，手臂断了。在毛泽东总部当医生的美国人马海德（George Hatem）认为周需要到莫斯科诊治。蒋派他的专机送周恩来、邓颖超夫妇到新疆省会迪化，再转搭苏联飞机前往苏联首都。[109]

八月二十二日，全球冲突之势已经相当明显之际，莫斯科和柏林却作出石破天惊的宣布，宣布他们已签署互不侵犯条约。蒋大感意外，日本人则大吃一惊。一下子，反共产国际公约就瓦解，取而代之的是反民主的同盟。日本陆军的构想——先成立傀儡政府掌控中国，再与德国结盟、瓜分苏联，转眼化为泡影。同时，日本陆军在“满洲国”和外蒙古边界诺门坎村和苏军发生冲突，折损一个师的兵力，更让皇军想在西伯利亚和以西地带建立日本帝国的野心，为之粉碎。但是，局势逆转却给日本海军及内阁中的支持者带来机会。希特勒预备舍苏联，而向英、法开战，已使这两个民主帝国主义者在远东的领土成为容易下手的目标。[110]

一九三九年九月一日，德军攻入波兰；九月十七日，苏联援引德苏条约一项秘密协议，占领波兰东部。全世界的共产党在此之前狂热支持统一阵线，主张誓死抵抗法西斯，这时却突然大转向，称颂起德苏条约。毛泽东也欢迎此一条约，声称它“加强全体人类赢得自由的信心”。[111]

斯大林告诉蒋介石，德苏条约不会影响苏联对华援助。蒋在德苏条约公开后，亲笔修书给斯大林，宣称中国人民绝不会忘记斯大林的“真诚协助和伟大领导”。他强调，世界和平与公义“全赖苏联与中国”。[112]可是，私底下，蒋的反应截然不同。他认为，世界事务巨变预示苏、日之间不无可能也会签订密约，终将导致世界大战，届时中国将和苏联站在不同边，会和民主国家结盟，对抗极权主义。他欢迎有可能让中国目前唯一的盟友——意识形态上有敌意的苏联，换成反共、更富有、更强大（不过目前仍走孤立主义路线）的美国。[113]蒋在日记写下：“我国对欧战政策之唯一主旨，端在参加民主阵线，以为他日媾和时，必使中日战争与政战问题同时连带解决也。”[114]他晓得自己必须在外交上“唯有紧握机会，恃其在我。所谓以至不变御制变者，对德外交，与对俄外交，积极运用之所研究”。[115]

一九三九年初，美国医生葛林来到上海，和住在公共租界的家人短暂相聚。通过捐款，他弄到一辆新卡车、五吨医药品和六十八箱食品。他先把卡车和物品交水运，运到仍在国民政府控制下的宁波，然后展开一千六百公里旅程回长沙的医院。跟他一起挤在卡车里的还有两位天主教修女、一名上了年岁的传教士、一名美国志工医生、两名逃出德国的犹太医生。走在挤满难民的路上，有时候更在日军防线后方十六公里处，葛林竟然平安回到长沙——只打翻一罐阿司匹林！他发现长沙城已几近空城。去年秋天南昌沦陷后，长沙预期日军会再度来犯，政府炸毁残存的楼房建筑，卸走铁轨、枕木。可是，湘雅医院照常开门，挤满伤员。葛林一天要动手术二十八次！[116]

但是一直要到九月，日本十一军长官冈村宁次才向长沙挺进。蒋介石命令长沙守将薛岳与士卒坚守阵地、共存亡，但是也说明他的计划是把日军引向长沙，然后发动“大突袭”。[117]第九战区（湖南包括在内）司令长官陈诚已在日军三万名部队的侧翼部署了三十六万五千名大军。九月二十七日，中方运用高明的战术动作（包括时机拿捏得宜的人海攻势）攻击日军。[118]日军伤亡惨重，但突围成功、退回武汉。长沙大捷消息传出，中国士气大振；当然，中国人的英勇、日本人的伤亡，再次遭到夸大渲染。[119]

战争进行到这时候，日军阵亡或重伤的士兵已逾五十万人，日本皇军参谋本部已经选定了策略：巩固控制区域，至于区域外则采取惩罚性出征。蒋介石这边的策略，基本上采守势，但又不全然如此。一九三九年冬天，他下令八个战区发动全面冬季攻势。根据日本方面的记录，这一场攻势中方四十五万名士兵在一千三百四十次交战当中，发动九百六十次进攻。[120]基本上，这次反攻是失败的，有些中方前敌指挥官只是虚应了事。[121]最重要的因素依然是：双方在武器装备上实力悬殊。经过两年半的鏖战，中国政府的军火工业几乎已荑然不存，这个缺点比起从前更糟。

中华人民共和国某位研究抗战史的学者二○○四年撰文说："国民政府加强剿共行动之际，并未降低抗日侵略的动作。国民党在敌前和敌后战场都很活跃。"从一九三八年十月武汉沦陷，到一九四一年十二月七日，中国部队伤亡高达一百三十万人。[122]一九四○年一月，周恩来给斯大林的秘密报告提到，中国有百万以上的士兵阵亡或受伤（显然是指到一九三九年八月为止）。他说，在这个数字当中，八路军伤亡仅有三万人，新四军则为一千人。换句话说，抗战打了两年多，依照中共自己的说法，共产党在整个伤亡人数中只占百分之三。[123]周小心地向斯大林保证，中共的基本政策是支持蒋介石领导抗日，承认"国民党在领导全国权力机关和军队的关键地位"。[124]

周恩来在给斯大林的报告里也声称，蒋介石的政府"团结全国所有势力"，执行"中国史上前所未有的解放战争"。他说："军官团不问其阶级出身如何，都展现出决心、勇气和无私……在战争中几乎全无阵前逃亡的情形。"[125]周和毛想让斯大林知道，国共两党是多么努力抗日，但是他们提到的伤亡数字很可能正确无误；低报他们自己的伤亡、夸大政府的损失，对他们并没好处。如同周恩来的说法，他们可能也了解，大多数的国民党军官团事实上英勇作战、伤亡惨重。

三

武汉沦陷后，汪精卫更加努力地要推翻蒋介石，重启和东京的秘密接触。他也直接促请蒋改变抗日及与共产党合作的政策。蒋一再拒绝，汪遂潜往河内，后来在河内公开接受近卫首相之邀，加入日本的"亚洲新秩序"。蒋气炸了。一九三九年二月，他派员携私函到河内见汪，劝他再到欧洲度假；汪不肯，蒋遂派特务前往暗杀汪，不料却误杀汪的亲信曾仲鸣。一九四〇年一月，汪精卫在日本人保护下，于南京成立傀儡政府。[126]

汪另立中央的主要理由就是，继续打下去只会导致苏联势力大增，共产党夺取中国政权。蒋在演讲和日记当中都说汪精卫通敌只是实现日本的美梦，利用中国广大资源和人口，服务其亚洲帝国野心之美梦的实现。[127]希特勒在欧洲势如破竹更加刺激此一幻觉，导致日本搁置在中国发起新攻势的计划，俾便加速实现它全新的宏大战略——向东南亚及太平洋扩张势力。日军攻占广州，又有与纳粹合作的法国维希政府接管中南半岛，进入中国唯一的通道就是从苏联的陆、空路线（但幅度达三千二百公里），以及新建的滇缅公路。蒋在一九三八年一声令下，二十万名劳工和工程师在没有太多重型机具协助下，两年之内就兴建完成这条公路，从昆明直通缅甸腊戍的缅甸铁路终点站。

一九四〇年初，蒋再次注意到中共的威胁比起与日本合作者的威胁更加严重。[128]事实上，中共党员和兵力的大肆成长，给国民党本身带来极大的财务困难：国民党不仅需要管理上的专注和技巧，也需要极大的财力及其他资源，如武器、谷物、金元、银元或美元。周恩来一九四〇年一月致共产国际和斯大林的长篇报告中指出，八路军现在兵力约二十六万一千人，新四军约三万人。中共党员亦激增为四十九万八千人。[129]中共一九四〇年的预算显示它每月赤字为三十五万八千美元（相当于二〇〇五年的三百二十万美元）。二月间，斯大林批准共产国际每个月补助中共三十万美元，约当其赤字的百分之八点三。[130]

挺讽刺的是，重庆政府本身仍未得到外国的财务或经济援助，却每个月继续补助中共武装部队十一万美元。虽然蒋认为毛泽东没有意愿遵守对统一战线的承诺，他显然却自认为他仍有必要继续对中共此一财务支持，以便向斯大林和中国人民展现他遵守统一战线的协议。重庆给的钱约为共产党预算的百分之十八。换句话说，中共需要通过“地方政府机关”、极可能是传统的土地税，自筹百分之四十的各种开销经费。中共得到斯大林和蒋介石提供的补助，可以在他们的地盘维持相对稳定的货币。中共一九四〇年预算当中有一个很有意思的小项目，就是列出每月两万美元经费补助五家（表面上是独立的）日报。[131]

一九四〇年四月，德国重型坦克部队绕过马其诺防线，攻进比利时和法国，英国远征军仓皇越过英吉利海峡撤军回国。法国在一个月之内溃败投降。伦敦方面，丘吉尔取代张伯伦出任首相。美国国会通过征兵法案，罗斯福政府立场趋向中国，与日本对抗。希特勒进攻波兰之后不久，蒋介石曾写下，必使中日战争与欧战问题同时连带解决。[132]罗斯福总统也明白其中的关联。

周恩来臂伤痊愈，于三月离开莫斯科回到延安，这一次公开搭乘的可能是苏联飞机。周恩来留下一份档案《关于蒋介石信赖的人士之资料》，内容客观、不任意下判断，也吻合周在中共中央政治局对蒋氏意图的乐观报告。[133]周带了一份共产国际的决议回到延安，此一决议让中共中央有更大空间自己作决定。斯大林依然相信毛泽东遵守他和共产国际目前在中国的优先政策——支持蒋委员长领导统一战线抗日。毛却把此一决议解读为，准许他有更多选择的余地去更积极把势力扩张到国民党地区和敌后地区。一九四〇年四月，毛给新四军副军长项英（名义上的军长是国民党员）一封信，强调“发展的方针”“就是不受国民党的限制”。毛泽东下令共军自主独立地扩张和建立新根据地。[134]

结果是重庆接到更多报告，指控中共涉嫌或实际攻击政府军，且采取了其他“非法行动”。一九四〇年春天，何应钦和蒋多次“严重警告”周恩来有这些事件发生。即使如此，八路军部分单位仍在六月渡河到黄河南岸。此外，项英领导的新四军跑到长江北岸活动也已有一段时候，因为江北更易征集新兵，更适合游击队活动。两项行动都已明白违反中共原先接受的对其部队部署之限制。

七月间，重庆的中央军事委员会毫无疑问奉蒋指示，提议所有的共军部队，包含新四军和八路军都集中到一九三八年之前黄河河道的北边。在周恩来面前，蒋把它说成是避免“不同战区之间内斗”的计划，然后以命令的口吻表示，他“真诚”希望共产党会“绝对服从”。[135]据韩素音的说法，周支持这个计划。[136]如果此说为真——其真实性得到后续事件的支持——这乃是蒋介石和周恩来合作，力图维持统一战线的另一个例证。周恩来可能已经看到，蒋愿意放弃黄河旧河道以北广大的地区，包括北平、天津、与伪满洲国接壤的所有地区，以及与外蒙古接壤的过半地区。这个让步实质上可使中共控制地区和苏联接壤。可是，毛泽东拒绝接受，因为他不只希望在黄河以南继续活动，也希望到长江以南发展。

周恩来和毛的分歧也充分表现在一九四〇年八月三日他写给共产国际季米特

洛夫（Georgi Dimitrov）的一封信当中。周写道，看不出来蒋介石有向日本投降的迹象。周又说，国军需要得到苏联更多的军事援助，尤其是飞机。此外他又说，蒋考虑派宋子文到莫斯科交涉，也要周参加这个代表团。周急迫请示斯大林，他是否应参加。周在这封信里没有批评蒋，对于中央军此时正在骚扰或攻击新四军及其他共军部队，毛泽东迭有抱怨，但周并没有附和。周反而说，政府军这种攻击的危险已经过了。[137]

毛泽东兵力成长快速。一九四〇年秋天，他批准出动一百零四团兵力协同作战，攻打山西、河北境内日本人控制下的铁路、公路、煤矿和其他基础建设。这个攻势摧毁数百至上千公里的铁轨，炸毁桥梁，破坏其他防务薄弱的设施，但是到了九月底，八路军人员伤亡约两万两千人，而日军的损失估计只有三四千人。日军投入大量援军，展开“扫荡战”，收复全部失土。日军到处设置防御性强的碉堡、壕沟，并制定“杀光、烧光、毁光”的三光策略——意即杀光所有的中国人，小孩也杀无赦；游击队活动地区的农村，凡找到牲口家禽，通通杀光；所有的建筑物一律烧光；所有的作物、水坝、水井、运河，全部毁光。日本人又设立一套“受保护村庄”系统——肯合作的村民集中居住，他们的作物不会被没收，壮丁不会被拉夫，居民不会被滥杀。不消几个月，共产党占领区人口从四千四百万人剧降至两千五百万人。[138]

如蒋介石所预见，一九三九年九月法西斯的反共公约寿终正寝后，东京当局想方设法要加入包括苏联在内的反民主的极权主义国家集团。东京希望此一发展，以及它本身和苏联的修好，会促使莫斯科终止对华援助。日本的极端国家主义者惊讶地发现，不仅把对布尔什维克的仇恨搁到一旁容易，全球新秩序概念也不难转变成：德苏瓜分欧洲、日本独霸亚洲。日本九月二十七日和希特勒、墨索里尼签署三国公约之后，蒋告诉他的高级将领，这个所谓的“轴心公约”将推动他自一九三四年以来即预测的趋势：推动日本南进扩张——它势必使得皇军与美、英、法发生冲突。日军已经跨过北越边界，法国维希政府很快就投降。但是，果如蒋之观察，日本和希特勒、墨索里尼结盟，甚至和苏联间接挂上钩，日本此举不啻是在太平洋树下强敌，使他们自然而然成为中国的盟国。[139]

为了增强中国在此一不确定的局势当中对美、英的杠杆力道，蒋又恢复非正式向东京试探和平的动作。日本因之推迟了对自己一手扶植起来的汪精卫政府之承认。这下子，罗斯福开始认真思考他究竟应该如何支持中国继续抗战。十月间，蒋告诉华盛顿，中国现在比较不担心日本的侵略，反倒担心中国“全国经济和社会可能崩溃”，以及“中国共产党的坐大”，“如果它成长到令人忧虑将对远东亚洲甚至整个世界产生重大冲击”。这是蒋第一次玩弄“美国若做或不做某件事，中国恐会崩溃”的威胁把戏——这个策略以后一直玩了三十年。他警告说，除非从美国得到大量援助，包括五百至一千架飞机、志愿飞行员，否则中国政府无法继续抗日。但他的结语是，“不论国际局势如何发展”，中国将追随美国的领导。[140]十一月三十日，东京承认汪精卫政府的同一天，华盛顿通过给予中国一亿美元的信用融资。

十月间，新四军和八路军某部在江苏北部会合。根据国民政府的报告，他们攻击中央政府的八十九军，杀害、俘虏数千名官兵。接下来，国共双方为究竟怎么一回事相互攻讦、指责。十月十九日，蒋授权参谋总长何应钦通知朱德，新四军领导人必须在十一月底以前，把所有部队包括仍滞留在长江以南指定地区的单位，全部移动到黄河旧河道以北。[141]蒋实质上是设法把他和周恩来七月间已谈妥并经军事委员会发令的计划，付诸实现——即使毛泽东已否决此一计划。

毛对于蒋要求他遵守承诺、接受军事委员会调动部队之令而撤退，答复说：他原则同意，旋即以无线电通知新四军领导人项英，率领他在安徽的部队渡江北上——不过，毛给了项英长达两个月的时间去完成移防。毛把蒋的要求看成对中共抗战以来的成果的威胁，也会限制中共未来在全国的扩张。他设法向莫斯科报告，要他们注意蒋的真正意图。毛向斯大林发了一封信，它和周八月间给季米特洛夫的无线电报信息完全不同。毛警告说，蒋介石计划个别与日本谈和，并且全面进击把共军部队赶到旧黄河流域，再予以歼灭。[142]毛提议先下手为强，发动“以守为攻”的反攻，可以“粉碎”蒋的部队，“扭转政治局势”。季米特洛夫立刻以无线电答复，毛的计划“使我们很疑惑”，毛必须搁置任何行动，等待更完整的答复。不久之后，季米特洛夫在详尽的复信中强烈不同意毛的评估，表示中共“切切不可”对中央政府发动军事行动。不过，季米特洛夫也说：“如果蒋介石攻打人民军，你必须全力反击。”为表示共产国际的支持，季米特洛夫两天后拍发电报给毛，表示如果毛能在中共根据地和蒙古之间找到安全的路线，“就可能经由这条路送给你相当数量的武器”。[143]

应周恩来要求，蒋在十二月九日把八路军移防的截止期限延到新年除夕，也同意新四军只需在当天之前进入长江以北，但仍须继续前进到黄河以北。圣诞节，蒋周共进晚餐时——蒋一向重视此一假日，两人会挑此时会餐，很有意思——毛发出有关军事策略的新密令，只字不提共军向北移防，只宣布“我们必须竭尽可能地扩张八路军和新四军”。[144]新四军一月四日开始移防时，却往南走，不是向北走。根据中共官方版本对新四军事件的说法，新四军领导人项英的用意是要避开北方的日军，先绕向东南，再转北上。中共后来声称，项英曾把规划路线报告国军将领顾祝同；但中共就新四军事件提交给莫斯科的报告，却根本没提这一点。蒋介石读了顾祝同的报告，可能认为长江以南的新四军部队根本无意渡江，更不会要移防到黄河以北。

毛非常有可能有意利用新四军移防，来合理化他拒绝从河北、山东、江苏、安徽撤出共军。在长江南边的新四军只有师级规模，为此目的，它是可以牺牲的一颗棋子。但是，项英这个人“精力充沛，在党内有不同意见时一向直言不讳”，也不无可能自行其是。中国大陆一九八四年出版一本“半学术”的小说，描绘项英预备率领皖南部队回到江西的共产党旧根据地，打算在当地打游击抗日，脱离中共中央的管制。[145]

新四军往南移动时，与国军部队发生小冲突。一月七日，毛以无线电通知项英“不要等太久”，也不晓得是什么意思。六天后，顾祝同向蒋报告，项部攻击中央军四十四师。[146]接到顾的报告，蒋决定必须针对中共未获核准即扩张一事，严正要求他们退让。他说：“此种匪心奸谋如不以革命精神临之，整个国家几乎为其所卖矣。”[147]

顾祝同发动优势兵力进攻共军，杀死、俘虏九千余人，项英本人也被俘。但是这是一场得不偿失的胜利；共军虽然损失惨重，民心却同情他们，转而气愤国民党。毛可能预期会有此一反应，但同情声浪之大却远超过他想象。周恩来主持的公关机器也全力开动。中共在重庆的《新华日报》、国民党地区若干独立报纸，以及“第三势力”知识分子，指控国民党在“新四军事件”中竟然毫无理由枪杆子掉转头，在国家抗日的紧要关头中国人打中国人。毛泽东向季米特洛夫夸耀："从来没有过这么多人站在我们这一边。"他说中共已经"激发全国舆论"，甚至英美外交官也谴责蒋介石。[148]

蒋要求周恩来想办法摆平，二月一日他派专机送一个方案到延安，提议以长江以北的新四军残部组成一支军队，移防西北。毛当然拒绝，并提出一份中共的要求清单，其中要求重庆对事件全面道歉。[149]蒋不愿认错，但是他实质上放弃原本要逼共军退到黄河以北的大计划。除了皖南和遭冈村宁次"三光"政策驱出的地区，共军依然留在年初所在的位置，也就是西北、散布在长江以北的平原，另在长江以南有许多地区的小股游击队。到头来，蒋从新四军事件毫无收获可弥补在宣传战上面的重大损失。此后，一直到抗战终止，他只试图围堵中共，防止它扩张。

虽然蒋的长期忧患是共产党的威胁，新四军事件后不久，他展现出他近期的优先目标仍是抗日。他从布防在西北、围堵共产党的中央军抽调二十万人，派到南方抵挡日军在河南的新攻势。这项大规模调遣，其实距美国驻华官员开始一再指控蒋抗战不力，只专注围堵中共、摧毁中共，只有十八个月的时间。但是，毛泽东本人向莫斯科报告中央军这项部署时，却声称"日蒋矛盾依然是（在中国）根本的矛盾"。换句话说，毛泽东承认蒋清楚地以抗日为优先，而非专注对付共产党。在这场战役的第一阶段，汤恩伯的第三十一集团军折损一万六千名兵力。毛在一九四一年二月告诉斯大林："目前是我们取得上风的最佳时机，我们不能错失它。"但是他保证，不会排除与蒋介石达成协议的可能。[150]

同时，情势变得很清楚，日本真正的野心已转到别的地方。日本海军南方舰队总司令的座机在中国坠毁，日本海军的机密计划留在残骸中。这份计划确定日军即将进攻中国南海和东南亚的蓝图，蒋介石把虏获的文件转交给盟国。蒋写下，现在很显然日本已放弃"先擒服中国再南进"的构想。他挖苦地认为，日本海军在中国派不上用场，"唯一能发挥的是南进"。这意谓日本现在已走向和英、美开战的路。[151]

这个发展对蒋是个好消息。尽管过去三年迭吃败仗，损失惨重，要主持政府、经济和流亡军队也很困难，加上国际上几乎是孤立无援，蒋依然坚定不移地深信他和中国一定会战胜日本。由于苏联的因素，他一直不能确定他跟毛泽东的中共之斗争，结果会是如何；但是这个问题可以以后再处理。现在当务之急是，固然新四军事件余震犹存，非正式的中美同盟已在快速发展。最重要的是，罗斯福总统已把中国列入他新的“租借法案”对象，此一法案原本主要用意是通过供应大量作战物资以拯救英国。罗斯福也决定派他的个人代表来华，与蒋对话。这位代表居里（Lauchlin Currie）虽然正式官衔是总统个人经济顾问和行政助理，和外交事务扯不上关系，本身对中国所知也不多，却在白宫处理远东事务时扮演关键角色。可是，居里还有另一个不寻常的特点——他是莫斯科认定的华盛顿政府“有影响力的代理人”官员中之一员。这些官员绝大部分因个人理念同情苏联，痛恨法西斯，持有自由经济及社会观点。有些人（如居里）并非共产党员，可能最多只称得上民主派社会主义者，但是他们相信法西斯的威胁优于一切顾虑，也相信促进莫斯科的利益、提供给它敏感信息，其实也符合美国的利益。他们可能反对被称为“有影响力的代理人”，但至少他们的判断确实很糟糕。毕竟，当时的苏联和纳粹德国缔结盟约，表示他们的意识形态终究不全是出于反法西斯的目的。

蒋二月十日在重庆接见居里时，居里告诉他：美国不久就将交运四千五百万美元的武器和军事设备给中国。蒋表达谢意后，又要求美方财务援助以协助稳定中国的“法币”，并且资助改善滇缅公路。这还只是开端。宋子文三月三十一日代表总司令向居里提出包罗万象的要求，如：一千架军用飞机，供应三十师的军火等等。部分飞机是要用来装备一支中国空军部队，交由陈纳德（Claire Chennault）率领。陈纳德是美国陆军航空队退役的上尉，“荣誉”衔是上校。自从一九三七年以来，陈纳德就担任蒋的顾问，指导中国仅有的空军之训练。[152]

居里也传上罗斯福的口信。罗斯福希望国民党和共产党能真正组成抗日统一战线对抗日本。蒋吓了一跳，答复说：他个人认为中共以效忠共产国际和苏联为首要目标。他说，共产党并不希望看到中、美、英结为同盟。这时候，蒋的说法是个无可否认的事实，但是居里并不同意这些假设性的前提，他留给蒋很清晰的印象：在即将爆发的战争中，美国只有一个目标——打败德国和日本。既然中共也是抗日统一阵线的一员，它会被当做朋友看待。蒋明白他对中共截然不同的观点，恐怕会弄拧他和国民政府所能有的最重要的外国关系，不提为妙。除了这个

↑陈纳德上校和他的“飞虎队”成员
（Claire Lee Chennault Collection，envelope C，Hoover Institution Archives）

议题之外，蒋对居里到访非常欣慰——与强大的美国结盟看来可能在一年之内达成。

居里在离开重庆之前，悄悄会晤周恩来。周很积极、可亲，把共产党描绘为爱国的改革派、注重民主，全面称颂美国支持中国抗日。然而，周也警告说，国民党领导人的政策恐怕会导致内战，使抗战崩溃。

四

四月间，蒋得到情报，指称希特勒正计划在数周之内攻击苏联。蒋对“巴巴罗萨行动”（Operation Barbarossa）的情报可能来自他的私人安全顾问斯坦纳斯。斯坦纳斯和以《法兰克福日报》（*Frankfurter Zeitung*）驻东京特派员身份潜伏在日本的苏联间谍佐尔格（Richard Sorge）有联系。佐尔格得到德国驻日大使的全盘信任。[153]佐尔格到重庆采访，可能把希特勒的计划告诉了跟他一样是苏联间谍的德国国民斯坦纳斯。蒋召见周恩来提出警告，是要让斯大林也知道德国即将攻击苏联。事实上，根据周恩来给莫洛托夫（Vyacheslav Molotov）的报告，蒋强烈"坚持"攻击即将发生。[154]蒋的警告固然转达了，但就像佐尔格、丘吉尔等人类似的警告一样，斯大林根本不相信。

然而就蒋所知，他转达的独家情报有可能会从此改变苏联，偏偏苏联又是他的宿敌中国共产党的关键支持者。蒋想要德国，可能的话还有日本，去入侵苏联，但他不希望苏联被灭，让日本在西伯利亚建立帝国。此外，蒋已经明白，如果战后他要击败或真正合并共产党，还要看苏联是否愿意将两个政权的关系列为中国要务。

自从纳粹和苏联缔结条约以来，蒋就猜疑莫斯科和东京也可能修睦；因此四月十三日消息传来，苏联和日本签署中立条约，蒋一点也不觉得意外。接下来几天，他和手下高级将领开会时，犹能就事论事剖析莫斯科此一地缘政治关系大翻转，以及它的可能影响。在某次会议，他朗读他有先见之明的十页之分析。他认为，和东京签订中立条约，当然是斯大林的重大胜利，因为一则它缓和了苏联陷入两个战线战争的危险，二则它鼓励日本降低在苏联、外蒙古边境的陆面兵力。但是，它也伤害了德、意、日三国同盟的基础，向德国证明其日本盟友并不可靠，它又使得日本海军在南洋"有全部覆灭之危险"。蒋向将领们解释，苏、日在莫斯科签约的结果会使日本觉得够安全，进而从东北调遣六个师兵力，进入中国其他地区。但不论它如何运用这些部队，蒋认为，日本不会打赢中国，更不用说绝不可能在往后六个月之内达成。他很有信心地说："太平洋之形势必已丕变，则各国皆乘隙以袭其后矣！"珍珠港事件果真在八个月后发生。

蒋的分析又指出，东京和莫斯科的条约会使美国更意识到日本对美之长期威胁。因此，日本和苏联此一外交动作事实上增强了中国军事和政治前景。他的结论是，日本帝国即将南进，它将是日本作为世界强权即将完结的开端。[155]还有，如果他所知不假，希特勒计划攻打苏联，他认为日军也可能为所欲为，东京会允许日军攻打已疲弱的苏联。蒋认为，这样的结果将对中国最有利，因为美国不会坐视日本和德国征服、瓜分苏联；美、日若爆发战争，中国很快就会成为美、苏的重要盟国。在这种情况下，苏联将会衰弱，但它最后的胜利势需美国以及中国国民政府拔刀相助。回到二月，他曾在日记记下，他希望美国不要“太早”涉入亚洲的冲突，也就是别在“日、苏开始交战之前”涉入战局。他也把德国出兵计划“巴巴罗萨行动”的情报交给美国驻华大使詹森，力促美国别采取任何行动，以免激恼柏林，造成希特勒取消箭在弦上的出卖斯大林的行动。[156]他再次向华盛顿表示，最好美国暂时别被扯进对日战争。

五月间，罗斯福发表声明宣布无限制的国家紧急状况，在各项措施当中也表示承诺对英国和中国给予道义和物资的援助。[157]虽然依租借法案答应的军事援助还未抵达，但蒋十分高兴。从美国的立场来看，欧、亚两场战争现在不仅联结起来，而且还同等重要。蒋认为他给罗斯福的电报起了作用。至于毛泽东这边，他仍然宣称罗斯福是“战争贩子”。

当蒋介石听到希特勒的信徒赫斯（Rudolph Hess）驾机到英国，寻求德、英媾和，他更相信希特勒进攻苏联已迫在眉睫。[158]六月十八日，蒋读着某西方通讯社报道德国和土耳其签署条约的译文，他立刻正确地解读，这是希特勒准备对土耳其的邻国发动疯狂大进击之前，先安顿好侧翼掩护的迹象。他在日记中写下：“德之攻俄，必不出数日矣。”[159]根据共产国际文件的说法，蒋紧急召见周恩来，告诉他：德国将在六月二十一日发动对苏攻击，他再次力促中共向斯大林示警。六月二十二日，纳粹两百万大军疯狂猛扑苏联。蒋立刻和苏联站在同一阵线，与柏林、罗马断交，并提醒莫斯科慎防日本进犯，也提议中、苏签订同盟条约。他还鼓励美国支持这个遭到包围的共产主义大国——长期而言，苏联是他最害怕的国家。[160]对希特勒攻打苏联，有这样的反应，反映出蒋此时对击败日本给予最优先的考虑。

现在，不分地域的全球大战已是一触即发。一边是理性或世俗人本主义倾向的国家，由西方与中华开明文化而生的自由民主、务实威权与雅各宾式的集权主义。另一边则是极端民族主义、种族主义与死而复活的法西斯专制主义。

果如委员长所盼望，巴巴罗萨行动使日本皇军向乌拉山挺进与德军会师的美梦又起。日本停止从伪满洲国调走部队，反而在本地区又集结十六个师的兵力。[161]不到两年的时间，莫斯科分别与两大法西斯国家签订条约，但是现在它要求世界各国共产党再次以反法西斯作为最高优先。德军入侵当天，共产国际发紧急指令给中国共产党，告诉他们：其最迫切任务是“坚持和国民党合作”抗日，并且“如果日本加入攻打苏联”，要准备以军事行动摧毁日本人在华交通运输线。这种有条件的说法清楚表明：除非日本攻击苏联，否则针对中国境内日本侵略者的武力行为，不宜由中共发动。但是，这也暗示要尽一切可能去怂恿美国对付德、日这两个法西斯敌人。在中共的宣传里，美国一夕之间变成世界事务的正面力量。《解放军报》把原来称为“战争贩子”的罗斯福歌颂为“开明的小资产阶级政治家”。[162]

一九四一年的重庆，和往常一样既热又黏。从防空洞和茅屋里丢到排水沟的粪便使得全城笼罩着一股恶臭。日军轰炸机曾在一九三九、一九四〇年夏天蹂躏陪都，现在因为天气转晴朗又恢复滥炸，有时候一天就有一百五十架次飞来掷弹。中国方面设计一套敌机来袭警报系统，部署到离城一百六十公里以外的地方，它用手摇式发射台和简单的密码就对日机来袭起充分警告作用。[163]但是，日军轰炸机一旦飞临目标上空，可就如入无人之境，弹如雨下，有时可一连滥炸两三个小时。重庆根本没有有效的消防设施，只能干看着火势自然熄灭。电线大体已永远失灵。从古时候留下来的结构体只剩一堆石头——木头全被卸走了。可是，中国人坚忍不拔，巴士利用马铃薯和尿液配制的酒精照样跑；小店铺被炸毁，次日就可利用木板搭架照样开门。[164]

尽管许多地区人民的营养不足，一九四一年全年，在四川以及中央政府控制的省份，绝大多数没有民众闹饥荒的现象。谷物、盐和其他粮食可运输到数百或上千公里之外，甚至穿越日军防线送到政府控制地区，如重庆。事实上，尽管全国残破，不时在各地爆发作战，自由中国仍然照常运作。国民党通过银行放款给农民，分配新种子，把难民安置到休耕地，整修灌溉圳道，保护交通网，养育驮兽等等，维持住农业生产。结果是：“直到一九四一年，国民党控制地区的农业生产都足够……平均卡路里摄取量……维持战前的同样水平。”为了压制通货膨胀，政府降低公务员薪水，增加赋税。一九四一年底，抗战进行了四年半，自由中国平均物价比战前高出二十倍；数字虽高，但在当时的特殊状况下却算低，而且在勉为温饱的社会这是尚能调整的数字。[165]史迪威将军和其他美国人（包括新闻记者）一年后陆续向国内报道，指责国民政府彻底贪腐、无能，其实果真如此的话，恐怕就不会有此一成绩。[166]

七月中旬，美国学者拉铁摩尔（Owen Lattimore）飞抵位于长江江心岛的中坝重庆机场。拉铁摩尔是研究中国少数民族边区的专家，曾任《太平洋事务》（*Pacific Affairs*）主编，是居里将他推荐给蒋介石，聘为个人顾问，可直通白宫。拉铁摩尔是中国政府的民间雇员，与驻重庆美国大使馆没有官方关系——这是蒋的要求，因为他已经不信任华盛顿的国务院或驻华美国外交官员。[167]

拉铁摩尔很了解他的雇主。原因之一是他在幼时到过中国，他的长期保姆讲的就是跟蒋一样的宁波话，因此他也通晓宁波话。后来，拉铁摩尔对国民政府强烈批判，因此他在战后回忆录中对蒋的正面观点特别有可信度。[168]他认为蒋是个“真正的爱国者”、“非常具有国家意识”、“一个了不起的人”、“有时候……比罗斯福或丘吉尔更有远见”。例如，在巴巴罗萨行动的初期，德军横扫苏联欧洲地区，蒋很有信心地告诉拉铁摩尔苏联会站稳阵脚，最后必会战胜德国人。他了解版图具大陆规模的国家之实力。他也说，日本被困在中国，需要有某种胜利，因此日本将会进攻南方的殖民地地区，不久也“将在太平洋另辟战线”，可是这将使日本陷入“和列强的严重冲突”。[169]拉铁摩尔虽然敬佩蒋介石，却不喜欢他沉默寡言的个性。他和多数美国人一样，非常喜欢跟周恩来交往。[170]

七月底，日本接管南越；美国下令冻结日本在美财产；并且虽非正式却有效地对日本实施石油禁运。两天前，罗斯福终于批准由陈纳德率领的美国志愿飞行员飞虎队，以五百架飞机在中国开始运作。八月，罗斯福和丘吉尔在纽芬兰会谈，发表《大西洋宪章》，重申威尔逊总统的国际主义，及共同致力于“纳粹暴政的最后摧毁”。蒋和多数观察家把“纳粹暴政”一词包含日本在内。[171]

同时，蒋介石怀疑美、日双边正在进行的高级会商，意在解决两国之间歧见，说不定会“出卖中国”。能制衡这个担忧的是重庆、伦敦和莫斯科之间，都有盼望美国对日立场日益强硬的共识，当然强硬的结果会导致美、日交战，进而也和德国交战。蒋和丘吉尔保持密切联系，一九四一年秋天中、英之间出现“小小的友善”。[172]十一月初，蒋预测美、日将在“十二月中旬”发生冲突。[173]斯大林为了不让日本人忧虑其西侧，向东京担保苏联会遵守日苏中立条约。[174]

夏末，日本海军获准规划针对珍珠港美国舰队出动航空母舰突袭。日方的如意算盘和一九三七年进犯中国一样，其目的在于先予敌人沉重打击，以利未来交涉要依日方条件谈判。在此同时，日本将在东南亚和西太平洋站稳帝国脚步进一步孤立中国，使它得不到外援。近卫首相觉得这个计划太轻率，但军方反对他。十月，近卫辞职，东条英机大将接任首相。[175]

可能是得到宋美龄和宋子文的警告，指称战事即将扩大，宋庆龄离开香港，迁居重庆。不久，她就和妹妹一起露面，探访遭轰炸地区、慰问伤者。这时候，已经三十一岁的蒋经国，和父亲彼此交换日记参阅。此时蒋经国因为主持赣南行政专区，勤政爱民、平易近人，颇受美国记者和外交官好评。他父亲写说："人民爱戴。"蒋纬国则在军职上求发展。他曾以德国士官学生身份参加德国合并奥地利的行动。他在一九三九年欧战爆发前不久毕业，跑到美国诺克斯堡陆军装甲兵中心受训一年。蒋介石对宋美龄隐瞒纬国的存在足足有十三年之久，但是他说了之后，美龄立刻喜欢上这个温文、英俊、通晓英语的继子。纬国回国后以少尉军衔派在驻防西安附近某陆军单位，沿黄河与日军对峙。[176]

秋天，战火在湖南以及扼三峡之险的宜昌又转炽。中方部队还是没逃，损失上万人，日军伤亡亦大到足以让东京参谋本部觉得必须与西方列强开战——他们现在认为，日本唯有击败美国才能说服蒋介石的政府结束对日抗战。[177]

蒋不仅致函罗斯福总统，也不时写信给海军部长诺克斯（Frank Knox）和陆军部长史汀生（Henry Stimson）。他获悉美方为争取时间备战，正考虑把实施不久的对日禁运条件放宽。和日方新一回合的谈判，已定于十二月在华盛顿展开。蒋非常紧张，立刻拍发急电给赫尔、居里、诺克斯和史汀生，警告说："美国一旦放松对日禁运，将使中国抗战悲溃。"蒋也把他对华盛顿的警告转知丘吉尔；丘吉尔立刻拍发电报给罗斯福，支持中方立场。罗斯福决定对日谈判时不提出放松禁运的方案；赫尔国务卿于十一月二十六日致函日本，重申美方早先的立场——日本应撤出中国（含满洲）。蒋觉得他的严重警告"得于千钧一发之时，旋转于瞬刻也"。中国要停止抗战这个威胁，对苏联也管用；往后多年，他一再使用同一招数。他对这次经过有这样的说法："真正的危机会产生妙计、妙行……有时候，人生的困顿反而是最好的滋补。"[178]

拉铁摩尔到中国还未满六个月，就得了痢疾，十二月初他决定回美国就医。可是，蒋警告他："局势不定。你必须先飞香港，再飞越太平洋；最好还是等一等才启程。"拉铁摩尔后来获悉，蒋在东南亚的情报人员报告说，日本驻新加坡领事馆及其他东南亚城市的使领馆，烟囱和焚化炉频频冒出浓烟。中方分析，日本人预期即将开战，已先烧毁秘密文件。[179]

重庆时间十二月八日凌晨一点钟，一名副官叫醒委员长，报告日军航空母舰机群进攻珍珠港的消息。蒋嘱咐他立刻请国民党常委们开会；然后他口述一封信给罗斯福，由蒋夫人译成英文："现时我两国已对共同之公敌而作共同之奋斗，中国自当贡献其所能及其所有，期与友邦美国以及与各国团结一致，奋斗到底：必使太平洋以及全世界人类正义在野蛮暴力与无穷诡诈之空前劫运下获得解放而后已。"[180]

七个小时后，蒋介石身穿朴素的潘兴式军服进入会议室，全体与会人士起立迎接。他看来神情泰然自若，照惯例要大家（包括拉铁摩尔在内）发表意见。拉铁摩尔强调美国会克服珍珠港的教训，全力展开作战。拉铁摩尔认为，委员长"并不真正高兴"太平洋战争在美国尚未有充分准备之前就开始。但是，更有可能的是，蒋不高兴是因为珍珠港事件已终结了日本攻打苏联的任何机会。总之，蒋的政治分析已证明正确，他的外交也成功。强大的美国最后已正式和中国结为盟友，加入对日作战。[181]

蒋告诉与会人士，他预备提议中、美、英、苏一起对德、意、日宣战，承诺在战胜之前绝不个别缔和。他又说，把苏联拉进来抗日特别重要。会后，蒋读罗斯福给他的回信，他预言必将全面胜利，并宣称："能够与阁下及您领导的贵国结合，我为我的国家感到骄傲。"[182]

蒋在珍珠港事件后初步的军事行动为采取攻势——这是太平洋战争爆发后同盟国第一次进攻。他下令给个子不高、说话轻柔但十分坚强的薛岳，从第九战区抽调中央军及粤系部队前往广州，减轻香港英国守军承受的压力。冈村宁次派出六万名日军转进中国，可能的话就歼灭中方部队。但因为香港在圣诞节当天就迅速沦陷，他决定变更目标：要夺占、摧毁长沙。湖南省垣周围第三度陷入战火。薛岳不断接到委员长遥控下达战术命令，搞得他十分为难，一度退到接不到命令的地方。薛岳围住占领长沙的日军，日军一退，他就进攻。据他自称，日军伤亡达几万人。不论日军伤亡数字多寡，日军先前进又早早撤退，使蒋可以宣告“长沙大捷”。日军攻打盟军连番大胜之下，“长沙大捷”让英、美、中皆感到兴奋。它似乎更凸显了中国在太平洋战争中可以扮演重要角色。[183]

蒋介石的杂牌军把日军三十六个师团、四十四个混成旅团，总共约一百三十万兵力困在中国（含“满洲国”）。这约当日本陆军百分之六十七的兵力，盟国当然希望把他们继续绊住。[184]珍珠港事件后，东京从中国抽调九个师团到太平洋和东南亚不同战场，[185]但滞留在中国及满洲的部队仍高达一百万人。由于苏联在满洲或其他地方攻击日本的可能性为零，除了中国军队（包含共军）之外，再也没有别的兵力可把日军牵制在东北。蒋在日记中记下：美、英迄今在太平洋连战皆北，他认为这个记录应该可使他们想到中国部队器械火力虽不如人，从一九三七年以来却一直英勇抗日。他相信，中国的国际声望和地位会因此达到空前的高度。[186]

东京和盟国一样，认为滇缅公路是攸关盟军大业的重要战略资产。因此，日军第十五军在十二月十二日开始从克拉半岛（Kra Peninsula，马来半岛的别称）往仰光前进，仰光港是通往腊戍和滇缅公路的补给线之源头。新战事的第一天，蒋就告诉英国，他预备派出手下最精锐的八万部队——仅有的德式训练部队——到缅甸；更令人动容的是，愿意把他们交给英国人指挥。他也表示可以把手中犹剩的重机械化炮兵投入缅甸战场。蒋决心在盟国大业中善尽责任。

此时，飞虎队（正式名称是中国空军美籍志愿大队）只有七十五架刚从美国接收的能用的P-40飞机。所有的飞行员都是美国人，但它是一个中国单位，由中国政府支付一切开销。它的飞机几乎就是蒋手中仅有的一切作战飞机，虽然重庆天天遭日机轰炸，他把飞虎队全部投入大英帝国殖民地缅甸的保护战。[187]对于到处吃败仗的盟国，这是相当不容易的一项承诺。即使如此，不到几个月，就有一些美国官员批评蒋介石，指他决定尽可能不跟日军作战。

同时，英国也不急着要中国这样一个反帝国主义的亚洲国家的部队来拯救其亚洲殖民地。丘吉尔把独眼龙元帅魏菲尔（Sir Archibald Wavell）从埃及调到印度。魏菲尔来到重庆，向蒋说：他只能接受中国一个师。据在场作记录的拉铁摩尔说，蒋闻言大怒，痛斥魏菲尔：“你和你们的人根本不晓得如何跟日本人打仗。

对抗日本不是殖民地战争，不是在平息殖民地的叛乱分子。日本是要认真以待的强国……我们中国人跟日本人交手、打了这么多年，我们晓得怎么对付他们。这件事，你们英国人没办法。你们应该向中国人学习如何跟日本人打仗。”[188]英国人根本不理蒋，蒋也看不惯他们；但是，撇开民族感情不和，蒋介石是对的——缅甸英军根本抵挡不了日本陆军前锋部队。受过丛林战训练的日本轻装步兵，经常利用脚踏车和驮兽移动。蒋也致函罗斯福提醒他，被殖民统治的缅甸人并不像中国人团结抗日，甚至可能与日本人合作。他说，英国应该改变态度，宣布战后其殖民地皆可享有自决权。他要求罗斯福把此一“鄙见”转达给丘吉尔。[189]

蒋对魏菲尔生气，也对英国的能力和耐力感到不安，但这并不影响他对盟国在缅甸军事地位快速恶化给予支持。三十多位飞虎队飞行员声称，他们一连十个星期在仰光上空击落日机两百一十七架，可能也摧毁另外四十三架。这些兴奋的飞行员过去从未打过仗；即使真正的成绩只有他们声称的一半，也是了不得的表现。[190]

魏菲尔很快就明白他的确需要中国人助阵，紧急向重庆求援。蒋立刻命令国军第五军、第六军和六十六军开拔。这批部队具备一般国军没有的优势——拥有卡车，几星期内就进驻仰光北边近二百五十公里的同古（Toungoo）镇。

同时，罗斯福在除夕发电报给蒋，表示他已取得西方盟国同意，提名蒋出任中国战区盟军最高统帅。蒋感谢罗斯福此一提名，要求罗斯福派一名能干的美国高级将官担任中国战区参谋长。蒋说，这个人选不必一定是亚洲专家或中国专家，只要他“有工作热忱、性格良善和能力”就行。蒋提议，受命担任此职位的美军将领将获得对缅甸中国部队的“执行控制”。但是，他也强调此人必须向他报告。[191] 美国陆军参谋长马歇尔推荐他最亲近的好友史迪威（Joseph W. Stilwell）出任这个职务。

史迪威在一九四〇年成为中将师长，次年突然跃升为军团司令。珍珠港事件前六个月，他被提名为美国陆军最佳军团司令。[192]史迪威会见史汀生部长时表示，此行任务成功与否端视蒋介石是否肯把部分国军交给美国人指挥。史汀生向他担保说，蒋本人就是这么提议的。两天后，史迪威和马歇尔见面，又提及只要他获得“指挥权”——他在日记里特别用大写字体标出这个词，在中国成功的机会很大。[193]

史迪威，西点军校毕业，曾于二十世纪二三十年代在中国任职，能通中文，公认是美军里的中国专家。绰号“酸醋乔”（Vinegar Joe）的史迪威，身材瘦削、鹰钩鼻、言辞刻薄。尽管和蒋一样块头不大，他却是强悍的将领，以直言不讳自豪。他和委员长一样也是行动派，相信意志力和人的精力可以改变世界。

在西方记者和他的军中同僚眼中，史迪威的态度令人耳目一新，但却导致他过度简化复杂的问题，低估蒋介石、毛泽东这类人性格上的细腻度。他可以热情、大方，但是在评断别人时却“严厉无情”，甚至是恶毒。[194]

尽管政治观点保守，史迪威和许多美国观察家一样，深受斯诺、伊罗生等同情中共的作家之影响。他相信毛泽东及其追随者只是想要“依合理的条件取得土地所有权”。他也深信“中国人没有成为共产党的性格特质”，因此中国共产党实际上不是个马列主义政党。反过来，史迪威却认为蒋介石是个残暴、无思想的独裁者，没有宗旨目标，“一事无成”。[195]一九三七年抗战爆发之前，在全球经济大萧条之中，中国又深陷内战，蒋花了极大精力和资源，以德国器材、训练和武器打造现代化部队和国防工业——全由中国自费供应；他又采取其他措施，如禁止在沿海地区建造新工厂，为即将来临的战争作准备。可是，当时担任美国驻华陆军武官的史迪威却报告说，以准备这场不可避免的战争而言，蒋“毫无意愿做任何事，他根本不知道什么叫做准备迎战一个第一流的大国”。史迪威心目中，蒋根本没有价值，没有治国技能，没有将才，除了为个人集权，对中国现代化和福祉毫无兴趣；没有爱国、勇气、忠诚、责任心、荣誉感等等值得称道的人性特质，也缺乏学术或文化兴趣。[196]对史迪威来讲，生命是黑白分明，没有什么细微差异这回事。

宋子文此时奉派驻在华盛顿担任蒋的私人代表及中国军事采购团团长。获悉史迪威将担任蒋的美籍参谋长时，宋向蒋报告：史迪威是个声望卓著的军官。蒋答说：“非常欢迎”史迪威。华盛顿方面提议，史迪威不仅担任蒋的中国战区参谋长，还兼任中印缅战区美军司令，并督导中国境内之租借法案物资。蒋告诉宋子文，如果两国政府对如何作战出现歧见，这可能会发生问题。不过，蒋还是同意了，只是强调这位派到中国来的美国高级军事代表必须“听话”——听最高统帅的话。中文的“听话”就是“遵循或服从我说的话”。宋子文向史汀生强调，史迪威“必须接受委员长的指挥”。[197]

新年伊始，蒋注意到中国终于被接受为四大强国之一。由于担心泄密，中国没被允许参加盟国联合参谋长团（Allied Combined Chiefs of Staff），但其他方面都让蒋放心：美国确实重视中国的战略角色。宋子文奉蒋指示，争取到五亿美元贷款，其中一大部分用在让民众以法币购买美元公债。不幸的是，它没办法抑制通货膨胀，反而使一些有办法的人甚至部分在华美国人从中获利。[198]

第五章　蒋介石和他的美国盟友

一九四一年底，原本在珍珠港事件之前就承诺的一亿四千五百万美元租借法案的武器、补给和器材设备，只运交了两千六百万美元（送给飞虎队的一百架P－40飞机不计）。其中多数堆在仰光码头，等候火车北送到腊戍及滇缅公路的起点。[1]即使缅甸到云南的一千一百五十公里，一路上窃盗猖獗，在珍珠港事件爆发时，每个月仍有两万吨物资送达目的地。[2]

蒋介石认为日军可能会封锁滇缅公路，因此他的注意力越来越转向印度。一旦失去滇缅公路，除了通过陷入战火的苏联再转经外蒙古和新疆此一不确定的路径之外，中国与外界联通唯一的出路就是从印度飞越喜马拉雅山这条空中航道。[3]另外，也可设法从印度东北部开辟一条穿越缅北山区的公路。可是，甘地领导的国民大会党，虽然反对日本侵略，却不肯支持英国的作战，有些激进的印度民族主义者甚至欢迎印度被日本“解放”。蒋希望亲自出马，劝说甘地和另一位国大党领导人尼赫鲁（Jawaharlal Nehru）在反法西斯的共同目标上合作，或至少不妨碍英国对日作战。因此，在太平洋战争关键的开打阶段，这位中国战区最高统帅飞往印度。盟国阵营里没人把它看做重要大事，也不认为反帝国主义的旗号可让此举变得可行。

二月四日，蒋委员长在夫人陪同下，先到了腊戍，与缅甸英军司令官赫顿（Hutton）将军进行午夜会谈。靠蒋夫人翻译，委员长重申他愿意把刚抵达缅北的中国部队，交给英国指挥。但是他听到赫顿表示缅甸英军已在“灾祸边缘”后，立刻改变主意。试图撤退到锡唐河（Sitang River）的第十七印度师团已被截断，兵员折损一半；现在通往仰光之路已经被日本人打通。委员长此时对英国人守住缅甸的能力失去信心。他决定不要让他最精锐的地面

↑1942 年 1 月，蒋介石夫妇拜访甘地（国民党党史馆提供）

部队卷入“不必要的消耗战”。[4]

蒋在二月八日抵达新德里。食古不化的帝国主义者丘吉尔对于这个中国领导人在正式访问“英王的印度”时，竟敢提议会晤“近乎造反者”的甘地，大为生气。英国驻重庆大使克拉克－柯尔（Archibald Clark-Kerr）向丘吉尔报告，蒋真心相信他个人对两位印度国大党领导人的影响力，可有助盟国实现目标，并表示他（柯尔）“对蒋的用心和判断力都信心十足”。但是，丘吉尔坚决不准蒋到瓦达镇（Wardha）的甘地住所拜访，而甘地本人也不肯到殖民政府所在的首都新德里。最后，蒋介石和甘地于二月十八日在加尔各答市郊一处灵修中心碰面。两人都是领导反帝国主义的革命领袖，有许多共通点——在宋美龄翻译下，两个人足足谈了五个小时之久。[5]

蒋告诉甘地，印度继续支持盟国作战非常紧要。这位形貌枯槁的领袖表示他同情中国，不会破坏抗日。几个月之后，甘地给蒋一封亲笔信说：“我认为我们俩在加尔各答那五小时坦率、真诚的讨论，是我一生最满意、最难忘的经历。”甘地表示，反英国的非暴力斗争将会继续下去，但是他“保证（他的）一切行动都将经过审慎盘算，避免有利于日本对中国之侵略”。[6]蒋对盟国大业作出极重要的外交贡献——虽然丘吉尔一点也不领情。

蒋回到重庆，又拍发电文给罗斯福，谈到英国和荷兰应该仿效美国对菲律宾的榜样，清清楚楚承诺允许所有的殖民地完全独立。蒋认为，这是确保殖民地人民真正效忠盟国大业唯一的方法。他在这封电文里，大量引述他和“一位印度朋友（甘地）”的谈话。[7]罗斯福把信息转给丘吉尔，丘吉尔不太高兴。

二月二十七日，蒋委员长夫妇在蒋经国陪同下，又飞到缅甸腊戌，会见赫顿将军。蒋觉得这位英国将领一副缅甸已失守的样子，而且已似乎准备撤退到印度。不到一个星期，仰光沦陷，这更加摧毁了蒋把国军投入缅甸保卫战构想的信心。次日，从加尔各答前往重庆的史迪威也在腊戌短暂停留，受到蒋“客气的欢迎”。当着他的面，蒋以他一向的“尖嗓子”向国军第五军、第六军高级将领宣布，今后他们只接受史迪威将军的命令。史迪威很高兴地继续飞往中国。[8]

蒋氏夫妇回到重庆之后，立刻和这位中国战区参谋长进行第一次正式讨论。一见面，蒋先请史迪威自述他的在华职责，但是蒋注意到史迪威并没提到参谋长这个职位。蒋问：“你是不是我的参谋长？”史迪威答说：“是的，我是阁下的参谋长，直接接受您的指挥。”谈到当前的缅甸问题，蒋说他受够了英国的无心作战，很怀疑他们的动机究竟是什么，但是在缅甸及边境的国军部队正在等候史迪威的指挥。史迪威非常惊讶，因为蒋竟然真的要把中国最精锐部队交给他指挥。[9]

三月九日，委员长和夫人正式举行晚宴招待史迪威。出席贵宾有空军指挥官陈纳德，以及白崇禧、李宗仁这两位桂系将领；史迪威觉得李、白看来是“好人”。晚宴后，就缅甸全面战略进行了两小时的讨论。蒋提出撤守瓦城（Mandalay）为主轴的一项计划。史迪威同意必须守住瓦城，但强调“最重要的是，我们要仰光”。他建议在仰光北方的锡唐流域采取攻势，切断南方的日军，拆散敌军，然后重新拿下首都。蒋认为史的构想太危险，但壮志可嘉；他没有直接拒绝光复仰光，以开通滇缅公路仰赖的港口和铁路为目标。为了展现充分信赖史迪威，蒋说他当天夜里将发电报给罗斯福，请罗斯福转告丘吉尔：史迪威必须拥有在缅甸盟军的全部指挥权，包括英国部队在内——否则中国部队就撤走。[10]

↑蒋介石夫妇与史迪威将军在缅甸第一次会面（国民党党史馆提供）

这是两人密切关系的好的起点。宋美龄“兴致高昂、喋喋不休”。她挽着史迪威和陈纳德，走到庭园散步、谈话。她说，她很高兴中国终于“有两位美国军事领袖相助”。史迪威觉得宋美龄在盘算些什么，但是他喜欢她，认为她“直接、有力、精力充沛、爱好权力、喜欢出风头和被奉承……随时可以施展魅力……是个（潜在的）重要盟友，对她丈夫走在正确路线上颇有影响力”。蒋就寝前，拍电报给宋子文，要他尽速谒见罗斯福，要求他推动让史迪威统领缅甸全境英军和国军部队。[11]

史迪威第二天去见蒋时，委员长情绪依然十分高昂。他花了很长时间，从容地向新任参谋长讲述了解中国士卒的脾气和局限的重要性。一九四二年时，中国标准的一个师，兵员约在七千至九千人之间，但步枪火力最高罕有超过三千支，另外还有几百挺轻机关枪，三四十挺中型机关枪，以及少许三英寸的迫击炮。除了少数小口径反坦克炮之外，每个师并没有配属炮兵队。每个师只有少得可怜的信号兵，一两辆汽车，或许五六辆卡车，以及几百匹营养不良的骡马。器材、武器、弹药来源各不相同，零件完全无法共用。一般而言，半数兵员吃不饱饭，数千人才有一名医生，许多人因病亡故。[12]

接下来，蒋把话题转到当前重要的作战问题——缅甸。蒋对前一天夜里的讨论已经动摇了。他回到最初的观点，觉得仰光已经失守，此时若要设法收复，风险很大，因为日本在海上、空中，甚至地面，可能都掌握优势兵力。这次谈话的完整誊本已送交至华盛顿的宋子文。底下是蒋对史就此一议题谈话的摘要版，史迪威礼貌地听蒋说：

> 日军掌握了空中和海上优势，也拥有坦克和大炮，使得仰光很难光复。第五军、第六军是国军的精锐部队。他们的伤亡会有很严重的后果。因此，这些部队不能被打垮，是十分重要的……在缅甸的上上之策就是在瓦城坚守东西防线。国军应部署在瓦城郊外，等候日军进攻当地英国部队。然后，国军或许可猛扑敌军。但是，以目前缅甸的态势来讲，发动攻势应该不是指导方针。[13]

史迪威尊敬地听完后，向蒋报告："我非常感谢您如此坦诚的一席话。您可以放心，我会非常重视您所告诉我的话。我明白我需要认识、了解中国人的心理。您很大方把缅甸国军部队交给我指挥……我会尽我全力执行您的命令。"可是，会议一结束，史迪威在日记中写下，一切计划照旧："全力光复仰光；光复不成，才退守瓦城。"[14]

史迪威要在仰光北方二百四十多公里的同古抗击日军，然后全面反攻夺回仰光。当他和蒋讨论战术、战略和部队相互关系时，两人之间的深刻差异很明显呈现出来。史迪威打从早年驻华就不喜欢蒋，开始在日记中、在其他美国人面前公开称蒋"花生米"。蒋也不高兴这个老美趾高气扬的态度，以及越来越鲁莽的过分自信。史迪威才刚到任两个星期，就已经强力挑战委员长的判断，对如何部署中国最精锐的两个军团，坚持己见。

同时，罗斯福也不太愿意就缅甸英军指挥权议题去劝说丘吉尔，毕竟缅甸还是英国的殖民地。英军亚历山大元帅（Harold Alexander）访问重庆之后，蒋也同意由亚历山大全盘指挥缅境作战。蒋夫人递信给史迪威，告诉他这个决定。如此传递攸关军国大事的机密信息，的确不寻常，但也反映出她强烈希望与史迪威建立特殊关系。[15]

魏菲尔已经向亚历山大表示过，他非常怀疑他如何能够守住缅甸。蒋也担心日军兵力远胜过史迪威的想象。他认为，日军在缅甸南部及邻接的泰国，兵力已经增加一倍。日军在仰光地区有将近五百架军机，而飞虎队只剩下四十二架飞机堪用。再者，日本海军已经控制了整个孟加拉湾。[16]鉴于日军明显享有海、空优势，而且英军仓皇撤退，此时此刻守势战略恐怕似乎很合理。但是史迪威仍坚持攻势作战。

日子一天天过去，蒋越来越担心史迪威的欠缺经验及脾气，以致夜不成眠。他冒风险把精锐部队交付给他很快就不能信赖的这个人，而且此人从未实际带兵作战过，也没规划或执行过真正的多个师级部队的作战。[17]蒋觉得史迪威似乎浑然不知会有被敌军围困的危险。宋美龄不隐藏她对攻势作战的偏爱，私底下告诉史迪威"坚持下去"，反正一旦开战，蒋不愿意也不行，史迪威可以自由行动。[18]史迪威觉得他必须赌这一把，好向罗斯福展示他认真要在战争中扮演重要、合作的角色。

三月十九日，日军在同古攻击国军第二百师；这是国军唯一一个可以全靠卡车移动的部队。双方鏖战十二天，所有的记录都显示中国人训练的这支部队英勇奋战。史迪威三月二十二日抵达前线，直接接管指挥权。[19]三月三十日，火力、兵员都明显不如人的第二百师，全军毫发无伤退出实际上已被包围的城市，同时右翼的英、印部队则退往伊洛瓦底江流域。第五军军长杜聿明一度用尽各种借口，不理史迪威要他以五个团兵力进攻日军的命令。后来，杜聿明提出的报告，解释有一次他不肯进攻某个城镇，是因为镇上有平民。

委员长不改旧习，在交战中不时直接下达命令或"建议"给师长。史迪威认为初期挫败就是因为蒋"干预"，飞回重庆。次日，他冲进蒋的办公室，开门见山地指责中国将领不服从他的命令。[20]他说，他对这些军官没有信心，不干了。蒋表现得十分震惊，答应矫正这个情况。史迪威在日记里记下，这些中国军官不尊重、不服从他，源自"最高层"。他也承认，"公道地说，要他们把重要地区的兵力交付给一个他们既不认识，也没太多信心的天杀的老外，着实不容易"。[21]他以后再也没有记录如此深入的观察。

同时，蒋也很惊讶，直到这一天，史迪威都没向他呈递有关缅甸军事行动的报告，“只因为有个师长不肯遵命攻打缅甸一个城镇”，就离开指挥所，回到重庆。蒋写下：国军在缅甸再怎么牺牲，也不可能有助战局，但既然中国是盟国一员，“唯有照预定方针进行，以待时局之转移而已”。[22]

蒋和太太商量如何处理史迪威。宋美龄依然认为史是个干练的军事领袖。在她看来，他的直率和粗俗正是典型的老美脾气，还蛮好的。她打从一开始就认知到她丈夫和这位老美之间性格差异极大。但是，她的最高优先是维持委员长和罗斯福关系良好，她认为不论史迪威是怎么样的个性，必须设法容忍让关系维持下去。他是罗斯福派在中国的人，而且中美关系对每件事都很重要。她告诉她丈夫，“与大局相比”，史迪威的问题是“就小得多了”。[23]她奉劝“介兄”要怀柔，他接受了这个建议。

次日，史迪威到重庆郊外蒋委员长的黄山寓邸见蒋。蒋告诉史迪威，要派罗卓英中将到缅甸，担任史的执行官。此后，史迪威把命令下达给罗，由罗再下达给国军指挥官。此外，委员长又说他要亲自前往缅甸，告诉各级将领，史迪威是他们的上司，具有完全权力。会后，史迪威恢复乐观。他喜欢罗卓英。虽然他认为蒋“精神不稳定”，被马屁精、寄生虫包围，不过他在日记中写下，委员长“坚决有力，而且有心继续抗战”。[24]

史迪威四月五日回到前线。跟他同机的有委员长、宋美龄和“时代生活公司”发行人亨利·鲁斯。到了腊戌，一行人获悉中、英部队已撤出同古，英军往伊洛瓦底江上游撤退，国军则穿越锡唐河流域后撤。史迪威提议在平蛮（Pyinmana）布下陷阱，把敌军诱入，他预备在当地发动反攻。如果计划失败，盟军就退守瓦城。蒋“明白地”告诉杜聿明，由史迪威当家，他有全权奖惩迁调远征军的任何一位军官。蒋、史、杜、罗等人开始规划史迪威所主张的“决战”。蒋把自己的作战计划交给史迪威——史迪威认为“还不就是那一套”、“但不算太坏”。史迪威也评估了国军部队，形容他们是“长相不错的一伙士兵”。[25]

第五军已撤退到平蛮附近由史迪威指定的某地，日军果如史迪威所想，也往北追击。但是，英国人深怕他们的印度、缅甸部队会被包围，已经撤离国军右翼的阵地。四月十二日，由弗吉尼亚军校毕业生孙立人率领的国军最优秀的新三十八师，奉史迪威之命从瓦城向南移动。蒋获悉国军右翼暴露，急电史迪威：“绝对不允许”在平蛮逗留。史迪威形容他的统帅下达的这道命令“狗屁不通”，继续准备反攻作战。但是，四月十八日，由陆军元帅斯利姆（William Slim）率领的通晓数种语言的缅甸第一师，在仁安羌（Yenangyaung）油田遭到包围，国军防线西侧出现一百公里的空隙。史迪威在清晨三点钟被叫醒，急令部署在国军东侧的第二百师，以及新三十八师的一个团，急往驰援。史迪威明白他的反攻计划现在已完全不可能，便下令九十六师往北边的平蛮撤退。[26]

杜聿明显然是反对驰援英军，故意拖延派出第二百师；直到四月二十一日晚间才赶到仁安羌，此时孙立人的三十八师（一一三团）已经协助缅甸第一师突破包围。但是，前一天，日军以超乎史迪威或英军所预期的强大兵力，冲出泰国丛林，以坦克、步兵猛扑东翼——国军负责的防区。第二百师奉命立刻急行军回到东翼迎战；疲累、满身尘土的士兵挤上卡车。可是，第二百师还未赶回东翼，日军已冲决国军防线，迅速地消灭了第六军暂编的第五十五师，其成员是一群没经验的招募士兵。第六军残部仓皇退往腊戍。[27]

蒋认为史迪威抽调第二百师赴仁安羌救英军，致命地削弱了国军左翼兵力。这位美国将军自己呈给华盛顿的报告，怪罪英军以及国军五十五师作战不力，才有此失。[28]值得一提的，这一次他没怪到蒋介石头上。蒋介石命令他的将领，此后不得只因史迪威下令就调动部队，除非中国军政部核可。[29]他没有直接向史迪威表露他的不痛快，但是这位中国领导人的挫折感日益上升。东翼兵败，事隔一个星期，史迪威仍未向他的中国战区最高统帅报告事情经过。可是，杜聿明和罗卓英每天都有电报报告，几乎可以肯定地说，都把责任推给史迪威。

四月二十五日，史迪威率领杜、罗，和英军司令亚历山大在瓦城南方四十公里的皎泽（Kyaukse）会面。他们同意必须全面撤退。谈话中，六架日本轰炸机出现在上空，一颗五百磅的炸弹就在这几位英、美、中将领一百米外爆炸。有些人急急找掩护，可是亚历山大镇定地在花园里，盯着火势抽烟。史迪威不甘示弱，也倚着阳台栏杆，用罗斯福的那种烟嘴点起一根香烟。[30]

日军在四月二十九日占领腊戍，大包围的危险益增。日军司令官下令以闪电般迅速的钳形攻势在瓦城地区包围、歼灭盟军，不让他们退入印度的阿萨姆省或中国。[31]史迪威在士威坡镇（Swebo）接到蒋的指示，要他“前往密支那（Myitkyina)，**不得延误**（蒋本人强调）”[32]。史迪威告诉他的助理窦恩（Frank Dorn）上校，他“与部队同进退”；虽然陈纳德派了一架飞机来，他却选择搭车前往密支那。[33]这时，史迪威似乎认为自己仍发号施令，并不知道他所下达的一切命令现在都得经过蒋批可才算数。经过四天艰苦跋涉之后，史迪威和他的幕僚判断他们退到密支那的路已被阻绝。据军事史家记载，部分第五军仍在后方，也就是在史迪威的南方。孙立人的新三十八师也在南方不远之处，辛苦地打后卫掩护战。[34]

华盛顿方面，高级将领对盟军在缅甸溃败十分紧张。宋子文把美国陆军部的一项要求转达给蒋。这项要求毫无疑问经过马歇尔的核可，它请蒋评估史迪威的军事领导能力。蒋却信守他对太太的承诺，告诉宋子文重申他对史迪威“始终信任”。[35]事实上，他已经对美、英将领完全丧失信心和信任，直接略过史迪威或亚历山大，下达命令。

这时候，史迪威决定，他和幕僚“不再有发挥的机会”。他的僚属都同意并认为“老板应该告诉中国人，去死吧，然后趁着还有机会赶紧走人”。[36]史迪威送出简短的报告，通知华盛顿和委员长他即将离开。他说，国军部队已经四散成多个小群队，会设法撤到印度，因此他的“后续指挥权已没必要”。[37]（事实上，在他指挥下的国军各师此时大部分仍保持住团队行动。）史迪威拍发电报给杜聿明，命令他撤往印度。史迪威的僚属找来本地向导、挑夫和一队骡子。五月五日，一行约八十人（包括一些护士和英国难民）出发，沿钦敦江（Chindwin River）溯江而上，但不久即改走山路。印度边境城镇英帕尔（Imphal）在二百二十五公里之外。[38]

五月六日，杜聿明向委员长报告，史迪威和罗卓英指示他率领部队退入印度。杜聿明报告送来，蒋才第一次听说，史迪威已下令大部分的缅境中国远征军躲到另一个国家去，而这与他“全军向密支那转进”的命令“相背也”。[39]他不免怀疑史迪威是不是“战争失败，神经不安所致欤”！[40]蒋撤销史迪威的命令，指示杜聿明率部前往密支那，不得延误。当天稍后，他才收到史迪威的信息，通知他：史和僚属以及其他一些人将前往印度。蒋大吃一惊，他写下：史迪威“竟于脱离我军，擅赴印度之时，只来此电作为通报，不知军纪何在。”[41]

孙立人和他纪律严明的新三十八师，既遵循委员长也遵循史迪威的命令，沿着史迪威路线稍南的一条路，直接前往印度。史迪威在日记里数度记述他往北撤退的经过；他自称“居于中国大军和……大洪流（指撤退的部队）之前不远”。[42]同时，第五军的第二十二师和第九十六师，以及数万名难民也走一条险恶的小径前往密支那。沿路日军飞机和有敌意的本地人截杀逃亡队伍。第九十六师脱队，靠美军空投粮食补给，竟然神奇地退回中国，只不过它沿路留下洗劫、掠夺的不良记录。精锐的第二百师，虽然师长阵亡，竟然也以一个师团的姿态成功回国。

西翼方面，杜聿明率第二十二师抵达密支那，估计他无法依委员长之命，从密支那退到中国边境，因为萨尔温江（怒江）上的渡船已被日军控制住。于是蒋批准杜聿明和罗卓英退到印度，但是杜不久报告说，日军前锋部队沿着丛林小径伏击他的部队。更糟的是疟疾、痢疾肆虐，难以招架。同时，东翼方面，自负的第六军的两个师被打得落花流水；小股官兵退入山区。他们从当地缅甸人的夹击中杀出重围后零散地回到国内。飞虎队也被迫在撤守之前，在缅甸东北部把二十二架受损的 P－40 飞机付诸一炬。

同时，日军在腊戍稍做逗留后就直扑中国边境，一度攻进云南省。委员长高度关切日军动态，担心在缅甸大胜之后，皇军会试图摧毁国军力量。[43]马歇尔也紧张，深怕日军甚至会威胁到重庆。但是，国军在云南的六个师奉蒋之令发动强力反攻，昆明的驻云南飞虎队也加入反攻作战。不久，丛林恢复平静。日军参谋本部暂时满意战果：占领缅甸四分之三领土、确保未来通往中国的陆路补给线将无限期封闭。[44]

拖泥带水的史迪威一行人在让人窒息的高温下走了三星期，先是溯江而上，再步行跨越陡峭的那加丘陵（Naga Hills）。史迪威戴着第一次世界大战的童军帽，身穿蓬松的衬衫和长裤，卷起袖子，通常一马当先，走在众人前头。这趟著名的“出走”留下许多记录。八十人队伍里就有美国陆军摄影师，底片多多。史迪威的友人贝尔登（Jack Belden）也在队伍中，后来把此次历险投稿给《时代周刊》，更写成一本书《与史迪威一起撤退》（*Retreat with Stilwell*）。[45]

这一趟行程走得很辛苦，但是没有重大伤亡，没跟敌军发生遭遇战，甚至也没和当地人发生冲突。事实上，这跟仍归他指挥的中国远征军大部分部队在跋涉更长、更迭有伤亡的撤退那种“炼狱”际遇一比，简直就是散步。史迪威除了几名中国卫士之外，没带任何部队脱险，却被美国媒体和民众当做英雄事迹吹捧。同样，亚历山大率领狼狈的败军，大约在同一时候出现在印度，伦敦电台也赞扬他“打了一场伟大的防御战役”。[46]

史迪威到了印度，在记者会上说：“我承认我们被打得很惨……我们逃出缅甸，真是奇耻大辱。我觉得，我们必须找出原因，打回去、抢回来。”[47]马歇尔显然也不满意，但还是传令褒扬。罗斯福表示“非常满意史迪威对整个情况的处理”。就连蒋夫人也拍电报给罗斯福的代表居里，向罗斯福重申委员长对史迪威有“完全的信心”。[48]但是，蒋在日记中却说，史迪威“弃部队于不顾”显示他“缺乏为将之德与识”。[49]

事实上，第一次缅甸战役是一场十足的大灾祸。英、印部队约有三千六百人阵亡、七千人负伤。中国军队整体折损约两万五千名精兵，其中八九千人阵亡。国军有些师团折损三分之一的兵员，中国部队仅存的几门加农炮、几辆卡车，多数报销了。相形之下，日军虽在陌生的国度展开攻势作战，却只有四千五百人伤亡。史迪威把平蛮之役战败的责任推卸给中国将领及最高统帅蒋介石。英国人则怪史迪威和国军。蒋则怪罪英国人和史迪威。[50]三方都不无道理，但之所以战败，主要是史迪威严重低估日军实力。

如果盟军在一九四二年打从一开始就采取蒋的防御战略，在缅甸全力守住瓦城或密支那，避免平蛮一役是可能的，后来就会有相当大的机会成功。再者，即使防御战略失败，也可以有秩序地撤退，而中国本身，以及美中关系，在未来近四年的战争期间也会更加强壮些。可是，缅甸战役失利，蒋在全球同盟的地位，以及他在国内对政、军联合体的领导地位，全都大受伤害。滇缅公路一丢，现在中国的海上、陆地供应线全断，只剩下穿越苏联沙漠与草原的漫长路途。国人民心与军队的士气皆受到沉重打击。此役一败，增强了国军将领和蒋介石的防御观点。它也使蒋、史两人倔强的敌对关系从此没有挽回余地。

蒋最气不过的是，他认为史迪威弃他的部队于不顾，使大军无主帅；但在马歇尔、罗斯福以及美国新闻界一片赞扬声中，史迪威无意安抚，更不会向蒋道歉。国军部队由史迪威负责重新组训，即将在印度中部蓝伽的军事基地展开，但是，他在六月二日先飞回重庆。

二

盟军在缅甸溃败之际，中国的另一个灾祸也正在酝酿成形——美国航空母舰“大黄蜂号”乘载著名的杜立德轰炸机群，预备展开空袭东京的任务。基于安全理由，直到任务即将展开的前一个星期，华盛顿才告诉蒋介石。史迪威也只被告知要整备机场，以便多引擎飞机可能在浙江省国府控制地区降落。十六架B－25轰炸机在东京上空完成投弹任务后，将径自飞往中国，降落在这些机场。

蒋获悉空袭东京任务即将展开，强烈反对，认为此举将会激怒日军攻打浙东这些机场。他吁请华盛顿至少暂时延搁空袭任务，让他的地面部队可以强化机场周遭防务。华盛顿方面告诉他，太迟了，但是也承诺执行任务的这十六架轰炸机，将成为派到中国战区的美国空军之一个中队。这个承诺后来变得毫无意义。四月十八日，它们燃料耗尽，除了一架飞到符拉迪沃斯托克之外，杜立德率领的轰炸机群不是遭到击落，就是在中国迫降。

空袭东京之后，蒋拍发电报给马歇尔，愤怒地指出日军为了报复而攻打中国沿海地区，因为当地居民拯救美军飞行员，“日本人杀光了当地所有的男人、女人和孩童——我再重复一次——所有的男人、女人和孩童”。[51]接下来在浙江、江西的作战，蒋投入三十四个师的兵力对抗日军，有三万人伤亡。陈纳德在华东地区的机场也全部遭到摧毁。[52]杜立德率队空袭东京固然十分英勇，对东京却没造成重大伤害，可是如蒋所担心的对中国造成了严重伤害。然而，美国人心士气为之大振，罗斯福颁发荣誉勋章给杜立德。

六月四日，蒋委员长和夫人接见史迪威，史因痢疾和黄疸病，十分虚弱，看起来格外憔悴。蒋氏夫妇“都很愉快”，邀请史迪威那个周末留在黄山官邸做客。不过，史婉拒了。根据史迪威自己的说法，他“向他们完整地报告”缅甸战役始末，“毫不手软、直接点名”某些将领应该送军法审判或枪毙。[53]然而，根据中方对此次会议的记录誊本，蒋一开头就问史，在缅甸是否接到他的信息，史没有直接作答。史迪威解释说，由于某些错误（大概指的是编码和解读），信息无法理解。他把缅甸失利归因于“敌军优于我方”，并列举从后勤、空中掩护和情报等缺失。蒋又问，史是否记得早先他曾经说过，中国入缅部队不容有伤损。

史答说，是的，他记得，但是他认为“采取攻击的折损，比采取防守势来得小”，而且如果平蛮一役如他计划打赢，结局就会不一样。史迪威旋即向蒋氏夫妇递上他对国军彻底改组的建议书，例如淘汰无能的将校，统合战场权力，让一名指挥官针对所有军种全盘享有战术指挥权。[54]宋美龄说：“德国顾问就是这么向他建议的！”[55]可是后来她说，必须要实际，“头不能砍，否则就什么都不剩了”。[56]

两星期后，宋子文从华盛顿向蒋报告，又有一位美国人想知道蒋对史迪威的表现有何评价。宋子文说，陆军部长史汀生告诉他，如果蒋认为史不适任，美国会考虑换人。两天前，史汀生和马歇尔曾发信给史迪威，重申对他的支持，又表示如果他在华工作的情况没有改进，他们可以派到他可以发挥长才的地方。[57]马歇尔和史汀生在当时和后来都没说出口，但是他们对缅甸失利以及史迪威呈到华盛顿的报告中斥责其战区统帅，都有些吃惊。这些报告似乎是让史迪威下台的好理由。

蒋立刻回答他的大舅子，列举一大堆对史的不满，如“战略之失败”，组织技巧欠佳，不熟悉参谋长的职责，以及未经上级准许就擅离职守前往印度。可是，他对宋子文说，“我为保全友邦荣誉计，不愿多言”。蒋一向重视“面子”，怕若要史迪威解职会使美国军官蒙羞，更会严重伤害蒋和罗斯福、马歇尔的关系。他表示，美国领导人总有一天会了解我们（对史迪威）的看法。[58]

蒋一再替史迪威证明，显然使得马歇尔、史汀生原本对史是否适合留任的忧虑消除。此后，他们俩坚定地和史迪威站在同一边反对蒋，甚至到了不顾中美盟谊也要支持“酸醋乔”的地步。蒋这边却似乎认为，他还是可以使得史迪威了解、接受他的行事方法。他再次告诉史迪威，要重视了解中国人的心态。他解释说：“你如果跟着我多几个月，就会了解中国军官的心理，我可以多告诉你他们的特性”——显然指的是忠诚、面子和荣誉等等的重要性。[59]

那一个月，美国海军以仅剩的三艘主力航空母舰，在中途岛海战击败日本的主力作战舰队，击沉了四艘日本航母。日本势力的巅峰已过。可是，欧洲方面，德国国防军正包围苏联的席瓦斯特堡（Sevastopol）和罗斯托夫（Rostov）；北非战场，隆美尔将军的坦克兵团在比尔哈肯（Bir Hacheim）击败英军，向托布鲁克（Tobruk）、开罗和苏伊士运河推进。六月二十六日，史迪威告诉蒋委员长，已经被派到中国战区的美国空军第十大队的 B－17 重型轰炸机，要从印度调到埃及去，参加运河保卫战。

蒋闻言大怒。他告诉史迪威，中国的战情和中东的战场一样吃紧。英国有数千架的飞机，而盟国还要从归他统辖的中国战区抽调轰炸机？他问，怎么根本没通知他，就作了决定呢！史迪威同意，由于华盛顿官员的“无知”，这个决定的确有欠妥当。蒋要他去问问罗斯福：“美国是否还有意维持中国战区？”蒋夫人更生气，出言挑衅：“中国还需要继续作战吗？”然后又意有所指地加了一句：“（国民党内的）亲日分子可是很活跃的。”蒋又说，宋子文曾经报告，华盛顿正在等候史迪威就应否运交已答应要给中国空军的五百架飞机一案，作出建议。蒋夫人气冲冲地问：“你为什么还不答复呢？”[60]

罗斯福很快就针对蒋的抱怨作出答复，保证未来一定支持重庆，也说明情势告急，不得已必须抽调这批轰炸机。蒋以一份备忘录回答华盛顿，标题是“维持中国战区的三项最低要求”。它们是：遵守一九四一年七月的承诺，派驻五百架飞机到中国；每个月飞越驼峰（喜马拉雅山）空运五千吨物资；美国派遣三个师团到印度。

史迪威早先几乎支持所有的“要求”（他只要求派一个美军师团到印度）。但是，现在他呈给华盛顿的报告却把蒋的说法形容为“最后通牒”——除非所求援助到位，否则“中国将另有安排”。史迪威暗示，意即中国将与日本单独媾和。[61]蒋觉得已经失去一切的杠杆力量，再度祭出中国要崩盘的威胁故伎。

然而，很清楚，蒋本人并无意主动向日本求和，也不准别人谋和。他已经努力了十一年，极力设法洗刷“倭寇”侵凌中国之耻。他想在历史留下的形象——同样重要地，也是他深铸的自我形象——建立在他以儒将的身份力挫中国强敌，恢复国家的光荣。白修德（Theodore White）批蒋不遗余力，也是史迪威的好朋友。他在一九四二年自重庆发出的报道中即说：“蒋只有一个感情：中国。”[62]此外，蒋彻头彻尾相信美国必会胜过日本，抛弃盟国是愚不可及的事。甚且，史迪威本人也表示，任何单独媾和之举，也就是背弃盟国，对蒋而言等同自杀；他好不容易拼凑组成的联合政府一定反对。[63]可是，史迪威根本没向华盛顿表示，蒋的威胁不可能是真的。

仰光失守，依据租借法案要给中国的美援物资堆积如山——十四万九千吨囤在美国、四万五千吨堆在印度。因此，美国的联邦军需分配局（U. S. Munitions

Assignments Board）开始收回中国的储备物资，并把新的分配量减到近期内可望运到中国的水平。五月，飞越驼峰送来的物资只剩下三十吨。接下来，没跟中方商量，美方军需局就下令：今后送到中国的物资不再交付给中国政府机关，而是直接交给美国驻华军事代表团。换言之，史迪威垄断了在中国分配物资的权力。

这时候，委员长命令由政府控制的“中国航空公司”把它营运的两架飞机移交给宋美龄担任委员长的航空委员会。他这么做，有可能是要把飞机保留给夫人和自己使用，也有可能要交给中国空军使用。可是，史迪威以美国租借法案在华最高负责人的身份，要求中国航空公司里的美国职员拒绝交出飞机。蒋要求他说明原委，史迪威回复的备忘录开头就说明，两架飞机产权移转因法律技术问题暂时搁置。他又宣称：“真正的关键，绝对是如何对作战最有利。我将负起以下声明的责任，只要委员长认为飞机可最有效用于作战，随时都可使用它们。”[64]

这种措辞形同犯上、讥辱。史迪威只字不提军需局对移转所有权的新规定（蒋对于此一改变，毫无所悉），还宣称：器械设备一到达中国之后，他有权决定何时、何地移交给中国政府。同一份备忘录里，史迪威也借此机会通知蒋，“在中国举行的任何军事会议”，他作为美国代表的身份高过他兼任的一切职位——意即他虽是委员长的参谋长，却不一定要听蒋的命令。[65]蒋震怒，告诉宋子文，史迪威实际上就是要他这个中国战区最高统帅“必须向他乞求已经送到中国的物资”。[66]

为了澄清事态，宋子文亲访罗斯福。罗斯福说，未来租借法案若有争议，由宋子文和他的高级顾问哈利·霍普金斯（Harry Hopkins）在华盛顿交涉。罗又说明，史迪威只代表美国出席将来可能在中国举行的国际军事会议，而这种会议根本还未发生，因此他怎么说，“不具任何意义”。马歇尔要史迪威说明，史却称蒋的指控是“一派谎言”。他说：“有些混蛋老是试图斗臭我。”[67]

那年夏天，成堆的灰色碎石依然散落在重庆街头，但飞虎队已经有效地终止日军的轰炸。罗斯福派一年前来过中国的居里再次来重庆，试图调停蒋、史之争。居里八月份抵达，发现委员长更瘦、更疲惫，似乎更虔诚、更严肃。但居里没感受到有“失败论或想放弃抗战的迹象”。[68]居里和委员长谈话时，提到有些美国人怀疑中国政府想避免和日本作战。他们认为中国政府可能囤积美国给的器材设备，保存实力，以便战后与中共打内战。这些美国人认为美国不应期待中国会合作抗日，他们主张美国切断对重庆的一切物资援助。

蒋听了这席话大表惊讶，特别是三个月前中国才在盟国的缅甸战役牺牲惨重。从一九四一年十二月七日至一九四二年七月二十二日，中国总共有八万多军人在作战中伤亡；而美军截至这一刻在全世界的伤亡才只有三万三千人左右。[69]蒋正色告诉居里，那些说中国不抗日的人，“要为中国对日抗战的不幸负责”。[70]

然而，中共执行的策略却正是蒋被指控的策略。中共中央革命委员会在接近一九四一年底的时候，重申党对日“原则上”从事“政治攻势”，应该“保存（军民）实力，以待有利时机”。中共领导人事实上下令“全体军队应准备缩编半数”，果真中共的五十七万大军到了一九四二年底已缩减约十万人。[71]

居里的主要任务当然是处理蒋、史关系。蒋把压抑在心中对史的不满宣泄出来，指责史迪威“鲁莽……犯上……轻蔑和傲慢”。又说，美国派给他的不是参谋长，而是“中国战区的太上皇”。[72]史迪威这边也有话说，向居里历数针对他的种种“阴谋和谎言”，并且建议说：“我们要么就别在这里瞎搞，完全退出，要么就应该订出某些条件……蒋非遵守不可。”[73]居里对于史迪威对局势僵硬、简单化、几近轻率的评估，以及美国只加入战局七个月就大咧咧地坚持该怎么做，颇为不安。[74]

史迪威此时设计一套新的作战计划，先光复缅甸，再进取中南半岛，而且为了示好，提议此一计划挂上“蒋介石计划”名号。事实上，除了史迪威整个略掉空中兵力问题之外，该计划和蒋在珍珠港事件后不久递交给罗斯福的蓝图，差异不大。根据此一计划，早先退出缅甸、现在印度接受训练、整编的中国部队，称为X部队；在云南接受训练、整编的二十个师，则称为Y部队。X、Y部队的十二个师，加上美军一个师，以及英、印军三个师，在英国强大海军舰队支持下，将重取缅甸，再借道泰国进军中南半岛海岸。蒋重申他对执行此一战略的条件是：明显的海、空优势，而且承诺给中国的五百架飞机和每个月五千吨作战物资，必须到位。居里表示，他会把计划呈报给罗斯福。[75]

八月初那天夜里，两名美国高级将领和居里，加上宋氏三姐妹，在黄山官邸聚会享用愉快的晚宴。包括史迪威在内，每个人心情都很不错。史迪威并不晓得居里已经决定要建议当局调走他。史迪威觉得宋庆龄是“三姐妹中最和蔼可亲，也是最让人摸不透的……可爱、安静而且思绪缜密”。他和蒋夫人对过去几个礼拜的事情，有些争锋之语，不过史对宋家最年轻的三妹，仍保有正面印象：“敏锐、有才智……

↑蒋介石与宋氏三姐妹在重庆，从左到右依次为：宋美龄、宋霭龄，宋庆龄（国民党党史馆提供）

精通管理……若是个男人就好了。想法不够深入，但理解迅速。很直接、开明。”他对她唯一的批评是“传闻和报告……还有待证实……都听信”。[76]

居里八月底回到华盛顿，分别向罗斯福、马歇尔建议换掉史迪威。居里说，不论大家对蒋有什么意见，他还会是中国的领导人，在可预见的未来也会坚决抗日，而史迪威公然对干的作风只会坏了大事。美中同盟岌岌可危，美国必须和蒋合作。[77]听完居里的报告，马歇尔急电史迪威，史答说他“不了解”居里为什么说他和蒋之间存在“强烈的敌对感”。可是近来，史迪威日记典型的内容，仍形容蒋“顽固、有偏见、自负、专制”，而且当着自己美国幕僚的面，史一再称蒋“小笨蛋”、“花生米”。[78]可是，马歇尔接受了史的回应，转告居里和罗斯福：难觅适当人选取代“酸醋乔”。

尽管蒋、史不睦，他和罗斯福的关系则是日益亲密。两人都有一个目标：大战结束后要废弃所有的殖民结构。[79]自从珍珠港事件之后，蒋有时会提到“英方的愚蠢”，继续催促美国和英国放弃恶名昭彰的“治外法权”——美、英在华公民即使犯了杀人罪，也不受中国法令管辖。[80]终于在一九四二年十月十日国庆节，蒋宣布华盛顿和伦敦已同意放弃“治外法权”。对绝大多数中国人来讲，这是一大胜利。蒋后来在演讲中告诉国人，旧条约过去“造成积弱投降的风气，却几乎无人感到蒙羞”。而今以后，他说：“若我们软弱，若我们缺乏自信，那么就都是自己的错了。”[81]

同样在十月，史迪威把罗斯福针对六月底蒋提出的三项要求之正式答复递交给委员长。虽然史迪威说，答复内容“跟我建议的一模一样”，不过其语气尊重、和谐，承诺蒋所要求的五百架飞机，另外还加派一百架飞机空运物资飞越驼峰，都将在一九四三年初就位。罗斯福保证飞越驼峰的物资吨数一定增加，但当前首要之务是打开滇缅公路，也就是攻占仰光，或者是从印度到腊戍打通另一条全新的供应路线。蒋的要求唯一遭罗斯福拒绝的，就是派遣美军作战部队进驻印度这一项。[82]毫无疑问，蒋觉得他打不下去了这招威胁之计又奏效了。

↑1942 年 11 月，特使威尔基与蒋介石夫妇会面（国民党党史馆提供）

同一个月，以罗斯福总统特使身份环游全球友善访问的威尔基（Wendell Willkie）抵达中国。威尔基身材粗壮、衣着随便、笑容可掬、喜爱醇酒和女色，跟严肃、沉默的史迪威一比，更符合中国人印象中的典型美国人。威尔基抵达前，蒋夫人就力促重庆欢迎外宾。街上乞丐都被打发走了，又安排民众挥舞旗子、夹道欢迎美国贵宾。

打从她在机场迎接那一刻起，这位活力旺盛的美国政客就对宋美龄一见钟情。威尔基面交罗斯福致蒋介石的一封信，罗在信中表示欢迎蒋夫人能在近期内访问美国。他告诉蒋氏夫妇，以夫人的“聪明才智、说服力和道德力量”，将是最完美的大使。[83]事实上蒋夫人正在考虑要到美国治疗她的皮肤病和越来越严重的忧郁症。

如果传说属实，威尔基访华的最高潮竟是他和宋美龄的一夜情。《展望》（*Look*）杂志发行人考尔斯（Gardner Cowles）陪同威尔基全球访问。他在一九八二年写回忆录，一九八五年自行出版。书中叙述，在酒会中威尔基和宋美龄一起消失，是夜稍晚，蒋闯进考尔斯和威尔基下榻的宋子文寓邸，追问威尔基在哪里。考尔斯说他不知道，委员长和卫士搜索全宅不果，又怒冲冲地离开了。据考尔斯的说法，凌晨四点钟威尔基出现，得意洋洋地夸耀他和宋美龄在妇幼医院顶楼的公寓过了一晚。[84]

威尔基对考尔斯“一幕又一幕”细述他在美龄香闺的艳遇，又说他已邀她跟他一起回美国。考尔斯承认，美龄是他生平仅见“最美丽、聪慧、性感的女性之一”，但是他认为这段关系会毁了威尔基的政治前途，更不用说他的婚姻也会破裂。考尔斯在回忆录中说，次晨，威尔基清醒过来，要考尔斯去告诉蒋夫人，她不能跟他们一起回美国。根据考尔斯的说法，当他到蒋夫人的公寓找她，告诉她这个消息，她怒不可遏，以长长的指甲抓他的脸。考尔斯又写说，事隔几个星期，他在纽约有一次和宋美龄用餐，她提议支持威尔基再次竞选总统，那么他们就可以“统治全世界”——指的应该是如诗般的情节。[85]

考尔斯是个保守派，政治立场支持蒋氏夫妇，绝不是扒粪者。可是，他对威、宋重庆一段情的记述却是有问题的。如果宋美龄和威尔基孤男寡女辟室幽会，一定会有数十人知道，如果蒋介石冲到宋子文家捉奸，一定也有数十人会晓得。在八卦当道的重庆谣言一定满天飞。可是，当时在华的美国人或其他外国人，包括外交官、记者和美国战略情报处的特务，却都没有人报道、谈论这件耸动的新闻。

这则故事的摘要版一九七四年出现在《皮尔森日记》(*Pearson Dairies*) 这本书当中。台北政府代表蒋夫人提出民事诉讼。考尔斯在证词中表示威、宋“不可能”有一段情。出版社道歉，并支付台北政府因案发生的相关费用支出。[86]出版社当然有可能只是不想因此事对簿公堂而息事宁人，而消息来源考尔斯 也有可能觉得应该替已故的老朋友之令誉做掩饰。可是，十二年之后，考尔斯在写给自己后人看的回忆录中却又详尽重述这件故事。[87]

有一个可能性是，威尔基在几杯黄汤下肚之后，口没遮拦大侃一番，误导好朋友认为他和中国美丽的第一夫人关系匪浅，其他的部分则是考尔斯想象出来的。但是，她和考尔斯本人两次见面的行为和言辞，究竟怎么一回事，就无法解释了。

十一月十七日，蒋夫人在拉铁摩尔、随身医生和护士陪同下，搭乘美国空军巨型运输机回到美国——自从她一九一七年自卫斯理学院毕业后睽违已久的第二家乡。霍普金斯前往长岛米切尔机场接机；在进纽约市的路上，她滔滔不绝大谈在全球大战之中应该把亚洲摆在优先位置上。她忘了自己早先对史迪威的支持，主动提到史迪威曾经迫蒋放弃自己对缅甸更佳的判断。

蒋夫人住进长老会医院的哈克纳斯医疗所，占了十二楼整层楼。居里担任白宫和她的联络窗口。居里档案中的文字载明她接受“通常与某些精神状况有关的……症状”之诊疗。[88]她的医生在给蒋委员长的一封信中，报告她有“持久的晕眩和沉重的情绪压力”。她被诊断出来有肠寄生虫、严重的瘘管问题、依赖镇定剂、需要好好治牙等。[89]访客前来探望，发现她指甲修长，绘了指甲油，“化妆整齐，还做了发式”。罗斯福夫人埃莉诺（Eleanor）觉得她似乎很紧张，不能让任何东西碰触到她的身体。[90]

威尔基访华期间，曾和陈纳德有过长谈，对他印象良好。五十二岁的陈纳德，和史迪威一样，是个作风强悍、直言不讳的脱缰野马——他担任战斗机飞行员时，经常和上司为空中战术吵得不可开交。陈纳德丧失听力时，官拜上尉，因病提早退役，离开美国陆军航空队。一九三七年抗战爆发时，他正在中国，与挂名中国空军秘书长的蒋夫人面谈之后，奉派为飞行员高级训练班班主任。[91]陈纳德是路易斯安纳州农民之后，本身则坚决相信空中武力；史迪威是纽约州某公共事业公司副总裁之后，他则认为军机只是次要的支持武器。史迪威还没到任，就瞧不起蒋介石；陈纳德却尊敬蒋，而且把蒋夫人当做他的“公主”。他和史迪威无可避免地变成了敌人。

应威尔基的要求，陈纳德给他一封信，很简单地描绘他将结合中国空军，赢得中国乃至太平洋战争的策略。整个策略出奇的容易，只需要一百零五架战斗机，以及三十架中型、十二架重型轰炸机，每个月替换率约二至三成。回到华盛顿，威尔基把这封信交给罗斯福总统和战争部（War Department），在部里引发“大骚动”，使得史、陈两人对中国战区大战略究竟是陆权派还是空权派之争，闹上台面。[92]

马歇尔认为陈纳德的方案是胡来。他给史迪威一封私函，表明一定支持他，但也温和地建议史“应该学会比常人更有耐心、更懂宽容”。[93]史汀生也请宋子文告诉蒋，“辣椒（史迪威）比糖蜜（陈纳德）更有需要”。[94]

二

温文儒雅、讨人喜欢的周恩来，在重庆的西方记者和外交官圈子当中是颇受欢迎的人物，许多人接受他所描绘的中国共产党形象，认为他们是良性的改革派政党，甚至还是民主政党。周恩来经常出入美国大使馆，提供他对事件的看法，推动他主张有助于战后中国民主、和平、友善的政策。他的影响力相当大，特别是在史迪威的幕僚群当中。[95]戴维斯（John Paton Davis）是个年轻的外交官，派在史迪威底下担任高级政治顾问，他形容中共是“农村民主派”。另一位重要官员谢伟思（John Stewart Service）则认为中共的方案是“单纯的民主”——“在形式和精神上，美国味大过俄国味”。[96]这些是聪明、爱国并相当投入的美国人，认为抗日及早成功是最高优先，如果共产党能有助抗日，最好不过。

他们看待中国政治非黑即白，不知其中细微精妙，以今天观之，十分奇怪，但却是当时的时代产物。美国军界和外交界老一派的中国通，以及在华美国记者，钦佩中国人民的文化和历史。他们眼看着周围的悲惨、贪渎和贫富悬殊，心生不忍；这些情况在中国已存在好几个世代，但战事让它更形加剧，然而华人社会表露出来的既自在又律己的特质，在重庆保留了某些部分。共产党的边区直到一九四四年中期，仍罕被西方人看到，它不是已有数百年历史、拥挤不堪的城市，而是在农村地区由军事基地打造起来的社区——有严格管制、秩序井然、观点同质性很高的社区。美国人抢读以英雄与恶棍之别来解释国共差异的各种书籍。我们曾经提到伊罗生那本颇有影响力的早期作品《中国革命的悲剧》，出版于一九三八年，由当时流亡在国外的托洛茨基写了一篇长序。那时候，伊罗生本身是托派，但是在西方世界，他的书多年来被誉为讨论一九二七年国共分裂以及蒋介石早年事业的最佳著作。另一位法国作家马尔罗，写了一本以一九二七年国民党血腥清共的上海为背景的小说《人的命运》。两位作者都把蒋介石和宋氏家族描写成无可救赎、毫无国家意识和原则的人。或许最有影响力的应推斯诺那本《西行漫记》（*Red Star over China*）。斯诺在书中正面地形容蒋在西安事变之后的行动。《西行漫记》是本重要、迷人的书，但基本上它是对毛泽东毫无批评的一本传记，也是以毛泽东及其同僚的角度写成的中国共产党党史、国共斗争史。[97]

近年的世界经济大萧条、美国与法西斯主义的生死斗，以及苏联英勇抗德，全都助长时代精神，使得具有理想主义的美国人倾向于相信鼓吹没有剥削或贫穷的人人平等运动之主张。此外，派驻重庆和美国人打交道的少量中共官员，如周恩来等人，不仅本身是理想主义者，也很擅长以亲切、讨喜的方法进行周旋。

在西方人的观点里，国民党有个特质就是越来越贪腐。蒋打从掌权领导开始，私底下就一直烦恼贪污的问题，大小会议中都抨击这个现象。军事院校以及庐山的高级军官讲习班都宣扬清廉，多年下来蒋也枪决了若干贪官污吏。有些将官，如陈诚，被普遍认为“清廉”，即使共产党也同意这个评价。可是，中央军的多数高级将领，甚至许多最优秀的将领，大概多多少少利用职权涉及不道德或不法滥用公款。其他军官当然上行下效、有样学样。至于大小军阀及其部属如何用钱，就更加无从限制或查核了。抗战期间，通货膨胀肆虐，军人的薪饷全都下降，加上新进官兵品质和教育水平也下降，明显的结果是大家都搞贪污。

蒋本人继续试图建立榜样。他过的是非常舒适和安全的生活，官邸里仆从、卫士环绕，可是在这个保护罩里，他的生活方式一直很俭朴。他希望国民党的文武百官内外均秉持高职业标准、高个人道德，不过我们已看到，在中国大陆蒋从来未能有效实行这样基本的改革，集中管理军饷即为一例。他认为贪腐问题最好等恢复安定、统一，再以根本方式一次解决。对蒋来说，忠诚是其部属最重要的美德，也就是说他认为诚意、可靠和坚定，是“这些价值确立了人际关系层次网络的断定”。[98]这个价值的次第不仅有助于保持他的权力，而且导致对贪腐、无能的容忍。不过蒋认为，这是维持军队团结，保持实力最重要的根本，唯有如此，才能在战争里求生存，并终至重回为一个伟大的主权国家。

同时，经济问题越来越严峻。孔祥熙报告：一九四二年的通货膨胀率将高达百分之二百三十五，这是从前一年的百分之一百七十三，再往上暴升。蒋不用问为什么物价一再攀高，因为主要的问题就是军费屡创新高。国军部队伤亡极为惨重，部队人数已从一九三七年的两百二十七万人，折损到一九三八年底只剩一百万人！重庆政府在一九四〇年开始扩大部队规模。美国大批军事、民事机构人员来到自由中国工作，到了一九四二年底也替中国经济注入数千万元法币（以美元向中国政府购入法币），这一来刺激到印钞机，也带动物价，并加速黑市汇率的扬升。此外，滇缅公路在一九四〇年春天封闭，日军增加对自由中国工业设施的轰炸，都使得原本已稀少的日常消费用品，如纺织、布料、厨房用具等的供应益发困难，也就变得更加昂贵。[99]

一九四一年秋天，为了对付预算赤字和部队、城市粮食需求，政府宣布土地税由中央征收，并规定将以实物缴纳，也就是以谷物缴税。这项变动使重庆必须设立复杂的谷物管理机关，好向数百万农家以实物征税。绝大多数的农村人口——占中国八九成以上——除了儿子被征兵入伍外，平常跟中央政府根本罕有往来。[100]现在蒋下令中央政府组织一群“清廉的公务员”，从受鄙视的地方税吏手中接管收税工作。他认为借由降低弊端会改善农民的福祉，以及对政府的态度。这项计划成功地收到大量的谷物，虽然运送过程难免有时遭人动手脚或损毁，它们大多能安全抵达城市、部队和难民营。从组织上看，这也是一项了不起的成就。可是，从政治上看，蒋付出的代价恐怕太大。虽然没有好方法查证一些指控，不过有传闻表示，很多时候中央的谷物收缴官员成了“旧日勒索成性的税务员的掩护”，这恐怕也不假。[101]

尽管问题十分严峻，中国人民依然勉可糊口，生活与过去差异不大。据驻重庆的美国财务顾问阿瑟·扬（Arthur N. Young）的观察，中国民众在这段期间甚至还“对货币维持相当大程度的信心”。[102]

过去几世纪以来，天灾人祸不时给一部分中国人口带来悲剧。自从一九三七年以来，似乎在任何时候都有些村庄莫名其妙就陷入战火，或在日军惩罚性的作战中被摧毁。但是，这个广大国家多数人民逃过类似直接灾祸，即使遇到其他的麻烦，他们往往也可靠家庭、宗族和村社给予的协助，熬过难关。

固然很容易就听到批评和抱怨，大部分中国人继续展现出他们传统的积极人生观。在许多美国人看来，这就是中国人与若干邻国人民截然不同的特点。史迪威一九四二年十二月写给太太的家书就作了有趣的比较：“每次从印度到中国，我感到震惊。在印度，当地人垂头丧气、骨瘦如柴、生病、病恹恹、面无笑容、冷漠。在中国，人们抬头挺胸、正面、愉快、笑呵呵地开玩笑、吃得好、比较干净、独立、干活赚钱，显然生活有目标。印度是无可救药了！”[103]

十一月，蒋告诉史迪威，中国十五个师已准备好可在一九四三年春天发动攻势、光复缅甸。他也答应再空运国军一个师到印度，使当地的X部队达到三个师的兵力。[104]史迪威飞往印度，通知还是缅甸盟军总司令的魏菲尔，“假设委员长要求的盟军海、空优势，在孟加拉湾能够实现”，预备要发动攻势了。[105]但是，英国人对进攻缅甸却一点也不热衷。魏菲尔和蒋介石一样，强调盟国“不能冒在缅甸二次失利的风险”。同时，美国战争部通知蒋——信息和罗斯福上个月才承诺要给飞机和其他援助完全相反——由于其他“紧急需求”，他不必期待会有其他重大新援助到来。史迪威和蒋都气坏了。史迪威气冲冲向战争部抱怨：如果这就是美国的态度，“要说服蒋投入缅甸战役将极其困难”。[106]他写信给太太说：“我和花生米坐在同一艘救生艇上，只剩下一个三明治，而救援船只却掉头驶离现场。他们太忙了，没空管我们这些小鱼。”[107]

然而史迪威冷静下来后，采纳了魏菲尔的计划：只在缅北作战。他原本反对此一计划，但现在觉得总比没有好。魏菲尔的目标和蒋在一九四二年初访问印度时提议的方案雷同——打造一条从印度雷多（Ledo）通往缅甸密支那的公路，再从密支那联通到滇缅公路的起点腊戍。罗斯福批准联合参谋本部的建议，要史迪威调配充足的补给和器材以攻占目标地区，打造北方此一联通道路。

十二月二日，蒋致函罗斯福痛批英国竟然从反攻缅甸战役的承诺中退缩。他说，英国这一年承诺投入八艘战斗舰、三艘航空母舰、英印军七师，现在已减到没有任何主力舰，只有三个步兵师——而且这些兵力只能用在缅甸北部和靠海的阿恰布（Akyab）的有限战役。蒋要求罗斯福促请英国兑现承诺，以便夺回仰光，打开通往腊戍的缅甸铁路和旧有的滇缅公路。他再次明确宣布中国的十九个师会准备好参加春季攻势，但必须有足够的空中掩护和空中运输（空投）能力。他说，如果这些要求都做到，盟国不仅可以光复整个缅甸，还可对日本发动全面攻势，不必再等一年。[108]蒋很明显决心执行原先讲好的大规模缅甸战役，由国军负责绝大部分的地面兵力。

蒋想要利用全球大战已转为对盟国有利的势头。苏联朱可夫（Georgy Zhukov）将军已在被战火毁灭的斯大林格勒包围了整个德国第六军的二十五万部队；英国亚历山大元帅也在阿拉曼（El Alamein）决定性地击败“沙漠之狐”。盟国的反潜艇船舰和飞机开始赢得大西洋战争；太平洋方面，日军自从中途岛战役突然失败以来，已损失一千八百架飞机和两千三百六十二名训练最精良、最有经验的飞行员和机组人员。

一九四三年一月二日，罗斯福致函蒋，表示过几天他将到卡萨布兰卡和丘吉尔以及联合参谋长团开会，会把蒋对缅甸战役的意见提出来。然而，罗斯福也说——信函的一部分显然是由战争部拟稿——缅甸北部是比缅甸南部更重要的目标。马歇尔在战争部的僚属跟史迪威一样，决心在春天发动缅甸战役，即使攻击只限于缅北，且少有英军支持，而且不确定是否享有空中或海上优势。

罗斯福这封信可能让蒋初次察觉，美方有可能同意大幅更动作战范围，他在回信中重申他偏向以两翼进攻光复仰光。此时，魏菲尔已修正自己的意见，也建议说：雨季来临将使守住缅北变得无法掌握，唯有占领仰光才可能打通前往中国的供应线，而此一战役不应在秋季前开动。[109]这也正是蒋的想法。丘吉尔则更进一步，他相信缅甸是全世界最难和日本人作战的地方，要从雷多穿越山区开一条八百多公里长公路的艰巨工程，恐怕缓不济急，等到需要都过了，也建不好（这个观察日后证实颇有先见之明）。[110]

史迪威早先支持蒋对战役所定的条件和目标，现在却责怪攻势延迟是因为蒋拒绝让国军涉险。他写信给马歇尔说：“花生米说他不肯参战。”史因此提议：除非蒋投入国军打新的缅甸战役，否则美国应该威胁他我们要打包走人、退出中国。[111]这实在不是一个对蒋的立场的正确描述。而是，不论如何，英、美皆无法抽调所需的船舰、飞机及早来支持在缅甸发动作战。所以，盟国联合参谋长团在卡萨布兰卡会议确认，缅甸之役的目标是攻占仰光，但攻势必须延到一九四三年十一月中旬。[112]缅甸战役现在起代号“安纳吉姆”（Anakim）；此一新日期和作战要素正符合蒋在过去五个月的建议：确实做到充足的海、空支持，要有优势的地面部队，目标是攻略仰光。为了弥补没邀中国领导人参加卡萨布兰卡会议，罗斯福和丘吉尔派了一个高级军事代表团到重庆，向他简报有关“安纳吉姆”的决定。代表团成员有美国陆军航空兵司令“幸运儿”阿诺德（Henry“Hap” Arnold）将军，以及英国在联合参谋长团的代表狄尔（John Dill）元帅。

代表团来到重庆，盟国高级代表向蒋说明：“安纳吉姆”的目标是打开仰光港、缅甸铁路以及滇缅公路，以便替中国集结点和机场取得补给和器材，可用于对付日本航运，以及最终极的日本本土空中攻击。这正是蒋所要的，立刻就同意了“安纳吉姆”作战计划；他又重申必须要掌握孟加拉湾。盟国简报代表说，将在一九四四年一月前夺下仰光。阿诺德也递交给蒋一封罗斯福的亲笔信，再次保证会有更多美国飞机送到中国战场。

蒋对会议内容十分满意，在黄山官邸设宴款待贵宾。次日，蒋和阿诺德辟室密谈，蒋抱怨他的要求、美方的承诺，在过去一年大部分都用种种“借口”推脱了。阿诺德告诉蒋，已在采取措施满足他的要求，包括会给他更多飞机。阿诺德说，最主要的问题是：中国是否会配合加入光复缅甸之役。蒋毫不含糊地说“是”，后来他又以一封信向罗斯福重申，国军将准备就绪“必能履行其所负之任务”。[113]

史迪威也参加代表团和蒋的最后一次会谈；依据他的说法，他“逼着花生米决定，如果得不到设定的海上支持，下个秋季他是否会进攻”。中方的会谈记录显示，史迪威追问：“这是否代表：除非你要的东西都要到了，否则中国不会参战？你是这个意思吗？”蒋回答：“中国抗日已经打了六年。即使没有英、美协助，中国还是自己会打下去。”史迪威又逼着问：“如果你提出的条件没有被兑现，你就不和日本人打了。你是这个意思吗？”蒋又回答：“它们不是条件。身为战区统帅，这是我为确保胜利的最低要求。”[114]蒋在日记中写下，他在会谈中不去计较史迪威的言行，但是他派宋子文去责备史怎可如此不敬、咄咄逼人。史迪威不改恶习，还写信给马歇尔说，蒋才是在会中“动辄生气、耍大牌……不论给他什么，都不断要求更多”。史迪威再次警告说，除非被“严辞以对”，蒋的态度将会持续下去。[115]

罗斯福读了史迪威给马歇尔的这封信，觉得史“与蒋介石打交道的方式完全不对”。他一定也不免忖思，为什么蒋和阿诺德的会谈那么顺利，史迪威却给予负面的评价。一九四三年三月八日，罗斯福给马歇尔一封信，实际上责难史迪威和委员长来往的态度。罗斯福说，我们必须记得：“委员长历经千辛万苦才成为四亿人无可争议的领袖，在一大群各色各样的领导人当中，获致任何的团结都是非常困难的事；军人（还有其他人），不论地方或中央，人人都在争权夺利，更何况他要在中国以非常短的时间去建立我们一两百年才能完成的统一。”罗斯福甚至从中国的情势脉络去替蒋的威权做法找解释。他告诉马歇尔，委员长“觉得必须维持他的崇高地位。你我在同样情境下也会这么做。他是行政首长，也是最高统帅，我们不能对这样一个人用严厉态度讲话，也不能像可能对待摩洛哥苏丹的方式去要求他给承诺”。罗斯福明白表示史迪威逼蒋做交换的想法是不对的、不会奏效。[116]

罗斯福也指出，史迪威的信完全略掉中国一九四三年的空中行动。这不是史迪威首次在其战略建议中完全不提此一现代战争的关键面相。罗斯福指示，美国政策要着重陈纳德提议的空军战略；战争部因而从计划登陆西西里的兵力中抽调三十架运输机到中国战区。一队四引擎的解放者轰炸机群很快也到了印度，预备部署在中国。飞虎队改编为美国十四航空队，陈纳德被擢升为少将，担任其指挥官，并且掌管驼峰机队的行动作业，两者皆不受史迪威指挥调度。为示安慰，马歇尔颁予史迪威司令官级的功勋勋章。[117]

霍普金斯此时通过私人通信得知蒋、史之争，它们也刺激罗斯福对史迪威的批评。这些幕后的报告来自陈纳德新聘的文职助理艾尔索普（Joseph W. Alsop）。这位年轻的美国记者是罗斯福的远房亲戚，也是霍普金斯的家族朋友。艾尔索普在他的密函中形容史迪威“霸道傲慢”，他对中国人一般的态度有如“坦率但不太和善的大叔，对待无可救药的、任性的侄子”。[118]艾尔索普也支持陈纳德的战略，推动从中国对日展开空战。

四月中旬，日军集中一支大型作战部队溯长江而上，进攻湖北、湖南。其目标明显是要劫取华中的粮食供应，但是这一攻势也会对中方施加压力，可能扰乱国军的整训，以及下一次缅甸作战的计划。[119]蒋担心此一攻势意在攻占重庆，而且是因史迪威为了缅甸行动，力主从长江中游抽调国军好几个军的兵力到云南参加Y部队受训，才提早出现的。蒋命令Y部队司令官陈诚，从云南回防第六战区，并从Y部队调派七万部队去增援长江的守军。史迪威对抽调部队增援、扰及其练兵计划的此一做法非常不满。四月十六日，他声称和蒋“大吵一番”。史迪威坚称日军此一攻势只是意在抢夺中国内河邮轮的“劫掠”而已。[120]

三

一九四三年二月初，宋美龄和她的随从（包括外甥孔令侃、外甥女孔令伟）离开长老会医院，搭乘轿车前往罗斯福总统在纽约上州的寓邸海德公园。宋美龄住院三个月，病情讳莫如深，如今出院，又与埃莉诺住在一块儿，引起美国公众和媒体的称羡。她在海德公园作客六天，然后搬进白宫。自从青少年起就喜做男生装扮的孔二小姐，把罗斯福搞糊涂了，一直喊她“小男孩”。宋美龄和罗斯福一见面，就拜托务必把已答应的军事援助，尤其是战斗机，快快送到中国。二月十八日，她出现在国会山庄，先在参议院即席演讲，又到众议院以预先准备的文稿发表谈话。她是在美国国会演讲的第一位民间人士，也是第一位女性。她穿着有东方高领的简朴的黑色旗袍，及膝的开岔露出红色衬里，胸前佩戴中国空军的银翼标记。[121]得州众议员雷伯恩（Sam Rayburn）介绍她是“全世界最杰出的女性之一”，是“全世界最杰出的男性之一的好帮手、好伙伴”。她告诉参议院，中国人为和美国人相同的理想作战——也就是罗斯福总统宣示的四大自由，“它好似自由之钟响彻我们广阔的国土，它是联合国的自由之钟，也是侵略者的丧钟”。她驳斥击败日本没有击败德国来得重要的说法，但她没有明确提到美国援助中国的问题。[122]

国会议员和美国民众都为她倾倒。[123]罗斯福夫人说，在白宫会议和晚宴中和宋美龄谈过话的男士，都觉得她“娇媚、聪明和迷人”。但是，纤柔的手、低沉温和的嗓音掩盖的是如铁一般的决心。餐桌上有人问到，她会如何应付像约翰·

路易斯（John L. Lewis）这样兴风作浪的工会领袖，埃莉诺日后回想起来，“她那美丽的小手举了起来，作势切过喉头”。[124]

在这个戏剧性的开端之后，美龄展开全美巡回演说。有意思的是，这时候原本在蒋、史之争中强烈支持蒋介石的居里，却开始试图破坏华盛顿对蒋氏夫妇的支持。他向国务院抱怨，宋美龄巡回演说时批评罗斯福总统的“先击败希特勒”之政策——这个立场对中国第一夫人来讲，并不算不寻常，也不是特别有挑衅的意味。[125]他也安排暂时回到华盛顿的谢伟思和皮尔森（Drew Pearson）会面，皮尔森评论中国的专栏批蒋越来越凶。[126]居里也开始搜集美龄被控贪污以救灾为名募集来的捐款之罪状——联邦调查局报告引用“可靠性不明”消息来源，另外日本从占领的香港之电台发出的宣传，也说孔宋家族涉嫌贪渎。[127]一九四五年，联邦调查局获悉，居里此时涉嫌提供信息给伊丽莎白·本特利（Elizabeth Bentley）——克格勃在纽约的情报员。[128]

尽管白宫下达指令，答应给中国的五百架战斗机依然没有动静。马歇尔和史汀生依然反对空权战略，战争部或许是刻意慢动作去执行总统的命令。在宋子文力促下，蒋致函罗斯福呼吁在未来几个月集中资源到中国战区，目标即发动陈纳德的空中攻势。[129]蒋说，任何日本人对空军基地的反攻，都“会被国军阻止”。[130]有鉴于日本人前阵子对杜立德率队空袭东京的反应，以及蒋当时说守不住、现在又有信心未免太奇怪，美方的反应也就可想而知。

在马歇尔建议下，史迪威和陈纳德都被邀回华盛顿参加讨论未来战争方向的研讨会——三叉戟会议（Trident Conference）。两人搭乘同一架改装的解放者轰炸机回国。史迪威很明显厌恶和他的敌手同享光彩——一个预备军官出身、一九三七年即退伍的陆军航空队上尉！[131]但是，媒体却把两人一起捧为国家英雄。《纽约时报》社论宣称史迪威是个受重庆敬爱的外交官：“从委员长以下，人人都喜欢他。”[132]

三叉戟会议正式开始前的另一次会谈中，丘吉尔明白表述，他依然没兴趣攻打缅甸，而倾向进击苏门答腊。然而，他终于同意针对缅北发动小规模战役，这个决定和罗、丘在卡萨布兰卡会议对蒋所作的承诺，以及“幸运儿”阿诺德前往重庆所做的简报方案有所矛盾。[133]史迪威和陈纳德也在三叉戟会议开始之前，于一九四三年四月三十日晋谒罗斯福，呈报他们互异的中国战区战略。陈纳德在回美国途中改写计划书，其内容和他在去年十月间交给威尔基的那套过分有野心的方案，略有不同。他现在说明，他要求两百五十五架战斗机和轰炸机，以及每月七千一百二十九吨的补给。有了这些，美国十四航空队可在华东夺得空中优势，并在更广泛地区摧毁日本航运。陈纳德承认，受到这种空中攻击后，日本人有可能发动大规模地面攻势，企图摧毁相关的机场。但是，他和蒋介石一样，认为国军和他的十四航空队可以击败来犯之敌。

粗犷的陈纳德给予罗斯福很好的印象，罗早已从威尔基、居里和艾尔索普那里听到对他的好评。陈纳德手下飞行员与日本人的近距离格斗之战绩，虽然有可能被夸大（比起其他战区的敌我损失对比率高出许多），使他成为迄今盟国最成功的空军指挥官。相形之下，史迪威在此次会议的表现，却令支持他的人吓了一跳。他反对陈纳德计划最具说服力的一点即是：它会刺激日本大肆攻击，而国军和第十四航空队不可能围堵住；可是，他却没有好好发挥。他的好朋友马歇尔后来描述，史迪威“弓身、低头坐着，嘴里喃喃絮叨中国作战不力”。[134]史迪威的传记作者日后解释说，史“没有机智或能力对付他瞧不起的意见，但他又极易瞧不起人”。[135]但是，我们很难相信这位伶牙俐齿、说话直率且强势作为的将军会在他军事生涯中最重要的会议上，由于出席人士如罗斯福、陈纳德的批评，就变得说不出话来了。当史迪威碰到他最瞧不起的蒋介石，他言语上可从没不知所措过。罗斯福就猜，史迪威可能生病了，而问马歇尔：“病人不该解职吗？”[136]

稍后不久，史迪威得以在没有陈纳德在场的情况下见到罗斯福，口头报告蒋介石的口信。史迪威可能自由编造用词，指蒋提出警告：若无已答应的五百架飞机，日本人可能溯长江而上，而国军可能会弃械降敌。可是，史迪威又表现得不够沉着，让罗斯福印象很差，他又陷入“缄默的本性”。[137]他替罗斯福准备了一份备忘录，列举他的观点，强调包括空运物资吨数等方面应优先重视缅甸战役（“安纳吉姆”），而且必须要求英军、国军都坚守承诺——但是他没讲明，他指的是原先的“安纳吉姆”计划，还是已被大幅修正的“安纳吉姆”计划。[138]然而，罗斯福告诉马歇尔，他希望优先供应在中国发动空中攻势，并且尽可能提供蒋介石所要的。

三叉戟会议五月十四日在白宫正式举行，继续讨论陈纳德和史迪威对中国战区立场相对的战略。依马歇尔的描述，史迪威再次“像个闭口的蛤蜊，因此让人印象不好”。[139]不过，史迪威倒是提出他的基本论点：陈纳德计划会招惹日军进击，而要制止他们，会需要动用国军五十个师的兵力；他怀疑驼峰空运作业有能力每个月提供美国十四航空队五千吨的物资。这时候，罗斯福问史、陈两人对蒋介石有什么看法。史迪威对这个问题可一点也不缄默，他说：“他是个优柔寡断、奸诈、靠不住的无赖，说话从来不算话。”陈纳德予以反驳：“长官，我认为委员长是今天世界上两三位最伟大的军政领袖之一。他对我的承诺，从来没有失信过。”[140]

三叉戟会议进行期间，日军在长江中游的攻势——或者史迪威所说的“劫掠”——转向西北山区，扑向扼三峡出口的石牌天险。蒋介石飞到湖北指挥作战。在陈纳德所剩不多的P－40和解放者轰炸机支援下，石牌天险守住了，日军开始撤退；陈纳德形容那是“溃不成军”。[141]但是，蒋、陈这边宣告大捷，史迪威的幕僚却向媒体放话反驳。放话者说，日军因为已达成其有限的目标，因而照计划退兵罢了。这个结论纵使是对的，故意让盟友（就算过分夸大）的胜利出丑，显示史迪威对蒋的个人恩怨，已蒙蔽了他的判断。[142]

这时候，宋美龄显然是应埃莉诺之邀，又到白宫住了几天。同时，她哥哥宋子文已经出任外交部长，也来华盛顿出席三叉戟会议的一个场次，表达中国的立场。美国陆军历史学家没有使用引文，直指“宋说，除非有诚意开始进行救济，并履行卡萨布兰卡后的承诺，否则中国将单独与日本媾和”。中国外交部长若真的有这么石破天惊的声明，史学家应该要完整引述全文予以记载。再者，依照中方的记录，宋只说，蒋介石是中国战区最高统帅，我们“不应怀疑他的决定。否则，我们将重新考虑，我们是否能继续执行中国战区的指挥权责”。这当然是警告，但却是比美国陆军史学家所报道的更加细致、更加外交辞令的警告。[143]总之，联合参谋长团决定不理睬蒋的强烈希望，决定还是把缅甸战役局限在缅北地区。但是，次日宋子文在白宫抗议之后，罗斯福又答应这项计划会包含“缅甸全境作战”。[144]宋美龄和宋子文兄妹并没协调两人的游说工作。宋美龄单独运作，试图说服霍普金斯，罗斯福应该通过她而不是她哥哥，与重庆方面沟通。蒋夫人事实上非常有说服力，在一次会谈中，她得到罗斯福原则同意，中国政府可以使用一九四二年承诺的五亿美元信用融资当中的两亿美元去购买美国的黄金，再出售给中国民众以对抗通货膨胀。[145]

罗斯福也提议用另一个方法解决史迪威和陈纳德的争执：新的战机不用来增益陈纳德的部队，而是用来直接加强中国空军的实力。中国空军是独立的，陈纳德本人和所有人都认为它实在无可救药、太差了。蒋夫人立刻冲到位于V街的中国防务供应署办公室，向她哥哥宣布她已争取到委员长所要的一切东西。不料，宋子文大怒，致电委员长要求他照会罗斯福：蒋夫人无权代表他交涉。[146]没有记录显示蒋是如何反应的，但显然他支持宋子文的立场，因为宋美龄突然决定回重庆，带着对她哥哥一肚子的恼火回国。

罗斯福在三叉戟会议中已对史迪威存下不良印象，在总统寝室和霍普金斯谈话时又表示对"家丑外扬"的强烈不满。他说，史迪威仇恨中国人，送回来的报告"尖酸刻薄"。[147]宋子文可能提供给霍普金斯一封备忘录，列举近来史迪威判断不当的一些事例（大部分涉及他对派送到中国的租借法案物资之分配）。宋子文备忘录的结语以史迪威式的侮蔑词语说："史迪威烟酒不沾，在任何国家都会是个备受尊敬的童子军领袖……但是毫无疑问……他完全不适合作为重要军事领袖……他想当'中国戈登'* 的想法，相当与时代脱节。"[148]霍普金斯其实也不需要别人多怂恿或说服，他本人早已对史迪威"强烈的不妥协"厌烦透了。[149]

同时，罗斯福对于最终中国而非太平洋诸岛将是对日反攻的最佳战场这个构想越来越有兴趣。美军在太平洋各岛伤亡人数迭创新高，美国军方首长也开始转向这个构想。霍普金斯告诉宋子文，"几位美国最优秀的战略家"相信中国应该是"（对日）作战的主要基地"。[150]只要国军和陈纳德得到可以对付日本强力反攻所必需的大量物资和器械，蒋介石一定赞同这个构想。六月，宋子文致电蒋介石报告，美国已决定给予中国三百架全新的P－40战斗机。蒋对于这个"令人兴奋的新闻"高兴极了。他认为，最近的"鄂西之胜利"对于提升美国十四航空队的声誉起了非常重大的作用。[151]

蒋介石收到宋子文报告的次日，打电报给太太，指示她和罗斯福辞行谈话的

---

* 戈登（Gordon），一名英国军官，助清朝平定太平天国之乱有功，同治皇帝因而授予戈登中国军队当时最高军衔——提督。——编者注

重点。他也建议她提起史迪威的问题，但别把它说成“太严重的事”。他又描述史迪威的“傲慢性格”，像“殖民主义者”一般轻蔑国军，以及尽管“军事失败”，仍“自大地认为自己永远不会错”。蒋夫人迅速回复，犹豫在这个时机向罗斯福提起这个敏感话题，是否明智。蒋说，由她决定；显然她并没向罗斯福提起这个议题。[152]

史迪威回到重庆，向蒋简报三叉戟会议的内容，他以一种不寻常的方式冒犯中国战区最高统帅；他拒绝让蒋知道缅甸战役海军的计划详情，声称内容太敏感——在蒋坚持之下，后来他只提供翻译版本。里面提到盟国将派三艘战斗舰、八艘航空母舰参加缅甸战役，这是蒋很高兴能得到的另一项承诺。七月十二日，他建议再加强原定的空中力量，但他也正式同意三叉戟作战计划——它符合他自己一开始就主张的构想：确保海、空优势。[153]

不料隔了几星期，承诺又生变。英、美高峰会议八月十九日在魁北克揭幕，讨论意大利（可望）投降后的盟国战略。蒋很生气又没被邀出席。他在日记里责备“国际”这种“势力与强权……不平”运作，也迅速发出电报抱怨。盟国因此决定邀宋子文赴会。宋子文匆匆赶到加拿大，却在第一天向委员长报告：他“还未见到任何人”。[154]这很不寻常，因为在这个所谓的四强会议里，盟国联合参谋长团一致同意，中国将是攻击日本航运、轰炸日本，甚至最后攻进日本本土最好的基地。根据这项计划，盟军将在中国沿海登陆，同时，经过整编、训练的国军则由西东进。两翼会师后，就挥兵北上。同时，美国空军将利用全新、威力强大的 B－29 轰炸机（航程两千六百公里，可携五吨炸弹）从中国轰炸日本。[155]新任印缅战区英军总司令奥钦列克（Claude Auchinleck）元帅向军事首长们报告，他认为在缅甸的任何作战都是“徒劳无益”，丘吉尔也一再发牢骚，认为这全然浪费力气。[156]即令如此，联合参谋长团还是确认攻占缅北之役将在一九四四年二月展开。然而，他们没有提到攻占仰光，也没有提到三叉戟会议中承诺的大批海上武力之支持。

虽然史迪威五月间在华盛顿的表现不佳，他一回到重庆就开始在一本“黑色记事本”中自言自语，做起在前线指挥中国全体军队（包含共军部队）的春秋大梦。想要这么做，他必须在中国军中取得“前敌总指挥”的头衔。有了这个头衔，他就对前线所有的中国部队拥有“绝对权力”，而蒋介石将只是“表面上”全盘负责，陈诚只是“表面上”前敌总指挥。史迪威认为，如果蒋不同意，可以“滚一边去”，因为美国会停止对华一切援助。[157]这个六十一岁的扬基佬，四年前还只是个任官多年、没有实战经验的上校，现在却幻想自己成为四亿人口大国实质上最有权力的人，僭取领导这个广土众民、历史悠久国家及其军队几近二十年的首席人物之大位。

史迪威的副手“小指”窦恩上校和一些“认真考虑过的中国军官”联手密谋史迪威计划的细节，这些人希望“在高层有决定性的改变”，他们告诉窦恩，蒋的权力已“动摇”。[158]中国政府会把这类讨论视为叛国。史迪威打算在即将召开的开罗会议，非正式地把这个大胆计划推销给马歇尔，如果可能的话，也向罗斯福总统进言。八月间，作为他构想中的前敌总指挥的热身，他向委员长上备忘录提议调共军参加联合攻势，并且把中国所有的武装部队重组成为国防部队和地方守备部队。蒋认为，这种备忘录等同对中国内政的“不逊之言”，不予理会。[159]

史迪威晓得，华盛顿对中国战略的政治角力，会受到新闻界的重大影响。三叉戟会议之后要离开华盛顿之前，他到国会山庄拜访若干议员，提供他的看法。戴维斯也在华盛顿协助，并安排《华盛顿邮报》发行人尤金·梅耶（Eugene Meyer）设宴，找了六至八名大牌记者和史迪威交换意见。另有二十人在晚宴后参加进来，听取史迪威“非正式”的说明。和他与罗斯福开会时的情况截然不同，史迪威这次相当有说服力，《纽约时报》根据汉森·鲍德文（Hanson Baldwin）的报道，发表标题“对中国抱太多一相情愿想法”的批评文章。[160]戴维斯在接下来的一年里，分别对驻在重庆和美国的许多西方记者、外交官和其他人士，提供这份资料。一个美国外交官凭着自己的职权就在美国国内策划媒体抹黑战时盟国，而且这个盟国还是美国总统所支持的，这真是不寻常。但是，戴维斯的观点和史迪威完全相同。

同一段期间，陈纳德、艾尔索普和宋子文也忙着拜访媒体和国会人士，提供他们不同的看法。一九四三年五月，陈纳德在华盛顿期间，曾经三度蒙罗斯福私下召见，私下交谈。罗斯福嘱咐他可以直接上书，让他知道中国的状况。现役将领和总统办公室直接联络的做法，十分不合常规，令史迪威、史汀生和马歇尔都很不爽。马歇尔甚至当面告诉陈纳德自己不信任他。[161]

九月十三日，史迪威奉召到委员长于重庆城里的寓邸。他见到了宋美龄和宋霭玲。根据史迪威的日记记载，宋氏姊妹告诉他，她们很担心国军的军事准备不足。史迪威同意她们的关切，指出哪些人应该对这些问题负责，其中最重要的是参谋总长何应钦。会中某人（史迪威日记没讲明是谁）建议，有一个补救之计就是让宋美龄出任军政部长，换下何应钦。宋美龄在华盛顿期间大力游说反史迪威，为什么现在又突然愿意与他结盟，我们并不清楚。她和哥哥的竞争必然是因素之一。她毫无疑问气愤宋子文和委员长斥责她在华盛顿干预国政，想要恢复她作为委员长处理对美事务重要助手的地位。

宋氏姊妹并没向史迪威说明她们的动机，但凡他说的，她们全都同意，于是三人“签署了攻守同盟”。史迪威写下：“她们很认真。”从十月十三日至十八日，史迪威记载和宋氏姊妹有过十次会议。她们痛骂何应钦（“非常自负的小猴子”），抱怨委员长很难相处，并且自夸最近促使蒋在宜昌附近认真和日军交战。[162]据说，宋美龄“透露跟委员长的生活糟透了”，并宣称她是唯一可以跟他说实话的人。[163]

就在这时候，宋子文还在华盛顿，终于进入让史迪威下台的尾声。八月二十一日，宋子文谒见罗斯福，表示若是史迪威不解职，“中、美合作堪忧”。罗斯福答说，他也很关心这件事。宋向蒋报告这段对话。（蒋夫人可能读到这些来往函电，然后邀史迪威参加了一个令他觉得突兀的会谈。）九月十六日，宋子文向罗斯福辞行，罗同意更换史迪威；宋离开华盛顿之前，也被告知（可能是霍普金斯告诉他）马歇尔不再那么器重史迪威。[164]

宋子文和美国陆军供应司令萨默维尔（Brehon Somervell）将军飞回重庆。十月十三日，宋从重庆发电报给霍普金斯说搞定了——委员长会提出更换史迪威的要求，萨默维尔会正式把请求呈报给华盛顿。[165]孰料，这时候萨默维尔接到战争部的信息，要他留在重庆静候进一步指示；他以为自己会被派接替史迪威的职务，而他根本不想蹚这趟浑水。

萨默维尔用尽一切办法，设法劝说委员长再给史迪威一次机会。[166]他私底下也告诉史迪威，委员长坚持要把他解职，罗斯福曾经两度考虑要召他回国。史迪威在日记中写下：“我猜就到此为止了。”[167]但是，蒋的心意未决。蒋在日记中也说，他和美国的关系、即将展开的缅甸战役，还有中国军方的态度，都应该比这件事更重要。[168]毫无疑问，他也是担心如果争端造成对美关系危机，他的内部敌人会试图逼他下台。

宋子文回到重庆，赫然发觉他的大姊、小妹联手力促蒋让史迪威留任；她们认为，逼史去职会对中国不利。在蒋氏官邸里，一场非同小可的家庭战争爆发，艾尔索普每晚都听到宋子文向他诉苦。史迪威和宋美龄都瞧不起的何应钦，也参加进来辩论，支持宋氏姊妹的主张。[169]他可能觉得，史迪威留在中国，委员长的力量会削弱，甚至可能在日本投降之前就引退或被推翻，届时他或许有机会掌握权柄。

十月十六日，新任盟军东南亚战区总司令蒙巴顿勋爵（Louis Lord Mountbatten）飞抵重庆。蒋问起来时，蒙巴顿坚持史迪威应该留任；因为，他才刚刚批示让史迪威在本兼各职之外，再加上一个职衔，出任他的副手。[170]蒋被这些声音说服了，又怕不论宋子文被告知了什么，此举恐怕会得罪马歇尔甚至罗斯福；他要蒋夫人去告诉史迪威，倘若被召回国，恐怕有损他将军的名誉，但是如果他肯道歉并改变作风，委员长或许会原谅他。[171]宋氏姊妹劝史迪威要谦让、承认犯错、道歉并保证改正。史迪威说，他犹豫许久，但在两姊妹坚持下，他终于答应。[172]

史迪威在宋氏姊妹陪同下，于十月十七日夜里去见委员长。根据中方的记载，史迪威表示他真诚希望帮助中国，若有任何误解“皆出无心”。他保证必不再犯。蒋对史说教，大谈最高统帅和参谋长的职责，并建议史迪威克制他的“优越情结”。史迪威保证，蒋是主官，他会扮好顾问的角色。[173]

蒋夫人冲出委员长书房，宣布史迪威同意遵从最高统帅调遣时，陈纳德正在接待室等候晋见委员长。蒋单独召见宋子文一起早餐会谈。宋激昂地报告说，他终于取得美国政府让史迪威去职的无条件支持和谅解。蒋答说，他一直很在意史迪威不肯服从命令，可现在史已保证今后将会“听话”、更加合作。因此，他决定再给史迪威一次机会。[174]

宋子文失望透了。他好不容易争取到美国总统同意召回自从到任就让委员长芒刺在背的人，结果全是徒劳。宋力主蒋不应错过这次让史解职的机会。他一度抗议说：“难道你是非洲部落的酋长，可以这么反复无常？”蒋怒不可遏，一拳捶到小餐桌上，盘子碎了一地。[175]回到家后，宋子文向艾尔索普透露对话经过，不禁潸然落泪。[176]但是，事情似乎告一段落。次日，史迪威、陈纳德和萨默维尔来到官邸和蒋氏夫妇喝茶，彼此闲聊，仿佛一直都是朋友似的。[177]

蒙巴顿来到重庆召开盟国正式军事会议，借以讨论缅甸战役。会议在黄山官邸举行，这是首次在中国召开的这一类正式会议。会议头一天，宋子文以外交部长身份陪同贵宾进入小妹所处的接待室。颇善于在女人圈周旋的这位英国勋爵，觉得她“有最动人的容貌、格外妩媚……有一双优雅的腿”。她低声与哥哥快速交谈，蒙巴顿认为她要他出去。因为宋子文摸摸眉心表示他不舒服，然后就告退了，此后一连数月重要外宾或访客都没见过他。[178]

委员长一进来，蒙巴顿立刻觉得他“是最引人注目的……是他所见过最有威仪的中国人”。虽然私底下蒋很生气联合参谋长团要把泰国和中南半岛划出他的战区，置于蒙巴顿的新战区辖下，但接下来两天的正式会议“顺利得不得了”。蒋、蒙两人达成协议，这两个国家仍归属中国战区，但两个司令部都可进入作战。蒙巴顿告辞时，对东道主有了“真实的情感和敬重”。[179]

宋子文卑屈地写了一封信向委员长道歉，但蒋觉得宋拿他和非洲酋长相比，简直欺人太甚，把他置于软禁状态。那年冬天，宋子文经常和艾尔索普相偕在寒冷、空旷的稻田间散步。同时，史迪威趾高气扬，在日记和信函里也不掩饰一下，全无认真承诺改变作风的样子。他告诉太太渡过“这难关”，他觉得“像空气一般自由……伟大、光荣”。他形容“花生米”十月十七日的说教“全是胡说八道”。[180]相形之下，蒋的日记和行动却显示他真心和史迪威修好。蒋介石不是那种记仇的人。

一九四三年夏天，蒋曾在日记中写下，他不需要强迫中共解散；他认为他的主要策略应是运用政治和宣传手段，促使共产党产生“内部裂痕”；他觉得此时共产党内部裂痕正在扩大。[181]事实上，此时也有证据显示毛泽东和党内的“国际派”已有分裂。根据苏联档案文件，季米特洛夫派一个 NKVD（即克格勃前身）的特务前往重庆，和周恩来主持的驻重庆联络处接触，并就中共内部情势提出报告。这个华人特务高东（Gao Dong，音译）俄文名字为戈杜诺夫（Godunov），与周恩来和其他人数度在周的重庆办公处会面。高东从这些人那里取得消息，并通过苏联大使馆武官处拍发电文：延安正在加强反蒋运动，它的主题是警告大家提防国民党大肆进攻中共的边区根据地。高东报告：共产党报刊和大字报上的漫画，把蒋和希特勒、东条英机、墨索里尼并列。延安的新口号是抗战之前的老调："抗日、反蒋"。[182]

斯大林并不反对此一违反抗日统一战线原则的行动。在库尔茨克（Kursk）坦克大战之后，德军已全面撤退，斯大林已开始思考战后的中国局势，以及应对蒋增加压力的必要性。莫斯科的报纸抓住这个主题，指控蒋曾对中共下达最后通牒，要他们投降。听到莫斯科指控国民党即将进攻的消息，史迪威和美国驻华大使高斯（Clarence Gauss）向华盛顿示警，马歇尔急电宋子文表示极为关切。[183]蒋认为这些指控是"俄国之阴谋"的一部分。[184]

毛的党内运动告一段落时，并未如蒋的期待出现党内大分裂。根据高东对季米特洛夫的报告，以及弗拉迪米洛夫对 GRU（苏军总参谋部情报部）的报告，周被解除中央政治局书记处的职位，承认在宽容国民党这上面犯了错误，再次宣示接受毛的路线。[185]事实上，蒋很快就接到情报，周以中共南方局书记的身份下令加强吸收国民党干部做中共地下党员的运动。蒋认为这是毛在替抗战之后的斗争预作准备的一个迹象。[186]

九月间，蒋还在踌躇是否让史迪威解职时，他对中共一再挑衅、攻打国军，越来越按捺不住怒火。他认为，史迪威推销国共联合行动，已使中共"悖乱挑战，倒行逆施，日甚一日"。[187]他在日记里反省，表示对中共问题最好是有个"军事办法"，并且"必须于德俄战争未了之前……从事"。[188]他告诉此时还在华盛顿的宋子文，他过去没打算用武力对付中共，但这次"不得不用纪律处治，以明功罪，而整纪纲"。[189]然而，就军事、政治后果考虑了一整夜之后，蒋在次日又告诉宋子文，"不加以法纪之制裁"。[190]

九月十三日，国民党中央委员会发表十八页的小册子声讨中共罪行，如攻击国军部队，非法扩张其武装力量，发行自己的货币，以及走私鸦片等等。[191]五天之后，尽管双方严词交锋，中共代表董必武到重庆出席包罗各党派人士的国民参政会。同时，毛的信息非正式地由周及其他人传给美国人，表示尽管口水战上升，国民党又有进攻中共边区的可能，但是中共依然信守抗日统一阵线和"民主的"政治过程。大约这时候，周恩来和斯诺在重庆会面，表示希望美国军事及记者团近期内可以访问延安。斯诺立刻把话传给美国人。同时，史迪威的手下戴维斯也开始正式向华盛顿推动让史迪威到中共边区正式访问的主意。

斯大林担心日本和中共的反应，表示若是蒋介石出席下一次的盟国高峰会议，他就拒绝参加。蒋也不想跟斯大林碰面，因此盟国安排了两项会议：开罗会议由美、英、中领袖参加；德黑兰会议，斯大林和罗斯福、丘吉尔碰头。开罗会议预定十一月中旬举行。会议召开的十天前，罗斯福派前任战争部长赫尔利（Patrick Hurley）向蒋介石做简报。蒋对此一“善意、真诚”的姿态大为感动。他写下：罗斯福总统的“侠义、高尚”已达到“极致境界”。[192]

六十一岁的赫尔利，个头高大、爱热闹、个性固执，俄克拉何马人。从小在乔克托族印第安人保护区附近长大。从印第安学院和法学院毕业后，他担任乔克托族的律师。赫尔利学会乔克托人作战时的尖锐呼号，在阿尔贡及第一次世界大战的其他战役中因英勇作战获颁勋章；后来担任胡佛总统的战争部长。赫尔利是个坚贞的共和党人，对于罗斯福的内政政策无一不反，但是乐于替总统到海外执行艰巨任务；譬如，他主持将补给运入被围的巴丹半岛（Bataan），只是并未成功。[193]一到中国，他就告诉史迪威，在美国国内史迪威被看做是“中国的救世主”。[194]

八月十二日起，赫尔利和委员长会谈了三天。蒋先就罗斯福书面问题作答；蒋承认他不愿意和斯大林碰面，但是在抗日作战上他会和苏联军事合作。赫尔利说，美国战后政策是反对任何形式的帝国主义，包括英国的帝国主义，并且支持以自由、强大、民主的中国作为亚洲最主要的、稳定的力量。蒋告诉赫尔利，他很感谢罗斯福总统的“最高尚道义”。[195]

蒋在准备自己到开罗开会的报告资料时，于日记中强调采取“淡泊自得”，以不要求物质援助为实际作为。[196]起程之前，他批准了史迪威起草的计划，预备在开罗提出来。它包括：盟国一九四四年初使用海、陆、空力量“全力”抢通经缅甸往中国的卡车路线；美国提供武器和设备装备中国九十个师的兵力；每月一万吨物资飞越驼峰，以支持在中国的空中作战。基本上，这是蒋在过去十八个月对发动缅甸战役的一向主张——强势兵力。可是，史迪威在他当天的日记上标出大大的“胜利”两个字，仿佛他好不容易争取到蒋的同意。[197]马歇尔从史迪威的报告得到错误印象，说出相当不正确的一句话：“这是战争开始以来，委员长第一次积极表示有意改善及使用他的部队。"[198]其实，打从一开始，蒋就试图拯救香港，主动派出精锐国军入缅作战，支持史迪威在印度集训X部队，在云南整训Y部队，在长沙和宜昌进行战事，在杜立德空袭东京之后日军的惩罚战之中损失三万兵力——现在他已准备好，甚至可以说是渴望，投入总共十八个师的兵力参与第二次缅甸战役，只要盟国有空中与海上的优势。这时候，蒋也同意史迪威另一项建议：若是麦克阿瑟率军登陆华南，他愿派一位美国指挥官统率中、美联军。不过，这个概念和史迪威所想的，由他本人指挥前敌所有中国部队，大不相同。

宋霭玲向"酸醋乔"说，蒋对即将出席开罗会议"心情非常愉快"。从蒋介石这段时间的日记明显看得出来，他在与史迪威的关系上，已开始积极的新篇章。可是，他并没得到善意回报。蒋展现他对这位美国参谋长的新信赖，要史代表中国在开罗会议作报告。可是，史听完之后，回到房里写下："我听见他摇尾巴了！"[199]史迪威的日记事实上用字遣词变得越来越恶毒。例如，在起程前往开罗、预期会见到罗斯福之前，史在日记中称呼美国总统是"橡皮腿"。[200]

史迪威比蒋氏夫妇先抵达开罗，和马歇尔碰面。马建议，既然史在中国没受到尊重，应该离开中国。史表示希望留下来，马歇尔命令他："那就别再胡说八道！"他立刻明白马的意思，抗议说他从来没公开喊蒋"花生米"。马歇尔立刻顶回去："你从来没说过谎。别从现在开始说谎……别再对你的部属讲这些事。"[201]但是，史迪威并没停止。

第六章　中国战区

一九四三年十一月二十一日黎明，委员长和蒋夫人搭机抵达开罗，将和罗斯福、丘吉尔及盟国高级将领开会。陈纳德未被美国战争部邀请与会，但他以中国空军参谋长身份出席。他到机场迎接委员长夫妇，护送他们到别墅。蒋夫人因结膜炎发作，加上长途旅行的疲累，没有参加上午拜会丘吉尔和蒙巴顿的行程，但是当天晚上六点半，两人一起与丘吉尔会谈。丘吉尔很不高兴在罗斯福的战后四强构想当中，竟然有个地广民穷、反帝国主义、反殖民主义的非欧洲国家在内，而且在缅甸战役中他想尽可能避免军事上的参与。可是，丘吉尔写下，他“对（蒋）镇静、内敛和有效率的个性印象深刻”，也认为蒋夫人“很抢眼、有魅力”。[1]蒋和丘吉尔初次见面后，也认为丘“镇静、沉着”，“无愧为抗日反共之前锋”。但是，经过四天的会谈之后，他又改变主意了。

会议第二天在可以看到金字塔美景的米纳饭店（Mena Hotel）举行。三巨头、联合参谋长团以及大小幕僚的第一次全体会议当中，宋美龄是唯一的女性。英国参谋总长阿兰布鲁克（Lord Alanbrooke）元帅写说，当她在窄裙内挪腿换个姿势时，他好像听到年轻的军官们发出一股低声的叹息。相形之下，阿兰布鲁克形容她的丈夫，这位中国领袖像“松貂和雪貂的混种”；经过一天的会谈，认为他“根本没掌握战争的大局势”。[2]但是，阿兰布鲁克不了解，蒋认为他直接和罗斯福讨论，就可以解决一切影响到中国的重大军事、政治问题；在他看来，其他的会谈都不具决定性。

蒙巴顿提出他的攻打缅北作战计划“冠军行动”。它是比经蒋介石核可的史迪威计划，或罗斯福等人在华盛顿及其他场合向中方承诺的计划，都更为局限的方案。“冠军行动”根本就不是“陆海空全面作战”以打通前往中国之陆上通道；它只提议夺取钦敦江对岸一个桥头堡，并在往密支那的铁路做空降行动。行动的下一步也还不明朗。安达曼群岛（Andaman Islands）是这个计划唯一的两栖登陆，而纵使占领了安达曼群岛，也不太会阻挠日军在缅甸的补给线。[3]史迪威十月间交给蒙巴顿的批评意见，批评冠军行动“被恐惧渗透”，又形容攻打安达曼为“流产”。[4]

开罗会议一开场，蒙巴顿就说明冠军行动将发动三十二万名盟军部队，其中十六万人是印度和缅甸部队、两万名英国特战部队、三千名美国特战部队，和十三万七千名在印度和云南整训的中国军队——X部队及Y部队。丘吉尔令人意外地答应皇家海军派遣两艘大型战斗舰、四艘大型航空母舰和十艘小型航空母舰，以确保掌控孟加拉湾。轮到蒋发言时，他很高兴，但再次强调大规模两栖作战和海上优势是必需的，目标应该是瓦城，不是密支那，另外驼峰空运作业应每个月送达一万吨物资到中国。[5]霍普金斯后来写说，蒋通常不愿谈论特定细节。[6]这位中国领袖把实质交涉留待和罗斯福来谈，他在联合会议上的发言简洁扼要，而且事实证明，他对盟军会遭遇的日军兵力之推估，颇有先见之明。蒋在十一月二十三日会议的简要版发言记录是：“缅甸战役的成功，不只要看在印度洋建立的海军优势，还要看海上行动和陆上作战的同步协调。如果海上力量不能集中，仅靠陆上部队力量的集结，还不能确保胜利……敌军在缅甸可部署的兵力可达到十个师，如果我们不切断他们的增援途径，他们的部队还会更大。”[7]

罗斯福总统住在美国大使官邸。当天夜里，罗在大使官邸设宴招待蒋氏夫妇。[8]霍普金斯是唯一的陪宾。蒋夫人脚蹬露趾鞋、身穿黑色丝绸旗袍，和去年叨扰甚久的老朋友罗斯福打招呼。双方都有译员坐在边上，但美龄不时修正她先生译员的翻译。蒋原本就视罗斯福是“超乎常人”的大政治家，经过一夕坦诚长谈，对罗更增添敬意。[9]相形之下，蒋的尖嗓子以及在权贵宾客前的拘谨、礼貌，却没让意气风发、随意的美国东道主产生太多的友谊感。

然而，在这次严肃长谈之中，两人似乎什么事都意见一致。蒋赞同罗的观点：日本未来政府形态应由日本人民决定。他提议，日本对中国的赔偿可以用工业和战争机械设备、商船及其他实体财产支付。他觉得驻日盟国占领军应由美国领衔，但罗坚持应该由国军来主导。蒋也同意罗“俄国共产主义之政策”，强调莫斯科不可信赖，但又说在对苏关系上，他将听从罗斯福的指挥。罗斯福强烈支持东北和台湾交还中国。[10]他们早先在通信时就有了共识，对战后世界有一致的看法，尤其认为必须终结殖民主义。此外，蒋还提到两人讨论了苏联参与对日战争的问题以及新疆的局势。蒋对这次会谈的结论是“非常满意”。罗斯福“以老友待我”。[11]

次日（十一月二十四日）早晨，罗斯福的儿子艾略特（Elliot）发现父亲在床上用餐，问起昨晚的情形。罗答说：“发生好多事喔。我见到委员长了。”艾略特问他对这位中国领导人的印象如何，罗先耸耸肩，然后说：“昨晚和蒋氏夫妇交谈所学，胜过我和联合参谋长团开四个小时的会。”[12]固然蒋花了相当长时间叙述中国军队的困难处境，罗斯福对儿子说，他还是对某些问题不解，如：“为什么蒋的部队不打仗？”为什么蒋“试图阻止史迪威训练中国部队”？为什么他“将数以千计的精兵留守在共产中国的边界”？[13]总之，罗斯福依然认为，蒋还在排斥史迪威处理国军面临的问题，原因不明。即使如此，罗斯福“已决心要从中国（其实就是蒋）的角度，让开罗会议成功落幕”。[14]

二十四日，蒙巴顿拜会委员长和夫人，说明为什么基于后勤原因，攻打瓦城那个较有野心的计划行不通。数十年后，蒙巴顿告诉替史迪威写传记的芭芭拉·杜希曼（Barbara Tuchman），委员长很显然不了解“monsoon（季风雨）”这个词，蒋夫人也说明委员长“完全不认识季风雨”。杜希曼两次提到这个故事，声称中国没有季风，“因此，蒋根本不了解”，她甚至把这当做“史迪威难与委员长共事”之“启发性证明”。[15]但是，蒋的备忘录、信函和日记多次提到缅甸的“雨季”及它对军事上明显的影响。看来他只是不了解从葡萄牙文出来的这个词“monsoon”。在符合先入为主刻板印象的情况下，一场谈话就像这样表面上赤裸裸实则全然误会，成了历史传说的一部分。当天下午，蒙巴顿向联合参谋长团报告，蒋已经接受缩小规模的空中支持，对英国能派出舰队非常高兴，会最热切支持此一作战。

但就像“monsoon”这个词，蒙巴顿也误解了蒋，误认为这位中国领导人现在对英方整体计划十分热心。问题有一部分可能出在宋美龄的翻译上，她试图让蒋的评语尽可能正面。一个多小时之后，当蒋私下和马歇尔午餐时，就证明蒙巴顿误会蒋的意思了。蒋冷静地告诉马：他反对英方的计划，因为他相信它“会导致重大损失，甚至可能会失败”。他重申两栖登陆的必要性，又说云南的国军

（Y 部队）不应前进到超过腊戍。美方记录并未显示马歇尔有任何不同意见。[17]事实上，开罗会议从头到尾，马歇尔和美国其他军种首长都强烈支持蒋的立场：坚持要全面实施两栖登陆缅甸作战计划，即所谓的“海盗行动”（Operation Buccaneer）。[18]

当天夜里，丘吉尔设宴款待蒋氏夫妇。丘吉尔使其宾客大感意外，竟说海上进攻在一九四四年五月之前不可能进行，到那时雨季也要开始了。除此之外，这场晚宴可说又是一场令人满意的聚会。同一天夜里，霍普金斯携带美方版本的公报草稿拜访蒋氏夫妇。蒋发现前一天晚上他向罗斯福提到的“每一项意见”都列进公报草稿里。他在日记中写下，他对罗斯福在公报中所展现的真诚，十分感动。[19]

十一月二十五日是感恩节。蒋委员长夫妇在美国大使官邸的庭院里，坐在白色柳条椅上，和罗斯福、丘吉尔拍了那张著名的照片。蒋氏夫妇和罗斯福喝了茶后，三人于下午五点再次会谈，只有艾略特陪侍在侧，这次谈了七十五分钟。[20]罗斯福告诉蒋，他“最头痛”丘吉尔。他说：“英国根本不愿见到中国成为大国。”罗、蒋再次同意，在新的世界秩序中，英国必须放弃其帝国梦想。[21]就缅甸而言，两人确认原先的共识：需要有两栖登陆作战，需要说服英方安排提早部署其海军。[22]在罗斯福的压力下，蒋表示只要抗日战争仍在进行中，他就会和中共成立联合政府，但条件是：（一）美国要确保未来苏联会尊重中国在东北的主权；（二）美国要支持让英国终止它在香港及中国其他地方的“帝国权利”。[23]

蒋告诉罗，他对国共联合政府的意见是非官司方的——也就是仅有罗斯福知道。不过，他们对这个主题的意见其实是一样的。[24]罗斯福接下来告诉蒋，美国将依蒋的要求，提供给蒋美国武器及训练中国九十个师的部队。[25]两人此次会谈又非常成功。

根据史迪威的说法，这次会谈进行到下午六点十五分至三十分之间，罗告诉马歇尔和史迪威两人：蒋已预备执行“缅甸计划”，包括派云南的 Y 部队投入战场，但条件有二，罗是完全支持的，那就是确实掌控孟加拉湾，以及同步应有两栖登陆作战。[26]在这里，故事变得混淆不清，有一说法是蒋在一两小时之内“在每一点上”都全盘翻转自己的立场；但也有强烈证据指出这个说法完全不符事实。这个事件简短但令人难以忍受的细节，值得我们详加检视，一则可借此证明历史的扭曲如何能深铸人心，再则也看清史迪威的为人处世。

史迪威说：十一月二十五日深夜，霍普金斯找他去——“十点三十分到，乐队演奏——哇！——和丘吉尔谈话。”后来，“霍普金斯说，委员长下午六点表示不喜欢（缅甸）计划”。[27]霍普金斯所说的计划，几乎肯定就是英方的计划——蒙巴顿误以为他在十一月二十四日上午和蒋谈话，蒋表示会支持的那个计划。蒋所同意的计划是他和罗斯福所讨论的那一份计划，不是他和蒙巴顿讲的这个方案。蒋在十一月二十四日见过蒙巴顿之后，紧接着与马歇尔的谈话，以及十一月二十五日下午五点到六点十五分，他和罗斯福的交谈，都能够证实这点。罗后来立刻告诉马歇尔、史迪威的谈话，才是蒋属意的计划。霍普金斯提到“下午六点”就应该说清楚了这一切。但是，史迪威在日记里对霍所说的反应却是“天啊！他又来了”。史暗示霍说蒋推翻了他和罗斯福沟通后的立场。事实上，罗斯福总统当天的工作日志记载：同一天夜里十点三十分，史迪威和总统会面。在场的艾略特记载说，史迪威谈到“他和蒋很难相处”，但根本没说委员长反悔他和罗对缅甸的协议。如果真有其事的话，史在此场合一定会提到。史迪威很不寻常地没在日记中提他和罗见面这一段，它有可能只是一个非正式的酒会（毕竟还有乐队演奏）。[28]

据蒙巴顿的说法，次日（十一月二十六日）早晨，马歇尔告诉他，“晚上”委员长和罗斯福又碰了面，蒋“推翻了他在午餐前所同意的每一点”。蒋最近一次“在午餐前”的会谈就是十一月二十四日和蒙巴顿进行的，不是和罗斯福或马歇尔见面，因此蒋若要推翻原议，应是推翻所谓他同意的英方计划，而这份同意是出自蒙巴顿的误解。因此，显然所谓意见反复，出自蒙巴顿搞错蒋和他早晨会谈时所说的意思，也可能是史迪威错传霍普金斯的话。罗斯福总统在开罗的工作日志没有记载下午五点至六点十五分之后，罗、蒋还有过会谈。而且，罗斯福、蒋介石、霍普金斯、丘吉尔和艾略特在他们各自的文件或谈话中都没提到罗、蒋在十一月二十五日更晚时还有另一次会谈，或者是提到这位中国领袖立场反复。[29]

我们猜测，史迪威可能听到蒙巴顿的幕僚或是蒙巴顿本人提到，蒋令人意外赞同他们的计划，可是十一月二十五日晚上十点三十分之后，霍普金斯告诉史迪威，蒋不喜欢英国人的计划。史迪威对马歇尔报告霍和他的谈话，却误导马歇尔以为蒋对美、中计划变了卦，便推断罗、蒋在二十五日夜里一定还有第二次会谈，而且谈得并不愉快。听到马歇尔转述霍、史谈话的二手版本，蒙巴顿“跑去找霍普金斯”，霍给了他不附具体说明的“真相”，也就是蒋的确不赞成英方的计划。[30]

史迪威日记对十一月二十六日的状况之叙述，和蒋介石日记的说法，没有太大出入。不过，他一开头就含含糊糊地说：“刘易斯（蒙巴顿）在十一点时泄露情报（应该指的是针对蒋意见反复）。他被花生米气坏了。谁不是呢!”令人意外的是，史迪威竟然不再提蒋在前一天所谓的意见大反复。十一月二十六日上午，蒋的确和史迪威以及一群美国将领会商“驼峰运输议题”；蒋记下：“气氛”很好——有一部分原因是，他“听到”罗斯福前一天晚上与一群美国人会谈时，称赞他的“能力”。史迪威则说，蒋终于接受美方将领只答应说要试图符合他的运输量目标。[31]

据蒙巴顿的说法，罗、丘听到蒋对前一天的结论全盘翻案后，于十一月二十六日下午不备记录人员，与蒋氏夫妇茶叙。蒋记载，他在下午三点拜访罗斯福，讨论了美国贷款给中国及外蒙古和中国西藏地区的议题。至于英军两栖作战登陆的议题，蒋只写罗“再次同意”把日期提前，只有丘吉尔不同意。蒋认为他和罗意见完全一致——他们也的确如此。同时，联合参谋长团在下午两点三十分开会，中方没参加，会中马歇尔表示：两栖作战（海盗行动）“非常必要”，因为兵力不是问题，而且它攸关太平洋作战之成败，“中方接受”这个行动，而且“基于政治理由此行动不能被抵触”。这正是强烈表态支持蒋、罗计划。罗斯福总统的工作日志记载蒋、罗十一月二十六日只在下午四点三十分碰头一次，那是三巨头、蒋夫人和其他人一起开会，会中批准了公报内容，也讨论许多题目，如中国的经济状况、太平洋战后的安全、装备中国九十个师、战后国际组织等。会后，丘吉尔和蒋夫人告诉蒙巴顿：蒋对每一点都同意。其实他自前一天见过罗斯福之后就是如此。[32]

史迪威在次日又有一个怪异的说法，让我们对这一团疑云可以有进一步认识。蒋氏夫妇十一月二十七日早早起床，匆匆参观金字塔，然后径奔机场，取道印度，展开漫长的回国之旅。可是登机前，蒋嘱咐史迪威留下来，出席联合参谋长团批准两栖作战的正式集会。[33]客客气气送走蒋委员长夫妇后，史迪威赶去见蒙巴顿。根据东南亚司令部日记，史让蒙巴顿“吓了一跳”，因为史说：他奉命“留下来抗议。我必须坚持斗牛士（Toreador，空降攻打瓦城计划的代号），以及每月（驼峰运载量）一万吨。”然而，蒙巴顿在自己的日记中转述由他的助手记下的主张，详细主张比上述还广泛。在这个版本中，史迪威说他奉命“对每一点都要取得全盘翻案”，它几乎就和蒙巴顿前一天听到马歇尔所说的一模一样。这次指称蒋要全盘翻案，直接、完全来自史迪威，但史在其日记中根本没提他在当天早上听到蒋要“每一点”都翻案，或者他曾向“吓了一跳”的蒙巴顿提到这件事。[34]

蒋很欣慰，回国途中在日记写下，开罗会议是他一生“革命事业”的“重大成就”。他很自豪自己事先做好准备，以及“种种交涉之进行，其结果乃能如预期”。这里头完全没有最后一分钟他要史迪威去要求什么的记载。很显然，在实质上或事实上，蒋在这两天里的任何一天都没有意见反复。[35]

有人说，斯大林在德黑兰会议上答应击败德国后就加入对日作战，让罗斯福对蒋以及中国在战争中的角色的兴趣，迅速消退了。[36]但是，主张苏联宣誓要攻打日本，中国是否留在战局就无关紧要的是丘吉尔不是罗斯福。[37]罗斯福从来没这么说。事实上，他警告丘吉尔，他们不应认定击败德国之后，苏联就一定会履行承诺。[38]在四川省即将兴建好几座庞大的机场，华盛顿对中国的战略兴趣一点也没消退。罗斯福对儿子艾略特评论道蒋的部队在中国“不打仗”，又批评这位国民党领导人的国内政策，但是蒋对世界局势和全球战略的分析（包括缅甸），罗斯福在开罗记载下来的评语却是正面的。有人曾写说，罗觉得他和蒋的会谈“令人沮丧”；两人对战后去殖民化的方案，以及以新世界组织促进全球和平的看法，却完全一致。罗斯福特别钦佩的是，他问蒋：中国是否“想要中南半岛”，这位中国领导人当下立刻回答“绝不”。罗也认为蒋答应与中共成立联合政府是个历史性的成就。[39]

德黑兰高峰会后，罗斯福和丘吉尔飞回开罗，准备敲定缅甸战役计划。照罗的自述，他代表蒋“像一头骡子顽强地（和丘吉尔）奋战”，争取英国海军支持作战。霍普金斯指出：美方“强烈觉得蒋的条件应该实现，不能口惠而实不至”。在缅甸此一海军登陆战只需动员十八至二十艘登陆船舰，但是大规模的反攻欧洲之战几个月后就要开打，丘吉尔拒绝投入任何英国船只到缅甸战役。[40]尽管曾经毫不犹豫承诺蒋介石，罗斯福勉为其难地忽视美方联合参谋长们的意见，最终同意英国人可以把两栖登陆作战延后一年。[41]

回国途中，蒋氏夫妇在印度蓝伽逗留，检阅由史迪威派人在当地训练的国军部队。这支驻印度的国军部队（X部队）人数约三万三千人，全都体格强健，且人人配备现代武器——以国军而言，这是很独特的经验。蒋对这支斗志昂扬的部队训话，也对美国军官保证若有人员伤亡，立刻会补足。梅里尔（Frank D. Merrill）将军麾下三千名美国特种部队已准备好支持中国人。盟军有了喷气式战机及其他新型飞机，现在终于在缅北掌握了全面空中优势，有能力以空投方式补给整个师的需求，破坏从曼谷到仰光的铁路交通。蒋相信，不久英国海军也将控制缅甸海岸之进出。这一切和史迪威一九四二年春季攻势的情势，完全不可能同日而语。

然而，和第一次缅甸战役相似的是，情报工作依然很烂。孙立人的国军三十八师若干营将已从印度雷多开始兴建的新补给线，又往前推进约八十公里。在胡康河谷却遭遇日本精锐的十八师五十六团守军。史迪威总部（全是美国军官）却没给孙立人任何日军就在本地区活动的情报。孙部呈报发生激战，代理史迪威职务的博特纳（Hayden Boatner）将军还不肯承认当地有火力强大的敌军。[42]原来，博特纳是受到参二情报处的误导，低估了日军的实力——参二处是由史迪威的儿子小史迪威（Joseph W. Stilwell Jr.）中校负责。经过又一次遭遇战后，孙部退回原有防线，等候史迪威将军回来。[43]

十二月一日，美、英、中三国签署的开罗宣言正式公布。在各种历史性的声明当中，它宣示将把日本从中国窃占的一切领土（最重要的是东北和台湾）交还。十二月三日，蒋写下“全世界视开罗为中国一大胜利”。蒋委员长夫妇和罗斯福、丘吉尔合照的照片让中国人民万分动容。一个多世纪以来，中国领导人第一次和西方列强领导人平起平坐。蒋将功劳归功于夫人，因为她每天工作十二个小时，还亲自出马和罗斯福交涉一项重大财经议题（只是成绩并没有蒋氏夫妇认为的那么大）。委员长把中华民国最高荣誉的青天白日勋章颁给她。[44]

↑1943年，蒋介石与宋美龄前往开罗与美国罗斯福总统（右二）、英国首相丘吉尔（右一）进行高峰会议（国民党党史馆提供）

在开罗的这桩财经大突破发生在最后一天的十一月二十六日。宋美龄奉丈夫指示，单独拜访罗斯福。她和罗斯福达成多项协议，让委员长兴奋到忘了自己曾誓言不向美国领导人要求财务援助。他要太太去问罗斯福可否贷款十亿美元以解决中国的通货膨胀问题。她回来后向蒋报告：罗斯福说他“完全了解中国经济的恶劣状况”，“爽快同意”所求。[45]委员长简直不敢相信自己和中国如此幸运。他立刻在夫人陪同下过去向罗斯福表达谢忱。一向和蔼可亲的罗斯福在会谈中不论说了什么，仍使蒋氏夫妇相信贷款可以下来。[46]

可是，罗斯福十二月六日回到开罗时，却对史迪威有另一个讲法。他说，蒋氏夫妇要求贷款十亿美元，但是他告诉他们，恐怕很难得到国会同意。他告诉史迪威说，他计划以五千万至一亿美元购买中国法币，来抑制中国的通货膨胀。[47]我们只能猜测，罗斯福告诉蒋氏夫妇，他觉得再申请一笔贷款的主意不坏，但也提醒说，恐怕很难得到国会和财政部的同意——蒋氏夫妇则认为，既然罗原则同意个人会支持申贷，它就会实现。

史迪威十二月六日和罗斯福的见面，只有二十分钟。可是，他在日记里形容罗斯福是“轻浮的傻子”。[48]据史迪威的说法，罗斯福突如其来问他：“你认为蒋还能撑多久?”史答说：“情势很严峻，若是去年五月（日军进攻）的情况再发生一次，蒋可能就垮了。”罗于是说：“那么我们就应该找别人或一群人来顶替。”史对此表示：“他们可能会来找我们。”罗说：“是啊，他们会来找我们。”[49]史迪威在两张纸上写下他对总统想法的印象。一张说：“让中国留在战局。我们必须保住我们的侧翼阵地。”另一张说：“如果蒋介石翻船了，支持别人。”[50]

艾略特却对史迪威（蒋天真地留下来代表他的人）和他父亲此次会谈，留下简短但不同的记载。艾略特写下：史迪威表达他对“委员长政治手段”的不满，指控蒋“保留所有实力以便在战后对付中国共产党”。但是，罗斯福“脑子里还想着别的事”，包括“他和蒋的协议，以及他后来又和斯大林达成的协议”。他除了“力促史迪威尽量努力把事办好”之外，没多说什么。[51]

回到重庆，蒋在日记里承认，尽管开罗高峰会议是“中国外交史上空前之胜利”，他内心却唯有“忧患”。[52]国内的坏消息太多。第一是日军继续进犯湖南、湖北。第二是戴笠破获一桩阴谋：一群年轻将校计划在委员长从印度回国，于机场降落时予以劫持。戴已逮捕首谋者，这些陆军参谋学校毕业生说，他们并不是要推翻委员长，只希望促请他铲除政府和军中的贪腐。[53]蒋下令把他们枪毙或判刑。我们可以相信，其中有些人就是窦恩将军曾经讨论“上层变化”的对象。[54]

所谓的青年将校阴谋已经够糟，但蒋最大的隐忧是强大的军方司令官和各省掌权者对他可能不够忠心。他前往开罗之前，就传出经常作乱的粤系将领李济琛（在桂林任职）正在筹组一个南方将领集团，一旦重庆政府垮台可以出面统筹大局。据说，李济琛已和第七战区司令长官余汉谋、第四战区司令长官张发奎和第九战区司令长官薛岳达成谅解。蒋命令李到重庆接某个新职务，他一口回绝。[55]蒋在和手下许多司令官（甚至是全部的司令官）来往时困难重重，从中多少可看出端倪。被指涉参与此事的其他将领没有位置不保。

接下来的十八个月，史迪威就像之前的窦恩，可能私底下也和信得过的国军将领谈过话，让他们明白他对蒋的负面观感。如果如此，这些谈话一定有许多被戴笠手下特务窃听到或是有些将领去密告。蒋有一天和白崇禧见面，对白暗示了此情报能力，叮嘱白“讲话要小心”。当天稍后，白以一封文言文信函向委员长感谢其建议。[56]

白崇禧尽管在重庆位居要津，身兼副参谋总长、军事训练总监，他仍是桂系三巨头之一，与中共显然保持某种秘密接触；不过，抗战之后，白却是最反共的高级将领之一。周恩来曾说，广西、浙江将领和中共有“最密切的接触”。周说，中国“半数以上”的军事领袖“环绕着蒋介石”。[57]但是，即使这些人也只是表面向蒋效忠，基于保险，又和共产党保持秘密往来。

二

史迪威在十二月十一日回到昆明，次日就召见他信赖的副手窦恩将军。根据窦恩回忆录记载，史迪威告诉他，他在开罗接到一道口头命令，令他大为惊骇。他说，这道命令要他“准备暗杀蒋介石的计划”。史迪威说：“老大以他那种威严的口吻告诉我：‘如果你不能跟蒋好好相处，又不能换掉他，那就一劳永逸除掉他。你知道我的意思吧？换个你能驾驭的人。’”史迪威又说，这道命令不是要杀掉委员长，而只是准备一个计划。他不认为会有进一步的指示。他说：“美国不搞这一套。”但他还是指示窦恩去“规划”可行的办法，等候命令。[58]窦恩和另两名美国军官规划出一个备案：利用委员长搭机到蓝伽视察的机会，让美国飞行员假称引擎故障，然后给委员长一个不管用的降落伞，帮他跳机。听到这个卡通式的计划，史迪威表示“我相信这可以行得通。当上级下达命令时，我们也别无选择”。这是窦恩最后一次听到此一计划。[59]

但是，这并不是史迪威第一次下令准备暗杀蒋介石的备案。当时派驻印度的中印缅战区战略情报局高级官员艾夫勒（Carl Eifler）上校的说法，约在一九四三年八月初至十月底期间，他奉召到新德里去见史迪威；史告诉他为了“以合逻辑的方法”进行战争，“有必要不让蒋介石挡路”。他要艾夫勒去准备计划，但没说这道命令来自“老大”或其他任何人。[60]后来艾夫勒因战略情报局其他公事回华盛顿，问到适当的部门，得知肉毒杆菌毒素是最棒的武器，因为解剖验尸都查不到它。但史迪威没说这件事有急迫性，因此直到一九四四年五月在史迪威的缅甸总部，艾夫勒才向史报告他已找到方法可执行暗杀任务。据艾夫勒说，史迪威“摇摇头，声称他又有别的想法，已决定‘现在’不去执行它”。[61]

窦恩和艾夫勒都是强烈支持史迪威的人，而且显然彼此不认识。以下达给窦恩的命令而言，可相信的是史迪威逮到罗斯福十二月六日一句随口说说的话：如果蒋出事，就得找个新人，当做是“老大”下达命令要拟定杀害蒋介石的计划。但是，要依如此证据得到如此结论，其实是荒谬的。罗斯福当然不会要史迪威去准备一个方案杀害美国一位关键盟友，一个他在下一次“炉边谈话”中被他形容为“具有十足远见、伟大勇气”的人；更何况他的妻子当年曾两度到白宫做客。此外，罗斯福此时并没生蒋介石的气；反而是对美国一再打破对蒋的承诺颇感愧疚。在开罗，他和蒋事事意见咸同——甚至国共合组联合政府，都可取得共识；罗斯福又“像骡子一般顽固”向丘吉尔力争，英国海军应该支持缅甸战役。[62]罗斯福也告诉儿子，没有其他人可取代蒋介石的领导地位，而且“纵使蒋氏夫妇有许多缺陷，我们仍必须依赖他们”。[63]

很显然史迪威不晓得是否无意识地错误解读罗斯福的一句戏言。然而，史迪威给艾夫勒的命令，早于他和罗斯福或窦恩的谈话，也没有在下达前表明是来自上级某人。对照他和艾夫勒谈话的可能时机，我们颇能断定史迪威首次下达此一命令是在十月七日至十五日于印度时。也就是十月二日史迪威在重庆听说蒋介石已要求他解职之后的事情。[64]

蒋从开罗回国后，就正式挑起担子，亲自指挥洞庭湖地区的两湖大战。受威胁最大的是湖南省会长沙，甚至桂林、衡阳也有可能受威胁，而它们也都是陈纳德空中攻击的相关地区。[65]美国驻华大使高斯向华盛顿报告日军新攻势时，预测中国不太可能发动大过“通常得过且过的防卫”。[66]但是，国军却是拼了命、伤亡惨重抗拒来敌。衣暖食饱的日军使用现代枪炮、毒气瓦斯、空降部队，中国士兵在寒冬中却只穿平常的棉布制服、拿中国制造的旧步枪应战。[67]为了对抗毒气瓦斯，只能找一块破布朝它撒尿，掩着脸，凑合凑合。这些部队没什么机械化运输工具，只能靠扁担挑运装备，步行上阵杀敌。[68]

尽管国家大事繁忙，蒋很少工作到深夜。在美龄和亲友陪侍下，他偶尔会观赏外国战争影片，但通常他会在夜里埋头写书《中国之命运》，接着读点史书，然后享受一下唐诗的乐趣。做晚祷就寝前，他一定再读另一本书《荒漠甘泉》。这是美国传教士考曼（Mrs. Chas. E. Cowman）夫人二十世纪三十年代编纂的基督教见证选集。蒋在每日鼓舞人心的信息和故事旁写下自己的感想，约伯的启示是这本文选的主调——面对灾祸、悲剧、侮辱和失败都应坚忍不拔。有一句他应该会很在意的话宣称，“凡被神大用的人，神先要使他的心片片破碎……这是需要忧愁来开拓灵魂。”[69]

靠近一九四三年底的时候，蒋和对外未署名的文胆陶希圣，完成了《中国之命运》，此书具体呈现他对中国的伟大文化和历史，以及其光明璀璨前途的观点。[70]它是针对毛泽东论中国之未来的文集《新民主主义论》的回应。毛的著作在共产党控制地区固然人手一册，《中国之命运》在国民党地区也列为学生、公务员、军官和国民党员必读书籍。这本书反映出蒋民族主义、高度反帝国主义和严格威权主义的清楚形貌，但是在世界事务上，它又是自由的、国际派的立场。

《中国之命运》主张每个中国人都有权利和“责任”加入国民党。蒋宣称，公民“应特别注意、无时无刻不忘服从国策的责任”。人人应守纪律、效忠。他引用孙中山的训示“我们必须放下‘个人自由’的想法”，团结彼此“成为强壮统一的整体，就像沙石、水泥和起来的群众”。蒋所支持的确实就是这样公开的集权政体。他拒退自由主义、共产主义，并重申孙中山学说所谓“民主达成前，必先经历”一段无限期的训政。蒋像孙一样，做了令人不安的断言，说民族主义方针乃最优越的人权条件，这是全书最近乎法西斯主义的一段。他的确做了无恶意的断言“我们中国古代学问的博大精深，任一西方强权皆无从比附”，而中国人的国家方针是“得体、正义、谦逊、荣誉”，但他也宣称“‘文化优越种族优越’的理论必须永绝于世界”。[71]

蒋的第二本书《中国经济学说》大约和《中国之命运》同时间发行。这本书原本要作为国民党中央政治训练学校的教材。它主张实行混合的计划经济，保护主义的贸易政策，强调国家对大型工业的所有权，以及“节制私人资本”。这本书有强烈的社会主义观点，它呼吁西方经济学家放弃物质主义和自私的个人主义，改采“大同世界”，一个“人性发展到最高点……没人可以不劳而获……人人都不会找不到工作”的地方。[72]，在叙述孙中山的长期奋斗之后，《中国之命运》第一章最后一段写道：“我，蒋介石，自始即认同复兴中华民国，走上自由与独立之路。”接下来又三度用到“我”。然后，蒋在全书即不再提到自己的政治或历史角色。[73]

中国政府并未出版英文版的《中国之命运》。蒋夫人建议别出，担心它的骄傲、社会主义、反帝国主义甚至反资本主义的观点，会激怒美国人尤其是英国人。[74]《中国之命运》唯一的英文版显然只在纽约出版，由左翼《美亚杂志》（*Amerasia*）的亲共主编贾菲（Philippe Jaffe）所出。我们可以说，这本书高唱道德、把中国文化理想化，呈现相当程度的天真和自我幻想，但不是追求个人权力的野心——更没有极权、种族净化或领土扩张的意思。可是，贾菲、谢伟思等人却把《中国之命运》和希特勒的《我的奋斗》相提并论。

蒋把开罗会议视为中国历史上空前的外交胜利，只有短短一段时候。十二月七日，罗斯福和丘吉尔致函蒋介石，表示美、英在德黑兰和斯大林商量过，已决定将在一九四四年春末，于欧洲发动大规模盟军作战；因此届时不可能调拨登陆船到孟加拉湾进行两栖登陆作战。罗斯福向蒋提议照原定计划如期展开缅北作战，但不执行两栖登陆（不过美、英承诺仍会控制住孟加拉湾）；不然就延迟到十一月，届时即可执行大型两栖登陆作战。同时，美方将集中力量扩大飞越驼峰的空中运输，载运补给给中国的空、陆部队。[75]

这个转变并没令蒋全然讶异。十一月三十日他在日记中就说，英国人狡猾，他不能把罗斯福有关海上优势的“承诺”“太认真”。甚且，他明智地写下：他不会“说除非英国投入其海军力量，不然我们不会投入我们的步兵，以免给英国人任何借口”。他说，最重要的是，若是承诺的海上力量没实现，缅甸战役就要延后——罗斯福建议采用的替代方案之一。[76]这个时候，蒋若是表示对美国领导人此一大转变至为震惊和遗憾，但又不在此一脉络下要求另外援助，他就可能站上有利的政治位置。若是单纯接受延迟战役的方案，蒋可能会激怒史迪威，但就战略或其他方面，这么做本身对蒋并没什么不好。可是，蒋高估了自己的外交手腕，也高估了罗斯福对自己食言的愧疚感，走向了更机会主义的途径。

他回信给罗斯福，口气平静，但表示很担心盟国食言对中国军民的影响。他又旧调重弹，提到“整个中国前线突然崩溃”的可能性。他甚至宣称，除非采取重大措施展现“您（罗斯福）对中国战区的真诚关心”（意即蒋氏夫妇认为罗斯福在开罗的承诺)，“我们不可能再撑过六个月”。委员长建议美方提供十亿美元贷款，给中国的飞机加一倍（把承诺提高为一千架），驼峰运载量增加到每月两万吨。他在结语又警告说，若是日本人察觉美国将忙着准备大举进攻欧洲，他们将会发动全面攻势以终结中国的抗战。[77]

等了两个多星期没等到回音，蒋在十二月十七日发出另一封比较节制的信，终于接受罗斯福的“建议”，同意把缅甸战役延迟到次年十一月。他又重申需要援助，但不提早先的威胁。蒋可能意识到第一封信的伤害性，次日他赋予史迪威全权调度印度境内国军部队，以及业已在缅甸的胡康河谷作战的国军部队，并正式同意在西线战场（印度）立刻展开作战。史迪威力促华盛顿要求委员长也派云南境内的 Y 部队在东线跨越萨尔温江。

无疑是受到霍普金斯的影响，也的确因为食言而不好意思，罗斯福对蒋氏十二月份两次来函的初步回答相当拘谨，只说针对中国军事、经济问题，最好的答案是尽可能快速打开一条通往中国的陆上路线。他希望委员长能执行他这一部分的作战任务以夺回缅甸，但没提延迟作战；又说财政部正在研议贷款要求。[78]蒋的这次的回信又比第一次复信更煽动、更愚蠢。他告诉罗斯福，如果贷款不下来，美国政府应开始支付驻华美军的一切开销（以二十元法币兑一美元的官方汇率为准)，包括在成都附近已动工的 B29 机场。他又诈唬三月一日后“中国对（驻华）美军任何的计划，都无法提供物质或财务协助”。他写说：中国将持续奋战直到“军、民皆无可避免地崩溃”，然后就“视情况发挥所能”。[79]

孔祥熙和蒋的美国财政顾问阿瑟·扬都试图说服他把这封信的措辞改得温和些，但都说服不了他。[80]蒋觉得罗斯福的信语带威胁，因此认为自己的回信口吻与内容也无不妥。他的主要目标是争取某些具体让步——他认为中国应得的让步；他也觉得必须挽回他以及中国的尊严。[81]但是，他的威胁在华盛顿许多人看来是“怒火蒙蔽了理智”，正好被史迪威和战争部拿来运用。萨默维尔甚至建议，美军停止在中国建造机场，“从别的方向进攻日本”。好在冷静的一派胜出。职业外交官霍恩贝克（Stanley Hornbeck）当时担任国务院远东处处长，他分发备忘录强调，了解对蒋的回应有哪些风险之重要性，以及展现“政治家最高精神”之必要性。国务卿赫尔支持霍恩贝克，罗斯福遂摒弃战争部所提议要对蒋提出严厉的最后通牒。[82]

因此，罗斯福温和地告诉委员长，由于地理阻隔，很有不能把共同问题协商好的危险，就匆匆“作出不符任何一方人民利益的决定”。他告诉蒋，财政部不认为蒋所请贷款有必要，但建议中国派代表到华盛顿商谈汇率议题。然后，他口气转为强硬：此后美军在中国的开销将限制在每个月二千五百万美元以内。因此，该额度所能换得的中国货币就是在华美军全部的消费支出。蒋的回信重申只要盟国答应的两栖登陆作战可发动，或者是X部队夺回密支那或腊戌，他就会派出云南的Y部队。这一封信一发出，蒋为寻求平息风波，指示孔祥熙预付一百五十亿元（中国货币）给史迪威总部，作为今后三个月的费用。然后孔衔命飞往华盛顿，终于在货币议题上达成共识。[83]

同时，戴笠报告：日军最高司令部正从东北及华北抽调十五万名部队南下，并重建一座跨越黄河的大桥。分析这些部队移防是要加入华中、华东地区在未来几个月要发动的一项大攻势。这项“一号作战”后来动员五十万武器精良的日军，是日本有史以来最大规模的战役。[84]

日本发动“一号作战”的原因是日本商船船队已经降到战前水平的百分之七十七，严重局限了日本从东南亚引进原料。东京的战略家希望借由打造一个大陆走廊，联结从朝鲜到满洲，穿越华北、华中、华南到中南半岛，然后再经泰国、马来亚到新加坡等等日本占领地区，以解决此一危机。要串起这条走廊，需要控制住从河内到北平、大连的铁路。这个计划实质上将导致日本在中国的占领区往西和西南方扩展，确保帝国后翼，使原料（如石油、矿物、食粮等）及部队能从中国和东南亚运送到朝鲜半岛釜山港，再通过狭窄的对马海峡到日本。依据这项计划，必须占领大片土地，也会摧毁陈纳德的新机场。四月六日，蒋接到情报，指出日本的目标不仅是要摧毁最东边的机场，还要打开大连至河内的“大亚洲铁路”。[85]

换句话说，德军在欧洲每个战场都在撤退，日军在太平洋也节节失利，日本皇军却规划在中国发动最大规模的攻势，大过麦克阿瑟所遭遇的任何攻势。在重庆以及其他盟国首都，已出现希特勒政权可能在一九四四年之内就会崩溃的讨论。盟国虽并未告知蒋，但他猜想斯大林在德黑兰会议已同意在德国投降后，让苏联加入对日作战。蒋认为，一旦苏联控制了东北甚至北平、天津，苏联将“立场转硬，要求成立（由中共主导的）区域政府和区域自治”。但是，目前他对它也别无办法。[86]延安方面，中共党内主张和国民党合作的一派，彻底失去了仅存的势力。[87]

同时，在史迪威印度总部工作的戴维斯，已针对中国国内局势向霍普金斯呈报许多噩耗。一九四五年二月，他建议派美国军事及其他观察团到中共根据地，以降低中共倾向苏联的趋势，也牵制蒋想要消灭毛的势力之念头。二月九日，罗斯福正式要求蒋准许美国观察团到延安。蒋在日记中叹息“为共匪宣传所迷惑，急欲往延安明了共匪情性，而其在华一般幼稚武官，中毒更深”，但更严重的是，“（华盛顿的）上级官吏”也是如此。[88]蒋拒绝此一请求，但表示美国代表团可到华北任何一个接受中央政府号令的地方去参访。罗斯福感谢委员长回复，表示他在近期内将派出访问团，忽略了蒋的限制。[89]稍后，蒋为了安抚美国人，批准一群西方记者首次访问延安。

一月间，史迪威率缅境中国部队（现在编号新一军）继续在胡康河谷缓慢推进，另有一支英军从印度南下往阿肯（Arakan）海岸推进。但是，突然蒙巴顿总部建议盟军放弃打通通往中国的补给线之计划，改为在苏门答腊建立根据地。史迪威大怒，立刻派博特纳将军前往华盛顿，极力反对这个计划。蒙巴顿知道后，指控史迪威抗命犯上，要求将他解职。史迪威接到马歇尔的指示前往拜谒蒙巴顿，向蒙巴顿“认错”，如同对蒋道歉一样。两人表面上修好，心里头都希望除掉对方。[90]

盟国领袖没接受蒙巴顿的方案，缅甸战役继续进行。然后，完全出乎意料之外，日本三个师团在三月八日只带一个月的补给猛扑英军前线。不到几个星期，日军已包围六万名英国、印度部队，以及他们在英帕尔（Imphal）平原的仓库，并且攻打边城科希马（Kohima）——这是扼守通往阿萨姆河谷和执行驼峰运输任务的美国空军基地的隘口之要塞。日军转眼已抵达距加尔各答－阿萨姆铁路线不到三十二公里之处，史迪威的中、美部队即将被切断。史迪威和英军再次严重低估日军实力。他写道：“这是个机会，我们将完成光辉的春季攻势”。[91]史迪威立刻急电马歇尔，要他向委员长施压、派出Y部队，并且急派国军另一个师支持胡康河谷的新一军。他给马歇尔的电文说：“如果我需要援助，那就是现在！现在!”蒙巴顿也向伦敦的上级求救，以“极其紧急”向蒋作同样“建议”。[92]

罗斯福遂急电委员长，表示希望他命令Y部队指挥官合作，参与此一“伟大的机会”（他故意不说是大危机）。蒋答说，中国若是不自量力，只会自寻烦恼。因此，除非英国发动两栖作战，Y部队不可能投入攻击。不过，蒋同意即时从云南派国军十四、五十两个师去增援史迪威在缅甸的阵地。这些部队以破纪录的速度，八天之内飞越驼峰，抵达阿萨姆。[93]

蒋氏虽仅部分响应盟国求救，仍有其重要性，竟然在史迪威的日记或是他给华盛顿的报告中，都没被提到。反而是，史迪威三月三十日的信息中，预测盟国在缅甸将会全面落败，说服罗斯福改以严厉言辞诘问委员长。罗斯福四月三日拍发给蒋的电文中说：缅甸战役的唯一目的就是打开通往中国的补给线，“美式装备的Y部队竟然无法出动对付日本第五十六师团，这点是不被接受的。”罗斯福又说：“如果Y部队没用在这一共同目标，那么装备、训练他们的意义就全然不存在。”这封电文的结语是老式的委婉用词：“我希望你能有所行动。”蒋决定暂时不回答，“应忍耐暂不置覆以观其后也”。[94]于是史迪威把原定要拨给云南Y部队的一切驼峰物资，统统转拨给支持缅甸作战的第十四航空队。[95]

蒋氏迫不得已，接受一快速巧妙的脱困方法。四月十四日，何应钦致电马歇尔，声称鉴于战略及战术的考虑，中国决定派Y部队跨萨尔温江，迎战日军。蒋氏勉强解释此一痛苦、政治代价极高的暂缓出兵之策，是针对盟国对他在开罗做了承诺却又毁约，才不得已的某种反抗。[96]他给Y部队司令官卫立煌下了一道指示：“不成功、即成仁!”[97]史迪威旋即恢复对Y部队供应补给，把给十四航空队的补给降回原来的水平。

陈纳德强烈反对渡萨尔温江作战的方案，向蒋警告说：日军在华中的大攻势迫在眉睫，势必伸入到湖南和广西。他认为，需要借重Y部队来抵御日军大举进犯。史迪威在重庆一再出错的重庆情报处发表“坚定的异议”，不认为日军会发动大规模攻势。史迪威告诉陈纳德，“当前在印度（英帕尔）的危机”才是最高优先，命令这位空军将领不得向委员长呈报中国境内“军事情势紧迫的评估”。[98]直到陈纳德的飞行员侦察到两百三十九节火车车厢运载日军往南、往西调动，史迪威的重庆总部才认为日军的大攻击确实迫在眉睫。[99]四月十七日，日军第三十七师团数百辆坦克车和装甲运兵车，穿过已修好的桥梁跨过黄河，驶过平坦的河南麦田。他们的目标是扫荡黄河和长江之间的国军部队，清空平汉铁路。[100]汤恩伯第一战区的杂牌部队溃败四散，但是第二十八、三十一集团军保住了洛阳重镇。也不晓得是好是坏，委员长通过电话亲自指挥洛阳防卫战。他亲自向自己的参谋长史迪威请求，从 B－29 仓库拨五百吨汽油供陈纳德部队使用，以支持洛阳守军。但是史迪威拒绝了，他认为委员长是自作自受。

河南国军没多少大炮，三名士兵共用两支旧国产步枪，仍然英勇奋战。在中国的国军唯一的军事优势是陈纳德十四航空队约九十架飞机所提供的战术掩护。洛阳守军奋战十五天，牺牲两万一千名官兵，才接到蒋下达的撤退令。[101]

二

五月十一日夜里，河南陷入溃败，而七万两千名 Y 部队从滇西跨过萨尔温江，设法与史迪威部队会师。根据美国联络官的说法，中国远征军有精良的器械和充分的空中战略支持，英勇作战，战绩亮眼。小区域的骤雨很快就演变成绵绵不绝的季雨。但是美国飞机空投补给与弹药，国军全力杀敌。同时，史迪威率领的国军部队和梅里尔的美军特种部队也在泥淖与大水中挣扎前进，抵达密支那郊区。[102]

尽管雨势滂沱，史迪威希望他率领的国军五个师团很快就能和东侧的卫立煌十二个师的 Y 部队会合。可是，六月中旬，卫立煌企图攻占日军在萨尔温江防线的重镇龙陵，不料却遭到日军仅有一千五百人的反攻，击败了国军一万名将士。蒋盛怒，命令卫立煌竭尽全力重新发动攻击，务必攻克龙陵。蒋又从华北调两个军加入卫立煌在缅甸的远征军。这些部队是第九、第四军区等候迎战日军下一波攻势所需要的重要兵力。蒋把他们南调，再次展现他对盟国在缅甸求胜的坚定意志。[103]

美国飞行员不断回报，日军精锐部队持续从满洲沿新占领的铁路线往武汉集结。陈纳德再次吁请史迪威运用他的紧急权限，调动补给、运输能力，以及 B－29 的作战单位，支持华东紧急局势。史迪威答复说：“在紧急状况确实无误之前，不能贸然做决定。”两天后，日军第六军团从武汉攻入湖南，另一支较小的部队则从广州和越南北上。“一号作战”的第二波攻势颇有夺占湖南大部分地区之可能，而湖南正是自由中国主要的米仓；另外它也威胁到十四航空队在湖南、江西和广西的基地。陈纳德的第二十三大队飞行员每天在不良天气下出动三四次任务。他们给予日军沉重打击，但本身损失也十分惨重——和欧洲战场美国轰炸机群的损失同等，甚至更多。这个大队的三个中队有近半数的飞行员在那个夏天阵亡或被俘，其中还有三个是中队长。[104]

史迪威从缅甸丛林口述电报给马歇尔，坚持主张驻印度的英军司令部若不全面改组，一九四四年秋天从印度攻打缅甸之役不会有成功的机会。这等于是建议把他的顶头上司蒙巴顿换掉。（为了保住职位，史迪威最近才当面向蒙巴顿“认错”，保证专业上效忠！）史迪威又说，同样的道理，有鉴于“目前中国的最高统帅”（意即蒋介石）的状况，缅甸战役最好的希望顶多是占领、坚守密支那空军基地。他的结语是，要想打通直抵中国的陆上供应线，必须动用美国一个兵团。换句话说，缅甸战役推进迟缓，全是蒙巴顿和蒋介石的错，和史迪威本人以及蒙巴顿大大低估敌军实力全无干系。

同时，缅甸争夺战不取决于胡康河谷的胜负，而是取决于印度东北部的激战——日军在当地投入十二万名最精良的部队。到了五月初，蒙巴顿已获得重大胜利，打破日军对英帕尔和科希马这两个印度重镇的包围。皇家空军载运或空投了一万九千吨的补给、一万两千名的援军，也对敌军发动两万九千次的空中攻击。英军如此惊人、成效卓越的空中武力执行，远非陈纳德和中国人的空军所能比拟。日军在七月开始全面撤退，构成迄今日本陆军最大的败绩——伤亡高达五万五千人，其中一万三千五百人阵亡。

三

史迪威对盟军赢得缅甸战役的悲观看法，可能影响到马歇尔和参谋本部的新决定，他们试图不在亚洲大陆发动大战来击败日本。五月二十七日回信给史迪威时，马歇尔告诉他这个新的大方向。此后，美国在中国、缅甸的最高优先是增强空中作战，并基于此一目的增加驼峰空运运载量——与陈纳德主张的战略颇为接近。更值得注意的是，美方似乎并没和中国战区最高统帅蒋介石讨论这件事。[105]

马歇尔的信抵达的同一天，国军部队和美国特种部队在史迪威指挥下占领密支那的机场。可是，日军兵力虽仅只三千五百至四千人左右，却负隅顽抗，坚守密支那三个月之久。史迪威和他的国军部队官兵（包括未接受美式训练但已配备美制新武器者）英勇作战、坚忍不拔，恐怕也没有任何一位美国将领像史迪威这样在壕沟中和士卒同甘共苦。但这是相对小规模的战役。相较之下，中、日双方有百万人在华东激烈交战，中、印边境的战斗也比密支那规模大——也是较为重要的战役。可是，美国新闻界对密支那之役（和史迪威）的注意，却远超过长沙或英帕尔。当数千名日军死守的密支那终于攻克，马歇尔也称誉史迪威“赢得漂亮”。[106]

同一天，史迪威抽空发电报给马歇尔，要求解除陈纳德的十四航空队指挥官职务，理由是“抗命”——陈纳德不听史迪威的命令，向蒋介石报告日军准备在华东、华南发动巨大攻势。美国战争部——毫无疑问，就是马歇尔本人——回复说：在预期的国军华东大溃败之前罢黜陈纳德，会使史迪威成为“众矢之的”。蒋介石认为“自抗战七年下来，军事局势之严重，未有如今日之甚者”。他亲自吁请罗斯福增加每个月给十四航空队的补给，并把位于成都的整个美国战术战机和飞机兵器都派给陈纳德调度。他又吁请罗斯福提供八千具火箭筒。[107]

但是，隔了一星期，史迪威接到窦恩一份报告，指出有七千万发子弹交给国军，现在下落不明；若干反坦克步枪和无线电显然仍在重庆；中国人在昆明的炮和补给足供五个野战炮营之用。其实这些抱怨和实情有所出入。事实上，除了投入缅甸战役的 X 部队、Y 部队，美国的军事器械或弹药很少交到国军手中。例如云南的这批炮，几乎肯定是配给 Y 部队的军火。

根据中国军政部的数字，自从仰光沦陷以来，从一九四二年五月至一九四四年九月，百分之九十八飞越驼峰运来的军援，是交给十四航空队——军政部还可以补充是交给 B-29 作战使用，以及维持越来越多的大量驻华美军人员之用。美国供给 X 部队、Y 部队以外的两百万国军，总共只有三百五十一挺机关枪、九十六门山炮、六百一十八支反坦克步枪、二十八门反坦克炮、五千万发步枪子弹。这些项目当中，只有六十门炮、五十支反坦克步枪和三千万发子弹是在一九四四年六月之前运交；其余在之后才运交。[108]甚至，美国战争部也下令，国军新的三十个师 Z 部队将由美国重新编训、装备（这是罗斯福答应替中国装训九十个师的其中第二批部队），只会得到配给中国的租借法案物资总数的一成。负责装训的美国小组估计，如果把这些军火分配到三十个师去，每个师所得到的“几乎是零”。[109]

史迪威也不找蒋要他说明这些下落不明的军火究竟怎么回事，径自采信窦恩的报告，决定不拨大量补给品给国军地面部队，也拒绝针对日军在湖南的攻势采取紧急措施。六月初，史迪威回到重庆和蒋讨论军事危机，后来又到昆明和陈纳德商讨。蒋、陈重提早先的要求，希望出动 B－29 轰炸武汉的日军库房。史迪威答应向华盛顿转呈此一请求，但是当战争部回答说不行时，他简短回电华盛顿说：“指示已明白，也正是我所希望的……委员长向我施压，我才会发出上述请求。”史迪威和陈纳德商讨过后，也一样一转身就忘了陈的要求；陈要求把十四航空队派去保护 B－29 轰炸机的两百架战斗机，调派到华东对付日军即将发动的攻势。[110]

根据史迪威的说法，六月五日在重庆，蒋告诉他“华东情势”（日军将进攻湖南）可以靠空中攻击来解决，要求他“暂停飞越驼峰的武器和弹药运载”，以便专心运载燃料、零件和武器给第十四航空队。史迪威答应蒋，他会确保十四航空队每个月收到一万吨补给，但是他似乎也把蒋的指示解读成：命令他别使用美军从任何地方运送军火到在华东抗击日军的任何国军部队。[111]若要说蒋如史迪威所说，如此断言单凭空中力量就可“解决情势”，恐怕很有疑问；史迪威本人也没引述蒋的话说美、中军火都不必送到华东的国军部队。蒋在日记中只记下，“下午参事汇报后召见史迪威，尚能如余意办理空运油料事，其态度如常”。[112]实际上交给无关缅甸战役的国军之美国军火只是“涓滴”，但蒋认为他有很强的理由去控制，甚至停止美国未来任何武器交给他在华东的指挥官。这时候，第九战区（湖南）司令长官薛岳，和第四战区（广东、广西）司令长官张发奎，越来越有不忠的嫌疑——史迪威的总部相信此一传闻正确。

蒋不仅明白指示驼峰物资集中供应给十四航空队，而且不坚持美方送军火给湖南的国军——特别是受到威胁的长沙和衡阳——蒋展现出他重视部属将领的忠诚与否，远大过好好防卫这些城市。他的日记就已明白揭示他有极大的政治和军事动机在这些城市击败日军——他晓得若能战胜，必可争取到美国人及国人对他的支持。因此，他将采取强烈措施试图在湖南击败日军。可是，他又怕补给落到薛岳手里。他显然不会让十四航空队空投即使是国产军火给守军，他也不跟陈纳德讨论空中补给事宜。[113]

陈纳德很气蒋不帮助薛岳，但他没跟蒋争，显然认为说了也是白说。但是，一向不怕反对蒋氏决定的史迪威如果在解读蒋的命令时对蒋的判断有任何疑问，大可以寻求解释或敦促蒋再考虑。至少从记录上而言，也是好事一桩。可是，史就像蒋一样，在作这些决定时也有自己的政治盘算。我们将会看到，接下来两个月里，史迪威很明显希望蒋在长沙或华东其他地方遭到重挫，借以增加自己接管整个中国部队指挥权的机会。蒋和史对后来长沙、衡阳之败都难辞其咎。[114]或许是因为这个原因，蒋日后在其日记中也没责怪史迪威造成这些败绩。

薛岳的总部离长沙有一段距离，当日军缩紧包围圈时，蒋正集中力量协助、指挥守军第四军军长张德能。蒋继续争取以十四航空队进攻日军及其补给线来增强后勤支持，同时又从其他四个战区急调六个军驰赴湖南。当情势显示援军不可能及时抵达、长沙将会沦陷时，张德能于六月二十六日擅自率四千士兵，以及据说装满了他个人财产的卡车弃城。虽然他是蒋的爱将，蒋下令将他枪毙。[115]长沙终于难逃沦陷，日军占领了一片焦土。老百姓大部分早就逃了，连湘雅医院的中、美工作人员也不例外。长沙沦陷，使南方的衡阳和桂林乃至西北方的重庆都暴露在日军的攻击范围。史迪威在临时首都的总部也开始打算撤离。罗斯福立刻派副总统华莱士（Henry Wallace）到中国“稳住”蒋介石，并推动国共合作。[116]

委员长在重庆机场会见华莱士时，山城正是盛夏时节。宋子文已经复出，并升任行政院长，也在欢迎行列之中；他的妹妹宋美龄则留在车上。[117]蒋现在认为他在去年十月犯了大错；他应该听宋子文的意见，坚持要史迪威解职。蒋不仅怪罪太太，也怪罪孔祥熙夫妇和何应钦支持史迪威。宋美龄虽参加与华莱士的会谈，但是异常沉默。这一次，由去年十月曾被她赶出与蒙巴顿、史迪威会谈的宋子文负责翻译工作。

陈纳德和他那位聪明、有野心的年轻助理艾尔索普，也在停机坪迎接副总统。人脉极广的艾尔索普和华莱士是旧识，副总统欣然接受陈纳德的建议，让艾尔索普担任他访华期间的“空军助理”。[118]

华莱士抵达前两个星期，《纽约时报》刊载经蒋允许访问延安的美国记者所发出的第一篇报道。毛泽东在第一次接受美国记者的访谈当中，宣称中共“支持蒋介石（抗战）的政策从来没有动摇过”。他说，中国所有的严重问题，总结起来就是一句话——“不够民主”。这篇《纽约时报》的报道充满了热情，作者对所见所闻甚表欢欣。这位未署名的作者——可能是阿特金森（Brooks Atkinson）——报道，原本不毛之地的延安已经成为“中国的乐土之城”。他说，中共士兵“没给百姓制造负担”，自给自足；日本俘虏没关在营房，自愿协助共军部队。阿特金森向读者肯定地说：苏联“从没展现对中国共产党的兴趣”，但是中共部队牵制了在华皇军五分之四的兵力。[119]

类似的新闻报道反映、强化了重庆和华盛顿大多数美国官员的观点，认为中国共产党是政治上无害、民心所向（虽然尚未完全民主）的组织；如果政府许可，他们决心发挥全力抗日；甚至即使没有这种自由，他们已经扛起作战的最沉重负担。推论下来，国民党政权正在分裂，无心抗日，若要国共双方平和、民主地达成和解，要看国民党肯不肯合作。国务院替华莱士准备的和蒋谈话要点反映出这些意见。[120]

华莱士力促蒋要善加利用共军部队，而作为开端，蒋可批准美国军事代表团到延安考察。他又说，蒋应采取行动与苏联增加合作。蒋回答说，美国批评者一直要他和共产党修好，但从来没提一项关键重点：中共真正接受，他的统筹调度之必要性——这项统一战线的基本条件是中共一再声称接受的。

蒋接着明白地告诉华莱士，他对史迪威的判断力没有信心，要求罗斯福总统能派一位私人代表来华处理政治、军事问题。他认为国军部队在河南溃败是因器械不足、久战兵疲，以及因士兵家庭有难、未能从国外得到足够援助，因而士气低落。至于缅甸的情势，他说是因为盟国未能执行已跟他讲好的全面进击所致。[121]

拉铁摩尔也是华莱士访问团成员，次日早饭前他在黄山官邸陪委员长在院子里散步。蒋突然问起，华莱士此行所为何来，拉铁摩尔说明，和苏联维持良好关系是美国战后政策极重要的一环，在苏联参战之前，美、中最好与莫斯科先有清楚的共识。针对拉铁摩尔的问题，蒋答说，他认为只要苏联“确认了它在西方列强的地位”，就会马上加入太平洋战争。他预测苏联将由蒙古—满洲长驱直入，而且很快就会胜利。蒋夫人和拉铁摩尔也另有个别谈话，表示她打算出国治病，她还拉下长袜让他看看她的皮肤病。她拜托拉铁摩尔请华莱士向委员长表达关切她的健康，暗示她不确定自己能否出国治病。[122]

华莱士在重庆和其他人士的会谈则反映出中方的混乱和悲观。宋子文抱怨他的上司因为“已经出现分裂迹象”而“手足失措”，中国政府“离毁灭倒数只剩五分钟”。宋庆龄则是强调国民政府缺乏民众的支持，并呼应中共当时的论调，替她妹夫开脱，认为蒋被蒙在鼓里。[123]离开重庆后，华莱士一行人转到昆明，他草拟一份初步报告给罗斯福，警告说：整个华东很快就会落入日本人手中，使美国在华军事努力尽付流水，也可能造成重庆政府瓦解。他说委员长“一个由地主、军阀和金融家支持的不开明政府”，让自己躲在洞里。华莱士又说，蒋“对共产党充满偏见”，“与他们和解的机会很小”。他的结论是：目前固然必须支持委员长，但美国“应物色其他可能更有希望的领导人或团体”。华莱士虽然对蒋的长期领导颇有疑虑，却支持蒋的吁求：罗斯福应派个人代表来华，华莱士甚至也建请由魏德迈（Albert Wedemeyer）将军取代史迪威。[124]

蒋介石不晓得接下来谁会带给他坏消息——他的美国盟友、他的日本敌人、他暂时的军阀盟友、他在国民党内的对手、中共或是苏联？他花了不少时间追踪并试图指挥湖南和缅甸东北部的战事，又因私人生活严重分心。他的太太又陷入忧郁症。甚且，她已经听到流言蜚语，或者根本就确切得知委员长和一位陈小姐发生婚外情。各式各样的传闻说陈小姐是护士、老师或蒋的亲信陈布雷的女儿。重庆充斥着上层人物种种堕落恶行的骇人传说。谢伟思报告许多有关蒋家的谣言，但也指出它们“可能只是恶意的八卦”。有一个传闻说，宋美龄在委员长卧室发现一双从来没见过的高跟鞋，气得把它丢出窗外，竟然打到一个卫士的脑袋。另一个故事则说，宋美龄拿花瓶掷打她丈夫。[125]

委员长闹婚外情的谣言沸沸扬扬，蒋氏夫妇在华莱士离开后甚至罕见地邀请外籍记者来茶叙，蒋断然否认传闻，并指控传闻伤害革命。蒋夫人也宣称：“我从来不曾卑劣到去怀疑他的正直。”然而，如此不寻常的公开否认反倒令人格外注意到谣言，也让许多人觉得其中必有若干真实。[126]

委员长可能搞外遇，使得宋美龄更想离开重庆。除了情绪问题，她也有别的健康问题，如眼疾、皮肤病等。但是，很神秘的是，她在同样也失去委员长宠信的大姐宋霭玲陪同下，先飞到巴西的布罗科约岛。两姐妹在巴西停留近两个月，宋美龄接受医生治疗，宋霭玲据传忙着检视孔家的产业和投资机会。[127]九月，一行人离开巴西前往纽约；宋美龄再次住进长老会医院，也如同以往，包下哈纳克斯医疗所的一整层楼。她接受针对“严重衰竭状态”之治疗。埃莉诺·罗斯福夫人曾前往探视。[128]

四

马歇尔不仅拒绝了华莱士所提撤换史迪威的建议，还给史迪威大升官。依循史迪威去年布局的建议，马歇尔未跟中方谘商就决定让史指挥国军部队，后来补充说共军也包含在内。[129]史迪威在业已全毁的密支那城外头的闷热帐篷里读到马的电文，立刻回复，表示认同“唯有迅速、激进”的方案才能挽救中国的悲观局势。但是他也警告说，华盛顿必须迫使委员长赋予他“全权”统率国军部队。史表示一旦接下指挥权，他将借重中共部队从陕西发动对日军之反攻，他说中共“两年前表示愿和我并肩作战”。马歇尔认可这个构想。他的第一步是把史迪威晋级为陆军上将，同享此军级的只有马歇尔本人、艾森豪威尔、麦克阿瑟和阿诺德。[130]

联合参谋本部七月三日上签给罗斯福总统，建请他把所附信件递交蒋介石，促使蒋把包括共军在内的前敌全部中国部队之指挥权完全赋予史迪威。[131]罗斯福显然也没和可能有不同观点的任何高级官员会商，只在战争部代拟的信上更动几个字，让口吻稍为柔软一点，这封历史性的信函很快就送到重庆。

挺讽刺的是，罗斯福此时似乎已搁置或忘掉开罗会议以来的种种不愉快，他对委员长的敬重感又恢复了。在战争部代拟的信稿送达他办公室之前几天，他接见了孔祥熙。孔带来蒋一封亲笔信，宣称他把罗当成“老大哥、老朋友”。罗斯福也正面响应，告诉孔，“悄悄跟你说”，他希望在年底前安排一场四强会议，请斯大林、丘吉尔、蒋介石和他一起见面。罗斯福笑说，或许“斯大林、蒋先生和我可以说服丘吉尔大哥回心转意（同意去殖民化）”。[132]

马歇尔把罗斯福致函蒋介石、要求蒋把中国部队指挥权交给史的信函当中重要文句，转述给史迪威；但是他又加上一段劝告：“由于你在小事上对委员长、对总统迭有冒犯”，表示罗、蒋对史的支持已经保留了相当久一段时间。马歇尔警告史迪威，必须尽全力避免冒犯蒋。史在回信中只说：“我这乡村男孩”“必将全力以赴”承担新职。他不承认以前和委员长相处有什么过错，含糊地承诺他将“持续贯彻避免不必要的触怒”。可是，他在日记写下：“中国问题的解药就是铲除蒋介石。”[133]

史迪威派驻重庆的副手费里斯（Benjamin G. Ferris）准将把罗斯福“建议”史迪威总绾兵权的信送交给蒋。罗斯福添上的客气话表明他“无意”“干预中国事务”，但是中国“在崩溃边缘”，如果拿不出对策，“共同努力将遭受重大挫折”。罗斯福承认他完全明白蒋对史迪威的看法，但是他相信史是最够格挽救局势的军事将领。他建议蒋再次接纳史迪威，“在我（蒋）直属之下指挥中国全部军队”*，包括指挥调度共军部队。[134]

对蒋而言，这项大胆的建议让人不可置信。在中国主权史上，除非是遭到外夷征服，从来没有过这种事。[135]蒋当然把这项要求看做是对他本身权力，对中国的独立、尊严和自尊心的莫大威胁，但是他没有立刻动怒拒绝它，他知道自己必须冷静。他有三个选择：“拒绝、接受和静观其变”。他决定暂时搁下。[136]次日，他以客气、理性的态度答复。事实上，他的答复跟美方的要求一样都会令中立的观察家大为震惊：他竟然同意了！蒋答复罗斯福：“阁下所提史迪威将军在余直属之下，以指挥华军与美军之建议，其原则赞成；但中国军队与政治之内容，不如其他国家之简单，更非如在缅北作战少数华军之容易指挥者可比，故此事仓卒付诸实施，不惟不能补益中国之现在战局，乃必速致中国军事之不利，此乃现地之事实。”[137]

蒋接下来重提他向华莱士说的话，促请罗斯福派遣一位有力的个人代表“全权代表……得以随时与余合作……并可调整余与史将军二人间之关系”。然后他

---

* 罗斯福此处意思，作者引用蒋读罗电文后，在日记中以其（蒋）第一人称记下的版本。——编者注

又给了罗斯福一个讯息，跟他过去一再声称中国的抗战已濒于崩溃边缘的说法相互抵触。他说："而且目前战局，根本绝无危险，只要其能对余七年来抗战一贯之精神，笃信不撼，则弟决不辜负其所付托也。"[138]

孔祥熙再次见到罗斯福，递交蒋这封信。罗斯福读完后表示，他七月七日发出电文之时，接到报告说中国的确已在军事溃败边缘。孔祥熙接下来叙述中国军中不同的人际关系和区域忠诚的现象，这些问题需要有细致的领导。他说，史迪威"过去公务上，或因观点不同，或因未明实情，与主管方向意见不免出入"。但是，"惟史迪威若指挥全部中国军队能否达成任务，个人（指孔）认为不无疑问。且中美合作，不仅军事、尤看政治，军略家未必皆有政治经验，为免日后误会，宁可慎重于始。"[139]经过这一番友好谈话，孔祥熙向蒋回报，罗斯福已同意委员长的分析。[140]

罗斯福在前往檀香山之前，写信给海军上将李海（Leahy）说："委员长所说，饶富深意。"他也又回了一封信给蒋，催促他"在最早的适当时机"安排史迪威接掌指挥权，但是他接受先派一位高级政治代表赴重庆的建议。[141]对蒋而言，孔祥熙的报告以及罗斯福最新一封信，都非常令人鼓舞。他在日记中描绘自己是新儒家传统下冷静、高尚的贤人。"在我者惟有以天理与常道为准则，遵此而行，至于成败存亡非所逆睹，对我党国，鞠躬尽瘁而后已也。此次美国对我态度恶化以及国内人心之动荡，与军事之失利，余皆视为与我有益，而不以为害耳，即使美国利用中共政策，如我能运用得法，亦未始于我无益。"[142]但是另一个打击接踵到来。

罗斯福在夏威夷和麦克阿瑟、尼米兹开会之际，战争部呈上另一封给蒋的信，其口吻和几天前罗、孔相互理解、友善的讨论，截然不同。这封信正色提出警告："倘若我们对日作战的共同目标，不幸因你的决定而遏抑，美国和中国进一步合作的机会将会相当有限。"这封信大言皇皇的威胁不仅要终止美援，也要终止中美同盟关系。蒋收到这封信时，认定这些话绝对不会出自罗斯福"本人"。不过仍他在日记中写下："……不能不有一最后独立作战之打算也。"[143]

罗斯福后来又给蒋一封信，力劝蒋和中共达成共同出兵的协议，因为唯有如此才能大大改善中苏关系。蒋突然起了疑心，美国莫非要他承认毛泽东掌控华北的地位，从而建立"两个中国"——这一来可以降低战后美、苏因中国而起龃龉的可能性。他再次觉得“不安和受辱”。[144]

在此时，几乎同时传来希特勒遭人行刺，以及东条英机内阁总辞的新闻。蒋认为，东京的投降“为时匪遥”。他相信在附若干控制条件的情况下暂时赋予史迪威指挥权，以避免和美国人撕破脸，则目前的中美危机可以渡过，等到战后苏联人和中共露出真面目，就会使美国转而反对他们。[145]

但是当下蒋又吃下另一场败仗，使史迪威气焰更高，或许也鼓舞了他的军阀政敌。蒋觉得长沙失守之后，“但果能邀天之福”，在它南边约一百六十公里的衡阳告捷，则“外交危机，亦可轻安”,[146]国军即将崩溃的说法也将因为此一捷报而消失。可是，蒋还是不愿支持战区司令长官薛岳。因此，他再次如长沙保卫战一样，直接指挥忠于中央的部队坚守衡阳，不料却让情势更加混乱。不过，这一次衡阳守军将领方先觉却有坚决求战的意志。

蒋高度依赖陈纳德的空中支持来保卫衡阳。这个战术起先很有效。七月初有一段期间，十四航空队的战斗机和轰炸机成功阻扰日军补给线，迫使日军停止攻城。接下来一个星期，美军飞机因缺乏燃料，无法起飞。战争部如史迪威之愿，依然不肯让陈纳德动用成都 B－29 库房的航空燃料。[147]

同时，方先觉在地面作战中击退日军对衡阳的三波攻击，据说杀敌七千六百零二人。可是，他的正规部队也差不多牺牲殆尽——阵亡一万九千三百八十人；到了七月中旬，放到第一线的全是预备队和后勤部队。[148]重新补给变成关键问题。蒋还是没有空运或空投补给品，陈纳德没向蒋报告就去找史迪威，要求批准进行一次空投弹药（应该是中国造弹药）给衡阳守军。史迪威不肯，说他担心开了先例，以后恐怕无法应付纷至沓来的要求。[149]七月二十日，史迪威在重庆的新任参谋长赫恩（Tom Hearn）将军建议，批准陈纳德“意思意思”空降两百吨弹药到衡阳的要求，但是史迪威回复时还得意地说，陈纳德以前说过“光凭空军就可以击败日本鬼子”。事实上，陈纳德和蒋介石都不曾宣称，没有国军扮演重要的防卫角色，也能击败日军。史迪威告诉赫恩，如果陈纳德“现在明白他办不到，他应该向委员长报告，由委员长来作出他觉得合适的提议”。这一段话却因史迪威部属无心之失，没转达给陈纳德。陈纳德实际接到的信息是，史迪威也拒绝应白崇禧之请供应衡阳守军补给品，而且虽然只想着自己即将接掌国军部队，史迪威还抱怨说："我不晓得我们该怎么做，直到某个大决定定案后。"他又尖酸地加了一句："你可以告诉中国人，我们正在尽全力执行委员长坚持的计划。"[150]

赫恩回复史迪威时表示他明白"即将有重大决定"（指史迪威的新任命案），但是他建议在此同时应"立即"采取"果断的措施"，协助在中国东南部的中国军队。陈纳德表示，不论蒋介石是否同意，他愿意把他从驼峰空运所得到的一千吨物资换为军火支持衡阳守军。史迪威统统不准，薛岳和白崇禧来求，史也一概不答应。另一次明白提到美国对蒋施压、好让他统领中国部队时，史迪威告诉赫恩："搞半套的时机已经成为过去。类似这样给更多的免费礼物必会拖延到重大决定，被那伙人得了便宜。牌都已经发在桌上了，但结果还没看到。在他们摊牌前，让他们头痛去吧！"[151]意思已经再明白不过。赫恩告诉陈纳德，史迪威同意为了恢复华东局势，必须有"真实的行动"，但是"他正在规划可能使该地真正改观的方案，因此目前不愿承诺任何确切的行动路线。所以，我们必须暂时不做任何提案如何协助地面部队，让事情稍微沉淀一下！"[152]

白崇禧再次劝蒋弃守衡阳，这次是衡阳集中力量攻击敌军通讯线。但是蒋仍然认为必须向中国人民及美方展示，中国军队坚决迎战日军且能战胜。可是，和长沙一样，在衡阳必胜的迫切性还未大到令蒋坚持必须空运弹药和其他补给给守军的地步。蒋要求衡阳城里的方先觉继续作战，并且下令邻近部队驰援。史迪威的美军观察员报告说，国军六十二、六十九和三十七军为了突破包围衡阳的日军防线，确实牺牲十分惨重；另外三个军攻击日军补给线，伤亡也不轻。衡阳终于在八月一日由国军保住了。[153]战役过后，政府替五千名未埋的阵亡将士立了纪念碑。[154]国军并没战胜，但没有人可以说他们没在打仗。

五

八月十日，罗斯福通知蒋，在他的同意之下，美国将再次派赫尔利作为总统代表前往中国。他也建议由军事生产局局长（War Production Board）尼尔森（Donald M. Nelson）以总统特派员身份研究中国的经济状况。他再次促请蒋"不要拖延"把所有部队的指挥权交给史迪威。蒋在日记中写下："……只需忍辱待机，若至不得已时，惟有以快刀斩乱麻处之。"[155]蒋似乎在考虑到了某个时点，他必须与美国中断同盟关系。

同时，“美军观察组”，俗称迪克西使团抵达延安，展开考察中共目标的任务。它最有影响力的报告由谢伟思执笔，谢对他的所见所闻均留下深刻印象。他在结论和评论中，偶尔会简洁地碰触到问题，例如，他说：“我们不能肯定地说，共产党声称的民主政策是真心诚意的”，“（一旦共产党成为）中国最强大的势力……他们届时就可自由地（立即或逐步，要看情势）回复其共产主义主张”。但是他对中共及其延安领导人的赞誉让这些警告相形失色，他说：“对党的领导人没有任何批评……地方局势也不紧张……没有感觉到任何的束缚或压迫……对于承认失败毫不忸怩……没有乞丐，也没有赤贫的迹象……党军和人民彻底团结。”他宣称，共产党的政治主张“是单纯的民主……形式上和精神上，美国味大过苏联味。”[156]

谢伟思的确注意到一些不寻常的事情：“他们的思想和表达都很一致。”他觉得，意见如此相同，“可能是共产党思想训练以及党内规范的结果。但也可能是，至少有一部分是因为共产党不像国民党那样的大杂烩。有异议的人可以自由离去……有些则是被开除党籍。那些留下来的人，思想就真的一致了”。谢伟思似乎暗示延安的观点同质性虽怪异但却是正面的特质。[157]谢伟思和迪克西使团团长巴雷特（David D. Barrett）上校都建议美国开始一项供应武器和设备给共产党的计划——否则“内战的可能性将会增高，毛泽东也会恢复他和苏联的紧密同盟”。[158]

奇怪的是，这时候史汀生的战争部里面出现一群军事情报局（Military Intelligence Division）的分析师，制作一本有关中共实力、性质和意图的研究专书。这些分析人员检视两千五百份军事情报报告、访谈录、历史及其他文件，不论它们对中共的态度是否友善。他们审阅了一九四二年以来史迪威总部发出的所有的报告，包括戴维斯、谢伟思的报告，以及迪克西使团持续发出的电文。他们的研究和谢伟思、戴维斯的一些结论意见相同。但是，这份研究的结论指出，中国共产党的民主“遵循苏联的模式”，在此模式中“真正的异议团体一概被打成‘叛徒’”。报告又说：美国或许有必要“和中国共产党建立军事合作……但若是基于他们并非共产主义者的假设，去跟他们打交道，则是完全不切实际的”。军事情报局研究人员对国民党的贪渎、不团结和“像中共一样，在分享权力方面不够真诚”，也予以挞伐。[159]这份报告在一九四五年大战即将结束之前发表，对当时人的思想没有影响，但它的确显示华盛顿方面对中共也不是全无了解——比起国务院、战争部、美国新闻界、学术界绝大多数的中国事务专家，以及许多美国政治领导人的了解，切实多了。

这时候，即使蒋已明白表示史迪威还要归他管辖，而且他要保有对史的任免权，他也认为恐怕必须把全盘指挥权交给史了。值得注意但又不意外的是，蒋在和美国交涉此一极其特殊的协议时，并没有表现出全然的愤世嫉俗。他甚至再次暗自忖思，如果把这桩棘手的事处理得好，说不定还能“因祸得福转败为胜也”。[160]

九月七日上午，罗斯福的特使赫尔利在经济学家尼尔森陪同下抵达重庆。赫尔利上次访华期间（开罗会议之前）和蒋、史都处得不错。同一天，这两位美国人首次和委员长会谈时，赫尔利表示罗斯福提议，史迪威拥有和艾森豪威尔领导的欧洲英美盟军一样的权限。当然这里头没讲出来的差异是，欧洲盟军的地面部队以及空中力量绝大多数是美国子弟，可是国军可全都是中国人。赫尔利强调，史迪威“执行其新职时，必须要得到委员长全面授权和信任”。[161]蒋同意，显示出他甚至认为史总绾兵权还可能缔造新的契机，让中国军事在美国人领导下得以进行改革。但是蒋也强调，收受、分配租借法案物资的权力，史迪威应该交出来；任何归史迪威指挥的共军部队，也必须接受委员长的最高权力。[162]赫尔利也再三向蒋作保证，罗斯福不是要求任何东西，反而是想满足蒋的“需要”。

让蒋倍加高兴的是，他觉得赫尔利“甚为恳挚”，与“往日美员”相当不同。[163]会后，有另一个迹象显示蒋很当真看待这件事，他要求英国驻重庆军事代表向他简报有关欧洲盟军给艾森豪威尔的权力配置。[164]次日，他在日记中写下史迪威新职的草拟：在中国战区最高统帅即蒋本人之下，史迪威将是“统帅部参谋长兼中美联军前敌总司令，承中国战区统帅之命令，负本战区前线各军作战之全责”。值得注意的是，蒋没有把军事委员会拉进来作为史迪威权力的掣肘。他写下，所有战区军队都听命于史迪威——包括派在西北防止中共扩张的胡宗南部队。但是他加上一个新的、昂贵的价码：美国“提供各战区部队需要的一切补给”。[165]

九月十五日，赫尔利和史迪威奉召去见蒋。史迪威刚从情势紧张的桂林视察回来，而蒋已命令守军死守桂林。史几乎确定，死守不是最佳战略，可是蒋的“不成功，便成仁”军令就跟他过去不知下达多少次类似的命令一样，等于驳斥了史迪威向马歇尔的标准抱怨——蒋介石“不肯打仗”。

在蒋开口说出他对萨尔温江前线状况的关切之前，据蒋的日记所载，史已经以“轻蔑言辞”提到国军在广西全州的战败。史坚持，应从胡宗南围堵共军的部队立刻抽调人马到广西前线。蒋因史口气不善感觉被侮辱，但仍把话题拉到当前的忧虑——日军在缅甸龙陵针对Y部队不断反攻。蒋要求目前在密支那的X部队立刻向东进击，以便缓解龙陵的压力。史拒不遵命，声称X部队需要休息。蒋反驳说，如果做不到这个战略调动，他要把Y部队撤退过江，回防昆明。史迪威“震怒”，声称这么做势必伤害到整个缅甸战役。[166]

会议一完，史迪威没跟赫尔利再商量，立刻跑回办公室拍发急电给马歇尔，指责蒋介石这个“疯狂的小混蛋”即将害缅甸局势全盘逆转。[167]他把广西吃败仗直接怪罪到蒋头上，指蒋把“华南灾祸……当做小事一桩”；他又指责关于他总绾兵权一事“被拖延”。[168]他向马歇尔暗示，蒋故意不派增补兵员给受围困的Y部队，而其实史迪威应该晓得委员长已急调第二百师和一万名增补兵员去支持这些部队。[169]史迪威这封电报转到魁北克，罗斯福、丘吉尔和联合参谋长团正在当地开会，被这封电报弄得紧张兮兮。

得知Y部队在萨尔温江前线得到增援而有了突破之后，史迪威并没追发报告让马歇尔明白问题已经解决，反而更进一步挑起指挥权之争吵；他送了一份备忘录给宋子文，宣称虽然他努力“要教中国人如何抬头挺胸、争回自尊”，“这些年来却被拖延、忽视、出卖和耍得团团转”。这份口吻傲慢的文件提议谁应该当中国的军政部长，谁又应该当中国的参谋总长（分别是陈诚和白崇禧），又替自己争取“不得小于全权”的国军统帅权。史迪威写说，如果他的要求未遂，他会建议美国退出中国，并“在苏联领土内建立其亚洲基地”。[170]

这时候的魁北克，盟国领袖还以为缅甸局势紧急，蒋的无所作为是主因。马歇尔的幕僚代替总统起草一封给蒋介石的信，口气比起过去任何信都更具威胁和侮辱，连马歇尔也觉得不妥，在呈报给白宫前作了一些修正。霍普金斯不在，国务卿赫尔卧病，不久就辞职了。所以几个月之后罗斯福否认写下这封信，让赫尔利有个印象：信和一大堆其他公文一起呈上来，总统只是草草签准。但是，罗斯福本人几乎可以肯定添了一句与全信不和谐的友善的结语："您在大战中指导与启发贵国人民的高瞻远瞩，我相信您必然理解立即行动之必要。"这封信发出的同一天，罗斯福也批准一封友善的罗斯福和丘吉尔联名信给蒋介石，描述魁北克高峰会议的发展，包括盟军有意解放缅甸以及中国沿海一个海港。[171]

由马歇尔幕僚起草的第一封信中，罗以非常坚定的口吻告诉蒋，别从缅甸撤走Y部队，还要立刻派援军到前线。它的结尾是警告：如果委员长在缅甸没有行动，"你必须自己准备接受结果，并承担个人责任"。至于史迪威新职一事，这封信对赫尔利即将替史争取到手的大权，也没增加新要求；令人惊讶的是，罗斯福的口气语带恫吓，明显在威胁蒋"立刻"增援萨尔温江前线，"马上"让史迪威"不受限制地统率你所有部队"，否则美国将停止一切援助。[172]

史迪威九月十九日大清早收到"亲自面呈"的此一电文，立刻觉得它"像鞭炮一样令人振奋"。他十分兴奋地跳上吉普车，赶到蒋的黄山官邸。这时候官邸会议室正在进行重要会议，研商史迪威新职的最后条件。除了蒋介石、赫尔利之外，宋子文、何应钦、白崇禧和另几位中央军事委员会成员也在场。桌上摆着史迪威人事令初稿、委员长谕示初稿，以及指挥管道示意图初稿。赫尔利原本要求史迪威别参加此一会议，但一名侍从在下午五点三十分左右进来，向委员长报告史将军到了。蒋说："请史将军跟我们一起喝茶吧！我们欢迎他一起来。"[173]

史迪威传话进来，希望先和赫尔利单独谈谈。赫于是到长廊和他会面。史说，他刚收到罗斯福总统要给委员长的信，而且鉴于内容"具有最后通牒性质"，马歇尔指示要他亲自面交。赫尔利读完信函，向史说："没有一个国家元首会容忍像这封信的侮辱。"他把上午会谈达成的进展告诉史。他说，蒋介石已经同意所有必需的条件，让史在他领导下出任中国武装部队的前敌总司令。蒋也接受了史迪威即将递交的这封信当中一切的要求。赫尔利说，此外，委员长"预备从北方调兵增援你的萨尔温前线"，"即将任命你为总司令"。[174]

赫尔利央求史迪威暂缓递交信函，史予以拒绝。赫尔利又要求，至少在交出信之前，史迪威要向委员长致意一下这些要点都是他（蒋）已经同意的。据赫尔利的说法，史答说："不，老派！总统交给我这封信，要我把它递交给花生米。

我现在就要交给他。”赫尔利再作最后的请求：“老乔，你已经赢了这场球赛，如果你要统领中国的部队，你只要接受委员长已经答应的，就行了。”但史迪威已经拿定主意。他们俩跟大家会合。委员长即将签字，将国军指挥权让给一个外国人，但是看起来心情还很不错。史迪威说：“我有一封美国总统的信要呈交给委员长。”然后把英文本递给译员。[175]

这时候，赫尔利希望降低蒋的难堪，上前接过信函，表示还有中文译本。他要史迪威拿出中文译本，交给蒋；蒋默默地读完。宋子文后来告诉艾尔索普，中文本比起英文本更加侮辱人。隔了一阵子，蒋放下信，把空茶杯倒过来，然后说：“我明白了。”史迪威用汉语问：“我想，这个动作表示可以散会了，是吧?”一名中国幕僚点点头，说：“是的。”[176]据赫尔利的说法，他和这位美国将军走出门廊，史迪威不晓得他日思夜想的统率大军之机会已经被他自己断送掉，还说他希望赫尔利不会介意总统把递交信的差事交给他（史）。赫尔利说，恐怕此事后患将非常严重，这个问题已经“不足挂齿”。[177]

与会人士，除了宋子文和蒋介石，全都跟着美国人走出会议室。等到房里只剩下大舅子，蒋才“放声痛哭”。隔了一会儿，他告诉宋，他确信这封信是史迪威搞出来的。他说，史必须离开中国。蒋于是动手起草回信给罗斯福。宋子文打电话到艾尔索普家，要他立刻过江到黄山官邸；这位渴望功名的年轻副手在当天晚间稍早赶到，宋子文出示罗的来函和蒋匆匆写的回信之英译本给他看。艾尔索普大为惊骇。委员长的回信居然还称呼对方为“世界的希望、西方的光明”。[178]

宋子文和艾尔索普改写信稿，删掉奉承敬语，让内容和口气更强硬，宣布史迪威为不受欢迎人物，责备他造成“中国可怕的局势”。[179]当天晚上，委员长在日记中写下，下午所发生的事是“毕生上最大之辱”。他派人去请赫尔利出席一顿私人的晚饭。这位苦恼的美国特使才刚回到居所，立刻赶到黄山。蒋面色阴沉。在晚餐中，他表示他被此信口吻冒犯了。最重要的，他表示只要“史迪威还在中国”，一切都没得讨论。[180]蒋把艾尔索普和宋子文修改过的回信稿给赫尔利过目。赫尔利吓坏了。他觉得用词太强烈，恳请蒋再考虑。赫尔利认为他此行任务恐将全盘失败。他所能做的就只剩下让各位冷静下来。[181]

次日，蒋派宋子文传话给赫尔利，指罗斯福的信代表美国在盟国领导史上最低点。他说，以当前在役的国军部队来讲，三成是自一九三六年甚至一九二二年起就参加中国革命和抗战。没有一个中国军人会接受史迪威这种“傲慢态度”。接下来蒋又警告说，如果史“指导处置一有不当，难免引起对彼之危险”。[182]同一天，蒋再请赫尔利到黄山，重述中国军民都不会再容忍史迪威的侮慢行为。但是，他还未送出给罗斯福的回信。

同时，显然企图向赫尔利和罗斯福展现他仍有合作的意愿，蒋批准了史迪威已提出的一项拯救广西的作战计划。蒋并且下令枪毙不战而逃、弃守全州的九十三军军长。白崇禧证实蒋计划从西北再调六个师来协助防卫华南和西南。后来，蒋又和六月间一样，要白崇禧负责指挥第四战区和第九战区——取代第九战区的薛岳——这一次白答应了。[183]

同时，史迪威可能认为自己随时会总绾兵权，终于命令昆明的廷伯曼（Timberman）将军空运约两百吨军火到桂林和柳州。这是国军地面部队在湖南、广西苦战日军五个月来，首次经他（很讽刺，也是经蒋）批准的大量空运补给行动。[184]

但是，蒋已经告诉赫尔利，史迪威已经成为两国合作不可克服的大障碍。当天，赫尔利和蒋会面后去见史迪威，告诉他，蒋对那封信以及史迪威的递交都十分愤怒。赫尔利没跟史讲，蒋已决定请美国召回史迪威。史迪威觉得很好玩，似乎认为蒋暴跳如雷正是他即将屈服的迹象。当天晚上他写信给太太，声称他“扮演复仇天使”，还写了一首打油诗：

我等待复仇已久——
终得此机会。
我看着花生米双眼
一脚正中其下怀。

老鱼叉磨刀霍霍
瞄准方向、抓紧时机
我刺得深不见刃
一次再次、反复不止。

那小混账直发抖，
落得口不能言。
他脸色发青颤抖着，
挣扎着不去尖叫

一切战争的疲惫，
一切长期的痛苦，
这次我终于一举扳回
花生米颜面扫地。

我知道我还有得受
还要跑一场累人的比赛
但是，喔！多么幸福美好
我赏了花生米一巴掌。[185]

黄山官邸的仆从、幕僚，毫无疑问听到委员长九月十九日会议之后放声痛哭，谣言传遍全市。史迪威告诉他太太："和我一起欢呼。我们赢了……他灰头土脸。内部情报显示，我走了之后，咆哮声开始直至深夜。"[186]九月二十三日，赫尔利拟了一份乐观的报告呈给罗斯福，对于大麻烦只暗示说，他劝蒋委员长不要答复九月十九日那封信。他没提蒋震怒。应史迪威之请，赫尔利删掉报告中一句史、蒋"根本不合"的话。可是，有一段话史要求他加入，他也照办。这段话说："基于保护美国利益的需要，史迪威将军经常处于和委员长不同的立场，只有他一人告诉他真相。这在过去造成摩擦。"赫尔利希望交好史迪威，史刚交给他一份文件，定出和委员长重启讨论时的议题。据史迪威的说法，赫尔利认为这份文件"可以把柿子从树上震落一地"。[187]

史迪威提议的议题，以若干针对中共问题的假设性安排做开头：中共将会接受通过史执行的蒋之权力；中共部队将接受美国提供五个师的器械补给；"红军"将"用"在黄河以北；国共停止政治事项之讨论，等到日本投降后再谈。史迪威的方案还同意租借法案物资一送到中国之后就交给委员长，但是双方必须同意 X 部队和 Y 部队享有优先权，其次才由美国负责组训的国军三十个师、"红军”、拟议中的华东贵阳或Z部队去平分。史迪威的急性子使他彻底漏了空军，而这也不是头一遭。然而，他似乎是提议美国要装备国军六十个师、共军五个师。

赫尔利告诉史迪威，中国的内部问题他不该插手。赫尔利认为这是他自己衔命来华的任务。[188]赫尔利也劝史迪威再次表示未来和蒋相处会改变态度。[189]可是，在次日长达五个小时的会议中，蒋明明白白告诉赫，史迪威必须走人。他说，史从来没试图“维持良好的人际关系”。更重要的是，史固然“是个职业军人、工作认真、果决、精通自己的军事理论，也就是进攻……但是他没有战略思想……或基本的政治技巧……而且他非常高傲”。蒋说，罗斯福“非常好意”提名史迪威统率大军，但是他（蒋）已对史失去“最后的一点信心”。[190]赫尔利承认，美国必须重新考虑其决定；他在史迪威的“新议题”文件上写下“为时已晚”。[191]史为挽救他的工作作最后一分钟的努力，提议完全删掉有关中共的部分，集中在增强国军，但是蒋不为所动。[192]

翌日，蒋正式函覆赫尔利，表明他就是不能信赖史迪威总绾中国部队，但是他将欢迎任何一位适当的美国将领来填补这个位置。他也欢迎美国人接管中国的军事后勤司令部。可是，赫尔利发现信文有部分文字对罗斯福不敬，表示这些文字必须更动，否则他个人不会把它转呈给白宫。宋子文修改后，赫尔利觉得可以接受，才把它上呈给罗斯福。[193]

关于九月十九日会议的谣言持续发酵，蒋担心他的声誉甚至地位，都会受到伤害。这是他一生事业的最低点，比起西安事变遭劫持还要糟糕。他一九四四年九月三十日的日记记载：“余实已心碎精疲，几不能久持。而今竟又遭党内如此之凌辱，与国内如此之讽刺，此种横逆与耻辱之来，实为有生以来未有之窘困。”即令如此，他宣称他必须坚持下去，否则何以“对已死之先烈乎”？他说，毕竟尽管伤亡偌大、破坏偌大、讥谗偌大，“只要余能自立不撼，当不足为虑也”。[194]他向中央执行委员会报告：如果美国“切断所有的援助和支持”，自由中国可以“再次绝对孤单地挺立……必要时……只剩四省之地也要屹立不摇”。[195]

华盛顿接到蒋要求召回史迪威的信，霍普金斯已回到罗斯福身边。马歇尔和史汀生建议切断对华一切美援，但罗没接受。但是，马歇尔坚持，若是史迪威不能出任中国部队前敌总司令，美国也不用再提名另一位美国将领去接任，这一点罗斯福倒是接受了。马歇尔也否决罗斯福拟以陈纳德替补史迪威的方案，但他又策划另一个奇怪的构想，至少可让四星上将史迪威继续领导完成跨越缅北的雷多公路之工程。史迪威似乎愿意接受这项贬职，指说这个建议“鼓舞人心”，但蒋还是坚持不肯。[196]

当天夜里，赫尔利睡不着觉。他已经尽一切努力替史迪威挽救情势。凌晨两点钟，他口述一封上呈罗斯福的电文，强烈建请召回史迪威。天一破晓，为示公开，他带着电文去找史迪威，拿给史看。史迪威看完后说：“老派，为难你了，你一定很难下笔。”赫尔利说，这是他替国家效力多年最不愉快的一项任务。他接受史的建议，略作修改后就送出报告。他写说，现在的问题就是在史和蒋之间作选择。他说蒋介石“对合理的说理和领导都有不错的反应，但是对任何形式的恫吓都反应激烈”。他又说史“全无能力了解蒋，或和蒋合作”。赫尔利的结论是：“史迪威每一个动作都想要完全压制蒋介石。”[197]

罗斯福终于同意立刻召回史迪威，并任命魏德迈接任中国战区参谋长。（蒋接受艾尔索普的建议向罗提名三位将领，由罗圈定。）两天之后，史迪威拒绝委员长要颁给他青天白日勋章的美意（“告诉他把它塞到他的××去!”），然后和白修德、阿特金森、伊罗生（此时供职于《新闻周刊》）见面，大肆抨击蒋介石、国军及其政府。[198]当天下午，史向委员长辞行。赫尔利和宋子文在场。蒋在黑色长袍外罩上一件中山装，以既非报复亦非幸灾乐祸的语气说：“余不能与君共事到底，殊为遗恨。惟余二人性格，各有所宜，不如分地工作，各展所长，继续为打倒共同敌人而努力之为愈也。”史迪威则庄严地回应：不论委员长怎么看他，他希望，蒋会记得“我的动机全是为了中国好”。[199]

史迪威在中国的最后几小时，发出许多信，包括给陈纳德很客气的一封信；但是这位空军将领不晓得史迪威已向华盛顿建议将他调职。史迪威也给共军将领朱德写了一封短笺，表示“深以为憾”，未能“与你及你训练出的优秀部队”共事。很显然，他没写信给任何一位国军将领，包括长期和他并肩英勇抗敌的孙立人在内。[200]直到最后，他还是认为和蒋决裂，错不在他。他在一张没署明日期的纸上写下：“我和蒋介石的关系一向没有私交，只有公事公办。虽然我们经常在战术和战略问题上面意见相左，但是一旦作出决定，我都全力以赴执行。”[201]他在十月二十七日离开中国。

史迪威回国后两天，《纽约时报》刊载阿特金森报道史迪威奉召回国的长文。阿特金森没找赫尔利、宋子文、艾尔索普或其他可能对史的说法可提供平衡意见的人士作采访。阿特金森描述蒋在谈判指挥权问题时变得有敌意，向美方发出“个人的最后通牒”，坚持史必须解职；可是，阿特金森没提到史先把罗斯福的最后通牒递交给蒋。阿特金森说，蒋要求个人掌控租借法案的物资，宣称他“不会被美国人强迫去和中共修好，以助中国统一”。阿特金森又说，史迪威“比委员长更熟知国军的需求和能力”。他又说，史迪威“被公认为是自‘中国戈登’以降最能干的前敌指挥官”，暗示过去八十年来最擅长领导中国部队的两名将领，都是盎格鲁－撒克逊人。阿特金森的结语是，史的去职“代表一个行将就木的腐败的政权的政治胜利，其实它关心维持其政治地位更胜于把日本人赶出中国”。[202]

蒋读了这篇文章，以及史回到美国后其他后续报道的翻译。他写下：共党会利用此一“恶劣宣传”来“乘机煽动”。他坚称心境平和，但他晓得史迪威事件的落尘还会持续一段时候。[203]事实上，其后遗症历数十年而不衰，因为史迪威赢了文字战，而委员长及其政府自此未曾从中复原。

一至六章注释

出处缩写说明

Boorman, *Biographical Dictionary*（包华德编，民国名人传记辞典）

Howard L. Boorman, *Biographical Dictionary of Republican China*（New York: Columbia University Press, 1968）, 4vols.

Chiang Diaries, Hoover（蒋介石日记，斯坦福大学胡佛研究所）

Chiang Kai-shek Diaries, Chiang Kai-shek Collection, Hoover Institution Archives, Standford, Calif.

Columbia interviews（哥伦比亚大学中国口述史工程）

Columbia University, Chinese Oral History Project, 1990 – 1991

Currie Papers（居里档案，斯坦福大学胡佛研究所）

Lauchlin Currie Papers, Hoover Institution Archives, Standford, Calif.

FEER（远东经济评论）

Far Eastern Economic Review

FOI（资讯自由法）

Freedom of Information Act

FRUS（美国国务院外交解密档案）

Foreign Relations of the United States（Washington, D. C.: U. S. Government Printing Office, various years）; http://www.state.gov/r/pa/no/frus

National Archives（美国国家档案）

National Archives and Records Administration, College Park, Md. branch

秦孝仪，《大事长编》

秦孝仪编，《总统蒋公大事长编初稿》，十二册。（台北：中正文教基金会）

RGASPI（俄罗斯国立社会与政治史料档案馆）

Russian State Archives of Social and Political History, Moscow

T. V. Soong Papers（宋子文档案，胡佛研究所）

T. V. Soong Papers, Hoover Institution Archives, Stanford, Calif.

White Paper 中美关系白皮书

United States Relations with China, with Special Reference to the Period 1944 – 1949 (Washington, D. C.: U. S. Government Printing Office, 1949)

中文版注释表示说明

出处为中文书者，作者、书名会还原以中文表示；非中文书目会保留原文，作者如有中文俗名会加以标示。

蒋介石日记、宋子文档案等，已在上述出处缩写说明统一标示，且因档案分类方式是属国外机构所有，所以一律保留原文，不作翻译。

第一章　新儒家青年

1. Michael Clodfelter, *Warfare and Armed Conflicts: A Statistical Reference*, vol. 2 (London: McFarland and Company, 1992), p. 956.

2. Theodore H. White（白修德）, *Theodore H. White at Large: The Best of His Magazine Writing*, ed. Edward T. Thompson (New York: Pantheon, 1992), pp. 118 – 119.

3. 蒋介石广播谈话全文，见秦孝仪，《大事长编》卷五，pp. 2639 – 2643。

4. Theodore H. White and Annalee Jacoby, *Thunder Out of China* (New York: William Sloane Associates, 1946), pp. 277 – 278.

5. 抗战胜利对全国军民及世界人士广播词，秦孝仪，《大事长编》卷五，pp. 2639 – 2643。

6. White and Jacoby, *Thunder*, pp. 118 – 119, 277.

7. 蒋1945年8月14日致毛之函件，见秦孝仪，《大事长编》卷五，pp. 2639。

8. 19世纪90年代在中国农村，拥有5英亩地就可列入“富农”。1922年政府调查显示，全国农户平均拥有3.6英亩土地，但浙江农户平均只有1.2英亩。见 R. H. Tawney, *Land and Labor in China* (London: Allen & Unwin, 1932), p. 40.

9. 1996年5月4日和1996年5月30日，孙义宣在台北受访。孙在20世纪30年代、1944至1949年，以及20世纪50年代中期，担任蒋的秘书。他要叫蒋介石的妹妹姑婆，太太则是蒋介石母亲王太夫人的亲戚。可是，溪口当地的研究人员说，王太夫人曾经在家学习，略能识字。（1996年6月9日，王松奇〔WangShunqi，音译〕）在奉化接受的访问。）

10. Pichon P. Y. Loh（陆培湧）, *The Early Chiang Kai-shek: A Study of His Personality and Politics, 1887 – 1924* (New York: Columbia University Press, 1971), p. 7.

11. 虽然清廷政府也发行银两和铜币，墨西哥银元和西班牙银元在当时的中国是非常值钱的钱币。袁世凯政府和一些军阀也铸造银元（俗称袁大头），1933年国民政府铸造孙大头银元，废止银两。蒋介石日记及本书所用的材料通常没讲清楚是什么银元。见 Zhaojin Ji, *A His-*

tory of Modern Shanghai Banking（New York：M. E. Sharpe，2003），pp. 33 – 35，184 – 185. 关于蒋瑞生过继，以及盐铺和竹林分产的故事，来自 1996 年 6 月 5 日蒋纬国在台北接受的访问。王松奇补充说，蒋家依然保有稻田，在协调后归蒋介石所有。（1995 年 9 月 30 日，王松奇〔音译〕在奉化接受的访问。）王松奇说，蒋介石还继承了蒋氏房子隔壁的一两户老房子。关于中国人传统分财产的研究，见 David Wakefield，*Household Division and Inheritance in Qing and Republican China*（Honolulu：University of Hawaii Press，1998）.

12. Loh（陆培湧），*Early Chiang Kai-shek*，p. 14.

13. Sally Borthwick（鲍雪侣），*Education and Social Change in China*（Stanford，Calif.：Hoover Institution Press，1983），p. 32.

14. 1996 年 5 月 14 日，孙义宣在台北受访；1996 年 6 月 19 日，王松奇（音译）在奉化接受的访问。

15. 王松奇（音译），《蒋经国年轻和学生的二记》，1995 年未刊文章，作者手中有副本。

16. 王松奇（音译），《蒋经国年轻和学生的二记》。

17. S. I. Hsiung（熊式一），*The Life of Chiang Kai-shek*，trans. Pete Davies（London：Pete Davies，1948），p. 41；谢寿康，《蒋总统之幼年及少年生活》，（台北：中央文物，1954）p. 52。

18. 1996 年 7 月，王松奇（音译）回复我的书面问题。

19. 1995 年 9 月 27 日，作者在奉化与一群当地研究人员及有兴趣了解蒋氏家族历史的人士会谈（其中一人是毛福梅的远亲），大家认为殴妻之说可能确有其事，但是没有人晓得当时的家人是否留下关于此事的记载。当年的中国，殴妻并非不寻常，今天则不然。

20. 1995 年 9 月 27 日，一群人在奉化接受的访问。亦可参看蒋介石 1921 年 4 月 19 日日记，《蒋介石笔下的家庭与婚姻——蒋介石日记再编》，《民国档案》（南京）1（1993）：3 – 10。

21. Harold Schiffrin（史扶邻），*Sun Yat-sen and the Origins of the Chinese Revolution*（Berkeley：University of California Press，1970）；Boorman，Biographical Dictionary，vol. 3，pp. 170 – 172.

22. 参见 Diana Preston，*The Boxer Rebellion*（New York：Berkley，1999）.

23. Borthwick（鲍雪侣），*Education and Social Change*，pp. 70，86.

24. 根据毛思诚（1936）的说法，蒋介石因带头抗议古文课程太重，被凤麓书院退学。鉴于蒋深刻的纪律和忠诚观念，此说恐怕不真确。见 Loh（陆培湧），*Early Chiang Kai-shek*，p. 16.

25. 1996 年 7 月，王松奇（音译）回复我的书面问题。

26. Wm. Theodore de Barry（狄百瑞），*Sources of Chinese Tradition*（New York：Columbia University Press，1960），pp. 571 – 573，711.

27. 董显光，《蒋介石》第一册，（上海：中华书局，1938）p. ⅶ。

28. 黄自进，《蒋介石眼中的日本》，根据蒋对日本的三百一十三篇文章和讲稿整理出来的未刊文，（台北：2003）p. 917；谢寿康，《蒋总统之幼年及少年生活》p. 69；Loh（陆培湧），*Early Chiang Kai-shek*，p. 18.

29. 董显光，《蒋介石》第一册，p. 15。

30. Herman Mast Ⅲ and William G. Saywell, "Revolution Out of Tradition: The Political Ideology of Dai Jitao," *Journal of Asian Studies* 34, no. 1 (November 1974): 73 – 98; Boorman, *Biographical Dictionary*, vol. 3, p. 200.

31. Marius B. Jansen, *Japan and China: From War to Peace 1894 – 1972* (Chicago: Rand McNally, 1975), p. 122.

32. 1996 年 7 月，王松奇（音译）回复我的书面问题。

33. 1999 年 2 月 10 日，蒋氏家族给作者的信。

34. 同上书。

35. 黄自进主编，《蒋中正先生留日学习实录》，（台北：中正文教基金会，2001）p. 917。

36. 同上注，pp. 742 – 752。

37. S. I. Hsiung（熊式一），*Life of Chiang Kai-shek*, p. 61.

38. 董显光，《蒋介石》第一册，p. 12。Brian Crozier（柯如齐），*The Man Who Lost China* (New York: Charles Scribner's Sons, 1976), p. 40.

39. Edward L. Dreyer, *China at War, 1901 – 1949* (New York: Longman, 1995), pp. 32 – 39.

40. 1996 年 7 月，王松奇（音译）回复我的书面问题。

41. Crozier（柯如齐），*Man Who Lost China*, pp. 40 – 41.

42. R. Keith Schoppa（萧邦奇），*Chinese Elites and Political Change: Zhejiang Province in the Early Twentieth Century* (Cambridge: Harvard University Press, 1982), pp. 146 – 147. 西方作者，包括我本人——见 Taylor, *The Generalissimo's Son*（蒋经国传，中文版为时报出版）: *Chiang Ching-kuo and the Revolutions in China and Taiwan* (Cambridge: Harvard University Press, 2000), p. 7——一般都重复说，蒋介石英勇作战，令陈其美赏识，要蒋出任浙江都督。不幸，我在写《蒋经国传》时，没有拜读萧邦奇的著作。他读遍了当时绝大部分的浙江省公报。萧邦奇指出，紧接着杭州起义之后，公报提到许多人参与举事的规划和执行，但都没有蒋介石的名字。公报也没有提到陈要蒋出任都督此一更不可相信的说法。2001 年 10 月 30 日，萧邦奇给作者的电子邮件。

43. Stella Deng, *Shanghai: The Rise and Fall of a Decadent City* (New York: William Morrow, 2000), pp. 86 – 87.

44. 董显光，《蒋介石》第一册，p. 23。他所带领的单位据说是第五团，后来改番号为九十三团。

45. Earl Albert Selle, *Donald of China* (New York: Harper and Brothers, 1948), p. 111; Zhang Xueliang（张学良），Columbia interviews, vol. 19, tape 12, pp. 929 – 932.

46. 杨天石，《蒋氏秘档与蒋介石真相》，（北京：社会科学文献出版社，2002）pp. 1 – 10。

47. 同上书；Schoppa（萧邦奇），*Chinese Elites*, pp. 148 – 149；2001 年 10 月 30 日，萧邦奇给作者的电子邮件。

48. 关于蒋殴打卫兵的故事来自陈立夫。Chen Lifu（陈立夫），Columbia interviews，December 1958 – February 1959，p. 61. “有些人”之说来自蒋本人后来在 1916 年悼陈其美的祭文。见 S. I. Hsiung（熊式一），*Life of Chiang Kai-shek*，p. 91. 关于黄包车夫之说，见 Loh（陆培湧），*Early Chiang Kai-shek*，p. 33。

49. 张宪文、方庆秋，《蒋介石全传》，（郑州：河南人民出版社，1996）p. 55；Boorman，*Biographical Dictionary*，vol. 1，p. 320.

50. Mast and Saywell，“Revolution，” pp. 73 – 98；另参见 Boorman，*Biographical Dictionary*，vol. 3，p. 200.

51. Ernest P. Young，*The Presidency of Yuan Shikai*（Ann Arbor：University of Michigan Press，1977），pp. 87 – 88.

52. Boorman，*Biographical Dictionary*，vol. 1，p. 165.

53. 蒋说他在 1912 年底回上海接姚冶诚。见毛思诚，《民国十五年以前之蒋介石先生》（香港：朗文，1965）卷一，pp. 4b – 5b。

54. 关于蒋号召旧部，见 Li Shoukong（李守孔），“Chiang Kai-shek and the Anti-Yuan Movement，” *Chinese Studies in History* 21，no. 1（1987）：71；关于青帮之说，见 Ernest P. Young，*The Presidency*，pp. 131 – 133；关于通缉名单一事，见 Keiji Furuya（古屋奎二），*Chiang Kai-shek；His Life and Times*（New York：St. John's University，1981），p. 52 – 53，55.

55. 关于黑龙会，见 Jansen，*Japan and China*，p. 170；关于宣誓效忠，见 1941 年 10 月 20 日，蒋介石，《第三次南岳军事会议训词》；关于训政，见 K'ung Hsiang-hsi（孔祥熙），Columbia interviews，part 1，p. 42.

56. Furuya（古屋奎二），*Chiang Kai-shek*，p. 56.

57. 财团法人公共电视文化事业基金会，《世纪宋美龄》，（台北：2003）。

58. Boorman，*Biographical Dictionary*，vol. 2，pp. 265 – 266；K'ung Hsiang-hsi（孔祥熙），Columbia interviews，p. 4.

59. K'ung Hsiang-hsi（孔祥熙），Columbia interviews，pp. 4 – 25；Dreyer，*China at War*，pp. 59 – 60.

60. Selle，*Donald of China*，pp. 139 – 140.

61. 斯诺对宋庆龄的访问记，见 Edgar Snow，*Journal to the Beginning*（New York：1958），pp. 88 – 89.

62. Snow（斯诺），*Journal*，pp. 88 – 89；Lyon Sharman，*Sun Yat-sen：His Life and Its Meaning*（New York：John Day Company，1934），pp. 180 – 181.

63. 同上注。

64. Furuya（古屋奎二），*Chiang Kai-shek*，pp. 58 – 59.

65. Dreyer，*China at War*，pp. 58 – 59；Boorman，*Biographical Dictionary*，vol. 1，p. 116.

66. Li Shoukong（李守孔），“Chiang Kai-shek and the Anti-Yuan Movement，” *Chinese Studies in History* 21，no. 1（1987）：80.

67. Edwin P. Hoyt（霍伊特），*Japan's War：The Great Pacific Conflict*（New York：McGraw-Hill，1986），p. 45.

68. Edwin O. Reischauer（赖世和），*Japan：The Story of a Nation*（New York：Knopf，1970），p. 151.

69. Li Shoukong（李守孔），"Chiang Kai-shek and the Anti-Yuan Movement，" pp. 85 – 93；*North China Daily Herald*（北华捷报），December 11，1915. 有不同版本的说法，董显光，《蒋介石》第一册，pp. 42 – 44。亦可参见 S. I. Hsiung（熊式一），*Life of Chiang Kai-shek*，pp. 86 – 87.

70. 黄自进主编，《蒋中正先生留日学习实录》，p. 917。

71. Marie-Claire Bergère（白吉尔），*Sun Yat-sen*，trans. Janet Lloyd（Stanford，Calif.：Stanford University Press，1998），pp. 264 – 265. 日本人也提供资金给南方军人，以及东北的满洲保皇派。

72. S. I. Hsiung（熊式一），*Life of Chiang Kai-shek*，pp. 90 – 91.

73. 同上注。

74. Chiang Diaries，Hoover，January 10，1918，box 1，folder 2；Paul H. Tai，"History Talks：How Did Chiang Kai-Shek Write His Diaries?" us. f353. mail. yahoo. com/ym/Showletter/box-an（accessed July 3，2006）. Tai 是以个人的身份进行蒋介石日记的研究。

75. Lucian W. Pye（白鲁恂），*War Lord Politics*（New York：Praeger，1971），p. 18. 斯诺对宋庆龄的访问记，见 Snow，*Journal*，p. 89.

76. Boorman，*Biographical Dictionary*，vol. 1，p. 75.

77. S. I. Hsiung（熊式一），*Life of Chiang Kai-shek*，pp. 97 – 98.

78. Chiang Diaries，Hoover 1917，box 1，folder 1.

79. 同上注。蒋氏家族表示，这些删节的材料要到 2035 年才会发表。

80. Loh（陆培涌），*Early Chiang Kai-shek*，pp. 132 – 133. 注 77 引述 1926 年 11 月 29 日，美国驻上海总领事高斯（C. E. Gauss）致驻北京美国公使的一封密函，谈到"蒋介石犯罪记录"这件事。当时，各国驻上海领事团非常留心"赤色将军蒋介石"北伐军节节胜利的发展。抗战时期长期担任美国驻重庆大使的高斯，一直瞧不起蒋介石，但是他在这封密函中没有提到这三份犯罪活动报告中有任何异样的地方。显然，上海公共租界的英国警方没有追查这些指控。就袁世凯政府的督军而言，他有强烈的政治动机提出这些控诉。

81. 和我谈到蒋氏日记内容做了删节的这位蒋家家属，也参与蒋氏日记的发表。根据此人 2008 年 5 月 19 日给我的电子邮件。

82. Tai，"History Talk."

83. Dreyer，*China at War*，p. 66；Boorman，*Biographical Dictionary*，vol. 1，pp. 174 – 175.

84. Pye（白鲁恂），*War Lord*，pp. 17 – 18；Boorman，*Biographical Dictionary*，vol. 2，p. 125.

85. Lloyd E. Eastman（易劳逸），"Nationalist China during the Nanking Decade，1927 – 1937，" in *The Nationalist Era in China*，1927 – 1949，ed. Lloyd E. Eastman，（Cambridge，England：Cambridge University Press，1991），p. 29.

86. Chiang Diaries, Hoover, March 15, 1918, box 1, folder 4; Boorman, *Biographical Dictionary*, *vol.* 1, p. 176

87. 张宪文、方庆秋,《蒋介石全传》, pp. 49 – 51。

88. 董显光,《蒋介石》第一册, pp. 50 – 51。

89. 张宪文、方庆秋,《蒋介石全传》, pp. 51 – 53。

90. R. R. Palmer and Joel Colton, *A History of the Modern World* (New York: McGraw-Hill, 1992), p. 725.

91. Chiang Diaries, Hoover, September 23, 1919, box 1, folder 21.

92. Chiang Diaries, Hoover, October 10, November 2, 1919, box 2, folders 1, 2.

93. Chiang Diaries, Hoover, November 16, 24, 26, 27, 1919, box 2, folders 2; 杨天石,《蒋介石秘档》, pp. 38 – 57。

94. Chiang Diaries, Hoover, March 19, 27, 1919, box 1, folder 15.

95. Chiang Diaries, Hoover, May 22, 1919, box 1, folder 15. 蒋氏日记显示,介眉不是姚冶诚的别名,而是另有其人。关于多次提到介眉、蒋对她的迷恋,以及她至少写过一封信给蒋,见杨天石,《蒋介石秘档》, pp. 38 – 57。

96. Chiang Diaries, Hoover, May 22, 23, 1919, box 1, folder 17.

97. 毛思诚,《民国十五年以前之蒋介石先生》, pp. 105 – 106。

98. 这个说法来自 1996 年 6 月 7 日蒋纬国接受我的访问,以及他的回忆录,《千山独行》(台北:天下文化出版,1990) p. 20;以及 1996 年 6 月 19 日,王松奇(音译)在溪口受访。

99. Loh(陆培湧), *Early Chiang Kai-shek*, p. 32.

100. Chiang Diaries, Hoover, October 12, 1919, box 2, folder 1.

101. Chiang Diaries, Hoover, July 4, 1920, box 2, folder 10.

102. Leslie H. Dingyan Chen(陈定炎,陈炯明之子), *Chen Jiong-ming and the Federalist Movement* (Ann Arbor: University of Michigan, Center for Chinese Studies, 1999), p. 99.

103. Chiang Diaries, Hoover, October 10, 1920, box 2, folder 13.

104. 孙中山,《国父全书》(台北:国防研究院,1960) pp. 798 – 799; Loh(陆培湧), *Early Chiang Kai-shek*, pp. 34 – 35.

105. Loh(陆培湧), *Early Chiang Kai-shek*, pp. 36 – 38.

106. 同上注, pp. 42 – 45.

107. Dingyan Chen(陈定炎), *Chen Jiong-ming*, p, 101.

108. 《蒋介石日记类抄,第三部》,《民国档案》(南京) 2 (1999): 4 – 5。

109. Dingyan Chen(陈定炎), *Chen Jiong-ming*, p, 105.

110. Loh(陆培湧), *Early Chiang Kai-shek*, p. 48.

111. Chiang Diaries, Hoover, May 24, 1921, box 2, folder 20.

112. Diana Lary, *Region and Nation* (Cambridge, England: Cambridge University Press, 1974), p. 32.

113. Loh（陆培湧），*Early Chiang Kai-shek*，pp. 60－65.

114. 同上注。

115. 蒋介石，1921 年 3 月 6 日，南京日记，中国第二历史档案馆。

116. 杨天石，《蒋介石秘档》，pp. 68－69，73；Chiang Diaries，Hoover，July 17，1921，box 2，folder 22.

117. 1921 年 7 月，蒋说他这一年迄今已经“花掉”一万七千银元。

118. Chiang Diaries，Hoover，May 23，1922，box 3，folder 9.

119. 2003 年中国大陆中央电视台和上海电视台播出由陈晓庆（Chen Xiaoqing，音译）制作、宋继昌导演的一部电视纪录片《海上沉浮》第二集，其中有一段黄金荣访谈。根据访谈，黄在 1949 年中共即将占领上海之前夕，与共产党达成某种协议。他在纪录片中提到这段替蒋斡旋债务的故事，但并不能说此事属实；不过，如果此事属实，也不会令人惊讶。

120. Chiang Diaries，Hoover，March 21，1922，box 3，folder 7.

121. 《民国档案》4（1998）：3－10。

122. Chiang Diaries，Hoover，May 23，1922，box 3，folder 9.

123. Chen Jieru（陈洁如），*Chiang Kai-shek's Secret Past*（Boulder，Colo.：Westview，1993），pp. 4－26.

124. Crozier（柯如齐），*Man Who Lost China*，p. 114，citing Ting（n. p.）.

125. 同上注，pp. 27－42。

126. 1927 年 9 月 27 日，蒋介石接受《纽约时报》的访谈。蒋纬国 1996 年 6 月 6 日接受作者访问时，也坚称陈洁如和蒋介石从来没有结婚。奉化的研究人员王松奇（音译）也对结婚之说持疑。陈洁如提出她和蒋结婚证书上的文字，但没提出影印本。同样的，她书中的照片也没有任何一张有关婚事或 1921 年 12 月 5 日的婚礼。蒋介石 1921 至 1922 年的日记叙述他经常夜访陈洁如。后来他们似乎也同居，但是在他公布的日记中完全没提到两人结婚这件事。

127. 关于参谋长一节，见《蒋介石日记类抄，第四部》，《民国档案》4（1999）：24－25；关于孙中山逃上永丰舰，见 Boorman，*Biographical Dictionary*，vol. 3，p. 143；斯诺对宋庆龄的访问记，见 Snow，*Journal*；关于以蒋纬国为收受电报者，见 1996 年 6 月 5 日蒋纬国接受的访问。

128. 杨天石，《蒋介石秘档》，p. 79。

129. Chiang Diaries，Hoover，July 2，1922，box 3，folder 11.

130. Bergère（白吉尔），*Sun Yat-sen*，p. 279.

131. Conrad Brandt，*Stalin's Failure in China*，1924－1927（Stanford，Calif.：Stanford University Press），pp. 26－27.

132. 同上注，pp. 30－32。马林出席 8 月中共中央委员会在杭州召开的全会，坚持此一新计划。

133. Zhang Guotao（张国焘），*The Rise of the Chinese Communist Party*（Lawrence：University Press of Kansas，1971），vol. 1，p. 247；C. Martin Wilbur（韦慕廷），*The Nationalist Revolution in*

China, *1923 - 1928*（Cambridge, England: Cambridge University Press, 1983）, p. 2.

134. 熊裕文，《党内合作行使大革命的结局》，《民国档案》2（2001）：71 - 75。

135 Boorman, *Biographical Dictionary*, vol. 2, p. 366; Wilbur（韦慕廷）, *Nationalist Revolution*, p. 40.

136. Loh（陆培湧）, *Early Chiang Kai-shek*, pp. 78 - 81. 蒋提出三个方案，但基本上它们只是两个方案。

137. Wilbur（韦慕廷）, *Nationalist Revolution*, p. 40.

138. 《蒋介石日记类抄，第四部》，pp. 21 - 31; Chiang Diaries, Hoover, October 18, 1922. box 3, folder 13, 14.

139. 杨天石，《蒋介石秘档》，p. 31. Loh（陆培湧）指说，这封信发给苏联新任驻北京大使，形容蒋是"我的参谋长和亲信"。他又说：蒋"可以全权代表我"。Loh（陆培湧）, *Early Chiang Kai-shek*, p. 88.

140. Chiang Diaries, Hoover, August 19, 24, 1923, box 4, folder 1.

141. Chiang Diaries, Hoover, September 20 - 23, 1923, box 4, folder 2.

142. Eugene W. Wu, "Divergence in Strategic Planning: Chiang Kai-shek's Mission to Moscow, 1923," *Republican China* 16, no. 1（November 1990）。另参见杨天石，《蒋介石秘档》，pp. 35 - 56。

143. 蒋在日记提到1923年9月7日会见"苏共总书记"，但不晓得为什么1957年的书却不提它。见 Chiang Kai-shek（蒋介石）, *Soviet Russia in China*（1957; New York: Farrar, Straus and Giroux, 1967）, pp. 16 - 17.

144. 台湾学者余敏玲在俄罗斯档案馆中找到这份演讲稿。见 Yu Minling（余敏玲）, "A Reassessment of Chiang Kai-shek and the Policy of Alliance with the Soviet Union, 1923 - 1927," 收在 Mechthild Leutner, Roland Felber, Mikhail L. Tarenko and Alexander M. Grigoriev, eds., *The Chinese Revolution in the 1920s*（London: Routledge, 2002）, p. 7. 蒋在日记中没有谈到他发言内容。见 Chiang Diaries, Hoover, November 25, 1923, box 4, folder 4.

145. Chiang Diaries, Hoover, November 25, 27, 1923, box 4, folder 4.

146. Chiang Diaries, Hoover, November 24, 1923, box 4, folder 5.

147. Chiang Diaries, Hoover, September 7, 1923, box 4, folder 2.

148. Chiang Diaries, Hoover, October 9, 1923, box 4, folder 3; 余敏玲, "Reassessment," p. 46.

149. Chiang Diaries, Hoover, November 4, 1923, box 4, folder 4.

150. 蒋氏1924年整年的日记都不见了。它们可能是丢了，但也不无可能是因为内容太过亲苏而被销毁，见 Mast and Saywell, "Revolution," pp. 84 - 86.

151. 根据国民党日后的历史，蒋在1924年3月14日致函廖仲恺，对苏联颇有苛评。这封信首见于毛思诚1937年编写的《民国十五年以前之蒋介石先生》，现收于南京中国第二历史档案馆中。它是唯一一份文件，可指证蒋在1927年以前就对联俄容共提出警告。

152. 以“同志”相称和有关大贫、小贫之说，见 Zhang Guotao（张国焘），*Rise of the Chinese Communist Party*，pp. 331 – 332. 有关苏联提供 270 万元一事，见 Louis Fischer，*The Soviets in World Affairs*：*A History of the Relations between Soviet Union and the Rest of the World*，vol. 2（London，1930），p. 640，经 Mast and Saywell，“Revolution，” p. 40 所引述。鲍罗廷告诉 Fischer 此一数字。另参见 Robert C. North and Xenia J. Eudin，M. N. Roy's *Mission to China*（Berkeley：University of California Press，1963），p. 20. 关于革命军，见 F. F Liu（刘馥），*A Military History of Modern China*，*1924 – 1949*（Princeton，N. J.：Princeton University Press，1956），p. 8.

153. 原来的苏联高级军事顾问巴伐洛夫（Pariov）将军，在加仑抵达后不久，意外溺毙。

154. Liu（刘馥），*Military History*，p. 20.

155. Michael Richard Gibson，*Chiang Kai-shek's Central Army*，*1924 – 1936*，Ph. D. diss.，George Washington University，1985，p. 36；Dreyer，*China at War*，p. 124. Liu，Military History，p. 12.

156. Chen Lifu（陈立夫），*The Storm Clouds Clear over China*（Stanford，Calif.：Hoover Institution Press，1994），p. 64.

157. 董显光，《蒋介石》第一册，pp. 46。

158. S. I. Hsiung（熊式一），*Life of Chiang Kai-shek*，p. 199.

159. 同上注。

160. Liu（刘馥），*Military History*，pp. 14 – 15.

161. 同上注，p. 6。引述 1927 年从苏联驻北京大使馆抄到的文件，见于 *Chinese Social and Political Science Review* 11（1927）：131 所收之文章“Soviet Plot in China”。

162. Sharman，*Sun Yat-sen*，pp. 303 – 310.

163. Chiang Diaries，Hoover，November 14，1922，box 3，folder 15.

164. Chiang Diaries，Hoover March 23，1925，box 4，folder 8.

165. Liu（刘馥），*Military History*，p. 10.

第二章　北伐与内战

1. *New York Times*，June 5 and 12，1925.

2. *New York Times*，May 31，1925. 上海《申报》1925 年 5 月 31 日报道，有七人遇害。关于蒋经国的角色，见 Chiang Ching-kuo（蒋经国），“My Days in Soviet Russia，” in *Chiang Ching-kuo Remembered*，ed. Ray S. Cline（Washington，D. C.：U. S. Global Strategy Council，1989），p. 153.

3. *New York Times*，June 5，1925.

4. Jonathan D. Spence（史景迁），*The Search for Modern China*（New York：W. W. Norton，1990），p. 340.

5. Chiang Diaries，Hoover，June 23，July 29，September 16，1925，box 4，folders 11，12，14.

6. Chiang Diaries, Hoover, June 21, 1925, box 4, folders 11.

7. Diana Lary, *Region and Nation: The Kwangsi Clique in Chinese Politics. 1925 – 1937* (Cambridge, England: Cambridge University Press, 1974), pp. 58 – 61.

8. 同上注。

9. 1925 年 12 月 15 日，军事委员会改革军政建议书，秦孝仪《大事长编》卷一，p. 109。

10. Chiang Diaries, Hoover, July 23, 1925, box 4, folder 12.

11. Chiang Diaries, Hoover, August 20, 1925, box 4, folder 13.

12. Te-kong Tong（唐德刚）and Li Tsung-jen（Li Congren，李宗仁），*The Memoirs of Li Tsung-jen*（Boulder, Colo.: Westview, 1979）, p. 148.

13. C. Martin Wilbur（韦慕廷），*The Nationalist Revolution in China*（Cambridge, England: Cambridge University Press, 1974）, p. 27.

14. Zhang Guotao（张国焘），*The Rise of the Chinese Communist Party*（Lawrence: Univesity Press of Kansas, 1972）, p. 480. 引述鲍罗廷如此说。

15. 同上注；Te – kong Tong（唐德刚）and Li Tsung-jen（Li Congren，李宗仁），*Memoirs*, pp. 111, 192.

16. Chiang Diaries, Hoover, August 20, 1925, box 4, folder 13.

17. Chiang Diaries, Hoover, October18, 1925, box 4, folder 15.

18. Yu Minling（余敏玲），"A Reassessment of Chiang Kai-shek and the Policy of Alliance with the Soviet Union, 1923 – 1927," in *The Chinese Revolution in the 1920s*, ed. Mechthild Leutner. Roland Felber, Mikhail L. Tarenko, and Alexander M. Grigoriev（London: Routledge Cruzon, 2002）, p. 113.

19. Wilbur（韦慕廷），*Nationalist Revolution*, pp. 30 – 31; Yu Minling（余敏玲），"Reassessment," pp. 108 – 109.

20. Zhang Guotao（张国焘），*Rise of the Chinese Communist Party*, p. 479.

21. S. I. Hsiung（熊式一），*The Life of Chiang Kai-shek*（London, Pete Davies, 1948）, pp. 238 – 240.

22. Chen Lifu（陈立夫），*The Storm Clouds Clear over China*（Stanford, Calif.: Hoover Institution Press, 1994）, p. 64. 这是国民党情报机关的估计，有可能把只是有可能加入共产党或只是同情共产党者也加上去，因此浮报。亦可参见 Wilbur（韦慕廷），*Nationalist Revolution*, p. 36.

23. Yu Minling（余敏玲），"Reassessment," p. 113.

24. C. Martin wilbur（韦慕廷）and Julie Lien-ying How（夏连荫），*Documents on Communisim, Nationalism, and Soviet Advisors in China, 1918 – 1927: Papers Seized in the 1927 Peking Raid*（New York: Columbia University Press, 1956）, p. 259.

25. Wilbur（韦慕廷），*Nationalist Revolution*, p. 44.

26. C. Martin Wilbur（韦慕廷）and Julie Lien-ying How（夏连荫），*Missionaries of Revolu-*

tion, *Soviet Advisors and Nationalist China*, *1920 – 1927* (Cambridge: Harvard University Press, 1989), p. 249.

27. 同上注，pp. 248 – 250。

28. Chiang Diaries, Hoover, February 7 and 11, 1926, box 4, folder 19.

29. Wilbur（韦慕廷），*Nationalist Revolution*, pp. 45 – 46.

30. 同上注，p. 14。

31. Chiang Diaries, Hoover, March 17, 1926, box 4, folder 20.

32. 1996 年 5 月 29 日，陈立夫访谈。

33. Chen Lifu（陈立夫），*Storm Clouds*, pp. 28 – 29.

34. Chiang Diaries, Hoover, March 19, 1926, box 4, folder 20.

35. 同上注。陈立夫在 70 年后回忆说，当天他和蒋不是要前往第一军营房，而是要搭乘广州的一艘苏联船只。蒋突然变卦，决定回头对抗。Chen Lifu（陈立夫），*Storm Clouds*, pp. 27 – 28.

36. Chiang Diaries, Hoover, March 19, 1926, box 4, folder 20.

37. 杨天石，《蒋介石秘档与蒋介石真相》（北京：社会科学文献出版社，2002）p. 13。

38. Chiang Diaries, Hoover, January 12, 1926, box 4, folder 18; Yu Minling（余敏玲），"Reassessment," p. 114，引述共产国际一份档案文件——这是评估苏联对中国革命援助的考察团团长布伯诺夫（Bubnov）提出的报告。1926 年 3 月 26 日中山舰事件发生时，这个考察团正好在中国，它的报告集中在为何会有这些挫败的原因。参见同上注，p. 131。

39. 杨天石，《蒋介石秘档》，p. 132。

40. Boorman, *Biographical Dictionary*, vol. 3, p. 37.

41. 同上注，pp. 134 – 135。

42. 《蒋介石日记类抄：政党一》，《民国档案》4（1998）：8，9。

43. 陈独秀，《中国革命势力统一政策与广州事变》，《向导》（上海），1926 年 4 月 3 日 no. 148；杨天石，《蒋介石秘档》，pp. 140 – 141。

44. Chiang Diaries, Hoover, May 17, 1926, box 4, folder 22.

45. Boorman, *Biographical Dictionary*, vol. 1, p. 325.

46. Chen Lifu（陈立夫），*Storm Clouds*, pp. 58 – 59.

47. Ruth Altman Greene, *Hsiang – ya Journal* (Hamden, Conn.: Archon Books, 1977), p. 43.

48. Michael Gibson, "Chiang Kai-shek's Central Army, 1924 – 1938," Ph. D. diss., George Washington University, 1985, p. 56.

49. Greene, *Hsiang-ya Journal*, pp. 40 – 47.

50. Te-kong Tong（唐德刚）and Li Tsung-jen（Li Congren，李宗仁），*Memoirs*, p. 183.

51. Gibson, "Chiang Kai-shek's Central Army," p. 93

52. Chen Lifu（陈立夫），Columbia interviews, part 2, p. 1；董显光，《蒋介石》第一册，（上海：中华书局，1938）p. 180。

53. Ray Huang（黄仁宇），*Chiang Kai-shek and His Diaries as a Historical Source*（Armonk, N. Y.：M. E. Sharpe，1996），part 1，p. 31.

54. Zhang Ruide（张瑞德），"Chiang Kai-shek's War Time Directives，" 2002 年 6 月 27 日到 29 日，于马萨诸塞州剑桥战时中国研讨会发表的论文。

55. Ray Huang（黄仁宇），Chiang Kai-shek，pp. 30 – 31.

56. Chen Lifu（陈立夫），Columbia interviews，part 2，p. 2.

57. Emily Hahn（项美丽），*Chiang Kai-shek：An Unauthorized Biography*（New York：Doubleday，1955），p. 119.

58. 董显光，《蒋介石》第一册，p. 186。

59. Laura Tyson Li，*Madame Chiang Kai-shek*，（New York：Atlantic Monthly Press，2006），pp. 70 – 72.

60. Hahn（项美丽），*Chiang Kai – shek*，p. 122.

61. Zhang Guotao（张国焘），*Rise of the Chinese Communist Party*，p. 605.

62. Mao Zedong（毛泽东），*Selected Works*（New York：International Publishers，1953），vol. 1，pp. 26 – 29.

63. Greene，*Hsiang-ya Journal*，p. 51.

64. Wilbur（韦慕廷），*Nationalist Revolution*，p. 80.

65. Conrad Brandt，*Stalin's Failure in China*（New York：W. W. Norton，1966），pp. 88，94.

66. Harold R. Issacs（伊罗生），*The Tragedy of the Chinese Revolution*（1938；Stanford，Calif.：Stanford University Press，1961），p. 111.

67. Donald Jordan（朱尔典），*The Northern Expedition*（Honolulu：University Press of Hawaii，1976），pp. 190 – 207. 吉伯逊（Michael Gibson）读了这段时期许多军阀的回忆录和忆述文章，但没有一项提到农民支持国民党、反抗他们，所以造成他们在军事上失利或是分别决定撤退或投向国民党。见 Gibson，"Chiang Kai-shek's Central Army" pp. 78 – 144。

68. Wilbur and How（韦慕廷和夏连荫），*Documents*，p. 371；《蒋介石日记类钞二》，《民国档案》1（1999）：4 – 11。

69. Chiang Diaries，Hoover，January 2，1927，box 5，folder 8.

70. Leon Trotsky，*Problems of the Chinese Revolution*（Ann Arbor：University of Michigan Press，1967），p. 401.

71. Robert C. North and Xenia J. Eudin，*M. N. Roy's Mission to China*（Berkeley：University of California Press，1963），p. 47.

72. Wilbur（韦慕廷），*Nationalist Revolution*，p. 81.

73. Chiang Diaries，Hoover，February 1 and 25，1927，box 5，folder 8.

74. Zhang Guotao（张国焘），*Rise of the Chinese Communist Party*，p. 581.

75. 同上注，pp. 570，584 – 585；Edward L. Dreyer，*China at War*（New York：Longman，1995），p. 142；Chen Lifu（陈立夫），*Storm Clouds*，p. 56. 总罢工是由国民党和共产党联合发

动，因此虽然经常有人指控说，蒋命令部队在城外等候，让军阀有时间镇压工人，这个情况恐怕不太可能发生。

76. Wilbur（韦慕廷），*Nationalist Revolution*，pp. 91 – 92；Chen Lifu（陈立夫），*Storm Clouds*，pp. 53 – 54.

77. Parks M. Coble（柯博文），*The Shanghai Capitalists and the Nationalist Government, 1927 – 1937*（Cambridge：Harvard University Press，1986），p. 30；Chen Lifu（陈立夫），Columbia interviews，part 1，pp. 27 – 29.

78. Chiang Diaries，Hoover，April 5，1927，box 5，folder 10.

79. 同上注。

80. Wilbur（韦慕廷），*Nationalist Revolution*，p. 98.

81. Chen Lifu（陈立夫），*Storm Clouds*，pp. 60 – 64.《海上沉浮 2》，2003 年中国中央电视台和上海电视台制作的有关上海黑社会的电视纪录片；Chen Lifu（陈立夫），Columbia interviews，part 1，p. 29；Wilbur（韦慕廷），*Nationalist Revolution*，p. 104.

82. 同上注。

83. Dreyer，*China at War*，p. 141. 这些文件亦显示苏联如何援助国民党及共产党。另可参见 Trotsky，*Problems of the Chinese Revolution*，pp. 383 – 384.

84. Chen Lifu（陈立夫），*Storm Clouds*，pp. 60 – 65；《海上沉浮 2》。

85. Chen Lifu（陈立夫），*Storm Clouds*，pp. 62，68；Wilbur（韦慕廷），*Nationalist Revolution*，pp. 68，108 – 112.

86. Chiang Diaries，Hoover，April 14，1927，box 5，folder 10.

87. Brian Crozier（柯如齐），*The Man Who Lost China*（New York：Charles Acribner's Sons，1976），p. 108；Boorman，*Biographical Dictionary*，vol. 2，p. 164.

88. *Time*（《时代周刊》），April 25，1927；Jay Taylor（陶涵），*The Generalissimo's Son：Chiang Ching-kuo and the Revolution in China and Taiwan*（Cambridge：Harvard University Press，2000），pp. 49 – 73.

89. Coble（柯博文），*Shanghai Capitalists*，pp. 36，262.

90. 季鹏，《1927 – 1935：国民政府禁烟平肃》，《民国档案》1（2000）：77 – 81。

91. Chiang Diaries，Hoover，April 30，1927，box 5，folder 10.

92. Brandt，*Stalin's Failure*，pp. 130 – 133.

93. Zhang Guotao（张国焘），*Rise of the Chinese Communist Party*，pp. 636 – 640.

94. Te-kong Tong（唐德刚）and Li Tsung-jen（Li Congren，李宗仁），*Memoirs*，pp. 216 – 217.

95. 蒋所答应给的钱，可能是北京政府发行的纸钞。1927 年 4 月 4 日，上海的本国银行公会借给革命军 100 万银元（可能是墨西哥银元）。国民政府 4 月 18 日成立后，直到 1928 年，并没有发行银本位的纸钞。见 Zhaojin Ji，*A History of the Modern Shanghai Banking Systerm*（Armonk，N. Y.：M. E. Sharpe，2003），pp. 169 – 171.

96. 同上注，p. 217。

97. Chiang Diaries，Hoover，August 3 and 10，1927，box 5，folder 14；同上注，p. 217。

98. Te-kong Tong（唐德刚）and Li Tsung-jen（Li Congren，李宗仁），*Memoirs*，pp. 145 – 146.

99. 当年的 30 万美元，以通货膨胀率调整的话，约等于 2005 年的 3373000 美元，但是就国内生产总值（GDP）的相对份额而言，约等于 2005 年美国的 3900 万美元，以今天的中国论就可能高达 3 亿美元了。读者若有兴趣了解相对价值可参见经济学历史网页 http：//eh. net/hmit。

100. Robert C. North and Xenia Eudin，*Roy's Mission*（Berkeley：University of California Press，1963），p. 121.

101. Te-kong Tong（唐德刚）and Li Tsung-jen（Li Congren，李宗仁），*Memoirs*，p. 221.

102. 同上注，pp. 221 – 222。

103. 董显光，《蒋介石》第一册，p. 173。

104. 同上注，pp. 181 – 182。

105. Chen Jieru（陈洁如），*Chiang Kai-shek's Secret Past*（Boulder，Colo.：Westview，1993），p. 210.

106. Chiang Diaries，Hoover，October 1，1927，box 5，folder 16.

107. *New York Times*，September 27，1927.

108. Li，*Madame Chiang Kai-shek*，p. 81.

109. 同上注，p. 80。

110. Hahn（项美丽），*Chiang Kai-shek*，p. 125.

111. 财团法人公共电视文化事业基金会，《世纪宋美龄》，（台北：2003）。

112. William Manchester，*The Last Lion：Visions of Glory*（London：Little，Brown，1983），p. 81.

113. Li，*Madame Chiang Kai – shek*，p. 57.

114. 1995 至 2003 年间，蒋氏若干位秘书、助理在台北接受作者的访问；Edgar Snow（斯诺），*Journey to the Beginning*（New York：Random House，1958），p. 85；以及一位与蒋夫人“情同姊妹”的长期好友兼亲信，2008 年 3 月 19 日接受作者的访问。

115. RGASPI，collection 495，inventory 225，file 77. sheet 1.

116. Chiang Diaries，Hoover，November 5，1927，box 5，folder 17；Wilbur（韦慕廷），*Nationalist Revolution*，pp. 160 – 161.

117. Chiang Diaries，Hoover，November 5，1927，box 5，folder 17.

118. F. F. Liu（刘馥），*A Military History of Modern China，1924 – 1949*（Princeton，N. J.：Princeton University Press，1956），pp. 61 – 64.

119. 《海上沉浮 2》。

120. Wang Ke-wen（王克文），“Counter – Revolution from Above.” *Republican China* 15，

no. 1（1989）：49.

121. Chiang Diaries，Hoover，March 17，April 25，and April 28，1928，box 5，folder 19，and April 25，1928，box 6，folder 3.

122. John Robinson Beal，*Marshal in China*（Garden City，N. Y.：Doubleday，1970），pp. 15 – 19.

123. Coble（柯博文），*Shanghai Capitalists*，pp. 44 – 46.

124. 秦孝仪，《大事长编》卷一，pp. 203 – 204。

125. Chiang Diaries，Hoover，April 16，1928，box 6，folder 3. 另参见 Grace Huang，"The Politics of Knowing Shame：Agency in Jiang Jieshi's Leadership（1927 – 1936），" Ph. D. diss.，University of Chicago，2003.

126. 王微，《王微先生访问记录》，（台北：中央研究院近代史研究所，1996）p. 22。

127. Chiang Diaries，Hoover，May 5，1928，box 6，folder 3.

128. Chiang Diaries，Hoover，April 27，1928，box 6，folder 3.

129. Chiang Diaries，Hoover，May 2，1928，box 6，folder 4.

130. Chiang Diaries，Hoover，July 2，1928，box 6，folder 6.

131. 这些事件最好的版本请见 Zhang Yu-fa（张玉法），"The Shandong Battlefield during the Northern Expedition，" in *Chiang Kai-shek and China*，part 2，ed. Li Yu-ning（李又宁）（Armonk，N. Y：M. E. Sharpe，1988），pp. 3 – 65.

132. Chiang Diaries，Hoover，May 14，1928，box 6，folder 4.

133. 同上注。

134. 黄自进，《蒋介石眼中的日本》未刊稿，（台北，2003）。

135. 注意：日本驻满洲的关东军，和华南广东省的部队（或称粤军），音近，实不同。

136. Boorman，*Biographical Dictionary*，vol. 1，p. 121.

137. Zhang Xueliang（张学良），Columbia interviews，vol. 19，tape 12，pp. 929 – 932.

138. Chiang Diaries，Hoover，July 20，1928，box 6，folder 6.

139. Lary，*Region and Nation*，p. 79.

140. Te-kong Tong（唐德刚）and Li Tsung-jen（Li Congren，李宗仁），*Memoirs*，p. 257.

141. Keiji Furuya（古屋奎二），*Chiang Kai-shek，His Life and Times*（New York：St. John's University，1981），p. 264.

142. Boorman，*Biographical Dictionary*，vol. 1，p. 63.

143. Zhang Xueliang（张学良），Columbia interviews，vol. 5，pp. 3 – 239 to 3 – 242.

144. Zhang Xueliang（张学良），Columbia interviews，vol. 84，pp. 51 – 4152 to 51 – 4153.

145. 蒋介石 1929 年 1 月 5 日演讲稿，收在秦孝仪，《大事长编》卷一，p. 260。

146. Chen Lifu（陈立夫），*Storm Clouds*，pp. 66 – 67.

147. Zhang Xueliang（张学良），Columbia interviews，vol. 37，p. 24 – 1823，and vol. 7，p. 4 – 335；O. Edmund Clubb（柯乐博），*China and Russia*（New York：Columbia University Press，

1971）, p. 256；秦孝仪,《大事长编》卷二，pp. 278，282 –284。

148. 蒋有关北伐的演讲，收在秦孝仪，《大事长编》卷二，pp. 278，282 – 284：Zhang Xueliang（张学良）, Columbia interviews，1990 – 1991，vol. 7，pp. 4 – 331 to 4 – 333；Robert C. North，*Moscow and the Chinese Communists*，2d ed. （Stanford，Calif.：Stanford University Press，1963）, p. 123.

149. J. A. Piamitsky to J. V Stalin，June 11，1928，RGASPI，collection 508，inventory 1，file 112b，sheets 1 –2. 100 万元（可能是中国银元）是“紧急”、“额外”拨款。根据 1928 年 2 月共产国际一份文件，当时中国 2. 8 元等于 1 美元。

150. Te-kong Tong（唐德刚）and Li Tsung-jen（Li Congren，李宗仁）, *Memoirs*，pp. 262 – 265；J. A. Pliatnitsky to A. E. Albreht，Moscow，December 12，1928；RGASPI，collection 495，inventory 23，file 50a，sheet 138.

151. Zhang Guotao（张国焘）, *The Rise of the Chinese Communist Party*，vol. 2，pp. 164 –165.

152. Stuart Schram（宣道华）, *The Political Thought of Mao Tse-tung*（New York：Penguin Books，1967）, pp. 245 –246.

153. Lary，*Region and Nation*，pp. 155 –156.

154. William C. Kirby（柯伟林）, *Germany and Republican China*（Stanford，Calif.：Stanford University Press，1984）, pp. 109 –110.

155. Furuya（古屋奎二）, *Chiang Kai-shek*，p. 286.

156. Gibson，“Chiang Kai-shek’s Central Army，” pp. 205 –207.

157. Ray Huang（黄仁宇）, *Chiang Kai-shek*，part 1，pp. 58，60，62.

158. Kirby（柯伟林）, *Germany and Republican China*，p. 109.

159. Ray Huang（黄仁宇）, *Chiang Kai-shek*，part 1，p. 61.

160. 明太祖朱元璋以南京为首都，但他的儿子成祖迁都到北京。

161. Chiang Diaries，Hoover，August 25，26，29，and 31，1929，box 7，folder 2.

162. 2004 年 5 月 15 日，宋仲虎在美国加州核桃溪市接受访谈。

163. Li，*Madame Chiang Kai-shek*，p. 98.

164. Hahn（项美丽）, *Chiang Kai-shek*，p. 130.

165. 2004 年 10 月 18 日，周联华在台北接受的访问。

166. Dreyer，*China at War*，pp. 159 –160.

167. 同上注，p. 164。

168. 蒋氏 1931 年 9 月 1 日的演讲，收在秦孝仪,《大事长编》卷二，pp. 375 –382。

169. Chiang Diaries，Hoover，August 12，1931，box 8，folder 9.

170. Dreyer，*China at War*，p. 169.

171. Zhang Xueliang（张学良）, Columbia interviews，vol. 15，pp. 8 – 706 to 8 – 708，and vol. 16，pp. 8 –756，9 –793，9 –794.

172. 黄自进,《蒋介石眼中的日本》未刊稿，p. 124，引用 *Manzhouguo and the Guangdong*

Army（English trans.）（Tokyo：Xin renwu wanglai she，1994），p. 220.

173. Zhang Xueliang（张学良），Columbia interviews，vol. 15，pp. 8 – 706 to 8 – 708，and vol. 16，pp. 9 – 793，9 – 794.

174. Chiang Diaries，Hoover September 20，1931，box 8，folder 10.

175. 美国驻南京总领事馆约翰逊（Johnson）电函国务卿。October 18，1931，*FRUS (1931)*，vol，3：*The Far East*，pp. 228 – 229.

176. 杨天石，《蒋介石秘档》，p. 352。

177. Chiang Diaries，Hoover，October 8，1931，box 8，folder 11.

178. 秦孝仪，《大事长编》卷二，p. 395。

179. 杨天石，《蒋介石秘档》，p. 357。

180. 同上注。

181. 同上注，pp. 359 – 362。

182. Furuya（古屋奎二），*Chiang Kai-shek*，p. 344.

183. 杨天石，《蒋介石秘档》，p. 366。

184. 同上注。

185. 蒋介石 1931 年 1 月 25 日日记，南京中国第二历史档案馆。感谢民国史专家、中国现代史研究所前任所长杨天石 1996 年 10 月提供。

186. 杨天石，《蒋介石秘档》，p. 367。

第三章　南京年代

1. Marius B. Jansen. *Japan and China*：*From War to Peace*，*1894 – 1972*（Chicago：Rand McNally，1975），p. 384；Parks M. Coble（柯博文），*The Shanghai Capitalists and the Nationalist Government*，*1927 – 1937*（Cambridge：Harvard University Press，1986），pp. 88 – 96.

2. Coble（柯博文），*Shanghai Capitalists*，pp. 88 – 96.

3. Robert C. North，*Moscow and the Chinese Communists*，2d ed.（Stanford，Calif.：Stanford University Press，1963），p. 161；O. Edmund Clubb（柯乐博），*China and Russia*（New York：Columbia University Press，1971），p. 269.

4. 《申报》（上海），1932 年 1 月 15 日；蒋 1932 年 1 月 11 日的演讲收在秦孝仪《大事长编》卷二，p. 421。

5. Chen Lifu（陈立夫），*The Storm Clouds Clear over China*（Stanford，Calif.：Hoover Institution Press，1994），pp. 111 – 112.

6. 美国驻南京总领事馆佩克（Peck）电函美国驻北平使馆。January 24，1932，*FRUS (1932)*，vol. 3：*The Far East*，p. 79.

7. 《一二八抗战期间国民党内的和与战之争》，《民国档案》1，no. 27（1992）：111。电报目前收藏在南京中国第二历史档案馆。

8. Keiji Furuya（古屋奎二），*Chiang Kai-shek*：*His Life and Times*（New York：St. John's Uni-

versity, 1981), pp. 351 – 355.

9. Parks M. Coble（柯博文）, "CKS and the Anti-Japanese Movement in China: Zou Taofen and the National Salvation Association, 1931 – 1937," *Journal of Asian Studies* 44, no. 2 (February 1985): 296.

10. Furuya（古屋奎二）, *Chiang Kai-shek*, pp. 356 – 357.

11. Boorman, *Biographical Dictionary*, vol. 3, p. 150.

12. Edward L. Dreyer, *China at War* (New York: Longman, 1995), pp. 186 – 187.

13. 蒋1932年7月2日的《清剿共匪与整饬部队之要道》演讲稿，收在秦孝仪，《大事长编》卷二，p. 465。

14. F. F. Liu（刘馥）, *A Military History of Modern China, 1924 – 1949* (Princeton, N. J.: Princeton University Press, 1956), p. 102.

15. Jonathan D. Spence（史景迁）, *The Search for Modern China* (New York: W. W. Norton, 1990), p. 400.

16. Chiang Diaries, Hoover, June 1, 1933, box 36, folder 13.

17. 秦孝仪，《大事长编》卷二，pp. 515 – 553、583、585。

18. Chiang Diaries, Hoover, June 1, 1933, box 36, folder 18.

19. 蒋1932年4月12日演讲，收在秦孝仪，《大事长编》卷二，p. 552。

20. 四届四中全会附录，秦孝仪，《大事长编》卷三，p. 652。

21. 蒋1934年3月18日演讲，收在秦孝仪，《大事长编》卷二，p. 670。

22. Chiang Diaries, Hoover, August 21, 1935, box 38, folder 4.

23. Zhang Xueliang（张学良）, Columbia interviews, vol. 86, p. 52 – 4289; Boorman, *Biographical Dictionary*, vol. 1, p. 65.

24. 2003年7月26日王冀在华盛顿受访。王冀父亲王树常将军长期在张学良麾下担任高级指挥官，也是蒋介石在日本军校的同学。

25. 蒋1932年1月10日在溪口武岭学校的演讲，收在秦孝仪，《大事长编》卷二，p. 465。

26. 蒋1933年8月21日给汪精卫的电报，收在秦孝仪，《大事长编》卷二，p. 610。

27. 蒋1932年12月15日有关土地改革的谈话，收在秦孝仪，《大事长编》卷二，pp. 500 – 503。

28. 11月18日，共产国际说它将分批汇钱，每5万美元为一批。RGASPI, collection 514, inventory 1, file 759, sheet 105; collection 495, inventory 184, file 54, sheet 69; collection 495, inventory 184, file 36, sheet 263; and collection 495, inventory 184, file 54, sheet 57.

29. William C. Kirby（柯伟林）, *Germany and Republican China* (Stanford, Calif.: Stanford University Press, 1984), p. 147; 1996年6月5日蒋纬国在台北受访。

30. Joseph J. Heinlein Jr., "Political Warfare: The Chinese Nationalist Model," Ph. D. thesis, American University, 1973, pp. 303 – 312.

31. 2003年4月和10月，访问了蒋氏的多位助理和秘书，有些人自大陆时期就追随他。

他的黄埔学生称他为“校长”，军人称他为“先生”或“总司令”。

32. Lloyd E. Eastman（易劳逸），“Fascism in Kuomintang China：The Blue Shirts，” *China Quarterly*（January – March 1972）：1 – 31. 据说这份材料出现在“东洋文库”上。同一段引述文字也列出由岩井英一执笔的一份日本外务省文件。我们不禁忖想岩井的资料来源会不会也是此一“特辑”。值得重视的是，易劳逸教授十五年后发表一篇评论文章——“The Rise and Fall of the Blue Shirts：A Review Article，” *Republican China* 13，no. 1（November 1987）——指出新材料已经更正他原先对此一主题的若干观点，他也没再重提所谓蒋当年有此一说法。

33. Wilbur Burton，“Chiang's Secret Blood Brothers，” *Asia*（May 1936）：309. 我在国会图书馆和其他地方都找不到材料来核对柏顿（Burton）自身的引述。我们有理由合理地怀疑。柏顿的引句又被 Frederick Wakeman Jr.（魏斐德）教授引用，纳入“A Revisionist View of the Nanking Decade：Confucian Fascism，” in *Reappraising Republican China*，ed. Frederick Wakeman Jr. and Richard Louis Edmonds（Oxford，Eng.：Oxford University Press，2000），p. 141.

34. Eastman（易劳逸），“Rise and Fall of the Blue Shirts，” pp. 34 – 35，40.

35. 2004 年 10 月 16 日，许倬云在台北受访。

36. 中共中央 1930 年 10 月 20 日自上海发给共产国际执委会的报告。RGASPI，collection 495，inventory 19，file 117，sheets 35 – 37a.

37. 2004 年 6 月 10 日，许倬云的电子邮件。

38. Wakeman（魏斐德）、“Revisionist View，” p. 149.

39. Kirby（柯伟林），*Germany and Republican China*，p. 176.

40. Eastman（易劳逸），“Rise and Fall of the Blue Shirts，” pp. 31 – 32.

41. Frederick Wakeman Jr.（魏斐德），*Spymaster：Dai Li and the Chinese Secret Service*（Berkeley：University of California Press，2003），pp. 279 – 280.

42. 同上注，p. 177。

43. 共产国际档案文件显示，共产国际至少有一次秘密付给伊罗生的刊物 500 美元，见 1932 年 4 月 19 日莫斯科共产国际的备忘录，RGASPI，collection 495，inventory 4，file 182，sheets 8 – 9，and collection 514，inventory 1，file 707，sheets 56 – 59，63 – 66.

44. Boorman，*Biographical Dictionary*，vol. 3，p. 274.

45. Wakeman（魏斐德）引述了大陆和台湾许多的文章和传记，但我们应仔细评估这些作品的资料来源。

46. Wakeman（魏斐德），*Spymaster*，pp. 178 – 179.

47. Mary Wright（芮玛丽），*The Last Stand of Chinese Conservatism*（Stanford，Calif.：Stanford University Press，1957）.

48. Stephen C. Averill（韦思谛），“The New Life Action：The Nationalist Government in South Jiangxi，1934 – 1937，” *China Quarterly 88*（December 1981）：595.

49. 同上注，pp. 606 – 607。

50. 同上注，pp. 626 – 628。

51. 同上注。

52. 蒋 1934 年 2 月 17 日的演讲，收在秦孝仪，《大事长编》卷二，pp. 660 – 662。

53. Eastman（易劳逸），“Fascism,” pp. 1 – 31.

54. 简生簧编，《蒋中正总统档案：事略稿本 26》，1934 年 5 月 4 日，（新店：国史馆，2006）。

55. Mrs. Chas. E. Cowman，*Streams in the Desert*（Los Angeles：Oriental Missionary Society，1931）.

56. Emily Hahn（项美丽），*Chiang Kai-shek：An Unauthorized Biography*（New York：Doubleday，1955），p. 72.

57. 美国驻北平使馆给国务卿的无线电报，August 6，1934，FRUS（1934），vol. 3：The Far East，p. 217.

58. 季鹏（Ji Peng，音译），《一九二七至一九三五年国民政府禁烟评述》，《民国档案》1（2000）：77 – 81。

59. RGASPI，collection 495，inventory 184，file 47，sheets 81，130.

60. North，*Moscow*，p. 164.

61. Michael M. Sheng（盛慕真），*Battling Western Imperialism：Mao，Stalin，and the United States*（Princeton，N. J.：Princeton University Press，1997），p. 23.

62. 毛泽东 1956 年 3 月 31 日与苏联大使尤金（P. E. Yudin）谈话时，提到这个数字。见尤金 1956 年 4 月 5 日日记，no. 289，Woodrow Wilson Center International Cold War History website. 毛泽东对斯诺则说“估计有 9 万人”参加长征，这还不包括数以千计的红色农民。我选择采用他告诉尤金的数字。

63. Ross Terrill（谭若思），*A Biography：Mao*（New York：Random House，1980），p. 121.

64. 中共上海局致共产国际电报，RGASPI，collection 495，inventory 184，file 61，sheet 58. 9 月 4 日，共产国际通知共江西的中共，它已派一名外国人建立组织，采购、运送武器弹药给江西苏区。collection 495，inventory 184，file 48，sheets 9 – 10.

65. 1903 年，1 块钱墨西哥银元据说约值 0. 38 美元（*New York Times*，March 11，1903）。假设 1934 年其价值仍不变，经通货膨胀调整后，当时的 300 万墨西哥银元约值 2005 年的 700 万美元，但是就它占中国国内生产总值（GDP）的相对份额而言，今天的倍数就更大了。不论怎么计算，这是一笔极大的数目。

66. 程思远，《白崇禧传》，（香港：南华出版，1989）pp. 195 – 180。

67. Chiang Diaries，Hoover，November 26，1934，box 37，folder 13.

68. Dreyer，*China at War*，p. 194；Stuart R. Schram，*Political Thought*（Baltimore：Penguin Books，1966），pp. 80 – 181.

69. Te-kong Tong（唐德刚）and Li Tsung-jen（Li Congren，李宗仁），*The Memoirs of Li Tsung-jen*（Boulder，Colo.：Westview，1979），pp. 295 – 296. 李宗仁说，桂军使共军伤亡万人，另又俘虏七千人。

70. Chen Lifu（陈立夫），*Storm Clouds*，pp. 114 – 115. 陈立夫说凶手当场被打死。

71. Wakeman（魏斐德），*Spymaster*，pp. 182 – 186.

72. 陈敏中（Chen Minzhong，音译），《试论一九三五至一九三六年中日会谈》，《民国档案》（南京）2，no. 16（1989）：105 – 118。

73. 同上注。

74. 陈敏中（Chen Minzhong，音译），《试论一九三五至一九三六年中日会谈》，pp. 105 – 118；《从一九三五年十二月到一九三七年二月中国与日本的重要关键谈判》，《民国档案》2，no. 12（1988）：19 – 44。

75. 参见 Marius B. Jansen，*Japan and China：From War to Peace*，1894 – 1972（Chicago：Rand McNally，1975），p. 390.

76. 陈敏中（Chen Minzhong，音译），《试论一九三五至一九三六年中日会谈》，pp. 105 – 118；《从一九三五年十二月到一九三七年二月中国与日本的重要关键谈判》，《民国档案》2，no. 12（1988）：19 – 44。

77. Jansen，*Japan and China*，pp. 390 – 391.

78. Chiang Diaries，Hoover，October 8，1935，box 38，folder 6.

79. Sheng（盛慕真），*Battling Western Imperialism*，p. 25.

80. Chen Lifu（陈立夫），*Storm Clouds*，pp. 116 – 119. 陈出示周恩来手写信之影印本。Chiang Kai-shek（蒋介石），*Soviet Russia in China*（New York：Farrar，Strauss and Cudahay，1957），p. 72. 蒋介石在《苏俄在中国》中指说，周恩来 1935 年秋、冬，先接触国民党在香港的代表，宣称中共只希望停止和国民党作战、联合抗日，没有别的条件。后来周直接写信给陈氏兄弟。另可参见 Wu T'ien-wei（吴天威），*The Sian Incident*（Ann Arbor：University of Michigan Center for Chinese Studies，1976），pp. 21 – 22.

81. June Chang（张戎）and Jon Hdlliday，*Mao*（New York：Knopf，2005），p. 167，引用苏联外交部档案文件。

82. Chen Lifu（陈立夫），*Storm Clouds*，pp. 116 – 119.

83. 蒋介石 1936 年 1 月 15 日对学生、学者的演讲，收在秦孝仪《大事长编》卷三，pp. 912 – 917。

84. Akira Iriye（入江昭），*The Origins of the Second World War in Asia and the Pacific*（London：Longman，1987），pp. 32 – 33.

85. Warren I. Cohen（孔华润），*America's Response to China*（New York：Columbia University Press，1989），pp. 112 – 113.

86. Zhang Guotao（张国焘），*Rise of the Chinese Communist Party*，pp. 449 – 450.

87. 同上注，pp. 638 – 640；Jonathan D. Spence（史景迁），*The Search for Modern China*（New York：W. W. Norton，1990），p. 421.

88. Yu M. Ovichinnikov，*Stanovlenie I razvitie edunogo nationalnogo fronta sopreotvileniya Yaponii v Kitae*（The Formation and Development of the United National Front of the Resistance against Japan

in China) (Moscow: Nauka, 1985), pp. 44 –45.

89. Zhang Xueliang (张学良), Columbia interviews, vol. 84, pp. 51 –4192.

90. Alexander Dallin and F. I. Firsov, *Dimitrov and Stalin, 1934 –1943*; *Letters from the Soviet Archives* (New Haven: Yale University Press, 2000), pp. 98 –99.

91. 同上注，pp. 101 –105。

92. 蒋 1932 年 8 月 25 日的公开声明，收在秦孝仪，《大事长编》卷三，p. 966。

93. Chiang Kai-shek (蒋介石), *Soviet Russia in China*, p. 68.

94. Chen Lifu (陈立夫), *Storm Clouds*, pp. 116 –121; Clubb (柯乐博), *China and Russia*, pp. 297 –298.

95. *New York Times*, February 12, 1936, p. 12.

96. Chiang Diaries, Hoover, September 24, October 1, October 7, 1936, box 39, folders 2, 3; Chen Lifu (陈立夫), *Storm Clouds*, pp. 114 –115, 121 –125.

97. 董显光，《蒋介石》第一册，（上海：中华书局，1938） p. 427。

98. Liu (刘馥), *Military History*, pp. 101 –102.

99. 同上注，p. 143。

100. Lloyd E. Eastman (易劳逸), *The Nationalist Era in China, 1927 –1949*, paperback ed. (New York: Cambridge University Press, 1991), p. 46.

101. Franz Michael, "The Role of Law in Traditional, Nationalist, and Communist China," *China Quarterly* 9 (January –March 1962): 124 –148.

102. Eastman (易劳逸), *Nationalist Era*, pp. 46 –47.

103. VKP (b), *Komintern, I kitai Dokumenty* (The AUCP [All Union Communist Party] [b], Comintern, and China Documents), vol. 4 (Moscow: AO Bulket, 2003), p. 892; L. M. Kaganovich and V. M. Molotov to I. V. Stalin, telegram, September 8, 1936, RGASPI Moscow, collection 495, inventory 184, file 36, sheet 263.

104. 宋庆龄 1937 年 1 月 26 日告诉王明："不久前回复毛泽东要求资助之函，我设法在三个月前给了他一些钱（后来讲明是 5 万美元）。" RGASPI collection 495, inventory 74, file 281, sheets 34 –35, and collection 514, inventory 1, file 1037, sheets 90 –94.

105. Chiang Kai-shek (蒋介石), *Soviet Russia in China*, p. 73.

106. Chen Lifu (陈立夫), *Storm Clouds*, p. 120; Sheng (盛慕真), *Battling Western Imperialism*, pp. 28 – 29; Ovichinnikov, *Stanovlenie I razvitie edunogo nationalnogo fronta sopreotvileniya Yaponii v Kitae*, pp. 44 –45.

107. Chiang Diaries, Hoover, October 19 and November 1, 1936, box 39, folder 4.

108. Zhang Xueliang (张学良), Columbia interviews, vol. 38, pp. 25 –189.

109. 同上注，vol. 38, pp. 25 –1900.

110. *Time*(《时代周刊》), November 9, 1936.

111. Chiang Diaries, Hoover, November 28, 1936, box 39, folder 4.

112. Zhang Xueliang（张学良），Columbia interviews，vol. 38，pp. 25 – 1892 to 25 – 1893.” 关于“讲重话”，见蒋 1936 年 12 月 10 日日记，收在秦孝仪，《大事长编》，p. 1010。

113. Zhang Guotao（张国焘），*Rise of the Chinese Communist Party*，pp. 478 – 479；杨奎松，《西安事变新探》，（台北：东华图书公司，1995），cited by Chang（张戎）and Halliday，*Mao*，pp. 181 – 182.

114. Chen Lifu（陈立夫），*Storm Cbuds*，pp. 119 – 120.

115. T. V. Soong Papers，box 60，folder 3. 20 世纪 50 年代末期，宋子文把他在西安事变时期的日记及其他私人文件交给胡佛研究所档案馆，他要求这些文件必须等到宋美龄去世后才能公开。宋子文可能比起其他参与事变折冲、日后又撰文谈论它的人士，在文化上、政治上更倾向重视历史的客观性。1936 年 12 月，周恩来和宋子文交涉释放蒋时，透露双方在南京谈判时协商好的部队人数。蒋在 1957 年发表的《苏俄在中国》（p. 73）提到，国共协商好：中共要“废除红军”，不是只取消名义；但是共产国际档案显示双方交涉的是新的共军应有多少兵力。蒋在同书（p. 81）又提到中共的四点要求，可是他旋即提到他在 1937 年 2 月的声明，欢迎中共的要求，但要求“废除”红军。蒋没有提到 1936 年秋天谈判时，要求毛泽东等人出国的条件。

116. Chen Lifu（陈立夫），*Storm Clouds*，pp. 119 – 120，Chiang Kai-shek（蒋介石），*Soviet Russia in China*，p. 73.

117. Chen Lifu（陈立夫），*Storm Clouds*，pp. 119 – 120.

118. Chiang Kai-shek（蒋介石），*Soviet Russia in China*，pp. 73，81.

119. Zhang Xueliang（张学良），Columbia interviews，vol. 39，pp. 25 – 1901.

120. 蒋中正，《西安半月记》，（上海：中华书局，1937）pp. 58 – 63。

121. Brian Crozier（柯如齐），*The Man Who Lost China*（New York：Charles Scribner's Sons，1976），pp. 182 – 183.

122. 蒋中正，《西安半月记》，pp. 54 – 55。

123. Earl Albert Selle，*Donald of China*（New York：Harper Brothers），p. 324.

124. Furuya（古屋奎司），*Chiang Kai-shek*，p. 15.

125. Michael Gibson，“Chiang Kai-shek's Central Army，1924 – 1938，” Ph. D. diss.，George Washington University，1985，pp. 333 – 334.

126. Crozier（柯如齐），*Man Who Lost China*，pp. 184 – 185.

127. T. V. Soong Papers，box 10，folder 3，pp. 4 – 10. 蒋夫人的回忆录强调也可能夸大了她的角色，可是我认为它精确地记下她的想法和行动。她说张学良或许有“合理的诉求”，又抨击何应钦，似乎证明她的坦率。

128. Zhang Guotao（张国焘），*Rise of the Chinese Communist Party*，pp. 479—482：周恩来 1937 年 12 月 17 日致毛泽东的电报，收在《中国共产党关于西安事变档案史料选编》（北京：中国档案出版社，1997）p. 213.

129. Zhang Guotao（张国焘），*Rise of the Chinese Communist Party*，pp. 482 – 483.

130. Han Suyin（韩素音），*Eldest Son：Zhou En-lai and the Making of Modern China*（New York：Hill and Wang，1994），p. 152.

131. *Cheloviek meniyaet kozhu，ili zhizn I nieobichainiye prevrashchieniya giospodina Dzian Dzingo*（The Man Changes the Skin，or the Life and Extraordinary Metamorphoses of Mr. Ching-kuo），Russian Tele-Radio TV documentary produced by Samariy Zelikin，1994.

132. Han Suyin（韩素音），*Eldest Son*. p. 154.

133. 同上注，p. 153。他是否确实用这样的字眼，并不确定；但是信息很清楚。

134. Zhang Xueliang（张学良），Columbia interviews，vol. 39，pp. 25 – 1928.

135. 同上注。

136. Zhang Guotao（张国焘），*Rise of the Chinese Communist Party*，pp. 479 – 487.

137. Zhang Xueliang（张学良），Columbia interviews，vol. 73，pp. 42 – 3643.

138. 宋美龄，《西安事变》，（上海：中华书局，1937）pp. 15 – 17。

139. 陶德曼大使和柏林之间提到汪精卫、希特勒见面的电报，见 German Foreign Office Archives 1928 – 1938：German Embassy Nanking radiogram October 1，1937，AA/DB Ⅷ 24/137442；and German Foreign Ministry radiogram. December 1，1937，Nanking/zu Pol. Ⅷ 24/137443. 谢谢陈鹏仁教授提供给作者。德国外交部被托者问到时，只说有关汪、希会谈的报道“空穴来风”。另参见 Clubb（柯乐博），*China and Russia*，p. 303.

140. T. V. Soong Papers，box 60，folder 3；蒋中正，《西安半月记》，pp. 54 – 55；宋美龄，《西安事变》，pp. 54 – 55。

141. 蒋中正，《西安半月记》，p. 97。

142. 宋子文日记在 12 月 24 日之前都没提到与周恩来会面。他说，他在 12 月 20 日晚间试图找出解决办法，但他没说和什么人见面商量。

143. 宋美龄，《西安事变》，pp. 12 – 13。

144. 同上注，p. 28。

145. Wakeman（魏斐德），*Spymaster*，p. 234.

146. 宋美龄，《西安事变》，pp. 32 – 36。

147. 1995 年 12 月 9 日，王冀在华盛顿受访，说这是张学良亲口告诉他的。

148. T. V. Soong Papers，box 60，folder 3，pp. 6 – 7.

149. 同上注。

150. 同上注，pp. 8 – 9。

151. 同上注，pp. 10 – 12。

152. 同上注，p. 12。

153. Selle，*Donald of China*，pp. 333 – 334.

154. 同上注，p. 13。

155. 同上注。宋子文在他日记的第十三页也提及蒋曾对周恩来说过：“他一直企图将共产党往北推，以对抗日本。”

156. Han Suyin（韩素音），*Eldest Son*，p. 154. 韩的消息来源是一名中共党员；她说，此人在外头偷听。可是，宋子文在日记里没提这一段话，可能认为它是私事。

157. 宋庆龄写信给在莫斯科的王明抱怨，竟然如此不小心。见 Soong Chingling to Wang Ming，January 26，1937，RSASPH，collection 495，inventory 4，file 143，sheet 7.

158. Selle，*Donald*，pp. 333 – 334；宋美龄，《西安事变》，pp. 47 – 51。

159. 蒋中正，《西安半月记》，pp. 109 – 115。

160. T. V. Soong Papers，box 60，folder 3，p. 15.

161. T. V. Soong Papers，box 60，folder 3.

162. Owen Lattimore，*China Memoirs*（Tokyo：University of Tokyo Press，1990），p. 156.

163. 蒋在 *Soviet Russia in China*，p. 81 列出这四点。

164. 1937 年 3 月 26 日，"耶稣受难予余之教训"，秦孝仪，《大事长编》卷四，p. 1073。

165. 这一段抄自我另一本著作 *The Generalissimo's Son*；*Chiang Ching-kuo and the Revolutions in China and Taiwan*（Cambridge：Harvard University Press，2000），p. 73，citing Chen Lifu（陈立夫），*Storm Clouds*，p. 126.

第四章　长期战争开始

1. Edgar Snow，*Red Star over China*（1938；New York：Random House Modern Library，1944），pp. 465，471.

2. T. V. Soong Papers，box 60，folder 3.

3. 张学良侄女张闾芝电话会议访谈，2003 年 5 月 30 日。

4. Boorman，*Biographical Dictionary*，vol. 4，p. 7；Michael Gibson，"Chiang Kaishek's Central Army，1924 – 1938，" Ph. D. diss.，George Washington University，1985，p. 336.

5. Zhang Guotao（张国焘），*The Rise of the Chinese Communist Party*（Lawrence：University Press of Kansas，1971），vol. 2，p. 497.

6. 同上注，p. 518。

7. Two Ping，"The Deployment of the Eighth Route Army and the New Fourth Army to the Front and Northern China and Their Strategic Expansion in the War of Resistance against Japan，" paper given at the Harvard University Conference on Wartime China，Maui，January 2004.

8. Snow，*Red Star*，p. 471.

9. 蒋 1927 年 1 月 31 日给顾祝同的电报指示，收在秦孝仪，《大事长编》卷四，p. 1061。

10. RGASPI，collection 495，inventory 74，file 281，sheet 28.

11. Zhang Guotao（张国焘），*The Rise of the Chinese Communist Party*，pp. 517 – 520.

12. Snow，*Red Star*，p. 474.

13. Chiang Diaries，Hoover，February 18，1937，box 39，folder 8.

14. Akira Iriye（入江昭），*The Origins of the Second World War in Asia and the Pacific*（New York：Longman，1987），pp. 43 – 44；Donald S. Sutton，"German Advice and Residual War Lord-

ism in the Nanking Decade：Influences on Nationalist Military Training and Strategy，" *China Quarterly* 9，no. 91（1982）：401.

15. 同上注，pp. 386 – 410。

16. Snow，*Red Star*，pp. 473 – 475.

17. 1995 年 9 月 27 日，一群奉化亲友及研究人员集体接受访问。

18. *FRUS*（*1937*），vol. 3：*The Far East*，p. 87.

19. Chiang Diaries，Hoover，June 10，1937，box 39，folder 12.

20. Kimittada I. Miwa，"Brief Notes on the Chinese Communists' Role in the Spread of the Marco Polo Bridge Incident into Full-Scale War，" paper presented at the Harvard University Conference on Wartime China，Maui，January 2004，pp. 318 – 320.

21. 秦孝仪，《大事长编》卷四，pp. 1114 – 1115；《蒋总统秘录》，（台北：中央日报，1978），第十一册，p. 12。

22. 秦孝仪，《大事长编》卷四，p. 1119；Miwa，"Brief Notes，" p. 321.

23. Chiang Diaries，Hoover，July 12，1937，box 39，folder 13；Ma Chendu，"Analysis of the Strategy of the Chinese Troops during the Sino-Japanese War，" paper presented at the Harvard University Conference on Wartime China，Maui，January 2004，p. 5.

24. Warren I. Cohen（孔华润），*America's Response to China*（New York：Columbia University Press，1989），pp. 118 – 120.

25. *FRUS*（*1937*），vol. 3：*The Far East*，p. 385. 四天之后，美国大使馆的评估认为，日本在七月七日并未故意挑衅，但日本军方立即决定利用它为借口，企图扩大日本在华北的影响力（p. 434）。

26. 同上注，p. 397。

27. Marius B. Jansen，*Japan and China*：*From War to Peace*，*1894 – 1972*（Chicago：Rand McNally，1975），pp. 394 – 395.

28. 同上注，p. 395。

29. 蒋经国，《蒋经国先生全集》，（台北：行政院新闻局，1991）第二册，p. 271。

30. 关于庐山，Miwa，"Brief Notes，" p. 323. 关于军事会议，Chiang Diaries，Hoover，August 7，1937，box 39，folder 14.

31. Yang Tienshi（杨天石），"Chiang Kai-shek and the Battles of Shanghai and Nanking，" paper presented at Harvard University Conference on Wartime China，Maui，January 2004，p. 8，引用《王世杰日记》（台北：中央研究院近代史研究所，1991）n. p。

32. Michael M. Sheng（盛慕真），*Battling Western Imperialism*：*Mao*，*Stalin*，*and the United States*（Princeton，N. J.：Princeton University Press，1997），pp. 40 – 41.

33. Zhang Baijia（章百家），"China's Experience in Seeking Foreign Military Aid and Cooperation for Resisting Japanese Aggression，" paper presented at Harvard University Conference on Wartime China，Maui，January 2004，pp. 13 – 14；Yang Tienshi（杨天石），"Chiang Kai-Shek and the

Battles of Shanghai," pp. 5 – 9.

34. Sutton, "German Advice," p. 403.

35. Ma Chendu, "Analysis of the Strategy of the Chinese Troops during the Sino-Japanese War," paper presented at Harvard University Conference on Wartime China, Maui, January 2004, p. 13.

36. John W. Garver（高龙江）, "Chiang Kai-shek's Quest for Soviet Entry into the Sino-Japanese War," *Political Science Quarterly* 102, no. 2（Summer 1987）: 304.

37. Barbara Tuchman（杜希曼）, *Sand against the Wind*: *Stilwell and the American Experience in China*（London: Macmillan, 1971）, p. 168.

38. 比较高的数字来自 Ma Chendu, "Analysis," p. 19；比较低的数字来自 Edward L. Dreyer, *China at War*（NewYork: Longman, 1995）, p. 218.

39. Zhang Baijia（章百家）, "China's Experience," pp. 12 – 20.

40. Chiang Diaries, Hoover, August 7, 1937, box 39, folder 15.

41. Chiang Diaries, Hoover, August 20, 1937；秦孝仪《大事长编》卷四, pp. 1151, 1159；Chiang Diaries, Hoover, September 17 and 18, 1937, box 39, folder 15.

42. Chiang Diaries, Hoover, October 25, 1937, box 39, folder 16.

43. Zhang Baijia（章百家）, "China's Experience," pp. 18 – 20.

44. 同上注，p. 23。中国实际动用了约 1.73 亿美元的援助款。依通货膨胀调整过的美元币值来算，1937 年苏联承诺的 2.5 亿美元，约相当于 2005 年的 33.4 亿美元；相对于美国 GDP 的价值而言，约等于 2005 年的 245 亿美元。见 http://measuringworth.com.

45. Tuchman, *Sand*, p. 217.

46. Yang Tienshi（杨天石）, "Chiang Kai-Shek and the Battles of Shanghai," pp. 25 – 27.

47. Earl Albert Selle, *Donald of China*（New York: Harper and Brothers, 1948）, p. 340.

48. 根据中央军将领郭汝瑰的说法，如果早点筹划撤退，"数十万部队就不会丢了"。Yang Tienshi（杨天石）, "Chiang Kai-Shek and the Battles of Shanghai," p. 31. 但大部分伤亡折损在淞沪保卫战，不是在撤退中。

49. Zhang Baijia（章百家）, "China's Experience," p. 30.

50. Sutton, "German Advice," p. 403.

51. Dreyer, *China at War*, p. 219.

52. Chiang Diaries, Hoover, November 20, 26, 27, 1937, box 39, folder 17.

53. Chiang Diaries, Hoover, November 20, 1937, box 39, folder 17.

54. Yang Tienshi（杨天石）, "Chiang Kai-Shek and the Battles of Shanghai," p. 40. 引用了蒋介石总统档案里的《困勉记》，这是经过节选的蒋介石日记。（台北：国史馆）

55. Garver, "Chiang Kai-shek's Quest," p. 309.

56. Yang Tienshi（杨天石）, "Chiang Kai-Shek and the Battles of Shanghai," pp. 39 – 40.

57. Iris Chang（张纯如）, *The Rape of Nanking*（New York: Penguin, 1997）, pp. 81 – 105. 许多日本学者和其他历史学者认为张这本书太夸大，但只要有百分之十的伤亡，她的书名就有道理。

58. 秦孝仪，《大事长编》卷四，pp. 1199 – 1202。

59. *Time*（《时代周刊》），January 3，1938.

60. Ma Chendu，“Analysis，” p. 28.

61. Chiang Diaries，Hoover，December 28，1937，box 39，folder 18.

62. Chiang Diaries，Hoover，January 2，1938，box 39，folder 20.

63. 杨天石，《蒋介石秘档与蒋介石真相》，（北京：社会科学文献出版社，2002）pp. 407 – 409。

64. Lloyd E. Eastman（易劳逸），“Relations between Chiang Kai-shek and Wang Jingwei during the War against Japan，” *Republican China* 14，no. 2（1989）：5 – 7.

65. Gibson，“Chiang Kai-shek's Central Army.” p. 396.

66. Stephen MacKinnon（麦金农），“Defense of the Central Yangtze and the Beginning of the War of Attrition，” paper presented at Harvard University Conference on Wartime China，Maui，January 2004，pp. 22 – 27.

67. Te-kong Tong（唐德刚）and Li Tsung-jen（Li Congren，李宗仁），*The Memoirs of Li Congren*（Boulder，Colo.：Westview，1979），pp. 361，366.

68. Sutton，“German Advice，” p. 404.

69. 同上注，p. 402。

70. Ma Chendu，“Analysis，” p. 33；沈嘉文（Shen Jia-wen，音译），《一九三八年黄河花园口决堤经过》，《民国档案》2，no. 4（1986）：134 – 136。

71. Dana Lary，*China's Republic*（Cambridge，Eng.：Cambridge University Press，2007），p. 120.

72. MacKinnon（麦金农），“Defense of the Central Yangtze，” p. 28.

73. Sutton，“German Advice，” D. 409.

74. Mao Tse-tung（毛泽东），*Selected Works*，vol. 2（New York：Internarional Publishers，1954），p. 140.

75. “蒋介石手书斯大林函”，1939 年 8 月 26 日，《民国档案》3，no. 45（1996）：61 – 63。

76. 同上注，p. 59。

77. Jerrold Schecter and Leona Schecter，*Sacred Secret*（Washington，D. C.：Brassey's，2002），pp. 15 – 16.

78. MacKinnon（麦金农），“Defense of the Central Yangtze，” pp. 29 – 35.

79. 秦孝仪，《大事长编》卷四，p. 1299。

80. Jerome Chen（陈志让），*Mao and the Chinese Revolution*（New York：Oxford University Press，1967），p. 215.

81. 秦孝仪，《大事长编》卷四，p. 1299。

82. Chen（陈志让），*Mao*，p. 235；Zhang Guotao（张国焘），*The Rise of the Chinese Commu-*

nist Party, pp. 533 – 539.

83. Chiang Diaries, November 18, 1938, box 40, folder 1.

84. Chiang Diaries, December 1938, box 40, folder 2.

85. 关于蒋的提议，见金冲及，《抗日战争初期的国共关系问题》，《民国档案》1, no. 11 (1988): 76。金没有提出他的说法所本，但他的文章引用南京中国第二历史档案馆的文献。关于中共加入国民党及国民党条件苛刻，见 Alexander Dallin and F. I. Firsov, *Dimitrov and Stalin, 1934 – 1943, Letters from the Soviet Archives* (New Haven: Yale University Press, 2000), p. 118. 关于毛的提议，Sheng（盛慕真），*Battling Western Imperialism*, p. 46. 关于周的提议，Chiang Kai-shek（蒋介石），*Soviet Russia in China* (New York: Farrar, Straus and Cudahy, 1957), p. 88.

86. Chen Lifu（陈立夫），*The Storm Clouds Clear over China* (Stanford, Calif.: Hoover Institution Press, 1994), p. 144.

87. Royal Leonard, *I Flew for China* (Garden City, N. J.: Doubleday, Doran, and Company, 1942), pp. 206 – 209.

88. 1949 年初投共的国民党要员张治中，1985 年在大陆出版回忆录，声称蒋介石惊慌下，下令长沙焚城。蒋刚弃守工业重镇武汉，他当时下令摧毁重要设施，但没有要火烧全城。MacKinnon（麦金农），"Defense of the Central Yangtze," p. 39，引用张治中的回忆录。

89. Ruth Altman Greene, *Hsiang-ya Journal* (Hamden, Conn.: Archon, 1977), pp. 111 – 115.

90. Werner Gruhl, *Imperial Japan's World War Ⅱ, 1931 – 1945* (Edison, N. J.: Trans-action, 2007), p. 35.

91. Ma Chendu, "Analysis," pp. 40 – 41.

92. Chiang Diaries, Hoover, November 2 and 11, 1938, box 40, folder 1.

93. Chiang Diaries, Hoover, November 10, 1938, box 40, folder 1.

94. Robert Payne, *Chiang Kai-shek* (New York: Wright and Talley, 1969), pp. 233 – 234.

95. 同上注，p. 235。

96. "有关抗战初期孔祥熙与宋子文之争文电一组"，《民国档案》2, no. 52 (1998): 154。

97. MacKinnon（麦金农），"Defense of the Central Yangtze," pp. 7 – 8.

98. Zhang Ruide（张瑞德），"The Central Army from Whampoa to 1949," in *A Military History of China*, ed. David Graff and Robin Hiphem (Boulder, Colo.: Westview, 2002), pp. 201 – 201.

99. Jonathan D. Spence（史景迁），*The Search for Modern China* (New York: W. W. Norton, 1990), p. 461.

100. Chiang Diaries, Hoover, March 29, 1939, box 40, folder 8.

101. 杨天石，《蒋介石秘档》，pp. 415 – 420。

102. Payne, *Chiang Kai-shek*, pp. 233 – 234.

103. Laura Tyson Li, *Madame Chiang Kai-shek* (New York: Atlantic Monthly Press, 2006), p. 152.

104. Payne, *Chiang Kai-shek*, p. 236.

105. Chiang Diaries, Hoover, April 2, 1939, box 40, foldest 7.

106. Akira Iriye（入江昭）, *Origins*, p. 76.

107. Chiang Diaries, Hoover, June 25, 1939, box 40, folder 9.

108. 周后来将这份报告摘要呈报共产国际。Abstract of Zhou Enlai's Report to the CCP Politburo, RGASPI, collection 495, inventory 10a, file 296, sheets 146 – 196.

109. Han Suyin（韩素音）, *Eldest Son: Zhou Enlai and the Making of Modern China* (New York: Hill and Wang, 1994), p. 170.

110. Edwin P. Hoyt（霍伊特）, *Japan's War: The Great Pacific Conflict* (New York: McGraw Hill, 1986), p. 187.

111. Lyman P. Van Slyke（范力沛）, ed., *The Chinese Communist Movement: A Report of the United States War Department, July 1945* (Stanford, Calif.: Stanford University Press, 1968), p. 212.

112. "蒋介石手书斯大林函", 1939 年 8 月 26 日,《民国档案》3, no. 45（1996）: 63 – 64。

113. Chiang Diaries, Hoover, August 25, 1939, box 40, folder 11.

114. Chiang Diaries, Hoover, September 5, 12, and 30, 1939, box 40, folder 12.

115. Chiang Diaries, Hoover, August 2 and 26, 1939, box 40, folder 11.

116. Greene, *Hsiang-ya Journal*, pp. 122 – 126.

117. Chiang Diaries, Hoover, April 18 and 25, 1939, box 40, folder 7.

118. MacKinnon（麦金农）, "Defense of the Central Yangtze," p. 38.

119. Ma Chendu, "Analysis," p. 43.

120. F. F. Liu（刘馥）, *A Military History of Modern China, 1924 – 1949* (Princeton, N. J.: Princeton University Press, 1956), p. 204.

121. Frank Dorn, *The Sino-Japanese War, 1937 – 1941* (New York: Macmillan, 1974), pp. 304 – 322. 窦恩是史迪威在中国四年的主要助手，他和史在 1939 年 9 月结束在华任职。

122. Ma Chendu, "Analysis," pp. 46 – 49.

123. Dallin and Firsov, *Dimitrov and Stalin*, pp. 115, 120.

124. 同上注，pp. 116 – 117。我们没有理由怀疑此处所引用文件之真实性。

125. 同上注，pp. 115, 116。

126. Eastman（易劳逸）, "Relations," pp. 6 – 9. 关于刺汪案的详情，Frederic Wakeman Jr., *Spymaster: Dai Li and the Chinese Secret Service* (Berkeley: University of California Press, 2003), pp. 337 – 338.

127. 1940 年 8 月 21 日提及蒋在 1940 年 1 月 24 日的一场演讲，秦孝仪，《大事长编》卷四，pp. 1616 – 1617。

128. Chiang Diaries, Hoover, December 30, 1939, box 40, folder 15.

129. Dallin and Firsov, *Dimitrov and Stalin*, pp. 119 – 121.

130. 同上注，pp. 123 – 124，1940 年 2 月中共中共委员会向共产国际提交的预算。中共报告中提到每个月的总花费相当于 70.1 万美元，其中相当于 60 万美元的资财用于军事花销。除了每个月从中国政府收到相当于 11 万美元的资财，共产党的军队每个月能从“我们党控制的中国北方的地方政府机关”收到大约相当于 20 万美元的资财，党和机关每个月收集 4.3 亿美元，但不清楚这些资财是否包括谷物征收的部分。

131. 同上注，pp. 123 – 125。

132. Chiang Dairies, Hoover, September 2, 1939, box 40, folder 12.

133. 档案在 RGASPI, Comintern Executive Archival Collection no. 495, inventory 225, file 77.

134. Mao（毛泽东），*Selected Works*, vol. 2, pp. 204 – 210.

135. 蒋在日记中只说他和周恩来会面，Chiang Diaries, Hoover, July 17, 1940, box 40, folder 23. 后来的记事才讲清楚谈话的性质。

136. Han Suyin（韩素音），*Eldest Son*, p. 174.

137. Dallin and Firsov, *Dimitrov and Stalin*, p. 120.

138. William W. Whitson, *The Chinese High Command: A History of Chinese Communist Military Politics, 1927 – 1971* (New York: Praeger, 1973), pp. 70 – 74; Dreyer China at War, p. 253.

139. Chiang Diaries, Hoover, September 29, 1940, box 40, folder 25.

140. Zhang Baijia（章百家），“China's Experience,” pp. 40 – 42；秦孝仪，《大事长编》卷四，p. 1636。

141. 蒋介石 1940 年 10 月 19 日给何应钦的指示，收在秦孝仪，《大事长编》卷四，p. 1637; Han Suyin（韩素音），*Eldest Son*, p. 174. 毛泽东给共产国际的密电明白提到，蒋介石要求中共所有武装部队退到黄河旧河道以北地区——换句话说，完全退出江苏，及大部分的山东。Dallin and Firsov, *Dimitrov and Stalin*, pp. 125 – 134; Gregory Benton, “Maogate at Maolin? Pointing Fingers in the Wake of a Disaster, South Anhui, January 1941,” *East Asian History* 4 (1992): 119 – 141.

142. Dallin and Firsov, *Dimitrov and Stalin*, pp. 131 – 134.

143. 同上注，pp. 125 – 134。

144. Han Suyin（韩素音），*Eldest Son*, p. 174.

145. Benton, “Maogate at Maolin?” p. 121. 顾祝同所部俘虏了新四军参谋长赵凌波（Zhao Lingbo，音译），据说赵供出，项英、叶挺打算移动到江苏南方，派了两千人打头阵。见秦孝仪，《大事长编》卷五，p. 1665。

146. Benton, “Maogate at Maolin?” p. 124.

147. Chiang Diaries, Hoover, January 28, 1940, box 41, folder 7; John W. Garver（高龙江），*Chinese – Soviet Relations, 1937 – 1945* (Oxford, Eng.: Oxford University Press,

1988）, p. 144.

148. Dallin and Firsov, *Dimitrov and Stalin*, p. 139; Garver（高龙江）, *Chinese – Soviet Relations*, p. 146.

149. 同上注, p. 139。它引述毛泽东1941年2月13日拍发电报给共产国际的季米特洛夫。中共表面上接受军事委员会的军事命令，毛泽东在电报中却告诉季米特洛夫说，蒋要求共军北调，“我们还不能接受”。

150. Dallin and Firsov, *Dimitrov and Stalin*, pp. 139 – 140.

151. Chiang Diaries, Hoover, April 24, 1941, box 41, folder 10.

152. Zhang Baijia（章百家）, “China's Experience,” pp. 43 – 44.

153. Schecter and Schecter, *Sacred Secret*, pp. 16 – 17, 42 – 43.

154. Dallin and Firsov, *Dimitrov and Stalin*, p. 188.

155. Chiang Diaries, Hoover, April 13, 1941, box 41, folder 10.

156. Garver（高龙江）, *Chinese – Soviet Relations*, p. 183.

157. Akira Iriye（入江昭）, *Origins*, p. 688.

158. Chiang Diaries, Hoover, April 13, 1941, box 41, folder 10.

159. Chiang Diaries, Hoover, June 19, 1941, box 41, folder 12.

160. Garver（高龙江）, *Chinese – Soviet Relations*, pp. 184 – 185.

161. Tobe Ryoici, “Japanese 11th Army's Operations in Central China. 1938 – 1941,” paper presented at Harvard University Conference on Wartime China, Maui, January 2004, p. 29.

162. Dallin and Firsov, *Dimitrov and Stalin*, pp. 142 – 145.

163. Claire Lee Chennault, *The Way of a Fighter*（1949; Tucson, Ariz.: James Thorvaardson & Sons, 1991）, pp. 82 – 83.

164. Robert Payne, *Chiang Kai-shek*（New York: Wright and Talley, 1969）, pp. 239 – 241.

165. Arthur N. Young, *China and the Helping Hand, 1937 – 1945*（Cambridge: Harvard University Press, 1963）, p. 257.

166. 同上注, pp. 17 – 18。

167. Owen Lattimore, *China Memoirs*（Tokyo: University of Tokyo Press, 1990）, p. 87.

168. 战后，麦卡锡参议员及其支持者指控拉铁摩尔是共产党员，他和同伙美国人痛批国民党政府，使得中国沦陷入共产党控制。这些指控并不符实情。

169. Lattimore, *China Memoirs*, pp. 135, 149, 155.

170. 同上注, p. 149。

171. Chiang Diaries, Hoover, August 16, 1941, box 41, folder 14.

172. Akira Iriye（入江昭）, *Origins*, p. 179.

173. Chiang Diaries, Hoover, November 9, 1941, box 41, folder 17.

174. Schecter and Schecter, *Sacred Secret*, pp. 42 – 43.

175. Akira Iriye（入江昭）, *Origins*, p. 151.

176. 1996 年 6 月 5 日，蒋纬国在台北受访。

177. Tobe Ryoici, "Japanese 11th Army's Operations in Central China, 1938 – 1941," paper presented at Harvard University Conference on Wartime China, Maui, January 2004, pp. 29 – 30.

178. Chiang Diaries, Hoover, December 25, 1941, box 41, folder 17.

179. Lattimore, *China Memoirs*, p. 160. 华盛顿方面，联邦调查局报告说，日本大使馆正在烧毁文件。

180. 蒋 1941 年 12 月 8 日致函罗斯福，见秦孝仪，《大事长编》卷四，pp. 1816 – 1817。

181. Lattimore, *China Memoirs*, p. 161.

182. 同上注。

183. Te-kong Tong（唐德刚）and Li Tsung-jen（李宗仁）, *Memoirs*, pp. 428 – 429; Hauro Tohmatsu, "The Strategic Correlation between the Sino-Japanese and Pacific Wars," paper given at Harvard University Conference on Wartime China, Maui, January 2004, pp. 3 – 4; Liu, Military History, p. 209.

184. Haruo Tohmatsu, "Strategic Correlation," p. 3.

185. 同上注，pp. 3 – 4。

186. Chiang Diaries, December 10 and 11, 1941, January 31, 1942, box 41, folder 18; Chiang Diaries, January 31, 1942, 秦孝仪，《大事长编》卷五，p. 1855。

187. Chennault, *Way of a Fighter*, pp. 126 – 127.

188. Lattimore, *China Memoirs*, p. 164. 当然他或许也承认，日本以压倒性优势火力，已征服了 1/4 个中国。

189. 蒋 1942 年 1 月 7 日给罗斯福的电报，见秦孝仪，《大事长编》，p. 1847。

190. Chennault, *Way of a Fighter*, pp. 130 – 131.

191. Chiang Diaries, Hoover, December 31, 1941, box 42, folder 4; 秦孝仪，《大事长编》卷五，p. 1856。

192. Tuchman, *Sand*, pp. 199 – 213.

193. 同上注，p. 243。史迪威曾说，中国可能还需要两个世代，才会出现一流将才。（同上注，p. 172）

194. 同上注，p. 172。

195. 同上注，p. 153。

196. *FRUS*（1937）, vol. 3: *The Far East*, p. 258.

197. 蒋 1942 年 1 月 22、23 日给宋子文之电报，见秦孝仪，《大事长编》卷五，pp. 1852 – 1853。

198. Young, *China and the Helping Hand*, pp. 231 – 240.

第五章　蒋介石和他的美国盟友

1. 据报道，每一卡车出发时所载的货，由于管理及维修失当加上非法盗窃，等到送达目的地往往只剩下三分之一。见 Zhang Baijia（章百家），“China's Experience in Seeking Foreign Military Aid and Cooperation for Resisting Japanese Aggression，” paper presented at Harvard University Conference on Wartime China，Maui，January 2004，p. 46；Charles F. Romanus and Riley Sunderland，*Stilwell's Mission to China*（1952；Washington，D. C.：U. S. Army Center of Military History，2002），p. 45.

2. Romanus and Sunderland，*Stilwell's Mission*，p. 45.

3. 1942 年 2 月 4 日，秦孝仪，《大事长编》卷五，p. 1857。

4. Alan K. Lathrop，“The Employment of Chinese Nationalist Troops in the First Burma Campaign，” *Journal of Southeast Asia Studies* 12，no. 2（September 1981）：409 –410.

5. 秦孝仪，《大事长编》卷五，p. 1857。

6. 甘地给蒋的信，在蒋 1942 年 6 月 22 日给宋子文的电报可见文摘，T. V. Soong Papers，box 36，folder 5；Chiang Diaries，Hoover，February 18，1942，box 42，folder 7.

7. Chiang telegram to Soong，March 15，1942，T. V. Soong Papers，box 36，folder 5.

8. Joseph W，Stilwell，*The Stilwell Papers*，ed. Theodore H. White（白修德）（London：MacDonald，1949），pp. 69，70.

9. 蒋 1942 年 3 月 5 日和史迪威会谈的中文摘要，秦孝仪，《大事长编》卷五，p. 1872。

10. 秦孝仪，《大事长编》卷五，p. 1872。

11. Stilwell，*Papers*，pp. 94 –95.

12. Field Marshall Viscount Slim，*Defeat into Victory：Battling Japan in Burma and India，1942 –1945*（New York：Cooper Square Press，2000），p. 17；Zhang Ruide（张瑞德），“The Central Army from Whampoa to 1949，” in *A Military History of China*，ed. David Graff（葛德威）and Robin Hiphem（Boulder，Colo.：Westview，2002），pp. 201 –210.

13. 给宋子文之电报，有提到蒋介石、史迪威 3 月 10 日谈话誊本，T. V. Soong Papers，box 61. folder 11.

14. Romanus and Sunderland，*Stilwell's Mission*，p. 97.

15. Frank Dorn，*Walkout with Stilwell*（New York：Thomas Y. Crowell，1971），pp. 71 –72.

16. Romanus and Sunderland，*Stilwell's Mission*，p. 100.

17. Chiang Diaries，Hoover，March 20，1942，box 42，folder 8.

18. Stilwell. *Papers*，p. 82.

19. 同上注。

20. Romanus and Sunderland，*Stilwell's Mission*，pp. 106 –109.

21. Stilwell，*Papers*，p. 93.

22. Chiang Diaries，Hoover，April 1，1942，box 42，folder 9.

23. 2003 年 7 月 26 日，王冀在华盛顿受访。

24. Stilwell，*Papers*，pp. 93，94；1942 年 4 月 2 日，秦孝仪，《大事长编》，p. 1891。

25. Stilwell，*Papers*，p. 97.

26. 同上注，pp. 97，99；蒋 1942 年 4 月 15 日给罗卓英的指示。T. V. Soong Papers，box 61，folder 2. 据史迪威说，蒋建议犒赏每一班士兵一个西瓜，以示激励。

27. Lathrop，"Employment of Chinese Nationalist Troops，" pp. 417 – 418.

28. 同上注，pp. 418 – 419。引用 U. S. Senate Committee on the Judiciary，Internal Security Subcommittee，*The Amerasia Papers*：*A Clue to the Catastrophe of Chind*，2 vols.（Washington，D. C.：U. S. Government Printing Office，1970），vol. 1，p. 187.

29. Claire Lee Chennault，*The Way of a Fighter*（1949；Tucson，Ariz.：James Thorvaardson and Sons，1991），pp. 158 – 159.

30. Dorn，*Walkout with Stilwell*，p. 93.

31. Lathrop，"Employment of Chinese Nationalist Troops." p. 418.

32. Stilwell，*Papers*，p. 109.

33. Chennault，*Way of a Fighter*，p. 160.

34. Romanus and Sunderland，*Stilwell's Mission*，pp. 138 – 139.

35. 蒋 1942 年 5 月 6 日给宋之电报，秦孝仪，《大事长编》卷五，p. 1915。

36. Barbara Tuchman（杜希曼），*Sand against the Wind*：*Stilwell and the American Experience in China*（London：Macmillan，1971），p. 372.

37. Romanus and Sunderland，*Stilwell's Mission*，pp. 138 – 139；Stilwell，*Papers*，p. 109.

38. Romanus and Sunderland，*Stilwell's Mission*，pp. 138 – 139.

39. 同上注，pp. 135 – 136。

40. Ray Huang（黄仁宇），*Chiang Kai-shek and His Diary as a Historical Source*（Armonk，N. Y：M. E. Sharpe，1996），part 2，p. 19.

41. Chiang Diaries，Hoover，May 7，1942，box 42，folder 10.

42. Stilwell，*Papers*，pp. 110，111.

43. Ray Huang（黄仁宇），*Chiang Kai-shek*，part 1. p. 21.

44. Romanus and Sunderland，*Stilwell's Mission*，pp. 141，143 – 146；Chennaull，*Way of a Fighter*，p. 161.

45. Jack Belden，*Retreat with Stilwell*（New York：Alfred A. Knopf，1949）.

46. Stilwell，*Papers*，p. 109.

47. Lathrop，"Employment of Chinese Nationalist Troops，" pp. 421 – 423.

48. Romanus and Sunderland，*Stilwell's Mission*，p. 139.

49. Chiang Diaries，Hoover，May 4，1942，box 42，folder 10.

50. Lathrop，"Employment of Chinese Nationalist Troops，" pp. 431，432.

51. Carrol V. Clines，*Doolittle's Tokyo Raiders*（Princeton，N. J.：D. Van Nostrand，1964），p. 6.

52. Haruo Tohmatsu，"The Strategic Correlation between the Sino-Japanese and Pacific Wars，" paper presented at Harvard University Conference on Wartime China，Maui，January 2004，p. 6.

53. Stilwell, *Papers*, p. 121.

54. Romanus and Sunderland, *Stilwell's Mission*, pp. 153 – 154.

55. Stilwell, *Papers*, p. 121.

56. Romanus and Sunderland, *Stilwell's Mission*, p. 154.

57. 同上注，p. 152。

58. 蒋 1942 年 6 月 18 日给宋之电报，秦孝仪，《大事长编》卷五，pp. 1952 – 1953。

59. Romanus and Sunderland, *Stilwell's Mission*, p. 157.

60. 同上注，p. 171；秦孝仪，《大事长编》卷五，pp. 1957 – 1959；Ray Huang（黄仁宇），*Chiang Kai-shek*, part 1, p. 26.

61. Stilwell, *Papers*, p. 128.

62. 见 Theodore White（白修德）1942 年 3 月 2 日发表在《生活》（*Life*）杂志上的文章，收在 Edward T. Thompson, ed., *Theodore H. White at Large*（New York：Pantheon, 1992），p. 36.

63. Stilwell, *Papers*, pp. 131 – 132.

64. 蒋 1942 年 7 月 6 日给宋子文之电报，传递史迪威呈交之备忘录全文，T. V. Soong Papers, box 61, folder 2.

65. 同上注。

66. 蒋 1942 年 7 月 5 日给宋之电报，T. V. Soong Papers, box 61, folder 2；秦孝仪《大事长编》卷五，pp. 1969 – 1972。

67. Stilwell, *Papers*, p. 132.

68. Lauchlin Currie, "Report on Visit to China, August 24, 1942," in Currie Papers, box 4, folder "Currie 2nd trip to China, Interviews with Chiang Kai-shek."

69. *Washington Post*, July 22, 1942, p. 1. 引述美国战时新闻局（Office of War Information）的报道，大部分失踪者后来证明都成了战俘。

70. Chiang Diaries, Hoover, September 12, 1942, box 42, folder 14.

71. Yang Kuisong（杨奎松），"The Formation and Implementation of the Chinese Communists' Guerrilla Warfare Strategy in the Enemy's Rear during the Sino-Japanese War," paper presented at Harvard University Conference on Wartime China, Maui, January 2004, pp. 32 – 36. 杨奎松引用了《中央革命军事委员会关于抗日根据地军事建设的指示》，1941 年 11 月 7 日。

72. Chiang Diaries, Hoover, July 26, 1942, box 42, folder 12.

73. Chiang Diaries, Hoover, July 30, 1942, box 42, folder 12; Romanus and Sunderland, *Stilwell's Mission*, pp. 153 – 154.

74. Currie Papers, box 4, folder "Report."

75. Chiang Diaries, Hoover, August 4, 1942, box 42, folder 12.

76. Stilwell, *Papers*, p. 137.

77. Currie Papers, box 4, folder "Report."

78. Stilwell, *Papers*, pp. 131, 132.

79. 蒋和威尔基1942年10月5日会谈的中文记录，秦孝仪，《大事长编》卷五，p. 2045。

80. 关于“愚蠢”，见 Chiang Diaries, Hoover, September 25, 1942, box 42, folder 14.

81. Chiang Kai-shek（蒋介石），*Resistance and Reconstruction: Messages during China's Six Years of War, 1937 – 1943*（New York: Harper, 1943），pp. 320 – 322.

82. Romanus and Sunderland, *Stilwell's Mission*, pp. 224 – 225.

83. Brian Crozier（柯如齐），*The Man Who Lost China*（New York: Charles Scribner's Sons, 1976），p. 253.

84. Gardner Cowles, *Mike Looks Back: The Memoirs of Gardner Cowles, Founder of "Look" Magazine*（New York: Gardner Cowles, 1985）.

85. 同上注。

86. Drew Pearson, *Drew Pearson's Diaries: 1949 – 1959*, ed. Tyler Abell（New York: Holt, Rinehart, and Winston, 1974）. 有关皮尔森日记的法律折冲，见20世纪70年代台湾地区新闻局驻纽约官员陆以正的回忆录，《微臣无力可回天：陆以正的外交生涯》，（台北：天下文化，2002）pp. 246 – 255。

87. Gardner Cowles, *Mike Cowles Looks Back*（New York: Gardner Cowles, 1985），pp. 87 – 91.

88. 1943年1月16日，居里向罗斯福夫人报告，Currie Papers, box 1, folder "Eleanor Roosevelt."

89. Laura Tyson Li, *Madame Chiang Kai-shek*（New York: Atlantic Monthly Press, 2006），p. 194.

90. 同上注，pp. 194 – 195。

91. Chennault, *Way of a Fighter*, pp. 39, 41.

92. Tuchman, *Sand*, pp. 335 – 339; Chennault, *Way of a Fighter*, p. 216.

93. Tuchman, *Sand*, pp. 339 – 340.

94. 同上注。

95. *FRUS*（1942）: *China*, pp. 99 – 102; *FRUS*（1943）: *China*, pp. 193 – 199.

96. John Stewart Service, *Lost Chance in China*（New York: Random House, 1974），p. 169.

97. Harold Isaacs（伊罗生），*The Tragedy of the Chinese Revolution*（1938; Stanford, Calif.: Stanford University Press, 1951）; Edgar Snow（斯诺），*Red Star over China*（1938; New York: Random House, 1944）. Graham Peck, *Two Kinds of Time*（Boston: Houghton Mifflin, 1950）. 也是重要的作品。

98. Lucian W. Pye（白鲁恂），*The Spirit of Chinese Politics*（Cambridge: MIT Press, 1968），p. 15.

99. Arthur N. Young, *China's Wartime Finance and Inflation*（Cambridge: Harvard University Press, 1965），pp. 286 – 298.

100. Robert A. Kapp（柯白），"The Kuomintang and Rural China in the War of Resistance,

1937－1945，” in F. Gilbert Chan，ed.，*China at the Crossroads：Nationalists and Communists，1927－1949*（Boulder，Colo.：Westview，1980），p. 169.

101. 同上注。

102. Young，*China's Wartime Finance and Inflation*，pp. 263，299 － 308，348 － 349；Hsi-Hseng Ch'i（齐锡生），*Nationalist China at War：Military Defeats and Political Collapse，1937－1945*（Ann Arbor：University of Michigan Press，1982），p. 173.

103. Stilwell，*Papers*，p. 179.

104. Chiang Diaries，Hoover，November 3，1942，box 42，folder 16.

105. Romanus and Sunderland，*Stilwell's Mission*，pp. 131－132.

106. 同上注，p. 245。

107. Stilwell，*Papers*，p. 245.

108. 蒋 1942 年 12 月 2 日致罗斯福之电报，秦孝仪，《大事长编》卷五，p. 2082。

109. Romanus and Sunderland，*Stilwell's Mission*，p. 249.

110. Winston Churchill，*The Second World War*（London：Cassell，1952），p. 650.

111. Stilwell，*Papers*，pp. 179－180.

112. Romanus and Sunderland，*Stilwell's Mission*，p. 259.

113. 蒋与阿诺德会谈之中文记录，秦孝仪，《大事长编》卷五，p. 2112。

114. 同上注。

115. Chiang Diaries，Hoover，February 7，1942，box 43，folder 1；Romanus and Sunderland，*Stilwell's Mission*，p. 276.

116. Romanus and Sunderland，*Stilwell's Mission*，pp. 279－280.

117. 同上注，pp. 282，287；Chennault，*Way of a Fighter*，p. 217.

118. Joseph W. Alsop，*I've Seen The Best*（New York：W. W. Norton，1992），p. 212. 杜希曼形容艾尔索普“冲动”、“善变”、“固执己见”，其实这些性格在史迪威身上也全都看得见。Tuchman，*Sand*，p. 358.

119. James C. Hsiung（熊玠）and Steven I. Levine，eds.，*China's Bitter Victory*（Armonk，N. Y.：M. E. Sharpe，1992），p. 161.

120. Tuchman（杜希曼），*Sand*，p. 366；Romanus and Sunderland，*Stilwell's Mission*，p. 335.

121. Li，*Madame Chiang*，p. 201.

122. *New York Times*，February 18，1943.

123. 同上注。

124. Eleanor Roosevelt，*The Autobiography of Eleanor Roosevelt*（1961；New York：Da Capo Press，1992），pp. 249－250.

125. Currie Papers，box 1，folder “John Carter Vincent.”

126. John S. Service and Caroline Service，“Man across the Street，” Georgetown University Foreign Affairs Oral History Project，vol. 1，pp. 180－182，转引自 Li，*Madame Chiang*，p. 217.

127. 依据《资讯自由法》提供给罗拉李（Laura Tyson Li）的材料；见 Li，*Madame Chiang*，p. 218.

128. Jerrold Schecter and Leona Schecter，*Sacred Secrets*（Washington，D. C.：Brassey's，2002），pp. 115，125，128，138. 居里战后受到调查，从来未遭到间谍罪起诉，但本特利公开指控他是她的联络人之一。居里否认曾替苏联当间谍。

129. Romanus and Sunderland，*Stilwell's Mission*，pp. 318 – 320.

130. 同上注，p. 320。蒋坚称中国部队可以抵挡住日军的进攻，绝不是如 Romanus 和 Sunderland 所说的，他已经很满意其部队的表现，不再需要提供给他新武器或改善其战斗力。

131. Chennault，*Way of a Fighter*，p. 220.

132. Tuchman（杜希曼），*Sand*，p. 367.

133. Churchill，*The Second World War and an Epilogue*，1945 – 1957（London：Cassell，1959），p. 664.

134. Romanus and Sunderland，*Stilwell's Mission*，p. 323. 军事史家在形容史迪威不寻常的行为时，却替他开脱，说他太谦虚："史迪威不太发言替自己说话，他变得沉默，倒也符合他的本性。"

135. Tuchman，*Sand*，pp. 367 – 368.

136. 同上注，p. 368。

137. Romanus and Sunderland，*Stilwell's Mission*，p. 323.

138. 军事史家认为他可能也口头报告了这部分。见 Romanus and Sunderland，*Stilwell's Mission*，pp. 323 – 324.

139. Tuchman（杜希曼），*Sand*，p. 371.

140. Chennault，*Way of a Fighter*，p. 220；Tuchman（杜希曼），*Sand*，p. 371.

141. Chennault，*Way of a Fighter*，p. 245.

142. Ray Huang（黄仁宇），*Chiang Kai-shek*，part 2，pp. 36 – 37.

143. 宋 5 月 7 日向联合参谋本部简报的中文记录，收在秦孝仪，《大事长编》卷五，p. 2157；Romanus and Sunderland，*Stilwell's Mission*，p. 326，则引用此一联合参谋会议的"摘要"。

144. 宋子文和战争部助理部长麦考伊（McCoy）1943 年 5 月 5 日谈话的备忘录，T. V. Soong Papers，box 61，folder 6.

145. Arthur N. Young，*China and the Helping Hand*，*1937 – 1945*（Cambridge：Harvard University Press，1963），p. 318.

146. Alsop，*I've Seen the Best*，pp. 218 – 223.

147. Tuchman，*Sand*，p. 489.

148. 1943 年 8 月 20 日有关史迪威的备忘录，T. V. Soong Papers，box 61，folder 2.

149. Robert E. Sherwood，*Roosevelt and Hopkins*（1948；New York：Bantam Books，1950），vol. 2，p. 352.

150. 宋子文《一九四三年八月十六日与霍普金斯谈话纪要》, T. V. Soong Papers, box 61, folder 6.

151. Chiang Diaries, Hoover, June 17, 1943, box 43, folder 5.

152. 蒋 1943 年 6 月 21 日给蒋夫人的电报，收在秦孝仪《大事长编》卷五, pp. 2171 – 2172。

153. Chiang Diaries, Hoover, June 28, 1943, box 43, folder 5; Romanus and Sunderland, *Stilwell's Mission*, p. 341.

154. Chiang Diaries, Hoover, August 22, 1943, box 43, folder 7.

155. Hauro Tohmatsu, "The Strategic Correlation between the Sino-Japanese and Pacific Wars," paper given at Harvard University Conference on Wartime China, Maui, January 2004, p. 9.

156. Romanus and Sunderland, *Stilwell's Mission*, pp. 358 – 363.

157. 史迪威 1943 年 6 月在他的"黑色记事本"里写下这个剧本。见 Romanus and Sunderland, *Stilwell's Mission*, p. 341.

158. Tuchman（杜希曼）, *Sand*, p. 399.

159. Chiang Diaries, Hoover, September 21, 1943, box 43, folder 8; 史迪威的计划，秦孝仪，《大事长编》卷五, p. 2239; Ray Huang（黄仁宇）, *Chiang Kai-shek*, part 2, p. 45; Romanus and Sunderlund, *Stilwell's Mission*, p. 341.

160. Tuchman（杜希曼）, *Sand*, pp. 372 – 373, 476 – 477, 493.

161. Chennault, *Way of a Fighter*, p. 226; Tuchman（杜希曼）, *Sand*, p. 371.

162. Ray Huang（黄仁宇）, *Chiang Kai-shek*, part 2, p. 47.

163. Stilwell, *Papers*, pp. 213 – 217.

164. 宋 1943 年 9 月 16 日的电报，秦孝仪，《大事长编》卷五, p. 2236; Romanus and Sunderland, *Stilwell's Mission*, pp. 376 – 377.

165. 1943 年 10 月 13 日，宋子文通过中国国防物资供应公司拍电报给霍普金斯，T. V. Soong Papers, box 61, folder 2.

166. Romanus and Sunderland, *Stilwell's Mission*, p. 377.

167. Ray Huang（黄仁宇）, *Chiang Kai-shek*, part 2, p. 47.

168. Chiang Diaries, Hoover, October 15, 1943, box 43, folder 9.

169. Alsop, *I've Seen the Best*, pp. 224 – 225.

170. 同上注, p. 224; Ray Huang（黄仁宇）, *Chiang Kai-shek*, part 1, pp. 46 – 47.

171. 史迪威与宋美龄，以及蒋介石与史迪威的谈话，秦孝仪，《大事长编》卷五，1943 年 10 月 17 日, p. 2253。

172. Stilwell, *Papers*, pp. 220 – 221.

173. 史迪威 1943 年 10 月 17 日与蒋面谈的中文记录，秦孝仪，《大事长编》卷五, p. 2253。

174. A1sop, *I've Seen the Best*, p. 225.

175. 宋子文 1943 年向蒋介石写悔过书的备忘录，宋仲虎于 2006 年 4 月 11 日 e-mail 中提供副本。

176. Alsop，*I've Seen the Best*，p. 225.

177. Romanus and Sunderland，*Stilwell's Mission*，pp. 378 – 379.

178. Louis Mountbatten，*Personal Diary of Admiral the Lord Louis Mounbatten，1943 – 1946*，ed. Philip Ziegler（London：Collins，1988），p. 14.

179. 同上注，pp. 11 – 17；Romanus and Sunderland，*Stilwell's Mission*，p. 380.

180. Stilwell，*Papers*，p. 221.

181. Chiang Diaries，Hoover，September 8，1943，box 43，folder 8.

182. 高东（Gao Dong，音译）一九四三年八月十四日自重庆向季米特洛夫报告，RGASPI，collection 595，inventory 74，file 333，pp. 3 – 13.

183. Tuchman（杜希曼），*Sand*，pp. 388 – 389.

184. Chiang Diaries，Hoover，August 11，1943，box 43，folder 7.

185. 同上注，p. 133。

186. 高东（音译）向季米特洛夫报告，他刚接获消息，中共代表团里有国民党潜伏进来的特务，已经泄漏出去解读电讯的密码册。1943 年 8 月 14 日，RGASPI，collection 595，inventory 74，file 333，pp. 7 – 8；1943 年 8 月 14 日，RGASPI，collection 595，inventory 74，file 333，p. 6.

187. 蒋 1943 年 9 月 9 日给宋之电报，秦孝仪，《大事长编》卷五，pp. 2213 – 2214。

188. 蒋 1943 年 8 月 15 日日记，秦孝仪，《大事长编》卷五，p. 2201。

189. 蒋 1943 年 9 月 9 日给宋之电报，收在秦孝仪，《大事长编》卷五，pp. 2210，2213 – 2214。

190. 蒋 1943 年 9 月 10 日给宋之电报，秦孝仪，《大事长编》卷五，pp. 2214 – 2215。

191. 蒋 1943 年 9 月 19 日给宋之电报，秦孝仪，《大事长编》卷五，p. 2216。

192. Chiang Diaries，Hoover，October 17，1943，box 43，folder 9；Ray Huang（黄仁宇），*Chiang Kai-shek*，part 2，p. 51.

193. Don Lohbeck，*Patrick J. Hurley*（Chicago：Henry Regnery Company，1956），pp. 15 – 86，159 – 164.

194. Tuchman（杜希曼），*Sand*，pp. 397 – 398.

195. Chiang Diaries，Hoover，November 13，1943，box 43，folder 10；Lohbeck，*Hurley*，p. 206.

196. 蒋 1943 年 11 月 17 日日记，见秦孝仪，《大事长编》卷五，pp. 2270 – 2272。

197. Tuchman（杜希曼），*Sand*，pp. 399 – 400.

198. Romanus and Sunderland，*Stilwell's Mission*，vol. 2，p. 61.

199. Stilwell，*Papers*，p. 225.

200. 杜希曼认为这些用词“令人惊骇”，但又解释说在史迪威的日记里“只出现一两次”。Tuchman，*Sand*，p. 398.

201. Forrest C. Pogue，*George C. Marshall Interviews and Reminiscences for Forrest C. Pogue*，ed. Larry I. Bland，3d ed.（Lexington，Va.：George C. Marshall Foundation，1996），p. 605. 马歇尔还说：“他写信给太太，用的词句更尖锐。”

第六章　中国战区

1. Winston S. Churchill，*The Second World War and an Epilogue on the Years 1945 to 1957*（London：Cassell，1959），p. 727.

2. Field Marshall Lord Alanbrooke，*War Diaries*，ed. Alex Danchev and Dan Todman（London：Widenfeld and Nicolson，2001），entry for November 23，1943.

3. Chiang Diaries，Hoover，November 23，1943，box 43，folder 10.

4. Barbara Tuchman（杜希曼），*Sand against the Wind*：*Stilwell and the American Experience in China*（London：Macmillan，1971），p. 402.

5. Charles F. Romanus and Riley Sunderland，*Stilwell's Command Problem*（1956；Washington，D. C.：U. S. Army Center of Military History，1978），pp. 62 – 63.

6. Robert E. Sherwood，*Roosevelt and Hopkins*（1948；New York：Bantam Books，1950），vol. 2，p. 393.

7. *FRUS*（*1943*）：*The Conferences*，p. 117.

8. 蒋氏夫妇 11 月 22 日与罗斯福总统进行正式的“初识”会谈。

9. Ray Huang（黄仁宇），*Chiang Kai-shek and His Diary as a Historical Resource*（Armonk，N. Y：M. E. Sharpe，1996），part 2，p. 53.

10. Chiang Diaries，Hoover，November 24，1943，box 43，folder 10.

11. Chiang Diaries，Hoover，November 23，1943，box 43，folder 10；*FRUS*（*1943*）：*The* Conferences，pp. 322 – 325.

12. Elliot Roosevelt，*As He Saw It*（New York：Duell，Sloan，and Pearce，1946），p. 142.

13. 同上注。

14. Sherwood，*Roosevelt and Hopkins*，p. 395.

15. Tuchman（杜希曼），*Sand against the Wind*，p. 404.

16. *FRUS*（*1943*）：*The Conferences*，pp. 347 – 348.

17. 同上注，pp. 338 – 339。

18. 11 月 26 日，马歇尔在联合参谋本部会议上，对这一议题很坚持。*FRUS*（*1943*）；*The Conferences*，p. 364.

19. Chiang Diaries，Hoover，November 24，1943，box 43，folder 10.

20. *FRUS*（*1943*）：*The Conferences*，p. 349.

21. Chiang Diaries，Hoover，November 26，1943，box 43，folder 10.

22. 同上注。

23. Roosevelt, *As He Saw It*, p. 164. 罗斯福回避对东北问题作保证，但说苏联会尊重东北的国界。他建议，香港应归还中国，但要作为自由港，蒋同意。

24. Chiang Diaries, Hoover, November 26, 1943, box 43, folder 10.

25. Romanus and Sunderland, *Stilwell's Cormmand Problem*, p. 64.

26. 罗斯福总统的工作日志对罗、蒋下午的九十分钟会谈进行到什么时候，有不同的说法；罗下一个约会排在下午六点十五分。*FRUS*（*1943*）：*The Conferences*, pp. 63, 298－299. 关于史迪威、马歇尔和罗斯福的会谈，见 Joseph W. Stilwell, *The Stilwell Papers*（London: Macdonald, 949）, p. 232, 及 Romanus and Sunderland, *Stilwell's Command Problem*, p. 64.

27. Stilwell, *Papers*, p. 232.

28. 关于"他又来了"，见同上注，p. 231；关于晚上十点三分的会面，见 Roosevelt, *As He Saw It*, pp. 160, 162.

29. 关于总统的工作日志，*FRUS*（1943）：The Conferences, pp. lxiii, 298－299.

30. 关于"暂缓下来"，见 Mountbatten, *Dairy*, p. 35, and Stilwell, *Papers*, p. 32. 美国国防部历史家只用一句话注明，11 月 25 日"晚间"蒋和罗再次见面，"在每一点上都翻转了自己的立场"。他们完全没有交代这句话所本，但想必是从蒙巴顿的报告得出这句话。美国国务院历史家只说五角大厦的历史"显示"蒋"在每一点上都翻转了自己的立场"，但是国务院因为知道罗、蒋夜里并没再会谈，因此假设此一意见大逆转发生在下午五点的会谈。这一点当然不正确，因为罗斯福在五点的会议之后，已经找马、史去谈了。见 Romanus and Sunderland, *Command Problems*, p. 65；*FRUS*（1943）：The Conferences, p. 366.

31. 关于"气坏了"，Stilwell, *Papers*, p. 232；关于"能力"，Chiang Diaries, Hoover, November 27, 1943, box 43, folder 10；关于"运补数量"，见 Stilwell, *Papers*, p. 233.

32. 关于"意见完全一致"，Chiang Diaries, November 27, 1943, box 43, folder 10；关于"强烈表态支持"，*FRUS*（*1943*）：*The Conferences*, p. 364；关于"每一点都同意"，*FRUS*（*1943*）：*The Conferences*, p. 366.

33. Mountbatten, *Diary*, p. 35；Stilwell, Papers, p. 233.

34. Mountbatten, *Diary*, pp. 35, 36；Romanus and Sunderland, *Stilwell's Command Problem*, p. 65，引用东南亚委员会（SEAC）战争日记，1943 年 11 月 29 日。

35. Chiang Diaries, November 27, 1943, box 34, folder 10.

36. Tuchman（杜希曼）, *Sand*, pp. 407, 521.

37. Sherwood, *Roosevelt and Hopkins*, p. 431.

38. *FRUS*（*1943*）：*The Conferences*, pp. 705－710.

39. Stilwell, *Papers*, p. 238；Roosevelt, *As He Saw It*, pp. 164, 204；秦孝仪，《大事长编》卷五，p. 2282。

40. Sherwood, *Roosevelt and Hopkins*, pp. 395, 396.

41. *FRUS*（*1943*）：*The Conferences*, p. 681.

42. Romanus and Sunderland, *Stilwell's Command Problem*, pp. 41－42. 提到驻印国军（CAI,

Chinese Army in India）总部此次失败以及其他失败时，军事史学家经常用中文发音称这个由史迪威指挥、美国人担任幕僚的机构为“指挥部”（Zhi hui bu），而不是用英文“headquarters”这个词。在驻印国军的编制表上，也只用中文发音的指挥部标示，因此让人搞不清这个驻印国军总部完全由美国人担任幕僚。许多读者可能以为“指挥部”是个中国单位，尤其是蒋介石的单位，因此情报失误全是蒋不好。

43. Romanus and Sunderland, *Stilwell's Command Problem*, pp. 46, 123 – 124.

44. Ray Huang（黄仁宇）, *Chiang Kai-shek*, pp. 53 – 54.

45. Chiang Diaries, November 26 and 27, 1943, box 34, folder 10.

46. Chiang Diaries, November 26, 1943, box 34, folder 10.

47. Stilwell, *Papers*, p. 237.

48. Tuchman（杜希曼）, *Sand*, p. 410.

49. Stilwell, *Papers*, pp. 236 – 238.

50. Romanus and Sunderland, *Stilwell's Command Problem*, p. 72. 和注释 61 都是在史迪威不成册的纸页中找到。

51. Roosevelt, *As He Saw It*, p. 207.

52. Chiang Diaries, December 4, 1943, box 43, folder 11.

53. Hsi-hseng Ch'i（齐锡山）, *Nationalist China at War: Military Defeats and Political Collapse, 1937 – 1945*（Ann Arbor: University of Michigan Press, 1982）, pp. 113 – 114.

54. 同上注。

55. 同上注，p. 114。

56. 此处和白崇禧的互动，参见秦孝仪，《大事长编》卷五，pp. 2192 – 2193。

57. 周恩来 1939 年 8 月致中共中央政治局报告之摘要，其副本出现在共产国际档案中，RGASPI, collection 495, inventory 10a, file 296, sheet 146 – 196.

58. Frank Dorn, *Walkout with Stilwell*（New York: Thomas Y. Crowell, 1971）, pp. 75 – 76.

59. 同上注，pp. 77 – 79。

60. Thomas H. Moon and Carl E Eifler, *The Deadliest Colonel*（New York: Vantage Press, 1975）, pp. 145 – 146. 艾弗勒是中国战区战略情报局主官，但是他令局长唐纳文非常生气，因为他一直坚称他是受史迪威管辖。因此艾弗勒觉得没有必要向战略情报局本部通报史迪威给他下达如此重要的一道命令。当他回到华盛顿为其他事去见唐纳文时，也不提这件事。见 Maochun Yu, *OSS in China: Prelude to Cold War*（New Haven: Yale University Press, 1996）, p. 113.

61. Moon and Eifler, *Deadliest Colonel*, pp. 146, 184, 193. 两位作者并没说，史迪威在 1943 年的何月何日首次向艾弗勒提到筹划暗杀蒋。

62. Sherwood, *Roosevelt and Hopkins*, pp. 395, 396.

63. Roosevelt, *As He Saw It*, p. 154.

64. Stilwell, *Papers*, pp. 217 – 218.

65. Xu Longxun and Zhan Minggai, *History of the Sino-Japanese War* (1937 – 1945) (Taipei: Chung Wu Publishing, 1971), p. 412.

66. *FRUS* (*1943*): *China*, p. 168.

67. Ray Huang (黄仁宇), *Chiang Kai-shek*, p. 64.

68. Claire Lee Chennault, *The Way of a Fighter* (1949; Tucson, Ariz.: James Thorvaardson and Sons, 1991), pp. 262 – 263.

69. Mrs. Chas. E. Cowman, *Streams in the Desert* (Los Angeles: Oriental Missionary Society, 1931), p. 23.

70. Chiang Kai-shek, (蒋介石) *China's Destiny and Economic Theory* (New York: Roy Publishers, 1947).

71. 同上注, pp. 36, 40, 94, 96, 146, 157, 208, 231, 234 – 235, 263, 277, 279, 282 – 284, 289。

72. 同上注, pp. 289 – 290。

73. 同上注, p. 43。

74. Owen Lattimore, *China Memoirs* (Tokyo: University of Tokyo Press, 1990), p. 186; Harvey Klehr and Ronald Radosh, *The Amerasia Spy Case* (Chapel Hill: University of North Carolina Press, 1996), pp. 29, 32 – 37, 42, 132.

75. Herbert Feis, *The China Tangle*: *The American Effort in China from Pearl Harbor to the Marshall Mission* (Princeton, N. J.: Princeton University Press, 1953), p. 120.

76. Chiang Diaries, Hoover, November 30 and 31 (月反省录), 1943, box 43, folder 10.

77. Romanus and Sunderland, *Stilwell's Command Problem*, p. 74; Feis, *China Tangle*, pp. 120 – 121.

78. Romanus and Sunderland, *Stilwell's Command Problem*, pp. 79 – 80.

79. 蒋介石 1944 年 1 月 16 日致函给罗斯福, *White Paper*, pp. 492 – 493; Arthur N. Young, *China's Wartime Finance and Inflation* (Cambridge: Harvard University Press, 1965), p. 283.

80. Romanus and Sunderland, *Stilwell's Command Problem*; *Arthur N. Young*, *China and the Helping Hand*, *1937 – 1945* (Cambridge: Harvard University Press, 1963), p. 400.

81. Chiang Diaries, Hoover, January 15, 1944, box 43, folder 13.

82. 罗斯福 1944 年 1 月 15 日电报, 秦孝仪, 《大事长编》卷五, p. 2312。Tuchman, *Sand*, pp. 412 – 413; Young, *China and the Helping Hand*, pp. 284 – 285; Romanus and Sunderland, *Stilwell's Command Problem*, p. 298.

83. Romanus and Sunderland, *Stilwell's Command Problem*, pp. 300 – 301; Feis, *China Tangle*, p. 127.

84. Xu Longxun and Zhan Minggai, *History*, pp. 416 – 417; 蒋介石 1944 年 2 月 22 日电报, 秦孝仪,《大事长编》卷五, p. 2327。Hara Takeshi (原武史), "The Ichigo Offensive: The Circumstances Leading to Its Execution and Its Results," paper presented at Harvard University Confer-

ence on Wartime China，Maui，January 2004，pp. 1，7.

85. Hara Takeshi（原武史），"Ichigo Offensive，" pp. 1－7；Wang Qisheng，"The Hunan Battle：The Chinese Military Response to the Japanese 'Battle no. 1，'" paper presented at Harvard University Confefence on Wartime China，Maui，January 2004，p. 3.

86. Chiang Diaries，Hoover，March 12，1944，box 43，folder 15.

87. Peter Vladimirov，*The Vladimirov Diaries*（New York：Doubleday，1975），p. 184.

88. Chiang Diaries，Hoover，February 13，1944，box 43，folder 14.

89. Romanus and Sunderland，*Stilwell's Command Problem*，pp. 300－304；秦孝仪，《大事长编》卷五，1944 年 2 月 13、22 日，pp. 2322，2327。

90. Romanus and Sunderland，*Stilwell's Command Problem*，pp. 162－163，180－171.

91. Churchill，*Second World War*，pp. 825－826；Stilwell，Papers，p. 265.

92. Romanus and Sunderland，*Stilwell's Command Problem*，pp. 176－177，180，304；Tuchman（杜希曼），*Sand*，p. 439.

93. Romanus and Sunderland，*Stilwell's Command Problem*，pp. 305，307－308；Tuchman，*Sand*，p. 441.

94. Chiang Diaries，Hoover，April 5，1944，box 43，folder 16.

95. Romanus and Sunderland，*Stilwell's Command Problem*，p. 310. 秦孝仪，《大事长编》卷五，p. 2345。

96. Chiang Diaries，Hoover，April 5，1944，box 43，folder 16.

97. Romanus and Sunderland，*Stilwell's Command Problem*，pp. 313－314，329，340－341.

98. 同上注，pp. 312－314。

99. 同上注，p. 322。

100. 同上注，p. 319。

101. Hsi-hseng Ch'i（齐锡山），*Nationalist China at War*，pp. 75－76；Romanus and Sunderland，*Stilwell's Command Problem*，pp. 314，323，325，326. 十四航空队另有两百架飞机负责防卫成都的 B－29，还有一百五十架飞机支援萨尔温江作战。见 Chennault（陈纳德），*The Way of a Fighter*，p. 290，and Romanus and Sunderland，*Stilwell's Command Problem*，p. 370. 十四航空队总共五百架飞机（至一九四四年底为九百架），与美国在大战期间提供给苏联两万一千架飞机、一千八百万吨补给品一比，简直就少得可怜。

102. Romanus and Sunderland，*Stilwell's Command Problem*，p. 254.

103. 同上注，pp. 355－360。Chennault，*The Way of a Fighter*，p. 275.

104. Romanus and Sunderland，*Stilwell's Command Problem*，pp. 363－364；Chennault，*The Way of a Fighter*，pp. 287－288，292.

105. Romanus and Sunderland，*Stilwell's Command Problem*，pp. 362－364.

106. 特种部队及其指挥官们提供一万七千名英国、廓尔喀、尼日利亚和缅甸特战部队参战，越来越不满史迪威，认为密支那之役根本就大错特错，败得糊里糊涂。史迪威的情报声称城里头只有三百五十名日军。见 Shelford Bidwell, *The Chindit War*（New York：Macmillan，1979），p. 280.

107. Chiang Diaries, Hoover, May 28, 1944, box 43, folder 17; Romanus and Sunderland, *Stilwell's Command Problem*, 365.

108. 1944 年 9 月 20 日何应钦接受中央通讯社访问，《中央社新闻》1944 年 10 月 7 日，秦孝仪编《中华民国重要史料初编——对日抗战时期》第三编：战时外交，（台北：国民党党史会），卷一，pp. 512 – 514。中国从 1941 年 5 月至 1942 年 4 月滇缅公路中断前，从租借法案得到，经军政部分配或存藏的物资，包括飞机 1657 吨；军械（包括生产武器的设备及材料）24000 吨；车辆 29000 吨；炮弹 11000 吨：武器 1300 吨；弹药 8700 吨；造路设备 19000 吨。Charles F. Romanus and Riley Sunderland, *Stilwell's Mission to China*（1952；Washington, D. C.：U. S. Army Center of Military History, 2002），p. 49. 如果不是"滴水"，以当时的情势来讲，这当然数量极少。

109. Romanus and Sunderland, *Stilwell's Command Problem*, pp. 321, 322.

110. 同上注 p. 369；Alsop, *The Best*, p. 235.

111. Romanus and Sunderland, *Stilwell's Command Problem*, p. 368.

112. Chiang Diaries, Hoover, June 5, 1944, box 43, folder 18.

113. 中国有些小型兵工厂可以自制武器、弹药。根据魏德迈总部后来的调查，从 1941 年 3 月至 1945 年 6 月，中国兵工厂——显然得到美国供应非铁金属之助——得以制造出 263000 支步枪、44000 挺机关枪，10000 门臼炮、一千六百万枚手榴弹和六亿一千万发各种口径的子弹。以国军人数之多、作战之频和蒙受损失之重而论，除了手榴弹之外，这只是小量补充武器、弹药罢了。即使如此，蒋可能对这些国产物资仍有足夠的备量，可以提供给长沙和衡阳，但陈纳德需要史迪威同意才能进行空投作业。6 月 7 日，蒋派驻华盛顿的军事代表报告，美国联参首长已同意使用驻印度的第十航空队重型轰炸机到中国战区空投 2000 至 2500 吨物资，可是蒋和史迪威都没有接受此案。驻华盛顿商震将军 1944 年 6 月 7 日的报告，秦孝仪，《大事长编》卷五，p. 2374。

114. 蒋明显地扣住对薛岳的一些或甚至全部弹械空投运补，但近年来对一号作战的一些研究，都没提到中方对这方面的反应，或许代表它对长沙、衡阳之役的结果并非重要影响因素。这些作品包括：北京研究此一战役的学者王奇生，当年的国军军官、著名的华裔美国历史学家黄仁宇，和日本学者原武史等人。薛岳倒是直接从美方得到一些榴弹炮；Romanus and Sunderland, *Stilwell's Command Problem*, p. 372.

115. Chiang Diaries, Hoover, June 20, 1944, box 43, folder 18.

116. Feis, *China Tangle*, p. 145.

117. *New York Times*, June 21, 1944.

118. *New York Times*, September 24, 1951. 引用华莱士 1951 年 9 月 19 日给杜鲁门的信，提到了 1944 年的中国行。Romanus and Sunderland, *Stilwell's Command Problem*, p. 376.

119. Feis, *China Tangle*, p. 160; *New York Times*, June 9, August 22, and October 6, 1944.

120. *White Paper*, pp. 64 – 65.

121. Feis, *China Tangle*, pp. 148 – 151.

122. Lattimore, *China Memoirs*, pp. 181 – 186.

123. Feis, *China Tangle*, pp. 148 – 151.

124. *New York Times*, January 19, 1950, and September 24, 1951. 范宣德和其他涉及对华政策的人士一样，战后都被不公平地指控是共产党。范宣德完全赞成华莱士 1944 年此一换下史迪威的建议。这个建议在周恩来看来，一定是对中共非常不利。

125. John Stilwell Service, *Lost Chance in China* (New York: Random House, 1974), p. 95.

126. 林博文，《跨世纪第一夫人宋美龄》，（台北：时报出版，2000）pp. 443 – 444。谣传蒋介石的旧爱陈洁如秘密回到重庆，蒋又旧情复燃。但是，陈洁如在其回忆录中没提有这段事，意谓此事并未发生。

127. Sterling Seagrave, *The Soong Dynasty* (New York: Harper & Row Perennial Library Paperback, 1986), pp. 412 – 413.

128. Laura Tyson Li, *Madame Chiang Kai-shek: China's Eternal First Lady* (New York: Atlantic Monthly Press, 2006), p. 258.

129. Ray Huang（黄仁宇）, *Chiang Kai-shek*, pp. 112 – 113; Romanus and Sunderland, *Stilwell's Command Problem*, pp. 379 – 380.

130. Feis, *China Tangle*, p. 170.

131. Romanus and Sunderland, *Stilwell's Command Problem*, pp. 381 – 382.

132. Geoffery C. Ward, *Closest Companion* (Boston: Houghton Mifflin, 1995), p. 114.

133. Stilwell, *Papers*, pp. 281 – 283, 296.

134. Chiang Diaries, Hoover, July 7, 1944, box 43, folder 19.

135. 被称为“中国戈登”的英国人，在十九世纪中叶曾经短暂地指挥过一小支欧亚联合部队“常胜军”。

136. Chiang Diaries, Hoover, July 7, 1944, box 43, folder 19.

137. 蒋 1944 年 7 月 8 日、11 日致罗斯福、华莱士和孔祥熙的电报，收在秦孝仪，《大事长编》卷五，pp. 2394, 2395, 2397。

138. 蒋 1944 年 7 月 11 日电报，秦孝仪，《大事长编》卷五，p. 2397。

139. 孔祥熙 1944 年 7 月 12 日致蒋电报，收在秦孝仪，《大事长编》卷五，p. 2399。

140. 同上注。

141. Romanus and Sunderland, *Stilwell's Command Problem*, pp. 386 – 387. 军方历史家指罗斯福给蒋介石的信写于 7 月 13 日，但由史迪威的重庆总部于 7 月 15 日转交蒋。

142. Chiang Diaries, Hoover, July 12, 1944, box 43, folder 19.

143. 蒋介石 1944 年 7 月 18 日日记，秦孝仪，《大事长编》卷五，pp. 2398, 2399。

144. Chiang Diaries, Hoover, July 18, 1944, box 43, folder 19.

145. Chiang Diaries, Hoover, July 22, 1944, box 43, folder 19.

146. Chiang Diaries, Hoover, July 20, 1944, box 43, folder 19.

147. Chennault, *The Way of a Fighter*, pp. 292 – 296. 秦孝仪,《大事长编》卷五, p. 2369。

148. Ray Huang (黄仁宇), *Chiang Kai-shek*, part 1, pp. 97 – 104; Hsi-hseng Ch'i (齐锡山), *Nationalist China at War*, p. 77.

149. Chennault, *The Way of a Fighter*, pp. 94, 300.

150. Romanus and Sunderland, *Stilwell's Command Problem*, p. 402.

151. 同上注, pp. 412 – 413。

152. 同上注。

153. 同上注, p. 405。

154. Chennault, *The Way of a Fighter*, p. 304.

155. Chiang Diaries, Hoover, August 11, 1944, box 43, folder 20.

156. Service, *Lost Chance*, pp. 271, 179, 180, 181, 196, 312.

157. 同上注, p. 197。

158. 同上注, p. 308; David D. Barrett, *The Dixie Mission: The United States Army Observer Group in Yenna, 1944* (Berkeley: University of California Press, 1970), p. 90.

159. Lyman P. Van Slyke, ed., *The Chinese Communist Movement* (Stanford, Calif.: Stanford University Press, 1968), pp. 104, 251 – 253, 254.

160. Chiang Diaries, Hoover, August 26, 1944, box 43, folder 20.

161. Don Lohbeck, *Patrick J. Hurley* (Chicago: Henry Regnery Company, 1956), pp. 285 – 286.

162. 蒋介石 1944 年 9 月 7 日日记, 秦孝仪,《大事长编》卷五, p. 2426。

163. Chiang Diaries, Hoover, September 8, 1944, box 43, folder 21.

164. 同上注; Romanus and Sunderland, *Stilwell's Command Problem*, pp. 422 – 423.

165. 秦孝仪,《大事长编》卷五, 1944 年 9 月 8 日, p. 2428。

166. 秦孝仪,《大事长编》卷五, 1944 年 9 月 15 日, p. 2435。

167. Stilwell, *Papers*, p. 303.

168. Romanus and Sunderland, *Stilwell's Command Problem*, pp. 435 – 436.

169. Ray Huang (黄仁宇), *Chiang Kai-shek*, part 2, p. 121.

170. Romanus and Sunderland, *Stilwell's Command Problem*, p. 437; Lohbeck, *Hurley*, p. 290.

171. Romanus and Sunderland, *Stilwell's Command Problem*, pp. 446 – 447. 有关 1944 年 9 月 19 日会谈的资讯, 来自军方历史家对赫尔利的访问, Alsop, *I've Seen the Best*, p. 239.

172. Romanus and Sunderland, *Stilwell's Command Problem*, p. 446. PP. 445 – 446

173. Chiang Diaries, Hoover, September 19, 1944, box 43, folder 21; Lohbeck, *Hurley*, p. 292.

174. Lohbeck, *Hurley*, p. 292.

175. 同上注。

176. Alsop, *I've Seen the Best*, p. 39; Lohbeck, *Hurley*, p. 293.

177. Lohbeck, *Hurley*, p. 293.

178. Alsop, *I've Seen the Best*, p. 241. Romanus and Sunderland 似乎忽视他们自己作品中很清楚的结论：是史迪威9月15日的报告，造成战争部起草要对蒋发出最后通谍的文稿呈报罗斯福。Romanus and Sunderland 事实上提出，是史迪威9月15日那份报告，导致罗斯福、丘吉尔在场的美、英联合参谋长团魁北克会议同意强烈反应，力促蒋不要执行他对萨尔温江前线Y部队的方案。这才造成马歇尔的幕僚在魁北克起草最后通谍稿，而这份文稿根据的就是指蒋迁延推拖指挥权议题的不实报告。见 Romanus and Sunderland, *Stilwell's Command Problem*, p. 447.

179. Alsop, *I've Seen the Best*, p. 242.

180. Lohbeck, *Hurley*, pp. 293 –294.

181. Alsop, *I've Seen the Best*, p. 242.

182. Chiang Diaries, Hoover, September 20, 1944, box 43, folder 21.

183. Romanus and Sunderland, *Stilwell's Command Problem*, p. 451.

184. 同上注，pp. 447 –448。

185. Stilwell, *Papers*, pp. 305 –306. 军方历史家只说，史迪威"写了打油诗"，然后在注释里说他这些无意义的诗句和其他材料，"只是为自己、家人和朋友好玩"而写。见 Romanus and Sunderland, *Stilwell's Command Problem*, p. 448. 不过杜希曼却基于"褒贬平等原则"把全文抄录下来，Tuchman, Sand, p. 494.

186. Stilwell, *Papers*, pp. 305 –306.

187. Romanus and Sunderland, *Stilwell's Command Problem*, p. 452.

188. 蒋记载赫尔利告诉他这件事。见 Chiang Diaries, Hoover, September 24, 1944, box 43, folder 21.

189. 秦孝仪，《大事长编》卷五，1944年9月24日，pp. 2452 –2453。

190. 秦孝仪，《大事长编》卷五，1944年9月23日，pp. 2444 –2458。

191. Lohbeck, *Hurley*, p. 296.

192. 蒋1944年9月26日给孔祥熙之电报，秦孝仪，《大事长编》卷五，p. 2455。

193. 蒋1944年9月25日给赫尔利的正式函件，收在秦孝仪，《大事长编》卷五，p. 2454。Lohbeck, *Hurley*, p. 298; Romanus and Sunderland, *Stilwell's Command Problem*, p. 452.

194. Chiang Diaries, Hoover, September 30, 1944, box 43, folder 21.

195. Feis, *China Tangle*, pp. 193, 194; Romanus and Sunderland, *Stilwell's Command Problem*, p. 457.

196. Feis, *China Tangle*, pp. 194, 195; Stilwell, *Papers*, pp. 312 –313; Romanus and Sunderland, *Stilwell's Command Problem*, p. 459.

197. Lohbeck, *Hurley*, pp. 300 – 301; Romanus and Sunderland, *Stilwell's Command Problem*, p. 463.

198. Stilwell, *Papers*, pp. 315 – 316.

199. Chiang Diaries, Hoover, October 21, 1944, box 43, folder 22; Stilwell, *Papers*, p. 317.

200. Tuchman（杜希曼）, *Sand*, p. 503. 1946 年，史迪威告诉拉铁摩尔，希望“赶过去（国共内战），和朱德并肩作战”。他给另一位朋友的信中又重复这句话，1946 年 10 月 12 日他身故之后，这句话就传开了。

201. Stilwell, *Papers*, pp. 318, 319.

202. *New York Times*, October 31, 1944.

203. Chiang Diaries, Hoover, November 4, 1944, box 43, folder 23.

第七章 雅尔塔、东北和战后战略

史迪威离职后四天，魏德迈接下这位前任者的所有职位。堪萨斯长大的高个子将领魏德迈和史迪威一样，在第二次世界大战之前从未有实战经验，但是在担任蒙巴顿勋爵的参谋长之前，他曾在马歇尔麾下担任策划诺曼底登陆的重要角色。[1] 魏德迈是个有自信、为人圆融、观察入微的军官，第一次和蒋委员长会面，就觉得他是“个头小，优雅，骨架细，有黑色深邃的眼珠、亲和的笑容”。委员长身穿潘兴式戎服，不时摇着一把小扇，有点紧张和羞涩，可是“十分机警”。魏德迈虽然尊敬委员长及其地位，仍和史迪威一样看到蒋手下各式部队的严重问题。魏德迈的第一印象是，“这些中国人（军官）冷漠、缺乏才智”，只顾“政治权谋和虚矫”，他们不敢报告实情，“更掩饰自己的愚蠢和低能”。第一次见蒋之后几天，他得出结论：委员长和他的将领“无能、讨厌”。[2]

魏德迈也发现中国的指挥结构乱得惊人——华东战场没有一位统领全局的将领，重庆的参谋发出的命令可能和地面战事毫不相关，调兵遣将零零碎碎，相邻战场的高级军官之间毫无协调，师级军官“最多只够得上平庸”。也没有系统做法以新兵增补部队伤亡名额，更缺基本的器械、武器、补给和粮食。[3] 魏德迈特别注意到，和美国结盟已经三年之久，重庆还没有重型高射炮。[4]

可是和史迪威大不同的是，魏德迈认为国民政府“绝对不是不愿作战”，反而在抗日上展现“令人惊服的韧性和耐力”。他指出，工业先进、全国团结的法国只打了六个星期就投降，中国人打了七年多的仗，伤亡近三百万，仍然奋战抗日。[5] 另外，跟史迪威最大的不同之处是，魏德迈对于中国共产党的意图毫无幻想。

蒋遵守他对罗斯福的承诺，指派美军切夫斯（Gilbert X. Cheves）少将为中国庞大、混乱的后勤部队指挥官。不久，后勤制度“开始运作相当顺利”。[6]可是，当前最急迫的问题是日军持续不断的攻势。日军攻占广西的桂林、柳州之后，颇有进取昆明甚至重庆的迹象。蒋向魏德迈保证，国军一定坚守桂林，但是十一月间，桂林、柳州相继沦陷。魏德迈新拟“阿尔法防卫计划”，集中兵力保卫昆明，从缅甸急调大部分X部队、Y部队回防。十二月，西方新闻界自重庆发出的电讯报道说，接下来几天就会决定中国是否会“被轰出战局”。魏德迈担心日军会出动空降部队和滑翔机进攻重庆，建议迁都昆明。蒋回答说，他要坚守不退；魏德迈立刻说那么他也誓死相陪。如此坚定相挺，令蒋大为动容。蒋不认为日军会冒险深入内地，但果真来犯，他要“坚守”重庆为“决与此城共存亡”。[7]

日军根本没来进攻。同时，在菲律宾莱特湾（Leyte Gulf）美国海军舰队摧毁日本海军尚有的多数船舰，铲除日本来往东南亚运输的能力。日本陆军少许火车的确由西贡经长沙到大连，但全都白费力气。陈纳德的空军主宰了长江以南的空中优势，他们对桥梁、铁道之轰炸，很快就使此一走廊丧失功用。[8]

日本的“一号作战”使毛泽东在政治、军事上皆有收获，而其部队几乎夷然无损。根据共产国际一九四四年十二月的一份报告，直到当时抗战已进行七年半，中共八路军仅有十万三千一百八十六人阵亡，以游击战为主的中共新四军极可能只折损数千人；但是政府军死者逾一百万人。换句话说，从周恩来一九四〇年一月给共产国际的报告，至一九四四年十二月此一报告之间——这段期间是史迪威等人坚称中共承担抗战主要负担而国军并无作为的时间——中共只有约七万名士兵牺牲性命。[9]

赫尔利取代暴躁的高斯，出任美国驻华大使。高斯离任前告诉魏德迈说：“我们应该拔掉插头，让整个中国政府被冲走。”[10]赫尔利虽然支持蒋介石，也展开罗斯福赋予他的第二项任务——促成国共合作。一向活力充沛、乐观进取的赫尔利认为关键在于赢得共产党领导人的善意和信赖，正如他和委员长之前做过的那样。他依然相信中共领导人实际上不是共产主义者，而是斯大林和莫洛托夫所说的外红内白的萝卜；如果得到公平对待，会高高兴兴地投效蒋介石，组成民主的联合政府。

赫尔利要求到延安拜访毛泽东，蒋勉强批准。赫的飞机于十一月七日抵达此共产党根据地之一，当他步下飞机台阶时，喊出乔克托印第安人的口号，让候机的毛泽东一头雾水。赫带来五点和平协议，经过一番讨价还价，他和毛就修订版达成协议。新的草案让国共两党在重组后的联合政府里居于平等的法律与政治地位。所有的中国部队都要执行军事委员会的命令，但共军维持完整，从外国得来的补给应平分。为换取中共前所未有的收获，毛泽东口头保证共产党将拥护蒋作为国民政府主席和军事委员会委员长的领导地位。[11]这位美国特使实质上是把毛泽东渴望的东西全给了他——与国民党的平等地位，又不限制中共扩张或掌握在其区域内之政治权力。

赫尔利也很高兴。他认为毛泽东个人保证共产党将接受蒋介石的领导，构成一大突破。但是，重庆的蒋委员长却哀叹，毛又“诱惑”了一个老美。[12]厚道的赫尔利都会同意毛泽东草拟的五点和议，让蒋体会到美国恐怕不会停止施压，非要逼他和共产党合组联合政府不可。他的结论是，美国依然要他让步，果真让步的话就会牺牲他的政府以及“个人尊严”。所以他在和周恩来、赫尔利谈判时会再一次亮出“底线”，那就是只有共军完全编入中央军之后，国民党才会接受中共的合法化。这就是未来两年谈判陷入僵局的症结所在——中共坚持先组成联合政府后再解散其军队，但是国民党绝不同意与任何一个武装政党组成联合政府。有一次会谈，周恩来拒绝把委员长“不会被接受的”条件带回延安，但是他说，谈判应照旧继续，他会去请示毛的意见。蒋发现，唯一他勉强可信任的这位共产党员“已不如从前之恭顺矣”。[13]

为了鼓励美国对中共保有善意观点，毛、周联名致函给魏德迈，请他转呈白宫：他们希望和罗斯福总统会晤。[14]毛也告诉狄克西使团团长巴雷特上校说，中共军队愿意“在无任何附带条件的情况下，全心接受一位美国将领的领导”。[15]蒋也一样，在新年文告中试图讨好美国人。他保证将尽早通过宪法，还政于全国的国民，并且即刻对政府的自由化和清廉采取行动。一月份和周恩来等人开会时，蒋的代表王世杰提议成立战时内阁，纳入中共党员；召开三方会议（美、国、共）研商共军纳入中央军的细节；指派一名美国军官在抗战期间奉军事委员会名义指挥共军部队。蒋认为既然他们已接受共军纳入政府军的目标，他可以提议由美国人来负此一决定性角色。周恩来针对这些提议的答复是，再次强调中共只有在新的全国联合政府成立后才会交出部队。[16]

虽然罗斯福总统曾向孔祥熙提起邀蒋介石参加盟国峰会，当三强谈到峰会时，美国并未提出蒋出席与否的问题。罗斯福不愿意有任何让斯大林不痛快的动作，因为他在这次峰会的主要目标是敲定苏联在德黑兰会议承诺参加太平洋战争一事。此时，美国军方和白宫还不确定原子弹是否会研发成功、何时可研发成功，他们认为日本人会从事绝望的本土保卫战，届时美军子弟又要牺牲数十万人性命。去年秋天，斯大林和美国驻苏联大使哈里曼（Averell W. Harriman）谈话时，曾确认苏联预备和日本一战，但是他的政府对日本、外蒙古和中国东北地区有若干权利主张，必须得到满足。罗斯福和霍普金斯似乎也没怎么讨论就接受了，也不照会蒋介石一声，就和莫斯科交涉关系到中国的权益主张；而蒋介石若是知道，毫无疑问一定会跟他们争辩，说苏联事实上急着要介入太平洋战争，根本不需要作重大让步。[17]美国总统和他的首席政治顾问无疑也相信自己是一片好意，而且军事现实也有需求。斯大林就没那么害怕毛泽东是否有异议；峰会召开前一天，他才向毛提及此事及其目标。[18]

三巨头决定在苏联克里米亚半岛的雅尔塔集会；此地离因德军进出而一片残破的塞瓦斯托波尔（Sevastopol）地区仅有一百三十公里。目睹本地区惨状，会让西方人多少了解苏联人在抗德之战付出的代价何其惨重。雅尔塔会议就这样在未经公布的情况下于一九四五年二月四日正式召开。蒋还不知情，只是交给华盛顿一项重庆政府和莫斯科双边会谈的议题方案，促请美国提供建议。十分讽刺的是，美国国务院远东局也不知道峰会的状况，回答说：美国当然不能在中、苏之间事务担任调停人或顾问。[19]

除了苏联加入战局之外，美国总统另一个目标是确保中国收复被日本夺走的一切领土（包括将由苏联短暂占领的东北地区）。罗斯福要求苏联尊重中国的主权，战后撤离中国领土，不干预中国内政，作为斯大林所争取的让步的交换条件。斯大林一口就答应。罗斯福也推动一个相关的构想：美、苏合作推动国共成立联合政府，以防止内战爆发。[20]

二月十一日签署的雅尔塔协议有一个秘密附件，苏联同意在击败德国后九十天内加入战局，向日本开战。苏联将可得到西伯利亚海岸外的千岛群岛并取回库页岛的南半部分；中苏共同经营中东、南满铁路；租借旅顺军港；大连商港国际化；并且同意“苏联（在东北）的特别利益，应予保障”。协议亦保证外蒙古维持现状——换句话说，在苏联控制下维持名义上的独立。至于中国，协议规定中国“应保持在东北完全的主权”。此外，斯大林同意，有关外蒙古、旅顺、大连和中东、南满铁路的条款将“需要蒋介石委员长的同意”。这将通过中苏签署友好同盟条约的方式去达成。[21]

斯大林也获得三强发表声明，苏联政府（对中国）之主张“应确实在击败日本后被履行”。换句话说，蒋介石是被逼着赞同他不知情的决定。罗斯福也同意，在苏联二十五个师兵力于“三四个月内”完成调动到东方之前，不告诉蒋此一秘密协议。[22]

会议一结束，斯大林立刻告诉毛泽东：苏联红军要来了！毛立刻发电报到重庆给周恩来，要他停止赫尔利调停的国共会谈，立即返回延安。[23]毛并号召全体党员准备向美、蒋发动浴血奋战。

罗斯福在雅尔塔同意这些影响到中国的秘密条件时，觉得他有把握“和蒋介石把事情讲明白”。此外，他已经十分疲惫，急着避免更多争吵。关键的假设是：苏联预备甚至渴望在战后世界以“正常国家”的地位与世界合作，不再是决心创造意识形态卫星帝国的革命国家。[24]

二月间，雅尔塔会议消息公布之后——当然秘密协议不会公布，蒋相当“疑惧”恐怕另有玄机。但是，就跟往常和三强打交道时一样，他也束手无策——除非他要出撑不住要垮掉时的绝招。[25]不过，国内方面，情势还不错。魏德迈很快就呈报给蒋在七八月间对日军发动攻势的计划。这位美国将领不仅对抗日作战乐观，对处理中共问题也相当乐观。隔了一个月，他向华盛顿联合参谋本部报告说，他觉得“只要给蒋的政府相当小的援助”，就可“扑灭中共作乱”。[26]赫尔利也认为中共的军事力量被过分夸大。赫、魏的见解也助长了蒋对战后局势的审慎乐观。

可是，委员长和赫尔利不久都听到中国在黑海会议遭到出卖的消息，赫决定飞回华盛顿查明真相。赫起程前，蒋拜托他向罗斯福保证，不论中共怎么做，中央政府仍决定遵守承诺召开国民大会，建立宪政。关于苏联，他认为如果美国采取强硬立场反对苏联干预中国，则苏联人“在供应中共武器之前必将三思”。

谣言继续传个不停，指称雅尔塔会议有某种秘密协议；经过大力施压之后，蒋派驻华盛顿的大使魏道明终于见到罗斯福，罗承认确有秘密协议，但只让魏看部分记录。蒋一读到大使的报告，第一反应是“痛愤”，“雅尔塔果已卖华乎……则此次抗倭战争之理想，恐成梦幻矣。”[27]让蒋痛苦的不是在东北作出这些退让，因为在未来一年，在东北地区他还愿给斯大林更多的退让呢！让蒋难堪的是，这些盎格鲁－撒克逊人竟然自认有权利把中国的主权让渡掉！对他、对中国，这不啻是极大的侮辱。

但是，蒋也迅速理解，除了接受既成事实之外，他别无选择。因此，收到这个晴天霹雳之后，他第一个决定是请华盛顿接见其外交部长宋子文，以征求罗斯福总统对双方处理苏联与中共事宜的“共同策略”之意见。白宫拒绝邀请——又一次侮辱。但是几天后，蒋接到斯大林传来的话，建议定个日期让宋子文到莫斯科和莫洛托夫会面。[28]

赫尔利回到华盛顿后马上赶到白宫，罗斯福的身体状况吓坏了他。罗的“皮肤仿佛贴在颊骨上”。罗否认中国在雅尔塔遭到出卖，但是又经过好几次谈话后，罗同意让赫仔细瞧瞧完整的雅尔塔秘密档案。赫尔利读完之后，惊愕得不得了。他觉得在中国权益上的这些让步，严重抵触《大西洋宪章》的精神：领土调整必须符合相关人民的意愿。罗斯福的罪恶感被唤醒，他说他了解赫尔利的考虑。罗斯福和华盛顿其他高级官员事实上也对整个雅尔塔协议和美苏整体关系，有了重新思考。莫斯科在波兰强悍树立共产党政府之举，尤其令人不安。哈里曼在他那位机灵的副手乔治·凯南（George kennan）影响下，才慢半拍警告说斯大林的目标是“建立极权主义”。[29]

同时，赫尔利读到国务院二月二十七日的一份文件，建议如果美军在中国沿海登陆，美军应把中共武装起来；又说中国未必要在委员长领导下统一起来。赫尔利很生气，这份文件起草过程竟没征询他的意见。他指控这些建议违背总统的政策。他又跑去见卧病的总统，罗也同意美国对华政策的核心就是支持蒋的政府。罗斯福对赫尔利的信赖，远远大过他对国务院或战争部的信赖。但是，罗又告诉赫：“现在，请你尽量宽容（中共），多说好话……别把武装部队可能和平统一的基础毁掉了。”[30]

四月二日，赫尔利在华盛顿举行记者会。根据他和总统谈话的内容，他宣布美国对中国唯一承认、支持的是中央政府。几天后，当赫尔利前往欧洲和盟国领袖商讨对华政策之际，毛泽东下令发动宣传，抨击“美帝国主义”。[31]赫尔利拜访唐宁街十号时，和丘吉尔意见相左；丘认为美国的对华政策是“美国大幻觉”，但是他答应会支持。[32]

四月十三日下午六点钟，蒋正在官邸庭院散步，一名副官快步转呈外交部急电：罗斯福总统因脑溢血病逝。开罗会议、有关史迪威的要求、雅尔塔等等之后，蒋对罗斯福的虔诚敬意已消褪，但他依然尊敬这位美国领袖，是他和蒋同样怀抱中国可以作为大国、与美国缔盟的大梦。因此，蒋担心罗一撒手人寰，美国政策“恐将受英之操纵”。他不晓得杜鲁门是否是个“真诚”的人。[33]

尽管赫尔利和派驻在重庆的美国外交官对蒋的观感大不相同，他却和他们一样坚信中共不是真正的共产主义者，因此斯大林不会特别中意让中共夺得中国政权。赫尔利在莫斯科经过一系列会议之后，很高兴地向新任美国总统报告，斯大林和莫洛托夫已同意完全支持美国的对华政策，包括中国的武装部队全都统一纳入蒋介石领导之下。

当年春天，蒋召开宪政筹备委员会初次会议。他在一项重要的公开演讲中宣称，“深觉历史未来之裁判者，决不愿陷国家于内战”。[34]他向委员会保证，国民党会把“最高权力”还给人民，但只能通过国民大会行使之。同时，他说，国民党将愿意接纳其他政党加入政府。回到一月间，周恩来曾经原则同意召开筹备委员会，但现在他立刻送信到重庆并传话给赫尔利，抱怨蒋片面宣布未来的政治蓝图。周指责蒋的宣布“意在误导，企图分裂中国，搞一党专政”。[35]

国民党也召开了它的第六次全国代表大会（这是一九三八年以来的第一次）。普遍认为战胜日本指日可待的心态，令与会党代表十分兴奋，蒋的政敌尽管未必高兴，也愿意接受他的领导。他提出的决议案，大会迅速通过：颁令停止训政；支持通过新法律，允许所有政党皆获合法地位；主张多党制，直接选举地方及省议会，所有成年公民不分教育、财富，都有投票权。党代表们决定在十一月召开制宪国民代表大会，把这些条款统统纳入这部民主宪法。国民党六大呈现改革色彩，也十分民主。例如，它宣布党已决定降低农田地租，解决土地租赁和地价税问题的措施，并且要实施性教育和每天八小时工作制。然而，蒋同时也确认大会选出的行政与监督委员会，不会让民主化过程脱离他的控制。[36]

某些国民党大佬，如桂系强人白崇禧，主张剿灭共党之后才实施宪政。[37]他们警告说，只要中共控制大片国土和人民，就不可能举行自由、直接的选举。[38]蒋承认个中风险不小，但觉得和美、苏亟须建立良好关系，也只能努力去做。他自己心里说不定认为他有足够的退路、声望和力量在政治自由化阶段掌控住大局。改善一般中国人民的生活也吻合他的政治价值和利益。他对中国的资本家并无深厚关系或牵羁，对地主士绅同样也没有强烈的认同。因此，他很可能认真地支持六大对推动土地改革的口头承诺。而且，“六大”期间，各方抨击党、政、军贪渎、无能，他也通通包容，因为他也认同这些抱怨。

“六大”会上，蒋介石长子蒋经国领导的青年团成员，对党政内部贪腐的抨击尤其猛烈。[39]毫无疑问，蒋氏父子批准这些攻击，认为开放接受批评，会令蒋宣称民主即将到来及其可能的效应带来可信度。可是，外国记者和独立的中国记者却把这种坦诚做法解读为贪渎横行的证据。

委员长此时亦决定解散国军部队的政工部门。有一部分是针对美方的批评做此响应，也因为政工摆明了与蒋的要求有冲突——他要求在新的国共协议中，中国只会有一支不涉政治的军队，即中央军。而要把军队去政治化，毛泽东当然不肯只是象征性动作。次月，当他在延安召开中国共产党第七次全国代表大会时，毛可和蒋不一样，完全没听到对中共的党、政、军或政策的批评。[40]中共新的党纲反而更增加权力集中化的成分。[41]

二

“一号作战”之后，魏德迈拟订计划要夺回湖南、广西的粮仓，并进而攻占广州、香港等若干沿海港口，遂下令在武汉西北新建基地供十四航空队起降。到了一九四五年春天，长城以南日军高达一百零五万人，日本驻华派遣军司令官冈村宁次将军企图进攻湖北省，先发制人。[42]在魏德迈率领下，蒋部署六十七个师共六十万大军，并以两百架十四航空队战斗轰炸机做后援。三个月后，国军击退日军进击，证明“有好的指挥官、现代武器和车辆，以及稳定供应粮食和弹药”以及人数上的优势，国军也可成功击败日本多个师团的大规模部队。蒋介石一度未通知魏德迈就下达命令给负责指挥国军部队的何应钦。当魏德迈强烈但不失敬意地反对时，蒋就跟过去面对史迪威非难时一样，解释说他只是给何应钦出出主意。但此后，蒋再也没有干预前敌指挥。根据魏德迈的说法，蒋若遇上“蜂蜜而非酸醋”，“就会很乐意接受他只是计划里的旁观者”。[43]

这些作战打得正激烈时，赫尔利回到重庆，就他在伦敦和莫斯科会谈的结果作报告。然而，蒋对斯大林宣示的善意没太当真，而英国人方面，他认定他们在战后仍会继续殖民政策。蒋依然担忧雅尔塔，希望就罗斯福“交还”给苏联在东北的“权利”，和斯大林谈判。当然还有一个更大的问题要谈，那就是恢复国民政府在整个区域的主权。因此当他听说杜鲁门告诉丘吉尔和斯大林，凡是罗斯福作出的协议他都会“完全支持”时，蒋气坏了。杜鲁门这么大包大揽宣布全都支持，严重破坏他和莫斯科谈判时的筹码。[44]

大约此时，斯大林命令远东地区的红军八十八旅，准备进入东北。八十八旅是由二十世纪三十年代初期被日军赶到西伯利亚的中共抗日游击队改编组成。这支部队持续受训已有十四年之久，加上能说中国话的苏联军官，已经等不及要回到故土。[45]四月六日，斯大林正式宣告废止《苏日中立条约》。

两星期后，蒋听到新闻：希特勒举枪自戕，第三帝国无条件投降。两位美国记者形容中国对此一新闻的反应是大大松了一口气。次日，蒋告诉他的高级将领，苏联很快就会加入太平洋战争，并攻占东北；他开始力促赫尔利兑现美国支持中国在东北的领土主权之承诺。这位美国大使向他担保，美国一定会坚持“中国主权和领土完整必须得到保障的原则”。蒋最想要的就是美国的“保证”，但现在他关切的重点是，如何鼓励华盛顿和莫斯科分别遵守他们的承诺。[46]

就在赫尔利告知苏联计划在八月份某日进攻东北的日军之后，蒋紧急命令手下文武部门官员为战争行将告一段落作好准备，很可能在新年之前就会战胜日寇。过去八年艰苦流亡的官僚，突然间要承担起接收一切民政事务的计划工作（包含人口一亿五千万的日本占领区的法律与秩序维护），数百万的难民还乡，两百万日本百姓的处理与遣还，更换傀儡政府官员，以及占领区银行及经济活动的保持和改造。[47]同时，军官们只有少许卡车，还有已残破的铁路线，也得承担起似乎是不可能的任务——迅速地抢在共军之前，把数十万国军部队运送到广大的日本占领区，接受百万名日军的投降。蒋政府很快就提出许多计划——但与往常一样：困难之处是在执行。[48]

同时，毛泽东集中力量作准备，不仅要紧随着苏联红军之后进入东北，还要在华北及各地尽可能抢占大片日本占领区。六月二十三日，蒋接到延安传话，毛泽东预备恢复国共会谈。在同一时间，中共部队正在河南山区攻击国军，甚至企图占领安徽战时省会立煌。华北的八路军也有部队越过长江南下。毛又在七月写了三篇文章抨击美国。他预测美、苏之间在很近的未来就会爆发意识形态和政治的冲突，并宣布中共“一面倒”倒向苏联的政策。[49]

宋子文此时仍是行政院院长兼外交部长，很不高兴蒋把自己能通俄语的儿子经国派为代表团团员，前往莫斯科交涉事关重大的中苏条约之谈判。可是，此时的蒋已把经国当做主要的苏联专家，他们已敲定其谈判策略。国民党内的保守派已在要求就苏联的附庸外蒙古这个议题，绝不能退让。蒋却已预备接受外蒙古通过公民投票取得独立，不过他也明白斯大林所提议的“却非蒙古之真独立耳”。可是他也明白，如果他的战后策略要有机会成功，这就是必须支付的代价。[50]

中苏谈判六月二十七日在克里姆林宫展开。会谈当中有个空当儿，斯大林邀请蒋经国到他办公室密谈。后来，蒋经国乐观地向父亲报告：斯大林向他保证苏联将支持国民政府统一中国的努力。斯大林也向宋子文说，中国所有的军队都必须接受政府的管制，苏联军队将在日本投降之后三个星期内就开始撤出东北。[51]莫斯科会谈后来暂停，因为盟国最后的高峰会议在苏联占领的东德波茨坦开会——又没邀请中国领导人出席。[52]

虽然原子弹在波茨坦会议召开的前一天已经试爆成功，美国却很奇怪，还是急着要苏联介入东北战事，以结束太平洋战争。事实上，在会议进行期间，马歇尔发出警告给麦克阿瑟、尼米兹和魏德迈，要他们准备好日本会突然投降，同时杜鲁门总统和新任国务卿贝尔纳斯（James Byrnes）起草一份盟国文告，要求东京当局无条件投降，否则就会遭遇“迅速、完全的摧毁”。杜鲁门把《波茨坦宣言》草本传给蒋介石，要他签字。盟国再一次没让中国领导人有机会参与起草一份事关重大的盟国文件。但是，蒋没有抱怨，立刻认可了它。

这时候，非洲裔美国人的陆军工程兵终于完成从印度阿萨姆到达滇缅公路起点腊戍的雷多公路；不过，从中途的密支那起，它只是一线道公路和一条输油管道。七月，是它开放卡车行驶的头一个月份，这条路就从印度输送了五千九百吨的补给品，以及一大堆民间走私商品。同一个月美国 C-47 型运输机飞越驼峰运到中国的军用物资高达九万一千一百八十三吨，而走陆路的军用物资只占很小的部分。[53]但是，空运进来的物资百分之七十三供驻在中国的三万多名美国军事人员之用——每个美国大兵每个月约需耗用三分之二吨的补给。[54]为了要夺回缅北、兴建雷多公路，中国投入最精良的部队多年，直到一九四四年消耗了极大量的美国租借法案援华物资，牺牲盟军数千人性命，也破坏了中美关系，但是最后，它对中国抗日战争或击败日本帝国贡献并不大。丘吉尔和陈纳德——罗斯福一度也是，全都认为会是如此，但他们的意见没被采用。可是，我们很难责怪美国联参首长和史迪威将军一九四二年赋予此一计划优先，视之为打开对华补给线的上上之策。事实上，抗战期间中国境内国军部队得自美国的武器，全都靠驼峰空运得来。蒋就略带讽刺地建议雷多公路应该命名为史迪威公路，以对他用“坚强意志”成就此事聊表敬意。[55]

盟国其他领袖还在波茨坦开会，蒋已在重庆思考战后世界格局。他和毛一样，预见美苏会发生冷战，写下：苏联已占领半个欧洲，因此视美国为其“假想敌”，但仍需二十年时间才能重建其经济与军事实力。中国当然也已经筋疲力尽，但由于在远东人口众多、土地广袤，蒋认为足可在政治上和苏联、英国和美国平起平坐。但是他认为，国民政府若是试图剿灭中共，苏联就会支持毛泽东，军事前景黯淡。抗苏“不能如七七对日抗战之时容易把握也”。事实上，蒋等于（第一次）承认中央政府和莫斯科躲在背后撑腰的共军，若在东北和华北爆发内战，结局很可能就是共产党获胜。[56]

为了应对这些现实，蒋认为中国必须专注和苏联维持友好合作关系。但是，同时，斯大林也必须相信国民政府有决心和军事实力在必要时出手对付中共——不论结果是多么渺茫。难就难在这里了。蒋写下：如果中国可以发展成“如我能自主自立，中立不倚，则彼当能尊重我中立地位”。但中国若是太弱——意即不愿或不能在东北力抗中共，那么不论国民政府肯如何配合苏联的利益，苏联还是会支持中共。他写下：有一个可能的方案就是和美国在“中国内地”合作，并与苏联在北疆和东北以及外蒙古问题上合作。这就是——（一）北疆与俄合作，（二）内地与美合作，（三）对俄重政治（中共关系），（四）对美重经济（工业技术）——的四点外交方针”。[57]

蒋经国和斯大林谈话后的审慎乐观，赫尔利强力担保美国会“保证”中国收复东北，加上魏德迈对国军有能力对付中共具备信心，都影响到委员长作出此一新评估。虽然他质疑这些判断背后的假设，而且最近自己也再次表达怀疑斯大林的用心，他还是激进地下结论：由于全球动态关系，莫斯科现在会“支持国民党而非共产党统一中国”。[58]

蒋明白国军若要接收重要的沦陷区，必须依赖美国大规模空运其部队和补给。美国至少装备三十九个师的国军部队，甚至是罗斯福所答应的九十个师，这都将危及他说服斯大林与国民政府合作的策略。事实上美国援助已在确认阶段。蒋写下他对战后政策的思考之后三天，魏德迈奉马歇尔指示，和蒋讨论美国打算在日本投降之后，暂时占领中国若干地方。蒋欢迎这个消息，也要求日本投降后，美国运送数十万名国军部队到东北和华北。他说，中国政府将尽快在所有地区承担起民政事务，美军则应尽可能避免和共军有任何合作。魏德迈因为看好国军战胜共军的军事前景，一口就答应了。[59]

同时，蒋也否认史迪威以美国第十军军长身份率部登陆中国的任何可能性。美国战争部也只好从命。可是，就在日本投降日之前两个星期，马歇尔采行史迪威的建议，免去陈纳德十四航空队司令的职务。整个抗战期间，陈纳德率领的飞虎队及后来的十四航空队，是实际跟中国境内百万日本雄师作战的唯一一支美国军队。他们的成就固然没有陈纳德和蒋介石早先过分夸大的那么耀眼，但也令人十分佩服。蒋替陈纳德办了一场欢送宴会，颁给他青天白日勋章——史迪威曾经拒领同样的殊勋。[60]这位被称为“老脸皮”的美国人要驱车离去的消息传开后，街道挤满好几千名（有些宣称是几百万）的欢呼民众，驾驶员把引擎关掉，让民众推着车在重庆路上整整走了四个小时。[61]

到了八月，史迪威、魏德迈组训、装备国军三十九个师的计划已经完成逾半目标。若是完成，这是近四十万名士兵的精锐之师，这些人不仅有好的食物，在贫穷乡下人占多数的中国，健康也在平均值以上。魏德迈建议再加四十个美国装备的师，使国军整体兵力包括四十一个地方保安师，达到一百二十个师。[62]七十九个精锐师会改造国民政府的军事能力，并且大大加强国军对付共产党的优势。魏德迈的报告和建议继续鼓舞蒋去相信他的战后策略可行——只要斯大林不大肆介入，国军可在东北以及中国任何地方击败毛泽东的部队。然而要让斯大林不越雷池一步，需要美国施加强大压力，但是美国介入国军的现代化，又要劝阻苏联干预，会让蒋很难说服斯大林他是在推动对苏友好并日益中立的外交政策。

八月六日，一架 B-29 轰炸机在广岛投下一颗原子弹，亮眼的光线才刚一闪，当场就有约七万八千名日本人丧命。次日一大早，苏联对日宣战，将近七十五万红军涌入东北。日本著名的关东军精锐部队已调到中国内地参战，或回本国防卫；五天之内，苏军已深入东北的北部，往中朝边界推进。苏联红军八十八旅里的中共军官，大部分是东北人，开始分散到东北五十七个地方，担任各城市防卫司令和行政首长。[63]

八月九日，第二颗原子弹又在长崎爆炸。第二天晚间八点左右，蒋和其他中国官员正和墨西哥大使进行晚宴，忽然间听到附近原本是中学，现已改为美军总部传来欢呼声，接着又是鞭炮大作。日本政府已经宣布接受《波茨坦宣言》订下的投降条件。蒋结束晚宴，召集高级将领开会。他立刻下令通电中方所有的军事长官提醒敌军部队，只能向中华民国国军军官投降。他也拍发电报给南京的冈村宁次大将，命令他停止一切军事行动，不得破坏资产，并接受何应钦的命令。[64]

接下来，蒋和魏德迈会面，正式要求美国协助解除中国境内日军部队的武装，并予以复员。魏德迈急电华盛顿，要求美国派七个师兵力在中国重要城市登陆、接受日军投降，维持秩序，以待政府军赶到。美国联参本部确认早先已下达的指示：除了东北和香港之外，委员长对中国所有地方都有受降权利。他们指示魏德迈协助政府军调动部队到重要城市，确保政府军比共军先赶到。可是，魏德迈又得到一个似乎矛盾的指令，表示固然要协助国民政府接管沦陷区，他也应严格遵守“美国政府不支持中国政府打内战的基本原则”。[65]

八月十一日，蒋发信给中共八路军（中共现已把它更名为十八集团军）司令员朱德、彭德怀，告诉他们应服从国军战区司令长官的命令，他们的部队在接到军事委员会命令之前不应移动。朱德回信宣称他的部队有权接受日军和反蒋的傀儡政府部队的投降。十四日，蒋写信给毛泽东说：“世界永久和平局面可期实现……特请先生克日惠临陪都，共同商讨，事关国家大计，幸勿吝驾。”[66]

↑1945 年 8 月 15 日，蒋介石宣布日本投降，并告诫中国人民不要寻求报复（国民党党史馆提供）

二

苏联红军攻入东北的当天，中苏条约的谈判在莫斯科复会。斯大林上次会议要求对东北“关东州”大部分地区有军事上的使用权，终于令美国人起了警觉；美国驻苏大使哈里曼在莫斯科劝宋子文应该予以严辞拒绝。哈里曼也直接向斯大林强烈表达美方立场；杜鲁门也致函斯大林，要求他不要逼中方再进一步退让。但是，蒋已决定努力和斯大林发展友好关系，指示宋子文在这个议题上曲意对苏让步。[67]

在不干预中国内政事务这个关键议题上，宋子文接受苏联那不祥的、不完整的保证用词，声称“苏联政府”将只对中国中央政府提供支持和援助。这留下一个洞开的后门——苏联共产党或其他“非官方”机构可提供援助给中共。美国国务卿贝尔纳斯通过哈里曼传话给中方，苏联在这个问题上的措辞必须十分清晰，以免未来产生误解。但是，蒋因为希望斯大林在更大的问题上合作，又再次退让；如果中国坚持更明确的措辞，可能双方就签不成条约，而苏联军队还是会完成其占领东北的任务。蒋没有利用美国的背后支持，采取贝尔纳斯建议的强硬措辞，因此错失让美国正式保障苏联不干预东北的机会。因此，中苏条约就在欠缺坚强保障之下初签，而莫洛托夫也到机场主持仪仗队欢送宋子文。[68]

蒋介石告诉赫尔利，他“大体满意”莫斯科谈判的结果，美国大使认为这份条约证实了他对斯大林有无比的信心。可是，美国驻莫斯科大使馆却指出，尽管苏联保证会把东北交还给蒋介石政府，“苏联军方在当地部署的规模”将“使苏联政府依然在所有关键方面，主宰局势”。[69]

东北局势的发展却明显有利于中共。日本正式投降前三天，朱德下令四个集团军开进东北，并与苏联红军协同作战。这些部队的主力是林彪率领的十万名八路军。[70]毛泽东终于和苏联红军会师，完成九年来的心愿。他也派万毅将军率领中共的东北部队北上，返回阔别十四年的故乡。张学良的五弟张学思也率领另一小支东北军回乡。另一方面，蒋介石却不接受白崇禧等人的建议，不肯放出仍遭软禁的少帅张学良，让他参与东北事务。[71]

八月十五日，裕仁天皇让一向顺服的日本人民大吃一惊，他宣布战争已经结束，美国人即将到来。[72]同一天，新任命的驻日盟军最高统帅麦克阿瑟将军发布联合国最高统帅第一号命令（General Order No. 1，裕仁也签字了），规定在中国，除了东北以及地位问题仍有争议的地区（如香港）之外，日军都只向中国战区最高统帅蒋介石委员长的部队投降。何应钦指示前线国军部队尽可能迅速赶赴东北之外的日本占领区。但是，政府大部分部队部署在西北和西南，各级司令部不是缺卡车，就是没有可通行的铁路可供使用，换句话说他们必须靠行军数星期才能赶到最重要的日军防区。[73]白崇禧力促蒋，只有在国军部队接管日本每个防区之后才接受冈村宁次的正式降书。这样日军才会去攻击企图抢占日本控制区的共军部队，不只是防卫而已。[74]

可是，蒋却与冈村安排了正式受降日，冈村同意在华日军各个部队在国军解除其职责之前，若有非中央政府部队要求其投降，均会予以抵抗。事实上，这表示除了少许例外，城市仍由日军控制直到政府军抵达，但是日本驻军并没有扩大巡守范围，因此共产党得以进到周围的乡村地区。日本投降之后一年内，中共控制地区由五十七个县扩大到三百一十个县。在华北和江苏北部，共军进攻某些小城市及铁路沿线的日本守军，造成双方激烈作战。大约七千名日军在这些交战中伤亡，但是共军固然在一些日军防地进退无阻，却没有人向他们投降。[75]

国民党的山西军阀阎锡山开始招募日本官兵协助对抗共军，但是蒋获报后告诉阎，这会授中共宣传良机，美国人也"不会欣赏它"。蒋下令所有的日本降俘只要在政府军接管其阵地后，都将尽快遣送回日本。[76]如果蒋接受白崇禧的建议，命令日军积极执行巡守乡村地区的任务，强烈反共的冈村毫无疑问必会同意。

魏德迈动用他指挥下的飞机、船舰，把国军三个师急急送到华东、华北重镇。接下来几个月内，美国海、空军运送四五十万政府军进入长城以南地区。这场"壮观的"海空运输可能阻止了中共在黄河以北甚至长江以北地区巩固势力。魏德迈本人认为毛泽东为首的中国共产党是在克里姆林宫庇护下活动的激进组织，因此对美国在亚洲利益构成严重威胁。魏德迈因此尽可能拉大他的权限，但能做到什么程度还是会有严格的限制。华盛顿方面不接受魏德迈的建议，停止美国对中国军队全部训练活动，魏德迈本人也只能基于"不干预"内政的理由，勉为其难地数次拒绝重庆要求运输之请。魏也奉命开始解散他和史迪威过去四年所建立的繁复的联络、作业管控、顾问和援助的机制。[77]

就在毛泽东全面夺取领土的计划开始发动，同时进攻日本守军之际，他接到斯大林来函，警告称现阶段中国若爆发全面内战，将酿成大灾祸。斯大林主要考虑到，只要美国是唯一的核武器大国，他就必须极力避免第三次世界大战的爆发。因为如果是他，他不会放过这样的独占优势，所以一旦中国局势升级，他害怕美国人也同样会这样做。斯大林重申，苏联若要挣脱此一羁束，"唯一的方法是设法终止美国垄断原子弹"，而这得要费好几年的工夫。[78]

斯大林在中国、在朝鲜的当前目标是让美军退出。这必须让美国人先觉得苏联对华友善。因此，斯大林认为在不断承诺蒋为中国统一的领袖上，他必须在表面上有一些进度，例如签署条约承诺只支持蒋委员长的政府。因此，斯大林认为非常重要：中共应集中力量巩固他们在农村的地位，最重要的是避免激怒美国的行动。

收到斯大林八月二十日发出的信之后，毛泽东迅速扭转路线。两天后，中共中央委员会通知所有的根据地，在那些中国傀儡、日本军队和美国的协助之下，蒋介石很快就会掌控中国大都市和运输路线。毛泽东因此宣布，中共新的策略就是集中力量抢占小城市和乡村，巩固解放区，动员人民。他告诉政治局说："现在，大体而言，我们要遵守法国（共产党）的路线，也就是政府的领导人由布尔乔亚担任，但要有无产阶级参与……如此持续一段时间。我们要钻进去给蒋介石洗脸，而不是砍头。"[79]

中共在东北立即开始招兵买马的动作：先把七万五千名"伪满洲国"傀儡部队收编，并从失业的东北青年征募数千名新兵，也把流窜山区的八万名盗匪纳入编制。同时，苏联也迅速把大批接收来的日本武器和军事物资移交给中共。红军把较先进的武器、机械送回苏联，较老的日军坦克、大炮放到中蒙边境城市满洲里某仓库，等待以后再移交。他们也把数座日本军火工厂移交给中共，中共自己也找出红军漏掉的若干地下军火工厂。[80]

可能是根据冈村提供的报告，蒋知道苏联拿到了多少日本武器及其他装备。除了大量的步枪、弹药、榴弹、小型迫击炮，苏联缴获的军火包括九百二十五架战斗机、三百六十辆坦克、两千六百门加农炮、八千九百挺机关枪、十万匹马和两万一千辆"勤务车"。[81]蒋当然也从长城以南的日军接管了更大量的军火。和毛泽东日后的说辞"日本投降日起斯大林就放弃中共，直到一九四七年秋天才又伸出援手"相反，中共史料出版社出版的书本、中共官方刊物的文章，以及苏联档案材料，都详述苏联红军攻入东北就开始广泛、深入与中共合作。[82]然而，斯大林却故布疑阵，告诉哈里曼说：红军横扫东北，并没遇上任何中共部队。斯大林说，他期待中国政府可迅速派兵去接收东北大小城市。[83]

一九四五年八月，毛泽东终于同意接受蒋的邀请碰头会谈。赫尔利亲自陪同五十二岁的毛主席"大姑娘上花轿"，生平第一次坐飞机，从延安飞到重庆。毛泽东在离开延安之前，向同志们发表党内文件说明此去重庆会谈，必须作出若干让步，以期能分散国民党的内战阴谋、赢得世界同情。[84]同一天上午五点，蒋起个大早，祈祷毛会改变心意，允许国家和平统一。他对高级干部讲话，宣称对毛泽东"决以诚挚待之"，"政治与军事应整个解决，但对政治之要求予以极度之宽容，而对军事则严格之统一不稍迁就"。[85]

毛在重庆一住就是六个星期，住在委员长寓邸里的宾馆。第一天夜里，为了迎接稀客，蒋先办正式欢迎会，再设晚宴。两人阔别已近二十年，再相会时相对一笑。蒋看不起毛，认为他是中国文化的大敌，也是苏联的跟班；毛则从知识上、意识形态上都瞧不起蒋。但是，两人都很欣赏对方不屈不挠的意志力。

毛泽东能喝善饮、能言善道、诙谐幽默，蒋介石则滴酒不沾、沉默寡言，两人个性天差地远。毛泽东一度高举浓烈的茅台酒，高呼："蒋主席万岁！"[86]国共双边会谈于次日展开，两党各自派出一组官员正式谈判，蒋、毛隐身幕后，至少单独会面了九次，包括长时间私下谈话，内容正式、相敬如宾。这些会谈中，蒋力陈己见，毛则回避争辩，含糊同意或闪避主题。中共方面有一大让步，不再要求成立联合政府，同意召开政治协商会议以决定国民大会选举事宜。蒋本身也作出极大让步：允许中共在一段时间内维持十二个师的兵力，如果共军官兵"如其真能接受政令、军令"，也可占有一席临时省主席。[87]

周恩来领导的中共代表团一度主张中共保有四十八个师的兵力，中共还要独占控制五个省和四个大城市。蒋对周大为不满。他在日记里自问："何天生此等愚劣根性，徒苦人类乃尔耶。"毛泽东告诉蒋，一旦协商成立、讲好哪些地方由中共掌控，他就会下令共军由中国其他各地完全退出。[88]蒋同意共军可维持十二个师的兵力，这一点有悖他主张"一国一军"的原则不得妥协的说法，但毕竟这也只是临时性的安排。国共重庆会谈开始后两天，美国运输机开始运送中国部队进入南京和上海。

九月二日，美国海军密苏里舰停泊在东京湾，一群身穿燕尾服的日本官员和身穿粗布制陆军制服的军官登上美舰，签署日本正式降书。中国大小城市重又响彻鞭炮之声。蒋在重大援助之下，完成了过去十七年的心愿，一洗"倭寇"对他个人及伟大的中国所加的羞辱。然而，委员长并不高兴。他写下："国耻重重，可说抗战以来局势危机未有甚于今日者，故人以为荣，而余则万分忧辱。"他担心斯大林和毛泽东会使中国又陷入混乱与无政府的状态中。[89]

蒋毛会谈仍在进行中，蒋已急令准备大批调兵入东北。白崇禧认为成功概率不大。蒋明知中、苏两支红军在东北有密切合作，也晓得苏联又在新疆制造事端，但他认为"此时应以全力接受东北与各省市军政为第一要务也"。循着七月间的分析，他的策略是追求最好或近乎最好的结果，但也准备好撤退。这需要展

↑中国抗日战争胜利，何应钦（左）在南京受降（国民党党史馆提供）

示有决心在东北全面作战，同时要注意战后初期阶段美苏意愿如何演变，以暗中保留部分或全面从该地已撤退的可能性。[90]他指派儿子蒋经国担任外交部特派员，负责在东北与苏联交涉。蒋经国起先抱持乐观态度，但不久苏联就展开破坏动作。莫斯科照会重庆当局，由于中苏条约订定大连为和平时期的商港，中华民国部队不能在大连上岸。此外，国民政府有五百名官员抵达长春，预备分派到东北各地接收地方政府，但是苏联不准他们离开长春。[91]

幕后，苏联军官建议中共将其近五十万大军大部分部署到东北。[92]毛泽东根本不需要鼓励——他视此为“千载难逢的大好机会”。他告诉党内同志，东北之战将“决定革命的命运”。毛虽然仍在蒋寓邸的宾馆做客，已命令新四军主力从长江之南各个根据地渡江到华北，阻断前往东北的要道。[93]

起先，美国海军没打算在十二月之前运送政府军到东北。但是在蒋警告说，莫斯科可能利用此一延搁为借口把东北移交给中共之后，杜鲁门安排美国海军尽快运送二十万名政府军到东北。这是美国总统希望蒋介石接收东北的又一个迹象，也是鼓励蒋为东北一战的重要因素。[94]

同时，毛泽东九月十八日在重庆参政员“纪念九一八”茶会里宣称：“我们必须停止内战；各党必须团结起来接受蒋主席领导，建设现代化中国。”[95]蒋也以修好的口吻发表谈话。当毛十月九日到蒋书房辞行时，蒋恳求他“放弃部队与地盘观念，而在政治与经济上竞争”。委员长说：“如此，吾人不仅对国家为罪人，而且对今后人类之祸福应负其则也。”次日是双十节，蒋也到毛下榻的宾馆话别，但是毛要求再住一晚，次晨才走。两人恳谈到夜里九点，蒋不禁忖想是不是有一点点打动毛了。[96]

↑1945 年 8 月，日本投降后，蒋介石与毛泽东在重庆会谈，前排左一为驻华大使赫尔利（国民党党史馆提供）

双十节当天，国共发表一项含糊但高调的公报——《双十会谈纪要》。国共双方同意建立政治民主，统一全国武装部队，接受委员长领导，并且“尽速”召开政治协商会议。麻烦的细节先不谈。十一日，毛、蒋两人共进早餐，再次恳谈。毛走了之后，蒋在花园散步。过去他脑子里就没有怀疑，现在则更肯定——除非而且非得等到毛相信，军事上他守不住共军已得的成果，否则就不可能以政治和解来避免中国分裂，因为苏联不见得会给予他必需的支持。[97]

在蒋批准下，陈诚开始裁撤国军中两百多万的官兵，理由是他们已不适作战，徒然消耗可用于改善部队战斗力的资源。白崇禧极力反对在战胜中共之前启动此一计划，但是美方支持它，蒋就径自推动起来。结果是，复员编遣造成大规模的不满，士气涣散，官兵失业。同时，中共却大规模扩张，国军缩编，共军却成长。

奉派出任东北保安司令长官的杜聿明将军，回到重庆述职，向委员长呈报接管东北的计划：派出十个军的兵力，以伪满部队官兵建立地方部队，广泛起用伪满政府文官。蒋还没有完全下定决心在东北一战，答复说他只能派出两个军的兵力，但是他同意运用伪满部队。

十月底，苏联军队司令马林诺夫斯基（Rodin Malinovsky）将军再次不准国军部队在旅顺、大连上岸，建议他们改由葫芦岛和营口上岸。载运杜聿明及其部队的美军第七舰队船只立刻驶向营口。但是苏军已退出营口，中共部队已盘踞海港。马林诺夫斯基又说，因为苏联不能干预中国内政，苏军不能保证国军安全上岸。

蒋认为苏联“狡诈百出，诡计多端”，虽然蒋经国一再主张审慎，他还是决定推行“除实力之外，别无可以交涉之道”的政策。[98]美军应蒋之请，把杜聿明部队送到秦皇岛登陆——秦皇岛位于长城之南的海边。杜聿明部队开始“全力”向东北挺进，沿路击败了共军部队。[99]但是蒋对东北局势却日益悲观，“再三考虑，未得和平妥协之道，如有万一转机，绝不愿冒此艰危，使人民再受战乱苦痛，而国内经济与币值状况，如再兵连祸结，社会将起不安，共匪更可乘势煽乱矣”。[100]他开始转向替代方案：“必须先收复关内与内蒙，而后再图东北也”，他称之为“死马当活马医”，暗示收复东北全境或大部分领土，已经不成，但他目前仍姑且一试。[101]

十一月十二日，林彪率部进入长春，它是苏联红军远征军总部所在地。蒋经国警告说，国军如果依原定计划空降进城，必定会爆发军事冲突。[102]蒋照会莫斯科，他要把国民政府驻长春的联络办事处撤出东北，让全世界知道莫斯科未遵守它和中国的条约。[103]他告诉儿子一切静待苏联对这些措施有何反应，他说："望能获得苏方之了解，我方所可表示者……我中央但愿遵照协定接收东北各地行政，并非欲在东北建立强大武力，更不欲在东北与部队冲突。"[104]蒋显然想要妥协，可使斯大林易于接受国民政府接管整个东北或至少部分东北。

三

十一月中旬，魏德迈结束华盛顿之行，回到中国向蒋报告：杜鲁门总统保证继续支持委员长。美国会完成组训国军三十九个师、十五个空军中队的承诺，也会成立驻华美国军事顾问团。但是，魏德迈警告说，若是国共爆发内战，这些援助就全都停止——这个规定让委员长不敢轻举妄动，却让毛大受鼓舞。[105]华盛顿联合参谋本部固然表示全面认同杜鲁门的对华政策（包括对国民政府提供军事援助），却在同时以前所未有的强烈措辞指示魏德迈：美军"绝不卷入国军部队和中共之间的纷争"。魏德迈向蒋警告说，"在东北的安排"应该严格视为中、苏之间的事情，只不过美国海军仍将运送约二十万政府军赴东北。[106]

接下来，魏德迈表达他个人看法，认为尽管杜鲁门声明支持，在他看来，美国没有能力也不会提供必需的军事援助，使中央军能接管东北。而且他又警告说，如果没有美国的援助，政府仍要在东北全力求胜，它将不会有力量在华北重新建立地位。魏德迈力促蒋集中力量坚守长城以南的领土——蒋似乎也认可此一建议。此外，他又建议蒋提出东北暂交五国托管的方案。[107]不论已有多迟，这是一位美国人提出的明智、独特的建议。但是，这并非华盛顿的官方立场；华盛顿当局希望由国军（而非与苏联结盟的政党）去接管东北——可是，华盛顿也希望避免美国卷入中国的内战。要解决这些相互冲突的目标所构成的两难之局，就只能双管齐下。

魏德迈的新观点和建议，苏联明目张胆地作梗，林彪势力在东北扩大，加上杜聿明报告需要十个军的兵力才足以接管整个东北，这一切加起来使蒋停止以军事手段接收东北的暂时性动作。由一九四五年十一月他的日记以及事后行动来判断，他决定撤出长春仍不足反映他已决定弃守东北，而比较像是要测试美、苏两国的意图。魏德迈的强烈措辞大大影响到蒋的撤退决定，而“死马当活马医”的念头至少在夏天已经浮现在其脑海。即使如此，蒋定出一个双重策略：准备完全撤退，但也让华盛顿明白莫斯科所造成的危机。他希望杜鲁门会认真警觉到斯大林已违背他在雅尔塔的承诺，以及他只支持国民政府的其他承诺。可是他也希望保留一线机会，能往蒋经国依然认为可行的方向发展——与苏联和好，包括重大的经济退让（如与中共分治东北），甚至可能影响中美关系。

蒋和魏德迈谈话后过了三天，他照会苏联大使馆已向华盛顿就莫斯科在东北的行动提出抗议，苏联应对一切结果负责任。[108]他命令孙立人的新一军停止向沈阳推进；十一月十六日对高级将领作重要演讲时，他也说即使再派五个军进入东北，他们“仍不能确实掌握地方”。他说在这种情况下，“我们宁可将东北问题暂时搁置……首先来肃清华北方面的土匪，先安关内，再图关外”。[109]十一月十七日，蒋介石致函杜鲁门，说明苏联如何卑鄙地未能遵守承诺。

苏联此时突然变了调子。他们在回复蒋给其大使馆的照会中表示，苏联政府会恪遵中苏友好条约，因此为便利国民政府接收东北，他们将延迟两个月完成红军撤军。怪的是，蒋氏父子都认为延迟撤军（其实这正中毛泽东下怀）可以避免中共乘虚而入的真空状态。委员长又恢复几分希望，在日记中写下：“俄人对国际间殆尚有愿虑也。”[110]

十一月二十一日，马林诺夫斯基告诉蒋经国，他很抱歉国民政府撤退，更惊骇地听说中共包围了长春的国民党总部。他同意，国民党派任的县市长等官员可到各地任所接任，他的部属表面上也开始认真交涉东北经济问题。[111]斯大林也接受蒋先前的提议：派特使到莫斯科一谈。马林诺夫斯基又乐于接受蒋的建议，把红军撤军日期再延到一九四六年二月一日。毛泽东很高兴，因为事实上他也要求再拖延撤军时间。[112]

十二月初，蒋经国向他父亲报告：“政府所有的提案，（苏联）几乎全都同意，包括废除所有非政府的武装力量。”[113]在蒋经国力促下，重庆没有大肆声张苏联在东北侵夺工厂、器械的行径；美国一项研究估计，苏联窃取的资材价值高达二十亿美元。[114]

蒋介石一九五七年发表《苏俄在中国》专书，指责国内外的干预使他未能坚守早先政策不去占领东北，反而“将最精华各军闯入东北”。他显然指的不只是苏联答应要合作，也指涉除了魏德迈的个人建议之外的华盛顿当局鼓励国军接收东北，美国海军同意运送国军六个兵团到东北。一九五七年，蒋慨叹作这个决定时，他靠的是外交，因此“以致舍本逐末”。[115]一九四五年十二月，为了试探苏联，蒋命令孙立人恢复向沈阳推进，孙奉命而为，沿路没遭遇共军太多抵抗。

十一月二十七日，回到华盛顿述职的赫尔利大使无预兆地宣布辞职，谴责国务院有一批人掣肘。杜鲁门警觉到环绕着美国对华政策恐将出现风暴，认为需要有更杰出的使节在事态不可收拾之前就完成美国在华目标。马歇尔刚从陆军退役，是美国功勋最为卓著的三位将领之一，可不能让他退隐山林，骑马、写回忆录——至少，现在还不行。马歇尔和太太凯瑟琳才刚回到弗吉尼亚州利斯堡的住家没几分钟，杜鲁门的电话就到了。总统说：“将军，我要你替我到中国去。”马歇尔答说：“是，总统先生。”电话就断了。他想让太太休息一下后才告诉她，不料她却先从收音机中听到新闻：她丈夫已同意前往中国，促成国共两党组织民主的联合政府。[116]

马歇尔使华消息一传出，周恩来在若干内部文件上说明，中共和这位美国最新使节谈判时，目标将是“中立美国”，善加利用“美国对华政策的内部分歧”。周有信心，由于“美、蒋之间的矛盾”，以及他对“美国人意识形态和价值体系的熟悉”，中共将因此一注定失败的谈判，在未来成功崭露头角。[117]这些因素事实上都会是马歇尔使华动态关系中的关键成分，没有人比周恩来更清楚热心的美国人的心理。

同时，孙立人部队已推进到沈阳市郊，可是蒋还不确定是否可能和斯大林商定合理的解决办法。他写下：“应一本行营撤退之方针进行，以免中途再受其挟制，陷于进退维谷之境……故更应特别慎重，不再急于接收也。”[118]

马歇尔起程赴华之前，于十二月八日分别和杜鲁门总统、贝尔纳斯国务卿会面。马歇尔说，他明白他需要全力以赴影响蒋介石和中共谈判时作出合理的让步，他应该向委员长暗示，美国未来能否提供援助与此攸关。但是马歇尔也说，他担心若是蒋不肯作出合理的让步，国共和谈破裂、美国也因而终止对重庆的援助，恐怕就是“苏联在东北恢复势力”——也就是中国会像东欧和朝鲜，被瓜分为“共产中国”和“非共产中国”。马歇尔认为，这样的结果就是“我们参与太平洋战争的主要目的（建立强盛、友好的中国）……尽付流水”。[119]

这是以现实政治观点对局势的分析。杜鲁门本身就是思想强悍的人，又倾向于围堵的理念，立刻同意；但是他强调美国绝不会再增派部队到中国。[120]次日早晨另一次会议中，马歇尔指出他收到的书面训令中的政策内涵：假设他无法让委员长在国共和谈中采取合理的行动，“美国政府依然必须通过我继续支持国民政府”。总统表示，没错，就是如此。[121]在公开发表的马歇尔指令中，杜鲁门要马告诉蒋介石，“因内斗不团结且陷入分裂的中国，看起来一点儿都不像美国援助的合适地方”。[122]但是，杜鲁门十二月十五日又发表公开声明，申明国民政府是“达成中国统一的实际工具”。杜鲁门说，中国的团结需要“向民主进展”，同时也会消除如共军的“自主军队”。蒋读到此一声明，非常高兴。这正是他衷心盼望的东西。美国总统已支持国民政府，并且不拖泥带水地支持蒋和中共谈判时的核心原则。[123]

十二月十六日，蒋飞到北平；这是二十世纪三十年代初期以来他第一次来到故都。当时仍是个小男孩的一位华裔美国人，记得两个月前政府军抵达北平时，处处奸淫掳掠。即令如此，委员长座车开进紫禁城前大广场时，仍有十万名青年夹道热烈欢迎，使他相当兴奋。他向青年们演讲，声称过去“形同一盘散沙，招致敌人之侵略。今后要完成建国大业，则我全国同胞必须集中于三民主义旗帜之下，相亲相爱，团结一致，互助合作，奋斗到底，乃克达成吾人之目的”。[124]

演讲完毕，数千人蜂拥向前，想碰碰他的衣服或瞻仰他的威仪。保镖花了半小时才让他安全上车、离开。委员长一再向安全人员说：“没事，没事。”委员长的巨幅肖像立即在紫禁城入口处的天安门上方悬挂起来。[125]

接下来，蒋飞往南京，从飞机上可以看到中山陵，他一定想起一九三七年和宋美龄仓皇辞庙，南京遭遇屠杀、破坏那一幕。他心头五味杂陈。他感谢“天父”庇佑，有此“光荣胜利”。从机场出来，他正襟危坐在敞篷轿车后座，沿途只见民众欢欣鼓舞，泪水不禁浮上眼眶。回到军校校园里的旧寓所，他拿起毛笔，把它题名为“凯歌堂”。[126]

中国未沦陷的地区最多曾有过大约三千万难民。数百万长期难民大多是城市居民，是中、高级政府公务员或党工干部，在重庆、昆明等国统区苦撑待变。数十万军官及其眷属则住在乡下，经常搬迁，从来不知明天又会是什么光景。绝大多数人节衣缩食，熬过日机轰炸、疫病和粮食短缺。[127]当他们回到南京、上海和数百个一九三七年前他们工作、生活的市镇时，满心的胜利之情，觉得苦尽甘来，出头之日到了。

一亿五千万人则无法追随政府到敌后国统区，有些人与日本人或傀儡政府合作，发国难财；少许人暗中抗日，大多数则逆来顺受，以最低程度的合作苟活于乱世。可是，在许多流亡到后方的人心目中，这些留下来没逃难的读书人、专业人士和富人身上似乎有污点，所以他们期待自己会受到优惠待遇。委员长指派许多国民党将领为各省市首长，大部分的新官根本不是当地成长的本乡子弟。派外地人任官主政是中国的传统做法，但是在战后的环境中，这么做不仅没有遏抑裙带之风和贪渎陋习，反而助长其势。最直接的害处是，蒋竟然派南方人出任东北各省省主席。

周恩来的宣传和蒋介石的许多敌人夸大了战后许多贪渎案件，但仍有不少事件是确有其事。新近得以自由发挥的媒体，在这方面表现非常突出。上海、天津、昆明、广州、香港和其他城市的报纸一夕之间恢复报道活力，动辄以社论抨击政府各项弊端。

蒋介石身边的某些亲信，如蒋经国、陈立夫、陈诚和张群等人，并不贪污，也向他报告社会上蔓延开来的贪渎风气。离日本投降仅有两个月，蒋就召集南京、上海、北平、天津等地新任命的高级官员入京训话，责备国民党接收官员胡作妄为。[128]但是，蒋虽然斥责官员贪渎，要求采取制止行动，他却认为这些问题有如通货膨胀，仍属次要问题——他认为此风不可长，但仍未“猖獗”。[129]此外，认真矫正高级官员的窃占问题，恐怕会产生复杂的政治问题；因此，蒋认为这个改革还可以继续搁置一段时候，等到真正的政治团结达成之后再来处理也不迟。

同时，中共并没进入城市或接收可能自我发展致富的大型官僚和企业机构。中共干部生活在困苦环境中，随时可能被十分强大的国民党剿灭；抗战胜利之后，他们没敢预期过去的牺牲会得到回报，而是预料前途多艰、更要牺牲。

当重庆政府制定将毫无价值的伪政府货币兑换正式“法币”的汇率时，那些沦陷区的人民怨气更是冲天。九月间，重庆一块钱法币可兑换伪政府法币三十元。由于过去一年多日本败象已现，黑市汇率一路攀升，已经到了一比两百的地步。重庆政府此时通过正式兑换率与黑市兑换率相等，造成民间盛传政府侵夺了数以百万计的人民的资产。[130]例如，《大公报》社论声称，老百姓一觉醒来，发觉“绝大多数人倾家荡产……儿辈子积攒的财富一眨眼就转到握有金圆和国民政府大洋的人手中”。[131]

后来的学者引用《大公报》的说法指称，在沦陷区“多数”中国人——意即一亿五千万人的大多数，由于货币贬值，一夕之间倾家荡产。[132]但是，认真检验之后，就知道这个指控不能成立。譬如，黑市兑换率一向迅速反映出市场价位。最重要的是，两种货币的兑换率不会影响土地、房屋、珠宝或黄金、白银的价值——几乎所有的中国人都以这些传统的方法保存其财富。以伪政府法币为计价基准欠债的人，实际上还因为它币值大跌而受惠呢！[133]过去一年多来，沦陷区人民早已预料日本迟早要败，通货膨胀和伪币黑市汇率早已腾升，现在会受害的是极少数不知在抗战胜利前减少持有伪币的人。

魏德迈和重庆美国大使馆公馆衔商务参赞饶伯森（Walter Robertson）于十二月十八日亲赴上海国际机场迎接马歇尔，陪他到华懋饭店。到了饭店，马歇尔把杜鲁门总统给他的训令拿给魏德迈看。魏德迈看完后表示，国民政府依然握住大部分的权力，决不会放弃它们；而共产党同样决心在苏联援助下夺取所有的权力。他认为，国共之间的和平“遥不可及”。马歇尔却动怒，声称他决心完成任务，魏德迈必须帮他。当天夜里的私人晚餐中，他仍然相当不痛快。魏德迈显然受到影响，此后似乎再也没有对马歇尔知无不言、言无不尽，坦率表达个人见解了。虽然开始并不顺利，马、魏两人在接下来几个月倒是越来越亲近。[134]

陈立夫曾经建议委员长，不要接受马歇尔的和平调停，因为它极可能失败；一旦失败，美国人会责怪蒋政府，不会责怪共产党。[135]但是，蒋没有接受陈立夫的建议。美国继续提供十分重要的经济、军事援助，包括运送部队；但是更加重要的是，美国承诺对苏联施加政治压力。而且，杜鲁门总统十二月十五日的公开声明已深获蒋心，认为马歇尔的调停一开始就方向正确。

马歇尔到达上海的次日就飞往南京。政府首都和委员长官邸仍在重庆，但是蒋介石和夫人在旧陆军总部营区有一两层楼的小砖房，他们在此接待马歇尔。（抗战胜利后，蒋的助理曾经建议他接收汪精卫像宫殿般的寓邸，但是他不肯。）马歇尔身穿军服、持手杖并着有皮领的英式风衣，来到蒋的办公室。蒋伸出手，觉得马帅握手跟他一样，很轻柔。[136]他们俩为了史迪威，意见相左；但是他们有共同的脾气，可以搁置过去的冲突和恶感。蒋认为马歇尔是个自傲的职业军人、重视荣誉、“优秀的基督徒绅士”，或许他也可以像对付华盛顿过去多年派来的许多特使一样，把马歇尔争取过来。[137]

马歇尔和蒋介石两人都很内向、矜持、拘谨——换句话说是呆板。马歇尔初任美国陆军参谋长时，罗斯福喊他名字“乔治”，马立刻建议总统彼此还是以官衔互称比较好。委员长一定也有同感。两人都没有太多幽默感。他们重视纪律、责任、爱国和荣誉——或者蒋所称的“真诚”。根据魏德迈的说法，不论是出差参加国际会议，从梅耶堡军营徒步到五角大厦，或是以杜鲁门总统特使身份到中国，总是“有些什么神秘、看不见却又总是存在的力量，让马歇尔跌入深深的思索”。[138]无独有偶的，不管是在战区营帐外沉思，盯着雾锁的长江，或者凝视他挂在紫禁城门上的新肖像，蒋似乎有点疏离，好像他正专注于某种不可解却又强大的命运。

马歇尔第一次和蒋对话时表示，杜鲁门“明白要达成成功的谈判，极为困难”，总统和他本人也都明白问题要解决，牵涉到共军部队及它们拒绝交出或放弃自主权。对蒋而言，这又是异常重要，再次听到马歇尔重申杜鲁门对这个主题的声明。[139]

蒋在回答时却令人意外地对国共和谈十分乐观，告诉这位新特使，已经出现“进展迹象”：尤其是中共一向在各种政策上对苏联唯命是从，而斯大林最近似乎也一改原先“不友善的态度”。[140]马歇尔受到和蒋第一次会谈的鼓舞，飞往重庆，下榻于临时官邸怡园。次日，他和幕僚见到态度轻松、风度翩翩、世故而又谦虚的周恩来。周一如往常，立刻与这群美国人打成一片。周表示中国应向美国学习民主、农业改革和工业化，马歇尔的报告对这套说辞毫无怀疑之意。多年之后他对一位访谈者表示：“所谓共产主义的热情这种事情，我真的了解得很粗略，直到我战后到了那儿。”[141]当天夜里，蒋介石夫妇替这位新使办了盛大的生日宴。

这又是一个好的开端。

蒋夫人于是年九月回国，距她赴美已有十五个月。留美期间，她几乎完全脱离聚光灯，住在长岛孔家宅邸深居简出，但是，她通过电话，悄悄建构起同情中华民国和蒋介石的美国友人网络。由保守派国会议员、企业主管、发行人、退休将领和传教士组成的此一模糊、非正式却十分强大的团体，很快就被外界封为"中国游说团"。蒋政府雇来替他工作的十家游说公司，也是此网络的一部分。[142]这股亲蒋、反共的活动大肆努力，替美国政治制造风暴，影响杜鲁门的对华政策，但没有能够改变政策的基本方向。

五十九岁的委员长在夫人长期滞美不归时，很少在日记中提到她；但是，他们现在似乎预备把彼此的歧异——史迪威事件、她的坏脾气，以及他可能"行为不检点"都摆开。当她不在时，重庆并没谣传他有外遇或秘密安排。她回国后似乎决心重建婚姻关系，在公开场合又恢复手牵手现身。此外，委员长再度开始倚重夫人和美国人打交道，她也相当满意能在这方面有所表现。他和马歇尔的会谈，坚持要她全都出席，"甚至她生病、疲倦或想借词不来，都非要她来不可"。果如当年史迪威的状况，当马歇尔和她丈夫意见相左时，她经常支持马歇尔。马歇尔多年后说，他在华期间"夫人和我站在同一边"，他也"深信"她"一向公平"。[143]

马歇尔在中国开始调停时，美国、英国和苏联外交部长们也在莫斯科集会。斯大林有力地说服贝尔纳斯国务卿相信他并不反对美军部队进入中国，他也全力支持蒋介石担任中国政府元首。就像之前的其他美国高级官员一样，贝尔纳斯离开莫斯科时相信斯大林有心遵守他和中国签订的条约，遂如此转告马歇尔。马歇尔在往后一年的工作中，一直认为中共唯一的主力外援苏联，预备支持马歇尔在调停过程中所要采取的适当压力。[144]

但是，苏联继续拒不开放东北的主要口岸大连，也不理会苏联红军将在二月初撤出沈阳、长春和哈尔滨的新时限。此外，苏联红军已占了东北九成半的领土，这里根本没有国军部队的踪影，而是听任林彪率领的中共部队到处自由活动。即使如此，政府军仍有进展。到了十二月底，除了大连、旅顺仍由苏联依雅尔塔协议所占领之外，杜聿明已接收东北许多港口。[145]

圣诞节那一天，蒋介石派儿子蒋经国去莫斯科，以评估斯大林的意图，同时希望让斯大林维持友善态度；蒋履行承诺，承认外蒙古的“独立”。一九四六年一月十日，他召开划时代的政治协商会议，发表主题演说，宣布政府即将立刻订定言论、新闻、宗教和集会的自由。他说，政治犯将得到释放，所有的政党将在法律之前一律平等。选举将“由下而上”推动，意即所有的代议机关包括中央级民意机关都要进行直接选举。

THE GENERALISSIMO

CHIANG KAI-SHEK

AND THE STRUGGLE FOR MODERN CHINA

第三部　内战

第八章　妄想胜利

马歇尔调停任务的首要目标是促使国共停火。他再次提议，有一个方法可以“承认”中共目前占领土地、控制地方政府的部队，那就是“让他们和政府军混合”，换言之，纳编入政府部队。[1] 蒋一直都想要这样的安排，又大为振奋，认为他“必可信赖”马歇尔主持“三人小组”来交涉停火协议。马歇尔提议的这个三人小组，将包括国共各一位高级干部（分别为张群和周恩来），以及马歇尔本人。[2] 另一个问题也解决了，马歇尔意外地说服周恩来接受美国继续运送中央军到东北，并且规定在停火期间，中央军“为恢复中国主权而进入东北或在东北境内调动，并不影响”。[3] 元月初只经过少数几次会议，三人小组就令人惊诧地达成有关军队整合、联合政府以及停火的协议，而且条件全有利于国民党政府。多年之后，蒋慨叹，马歇尔此时的立场和态度使他决定要为东北而战。[4]

毛泽东虽然似乎乐于同意写在纸上的任何东西，对他而言最重要的却是现场的实际状况。他又调十五万部队归东北的林彪指挥，并且命令他把另二十万地方部队纳入其主力部队。[5] 一九四六年一月十三日，蒋、毛分别下令给国、共部队，自午夜起双方停止敌对行为和一切部队调动，除了已取得协议的若干例外——最重要的是，政府军可以进入东北。尽管停火条件在东北明显有利于国民党政府，蒋和他的将领却认为整体而言，停火对政府“不利”。例如，阎锡山就警告说，停火只会使中共有时间重新编组和扩张。但是，蒋觉得他别无选择——要保护他和美国的关系，并鼓励苏联在东北与重庆当局合作，他需要坚守此一协议。三人小组的执行本部（包括美国人士）迁往北平监督停火状况。[6]

蒋盼望和苏联关系能有突破之想，很快就破碎了。一月十四日，蒋经国结束为期两星期的莫斯科之旅，回到国内。他和斯大林有过两次会谈，却没有成果。

↑周恩来、张群和马歇尔组成“三人小组”，交涉停火协议
（Courtesy Albert C. Wedemeyer Collection，envelope KK，Hoover Institution Archives）

这位苏联领导人警告说，美国有自己的盘算，试图利用中国；只有在蒋介石不准许任何一个美国军人留在中国的前提下，苏联才会告诉中共与委员长取得共识。斯大林建议，不妨由他和蒋碰个面谈谈。蒋经国伤感地向父亲报告，斯大林在东北玩花样，有他自己的一套剧本。[7]

蒋在日记中写下，为了维持国家统一，他可以同意对苏联作出广泛的经济退让，也可以要求美军全部退出中国。但是，“待美国在华北陆战队撤退时，俄军同时撤退。现只可对前一目的而为之研究，唯有忍痛牺牲，以求达到收复领土之目的”。[8] 表面上，蒋在东北问题上十分坚定，也没回答斯大林所提的峰会。

果然，苏联的提议开始瓦解。马林诺夫斯基正式照会重庆当局，基于“技术原因”，红军无法如期在二月的新限期之前完成撤军。这位苏联将领又再次要求把日本人在东北所拥有的一切工厂，当做赔偿交付给苏联；他估计这些日本产业有三十八亿美元之多。[9] 这些挫折导致国民党内一股批判蒋经国——也暗中指向委员长处理东北对苏交涉的声音。蒋十分关心，决心从儿子手中接过来，自己负起这件事的交涉责任，再次要外交部主导对苏谈判。[10]

蒋经国由莫斯科回国的一个月之后，斯大林发表了著名的二月九日演讲，宣称二次世界大战是“现代垄断性质的资本主义不可避免的结果”，下一场世界大战也将从同样的动态下产生。杜鲁门读完这篇讲稿，大为紧张，也非常生气，命令贝尔纳斯今后不再“玩妥协”。杜鲁门还说，美国应“复建中国，并在当地建立强大的中央政府。我们在朝鲜也应该这么做……我已不耐还要哄哄苏联”。[11] 可是，周恩来在中国却继续说服马歇尔相信，中共领导人不是意识形态上的狂热者，也不是苏联的盟友，而是接受其和平计划的政治温和派。

紧接着停火一生效，蒋就接到纷至沓来的报告，指控共军在华北、东北都有攻击政府军行径，而且有些交战状况据说苏联红军有间接协助共军。一月十八日，尽管规定国共双方停火，共军在东北抢占两座城市，其中之一是重要的港口营口。蒋现在开始怀疑马歇尔恐怕不如他所推想的会偏袒国民党政府的立场。马歇尔呈给华盛顿的报告并没提到营口被共军占领，这一点令蒋相当不安，因此蒋在日记中写下：“此时不能不作最后之决心与方针也。”[12]

让蒋更棘手的是，共产党反过头来指控国民党违反停火协议。蒋在美国人面前失去可信度，因为他拒绝马歇尔的提议：派监察员到东北调查事件经过，而中共一口就答应它。蒋担心调查团对他的限制会大过对毛的限制，毛在东北迅速发展的军力和活动在外面绝大部分是看不到的。由于马歇尔手下译电人员有能力破解蒋发给前敌指挥官的密电，马歇尔可能得知某些状况下委员长只是装着跟他合作。不幸的是，周恩来用的是“一次即丢”的密码，美国人无从破解周的来往函电。这一来，蒋和美国人的关系可能也受到伤害。[13]

尽管双方互控违反停火协议，和平进程（包括在重庆召开的政治协商会议）都顺利进行。二月四日，马歇尔向杜鲁门报告：“事情进展相当顺利。”[14] 可是，私底下，蒋对马歇尔越来越不放心。他写下：“彼对共军终持纵容态度，对我国内情及共匪阴谋并不了解，恐误大事。”马歇尔认为中共用心良善的评语，特别使蒋不安，蒋开始担心情势又像史迪威时期一般。[15]

可是，马歇尔的乐观丝毫不减。他特别欣慰由国、共双方共同推派人选参加政治协商会议，它于元月底依循三人小组的提议，发表一套五项决议，制定筹组临时联合政府的框架。参加此一联合政府的各个政党都要承认蒋介石为全国领导人，但是对领导人的权力也有相当大的牵制：国民政府委员会是政府最高权力机关，半数席次归国民党，虽然国民政府主席有否决权可提交复议，但委员会可以五分之三的多数票推翻他的否决。[16]

尽管不无疑惧，蒋认为他至少必须表现得跟周恩来一样支持新政府计划，因为周已全盘接受它们。他对一群国民党高干表示，政治协商会议的决议未必就会约束住已经决定要召开的制宪国民大会；但是他在政治协商会议闭幕式的演讲却赞扬此一计划具有“和平、民主、统一和团结”的精神。政治协商会议为此计划进行最后投票之前，他颁令大赦“所有的政治犯”。[17]毛泽东也传话给马歇尔，称颂他的停火安排很“公平”。毛严肃地宣称：“中国的民主必须追随美国的道路。”[18]周恩来向毛报告，马歇尔曾经告诉他：他信赖中国共产党的真诚，但很难说服国民党的领导人。周告诉他的秘书，马歇尔“使他想起了史迪威”。[19]

中国民众和西方新闻界都相当欣慰政治协商会议有此一协议。[20]针对已有的进展，杜鲁门总统建议请国会维持对华租借法案方案，并指示国务院开始和蒋介石政府谈判设置美军顾问团（上限一千人）事宜。[21]美国人要担任顾问的中国部队，是在委员长领导下的国共混合整编的部队。但是，基于平衡及替共军“保住面子”，马歇尔力主美国另订一个方案训练、装备中共的武装部队。

二月二十五日，马歇尔、张治中（委员长侍从室第一处主任）和周恩来协议分阶段裁减国共大军，包括明订在完成部队重新整编之前的临时阶段，国民政府将可在东北派驻十四个师的兵力，中共只能有一个师。根据中共这一大让步，毛必须把当时已进入东北的三十个师的共军部队，减少到只剩一个师；这个计划根本执行不来。另外一个不太可能实现的规定是，在第一阶段政府军于全国范围居于五比一的优势——也就是国军有九十个师的兵力，共军只有十八个师。

根据这项整军方案，这些调整将在十八个月内予以完成，然后再开始人员全面整编成为兼容国共部队的中央军队。这支新部队将是不涉政治的军事体制——禁止一切党派的党团活动，并以蒋介石为最高统帅。[22]

蒋介石有一切的动力去执行这些军事安排，但是他认为中共绝不会这么做，希望马歇尔能察觉他们的“欺人之手法”。[23]可是，事实上马歇尔对事态的发展立刻觉得很高兴。他已经完成了不可能的任务——至少在表面上是如此。他抱怨“某些派系”（显然指的是国民党强硬派）企图破坏和平进程，但是，整个一九四六年春天，他彻头彻尾相信他的计划会奏效——他认为中共会放弃他们庞大的军队和占领地区（包括他们在东北已取得的巨大优势），接受蒋介石领导的政府，从政治上争取全国的权力，只要这位国民党领袖能够让中国朝美式民主的道路前进。

马歇尔决定要亲自视察一番，遂在周恩来、张治中同行下率幕僚飞往华北各地，行程近五千公里，遍访十多个城市。在延安，群众夹道欢呼迎接这位美国将领，他和毛泽东、朱德进行长谈。[24]据马歇尔自己说，此行“有许多可喜的结果”。[25]同时，苏联掠夺东北的消息传遍中国，重庆及其他城市爆发大规模示威，要求苏联军队立刻退出东北。示威群众捣毁中共《新华日报》和民主同盟《民主日报》重庆办公处。[26]群众对莫斯科方面表示气愤，而陈立夫是这些骚动的幕后策划人。后来，马歇尔认为这些短命的示威活动影响极大，并责备是它们刺激中共，中共才会改变原本对和平进程所持的积极、理性态度。

现在，距雅尔塔会议已超过一年，冷战很快朝向将在今后历经五十年不改的方向进展。三月间，丘吉尔在演讲中宣称，“铁幕”已在欧洲降下；胡志明和法国签署一项协议，确保越南将有和平、团结的未来。蒋却颇为怀疑，他在日记写下：“越南内战开始。”*[27]同一段时间内，乔治·凯南自美国驻莫斯科大使馆发出著名的长电报，讨论如何对付苏联的野心，它代表美国围堵政策的正式开始。

三月十一日，马歇尔在回华盛顿向杜鲁门报告之前，再度向预备前往东北检查违反停火事项的三边小组（国、共、美）代表队，出示他的指示草案。这份指示表明共军应退出“（东北）一切地方，交政府军重建主权”。这些规定符合周恩来已同意的停火协议。它们也反映出马歇尔持续相信：共产党真心要在蒋介

* 这句话实际是《大事长编》中的说明文字，非蒋之日记。——编者注

石之下求得民主的解决；如果这个条件确立，他们自然愿意与政府合作，从苏联手中收复东北，并解散其部队。这次，蒋立刻接受派调查小组赴东北，以及马歇尔的指示。可是，周恩来现在却反对，调查小组的出发遂告延搁。[28]

中国政府旋即正式要求苏联红军立刻全部撤出东北，但是马林诺夫斯基拖了二十天，硬是不答复。在这关键的二十天里，也就在马歇尔回华盛顿的三天之后，苏联秘密通知中共：苏联红军即将开始撤出沈阳、哈尔滨和其他城市——而且又表示，中共部队应紧随在后开进这些城市。[29]林彪部队因而进驻苏军已撤出的若干城市，也部署到接近其他大城市的市郊。在乡村地区，苏军打包走人之际，干脆就把行政权交给中共业已成立的地方当局。[30]中共新增大军涌入东北南部地区，不过重点仍摆在北部地区。斯大林希望在苏军最后一辆坦克跨过苏中边界之前，毛泽东至少要牢牢掌握住东北北部地区。马歇尔离开之前，周曾说明，共军部队在东北的一切调动都只是为了维系乡村地区的安定。[31]

马歇尔回到华盛顿，似乎忘了东北及邻近的山东有军事危机上升之势（国共部队在山东爆发激烈新战事）。事实上，他的言谈举止俨然是调停任务已经成功。他公开宣称，国共双方“现在正在进行复员大量军队的工作，把剩下来的部队再整编纳入中央军”。他说：“我们能解决此一似乎不可能的状况，着实很不简单……如果没有我们，什么事都做不了。”[32]

当苏联红军迅速从东北南部地区撤军、林彪部队进入之际，杜聿明所在部队也在空中支持下迅速推进，在若干大城市和铁路沿线建立政府监管。国共第一次大规模交战，孙立人率领的新一军把共军逐离沈阳市郊，于三月十三日进城——前一天苏联红军才刚退出沈阳。蒋认为情势将“今后艰难更大”，他必须“不慌不忙，循序渐进”耐心地推动他的目标。[33]

两周后，苏联大使馆终于照会中国外交部，苏联红军将在四月底以前退出东北。[34]当时仍在华盛顿的马歇尔听到这个消息，他开始相信苏联事实上没要在中国追求霸权。因此他开始不再从围堵苏联的思路去思考中国问题——与去年十二月和杜鲁门谈话时的想法大不相同。他开始觉得中国陷于内斗泥淖，最迫切需要安定。在他看来，中共最多只能被责怪在和国民党暴力相向时也有责任。[35]蒋感受到这一转变，也开始思忖马歇尔是否愿意放弃美国在华战略利益，以便安抚苏联。他也听到令人不安的消息——马歇尔想在国共两军开始整编之前就提供美国的军事训练和武器给共军；马歇尔也打算裁撤驻华美军总部，把美军陆战队撤回美国。蒋担心马会考虑自己的声誉，极力推动他的和平解决“大计划”。[36]

同时，毛泽东交代林彪，中共必须制止蒋介石必会做出的光复长春之举；长春现在只有聊备一格的国军部队，以及若干残余的苏联部队。[37]四月十四日，马林诺夫斯基率领最后一支部队退出长春；约有两万名八路军（现已配备新型日式枪械，也有一些大炮），立刻攻打长春城七千名国军。绝大部分国军丧生。五百名守军在中央银行大楼建立“阿拉莫式的防卫”誓死固守，最后才在指挥官率领下，逐一冲出银行旋转门。[38]东北现在实质上已分裂为两部分：南部名义上由国民党治理，但遭中共大量渗透；北部则完全由共产党主宰。蒋命令孙立人立刻向北推进，抢回长春。[39]

美国国务院一九四九年《中美关系白皮书》谈到中国时，称中共夺占长春是“公然违反停止敌意的命令”，但是报告执笔人并没说它威胁到国共和谈。他们反而下结论说，此举所制造出来的大麻烦是，强化了国民政府内“极端反动派”的声势。但是感到挫折的不仅是国民党的“极端反动派”，蒋介石的确必须考虑和战议题牵动的派系变化，但是一九四五年后对东北的决策却是由他独行独断。[40]

四月十八日，马歇尔偕妻子凯瑟琳一起回到重庆；她接受宋美龄之邀来华做客。马歇尔夫妇座机在重庆降落时，气温近三十八摄氏度。马歇尔夫人说，尘土、燥热和恶臭“无法形容”。回到重庆后次日，马歇尔就和蒋介石长谈四小时，对话十分坦率，次日在黄山官邸又继续谈。[41]马歇尔责怪蒋及其政府使和平进程困难重重，他也指责说，南京政府原本有机会在东北建立和平，但没有好好把握机会。他提出一长串清单，指出蒋很差劲的顾问们犯了这些错。这些过错包括：寻求片面掌握东北，关闭共产党报馆，派战斗机侵扰延安，部队违反停火协议在中国本土调动。马歇尔形容这些都是“愚蠢行动”，无益于政府，严重时甚至会刺激中共对“政府意图的怀疑”。[42]

马歇尔确切地提出警告，中共会利用局势占便宜，日益强大，而国民政府军事实上处于很危险的地位，防线拉得太长，兵力越来越分散。[43]蒋也提出一长串中共违反停火的事证，指控一月十三日停火以来，中共已发动二百八十七次攻击，占领十三个县、二十九个城镇。他说，占领长春、造成数千名政府军阵亡，是非常严重的违反协议之举动。但是，蒋无法说服马歇尔相信，中共也应该为和谈破裂负起部分责任。[44]

马歇尔后来和周恩来见面时，没有批评中共抢占长春，也没责备中共的任何其他行动；周也向他担保，中共“不欲垄断东北，而希望国际合作”。他表示，中共希望停止交火、立刻开始谈判。[45]根据中共的文件，周向中共建议要向马歇尔施压，以逼蒋接受停火——必要时不惜在谈判时与美方陷入“僵局”。可是，毛泽东指示周要尽可能和美国特使维持友好关系，使国民党“无隙可乘”。[46]

在后来的会面中，蒋告诉马歇尔，如果中共悍然违反三边协议之后美国还曲意宽容它，就不可能达成妥协。他说，他愿意谈判和东北有关的问题，但条件是中共先退出长春。这代表在国共和谈中，他第一次透露愿意讨论在长春以北设下停火线，让中共实质上可以控制东北一半以上的地域。同时，蒋也清楚表明，早先马歇尔和美国政府已接受的原则——东北主权全归国民政府所有——是他的底线。[47]他说，“唯有美方坚持积极协助我政府之政策，方能达成消极‘容共’的目的”。这正是四个月前马歇尔本人曾建议并得到杜鲁门认同的对华政策。[48]后来蒋写说，在和马歇尔交涉时，“自我国应有一定之政策，但对彼应以至诚示之”，马歇尔说不定会因而改变观点。[49]

这一次谈话，尤其是蒋暗示愿意把东北北部让给中共，对马歇尔起了作用。他重回住所以来，第一次跟周恩来说硬话，告诉周：委员长有关交回长春后可恢复谈判的提议，可使中共占领东北北部，乃是一项“重大让步”，但是中共的行动却“严重妨害”他说服蒋合作的努力。他暗示，倘若中共不接受蒋的提议退出长春，他将认为自己再也无能为力做调停人。马歇尔向蒋叙述这番对话经过，蒋听了十分高兴。[50]四月二十八日，苏联把哈尔滨交给中共；次日，苏联红军派到东北的正规部队正式退回苏联。

一

五月三日，国民政府正式迁回南京。马歇尔夫妇也乔迁，搬进前德国驻华大使的漂亮官邸。马歇尔夫人在南京可比在重庆高兴多了。蒋夫人和周恩来的妻子邓颖超几乎天天和她见面，隔几天就聚在一起。凯瑟琳写信给友人说，她和委员长“一见如故”，虽然他只会说“好、好……”和微笑。[51]

乔迁次日，马歇尔在新居请《时代周刊》杂志前任特派员贝尔（John Robinson Beal）吃午饭；贝尔在华盛顿建议下出任蒋的顾问，负责与新闻界打交道。蒋急需贝尔这样的人才。因为蒋不知如何与新闻界来往，甚至根本不知道还需要和媒体打交道。马歇尔向贝尔说明局势之际（几乎可以确定是出自周恩来的主意，才有此一说明），由于东北接收不顺利，国民党反共情绪上升，中共却更加违背一月的停火协议，抢占地盘。午餐后，两位美国人喝着古典调酒，马歇尔竟然有令人难以置信的诠释，声称由于他“找不到苏联政府（有协助中共）的明显动作”，他认为是地方上的苏军指挥官自行其是——换句话说，违反斯大林的命令，提供口粮和日军弹药给中共部队。[52]

或许马歇尔的确知道苏联对中共有若干援助，但故意不提它。周恩来五月十三日拍发电报给中共中央报告说，马歇尔告诉他，他晓得“苏联（在东北）支持我们”。[53]马歇尔很可能是通过他的破解电码人员得知此一消息，又在无意间向周提起来；但这显示他不是完全不知道苏联的所作所为。几天之后，曾在长春遭中共逮捕、短暂扣押的《纽约时报》记者李伯曼（Henry Lieberman）和《基督教科学箴言报》（*Christian Science monitor*）记者艾波奈（Charlotte Ebner），花了两个小时向马歇尔叙述中共在苏联协助下占领东北大多数地区且很可能不会撤退的情况。[54]

这项第一手报告对马歇尔丝毫不起作用。尽管他最近对周恩来说重话，但他还是将动乱大部分怪罪于国民党。不过在向杜鲁门提交的一份报告中，“剧本”跟他告诉贝尔的版本则稍有出入。他说，问题起于中共越来越担心国民政府执行政治协商会议决议的诚意（这些协议非常有利于政府）。据马歇尔的说法，接下来，自负的将领影响委员长把政府“陷入危险的军事处境”，继而让中共“抓住优势”，抢占长春，阻断国军北上。马歇尔也提到中共“有道理抱怨”国民党在中国其他地区的不当行为，另一方面只说：“当然双方下层指挥官都有违反协议的小情况。”[55]

与此同时，美国海军仍然忙着履行美方要运送总共二十二万八千名政府军到东北的承诺。五月底，最后一支部队即将成行，蒋又要求马歇尔准许美方再多运送两个军。马歇尔不允，声称若这么做，将“等同支持一场内战”。已经完成的大规模运兵行动当然有利于此一目标，也正好符合杜鲁门此时的政策。马歇尔在呈给杜鲁门的一封信中承认，既然美国已经运送了二十多万国军到东北，其实“至为不公平”，让美国人“在此时听任他们自生自灭”。他的让步就是批准中国国防部的要求，再提供六个月的弹药补给给三十九个经美国培训、装配器械的国军师级部队。[56]

马歇尔在南京安顿妥当，立即试图协调出另一协议，这个协议考虑到了中共在过去两个月的斩获——他认为这些结果是因国民党行动挑起刺激所致，不是奉中共之命去执行；或因共军指挥官借国军分布散而广乘隙而入。他告诉蒋，解决东北冲突最可行的方法是南京当局接受中共暂时占领哈尔滨以北并往西直抵中、苏、外蒙交界的满洲里的事实。这个提议合乎蒋本身的方案，他立刻同意——不过他坚持中共不得占领哈尔滨。[57]

马歇尔单独和周恩来会谈时指出，原本讲好的国、共军队在东北之比例也有可能改变：原本是国、共呈十四比一，国军居优势，现在可改为五比一。此时，东北的国共兵力其实是二比三，共军较强。虽然共军在东北的主力此时稍有撤退，他们在整体人数上仍占优势，使他们越来越觉得不需谈判。[58]周向中共中央的报告说：“利用美国和马歇尔的机会日益降低……但是我们仍应尽一切努力延迟内战爆发的时间。”[59]

蒋理解，杜鲁门和马歇尔原本强力且明确地支持他接收东北，但如今其坚持已消失无踪；然而连番的军事告捷却使他看不到他在去年七月间以及年底所预见的现实。当时他体认到，即使美国全力提供物资协助，如果斯大林已决心见到毛泽东在东北或是黄河以北甚至长江以北，取得大权，国民党就无赢的希望。但是现在他认为，他至少可以固守东北南部。一九四五年十一月他首次觉得这样的妥协可能可以令莫斯科满足，也符合马歇尔最近的构想。

五月二十日，孙立人率领接受美国装备的新一军，把共军驱离四平街，往长春北撤。刚被蒋任命为国防部长的白崇禧认为林彪部队状况不佳，他力促蒋批准乘胜追击，夺回长春。[60]蒋和白谈话后的次日，蒋告诉马歇尔，他认为此时夺回长春恐怕会失策；第二天他前往沈阳“视察战局”。虽然蒋夫人生病，他坚持要她陪他一起去。[61]

不论蒋对马歇尔说些什么，当委员长带着身体不适的宋美龄以及国防部长白崇禧，搭乘马歇尔的专机飞往沈阳之际，孙立人部队的装甲车没遇到太多抵抗就进入了长春城。[62]蒋委员长一行人在沈阳机场一降落，杜聿明就向委员长报告：政府军已光复长春。林彪奉毛之命，避免大型接触战，率十万大军已在前一天弃守长春、退到松花江，也就是哈尔滨前方最后一道天然防线。蒋闻此捷报甚为高兴；在沈阳城中用午餐时，白崇禧强烈主张乘胜直取哈尔滨。蒋却犹豫，表示担心马歇尔会不高兴；但最后他还是批准杜聿明越过松花江进攻共军。[63]

林彪迅速后撤，加上白崇禧的观点，使蒋认为人民解放军只有三分之一是精锐部队，有精良的日本武器。[64]他致函马歇尔，告诉他政府军已收复长春，也重申他最近呼吁各方遵守原有一切协议的主张。他也提出另一个新方案：若出现歧见，停战协议监督小组的美国军官可以作裁定。[65]马歇尔通过无线电，数次恳请蒋立刻停火，以便“避免先前犯错的痛苦结果”。[66]更重要的是，蒋离开南京期间，马歇尔和颇有说服力的周恩来“常常谈话”，有一次更谈了六个小时之久。[67]

虽然委员长的想法是让停战协议监督小组的中间人——也就是马歇尔的部属——有最终裁定权，表面上这几乎是最合理的建议，周恩来却向马歇尔抱怨这是“非常厉害的一招”，会使国民党“玩各种花样来欺骗美国人”。马歇尔立刻认同这个说法，向华盛顿解释说，美国新闻界和国会对蒋的提议颇多正面反应，却引来中共针对他发动一波恶毒的宣传攻势。马歇尔告诉蒋，由于蒋的提议，他作为调停人的公正地位受到质疑。[68]

根据蒋夫人的说法，由于委员长“不希望她介入美国事务”，现在她努力避免“参与政治活动”。但是，事实上她在和马歇尔的对话中间扮演了重要角色。除了翻译之外，她带着书面文件和口信穿梭于两个男人中间——一个夏天下来，她和马歇尔有过多次私下谈话。尽管她在一九四三年有过和史迪威站在同一边的坏经验，她再次表示“完全同情与了解美国人的观点”。[69]马歇尔相信她站在他这边。[70]很显然，原则上她是和马同一边，但她也替委员长工作，把马的想法回报给委员长，也可能向他建议如何与这位美国将领打交道。[71]

蒋对马是越来越有挫折感，但是他对国共之间势力平衡的了解有严重缺陷：很难以相信，他竟然认为“东北共匪主力既经击溃”。[72]国军新一军和新六军跨过松花江追击林彪，直逼到距哈尔滨仅有约九十六公里之处，从哈尔滨再往北近五百公里就是黑龙江和苏联。六月三日，蒋回到南京，与马歇尔长谈三个小时。委员长没什么耐心，不断以手指轻弹红色皮椅扶手。但是，在马歇尔没有施加太大压力下，他同意国军部队在东北停止“前进、追击与攻击”为期十五天。[73]蒋说，停火期间中共必须展现其诚意，与政府完成谈判，全面终止在中国各地之敌对行为，并且不得拖延，执行二月二十五日有关军队整编的协议。蒋并且告诉马歇尔，对共产党“仍可予其悔过自新，效忠国家另一次之机会”。[74]

三天之后，蒋、毛分别发表再次停火之声明。孙立人奉令停止前进，并退回到松花江之南。多年之后，蒋写下，这次停火令国军士气消沉，是政府军最后“在东北之失败”的开始。[75]但是，即使孙立人攻下哈尔滨，中共及其部队仍可退到他们几乎已完全控制的内地，必要时也可退入苏联，军力和情势的相互关系仍将继续一面倒地有利于中共。不论怎么说，停火才宣布三个小时，五个战区的国军指挥官都报告发生共军攻击事件。共军五万名士兵的部队包围山东省青岛市，蒋要求美军运送政府部队前往青岛，马歇尔却一口拒绝。[76]根据一九四九年美国国务院发表的《中美关系白皮书》，共军在山东发动攻击“确实是个乱源”。[77]但是，周恩来向马歇尔解释，是因为国军挑衅才造成共军以攻势报复，马歇尔似乎也接受这个说法。[78]马歇尔向杜鲁门报告说，蒋有两个不涉暴力的行动，刺激中共在停火期间发动大规模武装攻击——一是蒋离开南京，一是蒋提议赋予调停小组里的美方代表有裁定权。[79]

尽管他自己持续乐观，共军在停火期间又迭有挑衅攻击，蒋六月底在日记中自陈“此时应暂维现状，不再求军事发展”。他认为他的策略可避免和苏联冲突，又可释出政府军在广大的东北部署，又可集中力量在华北歼灭共军势力。[80]六月二十九日，马歇尔下了结论，他“已无继续谈判的基础”，他也警告蒋：如果国民政府试图以军事手段解决问题，美国民众会“判定它因为平息不了民怨使国家陷入混乱”。他更进一步说，委员长“刻意被军方拉着走，有如日本一般走向灭亡”。[81]据马歇尔的说法，这番话“对委员长起了极大效用”，蒋引用《圣经》“几乎哭泣”。[82]有意思的是，蒋本身并没提到在这个场合几乎哭出来，却记载当他告诉马歇尔他预备在十月中旬召开国民大会还政于民时，马歇尔“颇为感动”。[83]

持续此一对话，马歇尔也和宋美龄有一段非正式谈话，使用同样的强烈字词。她向丈夫报告说，马歇尔“不耐烦、粗鲁……非常冒犯人……傲慢”。[84]不过对国、共双方而言，马歇尔动作有何反应，很快就变得没那么重要了。蒋告诉这位美国将官，他已做了所有可能的让步，他现在要开始策划在黄河以北、长城以南的地带发动全面攻势。[85]即使马歇尔在和委员长谈话时言辞日益尖锐，共军在山东、山西的攻击行动也刺激他对周恩来直言，这些行动已“破坏他的努力”——这个警告根本没人理会。三天之后，他甚至告诉周恩来，有许多事的发生“都是因为政府在报复共产党的挑衅”。另外一次，他形容据报告的共军攻击行动“完全不可原谅”。[86]蒋抱希望忖想，马歇尔是否开始“对中共已无希望且生恶感”。[87]

七月二日，马歇尔请教代理国务卿艾奇逊（国务卿贝尔纳斯到巴黎出差）对中国局势有何看法。艾奇逊的回复可以看出若是国共和谈破裂、全面内战爆发，美国对华政策将会改弦更张。杜鲁门在前一年十二月给予马歇尔的秘密指令，艾奇逊或许不知道，或许不记得；当时杜鲁门的态度是，基于地缘政治的理由，即使和谈破裂，美国还会支持蒋介石。相比之下，艾奇逊这份文件不仅只字不提半年前的此一立场，还建议说如果国共爆发全面内战，美国“可以”（could）维持和蒋介石政府的关系，但“将”（would）结束物资援助并撤回留驻的美军部队。虽然还不够正式，或许还未经杜鲁门过目，但这个美国政策的重大翻转已反映出华盛顿的基本目标是不介入中国内战，尤其是绝大多数主事官员都不认为非共产党这一方会赢。[88]

马歇尔对艾奇逊来函的批语又显示出他自己对中国局势的看法也起了重大变化。尽管最近他对周恩来说话越来越不客气，但他还是认定和谈失败的责任大部分应由蒋介石及其政府负起，而且全面内战已经开始。[89]他认为，不管美国如何应对，只要没大量派出美军部队介入，共产党最终将会击败蒋介石及其部队。对马歇尔而言，摆在眼前的选择只有：其一，毫不作为；其二，继续目前似乎徒劳无益的做法，追求和平、民主的联合政府——他选择第二方案。他以及华盛顿都没有人考虑第三方案：美国提供大规模物资援助给蒋，助他守住华北或长江以南。

事实上，蒋本人也从来没有认真思考过这个方案。他愿意和毛泽东分治东北，但其他部分的领土要么全有要么全无，别无商量。

七月十一日，刺客在昆明开枪杀死民主同盟知名领导人李公朴。四天之后，又有身份不明人士杀害另一位民盟领袖、留美回国的诗人闻一多。这下子全国各大学涌起一片抗议浪潮。美国哈佛大学一群教授也联名谴责这两起事件。马歇尔在给杜鲁门总统的一封信中予人以一种印象，即使不是蒋本人，国民政府也应负起责任。[90]可是，民主同盟只是个小党派，对蒋只算小麻烦，他似乎不可能冒国际制裁之风险，下令杀害两个在昆明不甚有名气的知识分子。相形之下，七月中旬发生一起三百名共军士兵伏袭美军一支补给车队的事件，五十五名陆战队员就有七人被杀。马歇尔说，伏袭“确切是共产党所为”，可是他并没有逼周恩来就此事惩凶道歉。蒋认为马在这件事上表现得“若无其事”。[91]

现在，停火期限已截止，蒋发动作战以打通山西的铁路线，并肃清热河的共军势力。傅作义预备攻占张家口这个古代穿过长城去往丝绸之路的门户，而且共军自从一九四五年八月即盘踞该城。[92]政府军其他部队亦在江苏省长江以北地区推进。

同一个月份（一九四六年九月），中共红军取了新名“人民解放军”，也不再虚构它在东北的部队纯粹由东北人组成的故事。解放军在山西、河南、热河、山东和江苏等许多地方发动有限的攻击和反攻，但是一般而言除了东北之外，政府军似乎击退了共产党。然而，中共控制了东北所有和苏联接壤的边境，火车满载货品穿梭两国。解放军也在朝鲜设置办事处，安排军事物资供给其东北部队使用，光是为此目的，雇用的火车车厢不下两千个。[93]

七月中旬，委员长偕夫人离开南京、前往牯岭。牯岭位于江西山区，距政府设在庐山的训练中心不远。西方生意人、外交官和传教士自从十九世纪就营造牯岭使之成为度假胜地。海拔近一千两百米的牯岭，蚊子绝迹，远离长江流域的溽暑和湿气。马歇尔夫人和宋美龄一起到牯岭避暑。她喜爱极了。[94]

马歇尔认为蒋离开南京是为了搁置和谈，让手下将领方便放手做事。[95]他也会定期到这处山区度假胜地停留短时，但恨透了一路行程——先搭两小时飞机，再乘四十五分钟炮艇，三十分钟汽车，然后由轿夫沿着悬崖小径抬轿两小时，才能到达目的地。[96]马歇尔在牯岭的居所，隔着一道山溪与委员长行馆相望。当马歇尔不在时，凯瑟琳每天会和蒋夫人在"令瑞士逊色"的美景下共进午餐。轿夫整天守在草坪，随时待命带她们出游。每天傍晚，"仿佛在一千零一夜的景色下"，蒋介石会和宋美龄、凯瑟琳一起在附近登高揽胜。虽然彼此语言不通，凯瑟琳教委员长玩德国象棋。她写信给亲人说，蒋氏夫妇成为她的"好朋友"。[97]

同时，马歇尔虽然坚信关键问题——国共部队整合——已经"解决八九分"，心情仍然"日益消沉"。[98]七月初，他决定向白宫建议，撤销他原本支持提名魏德迈将军为新任驻华大使的人事案，改提在中国传教多年的司徒雷登（John Leighton Stuart）出任斯职。马歇尔觉得中共会强烈反对魏德迈，美国联邦参议院也立刻通过这位七十一岁的《圣经·新约》学者、前任北平燕京大学校长为大使。这个决定搞得比司徒年轻的魏德迈大为不痛快，因为他已经为新职添置文官衣服了。[99]

司徒雷登看待中国人的眼光是"混合着心急、慈爱和热切的乐观"。他知道委员长不能或无能力遏止贪污，是中国问题多端的主要原因，但是同为基督徒，他有信心蒋了解中国及其政府的弱点，也希望纠正它们，而且大部分能成功。他也认为中共是个合法的政党，它和苏联布尔什维克主义的关系"薄弱、不重要"。他几乎都独自在南京寓邸里工作，偶尔才到大使馆上班（因为他并不信任大使馆）。他非常倚重他的华人秘书（傅泾波）——他从燕大带他一起上任，而大使馆官员猜测此人是戴笠手下，或周恩来的特务。

七月十八日，马歇尔和司徒雷登上牯岭，新大使向委员长承递到任国书。马歇尔借这个机会"十分坦诚"向蒋谈到"无可控制的内战"已一触即发，国际舆论对李公朴、闻一多被杀害，颇有批评。几天之后，政府宣布两名凶手是昆明警备司令部秘密警察的低层官员。两人均遭枪决。他们究竟是出于己意犯案，还是奉命行凶（马歇尔是这么猜想），或者是代罪羔羊，也就不清楚了。不论事件真相如何，由于国内外舆论哗然，中共大为受益。[100]

蒋在这些行为，连同当时警方严重违反人权上的责任，大部分都是因为他在这些年扩张了各式各样的秘密勤务。这些有权势、复杂、某种程度上不受控制的团体专门在搞阴谋、对立以暗地打击、报复的恶毒行动。但到了战后，对这些或真或假的事件，新闻媒体已经能自由报道并加以谴责。就像香港的《远东经济评论》（*The Far Eastern Economic Review*）当时就提到：

> 每天都有几百万的文字被生产：报道、谣言……纯粹想象的内幕……指控与抨击，声明与回应，洒狗血的诉求……压榨与贪污，读者渴望知道愈多愈好，左派媒体满足了这种普遍的需求……暗杀与绑架经常在发生，使报道材料永远不缺……这也让自由与左派媒体的销量明显增长。”[101]

二

东北以外地区的战事节节升级之下，杜鲁门请马歇尔代为拟稿，发一封信向蒋警告说：除非很快有朝向和平解决的真正进展，“必须谨记美国舆论不会继续对贵国宽宏大量”。[102]在蒋看来，马歇尔对国民政府还有手段可用，对共产党却完全没辙，而他通用的手段就是——掌控美国及美国对南京的军售。美国国务院事先未宣布，就开始拒绝批准军事设施运交中国，即使中国政府已经付款的军售也不放行。[103]马歇尔告诉周恩来，他“几乎已经停止（美国政府对国军的）一切直接援助”。周对此一定颇感欣喜：他实质上已达成让美国在国共内战中居于中立的目标。

根据中国大陆某学者一九九六年撰文所说，“中共领导人（在一九四六年秋天）清楚看到，美国基本上无力以军事手段介入中国”。[104]因此，“跟美维持名义上的（良好）关系不再有意义，只是弊大于利”。[105]马歇尔根本不察中共态度已变。他反而解释说，中共路线转为强硬，乃是“共党自由派分子失去控制力量，激进派成为领导人的迹象”。但是，他依然相信毛泽东、周恩来等高级领导人有诚意。[106]蒋则认为，马歇尔和司徒雷登相信共产党会真正舍弃其革命目标，不啻“缘木求鱼”。[107]

到了九月，政府军已收复东北以外大多数县城和铁路线，而这正是委员长在停火后要求共产党放弃的。政府军自七月份以来的攻势，远比马歇尔预料来得成功，但这些胜利代价极高。据国军一位将领的说法，政府损失“五分之一的部队，用掉的美国供应的弹药器械，更足以装备十八个新师”。[108]

当东北的秋意日益浓郁时，马歇尔和蒋委员长的关系也日益恶化。马歇尔对这位中国领导人讲话越来越重。他正色告诉蒋：目前唯一维系住中国不崩溃的，乃是蒋的声望，可是它已快速消失。当蒋质疑抗议昆明暗杀事件的一群哈佛大学教授哪懂得中国的情势时，马歇尔明显暗讽蒋受的正式教育有限，答说他们懂的“要比一群军校高中毕业生来得多”。[109]

同一时期，马歇尔和周恩来的关系则依然友善，甚至亲密。有一天，马歇尔向周恩来抱怨共产党的反美宣传时，他又再次令人难以理解地泄漏了一个情报来源，声称美国每周定期截听“莫斯科发给上海共产党组织的宣传命令，以及上海方面的答复”。马歇尔向贝尔解释，他晓得跟周恩来这么一说的结果是，美国会“失去这个（情报）来源”，但是“我们反正已经知道（这个信息）了”。[110]可是，这依旧是严重失言，不过这也反映出周、马之间的关系已经不脱形迹、一派轻松。

九月中旬，蒋决定在预期攻克张家口（位于北平西北的察哈尔省）之后，他将向马歇尔提议停火，条件是中共同意如期召开国民大会、改组国民政府委员会。他认为他的军队已部署到易守的防线，他可以作出最后的姿态。假如果如他之预料，共产党拒不接受此一提议，他希望马歇尔届时终能对他们失去信心。[111]

周恩来的反应是，必须立刻停火，如果张家口遭国军攻陷，“全国势必全面分裂”。马歇尔假定如果国军不打张家口，毛泽东就会愿意接受停火；他告诉蒋，除非政府军停止进攻，中共不会参加国民大会或联合政府。[112]蒋则辩称，距北平只有二百四十多公里的张家口是国共部队进出东北的门户，必须占有它才能确保长城以南的安全。[113]马歇尔盛怒，致信蒋委员长，表示他预备要求杜鲁门总统下令召他回国。

马、蒋十月四日碰面，蒋试图劝马打消放弃调停的念头，声称“若美国仍注意远东之局势，则必须贵特使留华完成其任务”。[114]他强调自己“待人接物之态度，即以不虚伪、不利用别人、不做损人利己之事为基本信念”，对待马歇尔也是如此。[115]根据蒋的回忆，马歇尔回答说：“对主席之推崇及诚恳之表示，极为感动。”但是，马又说：因为内战未能终止，他仍然计划回美国去。当天夜里，蒋获悉马歇尔果真拍发电报给白宫，请求召唤他回国。蒋立刻召见司徒雷登，表示他预备下令停火十天，附有若干条件；马歇尔很快就撤回了他的电报。

蒋提议停火十天，交由司徒雷登为首的五人小组利用这段期间解决两个主要问题：国民政府委员会席次如何分配，以及公布共产党参加国民大会的代表名单。同时，马歇尔主持的三人小组要决定如何立刻执行原已协商的国共部队整编的步骤，包括确认共军究竟是编入新的中央军还是复员。蒋还要求要有执行这些动作的时间表。

这次蒋学乖了，私底下先向这两位美国代表提起这个构想，他们非常高兴。然后他又很聪明地建议这两位美国将军和大使，把方案当做他们的主张提出来。马歇尔和司徒雷登同意。[116]私底下，蒋全然预期中共不会接受这套停战方案；果然周恩来立刻严辞拒绝，表示这等于是叫中共投降。[117]周又送一份备忘录给马歇尔，表示攻打张家口之举能永远取消，就可以讨论停止敌对行为及其他议题。“永远”又是一个新条件，马歇尔从来没有对周恩来这么不耐烦。十月八日，他和司徒雷登发表共同声明，详述最新发展，包括中共拒绝最新的提议。马歇尔也告诉周，他看不到有任何务实的基础来继续和谈。[118]

十月十日，蒋发表安抚人心的告全国同胞书。他说，固然共产党拒绝了和谈方案，他将继续寻求通过调停、协商取得和解。[119]或许一向最知书达理的中国人认为，让美国大使主持的小组来决定如何终止作战、促成真正和平，是相当公正的好主意。但是，妥协、求和谈话并非蒋的唯一的策略。同样在十月十日当天，傅作义率领的政府军攻进张家口。国军攻城之役，中共折损约十万兵力，延安的共军也与东北共军被切断。[120]后来，委员长在宣布张家口大捷及其他胜利时，预测政府将在五个月内肃清共军部队，也确认国民大会将在十一月十二日召开。

马歇尔还不死心，既然国军已攻占张家口及若干重要城市，他逼着蒋再提出新的、更大方的方案。他提醒蒋，七月初曾说过对付共产党必须先严后宽。蒋说这是没错，但他建议，只要共产党宣布派出代表参加国民大会，他就可以同意无条件停止敌对行为。[121]这又是一记高招。宋美龄担任蒋和马的中间人，依据这个原则起草新方案。蒋最后接受的定稿“非常近似马歇尔和司徒雷登所要”，可能也符合蒋的期望。蒋在马、司徒力促下，于十月十六日晚间发表其内容。[122]可是，周恩来拒绝考虑中共要提什么条件，换取立即、无条件的停火。这是十天之内马歇尔和司徒雷登所支持的方案，第二度遭中共严辞拒绝、蒋则欣然接受的情况——马歇尔非常不痛快。十月二十六日的会谈中，马告诉周，周的头脑“太封闭”，“我再跟你争辩局势的种种面向，也没什么意义了”。[123]

十月间，马歇尔和蒋介石都获悉史迪威因肝病去世，享年六十三岁。蒋下令在南京举办一场盛大的追悼会，曾和史迪威在缅甸并肩作战的若干美国官兵也飞来参加。约有一千五百名中、外人士在大礼堂集会，鲜花覆盖了讲坛，吊匾、挽联挂满墙，蒋介石的吊匾当然也在其中。不过耐人寻味的是，蒋在当天的日记里只字未提“酸醋乔”过世的事。[124]

自从六月停火以来，东北就没有重大军事行动。在中共一连拒绝两个和解方案的情况下，蒋下令国军攻打中朝边境的安东；国军于十月二十五日攻占安东。[125]可是，安东告捷当天，蒋介石夫妇并不在南京——他们飞往台湾进行首次造访。台湾的和平、安全和经济发展令他们印象深刻，特别是它九成的工业已恢复战前的生产水平；原本是日本财产的主要制造和加工设施，现在几乎已由台湾省政府拥有和运营。[126]台湾发行自己的货币，它的通货膨胀虽然严重，和大陆相比却微不足道。

虽然中国本土的军事、政治发展都朝着有利于他的方向走，即使在一九四六年秋天，蒋显然已思考到有朝一日说不定要逃难到台湾。可能出于这个原因，他批准台湾自己发行台币——过去他和各省当权派斗争、追求国家统一时，这可是他极欲除之而后快的事情。在台北的某个夜里，他在日记中写下：共产党没有渗透台湾，整体而言，它是政治上的“一片干净土”。他自我期许，“今后应积极加以建设，使之成为一模范省”。最后还不忘加上：“则俄、共虽狡诈百出，必欲亡我国家而甘心者，其将无如我何乎！”[127]

一九四六年十一月五日，共和党在美国国会选举中大胜。蒋现在可以预期共和党控制的国会，将会制衡杜鲁门的对华政策；也因此蒋再作让步，他希望借此缓和外界不良印象——国民党要对马歇尔调停失败负起大部分责任。两天后，蒋下达手令给全国政府军停止作战。他也按照原定计划召开国民大会。周恩来指控蒋片面召开国民大会，势将制造“中国的确切分裂”，等于“关上谈判大门”。[128]

国民大会召开，只有国民党和少数第三党派代表出席，偌大的礼堂有许多空位，想必是虚席以待共产党和民盟代表。大礼堂悬挂一幅巨大的孙中山肖像。八十二岁的吴稚晖是委员长的老师，担任大会临时主席，先步上讲台；委员长身着配上将星的军服随后则由讲台侧方现身。他的光头闪闪发亮。令美国新闻记者惊讶的是，代表们都没有起身，且“只有温和、稀疏的掌声”。蒋向大会宣称，这是中华民国历史上最重要的事件。[129]

国民党保守派在大会主席团居于主导多数，但是头几次会议却一团混乱。不过，代表们总算进行议事，于十二月二十五日通过宪法草案。马歇尔也承认这部宪法草案与政治协商会议提议的条款“合理吻合”，也援引孙中山遗教和美国宪法精神。美国大使馆形容它“合理”、“健全”、“大体民主且适合中国国情”。[130]

国民大会讨论宪法期间，马歇尔、司徒雷登和蒋有一番坦诚讨论。马歇尔强调中国即将出现经济灾难。他说：“一心以武力解决事情的军事领导人，自己制造出来的空洞，别想期待美国会投入大把银子。”他有先见之明地警告，没有办法在政府的财政基础和军队崩溃之前，消灭共产党。[131]蒋听着马歇尔讲话，腿却“转呀转的，都快碰到天花板了”。[132]

委员长端出他的老旧理论驳斥经济、财政危机。他认为，中国就是一个农业的、勉可温饱的社会，即使都市经济已明显崩溃，仍可出奇地支撑非常长久的一段时日。他告诉马歇尔，中国经济的农业根基还可撑个两三年，不会受到严重影响（这个估计与日后事实发展果真相去不远）。他提出和马歇尔同样颇有先见之明的判断，认为不幸的是，军事手段才是解决中共问题的唯一方法。然后，他一方面预测可在八至十个月内摧毁人民解放军，不过他又表示愿与中共分治东北，反映出其令人难懂的高度乐观心态。他告诉马歇尔说，长春以南的区域最有价值，现在政府已攻克安东，实力已强大到足以坚守该地区。他宣称他不打算往哈尔滨推进。他说，北进恐会惹起苏联的危险反应。在长春稍北地方划出一条东西横贯线，实质上就等于把东北约三分之二面积的土地交给中共。[133]蒋认为他非常务实，提出这么有启发性的妥协方案。

一九四六年十二月六日，周恩来通知马歇尔，中共中央指示他继续和谈，条件是蒋介石立刻解散国民大会，并下令国军部队退回到一九四六年一月十三日停战协议生效前的防地。马歇尔认为他的调停已经走到尽头。[134]蒋已成功设法让共产党把比赛变为死球。[135]十二天之后，杜鲁门总统发表事先经马歇尔编辑过的一份声明，深表遗憾中国未能达成统一，但声明并未直接或间接责怪国民政府。它只说，“积极谈判”“已因共产党而破裂”。声明又宣称，中国人必须解决自己的问题，美国不会介入。但是它也两度强调美国承认国民政府是中国的合法政府；它又表明，杜鲁门在一九四五年十二月十五日的声明依然“有效”——其实已明显不然。[136]

圣诞节前夕，两名美军陆战队员强暴北京大学一名女学生（沈崇），报界大肆报道此一新闻。五千多名青年走上北平街头抗议，示威活动迅速蔓延到其他城市；但是，当局并没有用武力驱散。上海十一个民间团体要求美军全面退出中国，甚至国民党报纸也要求严惩涉案的陆战队员。[137]强暴案发生的当晚，马歇尔偕若干幕僚到紫金山蒋氏大宅参加圣诞晚会。（马歇尔夫人已回美国。）委员长穿黑色中山装。蒋夫人则着配绿、金缎的黑色丝袍，还帮着调马丁尼酒。壁炉前一张熊猫皮大地毯得到不少赞叹，角落里也放了棵挂满灯泡的圣诞树，房间里回荡着留声机播放的圣诞歌曲。吃完火鸡大餐，还有中国的圣诞老人现身发礼物。这也是接下来的日子中，委员长最后一次的快乐圣诞节！[138]

三

虽然南京人人都预料马歇尔即将结束调停任务，一月七日白宫宣布他次日就要回美国的消息，大家还是觉得意外。当天下午，马歇尔发表一篇平衡的声明，责备“双方的极端分子”造成他任务失败。[139]

蒋很快地安排饯别晚宴，在用餐时两位将帅互相敬酒。根据蒋的说法，马歇尔表示对蒋的“礼遇……耐心与真诚”感动。[140]这两位内向性格的人事实上变得相互尊重，甚至有点拘谨地亲近。这位美国特使一向是个正人君子、职业军人，从来没在报告里或和部属谈话中诋毁蒋。多年后，他对替他写传记的作者说，虽然委员长“有好几次出卖他……我过去是、现在还是喜欢蒋介石”。[141]

马歇尔仍在太平洋上空的途中，白宫宣布杜鲁门总统已提名他出任国务卿。蒋认为马歇尔没在离华前告诉他此一新职，是瞧不起他。可是次日，马歇尔拍发电报，道歉兼解释他也是在起程后才知道有此一人事案。蒋写下：“此事之虚实

↑蒋氏夫妇与马歇尔将军及来访的艾森豪威尔将军
(Courtesy George C. . Marshall Founfation)

如何，可置不问，唯彼既有此一表示，可知其对余之感情有增无减，对我国当不有损害也。”[142]蒋再度证实他的确和马保持不错的关系，最后总算让马回到比较中立的位置。他相信他已巧妙地处理了另一个危险的美国经验——他认为这是他耐心、坚定的领导，加上军事上的果决，并拒绝被美国人会抛弃他的威胁吓到，所得到的结果。这股自认外交成功的心理更加重他误判的自信，认为自己有能力把东北的解放军部队围堵在东北北部地区；同时，政府军也可以在大型的多兵团战役中在东北南部地区及关内地区“击溃”强大的共军部队。[143]

可是就军事情势而言，新的一年（一九四七年）一开年就不顺。徐州总部因为部署在前线太久，以致损失两个营的美制重炮兵力；林彪跨越冰封的松花江，发动小规模突袭，摧毁孙立人第五十师两个团的兵力。[144]尽管一开始就遇到挫败，以及民间偶发的动乱、飞腾的通货膨胀，但蒋氏政府的受支持度和正统性都达到另一个新高。一九四六年的气氛就是：政治秩序有新宪，重建有进展，以及政府军频频告捷。某些批判的西方观察家回顾这段时期的发展得到结论：此时中国民众“把蒋及其党认同为国家”的心理达到“最高点”。[145]当蒋要求看一下外国媒体对中国的报道情况时，很高兴获悉纽约、伦敦和巴黎多数重要报纸都一致认为总的来说他居于上风。

为了对付飞腾的通货膨胀，蒋禁止外币和金条的买卖，对利率设定上限，搁置许多政府计划，把所有工资冻结在一月份的水平，订定若干基本商品（如小麦、炒菜油、米）的物价，并且开始以固定价格供应基本粮食和布料给城里的政府公务员。[146]这些措施很快就收到成效，也让蒋有相对高的满意度，但是蒋本身也说他不知道它们能否解决严重的问题。[147]

财政危机的真正原因当然还是军费已经失控，它消耗掉政府五成以上甚至可能高达九成的预算。[148]三月初，宋子文和委员长就战事升级及如何支应军费有“坦诚的谈话”。委员长坚持要对部队加薪饷，宋子文不肯，最后辞去行政院长

↑蒋氏夫妇与蒋经国（第二排右）、宋子文（第一排右），1946（国民党党史馆提供）

的职位。他告诉贝尔，他很高兴能在国家财政坠入深渊前去职，但是宋美龄对司徒雷登抱怨：“他们拿我哥哥当代罪羔羊。”[149]蒋要宋子文下台可能还有另一个原因：政府调查上海黄金炒作的报告指出，好几个宋的部属牵扯到“即使不是不高尚也高度有疑问的活动”。[150]虽然蒋派他出任广东省主席，宋子文在中国政坛的影响力已经终结。

四

同时，军事严重受挫的报告也开始频频出现在每天上呈给委员长的报告中。蒋甚至飞到济南亲自指挥山东剿共作战，命令两个集团军追击陈毅部队，执行南北夹击战略，但是即使有空中侦察，情报工作表现拙劣仍造成大败。共军伏袭，国军惊慌溃逃，好几名将领遭中共俘虏。[151]蒋深怕这种不名誉的败绩会使“其将领更倾向守在城中”。[152]宋美龄写信给马歇尔夫人说，在这种时候蒋会走上屋顶，失望地抱头呻吟，他竟然无法下达命令、让将领奉行不渝。[153]林彪在东北的大批共军部队也再度跨越松花江，南下夺取沿铁路线若干城市，孤立了长春和四平街——直到杜聿明以十二个师的兵力反攻，把林彪又赶回松花江以北。[154]参谋总长陈诚又向民众担保，中央军将在六个月内击败共产党。[155]

城市经济状况恶化下，劳工骚乱也增加。劳工领袖也在言辞请愿上与呼吁终止内战的学生互相呼应。但抗议者并非就是亲共者，当中共试图吸收城市里的大批工会成员和学生时，大体上都失败。[156]蒋认为借着逼迫实业家及其他重要雇主提高工资、改善工作环境，国民党可以把逐步升高的劳工运动转为对己有利。陈立夫奉蒋指示，率先筹组劳工领袖训练中心、成立劳工福利协会和地方民兵部队，目标在使劳工觉得国民党真正保护劳工权益。[157]有一阵子，这些做法看似就要成功，但是不久它开始与打击通胀的需求起冲突，局势开始迅速恶化。[158]

二月间，蒋把教育部长陈立夫调回中央党部，要他依据新宪法负责国大代表选举事宜。中国陷于内战，黄河以北地区一半以上被中共控制，在这种情况下要办大选的确困难；但陈立夫最棘手的工作是如何挑选党员代表国民党角逐两千九百零八席的国大代表。针对这些有影响力因而可能有利可图的职位之竞争，非常激烈；数以千计的资深党员和高级军官，等候多年就是等这个机会攀登中央级的官位。

陈立夫仍持续关心党逐渐漂离中心宗旨的趋势，他数度上书委员长，警告说：贪婪、腐败和缺乏意志力正在侵蚀国民党和国家。他宣称，有害的“外国势力”也在蠢动，显然指的是文化衰颓和西方式民权。他认为，唯有彻底扫除贪腐、不守法纪分子，蒋才能救党、救己。[159]五月间，《时代周刊》以封面故事报道陈立夫的哲学——“生命的本质即是行善”——以及他的强烈反共。[160]陈立夫的廉正之声和对蒋的忠心耿耿，正是他得到蒋宠信的关键。可是，他的改革运动却滞碍难行，因为蒋仍然相信把数以千计的贪腐高级文武官员清扫去职的时候还未到来。

委员长和夫人去年十月初访台湾时，觉得它十分安定。但是一九四七年冬天，台湾突然爆发中国数年来最惨烈的内乱。其实，十八个月前数以千计的大陆文武官员随着新任行政长官陈仪来台接收就种下了因。他们占据了实际上所有的政治、行政、保安官职，也控制了所有公营企业，意即原本是日本官、民企业，主宰了经济。到了一九四七年初，这些国民党官员接收或搜刮了十亿美元左右的不动产和其他资产。[161]

“光复”已有一年半，岛内却民怨沸腾。二月二十八日，因为抗议逮捕一名女子（林江迈）贩卖私烟，爆发大乱。陈仪拍电报给蒋，把责任推到台湾精英里的亲日分子，以及反对台湾回到祖国怀抱的激进派分子头上。蒋认为，事件很可能是中共策划的阴谋。[162]参谋总长陈诚劝他不要增派部队赴台湾，改为派遣高级官员代表团与地方士绅会谈，并改组省政府，俾能多起用台湾人。但是，由民间领袖组成的“二二八”事件处理委员会，却要求政府撤销台湾警备司令部，“缴卸武器，由该会保管”。蒋写下，这些要求“已逾越地方政治范围”。[163]但这只是并无实权的委员会在口头上的要求而已。

毫无疑问，蒋下令“杀鸡儆猴”的残暴镇压有一部分归因于他清楚认知到一旦他失去大陆，台湾将是他及其部队唯一的安定避难地。二十一师立刻坐船开向台湾。三月九日，船只一在台北附近的基隆港靠岸，部队就开始对着码头上与邻近民宅里的人开枪。这些士兵下船后和警备司令部会合，照名单抓人，枪决示众。数十年后，国民党为“二二八”事件致歉，估计有一万八千人至二万八千人丧生。[164]

三月十三日，蒋的电报姗姗来迟，指示陈仪不要对台湾民众展开报复。但是，事件早已铸成重大伤亡，引起国际抨击。司徒雷登大使递交一份批评甚力的鲜明报告给蒋，蒋晓得政治上、外交上这个祸害不小，下令成立台湾省政府，提前举行县市长选举，优先任命台湾人出任省府厅处首长，并且把若干公营企业民营化。[165]如果他早早就采取这些做法，情势或许就会相当平静。他也任命前任驻美大使魏道明取代陈仪，出任省主席。新任省主席结束戒严，废止邮件检查，重申新闻自由，开始推动地方选举。几个月之后，蒋又展现在他看来，忠诚胜过一切，即使犯了大错也不妨的心态：他任命陈仪到他老家浙江担任省主席。

同时，白崇禧和国民党内许多元老非常不高兴政府决定正式废止训政。他们认为，内战方殷，冒出来的民主都不会完美，会受到操纵，因此恐怕比持续进行威权统治更糟。事实上，要蒋摆出民主姿态并不容易。宋美龄曾经告诉马歇尔将军，多年来她曾试图教她丈夫了解何谓民主，但只有“百分之二的印象”。[166]即令如此，蒋似乎真心觉得一九四六年十二月制宪国民大会产生的这部划时代的文件，十分值得骄傲，甚至进而推动党批准了新政纲，保障人人享有公民自由。此时，他对这个新理想似乎是真心诚意。但是，当学生示威和民间其他失序行为在一九四七年春天爆发开来，军事情势又转趋恶劣之下，国民党内为争国大代表、立法委员提名又吵翻了天，蒋又回到他长期以来的信念——中国还没准备好接受真正民主的社会。即令如此，正式执行宪政程序，还是争取美国及国内支持重要的一步。[167]

四月十七日，蒋公布各方期待已久的“国民政府委员会”之改组，国民党与非国民党将各占十二名，五院院长是当然委员，国民党借此多了五票。另外还有十一席空缺留给共产党和民盟。司徒雷登和美国大使馆认为从国民党提名人的阵容和立场观察，显示它“真正努力把最能干的现代人物摆到权责大位上”。名单上没有强大的军方人物，也没有声名狼藉的 CC 派人物。[168]

此时，蒋抽空带宋美龄和蒋经国回溪口老家。他很高兴母亲王太夫人坟头“森林甚盛”。[169]

司徒雷登支持蒋所提恢复美援的要求，但是他呈递华盛顿的报告强调国民政府方面士气低沉，财政、战略和后勤因素迟早都会造成全面崩溃。同一时间，东北方面的解放军因为征兵成功、苏联又予以援助，实力继续大增。政府军青岛海军司令报告，他的船只侦察到几艘苏联货轮每周载运武装共军部队及军火在烟台登岸（烟台位于山东东北端，由中共占领）。共产党控制的东北地区，铁路线偶尔会遭到空袭，但是苏联陆军铁道兵团派了三百人协助它运转。苏联也派医生协助扑灭解放军兵营的疫病。为了支付从苏联进口补给和器械的费用，东北的中共在一九四七年以铁路运送一百一十万吨谷物以及其他产品给苏联。可是，国共内战期间，美国中央情报局的评估一再说："没有具体证据显示苏联目前供应日本或苏联物资给中共。"[170]

五月间，林彪动员四十万大军、两百门重炮，又发动一次作战。整个东北地区的政府军全部也不过二十五万人，虽然有一百三十架 P－51 战斗机和少许 B－25轰炸机的支援。东北之战将决定中国的命运，它不是游击战，而是庞大的多兵团部队以传统方式大对决，成败要视领导力、空中支持、部队实力、武器、弹药、后勤、情报和部队士气而定。林彪再次获得初步战果，摧毁政府军几个团，一度包围了长春和吉林。但是他试图正面攻击四平街时再度损失惨重；孙立人部队又一次把他赶回松花江以北。中共在"极罕发布的伤亡数字"中透露，从一九四七年三月至五月，"损失"十一万六千人，其中大多在东北地区。[171]

但是毛泽东预备维持主动。为了强化他不惜代价拖垮国军的努力，他下令在东北展开大规模征兵。在国共内战期间，中共单在东北就征集了约一百万人入伍。[172]

共军四月间在孟良崮取得大胜，陈毅的华东野战军歼灭张灵甫"最英勇的"七十四师三万两千名官兵。张灵甫是位"勇敢、忠诚的爱国者"，出身黄埔军校、北京大学，不甘被俘，和手下四名将领自杀。殉难之前十五天，张灵甫曾上书委员长慨叹国民党将领和军方文化的"各自为谋、同床异梦"。蒋颇有同感，把这封信传发给高级将领，它可能使得贤与不肖俱感挫折。[173]蒋在悼念孟良崮殉难英灵纪念会上表示，七十四师被歼灭"然究其最大缺点，厥为各级指挥官存苟且自保之妄念……同时友军应接不力"。蒋保证将以军事法庭判明责任归属。[174]

但是，蒋的教训还没完。他下令山东战场半数中高级军官回到南京参加特别讲习班。委员长向这群干部第一场训话，标题赫然就是“国军将领的耻辱与反省”。他说：“高级军官已成了军阀，腐败堕落，自保实力，不能缓急相救……各级官长缺乏研究精神，学术荒疏。”他又厉声抨击官长和士兵“生活脱节，军心涣散”。他似乎已经对年纪大的将领放弃希望，表示年轻军官必须向张灵甫将军等烈士学习。事后他写说已尽最大努力鼓舞、训诫、启发前线高级军官，他决定采取“斩钉截铁手段，拨乱反正”。[175]但是，他没有开革百名将官以示决心，其实一个也没有。他觉得现在还不是整饬部队的时候。

到了一九四七年中，大多数城市青年偏向结束内战、组织联合政府，不论对共产党要做什么让步都好。可是，民调显示只有一小撮人依然赞同共产党主政或是共产主义的生活方式。一九四七年五月开始，学生带头的反政府示威升级成为横扫全国大学、中学的示威和罢工“潮”。[176]

蒋决心要镇压，他的第一个严苛动作就是查封上海三家报馆，逮捕学生运动领袖。重庆警察也拘押两百人，接下来两个星期，治安人员在各大城市逮捕大批涉嫌为首人士。有些嫌犯遭到警察强行架走，有些则消失了。武汉大学学生阻止警车载走五名教授时，警察朝学生头顶上开枪，不料子弹却穿过宿舍窗子，打死了三个人。这下子全国爆发了学潮。

蒋立刻退却，放弃“强硬”政策。他发表个人谈话，谴责警方的行动；当被捕学生的家长申请人身保护令时，他几乎把他们全都释放，不过这些学生中有许多人和激进的教职人员已被大学开除或免职。武汉卫戍司令部侦查队队长被发现在长江淹死，显然是自杀。[177]天津《大公报》发表十四篇社论直言支持学生，不久即和其他许多报纸一起被禁。可是，有一位编辑还是跑到三所大学演讲，鼓励学生把运动推广到工商界去。[178]

同时，在美国方面，杜鲁门的对华政策日益受到政治压力。国务院现在在马歇尔主持下，取消对中国的实质军火禁运，但也清楚表明，蒋政府若想要什么武器，必须自己出钱来买。每次采购皆须取得核准，手续可能花好几个月之久。抗战期间通过美国优惠贷款累积的将近十亿美元，已经用到只剩三四亿美元，要不蒋可以利用这些钱试图购买武器。[179]他本来也可以动用中国财政部囤积在上海国营行库中的黄金，但是他想保存一些预备金，可能比以前更想到说不定需要撤退到台湾去。六月十九日，解放军已包围了四平街和长春，蒋紧急和司徒雷登会面，告诉他“东北局势非常严重”。他说，在苏联支持下，中共“人数和器械都大增”。他说，他在三天前才了解到情势的严重，现在他预期四平街将会失守，长春和沈阳也将不保。他强调，“几天之内就必须”对东北作出决定。蒋似乎已在考虑立刻全面退回关内。[180]

但是，作战还未终了。蒋不仅没有撤退，还从东北的东部和傅作义在华北的战区抽调几个师，联合东北南部的五个兵团之大部分部队，进攻包围四平街的林彪部队。同时，守卫长春的国军三个师突破重围南下，完成一个大钳子围上林彪攻打四平街的部队。刚刚打进市中心的共军部队这下子溃败，往北撤退，避开从长春打过来的国军。林彪再次率军退回松花江以北，又折损四万兵力。杜聿明紧追在后，但没有抢渡松花江追击。[181]

蒋接获捷报后，又顽固地下令守住长春一线。显然还是只想到东北南部，他写下：“若无东北，华北将不守。”但事实上，没有了东北北部，西伯利亚也在亲中共的苏联手中，东北也守不住。[182]

五

一九四七年七月的第一周，魏德迈踏进马歇尔在距林肯纪念堂仅有数百米的国务院顶楼的办公室。马歇尔告诉他，来自国会和“中国游说团”的抨击越发激烈，指责政府在中国搞亲共政策，逼得政府要“重新评估美国的政策”。最近美方取消禁止美国武器售予中国，也正是回应国会压力的反应。马歇尔指出，美国政府也不晓得下一步该怎么做。他要求魏德迈以总统特使身份重回中国，以六到八周时间了解局势，并向白宫回报。[183]

魏德迈认为他的任务关系重大，华盛顿也会认真看待他的建议。可是，马歇尔以电报向司徒雷登担保，魏德迈此行只是“临时出差”。[184]蒋听到故人要来拜访，当然很高兴。他视魏德迈为友人，也是诚实的批评者，充分了解共产党。共产党方面则宣称魏德迈到访是美国即将反转不介入中国内战的立场、预备倾全力支持蒋介石的迹象。[185]

魏德迈率部属以一个月时间走遍中国，包括东北。他访谈各行各业人士，聆听大相径庭的意见。他也应邀向国民政府委员会演讲，出席者还有全体部会首长、司徒雷登大使；当然，蒋氏夫妇也到场。蒋事先告诉魏德迈，在这个不做记录的演讲中，尽管知无不言、言无不尽。可是，最后一分钟，他拜托司徒雷登，要求他转达，请魏德迈不要太批评（司徒没把口信传出去）。[186]同时，魏德迈觉得他必须对国民政府的过失直言不讳，否则，他打算向杜鲁门总统建议，请他批准立即、大规模恢复美援，就不会有可信度。[187]魏德迈果真在评论时描述中国盛行的失政和贪污，蒋本身最近私底下也有同样的抱怨。魏德迈说，政府不能光靠军事手段击败共产党，它必须立即改善政治、经济情势以便争取中国人民的支持。出席这次谈话会的许多国民党人觉得被冒犯，但也有人说他们不禁流泪，因为他们晓得魏德迈说的是事实。[188]

魏德迈回华盛顿前，和蒋长谈六个小时之久。他费尽唇舌解释中国政府和中国社会何以会如此的“客观原因”。可是，魏德迈并不认为自己的坦率进言不当，他也不提他预备建议美国恢复对蒋政府支持。事后，蒋以他自认就连孟子都会佩服的自制，在日记中写下在今天这个世界，所有的困难和羞辱都来自自己，不能怪别人。但是“美国现无政策，又无政治家，关于魏德迈之行动态度，更可知美国之前途殊为世界人类起无限之忧虑”。[189]

魏德迈一回到华盛顿，立刻把他的机密报告送呈杜鲁门，建议立即给予中国军事、经济援助，并重提他以前的旧方案：把东北交给联合国“五强”——包括苏联在内——托管。马歇尔对魏的报告没有采取行动，也基于若是公布了联合国托管的方案，必会惹恼中国人的考虑，而不发表它。魏德迈气坏了，认为马歇尔因为坚决反对对华有任何军援，才压下他的报告。[190]

第九章　大失败

杜聿明打败林彪的光辉犹未消褪，他已旧疾重发。七月初，李宗仁婉拒总绾东北军符，蒋遂命令陈诚取代杜聿明。[1] 陈诚于八月二十九日出任东北行辕主任，总揽政治、军事、经济一切事务。陈诚现在统领十四个兵团，说服蒋把政府军兵力增加到五十万人左右。另外他更换许多高级军官，以及所有的省党部主委；这场人事变动反映出他相信贪渎、无能无所不在。他逮捕了若干军官和国民党党务人员，还把一些人“遣返”南京。[2] 司徒雷登大使的报告指出，陈诚的改革“对政治、军事士气有极佳效果”。但是，他又说，共军第六波攻势预料等道路一干、不再泥泞时就会发动，这些改革会有足够时间挽住颓势吗？他很怀疑。[3]

东北的兵力，共军占了优势；他们控制了约百分之九十的乡村地区，还有苏联的支持，更在华北居于强大地位，所有一切使得蒋决定投入更多兵力到东北，是个巨大、不合理、根本就是疯狂的豪赌。除了士气低落及其他劣势外，他在东北的美式配备部队几乎不可能有弹药、零件或更新备品来源，补充他们的美式武器和设备，他们的库存也低得可怜、危险。他的一则日记或许可窥见他的想法。他写说，失去了东北，山东的海港很快就会沦陷，整个华北也将听任大敌长驱直入。蒋似乎是说，不论他是退出东北，还是在全面作战下失败而退出东北，他都终将失去整个中国。[4]

蒋对其军官和国民党党工持续的鄙视，使他对国共长期斗争的结果偶尔的悲观进展为全面的悲观心态。中央执行委员会在九月九日临时召开全员大会，委员长再次告诉党内同志：共产党的表现证明他们已是“更能干、更专心致志”。他说：“国民党的改革和年轻化，已经注定失败。”[5] 在别的场合，他指控高级军官侵占拨给部队的谷物和金钱，也表示钦佩共产党人的纪律和道德。就和一九四七年初以来的长篇大论一样，这些批评对他想改造军官行为的本意可能又帮了倒忙。

同时，在华盛顿方面，压制魏德迈的报告激生猜疑和反弹。国务院在高涨的政治压力下，十月间订出一套新的对华经济援助方案。马歇尔向参议院报告，这项计划估计每月需两千五百万美元左右，一年约需三亿美元，但是钱什么时候会有，却不确定。华盛顿同时批准驻华美军顾问团新任团长巴大维（David Barr）少将“在非正式、保密的基础上，提供建议给委员长”，也同意中国可以从美国在太平洋的补给中购买弹药。[6]

十月二日，共军将领林彪发动针对东北国军的第六波攻势。陈诚只有四个星期时间去执行他的军事、政治改革；他的部队人数约三十万人，不是他规划中的五十万人。这次，林彪避免对国军据守的城市发动正面攻击。他集中力量扰乱铁路线以及连接城市的道路，攻打中小型守军，并且抢秋收谷粮。

此时，五六个师的国军援兵抵达黄海边的秦皇岛——刚好在长城东端的关内。铁路线远比过去更受到中断之困，国军部队越来越仰赖空运。陈纳德再度退役，已回到中国，成立“民航空运公司”（Civil Air Transport）这家商业航空公司。沈阳和东北其他由政府控制的城市，多是由他的机队载送日常用品。[7]

大风雪提早横扫东北，林彪又率众退回松花江以北整训。他的部队造成国军伤亡六万八千人，但林彪部队的伤亡恐怕逾越此数——大部分死于空袭。不过，林彪兵力继续坐大，到了年底已逾五十万人。

同时，华北方面，解放军继续控制山东和河北（除了大城市和若干铁路线之外），它也在华中打开全新的战场，威胁到南京甚至武汉。[8] 十一月初蒋接获报告，他的士兵现在平均每人只有一百八十发子弹，每日粮食也不足。他在日记中写下：“未知前途如何结尾矣。”[9]

十一月的某一天，委员长坐一辆黑色轿车前往北平机场。胡同巷弄间刮起寒冽的北风，街上行人无不以围巾或口罩护脸，佝偻身子而行。当座车经过西门时，有人开枪。委员长听到“噹”的一声，子弹穿透汽车边侧，离他头顶不远。他的副手孙连仲将军从汽车上跳下来，逮到嫌疑刺客。司徒雷登大使获悉，刺客是前第九十四军军长牟廷芳的部属，牟因涉嫌贪渎罪被蒋送交军法审判。当司徒十二月二日晚上见到委员长时，蒋不曾如此“深陷情绪低潮”，但只字不提有人企图杀害他的事。[10]

和蒋见过面后，司徒再次敦促华盛顿批准提供紧急军援给士气低落、迭遭打击的国军。他认为，华盛顿提任何条件，委员长几乎统统都会答应。[11]十二月，蒋的政治部主任张治中和蒋经国分别力促苏联驻南京大使馆协助达成国共和解。[12]副总统孙科公开提出警告说，如果美国不提供主要援助，南京政府将倒向苏联怀抱。蒋或许把这些当做向美国施压的战术，但是也如司徒所报告，共产党显然“在每方面都获胜了”，要他们接受真正的和谈似乎“不可能”。[13]

即使长江以南省份也进入危急状况。广东、广西、湖南、河南（原文如此）、浙江和福建等省，共产党的地下活动日益活跃。毛泽东在十二月二十五日预言，“美帝走狗”蒋介石的崩溃已迫在眉睫，“世界反帝阵营的力量现在已超过帝国主义阵营的力量”。[14]

尽管在共产党的秋季攻势中吃瘪，陈诚在一九四八年元旦宣布，中央军已完成作战准备，东北危机已经过去。这是令人不胜错愕的声明。此时，人数大不如人的陈诚东北兵力只占领约百分之二三的地区，共产党军队在武器和训练方面仍然快速追赶上来。解放军的主要弱点就是完全缺乏空中力量，但是它的司令员晓得如何发挥长处。当极地般的天气和浓雾让陈诚的飞机一天只能发动十二次突袭，林彪趁陈诚还未能出兵前让部队跨越冰封的松花江，发动全面总攻击。[15]这位共军将领包围了四平街，把四十万大军的大部分兵力深入到沈阳以南，以及长春。曾经在缅甸作战的国军新五军，撤离沈阳，但是受到解放军两个纵队的包围，以致国军两个师被歼灭。[16]

陈诚起先责怪两名指挥官没有前去解救新五军。可是，被责怪的将领说服蒋，表示他们根本没接到命令，蒋认定疏失出在陈诚的总部。蒋允许陈诚调回南京，然后说服卫立煌接管东北军事。卫立煌曾在第二次缅甸战役中指挥五个军在东线作战告捷。他坚持要对东北党、政、军事务拥有全权，蒋也同意。蒋又另派十万名兵力弥补陈诚作战失利所折损的兵力，他也答应要送更多补给到东北，而且未来还会有更多援军。[17]

可是，共产党继续在冬季攻势中取得上风，共军占领沈阳周遭地区，又摧毁了国军两个师。卫立煌一月二十二日到达沈阳，发现他欠缺足够的补给和后备力量，遂采取全面守势。一周之后，林彪切断通往沈阳西南方锦州市的铁路线，并且猛攻沿线各地守军，再横扫了国军三个师。[18]同时，学生攻击上海市长，工厂工人发动罢工，甚至妓女也走上街头示威。蒋在一九四八年二月三日的日记写下："近日军心民心动摇已极，无人无地无不表现其失败主义之情绪。"[19]

两天之后，卫立煌报告，他只剩下约十天的"后勤供应品"，"如果部队要坚守到四月底"，需要两千亿元法币购买足够的粮食。[20]但是国民政府本身现在开始既缺兵，也缺粮草武器。蒋原先的直觉和常识告诉他东北是个大陷阱，可是这一年来他一再违反此一认识，在迭遭惨重伤亡后仍不断投入精锐部队。这个怪决策似乎源于蒋的一个信念，他认为要是东北军事失守的话，中国大陆其他地区的失败也将不可避免——因此就没有必要节省兵力，只为了在关内某地划界坚守。

蒋也担心从东北有秩序地撤退的时机已经过去了，虽然事实并不然。总而言之，他告诉卫立煌把部队撤出沈阳和长春，向东南撤退到海边的锦州。[21]但是，卫立煌不肯，担心撤退途中会遭到伏击、惨遭屠杀；他表示他不愿放弃身陷在长春的十二万两千人。[22]他也说，他需要器械空运到沈阳，供他的部队休养、整训，才能出发。解放军现在包围了沈阳周边，也占领通往锦州的铁路线。此外，卫立煌也说，从沈阳出来的路已在融雪，直到四月前将非常泥泞，河川结冰的程度也不再足以随意跨越。[23]

情势十分怪异，在时间尚允许的情况下，蒋不知是不能还是不愿，总之他在接下来的几个月都没逼迫卫立煌去执行他的撤退令。[24]巴大维将军就东北变局致国防部的一九四九年总结报告，强调"委员长早在前一个冬天（一九四八年初）已指示卫立煌将军准备计划，并预备在五月初就发动攻击，以打通一段沈阳到锦州的走道——国军负责作战的参三（G－3）已派人六度到沈阳，试图力促守军准备好突围"。[25]

从一月底到二月初，上海发生三起社会动乱，最后爆发群众暴力事件。与此同时，城市经济已陷入勉强运行的困境。尽管去年推动经济改革，法币兑换价值已经暴跌，从一九四五年八月一千五百元法币兑换一美元，巨幅降到一九四八年一月要以十八万元法币才能换到一美元。对外贸易已几乎停摆。司徒雷登注意到，民间已意识到国民政府快要撑不下去了。美、英驻华使馆都劝其国民离开华北。[26]仿佛大洪水将至，人人都想抓着一些东西，贪腐一发不可收拾。一九四八年一月的《远东经济评论》从香港报道，归纳中国各地的绝望情境：

> 最近几个月以来，你不得不吃惊的是，连国民政府统治中最不可能的那些人，都非常明确地对共产党的目标和纲领表示同情。这样的同情心理有些甚至来自保守的中国商人，他们过去对苏联或社会主义可说全无好感，这些人在一九四五年仍是国民政府的死忠支持者，但是现在却感觉在中共清廉的集权统治下生活，相较之下，不会比国民党无能的贪污统治差。

同时在华盛顿方面，继杜鲁门政府承诺援助之后，国会终于通过四亿六千三百万美元的经济援助，另有一亿美元可让中国用于军事用途。针对战场上需要多少补给品的报告，说法有些相互抵触。巴大维将军报告说："自从我到任以来，不曾发生过因欠缺弹药或器械而战败的事。"司徒雷登则说，在大部分战区，因为物资短缺，已使政府防卫变弱。[28]由新美援采购的第一批军事补给品直到一九四八年十一月才开始抵达，距马歇尔告知国会有此援助方案已经过了一年，这一切都为时已晚，无法在东北保卫战中发挥作用。[29]

现在中共在中国各地接二连三告捷。位于太原与西安之间的宜川失陷，山西折损了三分之一的政府军。甘肃东部和大西北现在告急，共军颇有可能直叩四川。蒋夫人告诉司徒雷登，共军已歼灭国军十六个师，其中多数为美式装备。[30]蒋再次下令沈阳守军出击，以打通到海边的铁路线，但是卫立煌坚持在他的部队暴露在辽阔的乡村地区之前，他必须有大量援军，以及更多时间使部队能休养生息和重新编组。如果他的精锐部队出击锦州，他肯定他们必会遭到共军伏袭、歼灭。蒋于是派一位新的副司令官到卫的总部，并衔命要求卫立煌：不论多么危险，必须把其精锐之师开出沈阳，集中力量确保夺下沈阳、锦州之间的铁路线。[31]卫并未从命，反而在三月三十一日飞往南京见委员长，而辩论持续下去，蒋不能或不愿解除卫立煌的东北行辕主任之职。

解放军的损失可能大于政府军，但是解放军似乎不愁没有补充兵员，而且虏获的美制武器越来越多，足够装备好几个师。这时候政府在东北只控制百分之一的面积，在长江以北的中国本土也只控制百分之十五的土地。蒋再次感叹政府欠缺力挽大局的武官。他写下："然而今日竟无一人也，奈何。"[32]

新选出来的国民大会于三月二十九日开议，但是议事并不顺利。有一百二十名忠诚的国民党员不理党的禁令、违纪竞选，而以“无党无派”身份当选，遭党部开除党籍。总数两千九百零八名的国大代表中有些人对此处分相当愤怒。[33]蒋发表主题演讲，旨在强调“我国民主宪政史的开端”。[34]若从他演讲的要点去看，你根本不会料想到国民大会、政府和庞大的国军全都面临毁灭的命运。

国民大会推选蒋介石为中华民国行宪后第一任总统。然后，虽然蒋不鼓励他竞选，但在一场大逆转中，国大代表却推举李宗仁为副总统。此举形同对委员长的严重反弹，蒋因之情绪十分激动，当晚不能成眠，必须罕见地喝点威士忌才能入睡。[35]李宗仁蹿升，鼓舞了党内许多希望领导权易主的人士；选举过后，蒋再也不曾邀李参加任何重要会议。[36]

国民大会召开前一星期，蒋和司徒雷登有一次不寻常的坦诚对话。蒋承认他应该听从马歇尔的评估：政府军没办法从军事上击败共产党。但是他相信他已证明自己的想法正确无误：和共产党妥协或合作，是不可能成功的。蒋告诉颇为同情他的司徒雷登，他“真的希望改革，但是不知如何着手”。这场对话更加证实了司徒长期以来的观点：蒋只需要好的建言以及许多物质援助，就可扭转局势。[37]

五月初，美军顾问团团长巴大维将军在紫金山蒋的官邸有一场会议，他建议说，如果国军近期内仍不能由沈阳出击，政府就应趁早弃守沈阳。可是，卫立煌的部众依然坚持撤退太过冒险。巴大维十分惊讶，卫立煌一再不接受委员长的直接命令，竟然还能保住官位，但是蒋依然同意再等一等。[38]到了仲夏季节，东北平原已经变干了，可是就补给和士气而言，卫的前景更加黯淡。他的一个优势——战术空中力量，已因缺乏替补飞机和汽油而萎缩。蒋试图另找将领换下卫立煌，可是没有一个高级将领肯接这个位子。卫立煌就这样带着十五万至二十万大军困守沈阳，另有十万大军困守长春，而他们都是政府仅存的精锐部队。[39]

七月十九日，卫立煌再次飞回南京，和委员长进行另一番重要会议。令大家意外的是，卫现在表示他的部队休息够了，士气也相当高昂。他有信心可以守住沈阳，但若是依从蒋的方案撤离沈阳，会使士气再受打击。他还说，由于撤退有可能失败，留守沈阳反而较为保险。最后，委员长同意让卫在沈阳再守三个月，准备好在十一月进行攻势撤退。多年之后，蒋说他未能早点退回关内，是因为

“将领反对、民意、政治、经济、社会与外交影响，尤其是东北与华北之民意代表请愿与哭诉，更使无法实行”。[40]

秋意开始降临东北南部，林彪也预备发动中共有史以来最大的攻势——辽沈会战。他的七十万大军已经重燃斗志、蓄势待发，某些师更以虏获的美制武器训练整备。从拦截的信息以及其他情报信息中，林彪必然明白蒋有意把国军精锐部队移防到锦州以南，能够接近必要时用以撤退的葫芦岛港口。林彪的大胆计划是：绕过沈阳，先攻占锦州，把国军部队困在东北，进退不得。美国即将举行总统大选，使国共双方都有特别诱因要在东北决胜负，而苏联也加强它对中共的非正式援助，帮它重建跨越松花江的铁路桥。[41]

九月十二日，解放军攻击沈阳周围及往南至锦州的铁路沿线据点。同时，二十三个解放军的师级部队，总数近三十万人，以出奇的速度把锦州团团围住。困在锦州城里的是国军第六军范汉杰所部十一万八千人；他们有一半是云南人，弹药短缺，无心在严冬围城下恋战。[42]巴大维和蒋介石都认为，非常必要让卫立煌命令郑洞国的第一军六个师从长春突围，攻向海边；也要沈阳的二十一个师弃城，攻击威胁锦州的共军。早先，蒋曾说应留一个军和一个师固守沈阳。现在他已决定彻底放弃沈阳，集中起东北所有的国军兵力以及华北调来的大军，在锦州进行决战。卫立煌终于同意派廖耀湘率领九万人的“西进兵团”出城，但又坚持他需要时间准备大反攻。

蒋飞到北平见华北剿匪总司令傅作义。[43]会谈中，蒋非常悲观，认为唯有美、苏爆发大战，才能挽救大局。傅对委员长已无信心，但当时他同意派一个军又一个师，参加锦州之役。[44]蒋接着飞往沈阳，从空中望向东北大平原——数十万共军已散布在褐黄色的麦田里。蒋召集卫立煌及其属下将校讲话，要求他们在即将爆发的决战中合作——“否则，我们来生再见。”[45]可是，整体来讲，蒋似乎（或假装）乐观，向北平将领担保，有空中武力和华北援军，决战的胜利可期。[46]他计划政府军两支进击部队从两个方向会师，夹击林彪的二十三个师，同时让锦州守军也发动反攻。[47]华盛顿在蒋紧急求援下，终于同意从日本紧急送来三万桶的航空燃油；蒋向两支进击部队指挥官保证，他们的空中支持将会增加。[48]

为了缓阻法币快速贬值的颓势，蒋的政府试图平衡工资和生活物价，冻结物价和工资，并实施工业物资和消费商品配给；但是统统不管用。一九四八年六月，一袋米售价六百七十万元，八月间已蹿升到六千三百万元。[49]当月，政府宣布推出新货币“金圆券”，并下令百姓除了老法币之外，凡持有的金块、银块一律交出来。兑换率是三百万元法币换一元金圆券。南京宣布金圆券发行量不会超过二十亿元，它也禁止提高工资和物价，也不准罢工和示威游行。

蒋命令他儿子蒋经国到上海地区执行此一改革。蒋经国控制了上海市六个以上的警察、情报机关，强力取缔投机商人和囤积居奇者，包括著名的商人或与青帮有关系的人，一概不卖人情。他以非法走私外币和黄金赴香港之罪名，逮捕财政部钱币司驻沪主管，以及许多高级官员。过后不久，上海各银行交出大量的外币和黄金准备。蒋经国一再谴责富人的巧取豪夺，因而在上海声望日隆。他强调国民党是社会革命党，他不仅要扫除经济犯罪，还要终结财富分配的不公。[50]

蒋经国的雷厉风行，使金圆券在上海稳定流通了几个星期。被他逮捕的人包括杜月笙的儿子，付出大量罚款之后，他获准关掉公司，到香港追随已经迁地为良的老爸。杜离境之前，交给蒋经国一份孔令侃拥有的公司名单。这些公司非法囤积商品。孔令侃是蒋夫人大姐宋霭龄和孔祥熙的儿子。蒋经国下令软禁孔令侃，但宋美龄立刻赶到上海，和这对表兄弟碰面。她告诉他们：“你们是手足，不应该彼此互打。”[51]她接着急电委员长。虽然蒋正在北平为辽沈会战前夕召集重要的军事会议，却放下一切飞到上海，解决此一家庭冲突；傅作义不禁评说：“蒋介石爱美人，大过爱江山。”[52]经过一番交涉，据说孔令侃交出六百万美元给政府，然后飞往香港。[53]不久之后，他也飞到纽约，与一年前就离开中国的父母亲会合。

二

十月九日，卫立煌命令廖耀湘率西进部队突破解放军对沈阳之包围线，沿铁路直扑锦州。突围杀出沈阳的国军只有十一个师，不是蒋下令的十五个师；卫立煌又一次没遵守上级的命令。[54]不过，卫立煌倒是执行了蒋的另一道指令：派五十二兵团突围杀出沈阳，打通通往营口的铁路——营口位于渤海湾北端，距锦州东方海岸约近一百公里处。十月十一日，国军光复这个重要港口。[55]

十月十二日，当廖耀湘的西进部队与共军十二个师激烈交战时，蒋命令葫芦岛国军立刻北上，攻击包围锦州的解放军部队。可是，解放军在距锦州四十公里处挡下这支国军；而西进部队也仍在半路上。[56]同时，解放军工兵已在锦州城墙炸开大洞，守军更加吃紧。

蒋告诉国军将领说："这是东北整体军事情势的生死关头。"无计可施之下，他把手上一切资源投入这场他依然认为势将决定东北命运甚至国共内战胜负的战役。他下令华北更多部队驰援锦州，但已太迟。十月十五日，锦州守军投降时，蒋又回到残破的沈阳城市。锦州十二万两千名守军之中，三万四千人阵亡。解放军押走八万八千名战俘。[57]

仍在锦州和沈阳之间地带的廖耀湘，听到锦州失陷之后，想要率领他的十一个师的西进部队到营口，上船撤出东北。[58]十月十九日，蒋在北平和杜聿明、卫立煌、傅作义等将领会商。蒋要继续作战，以夺回锦州。杜聿明支持廖退到营口的主张，傅作义则没有意见。[59]杜聿明在他的回忆录中记载，蒋突然大怒，从椅子上跳起来，大骂："都是马歇尔这个老美，搞得我全盘尽输。"他说，一九四五年他本来打算只占领锦州以南的一小部分东北，可是马歇尔的言行鼓励他把精锐部队深入东北。现在吃败仗就是后果。[60]

蒋不久就醒悟单凭廖耀湘部队不足以拿下锦州，终于批准他退往营口以待乘船撤出东北的计划。可是，此时林彪已下令二十四个师以急行军赶来对战国军。廖心知自己寡不敌众，设法掉头退往沈阳，但是在洮河被拦住。经过一天的激烈战斗，这支庞大的政府军崩溃，兵士跟着数千匹马在大平原上窜逃。廖耀湘等一干高级将领被俘，共军另外虏获三万八千名战俘、二十二辆坦克、一百五十门大炮、六百辆汽车和六千匹马。[61]廖的兵团是蒋自认手上仅存的最精锐雄师，全毁于这一役，照蒋自己的估计，共有七万人阵亡和被俘。[62]

听到廖耀湘战败的消息，长春八万守军很快投降。但卫立煌仍坚持力守沈阳，甚至要求再派十个师增援。十月三十日，解放军攻破城墙，进入沈阳东城。近身肉搏打得如火如荼之际，卫立煌与一些幕僚从重重包围的机场夺机逃命。十一月一日，国军残将前往机场迎会解放军，正式投降。十一月九日，政府船只从葫芦岛撤出十四万名部队和大批器械。[63]东北争夺战落幕。

蒋解除卫立煌一切职务，将他软禁在南京等候军法侦审，要他说明为何抗命未及时率领部队撤离沈阳。多年前蒋就接获报告，指卫立煌与中共暗通款曲，却不以为意。现在，南京盛传卫被共产党唆使、破坏国军之撤退。事实上，卫立煌一九五五年自香港返回北京，参加了中华人民共和国的各种组织活动。[64]不论卫的叛变程度多大，他把撤退延误了好几个月，造成国军折损三十万大军。其中的二十四万六千人被俘，许多人很快被编入解放军。[65]事后，蒋责怪自己和别人没在仍能挽救大部分国军之前退出东北，但他从未解释为何没早早把卫解职。他指控卫在最后关头懦弱逃生，但没责怪他溃败，也没提他可能叛变，或许是因为蒋自己先忽视了有人对卫发出的警讯吧。[66]

蒋氏夫妇曾经赞助在南京盖一座崭新的基督教教堂，赞助的资金其实是来自宋美龄。东北惨败之后某个星期天早晨，蒋氏夫妇率同经国、纬国前往做礼拜。蒋自己做了一段小小的布道，他引用《历代志》，并下评语道："至于我，我想要替约柜造一个休息的宫殿，但是主对我说，你不用以我之名建造宫殿，因为你是一个战争之人。"蒋说这段话的教训就是："谋事在人，成事在天。"[67]

美国国务院一九四九年发表的《中美关系白皮书》宣称，蒋政府"于占领东北时，采取违反美国军事观察员建议的措施，这些观察员了解到政府不能既要重新占领东北，又要绥靖华北"。[68]这个说法是讨论国共内战时一个极重要，但未经检讨、大谬不然的陈述。[69]魏德迈曾在一九四五年十一月告诉过蒋和五角大楼，国民政府无法在东北得胜，或许连华北也赢不了；但是华盛顿的决策者不采纳此一观点。此外同年更早时，魏德迈曾对国军在战后对付共产党（包括在东北）的前景，表示乐观。一九四五年夏天中苏双方在莫斯科谈判条约起，美国就明白表示它希望蒋持强硬立场，主张中国在东北享有主权。日本投降后，美国即准备好替国府运送近二十五万部队到东北以恢复主权，并于马歇尔使华调停期间完成此一任务。调停之初，杜鲁门和马歇尔坚定（虽是私底下）的政策目标是，支持蒋接收整个东北，同时试图防止国共爆发内战。为了达成此一目标，美国想方设法推动国共组织联合政府，但是没有拿联合政府当做美国援蒋的补偿。马歇尔起初很明白地鼓励蒋，要继续尝试在整个东北伸张权力。马歇尔原本的和平计划是让国军相对于共军，在东北享有十四比一的极为优势的地位，并且让政府有权

↑1948 年冬天东北惨败后的蒋介石，与副总统李宗仁、大使司徒雷登（左一）及远东共同安全署特别代表艾伦·格里芬（右一）
（Courtesy R. Allen Griffin Collection, envelope mB, Hoover Institution Archives）

在东北任何地方调遣、部署军队，以树立其主导权。马歇尔甚至答应要替北上的国军找冬衣。诚如稍早所说，早在一九四五年十一月中旬，蒋就决定暂时从东北撤军，但是苏联的正面动作以及马歇尔的初期动作和声明，都使得他改变主意。

直到一九四六年春天，马歇尔才告诉蒋，他在东北赢不了共产党，但即便在当时，他依然认为有可能组成联合政府，因此并未力促国军撤出东北。马歇尔抵华调停之前，蒋介石对苏联在东北是否肯合作，仍持相当悲观的看法，因此对自己在东北的前景也不看好，假若马歇尔和蒋初次会谈就强烈赞同魏德迈的建言，说不定蒋就会退出东北了。

如果马歇尔如此建言、蒋也同意，美国就有责任协助国民政府在关内划界区分彼此，并主张维持其控制区。这么一来美国就会陷入国共内战：究竟是只有共产党的一个中国还是两个中国呢？若是两个中国，要在哪里划线分治？杜鲁门和马歇尔大概都没有过深思；他们只想到两头都得利——也就是说，既想要避免介入国共内战，又想要维持一个非共、非苏的中国做盟国，而且这个中国还包括东北。因此，美国人幻想的最美好结局是：毛泽东不仅要放弃他的革命意识形态、强大的军队、广大的领土和民众基础，还要抛弃与中国为邻的超强国给他的支持，只为了要在蒋介石领导下的真正混编大军和民主政府当中当个小伙伴。

马歇尔抵华之后不消几个星期，蒋就开始担心美方会走上姑息共产党的路子，而他大可轻易就放弃争夺东北。然而，国军一九四六年告捷误导蒋认为他可以守住南半部的东北，因此接下来近两年时间，他一再投入更多兵力；甚至在一九四七年初他再次认识到胜算相当渺茫，仍未改变做法。在一九四八年九月到十月底，辽沈会战关键期间，蒋照常发下详细指令给前敌指挥官，经常使得他的高级将领很难再对下属下达战术、战略命令。但是，据巴大维将军的说法，“尽管此程序非正统”，一九四八年秋天辽沈大战时蒋所作的计划、所下的命令，“仍合理健全”。这位美国将军的结论是，如果这些计划和命令都得到遵行，“结果可能是好的”。[70]鉴于中共在苏联协助下于东北已建立的强大地位，以及国民政府内部财政拮据、士气涣散，巴大维此一评估似乎不太站得住脚。但是它替下列主张增添若干分量：即使蒋迟至一九四八年春天才从东北撤退，他或许仍有足够实力在黄河或长江守住阵脚——虽然仍需借重美国大规模军事及经济援助。

一九四八年十月二十九日，蒋向一位美国记者说明，在他看来，政府领导人若是不战即放弃大城市，将是可耻的行为，结果“三年以来国军处处设防，备多力分”。他又说，中国得要靠自己保卫东北。蒋对此役万一战败的后果评估，颇有先见之明。他预料，东北失守将“太平洋险恶风云，又将以东北为起点”；如果中国落入共产党之手，亚洲将成为共党集团的主要区域，“亚洲之前途又以中国为决定点”。[71]

东北失守，国民政府之败或许也已注定，但国共内战的最惨烈一役还有待开打。沈阳沦陷之后才几天，双方又在华东展开决定命运的大战。主要战场在淮河北方。（淮河是黄河、长江之间一条东西向流通的大河。）杜聿明率领的四十五万大军没有撤到长江以南，反而奉蒋之命等候即将来临的大杀戮。林彪的七十五万大军，武器精良，没停下来休息、整备，就从冰封的东北挺进，进入关内。十一月一日夜里，他们围攻天津。政府军工兵炸堤，水淹天津四周运河网，构成严重防阻。解放军并不放手，着手准备抽水。

更南方，陈毅率领的华东军，利用虏获的美、日大炮，在徐州东方约四十八公里的碾庄，包围了国军十个师。蒋下令政府军驰援，包括美式训练、装备的第五军及坦克师（由其养子蒋纬国率领）。[72]国军向碾庄缓慢前进，在初步交战时，解放军将它打退。委员长又祭出静态防卫以及注定无效的救援。十一月二十日，共军突破碾庄，国军司令官自戕，只有三千人逃出，奔向徐州。[73]蒋传话给蒋纬国，不能让解放军虏获他的一百辆美式 M3 - A1 坦克，蒋纬国先把大部分坦克往南送到南京，然后自己才搭机逃回首都。然后他安排这些坦克以铁路、平台船运到上海，以便撤退到台湾。[74]

由于收容多次战败的残兵，杜聿明在徐州的政府军约三十万人。即使蒋已把大部分坦克调离战场，他仍计划展开反攻，大目标是扭转全局。他命令十二军由武汉长途跋涉投入战场，但是它遭到包围。杜聿明奉命率领大军离开徐州，协助十二军突围。

许多知识分子和各种报章杂志呼吁与共产党和谈，可是胡适、吴稚晖和戴季陶却鼓励蒋基于道德和军事立场，要对抗共产党。但是蒋早已知道在这种情况下，他应该怎么办。他在辽沈会战的最后阶段似乎焦躁不安，但现在表现出来的沉着冷静却使司徒雷登大使相当佩服。司徒认为蒋看来十分有信心，仿佛环绕着中国和他本人的灾厄有朝一日都会消失，他将被证明是正确的。[75]可是，南京城里人人都可感觉到大祸即将临头。十一月十三日，蒋的长期秘书兼文胆陈布雷（其子媳都是中共党员）自杀身亡，他留给委员长的遗书表明，最近的所见所闻使他很难再苟活于世。[76]

十一月九日，消息传抵南京：杜鲁门意外击败杜威，连任总统。蒋拍发贺电给杜鲁门，但也提出警告说，“民主国家或将丧失中国”。他紧急呼吁美国立即给予军事及财务援助，希望美国政府发表声明，支持中国政府对抗有苏联撑腰的中国共产党；还要求杜鲁门派一名美国高级将领到中国考察军事局势，制订军援计划。[77]毫无疑问，他并不期望会得到正面答复。

到了现在，绝大部分中央军高级将领已对局势感到绝望。有些将领，如何应钦，已准备飞往广州或其他地方，有些则已经前往台湾。行政院会议命令非军职政府机关迁往重庆和广州。副总统李宗仁公开主张停火、谈判，明白表示委员长是"唯一的绊脚石"。[78]在这种战败、绝望的低迷气氛下，蒋仍保持他儒家的镇定。司徒雷登也说蒋出现令人困惑的"自信、沉着"，以及近乎"亢奋的情绪"。[79]当周的《时代周刊》杂志也刊登一则封面故事，描绘"在灾祸集聚的旋涡中"，蒋"愉快、坚定"，在他私人地图室忙进忙出，接见数十名访客，并以长途电话对前敌指挥官下指导棋。[80]他晓得下一步要往何处去。

马歇尔夫妇曾经表示欢迎宋美龄随时可到他们的弗吉尼亚州的住所作客；她和委员长都认为局势危急如斯，她应该尽早出国。[81]十二月一日，她飞往华盛顿，前往医院探视刚动完肾脏摘除手术的马歇尔国务卿。她向马歇尔提出她丈夫向杜鲁门提出的请求，转述蒋表示若有利于国家，他可以下野。宋美龄亦拜会白宫、国务院和国会山庄，要求三十亿美元的援助。可是，杜鲁门的经济特使保罗·霍夫曼（Paul Hoffman）刚从中国考察回来，建议不再给国民政府经济援助。同一时间，派驻南京的美国军事代表团报告说，"国民政府的军事地位已跌落到无法复原的地步"。蒋当然晓得这种情势，于是告诉宋美龄，她在美国的恳求不会有结果——"且将为人轻侮，不如速归"。[82]

美国联合参谋本部和麦克阿瑟现在明白，蒋在中国某地守住与中共分治的微小可能性，已经不复存在。在华盛顿，这并不是完全不受欢迎的消息；假设国军在长江守住，意谓国会会出现强烈声音，要求美国大规模军事干预。麦克阿瑟提出警告说，苏联的攻势已由欧洲转到远东，但是他对美国应如何处理中国问题仍没有下文。可是他也明白表示，任何主张美国应派地面部队到中国领土作战的人，"应该去检查脑袋是否正常"。[83]即使最亲蒋的共和党人也不主张动用美军部队去拯救国民党。

十二月十四日，解放军包围北平，守将傅作义统辖二十四万沙场老将，却派人洽降，展开漫长的秘密谈判。傅要求蒋准他辞职，蒋却不准，告诉傅别把胜负看得太严重。他说，输可以给我们教训，使我们更坚强……“亦不为革命历史之羞”。[84]傅回头继续和毛泽东秘密谈判。太原方面，老军阀阎锡山和十万部队深沟高垒，固守在三十六米厚的城墙里。[85]

同样是十二月中旬，杜聿明所部仅剩十三万人，被包围在安徽、河南交界处。他的其他兵团还有十万之众被切割成小股兵力，遭到歼灭或投降。奇怪的是，指挥这个战场的邓小平并没有猛攻杜聿明已被包围的部队，这些国军部队住在帐篷或露宿于零度以下的天气中，靠空投补给存活。委员长要求杜聿明别试图往南突围到长江，而要往北进攻，进行最后决战。他说别想避开敌人，要摧毁敌人。他又说，这个攻击将是一举扭转军事情势有利于我的关键。[86]

蒋晓得杜聿明部队，甚至傅作义、阎锡山部队命运已定，但是基于军人的使命以及需时间准备退往台湾，需要杜“战至最后一兵一卒”。蒋可能也不希望在历史上留下隔江分治中国的骂名。此外，他不肯全面退守长江可能也是因为不想让大军落入副总统李宗仁手中。蒋一旦下台，李必将继位，或许会争取到美援。不论是什么原因，蒋很明白排除了在中国大陆某地划界固守的方案。圣诞节，杜聿明报告说，他的部属“吃树皮、草根，为了取暖只好烧房子、布料和家具”。可是，这十三万忠贞部队，只有一万人降敌。[87]

白崇禧从武汉行辕致电委员长，指出长江以北军事作战已经全面溃散；他又派出密使，要求蒋下野。副总统李宗仁也提出同样的计划，公开谈论委员长的辞职。自从抗日以来，蒋、白即发展出亲密关系；因此白有此提议，很明显令蒋愕然。十二月三十一日他在日记写下：“桂白逆谋之毕露，内外几乎皆受其买空卖空虚伪煽惑之影响。”[88]但是就在同一天晚上，即新年除夕，他发表声明宣称：“对当前国是，能共商合理合法之解决，则中正决无他求，即个人之进退出处，均惟全国人民与全体袍泽之公意是从。”[89]同时，蒋夫人努力奔走、试图争取美援，却一事无成。他承认大陆局势已“成不可收拾之势”，但仍“泰然处之”。在他儒家克己复礼的思绪下，他甚至认为在这场大灾祸中能不忧惧，“不可谓修养之无进步也”。也就是说，他变成更好的人了。[90]

至于美国方面的解决方案，司徒雷登现在主张以中共为主成立联合政府，他认为中共有“无可争议的进步、改革元素”。驻华使馆外交官此时的观点和他们过去同事的看法截然不同，司徒报告说，他们“真心”认为中国共产党和任何其他国家的共产党，基本上并无不同；中国若出现共产党为主的政府，将会敌视美国的利益。[91]但是不论是什么状况，华盛顿相信美国的干预纵使规模甚大，终究还会失败。

蒋在年终检讨写下：“各地败战消息如雪片飞来，华北和关内岌岌可危。”得知开封、郑州之间铁路已断，蒋下了结论：“国家已亡。”可是，他仍说自己“须臾不敢放松”。自励即使时局动荡，仍能重建浙江到江西的铁路，以及若干座水坝。他说：“我们必须完成一些东西，不论环境多么恶劣……我不觉有过，我已尽了全力。”[92]虽然他思考退守台湾已有两年多的时间，这一年来也认为退守台湾是最可能的结果，但自从兵败东北，其实退守台湾早已成定局。

即使如此，蒋在新年元旦于日记中正式检视他可以留任的理由，以及他应该下野的理由。留，只有模糊、不确定之得；走，则是因为“甲，痛恶现在党政军积重难返，非退无法改造，不得整顿；乙，打破半死不活之环境；丙，另起炉灶，重定革命基础”。他告诉白崇禧，任何和平方案一定要中共保障长江以南仍继续维持中华民国的法理架构和生活方式。他说，要达成此一结果，任何牺牲——包括把你我两人“当战犯吊死”，都不妨。当然，他晓得这种概率等于零。一月中旬，他已把海、空军总部移到台湾；到了六月，国民政府空军在一月仍剩下的千架左右飞机，已有六分之五进驻台湾。[93]上海及江南若干工厂和兵器厂，也已开始把最好的设备拆卸、运往台湾。[94]

这些动作根本无从隐瞒，但遵循《孙子兵法》的蒋兵不厌诈，仍需部署欺敌之计。目标就是混淆视听，让毛认为固然台湾是蒋最后的避难所，但他还有其他选择，包括在华南或西南若干地方坚守待变。毛的确担心，一旦蒋下台，李宗仁继之，美国会以大量援助支持新政府，甚至出动战机和部队试图在长江以南维持一个非共的中国。毛焦虑地传话给斯大林，根据某情报，美国有意动用原子弹和日本部队对付解放军。[95]斯大林可不担心。通过他的英国间谍金菲比（Kim Philby）等渠道，他颇能掌握英、美对华政策的可能范围——华盛顿根本没人提到这种干预，即使最支持委员长的“中国游说团”也没出现这种声音。

从上海往南的大陆各港口已经兵荒马乱。政府官员、商人及其眷属挤上货轮、渡轮、拖船等形形色色船只，跨越台湾海峡。大批部队带着武器装备也挤在码头候船。台湾的基隆、高雄港塞爆了。委员长下令少帅张学良和爱妾赵一荻也收拾行囊迁到台湾。[96]许多有钱人则觉得台湾前途未卜，没到台湾，反而逃到香港或其他地方（主要是美国）。蒋经国一度考虑把太太、小孩送到香港或英国，但是他没有钱，也不肯接受宋氏家族的援助。[97]

蒋经国的青年军干部现在已以政工人员之姿回到军中复设的政治部工作。他们负责检查、过滤数十万往台湾跑的老百姓。蒋经国还有其他特殊任务。一月中旬某天夜里，他持父亲手谕，率领一群武装政工人员带着卡车队来到上海中央银行。蒋经国先去载了央行总裁俞鸿钧，俞恭敬地打开金库，看着士兵把金块、银币、外国钞券一箱箱搬上卡车。不久，海军一艘舰艇载着大笔财宝沿黄浦江而下，驶往厦门——不是台湾。这是中国财物运往台湾的两船次之第一批。经过厦门再转台湾，是委员长要让毛泽东搞不清他要退守何地的策略之一部分。[98]

一九四八年底，蒋经国也负责把为数上千的北平故宫博物院珍藏，通过两艘海军船舰运到台湾。一九三一年日本占领东北之后，蒋介石下令将故宫珍藏装了一万九千多箱，先运到上海、转南京，再溯长江、过三峡而至重庆，藏在四川山区。一九四六年，它们回到南京，但迄未开箱。一九四九年一月，蒋经国又督导另外两次运载任务，连同这批珍藏的典藏人员一起送到基隆港。总计约有三千八百箱运到台湾，占全部珍藏的百分之二十二，但它们却是故宫收藏的精华。[99]

二

一月六日，解放军终于对困守在安徽青龙集、又冷又饿的杜聿明部队发动攻击。杜聿明拍电报给委员长说，他已尽了全力，准备作最后的反攻。他提到他因最近捐了一颗肾给他的兄弟，甚为疼痛。蒋答说他已无具备作战经验和斗志的高级将领可以换下他。[100]接下来几天，杜聿明部队在共产党征集来的民夫挖的壕沟中，和共军进行激烈的白刃战。一月九日，杜以电报报告，他的精锐部队已被全部摧毁，他和残部只能“战斗到底”。蒋告诉杜，次晨会派一架飞机去接他出来。可是，次日黎明，蒋获悉解放军已犁庭扫穴、打进杜的最后阵地，包括杜在内，指挥部人员统统被俘。第二次缅甸之役告捷的这位Y部队名将，证明他直到最后都英勇、忠诚；接下来二十五年杜的身份一直都是战俘。蒋自我安慰，庆幸没有早早下野交出总统大权。他在日记写下："我问心无愧。"[101]

一月中旬，毛泽东发表和谈八条件：包括惩处战犯（除了宋庆龄之外，蒋、宋家族统统在列）；废除"伪宪法"；"依据民主原则改编一切反动军队"。换句话说，国民党要无条件投降。若是情势反过来，蒋也会有同样的要求。

四天后，蒋主持最后一次会议。当出席人士多数主张停火、和谈时，蒋表示他预备放弃总统职位。一月二十一日，他非正式地"引退"，交出中华民国总统和三军统帅的权力，但他不是"退休"或"辞职"。副总统李宗仁明白此一语意上的重要性，因此李只是"代总统"。蒋还保留国民党总裁的身份，还保有多数国民党残存将领的支持。

次晨，蒋坐下来再次写下他简短但十分坦诚的分析，检讨一度强大的政府何以会溃败的原因。这一次，他没有责怪马歇尔或美国。他说："此次失败之最大原因，乃在于新制度未能适合现在之国情与需要，而且并未成熟与建立，而旧制度已放弃崩溃，在此新旧交接紧要危急之一刻，而所恃以建国救民之基本条件完全失去。"他再度暗示致命之失是他领导的党、军不团结、分裂、无纪律，还有他本身未能建立一个现代化、有效率的组织。他的结论是："今后立国建军，以确立制度为最重要。"[102]

蒋从来没从国家偷钱，也没有自己私有的金库。为了支应他迁到台湾之前的开销，他向陈立夫主持的中国农民银行办贷款，借了快速贬值中的金圆券一百万元（依那时的官方汇率为一万美元）。[103]同一天，委员长和长子蒋经国坐一辆黑色大轿车，在维安车队陪同下前往紫金山。经过二十分钟的车程，父子俩来到国父孙中山陵寝。中山陵的拱门镌刻着很可能是蒋亲选的两个字："博爱"。下了车，父子俩缓缓走上八段的陡石梯，偶尔伫足休息。他们把保镖留在外头，两人独自走进陵寝，在中国现代革命之父的雕像前，直直站着、低头不语。

两蒋和他们的随扈旋即驱车前往南京机场，搭乘"美龄号"专机离开。[104]他们先停杭州，陈诚从台北飞来会合，也接了住在杭州的蒋方良和四个子女。当天

↑1949 年 1 月，“引退”后的蒋介石前往台湾前，专程前往溪口镇（国民党党史馆提供）

夜里，浙江省主席、执行“二二八”大屠杀的陈仪设宴款待委员长等一行人。但是，场面相当冷清。不仅现场没有暖气，还因两蒋打算不久就要逮捕、枪毙陈仪。陈涉嫌与中共进行秘密谈判。另一方面，两蒋或许也希望借由杀陈仪，以缓解台湾人对“二二八”事件的怨恨。

次晨，专机从杭州飞到溪口镇附近象山一处机场。一行人抵达镇上时，所有的居民都很紧张。蒋家亲友当然已听过东北军事失利，以及仅有数百公里之隔的徐蚌会战惨败，甚至总统“引退”的消息。许多人很快地收拾行囊。消息传开来：想走的人应该到宁波，等候进一步指示。[105]

翌日，蒋接获报告，傅作义以解救古都不遭兵燹为名义，与解放军达成保有情面的“非投降”协议；傅一直拖到蒋引退才公开它。[106]傅作义手下二十多个师和数个炮兵旅被编入解放军，保有原有番号和单位的完整。有些将领还保有原职，至少暂时是如此。[107]在中共新政府里，傅作义这位不战而降的最高级国军将领，出任水利部长，后转任国防委员会副主任。[108]

蒋抵达老家后不久，拍发电报给太太宋美龄。他建议她别再在美国演讲推销他。他说，他预备“以两三年时间实实在在建党”。事实上他的乐观已近乎幻觉。他写下：“兄以为在此二十年之内，无论中国与世界，如要直正和平，兄实为不可或缺之一人，故何必急急求人？”[109]

一月三十一日，北平市民在冷冽的北风中像三年前上街欢迎蒋介石一样，又夹道欢迎新的解放者。毛泽东的大幅肖像取代了紫禁城门上蒋的肖像。可是，毛没进城，而在圆明园建立总部。他和朱德、周恩来等人在此抽烟、喝茶，讨论蒋委员长的下一个根据地、最适合跨越长江的时机和地点、美国是否仍有可能干预等等。当苏共中央政治局委员米高扬（Anastas Milkoyan）到访时，毛表示他要延迟建立共产党新政府，因为这样才会有足够时间清除掉“反革命分子”。[110]可是，奉斯大林之命令，米高扬坚持中共要尽快进占上海、南京和其他城市，并成立革命政府——苏联可以公开支持的一个革命政府。[111]

根据李宗仁的说法，国军还有三百五十万人，至少半数有武器可作战。共产党至少有两百万名战士。但是李缺乏弹药和汽油，华盛顿也坦白告诉他，根本没有提供更多军事补给及财务协助的想法。二月间在南京举行的一场作战计划会议，汤恩伯一口就拒绝配合李宗仁的规划，不肯把所部四十万大军调去防守长江；汤坚持集中兵力防卫上海周边地区。他说，这是蒋介石的计划。[112]当司徒雷登大使告诉李代总统美国不会援助国民政府之际，满载苏联补给和特种器械的车厢，正沿已经修复的铁路线定期南下，从苏联边境一路开到接近长江的车站。

华盛顿人士恐怕比多疑的毛泽东看得更清楚，委员长在大陆只企图作短暂的防守，好把他信赖的部队和选定的非军事人员及其眷属迁移到台湾。基于麦克阿瑟所推动的战略因素、国内政治的考虑，以及美国领导人的道德责任感，美国政府和国会开始觉得，不让台湾落到毛泽东的共产党或是蒋介石的国民党所掌控，或许是对台湾地区、对美国最好的结果。杜鲁门批准了一份秘密的政策文件，宣示这是美方偏好的结果。艾奇逊在一次国家安全会议中强调，小心隐匿“我们将岛屿（台湾）从大陆的掌控中分离之愿景”是非常重要的。文件指出，有一个构想是交由联合国托管。但是文件的结论是，要达成台湾非共产化的政策目标，最直接的方法就是小心地推动台湾独立或自治运动。[113]

可是，台湾已经挤满数十万名国民党部队和情报安全人员。这一大批军警特务，加上一九四七年“二二八”残暴镇压的阴影，甚至岛屿地理上的隔绝性，都使得台湾人反叛成功的可能性极低——中央情报局和美国驻台北总领事克伦兹（Kenneth Krentz）都很清楚。美方最担心的是蒋在台湾的将领，和他们在大陆的许多同僚一样，或许会和共产党达成协议。虽然这份政策文件没有直接讲出来，不过美方认为在本省人起事之外更可行的一个替代方案是，由岛上“自由、有效率”的军事指挥官接管台湾。艾奇逊指派驻南京美国大使馆参事莫成德（Livingston T. Merchant）研究岛上政治情势。莫成德在台湾逗留几天，也没和省主席陈诚接触，就向国务卿呈报说，陈诚无法提供美国人希望的“自由、有效率”的治理。他反而建议华盛顿正式要求李宗仁免掉陈诚的省主席职位，改派孙立人出任省主席。孙此时以陆军副总司令兼陆军训练司令的身份在台湾练兵。当司徒雷登大使在南京向李宗仁提出此一建议时，没料到李代总统声称只有蒋介石才能决定此一人事任命案。[114]

同时，孙立人接到麦克阿瑟的邀请函，请他到东京晤谈。孙立人通过陈诚呈请委员长准他接受邀请。蒋很生气，但对于这位驻日盟军最高统帅没邀他本人到访不觉得意外。他晓得美国政府希望他不要管事。即使如此，他从溪口传讯表示同意，麦克阿瑟立刻派飞机到台湾接孙立人。孙立人在东京停留三天。有一项报道说，麦克阿瑟告诉孙立人，国民政府已经稳输。据说，麦克阿瑟表示，如果孙负起台湾安全的责任，美国将会支持他。孙答说，他效忠委员长。[115]

后来，孙立人写信给华盛顿一位他所认识的美国官员，提到麦克阿瑟讨论到成立台湾“自由省”的可能性。孙立人没向蒋报告他写了这封信。但是，华盛顿一位中央情报局高级官员召见中国大使馆的情报官员，提醒他台湾当局应该小心孙立人。孙回到台北，把麦克阿瑟的提议向陈诚报告，陈诚又呈报给蒋介石。接下来，孙前往溪口谒见蒋，蒋要他“回台湾好好练兵”。[116]

在溪口，蒋指示他儿子指挥空军在浙江外海的舟山岛兴建机场。委员长正在规划分阶段撤退，汤恩伯部队及华中沿海地区部队不会马上退到台湾。[117]蒋经国旋即回到上海。二月十日晚上，他再次奉委员长命令，率领另一群青年军干部来到上海两家国营银行。他们把两家银行剩下的黄金和其他资产搬上卡车，迅速开到黄浦江畔的海军码头。一艘海军舰艇载着这笔钱财直接驶往台湾。[118]根据在美国国会所做的一项陈述，运到台湾的两批资产总值依一九四九年币值估计为三亿美元。[119]蒋长期保留这笔巨款以备逃往台湾之急需。[120]

穿着黑色长袍的蒋介石在母亲王太夫人坟墓上方的小屋住了很多天。蒋经国陪侍在侧，于山间小径散步，有时候在雪中漫步。委员长的幕僚相信他一直在沉思大计。[121]不过，他并没遗世独居。访客川流不息来到小镇——焦虑的将领、部长、省主席及高级党工全来寻求指示和鼓励。他们的事业、身家性命似乎都在灭亡边缘。蒋对将领下达详细的军事命令，如何进行大规模、多阵线的撤退到沿海以及华南、西南省份。其他人则奉命要确保官署尽可能维持正常运作。固然难免服务中断，但各地火车多少还能跑，飞机也能飞，许多船只照常往来大陆与台湾。国民党文武官员听命坚守岗位继续工作者，多数被丢在大陆，善尽职守到最后一分钟。或许有数十万人想方设法来到政府控制的港口，却发现无路可逃。台湾能收容的人毕竟有限。

话说回到南京，有些原本强烈支持蒋介石的高级官员，告诉司徒雷登大使，蒋不仅阻挠和谈，也阻挠固守长江的军事准备。三月二十五日，李宗仁任命邵力子、张治中等人率领谈判团队到北平。蒋在幕后要求南京政府停止和谈。他怀疑邵力子（后来果真证实，邵自一九二二年起就是中共秘密党员），预言他会“彻底背叛我们”。[122]另一位谈判代表刘斐，是国防部次长，据传多年来替中共秘密工作。[123]张治中、刘斐、邵力子等人一到北平，立刻投共。

委员长、蒋经国等人在溪口某小学观赏平剧时，听到这个消息。李宗仁率僚属赶到杭州，会见蒋介石。根据蒋的说法，李说和谈已经失败，蒋应该回来领导政府。蒋略过此一要求，表示：“你怎么做，我都支持你。”[124]李一时还不敢相信蒋的回应。但是，他的政府发表公开声明，承认北平的和谈失败，政府中枢将迁往广州，继续和共产党作战。[125]

当李宗仁政府南迁时，苏联大使馆也跟着从南京迁到广州，可是美国却让司徒雷登大使留在南京——这是华盛顿想和共产党政府和解的善意信号。中共的反应却不热切。毛泽东告诉苏联，中共在对外关系上将采取“打扫干净屋子再请客”的策略。[126]当解放军进入南京时，共军前往司徒大使官邸，甚至排挞直入卧房去见卧病在床的司徒。

但是，毛泽东对南京的美国人就客气多了。一方面受到斯大林施压，一方面是他本人担心美国会在最后一分钟跳出来支持李宗仁，毛批准客气对待南京的美国使者，让司徒雷登相信中共实际上有意争取美国的承认和经济援助。[127]周恩来遂将此一讯息传递给司徒，而司徒自去年十一月以来就建议华盛顿要争取此种可能性。许多年之后，一位中共高级领导人告诉一位美国学者，毛、周唯一的用意是阻止美国在最后关头改变心意，派兵介入。[128]

四月底，阎锡山的太原古城终于失守。阎以争取援兵为名义，先搭机离开。但是他没忘掉带着山西省库存黄金一起走。受阎托付守城的日本司令官今村方策（Imamura Hosaku）以及五百名公务员集合在省主席公馆，集体服毒自杀。[129]

离开溪口的时间终究到了。蒋经国先让蒋方良带四个子女飞往台北，他和父亲分别到各自母亲的坟前告别。然后，他们由少数随扈陪同，驱车前往象山小码头，登上海军军舰。但是，出乎众人意料之外，蒋下令驶往上海。[130]一行人在次日抵达，并于金神父路一家旅馆建立总部。[131]蒋发表谈话，要以上海当做斯大林格勒坚决固守。甚至还演出准备进行决死巷战的热血戏码。美国总领事预言一场浴血战将使全城玉石俱焚。同时，汤恩伯的部队大部分已搭机、坐船前往舟山或直接到台湾。

五月三日，李宗仁从广西致电蒋介石，要求蒋赋予全权做一切军事及人事决定，并要求把最近送到台湾去的政府资产全都交还。他甚至建议蒋出国、寻求外援。蒋回答说："以余剿共之志，如国内有寸土可为我革命立足之地，则余不敢放弃此责任也。"[132]

五月六日这个春寒料峭的早晨，"江静号"沿黄浦江缓缓开动，经过恶臭的苏州河，也经过一排无尽的工厂、船坞、舢板和房舍。两蒋倚栏而望，可以听见远处的炮声隆隆。军舰没有开往台湾，却在离开长江口之后二百二十五公里，泊靠舟山岛。舟山岛位于甬江河口，离奉化县不远。[133]委员长在舟山岛"校阅"汤恩伯从上海调来的十二万五千名部队。[134]舟山岛有八十二座寺庙尼庵、四千名僧侣，号称"海上仙宫、佛徒王国"。蒋又令人费解地逗留岛上数星期，沉思、散步，寻访观音庙。但是他命令儿子再飞到上海，对留守的将领传达最后的指示。[135]

此时，每天大约有五千名难民到达台湾，陈诚已经再度宣布戒严，这个所谓的紧急措施在台湾维持了几乎五十年的效力。[136]五月二十二日，蒋纬国在上海海军码头把最后一批美制坦克运上一艘征召来的船只，然后才偕同妻子一起前往台湾。在民用码头上，数万人争抢要搭上前往台湾最后的船班。许多人以携带的黄金买船票。多年之后，在台湾的一位知名外省人回忆说，他和母亲、兄弟姊妹坐的那艘船挤满了人，一开航就差点不堪吃重而沉船。船长不肯开船，坚持乘客要把黄金丢到河里或岸上，减轻重量到足可安全走船。乘客们记得，去年有一艘船要离开东北时，负荷太重，六千名难民一起葬身海底的故事，只好从命。[137]

蒋经国到舟山岛和父亲会合，终于也登船赴台湾。解放军五月二十五日开进上海，发现它已经有秩序地撤退净空。话说回头，孙立人在台湾告诉驻台北的美国官员，他认为台湾若是失守，会是因为内斗和缺乏组织，不是因为解放军大举进攻。他说，他只有少量弹药，没有重型机关枪或大炮。当委员长座舰在高雄海军基地靠岸时，孙守在码头迎接统帅。[138]

THE GENERALISSIMO
CHIANG KAI-SHEK
AND THE STRUGGLE FOR MODERN CHINA

第四部　岛屿

第十章　荒漠甘泉

抵达台湾高雄之后，蒋介石所做的第一件事就是指派十位忠心耿耿的部属成立小组，研究党的改造事宜。七月六日，在此一国民党改造委员会会议上，蒋指示：国民党必须是个革命民主政党，而非纯粹的民主政党。这道谕令和蒋对改造工作的六点指示重新确认国民党是列宁主义、非民主的结构，也就是在社会上下保持一个开明专制的领导体系。[1] 这一次，蒋决心在“训政”之下看到有效、全面的独裁，以及良善的治理。

蒋介石持续他的悠闲步调，在南台湾逗留了近一个月。六月二十五日，他才偕同儿子从高雄飞往台北。透过飞机的窗户，他们往东看，几乎占了全岛三分之一面积的四十八座山峰，尽在眼前；往西看，同样是一片无尽的、平坦的水稻田。当他们降落在小小的、炎热的台北松山机场时，一辆黑色日本轿车——载着蒋氏父子沿着蜿蜒陡路，前往近郊凉爽的草山顶上一间朴素的房子（为尊崇哲学家王阳明，草山在不久之后更名为阳明山）。这栋房子原本属于日本国营的台湾制糖株式会社，可以尽览山谷美景。[2] 蒋经国则在城里长安东路租了一栋普通的房子。

自从一月间离开南京以来，蒋介石和他儿子花很多时间密商他们和政府的存活大计。他们很清楚地相信，第一优先是让政府在岛上抓紧权力，这代表必须肃清匪谍和台湾异议分子。蒋氏赋予他儿子大权，掌控内部安全、情报和准军事组织。蒋经国仍在高雄时就成立一个政治行动委员会，统筹调度从大陆涌入台湾的各路情报和秘密警察机关。这一年，内部安全人员逮捕了约一万名台湾人予以侦讯，并杀死一千多人“杀鸡儆猴”。另一项攸关国民党在台湾安全的关键是，加强对来台所有高级将领的监视工作，不论他们多么受信赖，连陈诚、孙立人也不例外。

蒋氏父子的第二优先是加强战备，以便抵抗中共必然的犯台攻势；蒋介石估计人民解放军至少需要一年的时间作好准备。防守海南、舟山、金门和若干大小外岛的优先程度，要看国军试图坚守的可行性和坚守的收获何在。为防守台湾所作的军事准备则不仅涉及训练，还包含努力消泯国军部队长期以来的各种弊端。蒋氏父子决定立刻集中掌理军中一切财务事项，尤其是军饷。一声令下，贪污和“吃空缺”的怪现象立刻扫除一空。[3]

第三个优先是稳定货币。台湾一九四五年光复以来单独发行台币，使它大致上较不受大陆通货膨胀风暴的冲击。甚且，一九四五年战后第一个台湾省政府已从原日本政府和日商公司接收大批土地、不动产、企业和财务资产；它们提供岁入的巨额来源，可供中央开销和支撑货币。一九四八年十月，台湾省主席魏道明在蒋介石的同意下，曾下令禁止从台湾销售或转移粮食和其他产品至大陆，进一步阻绝台湾经济受到对岸困境的拖累。[4]蒋氏父子抵达南台湾不久，就发现执行台湾金融改革所必需的黄金和硬币已经全部到位。六月十五日，台湾省政府发行新制货币——新台币。

六月间，美国中央情报局评估国民党在大陆和台湾仍控制地区的情势，认为国民政府“实质上已破产”；“分裂和崩溃的过程目前已进展到几乎不可能建立可运作的政府”。[5]美国驻台北领事馆和中央情报局预测台湾不仅会经济崩溃，也会出现粮食和住房的严重短缺、重大的公共卫生问题，以及社会骚乱、分裂和崩溃。可是，在陈诚麾下省政府财政厅长严家淦，以及中央银行总裁俞鸿钧（在上海打开金库的就是他）的指导下，台湾三月份零售物价只比二月上升百分之三十五——以多数标准而言，这个数字已经高得令人咂舌了，但是和大陆的天文数字一比，就不算什么了：中国大陆一天之内通货膨胀率可上升百分之二十至五十！[6]

蒋介石六月初抵达台湾之后不久，自上海圣约翰大学毕业的技术官僚严家淦，把新台币定为金本位，又准许自由换汇——就一个被认为即将崩溃的政府而言，这是一项了不起的政策。一九五〇年初期，在蒋介石坚持下，政府对每个月有多少新台币可兑换成黄金，定下上限。可是，经过六个月没有限制的流通，新台币已获得信任。[7]

经过强化的台湾防卫司令部依然颇有纪律，城里头几乎每天都发生就地枪毙抢劫者（包含流氓士兵和其他扰乱公共秩序者）的事。[8] 和美方的预测相反，人口大量涌入并未爆发重大公共卫生问题。住在临时拼凑的地方数个月后，难民和军队已经被安置到新的住所，其中大部分是日本人留下的住宅、学校、军事营房和其他建筑物。

一九四九年夏季收成期间，陈诚借美方支持的农村复兴联合委员会之助，开始大规模土地改革。国共内战结束时，原日本政府机关、个人和企业拥有台湾土地高达百分之六十六点七，其中包含没人居住的山区土地。陈诚把相当多的被日本人占用的土地——占全岛可耕地面积百分之二十一——以低价卖给台湾贫农。政府同时亦实施"三七五减租"，规定农村土地租佃大幅降低到年收获量的百分之三十七点五。[9]

有一些政治因素使这项改革能够立即成功，一方面是因为国民党此时分配的土地是数十年来都不在台湾人手中的土地，一方面也因为新来的外省人大体上没参加分配。这些初步改革立刻让国民党争取到台湾农民真正的政治支持，也替下一阶段的加强工作奠定了基础。虽然绝大多数台湾专业人士、知识分子和城市人仍本能地反国民党，国民党却首次在农村地区有了群众支持的基础。蒋介石强力支持陈诚的改革，后来终于赢得美国人和全世界农村改革人士的赞美。

但是，来自大陆的威胁却一直萦绕心头。毛泽东发表的一篇文章《论人民民主专政》更增强美国人认为台湾将失守给共产党的焦虑。毛泽东再次明白宣示，共产中国将是苏联的坚定盟国（包括在战时），同时也热切支持全球共产革命。[10] 文章发表之后，美国驻上海副领事威廉·奥立佛（William Olive）走在路上，竟遭中国共产党警察殴打、逮捕，后来死在狱中。华盛顿立刻召回驻华大使司徒雷登，准备结束在中国的各种任务。同时，现已担任中国共产党中央书记处书记的刘少奇从北京前往莫斯科参加密会。斯大林和刘少奇会谈时，强调中国共产党应该领导亚洲的反帝国主义革命，转移美国注意力，削弱美国实力。斯大林明白表示，苏联的任务是强化本身力量，以便在帝国主义者发动第三次世界大战时，全力击败帝国主义者。斯大林说，在苏联可以建立战略力量之前，它必须避免和美国直接冲突。然而，它会支持共产党的其他斗争，也会在解放台湾上面提供大量军事器材设备和顾问援助。刘少奇回国后不久，大量的苏联军事顾问开始抵达中国，苏联米格机也进驻到靠近上海的机场。[11]

缩水的蒋介石政权现在的外国朋友大减，更没有几个超级大国盟友。为了强化手上不多的国际支持，他和蒋经国飞往菲律宾，向季里诺（Elipido Quirino）总统提议，组成一个包含台湾地区、泰国、印度尼西亚、韩国，以及可能有印度支那和日本的远东“联邦”（union）。美国政府反对成立此一联盟，但蒋介石相信最后它将会出现——果然后来它以东南亚公约组织的形式出现，同时美国与日本、韩国和台湾地区也有非正式的双边安全协议。[12]他在菲律宾时，据传曾提到把国民党政府部分储备黄金从台湾移到菲律宾的可能性。[13]两蒋旋即从碧瑶飞到广州，和李宗仁会晤。蒋介石向仍在广州的国民党中央执行委员会表示，他要对战败“肩负很大的责任”，但是广州必须坚守。然而，他对李宗仁要求让国军空军回大陆协助此一任务，却加以拒绝。[14]几个星期后，父子俩人又飞往韩国，和李承晚总统会商；李承晚对蒋介石筹组反共联盟的构想颇表赞同。

八月间，回到台湾，蒋介石读到报告，美国国会发表一千页的《中美关系白皮书》，说明从一九四四年至国民政府在大陆崩溃，乃至当前中国共产化这段期间的中美关系。[15]文件努力保持客观，但是报告拟稿人却显露出极不喜欢蒋介石及国民政府。除了把日本武器移交给人民解放军之外，他们根本不谈苏联在毛泽东大胜之中的关键角色。

蒋介石本人并没有不同意《白皮书》中的主要结论。他曾公开承认他的政府不可解决的失败，是自身战败的主因——甚至他在“引退”之后首次谈到这个话题，也是同样观点。和美国国务院不同的是，他深信若非苏联支持共产党，这些失败也不致导致国民党的覆灭。不同意《白皮书》结论的人，并不是只有他一个人。美国国防部长约翰逊（Louis A. Johnson）是极力主张援助蒋氏的人，就拒绝让国防部和《白皮书》沾上任何关系。在华盛顿方面有约翰逊这类的异议声音支持，让蒋介石仍怀抱希望，相信美国的对华政策有朝一日会转变。但是，往后近四年，仍是民主党人当家主政，蒋只能期待往后会有戏剧化的大事发生。

八月二十四日，蒋氏父子飞往重庆，视察该地区各中央军司令官。在如此危机时刻于当地逗留约一个月之久，蒋氏言及在四川建立最后据点多少有些可信度。毛泽东依然担心西方盟国会从中国南方边境伸入西南，以军事方式干预国共之争；蒋介石要鼓舞此一戒惧。[16]

蒋介石借此行还要了结一桩公案。伙同张学良发动一九三六年西安事变的杨虎城，仍然关押在重庆。少帅让蒋误信杨虎城是劫持领袖的主谋，老蒋至死都相信，若没发生西安事变，中国历史将会完全不同——离开重庆之前，蒋氏不寻常地展现残酷报仇，下令枪决杨虎城父子、一个女儿、一个秘书及这个秘书的妻子。[17]

回到台湾后，蒋介石提名孙立人出任台湾防卫司令部司令，此举有一部分旨在改善美方对中国军事单位的印象。然而，孙立人却觉得无从发挥，因为他的上级长官陈诚不肯给他足够的补给和支持——毫无疑问，陈诚是奉老蒋之命如此做。孙立人觉得物资需求极为迫切：他预测人民解放军可以在二十四小时之内，以一千艘渔船运送二十万名士兵登陆台湾。[18]

十月一日，毛泽东站在北京紫禁城城楼，宣布中华人民共和国成立。几天之后，奋战不懈的白崇禧退出广州，率领他疲惫、已届中年的士卒退回二十多年前起家的广西。两天之后，广州失守，李宗仁下令政府中枢迁往重庆。十月十日，蒋介石在台北通电，宣称将奋战到底，誓言消灭共产党。

人民解放军拿下厦门后，派出数千名部队登陆金门。国军炮兵和机关枪手从石岩峭壁挖出的坑道和炮阵地，对着来犯共军弹如雨下。对暴露在滩头的共军低层扫射奏效，打断共军之攻势。绝大多数共军非死即擒。

有了几次这种小型但让人欣慰的捷报后，对美关系亦出现政治突破——至少蒋介石是这么认为。十一月三日，新任美国驻台北总领事麦克唐纳（John J. Macdonald）呈递一份美国官方文书给蒋，打算震醒他犹冀望美国援助的幻想。这份文书以肯定的词语告诉蒋氏，美军部队不会对他伸出援手。文件亦强调当今对台湾失政（misgovernment），以及本省人的严重不满。它的结语是宣称未来美国对台湾的态度，将“大体上视目前的中国（国民党）政府是否建立有效率的政府，使人民得享更高水平之政治、经济福祉而定”。[19]蒋氏问麦克唐纳，这份文书受文者是谁，这位美国外交官答说，当然是呈递给委员长的，蒋氏似乎“很高兴”。接下来，他不动声色在“友好、和谐的气氛下”请美国客人喝茶。蒋氏对美方的警告一点也不震惊，反而显得相当愉快。他立刻召集陈诚、蒋经国及若干亲信会商。他告诉大家说，美国现在愿意直接和他个人打交道，他“并没有被老友、盟国完全抛弃”。蒋介石对华盛顿此一信息的解读是，如果国民政府执行有效的改革，美国将会改变其对台湾军事援助的态度。当然，蒋介石已准备满足美国人的一切要求——只要不让他把权力移交给别人。会议进行到深夜，会后他又返回阳明山的别墅沉思。[20]

有趣的是，随后委员长和陈诚以外交文件回应麦克唐纳，表示国民政府领导人手上有许多一系列改革的计划，正好符合美国的要求。蒋、陈二人强调大陆对台湾的威胁，要求美国扩大提供“技术性质”的经济援助方案和军事协助，并派出一个美军顾问团。在回复华盛顿的报告中，麦克唐纳对蒋政权的生存持乐观态度，建议美国当局快速同意蒋的请求。[21]

艾奇逊国务卿立刻拒绝这个主意，表示不论国民党政府列出哪些改革项目，美国都不可能改变其政策。他照会麦克唐纳：蒋氏政权有足够的经济和军事手段可以拯救台湾，只缺诚意和能力；艾奇逊也责备麦克唐纳怎么突然提出乐观的报告。最后，艾奇逊训令麦克唐纳去见严家淦和孙立人，让他们——通过他们，也让蒋介石——明白美国此一政策文件的本意：美国不打算以任何军事方式介入、援助台湾。

此时，国民党中央委员会仍设在重庆，张群、阎锡山等人都要求蒋氏回到此一新的临时首都来领导政府——他们刻意轻描淡写，形容政府“正在崩溃”。蒋介石宣布，为了党和革命，必须回到重庆。[22]依然受到他自认的美国政策将改变的鼓舞，也因国军新近在金门告捷，蒋预备再次展现他本人尚未放弃大陆。

十一月十四日，他和蒋经国又飞往业已陷入绝望、惊惧的江崖古城。[23]飞机要降落在相当熟悉的机场之前，四川的局势已经很清楚没救了。邻近的云南省，省主席卢汉八月间还向蒋氏承诺将奋战到底，此时已和中共情报人员将近完成投降的谈判。十月间，白崇禧的第四军已撤退到海南岛，另一支残部则退入中南半岛，遭法军缴械、隔离。（后来，他们撤退到台湾。）白崇禧本人没到中南半岛，而是飞往重庆，向蒋介石报告：已经逃到昆明的李宗仁，将前往美国治病。[24]

同时，刘伯承和邓小平率领的人民解放军已向重庆挺进。蒋介石迟迟不离开重庆，是因为他希望给胡宗南一度高达三十余万大军的残部，从川陕边区退到成都以机会。[25]他对本地区若干将领竟然不听命行事，大为光火；譬如宋希濂手下十万部队从来没开过一枪。[26]蒋介石把手上仅有的部队沿江部署，可是十一月二十八日他和蒋经国视察重庆政府官署，却发现人去楼空——省、市政府高级官员全逃了。[27]当天夜里，蒋氏一行可以听见几公里外传来阵阵枪声。就和多年来他曾丢失的若干被围城市一样，蒋氏在最后一刻才匆匆飞出重庆。[28]或许现代没有任何一位领袖，曾经弃守这么多个据点。

蒋氏父子在下一站成都又逗留了两个多星期。他们到蒋纬国生身父亲戴季陶墓前祭拜。当年二月，戴季陶服食过量安眠药自杀身亡。十二月八日，国民政府正式迁往台北，美国大使馆也迁台。蒋介石仍在成都时，接到台北方面传来的报告：总领事麦克唐纳已奉令，声明美国不会对国民党伸出援手。蒋介石在日记记下来："美国马、艾必欲毁蒋卖华，亦愚劣至此。余实为美国本身危也。"[29]

蒋介石要求本地区所有的国军将领前来会商如何防卫成都，但有些人根本拒绝到会。[30]卢汉从昆明可疑地建议委员长在成都多住五天。蒋的护卫队预期会再次发生绑架事件，在十二月十日凌晨两点钟叫醒他，提议从落脚的军校后门悄悄离开。蒋氏不肯，表示从哪里来就从哪里出去。据说，他和蒋经国唱着国歌从大门离开，被载到机场。[31]他们搭乘一架载满汽油的 DC－4 型飞机起飞。飞机仅凭速度及罗盘推算方位，飞了数小时，跨越现在已由中共控制的广大地区之上空，于近午时在台北降落。[32]

此时代理"总统"李宗仁滞美，归期难卜。党内大佬敦促蒋总裁复职。然而，蒋经国却争辩说，如果父亲取回"总统"宝座，李宗仁就可以把在美争取不到支持的责任，统统推到委员长身上。蒋介石接受儿子的建议，推迟正式复行视事的时间。[33]

一

这时候，蒋介石选派改革派出任官职、施行进步的政策，已使美国人越来越难听任共产党接管台湾。台湾新任文武首长事实上全是进步人士，接受美式教育。在残暴的政治高压之下，已推行有意义的土地改革；通货膨胀也受到大规模控制；经济也恢复到日治时期的高点。一九四九年夏天，台湾省政府派了两千名本省人担任省府低、中级公务员。地方自治法规（包含乡镇长和县市长选举）都已到位，虽然只有国民党员和无党无派人士能参选。在这些改革的脉络中，美国重量级共和党人，如诺兰（William Knowland）、周以德（Walter Judd）、布里吉斯（Styles Bridges）和麦卡锡（Joseph McCarthy）等人，指控副国务卿艾奇逊“破坏国民政府保持部分自由中国的勇敢作为”。[34]

过去四十年让蒋氏头痛的老军阀，到了台湾几乎都不再掌握部队，在党、政部门也完全没有权力。白崇禧在台湾仍挂个荣誉官衔，是个例外，即使蒋从来不能原谅他在一九四八年底劝他下野。黄埔系也不再拥有昔日风光。譬如，何应钦在台北挂个闲差事，把精力投入世界道德重整运动的非政府组织。老蒋也立即答应蒋经国的坚持，不让杜月笙和其他与上海帮派有瓜葛、惹人非议的人物进入台湾。一度权势如日中天的宋氏家族势力，只剩下蒋夫人宋美龄和其外甥女孔令伟还有点权力；她留在姨妈身边做伴，扮演有如参谋长的角色；孔令伟的哥哥孔令侃则在纽约继续担任亲信顾问、募款人和驻美联络人。宋子文、孔祥熙和宋霭龄带着其他所有孔宋家族子女在美国寓居。孔宋家族的离去一部分反映出蒋经国长期以来不喜欢这些有钱亲戚，也显示出他有技巧说服父亲让这些人淡出。

到了一九四九年底，蒋介石觉得他的政府已在台湾完成相当多成绩。他开始觉得“以前种种譬如昨日死，此后种种譬如今日生”。承认过去一年自己在政治上、军事上“彻底失败”，他对自己承诺要重新开始，“新事业新历史皆从今日做起”。[35]他建议儿子跟他一起到日月潭度假，他听人家说这地方位于中部山区。抵达日月潭的第一天，他就接获报告：成都失守。他坐下来沉思了一阵子，然后挥手示意侍卫退下，带着蒋经国走到湖边，搭上本地渔夫的小船游湖。蒋介石抛出渔网，收网时发现自己抓到一条大鱼。渔夫说，这是他二十年来所见最大的鱼。蒋先生说：“这是好兆头。”[36]

苏联一九四九年首次试爆原子弹，大大增加美国人对全球共产主义威胁的忧惧。十二月，毛泽东搭乘原本是蒋介石的装甲专列，抵达莫斯科。这次访问使得西起东柏林、亚得里亚海，东抵白令海峡，南至南海、喜马拉雅山的巨大共产主义集团的形式更增添可能性。麦克阿瑟将军心生警惕，连番上电联合参谋本部，强调防止台湾失守的重要性。他对到东京访问的美国国会议员表示，美国应送给蒋介石五百架战斗机，并仿效飞虎队之例，交由美国“志愿队”使用。国防部长约翰逊也努力呼吁支持蒋介石。联参本部遂建议，送国民政府小数量军事补给，并派一个军事顾问团赴台湾，但重申他们无意派美军部队赴台。[37]

艾奇逊相信，即使美援能让台湾推迟一年才失守，它只会加剧美国卷入台湾终究会出现的崩溃。他认为，这样的关联只会让莫斯科有极佳的外交、宣传机会。[38]同时，美国国务院内持续出现支持让台湾成为联合国托管地的声音，当时担任政策研究局局长的凯南就是支持者。可是，他们这一派却无力提出有力的说法，让人信服可以达成它。一月五日，杜鲁门总统公开申明美国的政策：美国不会卷入中国的内战冲突，不会提供军事援助或顾问意见给任何在台湾的中国势力。[39]蒋介石听到消息后，慨叹马歇尔和艾奇逊“又予我以重大之打击”。[40]同一天，英国承认中华人民共和国——蒋氏写下：此一沉重打击有如一九四五年“俄国之侵华”。可是，他依旧相信台湾的军事、经济局势没那么糟，“美台军事同盟”更有必要——时间会证明这一点。[41]

林彪在广东、福建沿海征集数千艘渔船，准备大举进犯海南和台湾。个子不高、野心勃勃的林彪，不久就召集了八十多万部队，准备两栖作战，其规模足足是诺曼底登陆的三倍以上。台湾方面，蒋介石在台、澎、金、马、海南和少许外岛，共有六十七万部队，其中只有三十万人左右有战斗力，其余则是老弱残兵或没有武器。此外，蒋氏还有几百辆坦克车；若能适当购买零件和燃油，也有几百架“二战”期间的飞机可派上用场。尽管兵力悬殊，国军在全台各地碉堡却堆积弹药，一场大战似乎已是一触即发。[42]

当年冬天，蒋介石数度到在阳明山新设立的革命实践研究院演讲，讨论国民党为何输给共产党。起先，他归咎原因出在党、政、军结构在大陆的腐败。然而，此时他却强调国民党失败的首要原因是缺乏有效的“军事监察制度”；换句话说，他怪罪党内政工组织的失灵。他说，由于没有强大、高度有纪律的监察组织，叛国贼、通敌者、机会主义者和失败主义者猖獗。他在一次演讲中说：“他（共匪）到处渗透进来，尤其是他多方设法，来破坏我们组织里的首脑部分。”又在另一场合说，中国共产党“偷窥机密的情报，制造无稽的谣言，威胁党员的精神，加速我们的崩溃；以致我们几百万部队，并未经过一个剧烈的战斗，就为敌人所瓦解。”[43]

蒋氏在国民党中常会坦承，他必须对“在如此短时间内丢失国土，负起责任”；他又说，但是，“本党的社会基础和声望急速下降，必定还有更深刻的原因”。他后来又把最后溃败归咎到自己被迫下野，继任的李宗仁又犯错。他说：“二十年余之奋斗所得之基业完全被其颠覆殆尽。”他坚称，自己在“胜利在望”之下却失败，原因是他把党务交付给“别人”——显然指的是陈果夫、陈立夫两兄弟。[44]他又点名责备大舅子宋子文，“管理经济不当，使国家陷入混乱”。后来，他对宋子文的一位年轻子侄说：“每次我和子文做事，总是变成倒霉生意。”他责怪自己识人不明，“不晓得如何分辨有能力、没能力的人”。[45]

蒋氏也明白表示，太早结束训政也不对，也是造成失败的一部分原因。他指出，一九四六年制宪国民大会选举、一九四八年国民大会和立法院的选举，造成党内资深党员“内斗和自肥”。蒋认为因为选举而出现的内斗和贪腐，是他的“奇耻大辱”。这只是多年来他所提及的个人耻辱之一，但是他细述选举的不良效应，却证明现在的他的确强烈觉得民主的尝试乃是大灾难。（然而，紧缩的民主经验短暂松绑，除了抑制蒋氏铲除异己、共军间谍一阵子，很难说还有什么其他贡献。）他也责备派系主义作祟、对“革命领袖”欠缺忠诚。他认为国民党需要新鲜血液和青年党员。基于这个需求，他辞退许多文职官员，也命令数百名无能的将领退役，并把这些将领属下高级干部打散分配到其他单位去。[46]

蒋经国现在积极接管内部安全事务。他的最高优先是肃清潜伏军中的间谍，而不是对付台籍异议分子。一九五〇年上半年破获三百件间谍案，涉案人数超过三千人。国民党建立政权以来的第一次，有一个机关全盘掌握党、政、军中每个文武秘密特务的名字。在每个政府机关、主要民间企业，以及全部的军事总部，吸收布建秘密特务。[47]

据蒋经国副手王升的说法，这段期间被秘密警察逮捕的人当中，有百分之十五遭到枪决。[48]在某一回合逮捕和处决行动之后一个月之内，就有四百名共产党地下组织者自首投案。没有自首、日后被发觉是间谍的人当中，有若干位将领（其中有些夫妻均涉案），包括一位副参谋长、一位师长、一位空军将官。后来，蒋经国宣称，在那年年底，“几乎所有的共产党潜伏分子都已肃清”。[49]

十二月，陈诚仍忙着从大陆撤退人员、物资来台事宜；吴国桢——另一位宋美龄亲信，也是美国人喜欢的官员——奉派出任台湾省主席。吴国桢获得了普林斯顿博士学位，在大陆担任过若干重要职位，曾经代理过外交部长。任职后不久，吴即开始向美国外交官抱怨这些逮捕、枪决事件，认为绝大多数是滥行逮捕。孙立人将军也向美国友人表示，涌到台湾来的数以千计的情报人员，总要证明自己的存在价值呀！孙立人、吴国桢及其他人的这一类评论，可能遭到蒋经国部下的秘密监听，因为两蒋父子此时针对孙立人身边的军官发动恐吓行动，其中有些人从一九三七年上海保卫战就开始追随他。蒋经国手下逮捕孙立人两名部属——两人凑巧都是“美女”，一位是孙立人的英文秘书，另一位是妇女大队大队长。两人都被判处有期徒刑十年——以间谍而言，刑期并不长。[50]

但是，党内异议声音现在却相当明显。一九五〇年一月十二日在革命实践研究院召开的一项特别会议上，陈诚出人意料地公开批评领袖。蒋介石在日记中记载：陈诚“面腔怨厌之心理爆发无疑”，并且说“余之所为与言行皆为迂谈”。据蒋介石的说法，陈诚甚至指控老蒋“干涉其事，使诸事拖延”。陈诚认为“台乱皆由此而起”。蒋氏说，此话一出，“闻者皆相惊愕”。但是，他只是“婉言”劝诫这位长期爱将注意礼貌。蒋氏写下，陈诚“心理全系病态也”。[51]

追随蒋氏到台湾、“最忠心的”部属也浮现对蒋的疑虑。同一天蒋氏获悉手下大部分高级将领反对他聘用日本教官和顾问（包括最后一任日本驻支那派遣军司令官冈村宁次）的主意。[52]然而，这股不满情绪的主因很有可能是，美国拒绝提供军援，这些人认为倘若蒋氏下台，美国或许会重新考虑。

一九四九年初，马歇尔因健康欠佳请辞国务卿，杜鲁门任命副国务卿艾奇逊接任。艾奇逊对许多事情的想法（包括对华事务），都和马歇尔相同。一九五〇年一月十二日，艾奇逊在华盛顿全国记者俱乐部演讲，毫无意外地再度把“丢失”中国的责任推到老蒋身上。让蒋氏更不痛快的是，在读艾奇逊的评论时，读到他对美国在太平洋的根本防御线的定义是：从阿留申群岛，经日本、琉球，到菲律宾。韩国和台湾地区都没提到，但两者都明明白白位于防御线之外——即使两者都受到苏联支持的军事势力之威胁。

蒋介石在日记中写下，艾奇逊的演说令他感到受辱、挫折和警惕，而且其程度是自一九二八年中日济南事变以来前所未见的。即使一年前从大陆撤守，他都相信只要坚持到底，世界局势总有好转的一天。可是，现在艾奇逊和杜鲁门的声明使他犹如一九三七年只身面对强敌的感受，这次却没有退守长江或海峡对岸的退路。蒋因而一度心绪十分紊乱。似乎不久就得面对重大抉择：为国殉难或含羞出亡国外。不能完全放弃期待美国施援的希望，他怪罪伦敦犹胜于华盛顿，因为他认为英国恶例导致艾奇逊听任毛泽东去夺取中国最后的反共堡垒。蒋介石认为艾奇逊的面容、态度与英国人无殊。

宋美龄在次日晚间飞回台北，蒋氏亲往机场接她。她去国已经十三个月——这是她第三次与蒋介石分别逾一年。跟前几次美国行不同，这一次她显然并没有情绪沮丧，岁月无疑冲淡了痛楚。从亲友和幕僚的说法判断，她和蒋先生的感情立刻恢复。对来自溪口的“介兄”而言，无论局势多么艰苦，他和宋美龄的往日情怀一直是很大的鼓励。

夫妻俩回士林官邸路上，宋美龄必定向蒋简报华盛顿各界环绕着中国问题的政治动态。共和党人以诺兰和布里吉斯两位参议员为首，全力抨击杜鲁门一月五日所说美国不会军援台湾的声明。麦卡锡参议员也开始攻击谢伟思及其他外交官员亲共、卖国等等。[53]但是最令他振奋的是新泽西州共和党籍联邦参议员亚历山大·史密斯（H. Alexander Smith）的努力，他坚决主张美国应介入防卫台湾和蒋介石。史密斯到亚洲访问，并与蒋晤谈之后，公开建议美军应无限期占领台湾。

尽管有这个鼓舞人心的消息，蒋介石还是深为困扰沮丧。他开始起草一本书《中国存亡与东方民族之自由独立之成败问题》（*The Survival of China and the Destiny of Asia*）。他写说：如果台湾被征服，他“必以身殉国，则不必另有遗嘱矣”。他把一股怒气发泄到可恶的英国人身上，认为他们的目标就是“扼杀亚洲人之精神与灵魂”。他写说，马歇尔“从不错过羞辱亚洲人的机会”，但是马歇尔或甚至俄国人的行为，都没有英国人那么恶劣。他说，艾奇逊祖上肯定是百分之百英国人，因此他预备“出卖美国的利益”。和过去陷入危机中一样，蒋又把自己看成是个烈士，随时准备慷慨就义：“余将为解放中国和亚洲人赴死。”但是，他不久就平静下来，约伯的信仰又重新燃起；他表示为了复活，“我必须亲吻死亡之唇”。在公开场合，他不只大谈不顾拂逆、胜利保卫台湾，甚至还疾呼“反攻大陆”的口号（这口号还会喊上二十年之久）。[54]

艾奇逊谈话的同一天，陈诚、吴国桢在与蒋先生会面时，力主让更多台湾人出任公职，甚至换下吴，让台湾人担任省主席也不妨。蒋认为陈诚"傲慢"，吴国桢"易怒"。[55]即使如此，下个月蒋却让陈诚大为意外，告诉陈打算提名他担任行政院长。若是免掉土改有功又不贪污的陈诚官职，会触怒即使是亲蒋的美国人。何况，陈诚是个诚实、干练的行政官员。因此，蒋氏拔擢他，确立陈第二把手的地位。

一月底，蒋氏对革命实践研究院学员讲话，告诉他们：美国有两种对华政策。一是"美国国防部的意见，认为台湾的战略地位非常重要，应该划入美国在太平洋的防卫圈内，因而主张对台湾予以积极的军事援助"。另一个则是国务院的政策，"希望我们这个仅有的基地，丧失得愈快愈好"。蒋说，国务院的政策当然对于共产党无疑是一种鼓励，要使它积极来进攻台湾。[56]两个星期后，毛泽东和斯大林签署《中苏友好同盟互助条约》，暗示若美国攻击中国，苏联将提供军事援助。两个共产党领导人毫无疑问，认为这个条约可以吓阻美国协助台湾抵抗攻击的倾向。但是，蒋氏相信，这个条约就像一九三九年苏联和纳粹德国的条约一样，会让美国有警觉，因此对国民政府有好处。有时候蒋介石和美国国务院、中央情报局一样，认为人民解放军在苏联供应的喷气式战斗机支持下或甚至苏联飞行员驾驶的米格机支持之下，进犯台湾，只是几个月后的事情。但是，他又抓住微薄的希望，臆测斯大林或许"乐于让我活下来，作为牵制毛泽东的力量"。[57]

二

虽然白宫继续阻挡任何形式的军援给台湾，蒋介石仍能通过非官方的幕后途径取得若干军援。根据一项民间安排，一群退役美国军官在退役海军上将柯克（Charles M. Cooke）率领下抵达台湾，担任国军顾问，而柯克在"二战"期间曾与中国情报机关合作过。美国国防部也可能"忽略"了，没向国务院照会，有若干剩余物资已卖给台湾，也已交货。一九九六年蒋纬国接受访谈时，提到一九四九年他如何在夏威夷以好价钱替他的美制装甲车买到一仓库的"剩余"

军火。[58]

一九五〇年二月三日，李宗仁通知台北，他因病必须留在美国就医；次日，蒋介石原则决定复行视事。他觉得，若不复出，不仅台湾“会被摧毁，中华民族也将覆亡”。蒋显然没把这自恋的幻想告诉任何人，包括他的亲信。蒋发电向李宗仁称赞他为国尽瘁，但是在日记里却骂李是“廉耻道丧”。[59]

蒋介石任命在艾默赫斯特学院和剑桥大学念过书的亲美人士叶公超出任外交部长。[60]美国人也喜欢叶公超的活力、开放和坦率。叶公超出任外交部长，意谓随着战争步步逼近，行政院长、省主席、外交部长、战争总司令、财政部长和中央银行总裁这六个人全是美国人尤其是美国政府代表所敬重的人。六人之中有四人具有美国学位，五人英语流利，五人年岁不满五十三岁。另一位留美经济官员尹仲容起先担任行政院经济安定委员会主委，后来升任经济部长，也在台湾经济益发稳定方面扮演关键角色。这是个有吸引力的团队——而且全都和宋美龄亲近。

一九五〇年三月一日，蒋介石夫妇站在“总统府”阳台上，向十万名庆祝蒋介石复行视事的“热诚民众”挥手致意。蒋氏希望立法院和国民大会能有更年轻的人既效忠他，又不牵涉老派系的人。但是，跟随中央政府迁来台湾的立法委员只有四百七十人，由于他们和国大代表都是在大陆依据一九四六年宪法合法选出的，他若撤换这些民意代表，就会伤害到他本身中国立宪政府元首的合法性。两千多名各个中央民意机关的代表，将继续挂名执行其职权又四十年。蒋介石并不太尊重他们，经常在日记中叹息：“奈何？”[61]

云南的卢汉终于投向共产党，但是滇省两千名国军忠诚部队躲到缅甸掸邦山区。蒋介石派这些部队的老长官李弥将军前往缅甸，负责领导这支杂牌军；他们很快就接管缅甸北部的鸦片生意。[62]同一段时间，薛岳将军率领八万名国军部队和许多难民从华南和西南省份撤退到亚热带的海南岛。海南岛是中国第二大岛，面积仅次于台湾，可是它和台湾不同之处是，与大陆相隔只有二十五公里，还有许多中共游击队藏身在山区。三月，十万名以上的解放军只受到轻微抵抗，抢滩登岛。蒋介石下令撤守，七万名国军和难民成功退至台湾。[63]

海南岛撤退之后不久，蒋又命令汤恩伯的十二万名大军由上海东南边的舟山群岛撤退到台湾。蒋氏越来越担心共军空军的快速发展，要把所有力量集中到台湾。可是，他的高级将领，包括陈诚、空军总司令周至柔“极端反对”此举，认为会打击所有在台湾的思乡国军部队之士气，深怕他们会觉得再也回不了老家。蒋介石大怒，在日记中写下：陈诚（刚奉派出任行政院长）“其心理病态，不可救药而已”。五月十六日，舟山群岛国军全体安全撤退到台湾。几天之后，又出现陈、蒋不合的另一个迹象：陈诚告诉张群他要辞去行政院长职务，因为委员长“越权”，这样的情况让他很愤恨。[64]

这段期间，为了牵制解放军，也为了提振士气民心，蒋氏下令小股突击队进击大陆沿海，空军也前往大陆进行轰炸，并且名义上对大陆港口实施海上封锁。他还不愿争议，着手引进日本军事顾问和教官到台湾。他说，西方的顾问忽略精神的重要，整个着重在军事技术和战术，过去这种态度已对国军官兵产生不幸的影响，国军军官也染上“他们个人自由主义和优厚享受的心理”，因此，他已邀请日本军事专家加入国军军事院校，教授誓死达成任务的军人精神。[65]

五月中旬，研究党务改造的十人小组向蒋总裁呈报草案。果如蒋氏所愿，这份改造方案建议恢复集中的、列宁式的“革命民主政党”组织模式，一如孙中山过世前两年所采取的路线。但是根据这份蓝图，国民党的实际控制将更胜以往。蒋氏预备掌有他在大陆从未享有的实质独裁大权。“所有的决定”从上而下至最基本者，将通过党的系统作出。换句话说，包含政、军、企业、媒体、学校、农会、教堂寺庙，党组将监视及指导整个社会的重大决定。[66]这份蓝图建议的是一个在社会、政治控制上类似共产制度的体制。然而，蒋氏告诉改造小组，鉴于当前军事局势，他将暂时搁置此一计划，仅规定党的高级干部要向他宣誓效忠，有如当年的孙中山一样。[67]

一九五〇年春天，立法院竟然否决蒋氏一项提案，不肯把超乎宪法规定的全套紧急权力赋予行政院及行政院长。对这种他认为是不忠诚的派系作祟表现，蒋氏大为愤怒，他指控掌握立法院大部分 CC 派的陈立夫“扯谎、耍诡计”。此时，在对派系不满的情绪下，尽管共军来犯迫在眉睫，他仍决定进行清党。他认为，最好在媒体还受到掌控时，赶紧进行清党。军事指挥官也被纳入肃清的对象。蒋氏感觉，有些将领仍把部队视同“私人财产，（以衬托）其权力和地位”；因此又下令数百名将官退伍。当他接获报告说，四十五师士兵“拉夫抢劫”，他马上撤办该师，要官兵统统退役。[68]

美国中央情报局估计，人民解放军三野三十七万部队已部署在华中沿海，林彪的四野至少也有四十五万大军就在附近，可支持进犯台湾。解放军另外集结约五千艘渔船和可拖曳船以备攻台之用。[69]虽然渔船并不让人望而生畏，可是它们有厚实的木造船体，三十厘米厚的硬木龙骨，不易被国军当时拥有的海、空军武器轻易击沉。毛泽东的部队也进行空中动员：无线电讯显示，解放军飞行员首次飞越中国城市上空。[70]根据美国中央情报局的报告，解放军已经拥有一百至一百五十七架喷气式军机——对苏联和中共政府而言都是了不起的成就。[71]台湾还没有这种飞机。

五月，金日成开始向朝鲜与韩国边界调动装甲及精锐步兵部队。五月十三日，搭乘苏联飞机抵达北京后，金日成告诉毛泽东他已得到斯大林认可，可以“解放韩国”，他希望尽速发动攻势。毛泽东向斯大林求证，莫斯科回答说，若中方不同意，就“必须延期”。毛泽东告诉没有耐心的金日成，美国有可能介入朝鲜战争，他期待解放军先解放台湾，金再攻打韩国。即便如此，他同意金日成的计划，答应中国会伸出援手。[72]

毛泽东可以很容易就坚持优先进攻台湾，但是他并没这样做。[73]有一个解释是，去年九月解放军两栖进攻金门却铩羽而归，使毛泽东对于让五十万大军穿越一百三十至一百六十公里辽阔海域进攻台湾的决定，格外谨慎。很有可能是，毛主席希望拥有配备喷气式战斗机的强大空军，以及大型海上兵力，来对付蒋委员长手上并不多的“二战”期间战斗机与护卫舰。同时，朝鲜陆军对措手不及且较弱的韩国发动攻击之胜算，也显得高得多。[74]如果金日成能够征服韩国，可使在台湾的国民党人士气衰弱，台湾或许会不攻自陷。

不管出于什么原因，毛泽东决定同意金日成先发动攻击，产生极为深远的影响。假设金日成没在一九五〇年攻打韩国，反而是毛泽东在六月份对台湾发动渔船舰队的攻势，几乎可以断言，杜鲁门政府不会介入拯救蒋介石。大约金日成在北京的时候，胡志明也秘密抵达，讨论越南未来的军事攻势。毛泽东把美国“既当做敌人，又看成是只‘纸老虎’”。[75]

在台湾，首波土地改革奏效和农复会其他方面的努力（如通过贷款供应肥料给农民），让一九五〇年的春获大为丰收。市场上稻米价格跌了四成。此外，尽管近期面临生死存亡的威胁，蒋氏还是令人意外地坚持军事预算固定不动，而且实际上也这么执行了。政府因此能够发行新台币，防止物价进一步上升。所有这些发展有助于台湾社会更加稳定。[76]

五月，蒋氏夫妇迁至士林新官邸。原先日本总督把这块土地和建筑物盖做“园艺实验所”。这块漂亮、幽静的地方位于阳明山脚。从官邸往西、往北看去尽是稻田，附近的基隆河则蜿蜒汇入东海。原来的房舍很小，却有许多大窗户可尽览热带花园美景。

蒋氏夫妇在官邸隔壁盖了一座小教堂，延续他们在南京的教堂旧名，取名“凯歌堂”。他俩每个星期天做礼拜，坐在前排两张软垫椅子上。陈诚、张群、何应钦等基督徒也偕同妻子坐在直背椅上。蒋经国、方良夫妇带着孝文（十五岁）、孝武（十四岁）、孝章（十一岁）和孝勇（二岁）亦出席礼拜。抗战胜利后在南京的牧师陈维屏主持礼拜仪式。[77]蒋介石本人在复活节前的星期五亲自讲道，但没留下书面文字。士兵们奉令要听可能长达三小时的讲道。蒋夫人本身也在每星期三召集一批基督徒妇女在凯歌堂举行祷告会——风雨无阻，台风天也照样举行。当时，台湾似乎的确需要祈祷。美国中央情报局再度向白宫报告：人民解放军应该会在一九五〇年年底前占领台湾。[78]香港商人传出消息说，中共代理人收购五至十马力的马达，要装到专门用来登陆攻台的木船上。[79]美国国会也敦促所有的美侨离开台湾。

白宫继续把台湾视如敝履，但是国务院方面仍有些外交官还在设法拯救台湾。鲁斯克（Dean Rusk）延揽知名的共和党人约翰·佛斯特·杜勒斯（John Foster Dulles）为特使，就台湾事务提供建言。杜勒斯认为美国不应让台湾本省人受共产党或国民党的统治，鲁斯克认为美国对台政策的全面重新评估时机已到。鲁斯克相信，台湾是“划开共产党扩张的一条线”。然而，艾奇逊和其他人继续奉行最初的理论，认为中华人民共和国最后将走铁托路线，而且持续相信此一可能性最最符合美国长期战略利益。根据这个观点，美国切切不可支持台湾，因而让北京可借题发挥，号召中国人民（包括在台湾的外省人）反美。他们担心类似的剧本有一天甚至会触发一场中美战争，至少也会使中国和苏联紧密结盟。[80]

时间拉回三月，美国中央情报局台北站密报华盛顿，孙立人将军正在计划政变。次月，美国驻台武官报告，某位高级官员（想必是孙立人）告诉他，在蒋主政下，局势"无望"，必须要有"激烈措施来解救局势"。[81]而且，孙立人某次和委员长会谈，继续反对政工干部的工作；还有一次，更大胆向蒋先生进言，他聘请日本教官并无助于保卫台湾。五月六日，陈诚亲自请蒋接受他的辞呈，表示他的健康、性格和能力都已不堪负任。[82]

蒋氏意识到有一股暗流威胁到他的权力，据说有人听到他不时在办公室里摔东西，或在电话中高声怒骂。[83]根据一份日期为一九五〇年五月三日的美国国务院绝密备忘录，五月初孙立人向美国人坦承，他预备让台湾一举重生，接掌所有的军队，并得到中国海、空部队的支持。国务院这份文件讨论孙若是兵变成功，美国的对策方案有哪些。但是，它在讨论对策之前就先提出警告，指孙立人"在政治上很天真"，而且训令："（美国）政府绝对不应该涉入孙立人的政变。"[84]

↑蒋介石与孙立人检阅在台湾南部的军队训练中心（国民党党史馆提供）

鲁斯克等国务院官员五月三十日开会，起草一份呈艾奇逊的新计划：美国将照会蒋介石，避免共产党流血攻占台湾的唯一办法，是由蒋氏要求台湾交由联合国托管，下野出国，并把军队指挥权交给孙立人。[85]不过，这份计划没有涉及鼓励孙立人政变。即令如此，据传国务院问季里诺总统，如果蒋要逃离台湾，菲律宾是否肯给委员长政治庇护。季里诺的答复是“不愿意”。[86]

一九五〇年六月初，在缅甸战役期间即已和孙立人结为好友的鲁斯克，收到孙立人一封密函，由孙一位友人亲手面交。信中，孙立人提议领导反蒋政变，希望得到美方支持或默许。鲁斯克想到消息若传到台北，孙立人恐有杀身之祸，赶紧把密函烧了，并直接向国务卿艾奇逊报告经过。艾奇逊答应立刻向杜鲁门总统面报。[87]有一个可能性鲁斯克没想到，那就是这封密函可能是假的，旨在替逮捕密谋政变的孙立人留下伏笔。

六月二十三日，鲁斯克拜访寓居纽约的胡适，显然提到以胡替蒋的可能性。胡适当下拒绝。显然鲁斯克希望，若是胡适公开表态，蒋会下台。此时，艾奇逊显然已和杜鲁门总统私下讨论过此事。六月二十三日，亦即鲁斯克拜访胡适的同一天，艾奇逊召开记者会，宣称杜鲁门总统元月五日有关中国大陆和台湾地区的声明，仍是美国的政策：也就是美国不介入中国的内战。[88]

麦克阿瑟不晓得这些发展，又向国内报告：台湾若是失守，将摧毁美国在远东的军事地位。他在报告里首次形容台湾是“不沉的航空母舰和潜艇补给站”。他也允许国军从他控制的军事物资中购买燃烧弹供空军之用。[89]

三

六月二十五日清晨，蒋委员长的秘书沈昌焕叫醒他，报告说蒋经国带来重要消息。蒋氏匆匆着衣，进入书房。蒋经国报告说，经过一番长久炮击之后，朝鲜步兵和装甲部队已越过三八线。蒋氏在日记中说：“如预料也。”[90]事实上，他并没有预料到韩国会受攻击，只是一直都预测美、苏之间终究会发生冲突。他觉得，现在两大超级强国的战争可能在朝鲜半岛开打，而这可能会救了台湾。他必须等等，看杜鲁门总统怎么反应。

那个星期天，杜鲁门授权麦克阿瑟派送军事补给给韩国，并使用美国战斗机攻击朝鲜的装甲车。他也迅速向联合国安全理事会申告，得到一个决议：要求朝鲜半岛立刻停止交火，朝鲜部队退回三八线。他强调，在朝鲜拒绝联合国决议案之后，美国会采取进一步行动。同时，艾奇逊建议杜鲁门派第七舰队进入台湾海峡，防止两岸发生冲突。艾奇逊也强调美国“不应和委员长绑在一起”，建议或许台湾地位“可由联合国来决定”。杜鲁门加一句：“或者由对日和约来决定。”可是，杜鲁门在他的指示里只字不提“台湾”或“中国”。[91]日后他对一位部属说，当时他心里头对伊朗局势和摩萨台（Mohammad Mossadegh）的忧虑大于台湾。[92]

蒋介石等了三天，还是等不到美国人的动向。他和部属搞不清楚，究竟朝鲜战争会是台湾命运的不祥前兆，或是将台湾流向其获救的清溪。宋美龄拍发许多急电给华盛顿的友人。蒋氏父子则密切紧盯朝鲜的军事发展，下令海、空军加强巡逻、侦察，搜寻解放军船队在中国沿海集结的任何迹象。

但是，台湾内部也有些重大事情有待处理——蒋氏父子认为孙立人对其统治构成威胁，因此也威胁其流亡政府的生死存亡。父子俩很可能害怕，不论美方是否介入朝鲜冲突，此一事件恐将刺激孙立人甚至陈诚采取行动。因此蒋介石当天就召见孙立人，警告他别玩诡计。蒋介石说，如果孙立人不改变思想，他会被解除一切职务。蒋在日记中甚至写下孙立人通中共。[93]但是，孙仍保留住陆军总司令的官职。

最后，美国对朝鲜挥兵南侵的具体反应在六月二十七日揭晓。杜鲁门总统宣布，他已下令美国海、空军支持韩国政府军。而且他又表示，在这种局势下，共产党若是占领台湾将对太平洋及美国的安全构成直接威胁。因此，他下令第七舰队可击退针对台湾的任何攻击，并且呼吁台北国民党政府当局停止对大陆一切海、空行动，又宣布台湾未来地位之决定，必须等候太平洋恢复安全，或与日本和解，或由联合国来决定。[94]

令岛上人心振奋的好消息是：美国将阻止解放军进攻台湾。几乎同样让人高兴的是，杜鲁门决定直接介入、击败朝鲜的南侵。即使最终韩国陷入共产党手中，也很难想象美国要如何抛弃刚宣布的保台行动——即使往后数十年也证明这是美国海、空军相当容易做到的承诺。

然而，对于蒋却有一个坏消息：杜鲁门的声明只字不提支持台北国民政府，更不提支持委员长。杜鲁门反而暗示，台湾地位也就是蒋介石的地位，仍未解决。这个立场和杜鲁门一月五日所称台湾是中国的一部分的声明，大相径庭。

蒋介石立刻在台北召开一系列的政策会议。蒋氏说，杜鲁门“其对我台湾主权之忽视……视我一如殖民地之不若”。但是他也理解，他必须善加利用好消息，并推动美国友人说服政府放弃台湾独立的想法。蒋氏同意由外交部长叶公超起草一份声明，表明台湾已循美国之请，停止对大陆之海、空行动，也强调台湾是中国不可分的一部分，杜鲁门的声明“不影响中国对台湾之主权”。[95]

为了在美国建立支持台湾的力量，叶公超提议，委员长向外表态：愿意派三万三千名国军部队到韩国作战。据传，蒋介石起先反对这个主张，但最后同意，条件是美国全面装备国军部队，并提供两年的培训。据鲁斯克的说法，叶公超向委员长断言美方将会拒绝此一提议。[96]

当孙立人听到派国军三个师兵力协防韩国之议，大为兴奋，自动请缨领军出征。但是蒋在日记中写下：“惜其精神、品格与思想皆令人忧虑尔。”有一次和其他高级将领开会时，蒋的一席话令举座震惊。他说：孙不可信赖，“有异心”。[97]几天后，政工和情报官员向蒋报告他想听的消息：孙立人的总部“又有匪谍重案之发现”。[98]可是，此时开除孙或逮捕孙，都会替杜鲁门政府里的反蒋人士助长士气。因此，蒋决定还是让孙保有职位。果如叶公超预测，华盛顿拒绝台北派兵到韩国参战的提议。杜鲁门和艾奇逊不想跟蒋“绑在一起”。[99]

同时，毛泽东对“纸老虎”有如此强烈反应也大吃一惊。他下令大做宣传、动员反美帝，并组织七十万的东北边防军部署在中朝边界，准备随时投入战场。解放军也把大批作战物资送到鸭绿江边界。[100]同一时期，毛泽东也增加给胡志明军事援助。

七月初，蒋介石公开指控苏联煽动朝鲜战争，预言毛泽东终究会派人民解放军参战。[101]这个预言若是实现，美国和中国大陆就会爆发大战，从根本上改变美国对蒋和台湾的观点。他认为，美国这个国家的民族性“肤浅”，无法预测；私底下他也嘀咕绝大多数美国人依然认为台湾“已亡”，蒋介石“已完结”。[102]分析毛泽东将认定美国防卫台湾的承诺只是虚伪的姿态，蒋指示参谋总长周至柔准备从金门疏散。蒋说，由于杜鲁门设下的限制，国民党军队飞机再也不能轰炸金门对面的解放军集结地点，使得金门更易遭到攻击。周至柔和蒋的非官方美国军事顾问反对弃守金门。他们认为，此举形同表态国民党政府等于接受台湾与大陆分治。但是，“准备撤退令”暂时还是发了下去。[103]

得到杜鲁门核准，麦克阿瑟急急抽调四个师的占领军从日本驰援韩国——但他们却连吃败仗。或许是对美国参与此一新战争的前途越来越悲观，据传麦克阿瑟告诉国民党政府驻日本大使说，他“强力支持”委员长；此说使蒋氏大悦。[104]事实上，麦克阿瑟每天都更高声地疾呼：全面援助国民政府，运用国军部队，以及把台湾纳入为保护和投射美国力量的关键战略资产。[105]

七月三十一日，蒋氏夫妇到台北国际机场迎接麦克阿瑟的到访。麦克阿瑟及其随员并未通知国务院或白宫就飞到台湾；事实上，艾奇逊听到消息时还“大吃一惊”。[106]在台北听取详尽的简报时，这位美国名将坐在蒋夫人和满面笑容的委员长中间。委员长对麦帅的沉稳和大将之风印象深刻。中方简报人员说明国军许多物资严重不足的现象，但强调部队的作战素质和士气极高。麦克阿瑟对简报内容印象良好，又在未经授权之下，答应台湾会得到它所需要的每样东西。[107]会后，美国贵宾乘车上阳明山，到达蒋介石别墅的居停处。当天晚上，蒋氏夫妇以中国菜款待麦帅及其高级参谋。在觥筹交错间，蒋介石夫妇一定不敢置信，就在六个星期前，委员长、国民党和国民政府的末日似乎即将到来！

次日早晨，蒋介石和贵宾利用早餐时间又谈了两个小时。麦克阿瑟保证美国政府很快就会“针对提供台湾军事保护有个正式政策”。蒋也主动提议麦克阿瑟可以全权指挥调动中国武装部队——麦克阿瑟是得到此一殊荣的第三位美国将领——但是，麦帅委婉拒绝了。[108]麦帅在离开台北前发表公开声明，表示双方将“对敌人轻举妄动之攻击予以反击”，他又对“委员长坚决反抗共产党之决心”表达敬意。麦帅更盛赞台湾“可媲美世界上许多民主政府”。[109]

蒋氏高兴极了，当天晚上在日记里写下：“在此军事危急之际，麦帅竟拨冗访台以敦友谊，而其扶弱抑暴之精神，实为美国政治家惟一之雄才，其为罗斯福后之第一人乎。”[110]仿佛是证实蒋先生的反应，麦克阿瑟不久后便派六架美国空军喷气式战斗机到台湾。八月四日，这些飞机——蒋氏生平第一次见到的喷气式战

↑朝鲜战争爆发一个月后，麦克阿瑟将军抵台访问（国民党党史馆提供）

斗机——在台北街头群众欢呼声中进行空中表演。[111]但是，麦克阿瑟的做法在华盛顿并没得到同样的掌声。美国联合参谋本部明白告诉麦克阿瑟，杜鲁门总统的意思是美军在不进驻的情况下防卫台湾，但是，即使台湾受到进攻，也不派美军进驻台湾。换句话说，目前只靠第七舰队确保台湾防务。[112]这些飞机又回到日本。

麦帅回到东京后，派他的副参谋长福克斯（Alonso Fox）少将率领调查团到台湾，详细评估蒋氏的军事需求。麦克阿瑟命令福克斯别理会国务院派在台北的代表，这是麦帅表明不苟同杜鲁门对台政策的许多动作之一。此时，一向同情国民党政府的职业外交官蓝钦（Karl Rankin）奉派以公使衔而非大使身份，主持台北的“美国大使馆”——白宫想借此保留未来的弹性。蓝钦首次觐见蒋介石之后，形容委员长“是位中国绅士，具有信实、温和、忠诚和宽宏大量的美德”。蒋氏也晓得这是一位他会喜欢的美国外交官。后来，美国大使馆的报告再也不抱怨台湾的警察措施。总之，蓝钦认为，戒严的台湾情况并非总是很严峻。当他到任时，违章住户占了美国使馆大半土地，警察花了两年才赶走他们。[113]

蒋经国向他父亲报告，解放军已开始从浙江、福建沿海调动部队北上，到和朝鲜半岛隔海相望的山东省。听到这个消息后，蒋氏取消早先撤离金门及其他外岛的命令——等到又接到艾奇逊一封密电，表明第七舰队不会协助防守这些外岛，他立刻下达“紧急”撤退的命令。然而，两个星期后他又改变心意，在共军进犯外岛的可能性益发降低之下，再次取消撤退令。[114]

在这段期间，蒋氏继续搜集不利于孙立人的证据，又有情报说，孙在台湾的总部有若干高级军官是潜伏的共产党情报人员。[115]蒋也对接近陈诚——台湾第二号高官——的军官发动调查。八月中旬，他罢黜第十九军军长职务，在日记中写下此人是“辞修之力护者也”。[116]有如对付孙立人那样，蒋家父子对陈诚发出警告，陈诚心中有数，于八月二十八日辞去军职。[117]

由于朝鲜战争的效应，蒋介石在政治上得到强化，信心大增，遂正式建立规划已久的党务革新组织——中央改造委员会。这个计划涉及到执行党干部的大规模遣散、退休，及重建党的方向、政治纲领和军队的工作。在这项方案下，他解散国民党的中央常务委员会和中央执行委员会。接下来他又亲自挑选中央改造委员。蒋氏怀疑有异心的陈诚，最近被蒋在其日记中斥为“无用”，却仍入列为改造委员，大抵因为陈诚毕竟还是行政院长。

中央改造委员除了陈诚，还有蒋经国和十三名可信赖的部属，以及一名本省人。改造委员平均年龄四十六岁，最年长者只有五十八岁——和过去十年国民党高级委员会的情况迥异。他们全都有大学或同等学力。（后来，即使国民党中级干部也都必须大学毕业。）改造委员有五人是浙江籍——约占三分之一。最重要的是，他们全和委员长有个人关系。这里头没有 CC 派，也没有军阀代表或孔宋家族成员。[118]

蒋向中央改造委员会强调，党务革新的主要目标是消除贪渎和派系，引进年轻党员，并着重服务社会和群众。党的权力前所未有集中到蒋介石及其儿子手中；但是这个改变被解释为成就团结的前提。蒋氏似乎相信，他的努力在日后（可能是身后多年）可以带来法治社会，一个开放、繁荣、有良好教育的社会，还有一个多党但严格控制的代议体制，稳定和平民福祉是最重要的目标。[119]

这是这位强烈反共的国民党领袖一生很有趣的准马克思主义阶段，部分反映出他对中国共产党某些方面的敬佩。他在日记和闭门谈话中，比往常更常提到服务“群众”此一马克思言论。[120]他在党内公开宣扬必须学习毛泽东才能击败毛泽东。[121]他甚至鼓励党员学习马克思主义的辩证思维方式，他写下：“决不可以此（辩证法）为共党所专有，而本党即不屑研究，此本党之所以被共党击破也。”[122]

动员年轻人，也是两蒋决心要向共产党学习的一个要项。蒋经国出任中国青年反共救国团主任。值得注意的是，救国团不归教育部管辖，而是设在国防部总政战部底下，派出教官“教导、训练从小学至大学的学生”。[123]蒋的说法是标准化的教学和军训是贯彻党的原则和目标的关键。[124]

小蒋也接掌委员长到台湾后最喜爱的单位：革命实践研究院主任。多年来，研究院给数万名党、政、军官员灌输政治思想。这些毕业学员不论受训时间长短，均依中国人规矩，把主任蒋经国奉为重要的精神领导。党干部日增，党员人数也扩增。一九五〇年，国民党在台湾党员约五万人，到了一九五二年已增至二十八万两千人，其中约半数为外省籍；此外，党员有十七万人为文职人员，其余十一万两千人为军人。国民党亦仿中国共产党，新设风纪委员会，调查党员（可包括高层）受指控贪渎之案件。[125]

中央改造委员会亦恢复列宁主义的民主集中论，作为国民党的指导原则。小组成为党的最基层组织。国民党的新规定是，每个党员都编入小组，必须参加小组会议。小组作为工作单位负责执行党的政策、发展和散布政治宣传、防止共产党渗透，并举报揭发可疑和不法行为。党报亦举中国共产党之例，证明在城市中利用工作场合做党组织的基层单位有它的好处；至于农村地区，党的基层组织以村为建置基础，不是以乡、镇为基础。[126]

立法院内亦首次成立国民党小组。此后，立法委员会经由党部得到指示。政府机关和军中单位普设小组。民间企业不论规模大小，被“鼓励”在工厂、办公室允许成立小组。每个学校、民间组织都有党的小组，如果规模够大还有区分部。国民党的小组也仿效共产党的做法，进行相互批评、自我批评以及忠诚调查。党部通过小组进行舆情调查，俾便了解人民的需求和意见，以“发展群众路线”。[127]

除了这些个人层次的指令之外，大型工商企业和基础建设，如钢铁、矿产、石油、电力、铁路、造船、制糖、烟酒、林业，全由政府控制。除了和土地改革有关的之外，民营化并不是目标。

美国国会里坚决反共的拥蒋派议员似乎并未察觉，国民党在台湾有这么多类似共产党的做法。不过，蒋的目标不是像毛泽东那样要去彻底改造人类关系和世界，也不若法西斯主义者那样，企图主宰其他民族及世界。他希望确保社会稳定、政治权力不受挑战，俾能保住他的地位，追求国家统一，击败来自大陆的任何攻击，在台湾建立现代化、繁荣的华人社会。新国民党所教的价值观和早先的新生活运动一样——爱国、效忠、纪律、荣誉、仁爱、反共。

陈立夫寻求召开中央委员会全会以认可这些改革，他也质疑为什么党的财务记录不对全体中央委员公开。他的要求引发一阵挞伐批评。蒋介石给陈立夫卧病中的哥哥陈果夫写信，指立夫“不能担任大事”，并宣称他不能再参与常务。[128]蒋表示：“总裁，总绾一切党务。”蒋现在偶尔会在其日记或信函中，以帝王般的第三人称方式自称。据陈立夫自述，他听说蒋经国即将逮捕他，连忙逃到新泽西州，向孔祥熙借了一笔钱，开设养鸡场。陈立夫和许多国民党大员一样，功过是非姑且不论，似乎并没积攒出一笔财富。[129]

四

杜鲁门和艾奇逊深怕麦克阿瑟挺蒋会刺激中共介入朝鲜战争，此一发展在那个初期阶段将会酿成大祸。[130]杜鲁门派哈里曼到东京告诉麦克阿瑟说，总统并不希望他“让蒋成为美、中战争的导火线”。麦克阿瑟保证，一定执行总统下达的一切命令，但也明白表示他不赞同政府对华、对蒋政策。[131]

八月三十一日，杜鲁门回答记者发问时说，朝鲜战争结束后，第七舰队就不再需要防卫台湾。换句话说，美国承诺阻止台湾遭受攻击，只是暂时性质。蒋介石认为又是可恶的英国人从中作梗，使杜鲁门的对华政策又出现转折。[132]同时，联合国安全理事会也继续辩论中共提出的抗议，指控美国采取反中的侵略立场，在台湾部署军机、军舰，而且美国军机飞越朝鲜边界已侵犯中国领空。美国代表沃伦·奥斯汀（Warren Austin）在辩论中提议，安理会派一个小组到争议所在的东北现场去调查此一指控。国民政府驻安理会代表蒋廷黻认为，下一个提议就是派代表团到台湾去调查另一个指控。他担心，如果国民政府否决此一提案，可能会引爆把安理会中国代表权移转给北京的争端。[133]

蒋介石在某次会议讨论此一主题时，非常激动，坚称他会指示蒋廷黻否决任何类似的提案。他的结论是，如果美国决心让中共进入安理会，不管国民政府怎么做，美国人都会去做。[134]陈诚此时起立，请委员长“冷静、慎重”。蒋对此一不礼貌的动作，更加生气。当天晚上在日记写下，陈诚“自以为多智”，但是“所说结果则不着边际”。他抱怨说：“他们全都看不起我。”[135]

九月十二日，陈诚依然大胆讲话。蒋听说陈在一项会议里说他“专制、独裁”，而且首次公开声明他要辞职。蒋氏写下，“听者以为其心理病态，余以一笑置之”。[136]一星期后，陈诚果真又递上辞呈。他在辞呈上说：上任院长六个月以来，在国内外事务上“均乏建树”，再度恳求准予“因病”离职。[137]但是，蒋介石依旧不准陈诚挂冠。

五

同一时期，杜鲁门又说服马歇尔回任公职，取代亲蒋的约翰逊出任国防部长。尽管过去和马歇尔有歧见，蒋认为马帅此一任命案将有利国民党，因为它向全世界（包括苏联）发出讯号：美国已准备和苏联集团有最坏的打算。他指出，马歇尔从来没公开诋毁他，他们俩有相当好的个人沟通。[138]但是，美国的共和党人对此一人事案却不那么乐观。某些保守派甚至谴责“二战”期间指导美军在欧、亚战场均得胜的这位军事领袖是共产党间谍。詹纳（William E. Jenner）参议员甚至称他是“叛国贼的马前卒”。两党辩论党同伐异，使得杜鲁门和艾奇逊更困难（但不至于无法）继续坚持，让联合国决定台湾地位问题。

这时候，朝鲜大部分兵力已长驱直入，推进到朝鲜半岛最南端，团团围住釜山；釜山俨然已是美国率领的联合国部队最后的据点。九月十四日，麦克阿瑟指挥美军部队在首尔南方的仁川登陆，威胁困住朝鲜部队。同一天，蒋预期苏联将紧急劝进，要毛泽东加入战局。事实上，九月中旬斯大林已密电毛泽东，问他能否派兵去救金日成。毛已准备好了。[139]

到了九月二十七日，除了少数小块地区和若干狙击手之外，首尔已无朝鲜军队。麦克阿瑟将军和李承晚总统走进一片断壁残垣的首都，宣布韩国已经解放。这场战争十分激烈。光是八月和九月，朝鲜人民军有一万三千名被俘虏并有五万人伤亡；可是，共产党并没要放弃作战。大约两万五千名朝鲜部队逃出首尔，向北撤退。在外交战场上，周恩来公开警告，中国不会允许帝国主义者对其邻邦采取“侵略行动”。（他通过印度驻北京大使把同样的信息送达华盛顿。）斯大林在黑海别墅接见周恩来，承诺如果人民解放军大规模投入朝鲜战争，所需弹药、坦克和其他装备器材，苏联一概供应。他又保证会额外送十六个团的空军供解放军在朝鲜作战，不过它们不许飞到敌人防线之后。[140]从一九五〇年九月至一九五二年十一月，解放军空军从约一百五十架苏联制飞机，成长为一千四百架飞机，其中有七百架米格15战斗机——这等于是苏联版的巨型“租借法案”，如果这些飞机没转用到朝鲜战争，实质上就可用来确保解放军成功进入台湾。[141]一九五〇年底的时候，斯大林相信世界大战迫在眉睫，但是他认为支持中共大规模介入朝鲜战争是值得一试的赌注，特别是他的英国间谍告诉他，杜鲁门政府决定在韩国打一场有限的战争。[142]

仁川大捷之后的喜悦气氛下，终结金日成的共产政权、统一朝鲜半岛，对杜鲁门政府和联合国大多数会员国而言，似乎是合理的发展。至于共产党方面可能会如何反应，麦克阿瑟告诉杜鲁门总统：如果中共介入，美国空军可以把他们打得落花流水。[143]次日晚间，中共“抗美援朝志愿军”第一批部队悄悄渡过鸭绿江，进入朝鲜。到了十一月底，尽管麦克阿瑟英勇奋战，美国和韩国部队已全面溃败。

麦克阿瑟吓住了。他宣称：“我们面临一场全新的战争。”他要求准予轰炸中国境内军事基地，并接受蒋介石提议的三万三千名国军参战方案（其实蒋已不再提这个构想）。[144]他说，国军这三个师的兵力，是唯一一批训练充分的援军，可在十四天内投入战场。他相信，若有六万名国军助阵，他可以在韩国建立一道防线（暗示若无国军援助，他守不住）。[145]可是，马歇尔和艾奇逊继续争辩，指称运用国军加入朝鲜战争，或是对大陆展开大型攻击，将使美国失去重要盟国的支持，可能终结联合国准许美国介入的正当性，对战争可能不会有重大贡献。杜鲁门政府决心让战争局限在朝鲜半岛之内。但是，中共“志愿军”继续南进，连毛泽东都惊讶，短短十四天之内就反败为胜，几乎推进到朝鲜全境。美国方面，对于局势突然大逆转，颇为惊慌；蒋也埋怨“美国人之不能沉着与忍耐，昔如此耳”。[146]

此时，被苏联特务机关克格勃吸收的英国情报员麦克连（McLean）是英国外交部美国科科长，另一个同伙菲比（Philby）则是英国秘密情报局（SIS）驻华盛顿代表。通过这些位居要津的间谍之报告，斯大林获悉美国不会动用核武器，因此毛泽东可以放手猛扑，把美军赶出朝鲜半岛。[147]有趣的是，此时蒋也对动用核武器对付中共画下红线。他在日记中写下：这“不能生效”，因为“总祸根乃在俄国也”。[148]

到了十二月中旬，共军部队虽然伤亡惨重，不过已预备打进韩国；美国表明可以接受在三八线停火。[149]麦克阿瑟继续力主借重国军参战，但是蒋介石十二月八日接受哥伦比亚广播公司新闻网访问时，却没有重提派国军赴韩参战的提议，反而说，如果联合国海、空军能支持他的政府反攻大陆，可逼共军力量调离，也意谓朝鲜战场将转而对自由世界有利。[150]其实蒋心知肚明，美国绝对不会提供大规模海、空支持，让国军跨海反攻，而且他的部队也根本没准备好反攻大陆。

后来，蒋氏也承认即使美国答应全面海、空支持，国军登陆大陆之前，至少需要两年的准备。麦克阿瑟对全面进攻也踌躇不定，因而主张国军对大陆沿海展开游击攻击，声称这类行动会使中共在朝鲜战争作战的能力“瘫痪”。但是，保守派的美国政治人物却搞得国军跨海大反攻的确有可能的一副模样。[151]麦卡锡参议员宣称，如果杜鲁门总统不接受蒋介石的提议，光复他在不到两年前丢掉的大陆，就应该遭受弹劾。[152]

一月初，中共和朝鲜部队攻陷首尔，往南挺进；五角大楼、白宫和美国民众都十分焦虑。一月十日，联合参谋本部再度拒绝接受麦帅动用国军部队参战的方案。[153]麦帅获悉后竟然报告说，既然有此一限制，他无法兼顾守住韩国和防卫日本，他丢出惊人的结论：建议用可行的战术做掩护，尽快全面撤出朝鲜半岛。[154]北京方面，中共十分欣喜。[155]

蒋介石对一群国民党官员说，党不能靠中共在韩国战败而成功。[156]但是，他最担心的不是朝鲜半岛的军事危机，而是联合国正在酝酿的停火协议决议案，其中涉及指派“适当的（国际）代表”讨论台湾地位和联合国的中国代表权问题。[157]这项决议案还不让台湾参加预备召开的会议，蒋盛怒之下斥骂它是“本世纪国际组织上最卑污之史迹”，预示着世界末日的到来。[158]

美国投票赞成联合国的停火决议案——即使它将把停战线划在首尔南方，这代表美国承认惨败，亦呼应麦帅总部的失败主义氛围。可是，毛泽东要的是全面胜利。他立刻拒绝停火，下令共军继续往朝鲜海峡和黄海挺进。一月二十三日，中、朝三十万联军发动最后一波攻势，要把美军及联合国部队赶回海上。麦帅再度向华盛顿发出警报，他已经完全守不住朝鲜半岛的阵脚了；艾奇逊却认为他危言耸听，为的是争取到上级同意把战事延伸到中国，及动用国军部队。[159]

尽管华盛顿方面对麦克阿瑟的局势评估有所怀疑，联合参谋本部还是命令他开始规划撤离朝鲜半岛事宜。蒋介石也对国军将领表示，现在美国在韩国全面战败的可能性很大，他们应预期解放军会在五月份攻台，轰炸行动更可能会提早到三月份。[160]为了稳定军心，他依然表现得十分镇定。但是，几天后，蒋的情报官员向他报告，有个美军高级军事将领小组紧急视察韩国前线，回到华盛顿后提出一份振奋人心的报告。由马歇尔派出的这个小组报告说，韩国前线的美军部队可以守住阵地，也没计划撤退。报告指出，军队士气十分高昂。[161]

蒋介石欢迎这个报告，但也下令做最坏的打算。但是，事实上韩境战事确实开始转为对中共不利。美军以数十万枚炸弹、炮弹对付共军新攻势，开火两天之后，进攻暂时打住。美国陆军第八军和陆战队开始反攻。当然，蒋氏对此十分高兴；但是美国又建议联合国大会成立一个调停小组继续和北京协商解决战事，却令他大为光火。[162]

不过，次日又传来好消息。蒋介石获悉，美国驻联合国代表格罗斯（Ernest Gross）宣布，未来若没有台湾代表出席，美国政府不会在国际会议中讨论台湾地位问题。美国参议院跟着通过一项决议，强烈反对中华人民共和国加入联合国。蒋感谢上帝保佑国民党政府。他认为美国国会终于破坏了国务院的“阴谋”，他写下：“天父给我中华民国永为基督教理……之国家”，显然指的是台湾的领导人都是基督徒。但是，蒋介石也明白，杜鲁门团队还在观望——朝鲜战争已进行了八个月，美国仍未提供任何实质的军事援助给台湾。[163]

四月五日，共和党的众议院领袖马丁（Joseph Martin）在议场宣读麦克阿瑟的一封信；麦帅这封信支持马丁重用国军部队，在中国开辟第二战场的提案。杜鲁门对于麦帅一再公开介入决策大为生气，下令解除他本兼各职。蒋介石闻讯，宣称此举证实“美国政府可悲的愚蠢”，也代表艾奇逊、马歇尔和英国人又在阴谋摧毁国民政府。他命令张群飞往东京，向麦克阿瑟表达慰问之意。

四月底，联军又击退中共另一波攻势，造成共军大量伤亡，并乘胜往北推进。新任韩境美军司令官费立特（James A. Van Fleet）将军力促华盛顿要下令联合国部队把敌军赶回鸭绿江以北，但杜鲁门政府为了保持联合国及其盟友的支持，决定以三八线为界斡旋停火停战。[164]华盛顿向莫斯科明白表示，停火谈判不包括台湾地位问题或联合国中国代表权问题。蒋氏对此消息大感欣慰，认为这是“过去三年来，美国首度支持中华民国的声明”。[165]到了一九五一年六月中旬，毛泽东和中共中央政治局决定接受停火，以目前的控制线为界，也就是比三八线略为北边，而且停火谈判不需要碰触台湾地位或联合国代表权的问题。和谈自七月间就谈谈停停地展开，但是根本就没有确实执行停火——是月，战争变成沿控制线交火，遥遥无期，耗费物资的对峙僵局。

尽管国民政府在政治上有所得，蒋介石仍继续坚信华盛顿和伦敦“阴谋”使台湾中立化，企图发展本省或外省第三势力以取代他和国民政府。[166]他立刻就找到此一阴谋的迹象：华盛顿推动既不邀请台北也不邀请北京出席未来对日和约的谈判。由于蒋氏政府只控制不到百分之一的中国领土，北京又在联合国里不受欢迎，对于谁能代表中国这个问题来讲，双方都不邀请乃是合理的方案。但是，蒋介石领导的国民政府对日抗战八年，牺牲三百万军民性命，蒋氏对此视为羞辱、大为愤懑。他不能相信杜鲁门和艾奇逊如此“腐败、愚昧”，竟然排除其战时盟友参加和会。[167]他认为国民党政府不能参加和会是“历史上任何时代、任何国家都从未发生过的奇耻大辱”。[168]他甚至向僚属表示一定要和美国决裂，但是他们说服蒋放弃此一想法。[169]杜威州长曾于亚洲行时和蒋介石谈到这个话题，蒋又“气炸了”，他和蒋夫人是“杜威东方之行所遇见最生气的人”。[170]

和会于一九五一年九月在旧金山举行。在和约最后一次文字修改中，日本放弃对台湾的权利，除此之外，条约并未提到台湾地位：台湾没有依雅尔塔密约或开罗宣言“交还中国”。不过，美国力促日本单独和台湾另订一项和约。这个建议没让蒋氏息怒，因为他怀疑华盛顿和东京只是说说而已。他认为杜鲁门政府可能故意放任台湾地位问题悬而不决，“以此为停止韩战之饵物”[171]。

华盛顿的政策事实上也有意既避免有害朝鲜战争和议，也要保持未来和中共修睦的机会。杜鲁门政府终于通过立刻赠与台湾五千万美元军事援助，另于一九五一会计年度编列二亿三千七百万美元预算的军援。可是，七月份，蒋氏获悉，美国所答应的这些武器、补给，将延到次年交运，因为英国和西欧将优先得到援助。[172]另一个令人沮丧的消息又传来：蒋介石的老师董显光访美回来，他说台湾不能相信美国所承诺的军事援助。蒋氏写下，“马歇尔态度个人感情或较改善”，但是他的消灭台湾国民党政府、放弃亚洲的政策从来没变。[173]他认为，华盛顿拿承诺对台军援来“使我内溃自乱”。他说美国人的用心极其恶毒、卑鄙。[174]

当华盛顿开始和日本、菲律宾、新西兰和澳大利亚谈判安全条约，独舍台湾时，蒋介石觉得“有如恶梦初醒”，使他改变“四十年来之对美观感”。他对美国人的焦虑情绪导致另一波的偏执。他在日记写下：严防美艾、马对华革命力量根本铲除，则不惟不能侵占殖民地，控制黄种之狂妄野心。[175]

当美国军事援助顾问团团长蔡斯（ William C. Chase）将军初抵台湾就抱怨国军若干做法，更令蒋氏对美国人的不信任感上升。蔡斯批评国军设置“苏维埃式”的政工干部，他对日本军事顾问以“教官”名义受聘来台也大表错愕。这些“教官”之中最著名的即是冈村宁次，最后一任日本驻支那派遣军司令官，执行清乡政策的元凶。[176]总共有七十六名前日本皇军教官应聘来台，有些人驻留到一九六九年。[177]

蔡斯又强力建议国军把外岛部队整编进入台湾的军事单位——换句话说，自外岛撤军——改组及强化人员编制不足的各个师级单位。在蒋介石看来，这些批评和建议进一步证实马歇尔领导的国防部企图分化国军，“清除”他和国民党政府。他把蔡斯的建议，和美国国际开发总署代表提议让美方审查国民党军、政部门账册的想法，也看做美国试图控制他的政府财务的“天真”阴谋。[178]

不过，除了少数例外，蒋氏对华盛顿恶势力的不满情绪，都只在私人日记中倾泻，偶尔也在闭门会议中骂一骂。最后，尽管多么不满，蒋介石还是挺务实。他把日本教官调离任何可能会和美国人接触到的训练和讲课，也不再反对美国人审查台湾军、政机关的开支，认为毕竟“核实账册”也是好事。后来，他同意把国军陆军六十七个师裁编成三十一个师，最后再缩编为二十一个师。然而，他坚决拒斥从外岛撤军，也不肯裁撤政工部门，只肯接受降低军事单位上政治课的时间。他认为美国人施压要他裁撤政工部门，用意很可能是要把国军甚至政府大权，交给孙立人。[179]

蒋介石后来在对日和约上也展现他的务实精神。一连好几个月，他担心日本首相吉田茂试图对单独和台北签署和约，另有安排，俾能替来日承认北京政权预留空间——吉田茂事实上也颇有可能有这样的盘算。尽管对日本文化许多方面十分欣赏，蒋介石一度表示，今天的日本人比起战前军阀更为狡诈，他痛批日本人的“帝国野心”故态复盟。但是，他也表示，国民政府的未来“不可无日、美共同合作”。因此，他放弃要求日本赔偿战争损失的权利，也做了其他必要的妥协，签署了对日和约。[180]

第十一章　操控保护者

虽然彼此都有相当疑虑，美方和国民政府之间的合作在二十世纪五十年代初期却继续稳定成长。在韩国，国民政府军官翻译拦截到了中共战场通讯、准备心战传单，协助处理两万一千名中共战俘，尽可能鼓励（必要时极力施压）尽多的战俘投奔国民党。美国中央情报局买下陈纳德的“民航空运公司”，民航公司在台湾地区和韩国之间飞了一万五千班次，运送和支持国军翻译官、情报联络官，以及游说、策动被俘的中共志愿军之“教官”。[1]

可是，长期而言，台湾和美国最重要的合作领域是它在搜集大陆情报这方面的角色。朝鲜战争开始时，美国在中国大陆之内根本谈不上有有价值的情报来源。国民政府声称它有许多情报人员仍在大陆，而且若要吸收新鲜血液，也可无限量供应。特务从外岛（特别是大陈）进出中国大陆，是搜集大陆低级情报最常见的方式。但是，当共产党强化户口管控和监视方法之后，即使这些特务也存活不了多久。

和二十世纪五六十年代在台湾服务过的美国前任军官、情报人员和外交官访谈，就可以发现大多数美国官员认为台北政府提供的以特务搜集来的大陆情报，基本上是没用的东西。在中国长大的著名中情局官员李洁明（James Lilley）在其回忆录中说，六十年代末期，中情局香港站获悉北京已破坏了台湾对大陆“所有”的情报工作。[2] 对当时的许多人而言，显然台湾庞大的情报官僚似乎认为，不可靠甚至差劲的情报，总比没有情报好，于是就因循旧章，继续照办。

最有用的信息来自并非秘密的外国广播信息社翻译的中国大陆电台报道，国家安全局秘密拦截中国大陆的军民电台、电话通讯，空中侦察中国沿海空防，以及出动 U2 间谍飞机。但是，中央情报局和国民政府情报人员都没能渗透到中共领导人的核心内圈，甚至省级单位也打不进去。

间谍渗透不行，对大陆骚扰攻击也没有成绩。中共介入朝鲜战争之后，杜鲁门秘密指示第七舰队，别去干涉国民政府对大陆及对中共航运的小规模战斗。这些准军事行动包含快进快出的突袭，去炸桥、夺取地方文件或绑架地方上的共产党干部。它们对中国的经济和军事准备，没有造成太大伤害，也没能提供重要信息。但是，只要美国仍和中国在朝鲜半岛激烈交战，华盛顿政府显然认为这些动作对人民解放军，多少也算是一种小小的扰乱。

国民政府针对大陆发动的唯一大规模攻势，是由李弥将军所执行。李弥底下五万官兵于一九四九年逃入缅甸，定居在偏僻的掸邦山区，与当地女子成婚，从地方帮派手中抢过来海洛因毒品买卖的生意。李弥保持和台北的联系，与美国政策协调处（U. S. Office of Policy Coordination，前身为战略服务处）也有往来。一九五一年，李弥两度由缅甸反攻云南，动用两千名兵力，还有国军若干特种部队从台湾调来支持，也有政策协调处少数美国特务协助。解放军很快打散进攻部队，他们退回缅甸，恢复对当地贩毒业的控制和保护。[3] 对蒋而言，这支“国民党孤军”即使失败也还是有好处——可以强化美国和中共之间的敌意，也能增进国民政府和美国机关之间的兄弟情谊。对杜鲁门而言，缅甸作战也是一个安全的方法，可以展现：他就如共和党人所主张，运用蒋的部队在某处扰乱中国。但是这项行动倒是促成美国情报工作的变动。美国中央情报局局长史密斯（Walter Bedell Smith）反对它，认为后患无穷，政策协调处却全心全力支持它。由于它的失败，导致政策协调处并入中央情报局。

除了缅甸的作战失利之外，蒋的部队在一九四九年之后最重要之军事活动，就是封锁浙江和福建的沿海交通。这项海上活动以外岛为基地执行，于一九五一年上半年达到高峰：中共海军宣称国军干了一百三十七件“海盗”事件。国军船舰、飞机亦拦阻六十七艘和中国做生意的外籍船只，其中半数是由香港开出来的英国货船。一连好几年，蒋对闽、浙两省的海上封锁行动，制造出大陆的交通瓶颈，扰乱了华东沿海的渔业活动。[4]

美国在台湾的介入上升，宋美龄继续担任她丈夫的美国事务主要顾问，这是她一九五〇年回到台湾后即承担起来的角色。持续扩编的中央情报局台北站以及国家安全局驻台办事处，驻台人员很快就膨胀到超过六百人，其首长与蒋之间的高级联络人也都是宋美龄。有一天蒋介石夫妇讨论到他们对美国间谍的观感，一致认为他们“不好相处”；他们似乎“没有耐心、爱炫耀”。他俩的结论是：“我们应该小心，让着他们。”[5]

蒋氏夫妇似乎比往常更亲密，继续睡在同一寝室，只是用纱帘隔开各自的床；一起祈祷，并且手牵手在院子里散步。[6] 第一夫妇的亲密还有一个面向，就是基督信仰在他们生命中日益重要。宋美龄一向信教，但不是特别虔诚。然而有一天，在读到耶稣基督被钉上十字架的故事时，她突然首度领悟到“基督为她受难”。在这番感悟之后，她“不仅理智上，而且整个人也更虔诚信主”。可是她的健康问题，如神经性皮炎、失眠和不定时的神经衰弱，又回来了。[7] 她借宗教与国画怡情纾解。蒋注意到她“自朝到晚，不能罢手，已成画迷矣”，主题大部分是竹、兰。[8] 有位侄儿说：“在上帝赐给她的所有东西中，能画画是让她最快乐的。”[9]

当她出国时，蒋比以前更想念她。一九五二年八月，她搭乘泛美航空公司班机前往旧金山治病，他每隔几天就发一封电报给她。比起从前她出国时更加频繁。他在一封电报中说：“余念至深”；在另一封里又说：“接世电甚为忧闷，务期忍耐安静，服从医生之命令，勿噪勿急，多用祷告为盼。”[10]

美、蒋联合情报和军事作业，扩大了美国在台湾的军事训练，也增加了经济援助，加上其他种种关系，使得杜鲁门政府非得在政治、外交上支持蒋政府不可。可是，蒋依然认为杜鲁门政府多数和台湾有关的行为，都隐藏要他下台的阴谋。因此，当美国国会通过三亿美元对台湾军援法案，他觉得“在他人以为幸事，引以为慰，而余独以为耻辱加重，惟以淡然置之，何以为幸”。[11] 即使一九五二年初第一批美国重型武器——一百四十二门七五口径加农炮——抵达台湾，也改变不了蒋对杜鲁门团队的观感。他希望艾森豪威尔可以赢得当年的总统选举。为了助艾一臂之力，他指示蒋经国统辖的秘密警察翻出中国情治旧档中有些明显是假造的材料交给麦卡锡参议员的支持者，特别是“二战”与其后派到中国的反蒋国务院官员如谢伟思、戴维斯等。[12] 美国政治选举攻防中有一个中心议题，就是共产主义的威胁；艾森豪威尔在选举中宣布，他要废除雅尔塔协议、打开铁幕、终结朝鲜战争，以及“放手”让委员长对付“红色中国”。

杜鲁门主政时期，蒋并没向美方大力推销他越来越高分贝的“反攻大陆、光复国土”的主张。一九五二年七月，他终于向到访的美国海军作战司令（相当于海军总司令）费克特勒（William N. Fechteler）上将出示他的“反攻大陆”计划蓝图；费氏回到华盛顿后仔细检视，认为这套计划“完全不实际”。[13]但是蒋着眼于军方及外省籍平民的士气，继续大倡“反攻”，也因为“反攻”是他统治台湾的依据。他认为“光复大陆”（不论是什么形式）已注定有朝一日必会成功，但是他没预期在他有生之年“反攻”。他写下：“今后复国事业，照事实论，几乎不复可能，然而吾对革命复国之信心，毫不因此动摇。”他小心翼翼不让美国人以及自己的人民知道他有此务实的评估。[14]同样，在他心里，朝鲜战争打得不顺、长期陷入僵局也证实他是对的，因为他借着附带许多让派军至多成为长期方向的要求，避免了国军的参战。一九五二年新任太平洋舰队总司令雷德福（Arthur W. Radford）上将问他可否派出五万名国军参战时，蒋说他只能答应一个师（约一万人）。这件事后来再也没人提起。[15]

艾森豪威尔赢了十一月总统大选之后，已经搬到孔家在长岛宅邸的宋美龄，写信给这位候任总统表示：“你可以想象，我们有多高兴。”[16]可是，蒋提醒她不要过度支持，启人疑虑。他在日记中写下，如果艾森豪威尔真的在欧洲、韩国和其他地方执行他在选举中所宣示的对峙政策，而苏联起而反抗，则莫斯科“只有加速战争一条道路”。[17]

艾森豪威尔向国会发表国情咨文演说之前不久，美国驻台大使馆代办蓝钦告诉蒋，艾森豪威尔将命令第七舰队继续防卫台湾、不受大陆攻击，但要解除制止国军进攻大陆的命令。蓝钦显然奉了指示，接下来要求蒋承诺，若未事先和美国谘商，他不会发动国军攻打大陆。[18]艾森豪威尔明里“松绑”，暗地又把蒋捆住，但是只要不是公开为之，蒋并不介意有此一羁束。他遗憾艾森豪威尔未事先和他讨论这件事，但还是觉得“惟对此一政策，吾人认为正确，而予以赞许”。[19]继他对杜鲁门团队的意图爆发恐慌症之后，现在他又落入不正常的幸福意识。他写下，艾森豪威尔“对亚洲反共领导者之属望已自日本与印度转移于中国矣”。[20]可是，蒋对美国新政府的喜悦维持不了太久。

令鹰派共和党人又惊又恼的是，艾森豪威尔降低美国的军事预算，选择继续杜鲁门的“围堵但不解放”的政策，而且维持重欧轻亚的地缘政治观点——这也是令蒋介石长期以来一肚子怨气的政策。[21]为了弥补美国已经打算降低传统兵力，美国现在将仰赖“大规模报复”——意即核武器。以核武器报复对付传统威胁的策略，深刻升高美国可能和中共冲突的风险和成本，但是挺讽刺的是，它又因此增加美国和北京政府和解的诱因。蒋对任何这种发展都不觉得高兴，但他对这个议题不太发表意见。

在艾森豪威尔明显充分赞同下，新任国务卿杜勒斯对台采取类似杜鲁门和艾奇逊的双轨政策。他的第一部分优先是防卫台湾，推动台湾成为（中国式）自由市场，以及运用台湾作为情报平台和特种作战基地，以压迫和骚扰大陆。但是第二部分的战略目标则是，保持美国最终和中国大陆修好的可能性，促成两岸相互终止敌对行为，然后推动“两个中国”或“一中一台”的安排。[22]

艾森豪威尔在他的国情咨文中也暗示，必要时美国将使用手中一切武器去结束朝鲜战争。艾森豪威尔的用意是让中国大陆明白，除非朝鲜战争快快停火，否则他将“毅然决然地放宽武器的使用”，而且战事也不再只局限于朝鲜半岛。[23]在发表完国情咨文之后，艾森豪威尔又秘密给北京传递信息，暗示如果朝鲜半岛作战不停止，他将批准使用核武器。[24]多年之后，艾森豪威尔告诉约翰逊总统，他通过两个私人管道——印度总理尼赫鲁，以及蒋介石，传递这个警告。[25]委员长很高兴能受托传递信息。他可能指示蒋经国通过安全渠道传话给老朋友周恩来；蒋经国颇有可能利用以记者身份住在香港的曹聚仁，担任传话给中共的秘密中人。[26]毛收到美方信息的即刻反应就是派手下头号核物理科学家钱三强，去要求斯大林提供核武器给中国作为吓阻工具。[27]

一九五三年二月二十八日夜里，斯大林告诉他的内圈核心左右手，他已决定建议朝鲜和中国在谈判中“争取最有利的条件”。看来他并没理会毛泽东索取核武器的要求。五天之后，斯大林疑因脑溢血而撒手人寰。次日晚间，周恩来已赶到莫斯科和马林科夫（Georgi Malenkov）、赫鲁晓夫（Nikita Khrushchev）和不久即遭枪决的秘密警察头子贝利亚（Lavrenty Beria）会商。这几位苏联新领导人告诉周恩来，该是结束朝鲜战争的时候了。战俘问题是停火协议迄未达成的障碍，周和苏联方面迅速决定共产党方面将提议，由中立的独立国家来决定双方战俘的意愿——这正是美国和联合国方面一年多前的提议。[28]

新闻报道开始指出，艾森豪威尔将依杜鲁门的条件——朝鲜半岛南北分治——去取得和平。台湾问题说不定也会套用此模式去解决，当然对蒋是个诅咒。他要蓝钦问美国政府将如何面对“为韩战而死之官兵，以及韩国之空前牺牲耶”。[29]蒋当时不仅把杜勒斯写成“此种政客投机之流”，也认为艾森豪威尔对国民党政府的政策“与过去无殊”——意即有心换下蒋介石，设法把毛泽东化为另一个铁托。[30]到了五月，他已认定艾森豪威尔没有“常识”，让英国人牵着鼻子走，就像亲英的美国领导人一样。[31]

五月二十五日，有关交换战俘和永久停火的协议原则出炉。三周之后，强烈反对朝韩分治构想的韩国总统李承晚，允许两万七千多名反共的朝鲜战俘“逃亡”，并且威胁要把韩国部队撤出、不接受联合国节制。共产党方面的反应是立刻攻击韩国前线单位，和平协议似乎就要瓦解。六月二十二日，蒋接到李承晚叙述“美国如何出卖韩国”的信，不禁“不寒而栗”。他在日记里显然暗指美国，写下：“帝国主义之强权政治无非一丘之貉。”他必须试图帮助李承晚“救其危而促其成”，但他也“更为己危”，担忧这些发展对他本身的影响。[32]

蒋拍发两封电报给艾森豪威尔，敦促美国在朝鲜战争停火协议生效之前，与韩国签订互助安全条约。[33]但是他也依照日记所述感受，回复李承晚一封同情的信。华盛顿显然拦截到这封信并解码成功，把它解释为蒋鼓励李承晚坚持立场。杜勒斯大动肝火，发信警告蒋：如果李承晚不合作，美军将撤出韩国——而且，若走到这一步，美国也会“重新考虑对台湾之政策”。[34]这是很令人吃惊的威胁。蒋认为他只是想排难解纷，但杜勒斯和艾森豪威尔现在却“威胁”他。[35]蒋“日日夜夜”替李承晚祈祷，但是艾森豪威尔又致函李承晚，再次警告除非他“立即且明确地”合作，否则联合国指挥部“将启动另外的安排”。[36]次日，蒋拍电报给李承晚，建议他：如果得到在正式停火后有绝对保障的美韩安全条约，如果美国不要求朝鲜战俘回营，李应该接受停火计划。[37]

李承晚接纳此一建议，不过他又设法从美方压挤出承诺：如果他合作，美国将大幅增加对韩国的军事与经济援助。而且，虽然停火协定于八月二十五日起生效，李承晚却从未正式签署它——蒋很佩服他这一招。他认为李承晚是“最认识美国之革命家”。[38]

在极端情况下，艾森豪威尔会毫不犹疑割舍掉一个重要但又依赖美国的反共盟友。蒋从这里很清楚地看到教训。但是他还是和李承晚一样，认为必须展现自己的独立自主；七月十六日，就在李承晚危机期间，他没和美国谘商就下令国军部队登陆中共控制下的东山岛；东山岛是金门以及中共掌控的汕头港中间比较大的岛屿，居民约七十五万人。蒋的用意或许是想把东山岛纳入国民党掌控，但是更有可能只因他的关键盟友美国威胁要弃他而去，他非得展现自主的骨气不可。不论动机如何，他的努力并没有成功：解放军很快就反攻，逐退国军。[39]

二

毛泽东可以宣称打赢朝鲜战争，因为他的解放军部队把美国领头的盟军逐出朝鲜，还在三八线附近打个不分上下。可是，共产党方面想要夺占韩国的目标并未成功，朝鲜在战俘的解决上面也丢了面子，更被赶出韩国。而且，国民党控制的台湾以及蒋介石现在暂时安全无虞。就苏联来讲，朝鲜战争耗费不赀，但从它的角度看，每一块钱都很值得。中国现在和美国的距离更为疏远，也更依赖苏联。

国民政府某些官员担心，朝鲜战争停火等同反共阵线的瓦解，但是蒋“觉得满意”。他认为，朝鲜战争的结果固然有喜有忧，但情势已使艾森豪威尔现在“确实”投入防卫台湾（甚至要增派兵力到超乎自卫所需的水平），还要使台湾经济成功。此外，在可预见的将来，北京觊觎联合国安全理事会席位的机会已经成为过去，联军总部所俘虏的两万一千名战俘当中有一万四千人决定投奔台湾，在政治上和精神上都是巨大胜利。[40]

艾森豪威尔的想法恐怕就不是蒋所想的那么正面。艾森豪威尔认为，朝鲜战争停火之后，最理想就是美国应该重新检讨它的中国政策，包括联合国的中国代表权问题。[41]他怀疑对中国“严格禁运”有什么意义，一度告诉国家安全会议：若能促进美国利益，他将销售喷气式战斗机给毛泽东。但是，艾森豪威尔、杜勒斯以及其他资深顾问也同意，他们“摆脱不了蒋介石”。[42]对委员长的这种偏见，和杜鲁门、艾奇逊的观点并没太大差异。十一月间，蒋、李的一次谈话或许可以彰显当时的怪诞情势，蒋显然半开玩笑地建议，若是美国人问起他们讨论了什么军事计划，他们可以说两人讲好同时间一起反攻。李承晚欣然同意。[43]

尽管两蒋父子在国内外的政治地位更加坚强，他们依然忧虑若是委员长去世，陈诚和孙立人会联手合作，阻挡蒋经国接班。即使如此，蒋在一九五三年五月擢升孙立人为上将，翌年再次任命他为陆军总司令——对一个涉嫌包庇共产党间谍的将领来说，这是值得注意的发展。[44]陈诚继续担任行政院院长，在各种会议中继续挑战蒋；蒋也在日记中责备陈诚。不过，次年蒋仍提名陈诚出任副职，成为形式上的接班人。虽然鉴于蒋对两人颇有顾忌，这两件人事安排有点怪，但它们事实上经过仔细盘算，发挥《孙子兵法》里对付内部敌人的精神。

同时在这几年，蒋的参谋总长周至柔与委员长的舅子毛邦初斗争——毛是蒋经国生母毛福梅的手足。在苏联受过训的毛邦初于一九三七年奉派为空军副总司令，并自一九四三年起担任派在华盛顿的（台湾）空军采购团团长。一九五一年三月，毛邦初指控周至柔从借向美国采购飞机燃油中中饱私囊。[45]蒋调查后发现，尽管最近在军中推动财务改革，受质疑的款项的确存入周至柔在香港的个人账户里头，而且空军的许多账涉及“舞弊不法之点”。但是，在重大案件上，蒋一向重视效忠，不是追诉贪腐；在这一个案上，他决定为了保护至柔和空军的声誉，他必须不起诉他“以期有以改过也”。[46]毛邦初本身也中饱私囊，美国法院最后裁决台北政府有权自毛及其瑞士银行取回六百万美元。此时，毛邦初已逃离纽约，和他的美国秘书在墨西哥被捕。坐了两年牢之后，一九五四年获释，因为墨西哥法院裁定毛之所以被控告是“政治”因素。[47]

虽然回到大陆的梦想以及坚守台湾是中国一部分的原则，合理化了国民党对台湾的控制，国民政府之存在主要是因它实施警察国家的做法。二十世纪五十年代初期，来自台湾本省人“民族主义”的威胁依然未成气候，但政府仍继续搞“白色恐怖”。九十年代，法务部告诉在野党立法委员，那个时期的安全档案早已焚毁，但是从一九四九年起至一九八六年解除戒严这段时期被捕的人数官方统计是二万九千四百零七人。（如果在这段期间内美国也有同样比例的人民被捕，其人数就会高达六十一万五千人。)[48]

蒋经国领导的反情报机关网每年把六百多人定罪为间谍或颠覆分子；当蒋经国一九五三年访问华盛顿时，杜勒斯温和地建议他改善台湾的人权。次年，在台湾的秘密逮捕和定罪却有增无减，但是一九五五年终于下降。[49]根据吴国桢本人的证词，这位台湾省主席是当时胆敢批评政治恐怖的少数官员之一。吴国桢后来写说，一九五二年一月他晋见蒋介石，抱怨“秘密警察横行”，也提出警告说，如果蒋经国继续领导秘密警察，必将“成为人民仇恨的对象”。[50]蒋在当时的日记中没有提到这桩控诉，但是记下：吴威胁的不当行径太超过……“又恐其神经失常，发生狂病为虑”。[51]

一年多之后，吴国桢事件终于浮上台面。一九五三年三月，吴国桢称病呈请辞职，但蒋一方面要他再等一个月，一方面又在日记中声称吴“不能诚实”，再次怀疑吴神经有问题。[52]四月间，蒋同意接受吴的辞呈，但次日又写下吴又来信悔过。然而，根据吴的说法，蒋对他出言威胁，不久就要发生一起车祸，使得吴相信的确有人要取他性命。[53]同时，宋美龄从纽约回来，替吴讲话。次月，吴国桢夫妇拿到护照，前往美国。次年，吴发表文章、演讲，公开和蒋决裂，指控蒋经国的秘密警察从事私刑和勒索。[54]在台湾受到控制的新闻界则声称，吴因涉贪渎将被起诉才急急出国；但是，很少有人相信这种说法，在美国尤其如此。同年稍后，蒋批准吴国桢十六岁的儿子出境，去美国和双亲会合。吴指控秘密警察横行霸道有根有据；但他的性命是否有危险、他被控贪渎是否有道理，就不晓得了。总之，整桩事件让宋美龄相当忧愁。蓝钦夫人去拜访她，发现她非常忧郁，暗示吴国桢事件造成她如此。[55]不久之后，蒋劝她再到美国就医。她在一九五四年四月二十九日离开台北，住进熟悉的旧金山富兰克林医院，病因据说是过敏症。蒋写道他对宋美龄“一日不见如三秋矣”。[56]

韩境停火五个月之后，艾森豪威尔核准的一份国家安全会议政策文件，表明美国将在没有直接涉及到美军的情况之下，“鼓励和协助中国国民政府……突袭中国共产党的领土和商业”。美国禁止国军攻击大陆港口内的船只，以及明显非军事的目标，如客用轮渡等，但是实质上准许国军海军继续拦阻、搜索台湾海峡的外国船只，并没收任何要运往中国的“战略物资”。美国在美、中停止于朝鲜半岛敌对之后仍鼓励这类行动，加上它还继续以第七舰队防卫台湾，等同是美国在大部分已休止但依然很恼人的中国内战当中支持国民党。美国军事援助顾问团已几近直接介入，首次派遣官员到外岛，配合中央情报局人员，规划针对中共的小型攻击和骚扰行动。[57]

蒋很欣慰美国有这些敌视大陆的政策，但是就实际允许什么行动，他可十分小心。坚决支持他的蓝钦向华盛顿提出警告说，美蒋联手行动只不过是“拿羽毛掸子轻碰老虎罢了”！如果中国对发起突袭行动的外岛发动攻击，世界舆论或许会觉得中国的攻击有道理。[58]根据派在大陈服勤的美国军官之说法，国军的秘密活动本质上等于在变相鼓励早已肆虐本地区的海盗。[59]蔡斯将军把手下负责协调这些活动的军官，称做“海盗事务副总裁”。[60]美国人武装的机动渔船会劫持中国沿海的中国渔船和其他小型船只，带走船上运载的食品，把耐用品送到香港脱售。有时候，国军突袭者会对抓来的渔夫宣传说教一番才放人。[61]派驻外岛的美军陆战队因为国军不肯组织更认真的行动对付大陆或中国船运而倍感挫折。美方相信国民政府担心，若是“真正伤了中共”，解放军会把他们赶出经受不起攻击的大陈。[62]

和杜鲁门时期一样，对蒋和艾森豪威尔而言，台湾海峡的特别行动可向其支持者交代，他们的确有针对中共采取行动。艾森豪威尔和杜勒斯也认为它可以安抚蒋的“反攻”决心。对蒋而言，它增加美、中之间的敌意，培养中情局和美国军方重要的亲蒋派之成长，也让蒋经国的特别行动部门源源不断有钱、有器材设备。最后，这项秘密活动拥有数以百万计的美元，可增进许多机构和不同人物的主张。某位前任中情局官员回忆说：这个秘密关系变成“国民党金钱、武器、设备和训练的聚宝盆”。[63]

既然被“松绑”，蒋似乎就有义务向美国新任政府正式提出全面反攻的计划。一九五三年六月，通过蓝钦大使，他首次向华盛顿提出撼动历史的反攻大陆方案。当然蒋明白，在结束朝鲜战争此一冗长、耗费不赀的“有限”战争之前夕，艾森豪威尔对另一场大规模对付中共的战争，不会有兴趣。因此，他提议的大反攻必须以三到六年准备才能展开，准备期间美国要武装及训练六十个师的国军部队。最终目标是以国军六十万雄兵进行诺曼底式的登陆作战。起先蒋说只需要美国的后勤支持，后来有时候他又说还需要美国的空中掩护和海上运输——这差别可大了！[64]他一再重申他的基本论调：在本地区冲突之根源——共产中国——被铲除之前，远东不会稳定、和平。[65]如前文所述，私底下他认为他有生之年看不到此一反攻会实现。

九月，蒋经国第一次赴美国访问，走遍很多城市，到了华盛顿亦会见总统、国务卿、中情局局长等人。华盛顿长期以来认为他是他父亲内定的接班人，但角色并不清楚。他给予各方的印象极佳。他没有提起反攻大陆的议题，也没要求更多援助，只呼吁双方更加紧密合作。

蒋经国从华盛顿回台湾后不久，副总统尼克松偕夫人访问台北，做两蒋的贵宾。委员长和尼克松长谈七个小时，有时候只有一名译员随侍，两人单独密谈。尼克松在回忆录中告诉我们，他认为东道主提出的反攻计划“完全不实际”，但是又觉得他“不能当面告诉蒋，由他重新统一中国的机会实质上并不存在”。尼克松说，他“明白表示美国兵力不能用来支持（蒋）可能发动的任何反攻”。[66]如此明确但又礼貌地拒绝美国参与，乃是艾森豪威尔政府迄今对美国拒绝直接参与“反攻”最明显表态的一次。蒋的日记看不到他对尼克松此话感到意外或挫折，因为他只关切美国不公开发表这种声明。同时，蒋在公开演讲仍保证将在不久的未来恢复大陆的“自由与光明”。[67]

缅甸国军游击队增加入侵中国大陆的活动，缅甸政府公开吁求美国设法终止此一侵略行为。一九五三年初，杜勒斯向蒋施压，要他撤出李弥部队，但是蒋还是老样子，回应干涉的方式就是“严令接济李部，空运加紧，以鼓其士气”。[68]当蒋经国在华盛顿时，艾森豪威尔对他重提这个议题，杜勒斯又以严峻的措辞发函向委员长要求，但蒋还是不为所动。最后，联合国大会在一九五三年十二月谴责台北在缅甸的活动，然后在杜勒斯更强硬施压下，蒋终于下令撤出五千多名国军士兵和眷属。然而，抵达台湾的人，据说有许多是当地山地人，而非汉人。蒋和中情局事实上仍把国军战士大部分留在缅甸当游击队。他们认为在即将发生的保卫中南半岛不遭赤化的斗争中，这支部队或许可起作用。[69]

艾森豪威尔时期，蒋多次向美方发出警告，若是放弃外岛将导致台湾已建立的体制之瓦解。但是他本人并不是真心相信此一末日预言，因为他自己就在一九

↑1958 年 10 月，蒋介石向他高贵的访客美国副总统尼克松敬酒（国民党党史馆提供）

五〇年七月两度“紧急”下令自金门、马祖撤退。艾森豪威尔、尼克松和美方高级领导层有许多人认为委员长高唱“反攻”乃是幻想。但是白宫和政府其他部门倒是流传一个莫名其妙的想法，认为美国若是不肯协助防卫这些小岛，或是逼蒋介石放弃它们，台湾的民心士气将迅速崩溃，蒋将被手下将领推翻——或甚至更糟糕，他或许也会投向毛泽东。[70]

不过我们可以这么说，蒋从来没有认真想过放弃他在台湾的安全生活和权力地位，以及他的基本政治、宗教信念，去生活在共产政权下。除了两亿美元经济援助之外，蒋已得到美方五亿多美元的军事援助以及预算支持；另外针对武装部队，还有五亿美元军援已经通过，即将到来。他在一九六五年向周以德表示，他觉得好像上帝赐给他台湾作为避难所，使他终于能够打造一个有秩序的繁荣社会，实现他替中国未来建立楷模的梦想。同样，蒋底下的中、高级军官也不会放弃美援源源而来的日益稳定、舒适的生活，而让自己置身于共产党掌控之下。美国情报界对蒋介石治下的台湾一再分析，结论是：只要美国誓言保卫台湾有可信度，岛上极大多数外省人“可以接受在台湾安身立命”。[71]

美国一九五四年九月做的国家情报评估，还有另一个说法：如果国民政府认为他们的利益和美国的利益“日益歧异”的话，“相信会导致他们（指蒋介石）采取措施，希望把美国和共产中国卷进一场战争”。[72]蒋的确相信民主国家和共产世界无可避免终将爆发世界大战，国民党也将渔翁得利，但是他绝不敢断言这一场大规模的冲突，结局会是如何。他并不相信，如果爆发大战，美国民众——亦即美国政府，不论是共和党当家或民主党执政——会坚持到底。他对史迪威时期、马歇尔调处、杜鲁门和艾奇逊时期的美国对华政策之观感，以及近来和艾森豪威尔、杜勒斯就韩国、缅甸的痛苦经验，使他认为美、中大战可能又会陷入僵局，因此成为美、中和解修好的诱因——这一来他和台湾不就更糟了吗？此后的十多年甚至更久，蒋的一些决定都能说明他曾有此认定。不过，他的言行姿势三不五时要表现出来他想要启动全球大战。

二

到了一九五三年中期，胡志明已控制了越南大部分的农村地区。中国对越盟提供的武器援助每个月约一千吨，解放军许多技术人员和顾问也在胡志明部队中秘密工作。朝鲜战争于七月告停，毛泽东把更多的大炮和高射炮投入越南。美方为了反制，对法军的援助达到十亿美元。艾森豪威尔认为情势“还不紧张”，但蒋对法、美在中南半岛危机则另有看法。[73]一九五三年十一月，他在接见蓝钦大使和一群美国访客时，很坦诚地表示美国“在中南半岛投下资源却一无所获”。他说，除非针对根源——共产中国和苏联——下手，远东绝不会稳定。让美国访客吃惊的是，他铁口直断美国试图在越南、柬埔寨、老挝救法国“纯粹白费力气”。美国访客一再追问下，蒋显然察觉自己话讲过头，他改口同意依当前局势，美国应该试图协助法国——但实际上他依旧相信失败的概率相当高。[74]

一九五四年三月，越盟包围奠边府，整个中南半岛的未来突然悬于这个围城的命运。中国人急忙又送一百门大炮、六万发炮弹到前线，中情局也从台湾出动民航公司飞机向奠边府空投物资。[75]雷德福将军和法国军方提议动用三枚原子弹打破包围。尼克松和杜勒斯似乎同意这个构想，但是在艾森豪威尔看来，要以如此可怕的行动在一场未宣而战的战争中去拯救一个殖民政府，实在交代不过去。他在国家安全会议开会时表示："你们疯了吗？我们不能拿这些可怕的东西在十年内第二度用在亚洲人身上！我的天呀！"[76]

艾森豪威尔一度考虑要求蒋介石出兵，但旋即因顾虑中共介入而放弃这个念头。同时，蒋在日记中也认为法国必败、美国的策略没用。[77]不过他继续配合美方的要求。苏联和西方盟国为了谋求解决方案，同意在日内瓦召开会议，讨论韩国和越南问题。这是中华人民共和国首次出席国际会议，周恩来代表中国与会。但是为了确保一定攻克奠边府，毛泽东赶紧又把经中国训练的两个越南炮兵营调到前线，还指示解放军顾问："别省炮弹，你们要多少有多少，我们会供应足够的炮弹。"[78]

一九五四年五月七日，日内瓦会议进行当中，奠边府法国守军投降，白宫暗示它可以接受越南分治的构想。共产党方面也顾虑，若是坚持在中南半岛全面胜利、继续作战下去，"最坏的状况"就是届时可能发生美国干预。[79]蒋认为不论冲突是如何完结，它都会有利台湾准备反攻，意即美国会增加对台军事援助。[80]因此经过数星期休会，各国外交部长再次开会，于七月二十一日签署协定，以北纬十七度为界划分南北越，北方为共产党控制，南方为非共产范围，并于两年内举行公民投票产生统一的政府。杜勒斯没签署此一协定，并且很出名地拒绝和周恩来握手。周从头就决心不执行大家讲好的全国选举。蒋告诉美国人："不论是……南北分治或举行大选，或是承认老挝和柬埔寨中立，最后的结果将是共产党接管了整个地区。"[81]经过痛苦的二十年之后，他被证明是对的。

三

自从上任以来，艾森豪威尔团队没有太多深思就背离杜鲁门、艾奇逊的政策，预备协助蒋介石防卫金门及其他外岛。一九五三年十一月，美国国家安全会议一份文件在未承诺投入美军的情况下，明定美国将"鼓励和协助中国国民政府防卫国军据守的外岛，对抗共产党的攻击，并且进袭中共领土和商务"。[82]一年之后，韩国、越南冲突均已停火，美国政府更坚定要划一道线，不让共产党在领土上有寸土之进展。

一九五四年，毛泽东发起宣传战，动员“解放台湾”。中共内部文件强调，以金门为中心创造危机，用意主要是提高中国人民政治意识，激发国内社会主义建设的革命热情。[83]或许在毛心中更重要的是，威胁外岛可展现出，即使莫斯科在全球摆出和平共处的新姿态，并不代表中国的内战已经结束，或是中共接受台湾与中国大陆的分裂。[84]解放军开始囤积补给品，以备大举炮轰金门、马祖。[85]在紧张上升之际，杜勒斯于马尼拉召开记者会发表谈话说，美国可以合理地下结论，防卫台湾“包含”保卫外岛，暗示美国可能会直接介入防卫外岛。[86]

一九五四年九月三日，解放军针对金门发射数千发炮弹。台湾炮兵也从深藏在花岗岩山壁的坑道中推出美制大炮予以反击。第七舰队从横须贺出海；大西洋美国海军主力舰亦兼程赶往太平洋。[87]从事后的发展来看，毛泽东很显然并无意攻下地理位置十分靠近中国沿海的金门或马祖——加上它们从未如台湾和澎湖割让给日本——让蒋介石和大陆保持十分重要的政治联结关系。中共领导人和蒋介石一样，都不想切断这份关联。

危机集中在面积一百五十三平方公里的金门。它除了花岗石，还有水稻田和一座机场。蒋认为若有适度的补给，它可以挺得住长期包围。但若没有美国的海、空军介入，他和美国人都晓得解放军可以切断它的海、空支持。[88]杜勒斯离开菲律宾之后，于九月九日在台北短暂停留五个小时。这是蒋第一次见到这位曾和他就滇缅边区国军部队吵过架的美国国务卿，他比往常更加紧张。蒋虽然笑容满面，脚却抖动得比平常更厉害。当他提起美国和台湾签订安全条约这个议题时，杜勒斯只答说：还有“某些困难”挡路。但稍后记者会上被问到解放军攻击外岛的事，杜勒斯宣称台湾“并不孤立无援”。[89]蒋起初很满意。他认为杜勒斯“顾大体尚可”。但事隔几天，他又认为杜旋风访台是“耻辱”，也没有诚意。[90]

虽然炮击金门的第一天就有两名美国军人被打死，台湾军队方面的伤亡不大，蓝钦大使形容解放军“白费力气”。[91]可是，台湾军队却出动飞机轰炸厦门港口及其周遭设施，突击队也攻击沿海各地。[92]九月十二日，台湾军队飞机深入内陆八十公里轰炸目标，两天之后台北宣称击沉了一艘一千吨的油轮。怪的是，解放军的米格15由曾参加过朝鲜战争的老手驾驶，却没挑衅比它弱、还是第二次世界大战留下来的国军F-47雷霆机。很显然毛没全力投入金门战役，更没想到要进犯台湾。

即使如此，不久，美国国防官员、媒体、艾森豪威尔和杜勒斯也开始认为毛泽东事实上决心占领金门。从九月十二日至十一月二日国家安全会议历次会议，除了陆军李奇威（Matthew Ridgeway）将军外，海军上将雷德福及所有联参首长，都建议立刻派美军部队到金门及其他外岛，和蒋介石联手轰炸大陆，必要时甚至利用核武器去逐退中共。蒋现在有百分之四十部队驻防这些小小外岛，因此这些地点若是沦陷，对台湾安全会是一记重击，但也称不上致命打击。[93]

在国家安全会议上，此时杜勒斯强调只有动用核武器，美国才能打赢中国；他和艾森豪威尔都在会中表示，和中共发生大战，一定导致和苏联交战。[94]这些想法终于使大家务实地讨论和战利弊得失；虽然他们都同意早先的政策文件和公开声明，承诺美国要防卫外岛，总统、杜勒斯和国防部长威尔森（Charlie Wilson）却突然一致表明，他们不认为金门和马祖值得防卫。

艾森豪威尔一度下令美国实际上不得动用其武装力量防卫这些外岛。但是，同时有另一个想法让艾森豪威尔十分不安：如果蒋被迫放弃金门，他会倒戈。他很烦恼，委员长若是被逼急了，会“出卖美国，放弃台湾”——换句话说，带着他的武装部队投向毛泽东。[95]一直到一九五五年二月，艾森豪威尔都还在引用中情局的调查报告，担心“蒋的军队准备全员投向共产党的可能性”。中情局在华盛顿的分析人员坚守国家情报评估，对国民政府军民领导人之士气持乐观态度，根本不相信这些谣言；它们有可能出自台湾高级官员向中情局人员散播，希望争取对国民党更多的支持。[96]但是，白宫国家安全会议相信它。

赫鲁晓夫于十月一日抵达北京访问，决心与中国建立更亲密的关系。首先，他撤销一九五〇年毛泽东和斯大林签订的一切秘密协议，包括苏联占领旅顺港，并且答应供应更多的武器工厂，以及五亿二千万卢布的新贷款。毛提起正在进行中的金门危机，再度要求苏联协助中国发展核武器。赫鲁晓夫答说，中国在苏联的核武器伞下安全无虞，但是他答应考虑提供一座研究用的反应炉。[97]中苏联合公报宣称：“团结行动保护两国的安全。”[98]

同时，杜勒斯鼓励新西兰向联合国安全理事会提案，呼吁台湾海峡停火，这是杜鲁门和艾奇逊试过却不成功的战术。蒋认为这又是美国人在玩把戏。[99]为了向蒋让步，杜勒斯加快美、蒋共同防御条约的谈判，提议这个条约只保障台湾和澎湖的安全，但同时也提及在双方同意下也可纳入其他地区。蒋起先反对杜勒斯的提议，对联合国停火的构想更强烈反对，深怕它会导致一中一台的情况。但是他很快又重新考虑：如果他签了条约，他就和美国有同盟关系，至少理论上等同北约组织的伙伴，至于新西兰的倡议，他晓得北京也不会接受它。

蒋也同意秘密附加一个换文文件，双方政府表述任何一方在本地区使用武力都必须经双方共同同意。私底下他认为这是“无法忍受”，也是羞辱，但又说条约是黑暗中的一线希望。[100]他致函艾森豪威尔表示满意这个条约，但美国若能公开向国民政府表明，将会提供后勤支持协防外岛，将是好的“心理战”。艾森豪威尔不肯。事实上，他还照会蒋，把那么多国军部队挤在这些小岛上是军事上的错误。[101]

金门与厦门近郊的炮战继续你来我往，国军侦察报告也指出解放军继续在该地区增强地面部队及空军之部署。一九五四年十一月，北京把朝鲜战争期间在中国领空击落的十三名美国飞行员判了重刑，在美国激起反北京的怒潮。参议员们呼吁封锁中共，麦卡锡也要求美国放手，让蒋介石攻击中国的“下腹要害”。[102]但是美国政府十二月份在国家安全会议一份政策文件中重申最近的决定：“除非共产党进攻台湾”，美国不会投入美军部队防卫外岛。[103]

蒋在新年文告公开预言“全面战争随时可以展开”，毛泽东旋即下令一百多架飞机进攻距台湾北端三百多公里、小得许多的大陈列岛。一九五五年一月十八日，四千名解放军硬是攻下距大陈十一公里的一江山岛；艾森豪威尔再次担心中共会真的入侵金门，使得他执政以来再丢掉另一片土地为共产党所占领，而且也担心蒋介石会“倒戈”。杜勒斯此时也令人费解地附和蒋的警告，声称金门若失守将对国民政府民心士气产生“灾难性的效应”。艾森豪威尔的立场又逆转。他说“划一道线”的时机已到——指的是在中国海岸外二十四公里、一九四九年之前从未属台湾管辖的小岛划下一道防线。[104]

现在艾森豪威尔和杜勒斯都同意，“只要中共表明意图攻击台湾”——北京经常重申此一威胁——美国就会宣布它将协防金门、马祖。[105]蒋只被要求在美军协助之下，撤出距离台湾太远的大陈。因此，距不介入的政策重新宣布才一个月，美国国家安全会议于一月十九日又核定一个受到注目的新路线。蒋接到美方的提议，可说是又惊又喜，美国愿意冒与中共全面作战甚至可能涉及苏联的风险，公开承诺防御外岛。他立刻同意撤离大陈。接下来，美国国会应艾森豪威尔总统之请通过决议，授权总统动用美国武装部队防卫台湾、澎湖，以及他认为确保达成此一目标所必需之“相关据点和领土”。[106]

接下来情势急转如下，变得相当复杂。杜勒斯把计划告知英国大使，次日大使急忙登门告诉杜勒斯，丘吉尔及其内阁“十分困扰”。英国会支持新西兰在联合国提出的台海停火决议案，条件是美国不承诺去防卫金门和马祖。艾森豪威尔获报后又改变了主意。一月二十一日美国国家安全会议决定回到原先的政策才是最明智的路线——美国会防卫金门和马祖，前提是共产党对金、马之进攻“被认定是……进攻台湾及澎湖的前奏”。[107]一月二十九日，杜勒斯告诉人在华盛顿的国民政府外交部长叶公超，美国不会就两大外岛发表公开声明。他说，可以私下向蒋表示，“在现有状况下”，美国事实上会协助防卫外岛；但是他又加了但书，这是美国片面的决定，也要视联合国的行动而定，而且它可能随时撤销，不用背负背信的指控。[108]

蒋听到艾森豪威尔和杜勒斯不寻常的退缩动作，大为震怒。又一位美国总统撕毁他信誓旦旦的承诺——这一次的承诺更是才几天前的事。他认为这是英国依然“控制”美国外交的又一个实例。他的愤慨毫无疑问大部分是真的，但是此一情势也如同往常，提供千载难逢的机会狠狠修理美国人，让他们担心他会有走极端的反应。这种忧虑可迫使美国领导人在其他方面——尤其是军事、经济援助和外交支持——弥补他。

美国公开声明协防金门、马祖的事，除了美国和国民党政府领导层之外，只有伦敦晓得此事曾短暂承诺，但条件未明就遭到取消。纵使如此，蒋告诉蓝钦，最新的反复会鼓舞共产党进攻外岛；倘若外岛遭到攻击，美国要负责任。如他所喜欢做的，他严词向同情的大使好好说教，大谈“荣誉、正直、公平和真诚”，暗示华盛顿什么也不是。这位国民党政府领袖处于蓝钦前所未见“最神经紧张的状况”。他一会儿摸自己的光头，一会儿扭双手，脚也抖个不停。他说，他不会从大陈撤退，如果国军败了，甚至如果台湾丢了，“中国将替后代子孙留下荣誉”。最后他说，美国在处理和他的政府之关系时，应该“晓得不是玩家家酒”。[109]

蒋如此指桑骂槐痛批艾森豪威尔，经由蓝钦报回华盛顿，果然奏效。艾森豪威尔显然很懊恼自己对丘吉尔让步，逆转了对蒋的承诺。他在一九五五年一月三十一日致函蒋介石，重申美国政府不会就此事发表声明，但是“在目前的状况下，若是金门、马祖遭到重大攻击，事实上会向国民政府伸援”。这正是杜勒斯曾三言两语所作的承诺。[110]

艾森豪威尔现在接受海军上将雷德福相当极端的观点：金马失守会“摧毁（国军在台湾）存在的理由”，这个结论赋予美国全面干预、防卫外岛的正当理由。艾森豪威尔给丘吉尔一封信引述这个论点，以及另一个更有连锁大冲击的说法：北京的目标是先抢金门、马祖，进占台湾，再攻略日本。[111]美国跨部门会议的情报评估再次与这个牵强的剧本产生矛盾，可是这次艾森豪威尔不接受丘吉尔的新建议，丘吉尔希望美国把它的承诺局限于保卫台湾、澎湖就好。

蒋依约定从大陈撤退。杜勒斯三月初到台北见他。杜勒斯说明，基于政治原因，美国的公开立场是：由于金、马和防卫台湾有关系，总统“可以判定保卫它们是合宜的”。蒋接受这是重申艾森豪威尔的保证。接下来话锋一转，杜勒斯提起反攻大陆的议题，坦率告诉蒋，国民政府“一再谈武力反攻大陆”显得“有点愚蠢”，“在国外招来讪笑”。杜勒斯又说，未来或许会出现行动的机会，但是国民政府无法创造此一可能性，也不用去期望。他说，台湾必须扮演不同的角色。

蒋不仅没有生气，还说对于国民政府在台湾未来的任务，他和国务卿“有同感”。主要的角色不是打造反攻力量，而是替中国的发展建立另一个模范。他告诉杜勒斯，即使如此，“谈到国内宣传……就不同了，因为我们必须维持……民心士气”。蒋很坦白、清楚地说明他持续高唱反攻大陆的战术和心理理由，但是杜勒斯似乎没听进去它们的重要性。[112]

同一个月，战争迫在眉睫的恐惧又浮现，因为美国国家情报委员会认定解放军已完成进攻金门、马祖的最后准备工作。杜勒斯再次向国家安全会议报告“美国必须（为外岛）作战的机会至少一半一半”，而且是“我们必须动用原子武器”的一场战争。[113]艾森豪威尔和杜勒斯都着手试图说服美国民众相信，原子武器和传统武器可以“替换使用”。[114]艾森豪威尔公开警告说，远东若是发生战争，“可能用到战术性小型原子武器”。[115]

这些评论的含义令人屏息，在全世界激发普遍反弹，俨然世界大战和核子废墟即将临头——只为了两个小岛群，而且其主权颇有争议，甚至从这里一再发动对大陆的准军事攻击。美国对中共启动核攻击一定在全球（甚至美国本国）普遍遭到唾弃，也会被多数的盟国（可能全体北约会员国在内）激烈反对。艾森豪威尔前一年才刚尝到试图利用核武器以拯救奠边府，却面临道德、政治灾祸甚至军事失利的苦果。

艾森豪威尔没料到他一番话捅出全球批评的马蜂窝，又退缩回原来的立场。三月三十日和国会领袖进行秘密会议时，他说，如果中共攻击金门、马祖不像是进犯台湾的先声，“美国不会插手”。他再也不提台湾的心理崩溃或是早先对丘吉尔所说的骨牌理论。次日，在椭圆形办公室召见国家安全会议核心幕僚时，艾森豪威尔承认不希望为金、马和中国打仗，因为盟国不会支持，美国舆论将会分裂，它对“（美国）经济将产生灾难性的影响”。[116]

美国领导人公开威胁说，他们可能动用核武器和中华人民共和国打一仗，使毛泽东有机会再次向苏联开口，声称中国需要援助，发展核武器作为吓阻工具。赫鲁晓夫考虑到未来，决定最好是让中国人自建核子伞，自己去吓阻或对付美国人的核武器攻击比较好。他同意在中国兴建一座回旋磁力加速器和反应炉。[117]这项大礼的另一个用意是要毛泽东支持赫鲁晓夫与西方和好的新政策，包括研商举行美苏高峰会议，以及和平解决争端的全球策略。核武器援助乃是他能够给毛的最大礼物，而且此举果然收到成效——三月七日北京《人民日报》社论宣示开展中国的“和平解放”政策，对台湾也不例外。

四

北京讲和平，莫斯科倡和好，加上解放军不再空炸金门，很快就使美国人的战争恐慌消失。但是历经此次危机折磨，艾森豪威尔决定要让蒋退出这几个“可恶的”外岛。四月间，他派海军上将雷德福和外交官饶伯森带着一项大胆新计划到台北，试图解决这个问题。两位特使和蒋氏夫妇、叶公超在一场开到半夜十一点的马拉松会议中说明，艾森豪威尔已经铁了心决定美国不会协防金门、马祖，因为这么做“毫无疑问需要借重核武器”，会在国内外引起“极大的”反对。[118]

艾森豪威尔总统的两位特使又说，如果委员长在美国海军保护下撤离这些外岛，美国将与国民政府合作在中国沿海建立一条六百多公里的禁区线，南起广东汕头、北迄浙江温州，贯穿南海、台湾海峡和东海。这道联合禁区线将使两国海军可搜索该地区所有船只，不论它属外国或中共，连渔船也不例外；可以没收所有的“违禁品和战争物资”。拦检部队也可取代金门、马祖作为早期防阻，挡住从厦门或福州出海的任何入侵部队。雷德福说，两国海军联合行动实质上就是“封锁中国海岸”，北京很难不用武力去挑战它；但解放军海军必须先对美国船舰开火，承担掀起战争的责任。艾森豪威尔等于提议在毫无争议属于中共的领海，去进行许多人会认为是战争的行为。饶伯森力促委员长“充分考虑”这个方案“所有的影响和牵扯”，似乎暗示美、中冲突必不可免。雷德福显然也认为蒋会认为此一结果符合他的利益。[119]

如果蒋想要鼓动中美爆发大战，这就是大好机会——而且是美国总统自己送上门来的机会。这个计划似乎出自艾森豪威尔本人设计，充满漏洞百出的假设，和不可预期且可能极为深远的后果。[120]蒋不晓得雷德福和饶伯森究竟来意如何。但是他没有在回答前先私下和太太、外交部长商量，反而一口就拒绝这个提议。他以感伤而非生气的口吻表示，他的政府和部队无论有无美国援助，都会保卫金门、马祖。放弃外岛将会“失去中国人民的尊敬”。委员长和夫人旋即稍做休息。[121]

当蒋氏夫妇又回来开会后，蒋平静地细数美国人在外岛问题上对他的承诺，多次反反复复。他接下来解释说，如果他撤出金门、马祖，中国人民将不会支持他，“美国就得另外找个蒋介石”，无可避免地，情势就会导致“施压托管台湾”。但是，他表示他不希望让美国难堪，一旦出了事情，他说，也应该由“（国民政府）中国来当输家，不是美国”。他说，他不愿美国替他的政府涉入战争，他也了解艾森豪威尔总统的立场，但是他相信共产党除非为了要攻台，不会攻打金门、马祖，而且这也要等到苏联人预备下令发动世界大战才会发生。因此也“不需要神经紧张，担心这些外岛或中国筑起海防”。换句话说，这些封锁并不需要，不需要去冒爆发战争的风险。[122]

这是蒋对大陆威胁台湾及外岛的评估，出现令人很难相信的大逆转。[123]美国人直到第二天晚间会商一定还搞不清楚。蒋后来才对雷德福和饶伯森讲出他拒绝艾森豪威尔封锁中国海岸提议最重要的原因。他告诉他们，他根本“没信心”在他放弃外岛后，美国会长久持续此一封锁做法。他暗示在他的盘算里，如果美国提议的此一海上行动会有和中国爆发战争之虞，美国一旦面临国内外的强烈反对，很快就会退缩；或者是果真爆发冲突，美国也会寻求和平而舍弃台湾。他客气地下了结语，拜托雷德福和饶伯森向艾森豪威尔转达“最大的敬意及个人相信美国的动机良善”，也表达他“深感抱歉”不能接受艾森豪威尔的大胆方案。[124]

蒋在日记里并没有如此冷静的反应。他认为美国人“完全为欺诈之谈”、“盲幼无知”，以为他会相信他们。他也认为这个提议是英国人搞的阴谋，想骗他撤离外岛。[125]

委员长成功抵拒了美国要他撤出金门、马祖的压力，消息在外岛和台湾本岛大多数军民之间传开。高级文武官员可能也晓得，蒋不仅拒绝美国一个陆战队师和一个空军联队进驻台湾，也不肯接受美国其他鼓励换取他放弃这些“可恶的”外岛。美国军援继续流往金、马国军部队，美国军事顾问甚至还继续在外岛工作。事实上，雷德福和饶伯森访台后不久，蒋没通知美方就又加派一个师进驻金门（蔡斯将军和美国国务院都反对，但是由于调动已经展开，华盛顿只好默许）。[126]外岛守军和对面的共军又恢复紧张却和平共处的状况。每边都顺着风向空飘宣传气球到对方，有时候还夹带香皂当礼物。

在蒋眼里，他已经从美方赢得道德胜利，从危机中也取得重大利益——签署了《中美共同防御条约》，也从美国得到更多的经济和军事援助。可是，毛泽东的收获更大——苏联答应提供核武器给中国。此外，就在雷德福和饶伯森访台的同一个星期，发生的事件促使美、中走向他们之间第一次双边会谈。

一九五五年四月二十三日，周恩来在亚非国家万隆会议上公开宣布，中国愿意和美国坐下来谈判，缓解远东的紧张局势，“尤其是……台湾地区的紧张”。[127]他又说，中国将以和平手段追求解放台湾。艾森豪威尔的回应是，“如果有机会进一步缓和紧张局势”，他预备和中方谈判。[128]杜勒斯说，美国“当然不会脱离对我们盟友（国民政府）诚信光荣的道路”，但蒋对美方的决定另有不同的解读。[129]蒋清楚地相信，如果北京表态愿意，共和党政府就会被吸引去寻求东亚和平，通过和中共和好以弱化中苏集团，并且以两个中国或一中一台的方案解决台湾问题。[130]

蒋经国的秘密行动部门有一个特别工作组驻在香港，负责在大陆进行暗杀和破坏。据说，这个小组一九五五年吸收了香港启德机场一名工作人员，放了一颗炸弹在一架印度航空公司（Air India）飞机上，它预备在四月十一日载中国代表团飞往参加万隆会议。行动的主要目标是中国外交部长周恩来。可是，缅甸领导人宇努邀请周恩来和他一起从仰光飞往万隆，周恩来接受了。由于周恩来的飞行计划秘而不宣，爆炸计划如期实施，印航飞机在南海上空爆炸，机上中国代表团成员无一幸免。

一般认为炸弹及引爆器是由中情局提供，交给国民政府在香港的情报单位执行任务。根据曾锐生（Stephen Tsang）的说法，现有证据指出周恩来事先就知道有此阴谋，才秘密变更他的旅行计划。可能蒋介石或许至少蒋经国批准暗杀老蒋在中共的这个老朋友。[131]十六年后，周恩来和基辛格就一九五五年印航爆炸事件有诡异的讨论。周告诉基辛格说，偷放炸弹的那个人逃到了台湾。可是，周没有指控国民党或蒋介石涉及此事，他反而说："这种事情有时候不是政府的责任，有些人可能自作主张做事。"[132]但是一九五五年这起事件发生后，蒋在日记写下，这架飞机起火"匪人全部覆灭，惜周恩来未在该机"。[133]这不能证明蒋事先知道此一阴谋——事实上，他或许在事后传话给周表白他不知情，才会有周在一九七一年对基辛格的一番话。即使如此，尽管他在事件前后偶尔会和周恩来暗通信息，蒋、周显然已渐行渐远。

这段时期，蒋氏父子增加对付共产党的秘密和准军事行动，现在他们和华盛顿的关系更稳，他们决定也要采取行动对付委员长在台湾的对手。一九五五年五月某天早晨，蒋经国手下特务前往孙立人的家，宣告将他软禁。前一年，蒋已拔掉孙的总司令官职，派他为"总统府参军长"。现在孙被控叛乱，底下一名军官被控阴谋挟持委员长。蒋长久以来认为孙是最可能领导反蒋政变的将领，虽然此一可能性已大大降低，他却似乎越来越担心在他身后，孙可能结合陈诚，构成蒋经国接班的最大威胁。蒋不认为美国人介入，但他仍然写下："能不戒慎乎。"[134]

雷德福在华盛顿听到孙立人被捕，大吃一惊。两蒋父子的这位保守派友人传话给委员长，声称孙是"国军最能干的将领，他不可能是共产党"，又说孙"对政工的批评是对的"。[135]陈诚奉命担任不讨好的工作——主持孙案调查委员会。他弄出一份含糊的报告，蒋决定“不惩罚”孙立人，但把他留置在台中的家中“观察”。蓝钦大使前往探视，发现孙怡然自得种植玫瑰花。[136]这一软禁却变成长达三十三年的强迫独居。

蒋经国也认为他的养弟是个潜在对手。孙立人被捕前几个月，蒋纬国结束美国的研修受训回国，期待出任军事情报副首长。但是据蒋纬国的说法，蒋经国说服父亲派他到较不敏感的国防部任职。[137]

二十世纪五十年代初期，美国的经济援助加上对台湾的安全越来越有信心，开始产生效应。一九五一至一九六四年美国经济援助合计十五亿美元，以人均数字来看居全球之最。美援占这段期间台湾资本形成的四成左右，大部分投资在基础建设和人力资源上面。技术官僚严家淦、尹仲容之外，又有学物理的工程师李国鼎来管经济、财政事务。中国农村复兴联合委员会（农复会）主任委员蒋梦麟是哥伦比亚大学毕业的知名学者，曾任北京大学校长。这些人的能力和正直受人尊敬，也成为美国人欣赏的高级官员。在这些高级决策官员底下，还有许多经济、财政专家，其中不少人接受过西方教育，组成一支高度干练、相当诚实的中间层专业技术官僚团队。[138]

打从一开始，蒋就相当放手让这些干练的官僚去管理台湾财政、经济事务，包括美援运用和土地改革。陈诚和蒋经国都主张，提高人民生活水平的优先度仅次于安全，因为长期而言，提高人民生活水平攸关政权之存亡。[139]蒋显然也同意，因此强力支持陈诚持续推动土地改革。虽然政府是拿台湾士绅而非外省人士绅的土地来重新分配，但如果蒋在大陆也能有同样紧密的政治控制，他也几乎必然会在大陆推动土地改革。一九五三年一月，政府宣布改革方案最重大的举措：任何地主拥有的土地不得超过约七点二英亩中等级稻田。自耕农由百分之三十六跃升为百分之六十五，佃农降为百分之十一。[140]政府拿四大公司（原本是日产）的股票偿付向地主征收的土地。最大的地主们（绝大部分受过良好教育、住在城镇里）又向别人买下股票，他们及其子孙变成岛上第一代新企业主，不仅在扩张旧工业部门担任重要角色，也跨足金融业，并投资五十年代在政府鼓励下兴起的新型轻工业。[141]

农复会不仅积极参与土地重分配、推动提升农家生产力和所得，也致力于改善农村公共卫生。它的重要计划包括控制肺结核、性病，及提升孕妇和幼童照护。到了一九六〇年，公共卫生人员实际上已扑灭疟疾，并降低八成的肺结核及沙眼。最后，全省广设好几百个卫生所，以低廉费用提供农家基本照护。[142]这是亚洲农村人口生活和平革命的开端，替台湾六十年代城市经济起飞奠定基础。

可想而知，蒋对土地改革及其他农村计划的成功颇为自豪，它们甚至在美国自由派圈子也受到相当高的赞誉。这项没有暴力、不惩罚人的改革尤其可嘉。除了在岛内产生影响，农村成就也说明了蒋二十多年后何以能替国民政府维持了相当的外交支持。从六十年代开始，台北开始派农耕队到非洲国家协助，带去台湾土地改革的宝贵经验。

可是，对蒋介石而言，却难免对陈诚和农复会抢了功劳耿耿于怀。土地改革成功的声望，使陈诚成为蒋更宝贵的资产，但也增加了他在蒋过世之后（说不定是生前）继承大位的可能性。蒋经国的特务继续紧盯着陈诚的言行举动。

蒋最主要的经济目标是维持新台币币值稳定，以避免重蹈当年在大陆的覆辙。但是币值稳定在台湾持续相对容易，不仅是因为有大规模的美援和庞大的黄金、美钞作发行准备，还因为全岛十分安定——创造出容许企业投资和成长的沃土，而这是委员长在南京、重庆从来没有过的经验。到了一九五三年，除了上述因素之外，加上关税收入上升，全岛预算赤字降低到相当低的地步——只有岛内生产毛额（GDP）的百分之六。从一九四九年至一九五八年，台北趸售物价上升十三倍。但若是只从一九五二年算起，通货膨胀年增长率只有百分之六至七。同时，国民党政府迁台头九年，工资上升十六倍，轻易胜过通货膨胀率。[143]

偶尔蒋也会亲自干涉财政事务，直接找严家淦等人交代事情；譬如抱怨纸钞“发行甚大”；下令“中央银行”从台湾银行手里接管新台币之发行，任免银行董事，或是要求手下将领想方设法撙节开销。[144]一九五三年之后，通货膨胀率更加下降，必须结束台湾的贸易赤字。为了达成此一目标，新成立的安定委员会承接了宏观调控经济的角色。技术官僚立刻推出第一个达成经济自主的四年计划，集中在进口代替的工业化策略和高关税。其他的措施还包括：准许台湾银行给予新的轻工业补贴性放款，让他们生产化学肥料、纺织品、香皂、摩托车等等。从一九四九至一九五八年，实质工业生产总值增加为三倍多。[145]

台湾二十世纪五十年代前半期，社会生活呈现战争的紧缩状态。夜店甚至霓虹灯都被政府禁止。街上的新车全是美国人所有。每千人有一人有汽车，而每一万人有两人有机车，显示拥有汽车的精英阶层比以机车代步的中产阶级还庞大。[146]尽管农户的收入与生活条件有明显改善，但去市集大多是徒步或坐牛车，摇摇晃晃的巴士与三轮车，连搭便车都很少。雨衣是用稻草做的，屋顶也是用稻草搭的，大部分农舍都还是泥土地，这些农民也没人有手表或收音机。再者，台湾乡村地区每年人口数增加百分之四，但因为遗产划分，农民耕种的农地更小了，一九五八年平均每人拥有农地面积不到半亩。[147]

为了让岛上人民人均所得增加，主要的解决方案是快速扩张城市经济——政府也果真这么做了！头两个四年计划期间的进口替代策略导致数以百计的新工厂生产轻制造品，创造数以万计的新工作吸收过剩的农村劳动力，也减少政府赤字，挪出更多经费从事基础建设。十年下来，农村日常生活也缓慢地但明显有了改善。另一个重要结果是降低所得差距。全民最穷的四成百姓，享有的所得百分比，比全世界任何一个非共产国家都来得高。[148]这段期间，所得年增率为百分之七点五，若以人均成长计算则为百分之四。到了五十年代末期，简朴措施放宽，因此中餐厅如雨后春笋冒出来，“舞厅”也出现，霓虹灯闪耀在各城市。[149]

一九四九年撤退来台湾后不久，美国新闻记者报道，岛上的外国人、本省人、外省人都认为政治相当清明。[150]为遏阻贪腐和逃漏税，蒋命令银行要把个人及公司账户明细全都送交税捐稽征处；他也给警员和一般士兵加薪，但军官则不调。[151]蒋依然犹豫对高级僚属采取惩处行动，前述参谋总长周至柔的案子即是一例证；但陈诚和蒋经国则惩贪绝不手软。陈诚的体制改革（得到蒋的许可）有助于良好治理。美国人员严格审查军中和政府账册，是揭弊、防贪的功臣。军饷集中处理、成立联勤总司令部接管三军所有采购，也是蒋支持的重大改革。周至柔曾经反对另外成立一个总部统一采买、支付三军所需之补给和器械设备。但是蒋命令他要“切实改正”，坚持变革。[152]《纽约时报》四十年代火力全开，抨击国民党贪渎横行，而在一九五八年报道说，“（台湾的）贪腐大体上已根除”。[153]虽然这个说法有点言过其实，但是很明显的是过去伤害国民党甚巨的贪渎之风终于受到控制。

五

中、美第一次双边会谈将于一九五五年七月在日内瓦举行，杜勒斯诚恳地向委员长说明，这项对话的目的是要说服毛泽东同意相互在台湾海峡放弃使用武力。蒋听完了并没放心，他担心一旦达成协议，就会导致台湾中立化，美国与中共修睦，台湾丧失在联合国安全理事会的席次。蓝钦大使虽然并非蓄意却发了一个很讽刺的外交信函给杜勒斯，警告说：中、美宣布保证在台湾地区和平之意，将会制造“台湾士气民心严重下滑”。[154]

在当时，毛泽东和蒋介石一样厌恶宣示在台湾海峡不动用武力。这种协议会使中共在解放台湾——多数中国人视为中国主权之一部分——有必要时，却不得有权动武。但是在日内瓦几经折中之后，毛几乎必定是受到其外交部长周恩来的鼓舞，令人意外地批准折中案。中共代表王炳南提议一项排除使用武力的书面协议，在会议记录中将显示双方口头同意，此一放弃使用武力之规定将包括“美、中之间的对台事务”。[155]由于美国承诺防卫台湾是中、美之间对台事务中最重要的课题，这个规定似乎正中美国下怀。中共愿意接受，强烈代表当时（一九五五、一九五六年）毛泽东和周恩来颇有心和美国配合。[156]也或许他们视此提议为战术，或许可刺激国民党领导阶层和他们达成协议。不论如何，美国出席日内瓦会谈的代表琼森（ Alexis Johnson）力促白宫接受中方提出的折中案。

可是，对艾森豪威尔和杜勒斯而言，这个提议乃是诅咒。他们担心若同意与“红色中国”达成这样的协议，蒋介石和共和党右翼会有激烈反应。他们也认为——可能一点也没错——这样的协议反而会刺激一大堆国家转向承认北京，并且虽然台湾本省人大多数会欢迎此一协议，他们却担心它会在台北的外省人政权激生政治危机。蒋一向对美国的意图有疑心，紧密盯着日内瓦会谈的进展。他预备再增派一个师到金门，当华盛顿并不反对此一调动时，他认为：“他们并无意图要放弃同盟。”[157]

由于这些考虑，艾森豪威尔和杜勒斯没进一步试探毛方案的可行性——这个机会一纵即逝，再也没回来。即使如此，杜勒斯继续认为美国应让门开着，希望能与中共关系正常化。次年（一九五六年），他对一群美国记者表示时间已到，

“我们必须以对待苏联同样的基础，去对待共产中国”。[158]

北京缓和的趋势始于万隆会议，复因赫鲁晓夫一九五六年二月那场著名的演讲而更加快。赫鲁晓夫在此一演讲里揭露斯大林的巨大罪行，并且宣称有“不同的道路通往社会主义”，和平共处是“基本原则”，不是战术诡计。毛的第一个反应是，试图阻止在中国出现斯大林式的权力腐化，他发起“百花齐放”运动，让不同意见“百家争鸣”。

四个月之后，周恩来秘密向国民党提议：台湾“回归”祖国之后，国民党仍可统治台湾，且“会给蒋介石找个合适位子”。周恩来通过香港记者曹聚仁传话给蒋的这个信息，末尾说：“我们有诚意，可以耐心等候。”显然国民党方面并没回答，蒋氏父子也没告诉美国人中方派人接触。九月，中国共产党召开第八次全国代表大会，通过一项政策，强调通过经济建设而非阶级斗争来建设中国的社会主义社会。[159]

就在苏联要去除其历史神话、进入第一阶段功能理性之际，委员长也出版他的著作《苏俄在中国》。蒋的秘书群和国民党史官可能负责大部分的研究和一部分的写作，但全书文字清楚代表蒋介石的思想。蒋在绪论里说明，苏维埃共产主义因承诺通过人类社会激烈动乱以达成理想境界，已成为“欧亚两洲人文主义的文化，都受到强有力的刺激”。他说，他撰写本书是因为他有责任向中国人民、世界人类说明为何他、他的党和他的政府必须三度采取“和平共存”政策，与苏联及其附庸中国共产党合作。[160]

要对付共产党发动的“长期战争”，蒋在书中呼吁台湾要采取“总体性”的策略。他又急着说明，这表示当共产党无可避免发动新的侵略行动时，自由世界国家应对共产党采取“重点主义”反击，不是只求自保。他在该书英文版中没有讨论国民党政府对大陆之反攻，但在他眼里，中共明显就是重点中的重点。[161]

到了一九五七年初，美国中央情报局、军方和政府人员及眷属在台人数已逾一万人。绝大部分住在台北市及其近郊。伴随着这些人而来的就是各种支持设施，如医院、军人福利社、电影院、保龄球馆、棒球场、学校和士官、军官俱乐部。还有数不清的美军和中情局人员暂时出差到台北公干。很不容易，他们和本地居民之间很少有大冲突；不过终究还是发生一起不幸事件。

一九五七年春天某个闷热的夜晚，一名美国空军士官射杀一名闯入他家庭院的中国人。（雷诺枪杀刘自然的“五二四”事件。）台北报纸大哗，但美国军事法庭裁决这位士官杀人无罪。这位士官及其家人立刻被送离台湾，但是台湾方面无法接受。报上刊登死者太太的抱怨之后，中国青年反共救国团团员群聚在美国大使馆门外抗议，抗议很快演变成暴民翻墙进入使馆。蒋经国从救国团办公室紧盯着事件发展，不肯派出附近的镇暴小组，据说反而下令便衣人员试图防堵暴力。但一则人数太少，再则时间太迟，暴民砸、烧使馆，只不过没有美国人受重伤。[162]

蒋经国批准抗议活动时，可能并没计划要捣毁美国外交官署，只想展现激烈抗议。担心他在台湾的特务头子形象，也顾虑未来要担任领导人的角色，他也不会希望让镇暴小组对付自己的救国团团员。可想而知，艾森豪威尔气急败坏，但美国政府不想闹大风波，接受蒋介石的卑躬道歉和赔偿金（挺讽刺的是，它间接由美援支付）。蒋很可能觉得事件效果不差，它显示出他不是美国的傀儡，也似乎支持蓝钦这类美国人的见解——蓝钦认为蒋若被激怒，他可能会和华盛顿决裂，甚至投向毛泽东。事件过后，美援还是没间断，继续交到台湾。

六

同一年，毛泽东的“百花齐放”运动激生出对共产党及其七年来治国的批判洪流。波兰和匈牙利的共产党领导人也受到赫鲁晓夫批判斯大林演说的鼓舞，发动党的自由化运动；匈共甚至还要推翻共产体制。秋天的其他重大事件令毛泽东觉得“世界势力的连带关系”已经开始起了大变化，“东风压倒西风”。先是苏联发射第一颗人造地球卫星，然后又试射第一枚可携核武器的洲际弹道导弹。第一批美军顾问飞到越南，对付蔓延开来的越共势力。九月，苏联科学工程人员秘密抵达中国，教导中国人如何组装核武器。

受到这些事件启发，毛突然宣称中国很快就能实现真正的社会主义社会。它的“太空火箭”就是“大跃进”，涉及到以空想的方法去管理粮谷、生产制造等农工生产。但是，对毛来讲，国内革命大戏也需要在外交政策和对台政策上加点武戏才行。如同他过去偶尔为之的，毛泽东批评周恩来对美交涉时进行“反动的外交政策”，拥护“和平解放”台湾。当周辞去外交部长时，蒋晓得北京可能进入极端政策的新时期，而这可能让国民党有机可乘。[163]

自从一九五一年滇缅失利和一九五四年中南半岛空投以来，国民政府没和中情局联手在他国从事秘密特种工作。但是一九五八年三月和杜勒斯会谈时，蒋突然提议，双方政府秘密合作协助一群印度尼西亚文武官员在苏门答腊中部和苏拉威西东部叛变。蒋说，印度尼西亚总统苏加诺与北京、印度尼西亚共产党太接近，如果印度尼西亚军方叛变可以推翻他，或至少也分裂印度尼西亚这个大国，必将有利于自由世界。[164]杜勒斯当下就同意。中情局也没有进一步深思这个政策的可行性或后果，就开始从台湾空运武器及其他补给给反政府的叛军，要知道印度尼西亚是联合国会员国，和美国还有外交关系！

印度尼西亚军队击落一架中情局飞机、逮捕其飞行员，麻烦才开始。这个事件导致中国、印度尼西亚共产党和苏加诺都谴责美国公然违反国际法。[165]苏联也赶紧送给苏加诺一个中队的米格 16 战斗机。叛军溃败，白宫又改变政策，转而支持爱国但反共的印度尼西亚陆军作为对抗印度尼西亚共产党的堡垒。[166]杜勒斯也觉得苏加诺没那么坏，他“不像蒋介石、李承晚和纳瑟那么狂热”。[167]华盛顿深怕蒋介石会疯狂行事的心理，对蒋来说很有用。

一九五八年七月，美国陆战队登陆黎巴嫩阻止内战；英国伞兵也进驻约旦，美苏两大超强之间的关系再度告剑拔弩张。毛泽东宏伟的意识形态主张，以及中国媒体恢复猛批“美帝”和“南修”（南斯拉夫修正主义）都令苏联大为紧张。赫鲁晓夫于八月密访北京，试图让毛泽东冷静下来，或起码也要了解究竟怎么一回事。[168]当赫鲁晓夫建议毛在处理台湾议题时一定要审慎小心，毛却怀疑是否又有两个中国的阴谋。他选择不告诉这位苏联领导人，事实上他已即将针对金门再度发动大规模炮击行动。果然，八月底共军岸炮朝金门滥轰六万枚炮弹！[169]大约这个时候，毛泽东私下告诉他的医生，金、马外岛“就像两根指挥棒，可使赫鲁晓夫和艾森豪威尔跳来跳去”。[170]赫鲁晓夫才刚回到莫斯科不久，听到金门炮战消息，急急忙忙又派葛罗米柯（Andrei Gromyko）赶到北京。周向他担保，炮轰金门的目的是“要引起蒋介石和杜勒斯更多矛盾”，证明中共不怕美国，并“提振中国人民战斗精神”。周说，不会登陆攻打外岛啦！毛泽东也告诉葛罗米柯，即使美国动用战术核武器，苏联也不必参战。[171]赫鲁晓夫是否相信毛泽东此话当真，我们不清楚，他还是发一封信给艾森豪威尔，表明美国若“攻打中国将被视为攻打苏联”。[172]

一年后（一九五九年），毛泽东告诉苏联大使，在一九五七年秋天，蒋介石“希望并要求（中共方面）进行炮击”。[173]毛泽东会有此说，可能源自危机爆发前，蒋、周之间有过接触。周恩来通过密使曹聚仁传话给蒋，表示蒋可以撤离金门、马祖，或让美国人逼他撤离。[174]毛泽东事实上并不想要蒋退出外岛，周的表态很可能只是又想激化美、蒋之间的歧异。对蒋而言，如此一来，他很快就能对华盛顿一直悬而未决的核武器和导弹提出要求。与中国大陆有战争危机，无疑使这个要求有强烈的正当性。[175]因此，蒋有可能告诉周，如果北京启动危机，事实上它将有利国民政府。

话题转回华盛顿，金门再度遭受重炮轰炸的确惊扰美国政府，它相信这次毛一定打算入侵金门了。炮战开始时，国民党军队有十万雄师驻守金、马，比一九五四年至一九五五年还多，使得它们在战略上、心理上都比从前来得重要。[176]艾森豪威尔向他的僚属抱怨，蒋“不听我们的劝告（减少金马驻军）又来跟我们发牢骚”。[177]美国国家安全会议上竟然没有人提起，总统自己在一九五五年四月派雷德福和饶伯森到台北向蒋介石传过话：当时艾森豪威尔斩钉截铁宣称美国不会协助防卫外岛。很显然，上级没有要求幕僚写报告，交代过去危机历史，以及他们的处理方式。于是又历史重演，杜勒斯公开宣布美军将协助保卫金门。[178]

另一个惊人的记忆空白是，美国最高级的领导人又在公开场合及秘密会议上近乎漫不经心谈到在金门危机中可能动用核武器。新任参谋首长联席会议主席、空军上将丁宁（Nathan Twining）向国安会报告，七千至一万吨的空中引爆炸弹可以扫清共军大炮。[179]美国急送可携核弹的八英寸口径榴弹炮到金门，但想必还是由美国人控制它们。一九五八年五月份就到了美国的蒋夫人，也在电视节目《会见新闻界》（*Meet the Press*）上表示，大陆人民在问，为什么台湾不用核武器对付共产党政权。[180]

这几个星期，委员长、陈诚和蒋经国每天都和美国驻台首脑开会。新任大使庄莱德（Everett Drumwright）——另一位同情国民党政府的美国外交官——和中情局台北站站长克莱恩（Ray Cline），不仅向华盛顿转呈国民党一再告急，也加上自己的预测：一旦金门失守或弃守，其后果不堪设想。此外，他们也恳求当局紧急运送更多先进武器到台湾。[181]杜勒斯那些陈年焦虑又跑出来了，如果美国把蒋逼急了，他或许会觉得自己“别无选择”，只好“与北京达成协议”。他和艾森豪威尔撰写、编辑一份不寻常的秘密备忘录，仅供本身参考之用；它订出处理危机的各种基本假设。艾森豪威尔不太可取的骨牌理论在这份合写的备忘录中又复活了，宣称若是地图上标明为金门的小岛被攻陷或投降，“可能会使（台北）政府到头来也会让美国人在（台湾）岛上无法立足下去”，也就是台北政府会和共产党取得协议。这份备忘录宣称，结果就会是日本和整个东南亚“可能完全沦为共产党势力范围”。[182]

这份备忘录的分析非常无知且牵强，显然是杜勒斯的诡计，要把艾森豪威尔卡死在强硬路线上。它又预测一旦美国介入保卫外岛，就不能放弃，否则对“自由世界是无法接受的伤害”不可。因此，作为最后的手段，“恐怕必须接受广泛使用核武器，甚至冒全面战争的风险”不可。[183]所谓骨牌连锁倒塌的关键环节就是台湾。但是当时对台湾有一份最新的情报评估，即是一九五七年八月二十七日的报告，标题是“台湾的前景”。它重申早先的结论，如果国民党有信心美国一定会防卫台湾，他们事实上会接受一向坚称不能忍受的美国各式各样措施，包括大力施压要国军撤出外岛，不再反对中共进入联合国，甚至削减美国对台湾军事、经济援助，都有可能接受。[184]杜勒斯强烈且一向占强势的观点、克莱恩的“内幕”报告之影响，加上可能艾森豪威尔记性太差、意志力不强，使此一经过深思熟虑的分析显然遭到忽视。

由于金门炮战危机，美国除了原订要运交的军援之外，又增加提供三亿五千万美元的先进大炮、飞机、坦克、两栖作战船只，以及其他战争物资。[185]送到台湾的这些新武器当中，有全新的空对空响尾蛇导弹，它让国军空军立刻取得决定性优势，胜过中共的米格机。蒋对之前周恩来信息的答复，果然很快应验。

然后，一九五四年至一九五五年危机的旧戏码又重新上演，艾森豪威尔和杜勒斯起初是鹰派反应，旋即听到一大堆怨言，反对因中国外海几个小岛就对中国发动核武器攻击。美国驻东京大使报告说，如果美国为了金门动用核武器打中国，日本可能会要求所有的美军人员和设施撤离其领土。其他盟国也一样惊骇。国务院主管政策规划的助理国务卿史密斯（Gerald C. Smith）呈给杜勒斯一份备忘录，表示美国若在本案例上动用核武器，结果若不是全球爆发核武器战争，就是牺牲重大的惨胜——盟国统统背弃美国，美国还会遭到中立主义和敌意的围困。[186]

最令人忧心的是美国有一份情报文件报告说，国民政府一九五八年九月企图“让美国卷入和中国核武器作战”，它的详细内容迄今尚未解密。[187]从我们对蒋介石想法的了解，以及他在一九五五年不肯接受艾森豪威尔封锁中国海岸线的提议来分析，看起来他十分不像会要掀惹美中核战。但是这份报告对艾森豪威尔起了极大影响，艾森豪威尔及其顾问群突然都认为“蒋的目标事实上就是要让美国卷入和中共交战”。[188]最后，艾森豪威尔又和一九五五年一样，反过来又反省他和杜勒斯近来转向核武器作战的政策是否明智。

同时，美中会谈已移到华沙举行；中方提议：蒋如果撤离金门、马祖，中国会“在相当期间”努力“以和平手段解放台湾和澎湖”。[189]艾森豪威尔和杜勒斯仍坚持无条件放弃在台湾海峡动用武力，但毛泽东的提议更令白宫怀疑为什么要为外岛去掀起战争。毛为拖长危机，让美国对是否直接介入犹豫，故意在九月二十一日摆出和缓姿势，暂停炮击，使国军有一天的时间在金门抢滩、安全运补。艾森豪威尔在国家安全会议上表示，他希望做点什么使蒋“更有弹性”，刚从台北见过蒋回到华盛顿的国防部长麦克劳伊（McElroy）暗示，那就搞政变吧！他说：“弄个别人上去。”[190]

蒋显然对危机的发展与似乎要落幕感到欣慰。但是，十月一日他在高雄与海军将领会谈时，接到新任驻美大使叶公超电文报告他向艾森豪威尔总统呈递到任国书的经过。叶公超强调艾森豪威尔表示：他深信他的政府也“和美国人民同样深切希望”（共产党目前的举动）“不会因我方未能接受其和平解决的建议就导致战争”。接着他又读到一则外电新闻报道，杜勒斯同一天举行记者会，提到把这么多部队部署在金门、马祖是“愚蠢”，“如果可以安排好停火，这么做并不明智”。杜勒斯又说：“如果中共遭到国民政府的攻击，又要求他们放弃使用武力，乃是相当不实际也相当不对的事情。”杜勒斯更借此机会宣称“大陆革命极其可能主要是由当地发起、当地领导”，“国民党重回大陆”是“高度假设性”的。《纽约时报》评论说，这些话若真的有后续行动，那就代表美国政府对蒋介石的政策再次起了“深刻变化”。[191]

蒋现在晓得美方对金门之事非常不痛快。但是他再次觉得，他必须展现他不会因为来自他唯一的保护靠山的责备就动摇立场。他要坚持他的原则，也就是绝不从金门、马祖撤退——不论后果如何。他接受美联社记者访问，表示报道所指的杜勒斯之评论“似乎完全与我们的立场不等，亦不像是他说的”。蒋说，杜勒斯的声明不管怎么说，都是片面的说法，国民政府“并无接受的义务”。[192]次日，杜勒斯拍发电报给委员长，表示他的谈话遭到媒体曲解，美国对国民政府的基本政策丝毫不变。[193]蒋可能发觉再也不能从危机中得到好处，他希望毛泽东也有同样的感觉。

周恩来和毛泽东对杜勒斯谈话的解读是，它暗示美方的目标是“以金马换台澎”，因而“正式分裂台湾和大陆”。[194]毛告诉他的同志，最好还是让蒋介石占有外岛。他说：“只要我们需要（和美、蒋）紧张，我们就弄紧绳套；只要我们想松弛紧张，我们就放松绳套。”[195]接下来毛倡议杜勒斯所呼吁的实质停火。中共国防部长彭德怀公开称呼争执双方的中国人为“兄弟”，呼吁以谈判达成和平解决。[196]

可是，蒋仍决定作战到底。十月十日国庆文告中，他宣示国民党政府已赢了第一回合金门战役，也将赢得第二回合，并光复大陆。后来，他发函邀杜勒斯到台北一谈，俾能因应情势变化，“订定新政策”。他强调将做美国“忠诚”盟友。[197]杜勒斯同意来，但脑子里有完全不同的盘算。

一九五八年十月二十日，杜勒斯的车队驶经台北市，一眼望去是无数的小店铺和人行道骑楼。大部分街道仍有开放式的水沟，空气中的油烟几乎和北京一样脏。[198]杜勒斯一下机，就传话说他希望和蒋单独会面，由叶公超负责翻译。次日下午，叶带杜到蒋位于山上的官邸。当叶敲敲门，引领杜踏进客厅时，隔几天就要过七十二岁大寿的蒋已站着等候。蒋热切欢迎嘉宾，请他坐下。

寒暄过后，杜勒斯从西装口袋掏出经他修订、艾森豪威尔批可，由美国国务

↑蒋介石在士林官邸会见杜勒斯（国民党党史馆提供）

院拟写的谈话重点，直接切入主题。他说：外国视国民政府“黩武好战……极易突然引爆世界大战”，而且“生命期有限”。他又说：“甚至美国是否能在目前的状况下长期保护国民党政府都有疑问。”[199]接下来，杜勒斯拿出一张清单，列举台北政府若是希望“防止遭到消灭”就需做的事，包括与大陆政权“停火”，公开宣布“不以武力回到大陆”，避免突击队侵袭等“类似挑衅”行动，接受保证住民不会交给共产党的“外岛问题之任何解决方案”。最后，杜勒斯又说，蒋的政府应该“检讨（国军建制）的特性和规模”，以便更有机动力，以及“或许……对台湾人民也可减轻负担”。[200]

杜勒斯讲话时，蒋客气地听。要回答这个晴天霹雳的政策逆转，需要有道家的功夫。杜讲完，蒋表示他从来没有不相信美国的真诚，但是即使是艾森豪威尔政府似乎也不相信他。他希望杜卿到访会使双方就基本原则达成共识，然后就能商定方法。他说，他赞同不要采取可能突然引爆世界大战的行动，而且在人民以革命反抗压迫者，反映民之所欲之前，不会有反攻大陆之举。[201]

但是，会后新任外交部长黄少谷紧急约见庄莱德大使。黄反映委员长真正的反应，表示国务卿提出的“建议”“性质几乎动摇了国民党政府之根本”。黄少谷说，它们等同于要求蒋政府宣布接受“两个中国”。[202]

次日上午，杜勒斯不为所动，仍促蒋寻求某种正式协定结束与大陆之冲突，而蒋再次避免对杜的强烈“建议”有任何评论。[203]当天晚间，杜勒斯又来说教，坚称唯有核武器才能铲除中共锁定金门西海岸的数百门大炮，质问蒋是否“要美国动用核武器”打中共。蒋没料到杜有此一问，停了一下，答说：“使用战术原子武器或许也不妨。”杜勒斯解释说，要摧毁共军大炮需要动用与广岛或长崎同级威力的原子弹，其落尘会杀死二十万中国人和金门岛上所有的人。再者，苏联若是也照它自己所宣称，参加战局，台湾会遭到原子弹攻击，到时候，“什么也不剩了！”[204]

蒋没有就这一点争辩，只答说，“如果会引起世界大战，他不会要动用核子武器”，也不会要“把美国卷入大规模敌对行动”。即使如此，杜勒斯第二天还不罢休，坚持台湾的命运不应跟处于非常脆弱地点的仅有几平方英里面积的岛群联系在一起。这一次蒋可就不同意杜的说法了。他很坚定但冷静地坚持，金门一失，他的政府撑不了五个月，台湾就会沦陷。杜勒斯为了缓和此一顾虑，没要他拿什么来换，就提议说美国可以派出可携核弹头的斗牛士导弹及美军人员进驻台湾。当然蒋马上就接受了，在金门问题上仍然没有任何的让步。[205]

蒋、杜几番会谈之间，双方代表反复商量联合公报草稿。杜勒斯通过美方中间人提议，要国民党政府表明：国民党政府“绝不会先发动战争”。蒋拒绝。杜勒斯希望双方政府宣布共同安全条约“仅是防御条约”，蒋只同意表示条约是“防御性质”。杜勒斯希望蒋遵循德意志联邦共和国的模式，承诺“绝不倚赖武力统一”中国，蒋也拒不接受这样的文字。庄莱德、克莱恩和派驻台湾的其他高级美国官员私底下也向国务卿提醒，他会招惹祸事。最后，杜勒斯全面投降。联合公报中，台北方面只说：恢复大陆人民自由的“主要方法”，将是“实行国父孙中山先生的三民主义”，“这项使命的根基在于中国人民的心里，不是以使用武力为基础”。[206]

杜勒斯三天来所有口头上的火力攻击，统统没有效果，反倒是蒋“很满意”，还在日记中说杜勒斯“有良心、一丝不苟”。最后一天晚上晚餐之后，蒋提醒杜勒斯解放军空军力量日增，要求协助克服共产党此一阴谋。尽管先前对核子武器已经交换过意见，但显然因为杜勒斯实际上已全面投降，使蒋放胆要求“予我一原子重炮毁灭其炮兵阵地”。[207]杜勒斯对这个要求没的回复，然而同意提供斗牛士导弹（可装核弹头），事实上对台湾安全又作出新的承诺——美国却没有拿到任何回报。联合公报也推进美国的公开立场和蒋对主要议题偏好的观点，宣称“在目前情况下，防卫金门、马祖”“与防卫台湾、澎湖密切相关”。[208]

杜勒斯的长篇大论虽然没得到效果，却使蒋再次确信艾森豪威尔政府依然希望有一天能在“两个中国”的架构下和北京改善关系。晓得毛泽东跟他一样反对此一政策，他和儿子因此决定试图说服北京结束依然棘手的金门危机——蒋、毛都利用它来图谋自己的盘算。根据中共某位高级官员一九九四年私底下的说法，当时蒋递话给周恩来，表示解放军若不停止炮击，他（蒋）就必须“做美国人要他做的”——从外岛撤军，长久下来这个动作就会危及到中国领土的不可分割。蒋经国可能是通过香港的中间人曹聚仁传递这个信息。[209]

多年之后，周恩来证实有此一事，告诉基辛格说，一九五八年美国要蒋放弃金门，完全切断台湾和大陆的脐带，但是台湾和大陆领导人“合作化解杜勒斯此一努力”。周说，蒋不愿做出杜勒斯要求的事，“我们劝他……不要撤军，（然后开始）单打、双不打……因此他们了解我们的意向，也就不撤军”。[210]一九五八年十月二十五日，杜勒斯离开台北的当天晚上，国军炮兵也真的如法炮制，停止反炮击。双日停止炮战，使得金门守军有空当可以安全运补。[211]

金门危机终于过去。台湾和大陆继续敌对，想方设法挫弱对方；但是在最高阶层，他们彼此有默契——双方皆认同中国的统一，然而他们背后的两大超强盟友只要求台海和平——也就是“两个中国”。

第二次金马危机的解决正是另一个例子，让我们看到蒋有能力搞定共和党政府，它们在政治上不敢拂逆他。至于毛在第二次外岛危机的收获，相形之下就比较小。不过，事实上他是出于革命狂热，以及基于意识形态和国内、国际原因而希望制造紧张。他在这方面成功了，也同时震撼全球，让大家了解中国在世界大局中举足轻重，也不会听任台湾问题休止冬眠。甚且，毛也在非共产世界激发大家质疑美国的对华政策，以及美国竟然随随便便就又大谈要动用核武器。

由于这次危机，以及特别是毛对核战争的态度，令苏联领导人大大提防他的轻率。赫鲁晓夫开始犹豫是否该让毛泽东拥有核武器。因此，蒋也参与煽动的这个危机，对后来的中、苏集团之分裂也起了作用，不过当然蒋和美国人当时都不会预见到有此发展。国民党政府和美方对于在东亚区域发展核武器有不同看法。一九五八年十二月，华盛顿终于否决了蒋在一月间要求给他核武器的案子。于是乎，蒋批准在台湾建立第一个秘密核武器研究实验室。[212]

第十二章　换档

一九五九年，因为台湾的国民大会即将在次年选举第三任“总统”，胡适、王世杰等自由派知识分子开始呼吁蒋遵守宪法，不再争取连任。当年稍早，陈诚也以为蒋不会扩张宪法对“总统”任期的限制，与一群他熟识多年的将领私下讨论继任问题。但是，蒋经国的手下若非已在陈诚周遭布下眼线，就是在会议室装了窃听器。委员长闻报有此秘密会议之后，立刻设法破坏任何可能的计划，让陈周遭亲信将领退役或改调非主管职位，连参谋总长“王老虎”王叔铭也职位不保。[1] 大约同一时期，他也解除了和蒋经国意见不合的蒋纬国之装甲兵司令职位。蒋纬国担任司令不足一年，又奉派到美国进修。蒋纬国觉得自己是因政治因素被调职，从此以后他再也没担任带兵职位。[2]

蒋夫人当年六月从美国回来。那一年她一直代表委员长在美国奔走，到参议院外交关系委员会、众议院亚太小组委员会、美国退伍军人协会、美国国防大学、美国全国记者俱乐部及其他数十个组织演讲。[3] 她得到三所大学颁赠学位，在华盛顿探访病危的陈纳德，也参加了五月间病逝的杜勒斯告别式。《新闻周刊》赞誉她“有个人魅力、才智敏捷以及能言善道”。盖洛甫民调则说她是全世界最受钦佩的女性之一。[4] 但是，如她演讲的音调总是很刺耳，又爱用一些艰涩字词，因而引来批评和讥笑。回国之前，她在白宫和艾森豪威尔夫妇共进午餐。[5] 当她回国时，委员长和往常一样，到机场接机。她已离开一年多，但这对夫妇仍在别人面前展现出非常不中国式的恩爱。

这些年，蒋夫人住在美国的许多外甥（年龄从九、十岁到青少年）——但没有外甥女——都会被前往香港的父母中途送到台北去。暑假期间，他们这位出名的阿姨或姑妈会给他们安排不同的活动，也邀请蒋经国的小孩参加，组成了所谓的“八仙俱乐部”。他们记得她花不少时间绘画，一天抽半包到一包香烟。他们也记得委员长穿长袍在庭院散步，背诵唐诗，并在阳明山家庭野餐时炒了一锅炒饭。（美龄爱吃南方炸鸡。）小孩子跑进跑出时，委员长和夫人坐在一旁慈祥地微笑。她会点根烟，插在烟嘴里，静静地看着小辈嬉戏。[6]

如果蒋看起来很高兴，也不是没有原因。五十年代末期是他到那时为止一生中最快乐、最满足的时期。毛泽东则陷入重大麻烦。中国的“大跃进”最终成了一场灾难。十二月，刘少奇出任中华人民共和国主席。蒋开始相信在可预见的将来，大陆终将出现反共的抗争。可是，周恩来却是一副大陆越来越适合养老的模样，公开呼吁委员长回归祖国，可以替他及其僚属安排适当的职位。根据中央情报局的报告，一九五九年起，北京给台北传递一次以上的秘密信息。一九五八年十月杜勒斯向蒋说教之后，蒋和周通音讯，这或许让周认为，或许委员长有兴趣与北京交涉协议。一九六四年，中情局说，没有证据显示共产党对两蒋父子的提议，得到任何回应。[7] 即使如此，蒋氏父子还是决定不告诉他们的好朋友（中情局台北站站长克莱恩）最新的这些接触。

一九五九年十月，赫鲁晓夫成功访问美国之后，再度来到紫禁城和毛泽东会谈。根本上的歧异，尤其是核武器时代的战争与和平、中印边界冲突、毛对解放台湾的方式等等，一再伤害到表面上的客客气气。两人这次会谈不欢而散的新闻很快就外泄，举世皆知。这时候，只有少数西方观察家认为艾奇逊十年前的预言——中苏集团必会分裂——可能成真。艾奇逊本身都不再这么认为了：他在次年仍公开说，认为两个社会主义巨人会互相争斗的想法，是“一派胡言”。[8]

一九六〇年三月，国民党大会选举蒋介石和陈诚连任正、副“总统”；陈诚并兼行政院长。同一个月，韩国大选舞弊，引爆大规模抗议，迫使李承晚总统辞职；当暴民走上街头试图找到李承晚时，中情局一架 DC－4 飞机或许是从台湾飞出，把他救出韩国，送到檀香山。蒋大受震撼。在他看来，“愚昧、拙劣”的美国人又在一个未开发国家追求民主的幻影，不顾由苏联扶植的强大政权对它的威胁，鼓励其国内政敌反对其反共领袖。毫无疑问，他也想到台湾和美国到底有

↑蒋介石在其阳明山宅邸的花园，1959 年摄（国民党党史馆提供）

多少人会以李承晚垮台当做台湾变革的样板。

韩国事件强化蒋的决心，一定要拔除台湾任何有组织的在野势力。他接受蒋经国的建议，同意以捏造的叛乱罪名逮捕《自由中国》发行人雷震。虽然雷震在一九五七年就冒着被捕的风险，发起一个非正式的党外协调小组，不过两蒋当时惮于美国批评孙立人被捕以及台北美国大使馆遭破坏，没有对雷震采取行动。雷震长久以来主张要在大陆促成政权更易，唯一的方法是建设台湾为民主楷模，又宣称“反攻无望论”。[9]两蒋对雷震的直言早已容忍多时，但是，一九六〇年在胡适的支持下，雷震又跨越言辞的分际，开始计划成立新党“中国民主党”。

副“总统”陈诚显然是希望在本省人当中建立未来支持的基础，令政治观察家大吃一惊，他竟公开说只要不是“军阀、地痞流氓”组的反对党，都可以存在。这句话被解读为默许雷震的活动。[10]最后，雷震只被判有期徒刑十年，相对而言刑罚不重，反映出两蒋希望克服美国的批评。[11]发展中国家的支持成为冷战中大家争取的大赏，而美国民主党总统候选人肯尼迪也号召美国要强化它在世界的道德权威。

艾森豪威尔的国务院也更加重视人权，训令庄莱德大使向蒋警告，不要犯下“李（承晚）政权”相同的“致命错误”。可是，庄莱德向美国国务院报告，靠自由选举，“国民党几乎必败无疑”，因此两蒋不可能容忍一个强大、有组织的反对党崛起。庄莱德没有将美国国务院措辞严峻的讯息传给蒋。[12]在岛上，蒋第一次短暂允许公开批评政治压迫。将近五百名立法委员当中只有两人，以及少数无党无派人士（包括胡适）公开谴责对雷震“罗织罪名”，也指责不应交付军法审判。[13]可是，对政治异议分子的取缔很快又加紧，警备总部每年查禁、停刊好多家刊物。[14]

艾森豪威尔希望在他最后一年的任期集中全力结束冷战，但是一连串的挫折浇熄这股热忱，其中最著名的就是 U2 侦察机在苏联领空遭击落事件，以及赫鲁晓夫发表长篇演说，先行退出巴黎高峰会谈。[15]然后是由于东京爆发反美动乱，他被迫取消到日本访问的行程（此访问原来是安排在访问台北之后）。因此，蒋介石特别在台北安排一场盛大的欢迎这位美国上宾的活动。当艾森豪威尔在一九六〇年六月十七日抵达台北时，受到该城市有史以来最盛大的欢迎。三十多万人在台北街头夹道为他的车队欢呼。第二天，又是三十万人——毫无疑问有许多是同一批人——集合在总统府前广场聆听艾森豪威尔演讲。[16]

艾森豪威尔显然已经忘了因外岛危机引发的对蒋介石的不信任。由于和共产党来往迭遭挫折，现在他对这位坚决反共逾三十年的斗士反而倍感亲切。蒋告诉艾森豪威尔，中国共产党“绝对不可能”和苏联分裂，艾森豪威尔也同意，苏联集团是“一块大顽石”。[17]他们很明显没预料到四个月后赫鲁晓夫不多久就取消和另一半大顽石在一九五七年成立的核协议，并且下令苏联驻大陆军、民顾问一千三百四十三人，不论从事核子计划与否，统统召回苏联。

蒋、艾会谈时，避开让他们关系不谐的、“可恶的”外岛问题。但是，国军针对大陆的活动仍是讨论的重点。蒋提起对大陆展开准军事行动的构想，要求艾

↑1960年6月，美国总统艾森豪威尔访台，在“总统府”前对热情的群众挥手致谢（国民党党史馆提供）

森豪威尔提供美国飞机与通讯，支持“空投和其他破坏与游击行动”。[18]回到华盛顿后，艾森豪威尔批准美国替国军训练有限量的部队进行空投作业，提供一架长程C－130B运输机，以及最为重要的，一个中队的现代化的F－104喷气式战斗机。[19]能拿到F－104固然很好，但是蒋心里明白，相对于反攻大陆所需的飞机和舰艇大队，它只是杯水车薪。

和一九四八年一样，中国问题是一九六〇年美国总统大选中的一个争议极大的议题。蒋有充足的理由深信尼克松副总统将在行动上比艾森豪威尔更加反共甚至更加支持台湾。当肯尼迪驳斥尼克松的主张，认为不应因为金门、马祖是“自由的象征”，美国就得为防卫它们而卷入战争时，蒋对民主党的疑虑就更深了。蒋积极回应，下令台北的政府发言人表示，“即使选情炽热，任何负责任的美国领袖竟能如此不负责任地随意丢弃另一个国家的领土，都教人不可置信”。同日，蒋接受媒体访问，蒋宣称国民政府将“为金、马誓死奋斗”。[20]

然后，紧接着肯尼迪当选之后，传闻颇有可能出任国务卿的鲍尔斯（Chester Bowles）提出“两个中国”的政策；而向来被蒋诋骂的艾奇逊也提议美国承认台湾是个“独立的国家”（self-contained country）。[21]蒋现在预期美国新政府会对国民党政府十分不利；果然肯尼迪政府第一件事就是取消艾森豪威尔答应给国民党政府的那架C－130B运输机，理由是飞机“或许会被移做他用”。[22]他们换成提供一架旧的C－54，并且把秘密进驻台湾、配备核武器的美军斗牛士导弹撤走。[23]不过，令蒋欣慰的好消息是，熟面孔鲁斯克而非鲍尔斯，出任国务卿。鲁斯克虽是民主党人，在台湾却以坚强反共出名，他相信要以武力打冷战。然而，蜜月极短：鲁斯克很快就因缅甸危机和委员长闹翻。

蒋为了鼓动风潮、激励部队士气，又秘密规划“反攻大陆”；其中一个方案即是由缅甸发起反攻，当地国军游击队在来自台湾的准军事单位增援下，已经跨越边界对中国大陆发动新的攻击。[24]中共和缅甸政府对国民党这些活动不胜其烦，缅甸陆军和人民解放军联手发动军事行动，把大部分国军赶到老挝，并占领游击队在缅甸的主要基地孟八寮（Mong pa Liao）。他们也虏获五百吨美国军事补给品和武器，使得刚上台的肯尼迪政府尴尬极了。[25]

鲁斯克发函给蒋，严词要求国军部队统统退出缅甸，肯尼迪也致函委员长，表示自由世界“迎接共产主义挑战的上上之策是强化民主体制，使它们更符合世人的期望”。[26]

一九六一年四月十七日，肯尼迪这封信抵达台北的同一天，美国中情局支持的古巴流亡势力在古巴猪湾登陆，卡斯特罗的革命武装部队很快就击败他们，美方并未介入。在蒋看来，以这么一支小部队登陆是稳输无疑，而这么做只不过再次证明美国领导全球事务的优柔寡断。副总统约翰逊于五月来到台北，向委员长保证：美国绝对不会承认共产中国，又以他那别人模仿不来的方式表示，肯尼迪政府的政策是“爱友人、恨敌人”。[27]

蒋先前答复肯尼迪来函时，客气地强调国民政府绝不接受联合国有“两个中国”的安排。但是，联合国内立刻出现国民政府是否承认外蒙古的问题。国民政府于一九四六年，因为苏联未能遵守它对东北的承诺，废止了对“蒙古人民共和国”此一苏联附庸国的承认。美国国务院新团队要求台湾弃权，不在安全理事会否决外蒙古加入联合国，令蒋大为不痛快；这一切是因为苏联威胁说，外蒙古若被否决，加入不了联合国，接下来表决第三世界国家毛里塔尼亚入会案时，它也要投下否决票。美国国务院认为，若是走到这一步，联合国里的非洲国家将怪罪台北当局，可能在中国代表权问题表决时集体倒戈。时机不巧的是，美国国务院也向白宫建议，美国应承认外蒙古，希望使它不再那么倚赖莫斯科。蒋被照会这两项提议，而且几乎同时又获悉美国国务院预备发给住在东京的台独运动领导人廖文毅访美签证。

这些发展令蒋认为，非得对太不把他和国民政府当一回事的美国年轻总统展现强硬态度不可。一九六一年六月，蒋和夫人悄悄邀了庄莱德大使会谈，递给他一个讯息，而该讯息立刻就被送到肯尼迪的办公桌上。蒋说，美国把它和国民党政府的关系当做“主仆关系”看待。他警告说，再这么下去，“后果非常严重”。他抗议美方在外蒙古问题上对他施压。他说，美国处理联合国中国代表权问题的方案不仅没有效，还构成一个会导致“两个中国”局势的计划。他警告说，台湾宁可退出联合国，也不接受如此安排，“美国必须（为此一后果）负责”。他指控美国政府似乎正在有算计地改变其对华政策。如果未来继续有不利的发展、果真出现此一状况，国民政府对美国“可能产生严重偏见，对两国安全和其他利益会有不幸的后果”。最可惊的是，他说若允许廖文毅入境美国，将代表“美国政府支持反对他及其政府的阴谋”。[28]

庄莱德赶紧奔回办公室，向华盛顿示警：若是允许廖文毅入境，美国在台湾的影响力会“消失或摧毁殆尽”。[29]美国中情局台北站站长克莱恩也相信蒋的威胁。他报告说：蒋深受美国政策困扰，正在“准备危险的冒险行动”，包括“自杀性地反攻大陆”。虽然当时的一份情报评估的结论是：只要美国的军事、经济援助持续，蒋政府将会接受并作出调整。这份分析又被忽视——就和艾森豪威尔时期类似的分析一样被忽略，或甚至最高层根本不读它。肯尼迪觉得兹事体大，不能冒险听任这位国民政府领袖“拆房子砸自己，还波及我们”。[30]经过古巴猪湾事件之后，肯尼迪可不能再次栽在共产党手里。他立刻回复蒋，声称美国政府将无限期推迟发放签证给廖文毅以及承认外蒙古。他向台湾当局担保，他的“首要目的”是“尽一切可能支持国民党政府”，不让中共进入联合国。[31]

蒋的威胁再次奏效。他和肯尼迪达成秘密协议：他答应不在联合国否决外蒙古入会案，肯尼迪也大方地承诺，如果中国代表权问题进到安理会表决，必要时美国将动用否决权，“有效防阻中国共产党进入联合国”。[32]蒋运用这套自我毁灭的威胁老招数，从美国新总统那里又挤出重大承诺，而他这一方面事实上只不过答应不做出会伤害本身利益的事！他认为自己的冒险冲撞策略和老到经验已争取过来在他心目中稚嫩没经验但显然真诚的美国年轻总统。[33]但是，老策略毕竟用得太多了，下次蒋再想用它来推进利益时，就会发现招数失灵了。

二

台湾的报章杂志连篇累牍报道中国大陆因为搞“大跃进”，造成饥馑和营养不足的灾情。蒋在一九六一年新年文告中宣称，国军很快就将重回大陆，拯救中国人民和世界脱离灾祸。[34]当年六月，他让美国人晓得，不论美国同意与否，他已下令国军将领准备在八月一日大举反攻。但是，实际上则一直没有付诸行动。次年，他继续摆出姿势，他坚决要在军事上有大动作以拯救大陆人民。他一再拍发电文给肯尼迪、接见来访的美国官员，也让蒋经国再次传讯给克莱恩，暗示已定下多个“反攻”日期；又说，如果美国被认为阻挡已定的行动，台湾有可能爆发反美示威。他一度订出一个计划，组训两三百人的游击战士，派他们潜入大陆。一九六二年三月十四日，他对来访的远东事务助理国务卿哈里曼表示：除非快点采取行动，他可能控制不了局势。哈里曼是一九五〇年以来第一个直接说蒋是在诈唬的美国官员，他说他根本不怕蒋会失去控制。[35]蒋还是着手准备相对大规模的跨海反攻，并提升对大陆沿海的突击。[36]

肯尼迪担心，如果他一口回绝了委员长，美国的台湾游说集团又会蠢动，因此为了安抚蒋及其支持者，他同意：台湾若不再公开倡言反攻大陆，美国可以给国民政府两架 C－130 运输机，并训练其机组人员，但飞机和机组人员要留在美国，直到两国政府共同决定行动有可行性，才能用到它（他）们。[37]多了两架飞机或两百名伞兵便能扭转局势的想法本来就荒诞不经，蒋拒绝，表示他预备把“针对大陆的可能行动”推迟到十月，但这是最后的延期了。[38]接下来他颁令几乎全部政府税收项目，及若干公用事业费都附加紧急的国防捐，为期十四个月，以便准备“军事行动”光复大陆。[39]华盛顿遇上此一既成事实，大为“震惊”。美国国际开发总署台北分署署长奉命去表示，这样的行动可能迫使美国重新检讨美援计划。[40]蒋一点儿也不怕，继续课征附加捐，并且延长役男兵役期。[41]全球媒体把这一切行动当做是国军反攻大陆的前奏。

五月中，蒋又传出讯息说，由于他的将领越来越不满意，他很难把反攻的日期延到十月一日以后。可是，如果美国可以提供台湾军队若干重要的飞机和舰艇，他或许可以克服此一压力。[42]他明白提出：五架 C－123 运输机、十六架 B－57 轰炸机，“一旦爆发敌对行为，可制衡中共的伊留申 IL－28 轰炸机”；还要有二十至二十五艘可载运装甲车的登陆艇。蒋说，有了这些装备，他可以设法再推迟一段时候。[43]这个冒失的敲诈动作让华盛顿很不痛快。

此时，解放军却大举调动部队和军机进入福建及华南各省。周恩来太了解蒋介石，认为委员长绝不会在当前状况下甘冒严重的军事风险。可是，共产党也不能不提防。何况，共军调动或许可以鼓励华盛顿叫蒋介石停止诈唬要反攻大陆。国务院情报研究局错误地认定，解放军调动显示毛已决定要再创造外岛新危机。[44]但是，这个分析正中毛、周下怀，符合他们的利益，因为美方正是深怕中共又蠢动，肯尼迪终于照会苏联和中共，美国“无意在当前状况下支持国民政府进攻中国大陆”，如果蒋介石真的反攻，美国将“和攻击脱离关联”。[45]美国报界和通讯社在华沙、莫斯科和北京（通过英国），报道中、美双方对此议题的交流要点。但是，为了把话讲清楚，肯尼迪六月二十七日举行记者会，宣称美国反对在台湾海峡地区动用武力。[46]这下子轮到蒋被这些报道吓坏了。

肯尼迪也选派一位强悍的新大使到台北，负责和委员长打交道——退役海军上将柯克（Alan G. Kirk）在诺曼底登陆时，曾任美国海军舰队司令。肯尼迪认为，柯克年岁大、军事历练足，也有声望可和蒋介石就当前军事问题抗衡。柯克七月份抵达台北，第一次和蒋谈话，蒋就抱怨美国和北京会谈时伤害盟友。他说，他并不期待美国宣布它支持国民政府反攻，但是鉴于维持国军士气的需要，他不知道华盛顿有何必要“向敌人宣布美国不会协助”其盟友台湾。柯克大概是为了遵循谈话重点，只好谎称美国只是和过去一样向北京提议相互放弃使用武力。[47]

蒋很显然不相信他这套说辞。纵使如此，蒋说他完全同意，只有在两国政府共同认为大陆局势适合反攻，才会认真考虑军事行动。蒋又向柯克暗示他很清楚光是空投数百人到华南山区，必然会失败。但是依他的估算，这种有限度的失败，比起按兵不动，对于一个流亡的弱势政府的威权和声望来讲，还比较有助益。蒋希望美方了解——但又无法直接启齿的是，除了中共内部大动乱所造成不确定的“新情势”之外，所谓“反攻大陆”这回事只是嘴上说说的心理战、政治口号，维系国内士气民心罢了。对他来讲，美国人怎么依然不了解这样一个简单的事实。两天之后，他派驻美大使去问鲁斯克国务卿，“美国是否至少可以不要做些有利于中共的公开声明”呢？[48]

九月初，柯克大使正式通知蒋，肯尼迪总统已决定送给台湾两架 C－123 运输机，但不给国民党政府方面所要求的轰炸机和登陆艇——除非新情势证明有此需要。作为象征性的姿势（其实很可笑），肯尼迪总统也批准美国中情局所支持的方案——空投每批二十人的台湾谍报人员进入中国大陆。蒋不高兴，再一次提出警告：如果民心要求协助大陆同胞的愿望落空，他的政府最后恐怕也很难控制住局势。他说“台湾政府已准备好遵守条约”，但是当大陆情势变了，“就必须重新检讨条约”。但是接下来蒋又回到坦率的路线，请求华盛顿了解，就美国对国军跨海反攻的立场而言，问题关键是“让全世界了解”——也就是广为周知，依据中美共同防御条约，国民政府“不能自由做这、做那”。他认为，华盛顿“大可宣称，如果大陆发生大规模动乱，这将是一桩国内事务”。[49]

蒋解释说他“真正的目标”，不是取得新武器，而是在美国和国民党政府之间建立“更多的互相了解”。他指责华盛顿正在培养“它开始要和中国共产党交好，却又绑住其盟友手脚的风气”。他说，这种做法已经伤害到台湾的士气和安定。[50]这次和柯克谈话后七天，美国国务院向蒋抗议国民党驻港、澳特务在中国大陆执行恐怖爆炸活动，要求立即停止这类活动。[51]蒋接下来在年底之前都不愿接见柯克大使。[52]同时，台湾军队驾驶的 U2 间谍机也首度遭到中共击落（前后折损了三架）；另有九组空投到华南的二十人谍报也遭中共歼灭。[53]

多年来，蒋一直有泌尿问题。根据他的私人医生熊丸的说法，一九六〇或一九六一年，蒋终于同意让美国陆军一名泌尿科医生从冲绳飞来给他动手术。这位美国军医面对如此威名赫赫的病患，患得患失之心太重，在动手术时，竟然两手发抖不已。[54]一九六二年，委员长老病复发，熊丸决定必须再次动手术。这次蒋夫人通过哥哥宋子文的安排，聘请一位美国名医由纽约来台北操刀。蒋夫人在医院陪伴丈夫，虽然这经常会使她的皮肤炎症发作。[55]第二次手术大体上很成功，但和一般动过这类手术的病患一样，此后蒋一直有尿失禁之苦。由于这个原因，他开始培养一种习惯，即每次会议结束后他依旧端坐，等到人人（除了随扈）都走了，才离开会场。他也开始出现种种衰老迹象。每天早会后的精神训话或指示，越来越短，或干脆取消。他依然虔诚地每星期一主持“总理纪念周”，但是他在这些场合以及复活节证道的讲话也越来越短。[56]

一九六二年十月的古巴导弹危机把肯尼迪和他的国家安全团队累坏了，蒋也一路密切盯住该事件的发展。一年半内发生两次加勒比海冲突，它使得美苏两大超强积极寻觅新方法降低核战机会，以及借由核武器禁试条约来限制核武器的扩散。这个转折也更加令毛泽东相信美、苏这两大超强阴谋联手反中，不让中国拥有核武器。古巴导弹危机发生的同一个月，中印边境经过多年的小摩擦之后，毛下令解放军在双方系争的喜马拉雅东部地区，把印度守军赶离既有的控制线；在完成毛的指示后就退兵。中印争执当中，莫斯科一直和印度站在一起，扩大了中、苏裂痕。中共可能在一年左右就能核武器试爆，不仅引起肯尼迪和蒋介石两人“重大关切”，也使苏联领导人相当介意。[57]

一九六二年十二月底，美军顾问团发现，委员长计划动用国防特别附加捐的款项，再装备一个空中团，并且打造一百艘登陆艇。[58]新年之后，台北新闻界传出来，美国中情局也报告说，国民党政府已在筹划另一次大规模反攻计划。国民党政府也被发现试图从日本、比利时等国家购买如降落伞、橡皮艇等器材设备。[59]以反攻大陆来讲，这些采购依然数量单薄得可怜。柯克终于能够再见到委员长，他还是坦率地说美国不会支持国军跨海反攻，也不会宽恕它。[60]柯克完全不了解蒋真正的想法，回到华盛顿述职时向肯尼迪报告说，他认为委员长觉得他必须实现反攻大陆的承诺，希望把美国也拉进这个冒险行动。[61]

可是，俞大维和张群这两位国民党高级官员却分别告诉美国驻台官员，别把委员长在这个问题上的发言当真。俞是国防部长，与蒋同为浙江人，是学界出身；张群则是蒋介石少有的几个最亲信朋友之一。[62]如此坦率的发言，背后应该有蒋的支持。美国驻台北大使馆代办高立夫（Ralph Clough）是第一位深入到言辞举止表相之下观察的美国外交官。他认为蒋的真正目标只是要争取行动更自由的“表相”，以便增强他的公众地位。高立夫呈给国务院某一电文的结论是：蒋所要的可能只是一个说法，美国只要表面上同意不反对他对大陆采取武装行动，并且在类似攻击发生时，假装它会采取不插手政策就行了。[63]

到了夏天，美国许多官员已发现蒋介石很清楚国军若是认真反攻大陆，将酿成大悲剧。克莱恩调离台北后，美国中情局自台北发出的报告归纳出新观点：国民党政府“可能并不期待当今共产中国的情势或国际现势，转为有利台湾反攻”。[64]

↑蒋介石视察金门 1963 年摄（国民党党史馆提供）

同时，蒋采取新策略，派蒋经国到华盛顿建议美国和国民党政府合作，摧毁解放军的导弹基地和原子弹设施。美国国家安全会议首席顾问麦克乔治·彭岱（McGeorge Bundy）告诉蒋经国，美国政府会审慎评估他的提议。[65]或许并非巧合，美国中情局近来也建议美国可考虑铲除北京的核试验设施，包括通过与台湾或苏联合作、共同行动。[66]可是，两个月之后，美国政府得到结论，认为“中共（核子）炸弹”的战略意义有限，它一口就摒弃“扼杀摇篮婴儿”的构想。[67]

十一月，两蒋父子获报西贡发生军事政变，南越独裁者吴廷琰总统和他的弟弟、主掌秘密警察的吴廷瑈都被阴谋者杀害。两蒋和吴廷琰政府有许多往来关系——譬如，陈诚在当年稍早曾访问西贡，拜会过吴廷琰兄弟。此外，吴廷琰至少曾到过台湾一次，与蒋经国会商过，可能也见过委员长。美国鼓动以政变方式推翻南越领导人使蒋“殊为寒心”，更加相信“残忍不道”的美国人不可信赖。他反复强调“国非自立不可”。

两蒋父子无疑又加强对自己高级将领的秘密监视，特别是与美方有密切往来者。[68]吴廷琰丧生之后二十天，大清早消息传到台北，肯尼迪总统遇刺身亡。蒋可能觉得肯尼迪遇刺是天道报应他杀害吴廷琰和吴廷瑈，但他没在日记里写下他的感想。他没有派特使团出席肯尼迪的吊唁，后来台北当局解释说是“疏忽”。[69]

两个月之后的一九六四年一月，台北倒是真的发生兵变，但却像是一出闹剧。由蒋纬国提拔、过去五年担任装甲兵第一师师长的赵志华，有一天早上集合部队及坦克车，宣布要开到台北展现实力，因为委员长没有认真推动反攻大陆。师里头的政战部主任口喊支持，冲向司令台撂倒师长，立刻将他逮捕。事件之后，蒋纬国受到父、兄贬抑，再也无法复起。[70]

同时，中南半岛战事一直有扩大之势。一九六四年四月十六日，鲁斯克国务卿飞到台北，进行两天的会谈。委员长提出颇为委婉的观点——一点都不像他对克莱恩、庄莱德的末日说教——甚至表示他“原则反对使用核子武器，尤其反对以此解决中国问题”，又说美国轰炸华南只会让中共对美国更加仇恨。[71]

虽然蒋拒绝动用核武器，国民党政府在台北外头的山区仍继续秘密进行研发，探索制造核武器的可行性。但是，这个计划无法对美国人保密。美国中情局针对国民政府的渗透最好的成绩，就是吸收到一名参加此一极端机密计划、具备科学背景的年轻军官。这名特务让美国得以掌握其进展。

在经济方面，陈诚和技术官僚制订一套加速经济发展方案，包括以优惠税率奖励侨外投资、不限制获利汇出，及废除来台外资必须有台湾人资金在内的法令。新的方案也强调奖励国内民间企业和出口导向的成长。就意识形态而言，老国民党许多人仍执迷政府公营企业、进口替代政策，也不鼓励外人投资。然而，华盛顿和国民政府改革派的目标是，使台湾不再仰赖美国经济援助，替六十年代中期的经济成长奠定基础。蒋全力支持此一现代化策略。[72]

六十年代中期初次到台北的访客都可以看到，这个城市四周环山，虽然贫穷，却是个适宜居住且欣欣向荣的地方。人均所得年增长率将近百分之七，但所得分配依然出奇的平均。好几百家的中国餐厅（如衡阳路两侧那些）挤满顾客；菜市场里满是肉类、蔬果。沿着小街，几千家小店及摊子叫卖收音机、面食、电风扇、新鲜水果、五金商品，以及形形色色便宜的日常用品。新、旧佛寺和道观四处林立，日本人留下的柏青哥店也有上百家。几十家电影院（有些很新，冷气开放）放映香港电影、中文配音的美国电影，以及颇受欢迎的台语片。

电视也成了台湾人生活的一部分。即使小康之家也买得起小型黑白电视机。政府公营的一家电视台播放颇受欢迎的连续剧，据说委员长夫妇也定期观看。篮球是最多人打、最多人看的运动项目，各军种皆组织篮球队互较高下。棒球则承袭日本，也受美国影响——不久就变成全民风靡的项目。

此时，岛上半数以上居民已住在城镇，农村许多人拥有由耕耘机改装的三轮车。大多数家庭拥有自行车，有些人也拥有摩托车。尽管军费支出比重甚大，六十年代的教育经费支出约占政府预算的百分之十三，在这段年代，政府把国民义务教育延长为九年。（一九六八年九月实施九年义务教育。）

台湾军队军官也享有美式的军官俱乐部，里面有酒吧、餐厅、游泳池；有钱的台湾人开设乡村俱乐部，热衷打高尔夫。这时有两万名美国人住在台湾，许多人住在地方街坊，与当地人互动积极。无论本省人、外省人家庭都想方设法鼓励大学毕业的子女前往美国深造，这个风气长期下来对台湾的生活有深远的影响——一九五四至一九八九年间，台湾共有十一万五千人到美国留学，在全世界居第一位。[73]此时已有少数留学生自美国学成归来，对台湾经济发展平添生力军，

↑1963 年蒋介石与陈诚合影（国民党党史馆提供）

也有人投入政府部门服务。李登辉就是其中的一个，他得到康奈尔大学农学博士学位，后来成为第一位本省籍国民党领导人。

蒋依然会动怒或假装生气，但现在已经很少发脾气了。蒋本来的领导方式是巨细靡遗的管理，现在则已逐渐放手让蒋经国、陈诚和技术官僚去处理。他的办公桌一向很整齐。他用陶瓷笔筒中的五支毛笔，亲笔批示公文。[74]他往往只在公文上简短写着“可”或“不可”，再由秘书完成核示文字。每星期五的上午，他照常出席情报会报（包括对大陆局势最新发展分析），但星期四上午的巡视和星期六上午的军事会议逐渐减少。他下午不办公，通常在下午一点回到官邸，午睡至两点，然后会吃点轻食；通常是蒋夫人陪他，不然也会由经国陪同用膳。餐后，他有时会在院子里遛狗，然后坐在池塘旁击掌、赏玩锦鲤。其余时间他都守在书房里。有位秘书认为他在思索反攻大陆的计划；其他人则认为他主要是在读唐诗、《孟子》或历史书。[75]

蒋介石的长久任期中罕有国宴饮酢，现在则更少。如果访客与他一起用餐，通常是一顿便饭。在正式餐宴中，他吃的是好入口的蔬菜、海鲜，以及由他擅长宁波料理的私人厨师所准备的鱼翅（蒋唯一喜欢的奢华料理）。他偶尔也喝可口可乐，在五十和六十年代它们来自距士林官邸不远的美军供应社。

最受宋美龄宠爱的外甥女孔令伟，此时接管了夫人的许多慈善组织及其他活动，包括管理蒋夫人主持的圆山大饭店。孔令伟仍然剪短发，穿传统的男子长袍或西装、领带。[76]她有女性爱人，其中一人是蒋经国长子孝文之妻一位好朋友的母亲。[77]另一位蒋夫人宠爱的亲戚即外甥孔令杰—— 现在是得州石油富商，娶了美丽的电影女星佩姬（Debra Paget）为妻。当孔令杰这位名人姨妈到美国时，即下榻于他提供的一栋纽约市豪华公寓。在上海曾和经国发生冲突的孔令侃，在共和党人的圈子中相当活跃，六十年代他是蒋夫人了解美国政治发展最重要的一位顾问。[78]

蒋介石很关心他的孙儿女。长孙孝文是个爱玩、聪明的美男子，但是六十年代他的酗酒问题变本加厉，加上先天遗传糖尿病，最后造成严重的健康危机。蒋原先安排他在军中发展，但是并不成功 ，于是又安排他到台湾电力公司任职。孝文娶中德混血的徐乃锦为妻，她为老蒋先生生下第一个曾孙女友梅。经国和方良唯一的女儿孝章，不顾父母反对，在美国嫁给年长自己许多的男人——长期担任国防部长的俞大维之子（俞扬和）。她和夫婿住在美国，育有一子俞祖声。孝武也遗传了父亲的糖尿病，经过一段漂浮岁月，前往德国念书深造。最小的儿子孝勇先是进入陆军官校，两年后便和大哥孝文一样退训，转往国立台湾大学。蒋家人娶欧亚混血儿的倾向也出现在蒋纬国身上。丧妻的纬国娶了一名中德混血女子（邱爱伦）为妻，生下儿子孝刚。有了这些新成员，家庭集会多出小朋友嬉闹的笑声。七十五岁的委员长膝下孙儿女及后代，除了未认祖归宗的孝严、孝慈两兄弟之外，全都是欧亚混血儿。孝严、孝慈在念大学时，都得到经国的暗中支持。

二

一九六三年，陈诚病了，后来验出是得了肝癌。他先告假，暂时交出行政院长职务，后因不满蒋经国在党和军中的力量越来越大，正式辞职。[79]蒋挑选技术官僚、财政部长严家淦出任行政院长，严家淦于一九六六年被选为“副总统”。严家淦在政治上是个“软性”人物，和蒋夫人关系密切，也可被经国接受。由于他专注台湾发展，台湾人和美国人都喜欢他。实质上，严成为台湾的首席营运长。

蒋经国依然主管敏感的政治议题。现在的他试图争取本省籍反对派人士的支持。那些散发违法传单和从事其他禁止活动的人只判轻度刑罚，囚禁人士也被提前假释，蒋经国甚至替他们安排工作。他也会威胁要没收顽抗分子的家族财产；此一战术在台独领袖廖文毅身上发生作用，廖放弃在日本的活动，回到台湾（廖被派挂名曾文水库兴建委员会主任委员）。在地方选举方面，他允许无党无派人士担任监票人员，包括台北市在内，有三名反对派人士当选县市长。

同时，台湾作为全中国政府所在地的国际角色，也开始瓦解。一九六四年初，法国总统戴高乐舍弃台北，承认北京为中国政府，但未与国民政府断绝关系。蒋在华盛顿推动下，展现弹性，没有宣布和法国断交，直到巴黎方面对国民党政府外交代表团下达逐客令。蒋觉得他没有必要地丢了面子，决心不再重蹈覆辙。[80]

这个时候，贪腐风气又慢慢回到此时相对清廉的官僚体系。公务员的薪水赶不上通货膨胀。老师和军官原本是人人称羡的“铁饭碗”工作，据说已开始收贿——甚至侵吞公款——以维持生活水平。学界人士必须兼两三份差事；社会上，小型犯罪率上升。[81]

三

十月间，中国在罗布泊试爆第一颗原子弹。蒋告诉美国人，不理性的中国共产党领导人将会用核武器对付他们的“主要目标”——台湾以及国民党政府。

他说，台湾的人民觉得他们的美国友人现在要他们“坐以待毙”。[82]他致函约翰逊总统，再度敦促美国“至少”给予国民政府必要的东西去摧毁中国的核设施。可是，美国人此时对委员长的长篇大论已经完全听不进去。约翰逊回信，重申一九五八年杜勒斯和蒋介石联合公报的原则，强调应以政治手段达成推翻中国共产党的统治。约翰逊坦率地说，美国政府没有证据可说共产党在大陆的控制已衰弱，他也怀疑当前情势如何有利于军事行动。[83]为示礼貌，他下令美国派一两架可携战术核弹的幽灵式喷气式飞机进驻台湾，进行所谓的中国核武器攻击吓阻行动。但是，运送这些喷气式机及其武器的真正目的是，万一北京直接大规模介入中南半岛战争，就可将它们派上用场对付中国大陆。[84]

同时，蒋担心美国会越来越深陷越南泥淖。十年前，他曾经预测，法国人不论有无美国支持，都不会在中南半岛胜利。现在，他于一九六四年十一月二十三日给约翰逊一封长信，表示在和当地叛军作战时，亚洲国家“应个别承担起从事战争的主要责任，直到成功为止”。他提前预料到未来的尼克松主义，力劝约翰逊只在后方提供训练、协助作战计划、后勤支持，以及“最多……在前线的顾问与监督”。他向约翰逊警告说，最糟的是美国陷入旷日持久的消耗战，它会“（使得美国）民穷财尽、产生社会失序，并……（导致）对美国的仇视”。蒋并且担心美国人民不会有坚持长期作战的意志。[85]这是颇有远见的分析，可惜的是当时最深知局势的美国人却没这种认识。

蒋也认为，若是派国军到其他亚洲国家去敉乱，不会比美国人更受欢迎或作战成功。纵使如此，他觉得身为美国盟友，有责任在越战提供协助；和美国人在各种场合谈话时，若是谈到这个话题，他就带一句：如果美国要求他派国军到越南，他愿配合。但是，就跟朝鲜战争时期的情况一样，他从来没强出头；当美国联合参谋首长建议邀请国民党军队参战时，鲁斯克拒绝，深怕它会被中共拿来当借口而大举加入战局。鲁斯克也正确地指出，如果战事一部分扩大为对付毛泽东，国民党政府领导人本身只会希望派出大量国军到亚洲大陆作战。鲁斯克有一次访问台北，向蒋提到：美国不会把大批传统部队派到亚洲大陆，蒋热切欢迎这段话。他说：“越南人力应该用在越南，中国人力就应该用在中国。”[86]

但是，尽管鲁斯克这么说，美国第一批作战部队于一九六五年春天抵达越南（后来总共派出人数高达五十万），展开攻势作战；显然违背他早先的直觉。蒋当然必须继续与他的关键盟友合作，因此在他所预测且不看好的中南半岛消耗战中，台湾仍提供重要援助给南越，也对美国提供重要的后方基地之支持。蒋经国秘密派国军特种部队和南越游击队合作，包括有一次深入北越进行破坏任务。[87]民航公司以及美航公司（Air America，美国中情局另一个部门，在台湾也有设点）在中南半岛替中情局活动提供空中支持。南越也派心战人员及政战人员到台湾研修国军的做法，台北另派二十五名政战人员组成军事顾问团进驻南越。[88]最后，蒋经国的情报人员和南越华侨合作，参与一九六五年西贡军事政变，促成阮文绍出任总统。[89]

由于视力衰退，七十八岁的委员长现在很少自己读东西，他的属下也不太报告可能会惹他不愉快的消息。[90]但是，有关华盛顿的中国政策、中南半岛战争，以及大陆政治动态的消息，他一直都密切追踪。蒋把接班问题已经安排妥当。蒋经国在年初出任国防部长，实际已是台湾执政首长。委员长就像一家出奇成功的家族企业的高龄创办人，已转任名誉董事长，也出席会议，但很少进办公室，越来

↑蒋介石在台湾与家人在府邸合影（国民党党史馆提供）

越少作决定。蒋经国的支持者同时掌控军、党，以及情报、政工部门，入主大位的态势已定。

一九六五年八月，蒋夫人飞到美国，展开最后一次公开演讲之旅。十八天之内，她发表了十四次演讲。[91]在鲁斯克迎接她的晚宴上，她力促美国提供她丈夫核子设施的硬件。国会为她办了接待会，约翰逊总统夫妇邀请她喝茶，她也接受纽约市颁赠“市钥”，以及若干大学颁授的荣誉学位。但是，她在美国没有得到太多外交成绩。[92]

蒋夫人赴美后一个月，蒋经国也应邀访美，个别拜会了总统、国防部长、中央情报局局长，以及国家安全顾问彭岱——这样的接待规格反映出美方已认定这位贵宾将是下一个委员长。但是，小蒋也让美方很清楚地明白，自己和（美方眼中）不理性地要与赤色中国誓死作战的父亲，很不一样。首先，他没有提起先发制人、攻击中共核设施。他尽责地提出攻占华南五个省的新计划，明白表示这是他父亲的想法，不是他的想法，而且它“不是一个可行的提案”。他强调光复大陆“靠的是争取民心和共产党军队的心”。[93]

不过，小蒋对美方并没有完全坦白他的军事计划。在他访美前三个月，他父亲已下令台湾超级机密的原子弹计划，从研究阶段迈入开发阶段。在决定之前，据说有好几位国民党高级官员和“总统顾问”向委员长进言，台湾要搞“曼哈顿计划”在经济上不坚固、在技术上不可行、在政治上不明智。[94]异议者有可能的一个假设是，美国人迟早会发觉——后来也果真如此。

两蒋都很担心美国的公共舆论走向视迁就共产中国为理所当然的路。四月间，委员长告诉来访的克莱恩（已调回中情局总部任职），他认为“不论美国现在是否有意”，美国的对华政策可能出现若干变化。[95]的确，越来越多迹象显示，美国和西方国家希望和已不再和苏联结盟的新生的核武器大国交好。中国事务专家鲍大可（Doak Barnett）首先在参议院外交关系委员会提出“遏制但不孤立”的概念，认为美国的目标应该是把中国纳入国际社会。同年夏天，约翰逊总统呼吁在亚洲“修好”，爱德华·肯尼迪参议员也要求立刻让北京加入联合国。同时，在台湾方面，美国中情局开始把对“无用且行不通的”国军在大陆活动的支持“降到最低”，特别是突击行动；并且也减少它在台北站的庞大编制人力。[96]美军顾问团照会蒋经国，美国军援将逐步缩水，到一九七〇年仅有三千万美元左右。[97]

这些动作反映出台湾在美国心目中的重要性日益下降，但也间接反映出美国日益感觉中国大陆在世界事务的潜在重要性极大。

从他到台湾的那一天，老蒋就认为此生恐将终老于这个岛上——情势也越来越清楚，国民党未来恐怕也要在台湾耕耘数十年或数个世代。一九六六年三月，国民大会选出老蒋继任第四届“总统”，同时也通过小蒋力推的一项宪法修正条文。为了反映台湾地区人口的成长，修宪条文允许每三年由全民投票，增额选举国民大会代表及立法委员。增额席次仅及这两个机关总人数的百分之五左右，但是他们将替垂垂老矣的机关增添非常需要的新鲜血液，以及本省籍中央民意代表（其中有少许真正的反对派人士）。这象征意义大于实际作用的一小步，反映出蒋经国已经认识到对国民党未来最根本的政治挑战，将是来自占多数人口的本省人之不满意。

十五年来，蒋氏父子以两种截然不同的方式处理这股不满的潜在挑战：一是提供合理的良善治理，改善经济、社会条件；一是运用无情的警察手段。但是，到了六十年代中期至末期，蒋经国和他比较温和的核心干部认识到，他们不能再无限期地借助戒严法来维持少数统治，并且一再压抑异议人士。他们构想以二十年左右的时间过渡到民主、多数统治的政府体制。可是，当时多数的外国观察家认为，本省人不会给蒋政权这么长的时间转移权力，而且若无暴力斗争，掌握权柄的外省少数族群也不会交出他们的地位和特权。[98]况且，身为岛内安全及情报事务沙皇的蒋经国，也不像是会领导和平转移权力的人。

我们几乎可以肯定，小蒋不曾和他父亲直接讨论过渡到多数统治这个敏感议题。不过，老先生在最后十年所批准的许多决定，显示他默许蒋经国要带领党走的大致方向。他默许新路线或许主因在于，他认为这是安抚台湾人和美国人必要的战术。但是委员长也是个虔诚的人，对实现孙中山建立民主政体的遗教十分认真（即使不是在他有生之年）。因此，他对某种程度政治革新的默许，也可能反映出他对三民主义的坚持。

蒋经国出任国防部长，下令五百名将官、两千名上校退役（全是外省人）。同时，本省人进入军校的人数稳定上升，第一批本省籍校官也开始担当领导大任。[99]到了一九七〇年，全台湾二十六万名公务员当中，有十六万人为本省人。[100]

蒋经国也必须处理八十多万名老兵，他们走遍中国大江南北，替委员长征战三十年，而在将近二十年前又追随撤退到台湾。他们和故乡已经间关万里、不复联系。美国和国民政府一致认为，非常需要让这些无妻、无眷的老兵，不会成为对台湾社会、政治安定的威胁。在美国财务支持下，蒋政府开始让十八万老、残、没念过书的“战力外”士兵退役。[101]每个仍堪工作的老兵受到辅导就业，当建筑工人、清洁队员，或是贷笔钱当三轮车夫、小贩。有些人从台糖公司配到一小块地转业务农。在美援资助下，现役军人情况也大有改善，薪饷提高、营房翻新、伙食改进。此外，国防部总政战局开设三十七家“茶室”（军中乐园），备有上千名女服务生，帮助这些老兵解决问题；美国并未赞助这项服务。[102]

中、苏裂痕日渐扩大，毛泽东越来越介意苏联社会的“资产阶级化”，极力避免中国走上同样的路子。毛的蒙昧主义和自我陶醉被围绕在他四周的偶像崇拜鼓舞，他对统治者及其（本人）学说的至高无上论亦变本加厉。毛泽东搞“大跃进”带来大灾祸，使得中共党内出现政治分裂，这也进一步助长激进化的火焰。毛妻江青和林彪这一派先打倒彭德怀，再迎合毛的自大狂妄，争取胜出。总而言之，这些因素加起来创造出邪恶的风暴——无产阶级文化大革命。

一九六六年六月十六日，由官方批准的失序开始铺天盖地席卷全中国，每个学校、办公室、商店和工厂，统统卷入——除了解放军和农村经毛泽东和军头指示没被卷进来之外，每个社会组织单位无一幸免。青年和工人被鼓励用暴力和自订的规矩来清算他们组织内的修正主义分子、反党领导人，以及其他当权人士（如教师）。奉化县溪口镇百来名和蒋介石有近亲关系、未及逃出大陆的蒋家人，被派去扫街，干村子里最脏的粗活。[103]

在一片大疯狂之下，蒋和“大跃进”促成灾害时的反应不一样，并没有呼吁美国支持他反攻；他告诉来访的鲁斯克国务卿，鉴于中国大陆当前的整肃清算所起的动乱，他和其人民可以“等候机会”光复大陆。[104]“文革”看来太不理性，几乎什么事都可能发生，搞不好中国又会四分五裂、互相杀伐。蒋打从一开始就了解军事反攻完全不切实际，更何况现在更明显的是，国军若是大举反攻，或许还会使严重分裂的共产党团结起来。蒋认为上上之策是耐心等候。

到了一九六七年初，全中国似乎已陷入公开的权力斗争，许多军队及各省领导成功地挡住毛对其地区及组织的控制。[105]解放军平定红卫兵的角色益发加重。蒋认为这股斗争会持续许久，可能二三十年之久——远超过他和毛的在世之年——中国的经济也可能蒙受“灾难性的后果”。他分析，最后有可能出现“在不同领导人之下的统一中国”。副“总统”严家淦在一九六七年五月告诉约翰逊总统，“在这方面，我们仍有所抱负”。[106]蒋试着想象毛若下台，继承人或许会来找他。但是，他担心，更有可能的是，由刘少奇或其他温和派领导的反毛势力若是得胜，会恢复中苏同盟，因此对国民党及蒋的地位构成比毛更大的威胁。

这时候，蒋经国的智库“国际关系研究所”里的留美学者，提供的大陆局势分析已受美国人肯定，认为相当客观。[107]他们有一项结论，认为尽管“文革”闹得凶，共产中国的军事力量仍继续成长。中共的兵工厂每个月完成新的传统动力潜水艇、地对空导弹、二十至二十五架米格19战斗机（不久也升级到米格21）。[108]新中国的茁壮、“文革”的狂热精神，以及北京电台尖锐的红卫兵宣传，令苏联对这个前盟友日益感到不安。一九六七年六月，中国试爆氢弹，观察家预料毛泽东将在七十年代初期以前拥有洲际弹道导弹。

鲁斯克国务卿访问台北时告诉蒋，最近苏联外长葛罗米柯在“极机密”谈话中，说他很后悔在一九六三年禁止核试条约里没有订定“对非签约国执行条约规定”的条款，葛显然指的是中国。鲁斯克告诉蒋，美国会再“追踪”葛罗米格这句话究竟什么意思。[109]同时，苏联把它部署在中苏边境的部队从十五个师增加至二十一个师。所有这些发展增强蒋决心静观其变。他在一九六七年新年文告中宣示，台湾的任务就是增强政治准备，确保可预见的共产党垮台能够和平过渡。[110]

尽管共产中国在多方面一再展现新的极端主义，美国的公共评论却呈现越发支持和北京有某种和解的迹象。美国饱受越战之苦，国内又掀起民权和反战运动风潮，人民似乎欢迎和中国——管它是不是共产党——友好和解的可能性。尼克松在著名的期刊《外交事务》上发表文章，宣称美国“再也不能让中国永久留在国际家庭之外，滋养它的幻想，怀抱它的仇恨，威胁它的邻邦”。[111]虽然只有少数有见识的观察家了解这句话的重要性，蒋认为这是严重的恶兆。[112]不过，它还未令他怀忧丧志。

↑1967年10月，蒋介石在大溪接见美国众议院周以德，周一直是蒋的支持者（国民党党史馆提供）

蒋在美国还有坚强的支持者，如曾在中国传教兼行医的共和党保守派国会众议员周以德（Walter Judd）。当年九月，周以德前来台湾，探视蒋介石。蒋氏夫妇在阳明山寓邸以茶会接待时，获悉当天就是这位美国长期老友的六十九岁生日；蒋夫人立刻邀请周以德等一行人出席当天晚上的即席寿宴派对。根据周以德的叙述，在这个友好场合，委员长似乎十分健康、有活力、精神抖擞。周以德注意到他胃口好、能吃，心情也很愉悦。事实上，蒋在这个场合的平静使他就其失去大陆、治理台湾的话题，作出对外国人或甚至任何人都是极为罕见的肺腑之言。

当天晚间，蒋在谈话中两度讲起哲学大道理。他说，从历史的角度来看，“失去大陆或许是天意”。来到台湾二十年，使他“有机会在不受与中共冲突的干扰下，向全世界展示，一个未开发国家真正迈向进步的正确途径”。他说，在台湾的一切成绩，绝对无法在大陆完成，因为有来自中共威胁的压力干扰。在台湾成功的计划搬到大陆之所以失败，“是因为中共的颠覆，以及政府因为困于内战而无法全力注意它”。[113]

这段难得一见的评语显示，毛泽东“文化大革命”的深刻不理性已使蒋认为，共产主义迟早将在中国殒亡——他们父子的使命就是打造台湾为模范，向世人（尤其是大陆人民）展示，中国回复大国光荣之“正确途径”。

后来，和这位传教士医师、国会众议员敬酒之后，委员长又陷入沉思。虽然早先他在日记中道白，此生恐将终老台湾，“文革”却使他转变念头：他告诉周以德，他将在大陆过九十大寿。他评论“文革”，认为毛泽东所做的一切，根本是在帮国民党加速回到大陆。目前他最好的办法就是静观其变。接着，蒋吟诵一段由一句中国谚语、三句西方谚语拼凑出的特别诗曲，每个谚语都反映出他传统不变的信念——不管历史如何变幻莫测，命运终会眷顾他和中国：

> 蜂为采花贼，只为他人作嫁；
> 众神欲毁之，必先使其癫狂；
> 命运乃是一座慢工出细活的磨坊；
> 最黑暗的时刻，星群也快现光芒。[114]

四

一九六八年，美国遭逢一系列挫败，使它的外交政策基本假设陷入一团混乱。新年过后不久，朝鲜就占领了美国讯号侦察船“普布罗号”（USS Pueblo），把八十三名官兵当做间谍扣押。蒋介石一点也不惊讶，华盛顿困陷在中南半岛，未能对朝鲜威胁要报复；美国人反而从事冗长交涉要救出囚犯。“普布罗号”事件一星期之后，越共游击队在北越陆军部队协助下，发动春节大攻势，攻击南越数百座大小城镇。对共产党而言，未能占领任何新地盘可谓军事失利，但政治上它却是大胜，国防部长麦克纳马拉（Robert McNamara）因而辞职。接下来，三月间，约翰逊总统令举世震惊，宣布放弃竞选连任，并且批驳越南美军司令韦斯特摩兰（William Westmoreland）将军所请增兵二十万六千人的要求。

蒋的预言成真：美国人民没办法久撑一场目标含糊、旷日费时、代价不菲的中南半岛反共的地面战争。他一再向美国人提出警告，纪律严明的越南共产党，它的北邻就是不虞匮乏的广大供应基地，更往北又有个超级大国撑腰，加上对抗外国敌人可在宣传上占优势，必定会比起强敌撑得更久。他现在再也不对美国人谈论越战，也不去评论美国国内的政治动荡了。

接下来，罗伯特·肯尼迪和马丁·路德·金相继遭到暗杀，蒋认为这些事件是美国“日常生活道德败坏的表征”，是“民主放纵”的结果。[115]他的反应映照出他最大的恐惧：美国在越南失利会引起它更不想和中共从事冷战斗争。蒋在接见新任美国驻华大使马康卫（Walter McConaughy）时，罕见地态度强硬，他说美国对越共、北越和中国的态度让人联想到“张伯伦对待纳粹德国的态度”。事实上，美国国内呼吁与共产中国修好的声音确实越来越大。助理国务卿威廉·彭岱公开表示，台湾一千三百万人民的生命不可牺牲，但是他说，美国政府“完全承认”中国共产党控制了中国。六月间，《纽约时报》一篇社论主张美国承认北京为代表中国的政府，但不是代表台湾的政府。[116]

中国境内，解放军仍然忙着恢复秩序，周恩来也逐步降低红卫兵对外交政策的负面影响。毛派的宣传攻击毛主席的内部敌人是“国特”（国民党特务）、“走资派”。蒋抓住这些话，在一九六八年的双十国庆文告中表示，毛终于被迫承认国民党在大陆激发反毛路线。[117]美国大使馆这段时候的报告指称，国民党政府仍继续“断断续续地计划”反攻大陆，但自一九六八年起，台北的“高级领导人”不时向美方人士承认明显的现实：国军不可能片面执行大举反攻的行动。[118]

同时，苏联也在中苏、苏蒙边境增加兵力部署。到了一九六八年底，中、苏双方皆在边界部署了数十万大军。[119]苏联在八月份入侵捷克，莫斯科又发布“有限主权论”的布里兹涅夫主义，合理化它派军介入、阻止共产党政府遭推翻的行动，对中国而言这不啻是个警讯。

捷克遭入侵之后两个月，担任《伦敦明星晚报》（*Londen Evening Star*）驻莫斯科特派员的苏联籍记者维克多·路易斯（Victor Louis），抵达台北。具备苏联情报机关“国家安全委员会”（KGB）特务身份的路易斯，与蒋经国信赖的一位助手（魏景蒙）有数次谈话，也和蒋经国见了一次面。路易斯传递的信息是，国民政府和苏联应该探寻合作方法以促成毛泽东垮台。心存怀疑的蒋经国答说，如果莫斯科废止一九五〇年和中共签订的苏中条约，“会有助于台北调整想法”。后来，路易斯在香港泄露他到台北一行的消息。显然克格勃的目的是在大陆挑起恐惧，两蒋父子乐得与他配合。事实上，往后三年，蒋经国的人继续在欧洲和路易斯碰面。[120]

自从一九四五年以来，委员长就抨击亚洲种种罪恶的罪魁祸首就是苏联，但是路易斯访问台北之后，台北的报章杂志不再谩骂诋毁苏联。国民党的第十次全国代表大会反而宣称毛泽东故意制造中苏边境冲突事件，以转移各方对中国内部危机的注意。有一段时候，台湾媒体甚至舍"反共"、改用"反毛"一词。[121]委员长照例试图利用此一情势，争取美国更多军事援助，他对来访的美国高级将领表示，毛泽东担心苏联在北方攻击，会想要在南方巩固他的军事地位。他说，这一来解放军可能又对外岛施压，甚至可能攻打台湾。如果他不能替自己的空军争取到 F－4 幽灵式战机，他要求美国空军派驻一个中队的 F－4 幽灵式军机防守台湾。

蒋当然晓得，在强大的苏联红军会攻打中国之际，满心忌惮的毛可能绝不会在此时进犯台湾。白宫现在已经彻底明白委员长这套伎俩，分析蒋是希望争取到美国高层的承诺，让下一届新政府难以推翻。但是，为了安抚委员长，五角大厦提议暂时、间歇性地派四到八架幽灵式军机每个月有六天轮番巡守台湾。[122]

鉴于有关中国、苏联、美国和中南半岛的种种不确定因素，蒋的战略目标是建立防卫能力，使其政府尽可能自立自主。两蒋父子争取购买各种最现代化的美国军事器材设备，包括若干艘传统潜水艇和驱逐舰、一百多辆坦克、一个中队的反潜机、二十架直升机。[123]国民政府核子吓阻的秘密研发工作，此时已开发出一座小型的再处理设施（"热实验室"），正在设法取得一座研究反应炉和浓缩铀。[124]

时序迈入一九六九年，蒋热切盼望他的老朋友尼克松快快宣誓就任美国第三十七任总统。蒋和尼克松的交情胜过历任美国总统。尼克松曾经六度访问台湾，每次都住在蒋的宾馆。这两位知名的反共健将曾经长久且经常私下交换对世界局势发展的看法。蒋认为他非常熟悉尼克松，也觉得尼克松是诺兰参议员、周以德众议员这一类型的坚强的保守派。即使如此，尼克松一九六七年在《外交事务》上冒出要把中国带进国际社会那句话，还是令人不无疑虑。

尼克松当选之后，旋即延揽哈佛教授基辛格出任他的国家安全顾问。当蒋读了幕僚呈上来的基辛格简历时，很不愉快地发现基辛格被公认是“现实主义者”。蒋明白，美国国内有强大的压力要退出越南，加上中、苏极不寻常的分裂，已日益增强美国“现实主义者”主张中、美和解的逻辑。[125]

北京的中国领导人也准备好要务实。在尼克松就职之前的一九六八年十一月二十六日，北京向华盛顿提议在次年二月恢复华沙双边会谈。华盛顿同意，双方对外做了宣布。就职之后十二天，尼克松告诉基辛格去“鼓励”政府“寻求与中国修好”的构想。[126]就职不满一个月，尼克松和基辛格就对若干世界领袖表露很有兴趣与共产中国改善关系。尼克松晓得他的话很快就会传到北京，他告诉法国总统戴高乐说，承认中国和苏联都是“大国”，并“与他们建立平行关系”，合乎美国的利益。[127]

很快，此一外交政策就在公开场合展现出来。四月间，新任国务卿罗杰斯发表演讲，宣称美国将采取“主动与共产中国重新建立正常的关系，我们将对他们敌意减轻的任何迹象保持回应”。[128]对两蒋父子而言，最证据确凿的是，尼克松和基辛格开始采取行动，去除军事上让中国不痛快的东西。一九六九年初，白宫限制由台湾飞行员驾驶 U2 空中侦测大陆的行动。[129]华盛顿这些言行代表美国对中国态度大翻转，更是一向强烈反共、保守的尼克松令人惊诧的大改变。蒋氏父子怀疑除了这些“极其愚蠢（委员长的用词）”的动作幕后还暗藏更多玄机，但是他们面对这些美国对北京政策丕变的种种迹象（势必对台湾产生严重后果），却表现出罕见的镇定，不作任何批评。[130]

同时，意大利、加拿大、比利时和联邦德国全都开始和北京讨论建立外交关系。东京也十分紧张。这些国家全都看到明显的迹象：新上台的尼克松政府想和共产中国达成某种诚恳的和解，而它们全都希望抢在美国人之前“搭上车”。七月间，尼克松展开访问亚洲若干国家之旅，但刻意避开台湾（蒋知道这又是一个恶兆）。[131]尼克松先在关岛暂停，发表了所谓的尼克松主义，宣称美国将完全遵守条约承诺，但也要寻求“直接受威胁的国家，承担其主要责任，自我防卫”。基本上，它是已经被忘掉的艾森豪威尔主张之复活；当年艾森豪威尔曾说美国绝不再派部队介入亚洲大陆的战争——这也是蒋已经宣扬近十五年的主张，而且在一九六四年颇有先见之明致函约翰逊总统，明确建言。

尼克松主义及“越战越南化”（把越战丢还给南越人）的起始，使得情势更清楚：尼克松已决定脱离越南泥淖。可是，尼克松和基辛格相信，若是先威胁要大幅升级越战，可以说服莫斯科和河内接受某种妥协方案，不让共产党在短期内得以接管南越。他们发出严正警告，十一月一日之前北越若不接受美方的妥协方案，美国将“采取会有重大后果的强力措施”。如果这些威胁说服不了河内，美国将展开第二阶段的军事升级方案：施展戏剧性的军事镇压，如强力轰炸北越的北部地区，对河内及其他港口布雷封锁。尼克松和基辛格希望能借敌人以为尼克松几近“疯狂”、什么事都干得出来，而得到效果——这套战术蒋介石最清楚不过。[132]

纵使如此，蒋认为，只要有中国在背后撑腰，这套策略逼不了北越作出重大让步。事实上，他依然认为美国在中南半岛可能落败，但是他必须支持尼克松。蒋氏父子立刻配合美国有关越战的各种要求，例如扩建机场以备必要时可供B－52轰炸机起降。同时，蒋越来越清楚，尼克松和基辛格把美中和解当做是脱离越战的策略之一，也看做是重建全球政治根本架构的历史契机。[133]

当年夏天，尼克松解除七类美国公民前往中国旅行的禁令。各方普遍认为这是谨慎向前迈进一步，但白宫其实秘密增加动作，想要与中方建立直接沟通。八月二日，尼克松在（保加利亚首都）索非亚告诉罗马尼亚总统齐奥塞斯库，美国欢迎这位罗马尼亚领导人“在我们和中国之间扮演调停角色”。[134]十二天之后，尼克松告诉国家安全会议，让苏联在中苏战争中“粉碎”中国，“有违美国利益”。他接着又特别要求巴基斯坦总统向中国人转达他的看法。[135]

一九六九年六月，蒋任命他儿子出任行政院副院长，次月蒋经国又成为两个负责财经事务决策和协调的重要委员会主席。蒋经国首次正式职掌经济事务，虽然名义上还隶属于严家淦。这一年的情势一片大好：这一年的经济成长率为百分之十，使台湾一九五〇年以来整体经济扩张了十倍。委员长在一九六八年一月晋升经国为四星上将，他担任副院长时仍保持此一军衔。可是蒋经国很少穿军装。他通常穿西装上班，平时则习惯穿运动衫。蒋经国下令减少政府的军事色彩。自从一九六四年以后，每年双十的庆祝仪式不再包括踢正步（二十世纪三十年代德国顾问所教），也取消坦克、导弹和喷气式机的亮相。

小蒋依然是多个国内安全机关的地下主管，包括秘密警察、政工人员、情报和秘密行动单位。但是，他经常下乡深入民间，满脸笑容胖乎乎的模样，开始改变他的政治形象。每次下乡，他衣着朴素，戴顶软式圆帽。这个公共形象和他父亲迥然不同；委员长碰到正式场合必着戎装，平时则穿中山装或长袍。

蒋经国出任副院长后第一道措施即发动反贪腐。最早的一项成绩是揭发香蕉生意的贪污舞弊案。可是，准自由报刊批评说，在这个案子及其他案子，只有小人物遭判刑，大部分高官罪魁逃过刑罚。譬如，与蒋夫人关系密切的中央银行总裁（徐柏园）被控渎职后，获准辞职。纵使如此，绝大多数当时消息灵通的外国观察家都推许政府肃贪认真。蒋经国和他父亲一样，以清廉闻名，即使官越做越大，依然一介不取。不过，跟他父亲不同的是，他没有一个富太太，也没和秘密社团或帮派有瓜葛，领导作风也不是以效忠为最高优先。[136]

初到台湾的时候，委员长和国民党里多数大佬一样，反对家庭计划，因为他们认为要反攻大陆，必须有充沛的兵员。但是在六十年代，国民政府的技术官僚和美国国际开发总署的官员，推动降低人口成长的计划，大规模发放避孕器“乐普”。将经国采纳马克思主义和孙中山的观点——中国人多多益善——反对家庭计划，这个立场使得原本长期对他颇有疑虑的大佬们喜欢他。可是，委员长或许是受到蒋夫人的影响，批准了这个计划，它也立刻出现成效。[137]

到了一九六九年七月中旬，全球盛传尼克松拜托齐奥塞斯库调停美国、北京关系。美国国务院官员向国民政府担保“这种猜测丝毫不真确”。[138]基辛格在索非亚会谈时也在场，他向国民党政府驻美大使周书楷说：“在罗马尼亚绝对没有关于与共产中国开启会谈的谈话。”他告诉周书楷，尼克松总统要他向蒋介石保证，美国对共产中国的基本政策毫无改变。[139]

可是，蒋介石是个老手，擅长判断报上传闻何者可能为真，何者可能不实。他几乎肯定不相信美方对布加勒斯特（罗马尼亚首都）传出的罗马尼亚谈话之报道的否认。纵使如此，他还是异常镇定，在国务卿罗杰斯于仲夏访问台北、两人谈话时完全不动声色。

蒋以前警告美国不要派兵进入亚洲国家，现在又警告说不要太早撤军。当罗杰斯说，美国人民的脾气不会允许慢慢撤军时，蒋不再说话。他冷静地问，尼克松总统是否决定鼓励国民党政府回大陆解救中国人民，还是要它“冻结”在台湾。罗杰斯答说：“如果国民政府能以和平的政治手段回到大陆，美国将会很高兴，但是任何方式的军事冒险都不切实际。”这是很简单、很明确否决“反攻”的说法，但蒋也不作声反对。他反而向罗杰斯说，国民政府“不希望试图入侵大陆，因为它没有这个能力”。自从蒋一九四九年逃到台湾，这一直就是事实。蒋又表示他的关切完全在防卫，不是攻击。[140]此外，他指出，美国固然提供台湾胜利女神和鹰式导弹，每套系统却只提供六枚弹头，根本就没有用处。

罗杰斯末尾说，这是个妥协的时代，美国预备放松对中国的贸易和旅行限制。蒋没有回应。即使在这个阶段，蒋氏父子比大部分美国高级官员更清楚幕后动向，这些了解让两蒋认为由共和党籍总统、民主党居多数的国会所推动的美中关系和解，将无法制止。在罗杰斯到访之前，父子俩已很有远见地决定采取收敛策略。和过去四十五年面临重要关键时刻一样，蒋发觉他也别无良策，只好顺势而走，把握每个能扭转乾坤或阻挡逆势的机会，并且祷告会出现幸运之神。对于两蒋父子而言，在与美国关系即将丕变、国民党统治的基础必将动摇之下，他们的主要挑战将是如何维持台湾的政治、经济安定，争取美国继续军援和同情，并且吸引美国投资者，开放市场。

要在岛内外维持对台湾未来的信心，两蒋必须抗议美国要走向正常化，此外还得对即将来临的政治挫败处变不惊——以前华盛顿只要想到试图和中共修好，台湾动辄就威胁说即将崩溃，或甚至要向中国大陆投靠过去，现在却是完全相反的战术。美国舆论固然赞同向共产中国开放，美国人民似乎也反对美国放弃台湾安全的一切责任。蒋氏父子晓得维持这种情感关系到台湾长期生存，也必须善加利用以争取美国一些让步，强化台湾的防务。

两蒋的生存策略也聚焦在加速提升台湾经济，进入资本更密集的阶段，并且更加提升教育和人均所得水平。蒋经国告诉中情局台北站站长，台湾是国民党唯一的前途，他认为仔细管好、逐步开放的政治体系（包括本土化）是必要的。[141]为了领导这个未宣告的政治改革方案，蒋经国任命他的长期副手李焕，出任国民党台湾省党部主任委员，技术官僚张宝树（渔业专家）为中央党部秘书长。改革有两个目标，一是吸纳更多本省人进入国民党，一是小心地培养温和的反对派。县市级的国民党主管纷纷换下外省人，改由本省人出任。一年之内，本省人已占三分之一。台北的中央党部也有更多本省籍干部。

老蒋接受儿子的建议，任命本省籍、反国民党的无党无派人士高玉树出任台北市长（高已是省辖台北市长，改制院辖市后出任首位官派市长）。高玉树因为参加雷震短命的组党运动，一度在政治上失去舞台。但他代表的正好是两蒋希望鼓励的、务实的本土反对派人士；他们虽然不喜欢国民党甚至仇恨国民党，却愿意在体制内工作，同时不断替台湾人争取更多权利及多党制民主政治。高玉树被允许私底下畅所欲言，正是吸纳异议人士、让他们保持若干可信度的方法。[142]

一九六〇年代中期最讨厌的人物是李敖，《文星》杂志主编。一九六五年十二月李敖发表一篇文章，径呼蒋介石之名，要他记住国家已进入宪政时期，出版权是受到保障的。警备总部哪里记得这种自由，立刻查封《文星》杂志，并把李敖送到专门关政治犯的绿岛，关了四年。李敖虽然是个统派，出狱不久，又因涉嫌协助岛内最知名台独人物彭明敏教授逃亡到瑞典的罪名被捕。可是，蒋认为李敖和彭逃亡成功不相干；他认为这是中情局玩的把戏，要在海外培植彭带头的台独运动，并以“两个中国”的架构为基础和大陆和解。

一九六九年九月某天上午，蒋氏夫妇坐上轿车，沿着蜿蜒陡峭的山路前往阳明山上的官邸。安全人员坐两辆汽车护送他们上山。不料，一辆下山的吉普车超速驾驶，冲到对向车道。前头的随扈车司机踩了刹车，轿车猝不及防，撞了上去。蒋和夫人都没系安全带，两人猛往前冲。蒋的假牙碰飞，受到惊吓，但是没有明显重伤。蒋夫人撞向前座，颈部扭伤，一只腿受了伤、没断。[143]

车祸之后，蒋的“精神不如以往”。健康检查时，医生发现他的心脏主动脉有杂音，怀疑他的心脏瓣膜受伤。[144]到了十一月中旬，蒋夫人仍不能走路；又过了四个月，连在书信上签名或绘画都不行。尼克松总统表示可以派一名美国神经医学专家来台湾替蒋氏夫妇治病，但是他们婉拒这番好意。[145]

五

一九六九年春天，中苏边防部队在乌苏里江的珍宝岛爆发冲突，中共中央下令沿边界全面动员，解放军四位元帅建议中国打“美国牌”。陈毅元帅还向周恩来建议，中方主动提议和美国进行高阶层会谈。[146]

八月间，罗杰斯在答复蒋介石时，向他保证尼克松总统没有“任何意图要把第七舰队调离”台湾海峡。[147]可是，三个月之后，五角大厦通知蒋经国，由于预算的限制、加上第七舰队要裁减一百艘船舰，美国海军事实上将中止这类象征性的巡逻。美方解释说，这个动作绝不会影响台湾海峡的安全或美国的承诺。根据档案文件，美国国防部起初的确因为预算的缘故作出此一决定，但是白宫立刻看到它对中国政策会有正面政治意涵，马上批准方案。[148]基辛格的用意是让北京相信，这个行动为美方的示好、建立信心的动作，而巴基斯坦总统亚雅汗（Yahya Khan）也秘密地以这套解释向中方传递这个决定。[149]

蒋经国及其父亲也看到此一政策变动是迫使美国多给台湾先进武器的机会。十一月十九日，蒋致函尼克松警告说，美方决定停止第七舰队巡弋台海，会引诱共产党攻击台湾、澎湖间的航线，以及外岛。因此，他要求立即检讨双方对防守台澎所订定的应变方案“罗彻斯特计划”。蒋在信中再度支持尼克松主义，并重申要求潜水艇和 F－4 幽灵式战斗机。尼克松答以一封友善的信，表示美国乐于听取蒋对修正防卫计划的任何意见。蒋虽然没拿到 F－4 或潜水艇，却收到五艘驱逐舰及驱逐舰护送型船只，足够的 F－104 战斗机以更替所有的 F－86，以及 F－5战斗机的台湾生产线。此外，美国海军重新调整路线，每个月有十五艘船舰来往日本时要穿越台湾海峡。[150]

台湾地区立法委员增额补选如期在十二月间举行。郭国基“大炮”和黄信介这两位党外候选人违反官方规定，要求停止戒严、宣称“反攻无望论”，甚至说蒋若是长期在位，对国家不好。[151]蒋经国必然已预计要给予如此空前的宽容，而他父亲也一定默许。固然报纸上没有报道这些尖锐的批评，党外报刊却抨击国民党撒大把银子竞选，又控制了绝大部分的媒体。后来这两位党外人士当选，使立法院破天荒添了两名象征性的真正反对派委员。蒋经国欢迎他们的出现，因为这使体制的威信稍稍增加了一点点。

第十三章　尼克松及晚年

一九六九年十二月十七日，新任驻华大使马康卫来到士林官邸，转达尼克松对蒋介石去年十一月去函的口头答复。马康卫一开始先强调中国共产党政权对东亚依然构成威胁，美国“不会改变它的警戒态度”。他说，同时，美国政府“认为它有责任采取一切务实的、审慎的步骤，降低（本区域的）紧张”。他说：“在这个时代，与世界所有伟大地区及人民有效接触，俾便创造更大程度的了解，是十分必要。”基于此一精神，美国“认真与北京政权要建立有价值的对话”。[1]

马康卫解释说，白宫“决心继续寻求有用的接触渠道，我们觉得蒋是个友人和盟友，应该充分明白此一政策的性质和目的”。马康卫代表尼克松说话，以“最正面、明白的词语”向蒋担保，美国坚守它对国民党政府共同防御的承诺。追求与大陆改善关系的目标绝不会“稀释此一承诺”，也不会“打击或伤害到国民党政府任何基本利益”，更不会“妨害到我们政府之间建设性、合作的发展，我们希望气氛不会因大陆侵略之威胁而蒙受阴影”。[2]

蒋“全神贯注毫不打岔地用心”听马康卫的陈述。将近三十年来，蒋频频向美国人说教，说明他为何认为他们对中国共产党太过天真；二十多年来他认为有一群美国人与英国人勾结，阴谋把美国推向中共，远离台湾及其政府。但是，听完马康卫的话，蒋静静“思索了几秒钟”，然后表示“他因为确认美国坚决支持国民党政府的政策没有变化，而再度放心”。他只提到一个关切问题：第七舰队不再巡防台湾海峡；马康卫答说，尼克松授权他表示，这个行动“纯粹因经济考虑”而起。他又引述尼克松的话说，共产党对台湾海峡国民党政府船只任何“无理、无端”的攻击，“不会受到忽视”。蒋对此一照本宣科的保证表示“谢意”。[3]

这次谈话又是一个例证，蒋早已清楚明白全球政治正在产生最基本的转变，他也务实地估算到他若大发雷霆，只会替自己制造更多问题。此外，他可能也认为尼克松和北京修好的举动，若是惹起中共党内及解放军反毛的声浪，很可能会失败。关键点是尼克松如何处理台湾地位，以及美国对台军事关系如何演变。蒋有信心，中共不会接受“两个中国”的安排。当然，在这个高度敏感议题上，他和毛的看法一致。“两个中国”的方案，无可避免就是台湾独立，而它是对蒋家、对国民党在岛内地位的最大威胁。可是，蒋在和马康卫谈话时，完全不提它。

间接证据有力地证明，此时或甚至更早几个月，周恩来就通过往常香港的中间人报蒋，北京与华盛顿通过第三者秘密接触。次年春天，蒋经国告诉基辛格，国民党政府“在香港情报人员获悉中国共产党可能提议更改华沙会谈的地点，或许甚至会主张移到北京举行”。基辛格的助理何志立（John Holdridge）向基辛格和尼克松呈报，蒋经国“试图暗示我们，（国民党政府）与中共有情报接触”；何很可能是对的。何志立认为，台北的目的可能是“提醒我们不应该不拿（国民党政府）当一回事”。何志立推论，从北京的观点，“这个情报插曲是个有用的提醒，让我们明白，共产党在当前会谈的即时策略目标，或许是试探能否在我们和（国民党政府）之间塞进一把刀刃”。[4]

可是，何志立忽略了周、毛决定要把此一敏感情报传递给蒋的主要原因。第一，他们很可能希望让蒋明白，他已被美国抛弃，因而鼓励他同意与共产党政治解决。第二，也是最直接的理由是，他们可能希望促成双方，坚定“反对两个中国”的安排。周和毛晓得，蒋和他们一样，都是民族主义者，因此既然华盛顿、北京高阶层会谈已近，周有必要传话给委员长透露北京领导人绝不会接受“两个中国”的架构，希望蒋也采取相同立场。近日内，这两个旧日同志、友人一定重新确认过彼此的共同观点，以及各自政府对此关键议题的主张。因此，中共领导人希望再次搭起国共联合阵线的舞台——这次是事实的不经宣布的联合阵线——仅适用于中国领土完整的。就和一九五八年金门危机的幕后交涉一样，这一次的合作将涉及到大陆同意在一段无限期的时间停止对国民党政府动武。

十二月是中、美关系非常忙碌的一段时候，基辛格向尼克松报告，巴基斯坦总统亚雅汗已“把他的想法传递给中方”，透露美国“预备与共产中国关系正常化”。北京表示感谢巴基斯坦传话，并表示将释放二月间误入中国领海的两名美国游艇客。[5] 十二月二十五日，国务院公开承认台海巡逻的改变，白宫也宣布它反对众议院要给台湾一个中队F－4战斗机的方案。[6] 一九七〇年一月二十日的华沙会谈上，美国代表史托赛尔（Walter Stoessel）告诉中方，美国预备派一位高级代表到北京，或在美国首都接待一位中方代表。为了加重对北京的吸引，尼克松批准销售美国谷物给中国，并取消美国人前往大陆旅行的许多限制。[7]

次月，循美国一九六九年一月在华沙会谈上所提的建议，中方同意接待美国总统特使，“进一步探索美中关系之基本原则”。中方明白表示，他们关切的“基本原则”即是台湾问题，这个问题解决了，别的问题都好谈。他们也明白表示，台湾问题的解决不能放在“两个中国”或“一中一台”的脉络下去谈判。[8] 虽然华沙会谈结束，新闻报道对其内容却颇多臆测，特别是会谈已经停止了两年，忽然又召开起来，显然美中双方在某些议题方面已有重大进展。[9]

基辛格告诉尼克松，鉴于与北京交涉已有成果，“我们或许需要（对国民党政府）更坦白一点”。基辛格关切共产党或许会把华沙会谈的情况扭曲后泄漏给台北方面。美国人也晓得波兰情报机关监听会谈进展。国务院发了两封电文给台北方面，将提供给国民党政府驻华盛顿大使馆的华沙会谈内容简报，作个总结。根据国民党政府一位前任外交部长的说法，这两份“误导”的电文忽略美中对话所有的关键内容，它们错误地暗示，“放弃使用武力”依然是美方认为与中国关系进展的关键要求。[10]同一时期，周恩来似乎提供给蒋更坦白的消息。

三月间，蒋致函尼克松，继续佯装不知真相，谈论尼的“善意政策”。他也声称并不反对华沙会谈，但接下来则检视二次世界大战期间及其后，美国和中国共产党屡次谈判皆失败的记录。他坚持，共产党没变；他提醒尼克松要提防。蒋有信心，不会出现“两个中国”的安排。现在他最担心的是，美国可能考虑在和中共的联合公报中，“共同发表和平共处五项原则”，包括不干预其他国家事务，并在这个架构内与北京讨论如何解决“所谓的台湾问题”。他告诉尼克松，这么做“将侵犯中华民国的主权”——但是他明白的担忧是，这个原则最后将合理化北京动用武力把台湾统一进入祖国。总而言之，这是几乎流于形式的轻微告诫。[11]可是，美方在华沙已经接受在涉及台湾问题的协议中可以引用“五项原则”。尼克松答复蒋说，他必须确认美中之间存在的问题是否不可能通过谈判去解决。尼克松总结表示，无论如何，美中会谈不会影响到美国与国民党政府之间存在多年的友谊与密切合作。[12]蒋知道这不是实话。但是他没有办法避免或甚至迟缓尼克松急着要拥抱毛泽东，因此他继续冷静自持，既得假装意外、实则相当愤怒，准备迎接美中关系变局；不过大体上他对未来仍有信心，相当乐观。蒋告诉僚属说："我们必须庄敬自强。"[13]台湾成功的关键将是尼克松继续承诺防卫台湾，以及支持委员长统治台湾。最重要的是，美国不支持台湾独立——在毛泽东和蒋介石都激烈反对下，似乎可以安心。

一九七〇年四月底，行政院副院长蒋经国抵达华盛顿正式访问，他受到等同政府首长级的接待。他住在白宫对面、专门接待来访国王、女王、总统、总理等贵宾的布莱尔宾馆，并与尼克松进行了不寻常的五十分钟单独会谈（没有任何其他美国人在场）。基辛格和国务卿、国防部长后来参加进来在椭圆形办公室的会谈，会谈又进行了半小时。蒋经国一度告诉尼克松，台湾是"亚洲的中心问题"，中国共产党可能对台湾发动珍珠港式的突击。但是尼克松根本不理会此一预测，蒋经国在后续行程也不再谈它。蒋经国除了客气地表示，以北京而言，华沙会谈只是企图疏远美国和国民党政府的战术之外，他并没有抗议或抱怨美国对中政策近来的发展，在这个时候，透露他从香港消息来源获悉共产党可能建议把双边会谈地点改到北京。[14]散会转去参加盛大晚宴之前，尼克松又重申支持国民党。他说，他和委员长相知相交已有二十三年，"美国绝不会出卖你们"。[15]

虽然明知道美国人在要什么，蒋经国丝毫不表露对尼克松和基辛格的善意有任何怀疑。第二天，基辛格和小蒋会谈时宣称，"我们非常强烈相信要支持友人"。然后花时间解释，尼克松总统"在棋局里总是先想到四步以后"，因此他的战术决定有时候令人看不懂。他又说明他和总统如何"经由多次演练"才有所动作，因为"没有必要露出我们底牌"。听了基辛格这一番吹嘘尼克松隐藏不露、善计谋的本事之后，蒋经国说，蒋介石认识尼克松总统逾二十年，"倾向认为他了解他，也知道他的想法"。[16]

基辛格可能认为这是个讯号，代表蒋介石明白美国人的中国计谋用意何在。为了搞清楚，基辛格次日不带译员，穿过宾夕法尼亚大道来到布莱尔宾馆，与蒋经国以英语密谈。蒋经国的英文能力不错，以这场几乎是单向谈话来讲，已足够了。除了暗示华沙会谈事实上将会移到北京或华盛顿之外，基辛格可能也向经国保证，美中任何协议都不会有“两个中国”的脉络，美国也会为台湾的联合国会籍奋斗，但不会力保安理会席次。国民党政府一名官员问经国，究竟在布莱尔宾馆还谈了些什么，他微笑不语。[17]

华盛顿会谈之后，蒋经国飞往纽约向东亚美国商工协会发表演讲。当他正要进入广场大饭店时，两名年轻的台独激进派从大理石柱后跳出来，其中一人朝蒋经国开了一枪，没打中，旋即被警员推倒在地。蒋经国继续走进旅馆，只字不提此一事件，镇静地完成演讲。这件事使他在台湾的国民党圈子被视为英雄。

一九七〇年五月，尼克松下令大举轰炸柬埔寨，但同时又宣布从南越撤军十五万人。北京为示报复，取消当月份的华沙会谈，不过毛泽东对轰炸事件的声明却相当有节制。

同样在五月间，蒋经国亲访南越，评估战局前景。他判定，他父亲多年来的判断一直都是对的：只要中共和苏联源源不断地提供北越所需的一切援助，美国人打不赢这场战争。南越似乎有充足的兵力和武器可以挡住北越和越共，只要美国继续提供必要的物资支持的话。可是，西贡统治者是否有足够的民意支持，军方有没有必胜的精神，却颇有疑问。同时，美国国会和美国人民源源不绝供应军援的意愿，同样令人担心。台湾要学的教训，十分清楚。

尼克松曾经警告基辛格，不能让中方觉得美国人求和心切，但是当毛泽东安坐太师椅，仔细斟酌来自华盛顿的倡议，尼克松事实上是极端焦急。六月间，他发出另一个信息给北京，表示他预备建立替代的直接渠道，处理两国所面临的最敏感议题，并且再次建议他派一位高级个人代表去和中国领导人直接会商。[18]可是，当年夏天，中国传出来的信息却是矛盾的。周恩来释放了在中国囚禁多年的美国主教华里柱（James Walsh），可是林彪派的总参谋长黄永胜却公开说，中美紧张关系“绝对没的谈”。大约这时候，中共军方试图在公海上击落一架美军C－130运输机，基辛格分析可能是激进派要破坏周恩来的努力而干的。[19]

这些迹象显示，中共领导圈内对究竟苏联还是美国才是中国头号敌人这个问题，发生激烈斗争。林彪和激进派声称，接受尼克松特使到北京会粉碎中国的革命信誉。另一方面，周恩来及其盟友则把矛头指向苏联在中国北方边境陈列重兵的举动。一九七〇年八九月中共中央委员会集会，这个问题表面化，毛泽东拍板定案，宣布苏联是中国的主要敌人，也通知他的同志，中美两国正在进行谈判以图恢复关系。

在毛的邀请下，美国作家斯诺出席了十一国庆，站在毛身边。接下来，毛花了五小时接受斯诺访谈，他终于承认自己被过分神化，表示"亲密战友"林彪加封给他的头衔，称呼他是"伟大的导师、伟大的领袖、伟大的最高统帅、伟大的舵手"，太荒谬了。[20]让基辛格觉得更有趣的是有一则报道说，"毛告诉一个法国代表团，中国绝不接受两个中国"，但可以"和这个事实状况共存"。[21]美国驻香港总领事馆九月初有一份分析指出，中国外交政策新方向"可能即是改善关系的机会"。[22]

一九七〇年八月底，两蒋父子获悉自从一九六九年逃出台湾即滞留瑞典的彭明敏，即将应密歇根大学之聘前往美国。由于蒋认为是美国中情局把彭偷渡送出台湾，彭要转到美国，使他又担心华盛顿支持彭明敏。尽管国民政府外交部长提出正式抗议，罗杰斯国务卿和基辛格还是核准发给彭明敏签证，条件是他签署一份不具拘束力的文件，承诺不在美国从事政治活动。对两蒋来讲，最不能理解的是美方竟然事先没警告就发签证给彭明敏。毕竟四月间蒋经国访美，在纽约企图行刺他的两名台籍青年，就是彭明敏组织的成员！委员长亲函副总统阿格纽，请他介入本案，但是美国官员讷讷地解释，依据美国法令，无法拒绝彭明敏入境。[23]两蒋认定中情局安排彭明敏逃出台湾，因此担心"一中一台"阴谋将成为尼克松意图的核心，即使可能危及美中和解也在所不惜。这个想法可能使得蒋介石重启与周恩来配合的兴趣，好扼杀此一阴谋。

台湾不久又遇上一连串失利。首先，加拿大承认北京政府、与台北断交。接下来，美军顾问团照会国民党政府国防部，下一个会计年度的军援项目经费将从三千万美元大幅降至七百万美元。两蒋后来获悉所有的投资项目（意即新或替补的军事设备）将被删除，供工作与维修用的经费也完全砍掉，更加"震惊"。[24]十月二十二日，蒋经国告诉马康卫大使，美方此一突如其来的、片面的决定实在"岂有此理"，"其中一定有政策意涵"。[25]蒋经国话锋转到批准彭明敏入境签证，指它是"过去二十年中美关系上最为伤害之事件"。他说，台湾方面认定美国同情台独运动。[26]

事实上，真相没那么复杂。美国政府从上到下只是越来越不重视长期盟友国民党政府的利益和感受罢了。马康卫和阿格纽一样，都不是白宫拉拢、交好北京政策的核心，他对小蒋说，尼克松总统和阿格纽副总统的“性格、信念和智慧，就是这个政府对其承诺坚定不移的保证”。蒋经国一脸怒容说，他的政府“的确在尼克松总统和（阿格纽）副总统的领导中找到宽慰和保证”。[27]

有鉴于蒋、美关系即将丕变，蒋经国更换了各军种总司令，并且改组内阁，起用与他关系更密切的官员。内部安全再次抓紧，九个在亲国民党媒体工作的外省籍知名记者被控涉嫌参加匪谍组织。身为台湾秘密发展核武器计划的大总管，他成立一个新单位“核能研究中心”负责开发核能发电厂。武器部门成为新中心底下的秘密单位，但是美国中情局潜伏的特务仍在里头工作。[28]

蒋经国接见马康卫时，刻意展现的怒意倒是赚回一些补偿。一九七〇年十月二十五日，副“总统”兼院长严家淦拜会尼克松时，尼克松悄悄告诉严，他预备向国会提出追加预算案，试图恢复从台湾项下删除的“极大部分”军援。会谈结束前，尼克松告诉严家淦，美国对共产中国的态度“实际上没有变”。他说，华盛顿只是维持通话管道畅通，但“没有任何幻想”。可是，严家淦前脚才走出椭圆形办公室，尼克松在同一天见了来访的巴基斯坦总统亚雅汗，告诉他“我们十分需要和中国开启谈判”，要求他向中方传达美国总统希望派特别代表到北京访问的意愿。次日，尼克松和基辛格又力促罗马尼亚总统齐奥塞斯库，“担任（和北京的）调停人”。十二月，毛泽东向斯诺表示，他乐意与尼克松一谈，不论他是游客或是总统身份。[29]

十一月份的国家情报评估宣称“北京不预期中美关系早早有重大改进”。[30]但是，美国驻香港总领事馆继续认为中国外交政策仍朝重大改变方向进展，反映出其领导层内严重分歧，而且分歧还在扩大。[31]更重要的是，一九七〇年美国国务院内流传的公文以及外国使馆和联合国之间的函电，大多认定中国代表权问题必须通过“一中一台”方式解决。

同时，美国、中国大陆与台湾关系的快速演变继续挑动中苏关系变化。苏联明白尼克松和毛泽东团队玩的地缘政治游戏，他们不想被推到局外。苏联在当年稍早略表姿势之后，北京和莫斯科双方的大使都回到对方首都的任所，两党在革命周年纪念时也互有热切贺电。

二

一九七〇年秋天，蒋家出现一些麻烦。住在上海的宋庆龄传话出来，她想到香港见见家人，但又暗示她无法离开中国。[32]十月，蒋的长孙孝文因糖尿病中风，陷入昏迷。虽部分复原，但他住院近五年。由于他的情况，以及蒋夫人久病在身，当年的圣诞节气氛就不怎么热闹了。不过，委员长还是讲了一些中英文双关笑话。当然，蒋家不是人人出问题。孝武在瑞士结识、娶了一名中国年轻女子。孝勇在台湾大学功课也不错。同时，蒋经国另一对身世尚未公开的双胞胎儿子，事业也开始顺利起步。孝严投身外交工作，孝慈在法学院授课。

委员长发表一九七一年新年文告，警告台湾民众他们正面对“无尽的困难、危险和痛苦”——的确，他很快又被美国人赏了一记耳光。[33]美国要把冲绳还给日本的方案内，包括台北北方无人居住的小岛钓鱼岛列岛（日本人称为尖阁群岛），而台北、北京和东京都宣称对它拥有主权。蒋氏父子很生气，美方在方案内容修正之前竟然没来商量，尤其是最近期的探勘显示钓鱼岛周围可能有大量的石油蕴藏。台湾本省、外省青年结合起来在台北等城市掀起反美示威，两蒋允许抗议继续，以示民族主义和自主独立。此外，他们也想要石油，如果有的话。可是，白宫只顾着它和北京的秘密交易。一月间，白宫从罗马尼亚接到尼克松致函给周恩来的回音。周恩来说：“尼克松总统……在北京将受到欢迎。”尼克松很快就跟基辛格说：“我想我们可能表现得太急切了。稍为冷却一下。”次日，美国人读到周恩来接受斯诺访谈的记录，似乎发出信息：中国外交政策路线将回到“和平共处”。[34]

可是，接下来两个月别的地方爆发的事件阻滞了中美接触的进展。[35]三月间，巴基斯坦陆军强力镇压孟加拉国独立战争，一千万名难民涌入贫困的印度孟加拉湾。印度和巴基斯坦各有超级大国军力在后撑腰，眼看着就要爆发大战。莫斯科支持印度，北京支持巴基斯坦，而由于巴基斯坦总统的调停角色，华盛顿也站到伊斯兰马巴德这一边。

同时，在台湾蒋经国继续小步走向民主和更加开放的社会。一月间，政府准许《大学杂志》创刊，它刊载文章要求中央民意机关全面改选。蒋经国发表演讲，鼓励青年人勇于表达意见和批评，政府也取消了一项遭地方农民反对的、可容五十万人的新市镇开发计划。蒋政府首度因民众在特定议题上有意见，而作出响应。[36]

但是，蒋经国画下一道很明显的界线，一边是批评政治结构和领导阶层，另一边则是拥护台独或试图组织反对党。三月间，警备总部也再度拘捕彭明敏同案的两名学生。政府也把一对美国传教士夫妇和一名日本观光客，以涉及台独运动的理由驱逐出境。在台北外交部坚持下，美国大使馆把一名美国中情局初级官员、四名美国军方人员调离台湾，理由是他们提供顾问意见给本省异议分子。[37]

美国国务院提出许多扩大美中贸易和增加旅行的方案，但也警告说，恐怕会在对蒋关系上激生严重危机。可是，尼克松和基辛格根本不介意。他们正在寻找机会把对中贸易摆到和对苏贸易同等基础之上，终于一九七一年四月初“契机”出现了。毛泽东有一天半夜醒来，突然决定批准邀请一支正在日本比赛的美国乒乓球队到中国。[38]为回应这项颇有意义的动作，尼克松和基辛格立刻宣布取消对中国非战略贸易的禁运，同意允许中国访客到美国，准许美国船只载运中国货品，并且开放对中贸易使用美元的管制。

同一个月，尼克松和基辛格派退休大使墨菲（Robert Murphy）到台北，向蒋介石简报华盛顿官方对于如何处理联合国中国代表权的官方看法。墨菲告诉蒋，由于再也不可能阻挡中国共产党加入联合国，美国提议邀北京进入联合国大会，但台湾仍保持在安全理事会及大会的席次。蒋和尼克松、基辛格都晓得毛泽东绝不会接受这个方案，蒋回应表示，如果台湾的确保留安理会席次，他可以接受。墨菲认为这不是问题，又指出台湾在安理会有否决权；但稍后他说，他要请示白宫，否决权是否确定无误。[39]

可是，墨菲被误导了，他并不了解白宫的真正想法。他再也没有回复否决权这个问题；三个月之后基辛格和周恩来会谈时也明白表示，美国将支持北京取得中国在联合国安全理事会的席次——并非倒过来的情况——这一来台北保证会彻底退出联合国。

一九七一年四月二十四日，七十七岁的宋子文在旧金山餐馆用餐时，因骨头梗住而亡故。蒋夫人已坐上飞机前往美国出席兄长的告别式，新闻报道传出，她二姐宋庆龄也会出席。蒋介石父子深怕两姐妹一碰头，会掀起北京和台北之间有秘密协议的臆测，下令飞机掉头回台北。蒋夫人可能大为不悦。她满心希望和久违的、心爱的姊姊见面，这下子不可能了。后来她获悉，和新闻报道截然不同，华盛顿方面毫无迹象显示宋庆龄曾以任何理由申请赴美签证。[40]

宋子文是个有争议的人物，但不论他有何缺点，他的事业让人印象深刻。多年来，他坚持推动负责任的财政政策，包括节制军费开销。他长久以来怀抱大志，认为有朝一日或许会继承蒋的大位，但是他在军中、党中的支持度都不够。委员长有很多事（包括他的新儒家热忱），都令世故的宋子文不以为然，但是他佩服妹夫专心一志追求国家统一、富强。宋子文本身的脾气和妹妹美龄一样，“在黑暗的抑郁和开放的勇敢之间摆荡”。他们家手足之间感情两极化，或许也不足为奇。宋子文和宋美龄一样，和左派的二姐庆龄感情甚笃，他办公桌上经常摆着宋庆龄的照片，蒋介石从来也没意见。[41]

数十年来，中国民间一直盛传，出身财富之家的宋子文和孔祥熙在职期间贪赃枉法，窃取巨大财富。宋子文死时，留下净值约两百七十万美元的遗产给子孙，数额出奇的少，但是当然有可能他另有别人不知的外国银行账户。[42]台湾有些研究这个问题的历史学家认为，宋子文可能没有受贿，但的确曾因对政府财政政策掌握内幕消息而赚取巨大利益。例如，二十世纪三十年代初期他在民间经商时，知道政府预备以银本位制取代金本位制，涉嫌从中获取暴利。但是要控诉他犯罪而不是不合道德赚取暴利，则似乎欠缺具体证据。

美国乒乓球队还在北京的时候，尼克松在白宫接见即将回台北接任外交部长的驻美大使周书楷。这是尼克松就职以来，首次有机会向亲近蒋介石的高级官员解释他的中国盘算。尼克松请周书楷向委员长报告，美国将“坚守我们对台湾的条约承诺”，“将会非常受到委员长想法的影响”。他也警告周说，“我们将在未来几天内（对北京）采取若干步骤，它们主要可看做我们对世局配置的一部分，特别是在对苏联关系上面”。[43]

同一天，周书楷也去见了基辛格。基辛格告诉他，即将采取的对北京之步骤，“和美国与台湾政府之关系毫不相干”。基辛格请周向蒋说明，如果尼克松政府“非得做出使他们痛苦的事，这将是在尽可能最低限度内”。即使基辛格又答应说美方“不会不跟（台湾政府）照会就做任何事”，这些信息听起来就不会令人放心。然而，尽管有这些承诺，美国根本什么事也没跟台湾政府商量。[44]

周书楷回到台北，向委员长报告了尼克松和基辛格“最低限度痛苦”的保证之后，蒋并没有要召见马康卫，或以任何方式响应美国这种扭扭捏捏的信息。根据当时在蒋身边的一名高级军事助理的说法，蒋此时已让身边高级部属明了他对尼克松的鄙视。蒋一向很小心，不让他的部属听到他批评美国总统，但尼克松例外，在蒋眼里，尼克松不仅是对共产党天真，他还不忠诚、不信实、要诡计。蒋痛恨他犹胜过当年对史迪威的敌意。[45]

蒋偶尔会在他内圈亲随之外的人面前表现出他的怒气。五月间，他接见来台北谈判台湾纺织品外销事宜的前任美国财政部长肯尼迪（David M. Kennedy）。亲切地谈完纺织品事宜之后，蒋提起美国国务院发言人四月二十八日的一篇声明。发言人重复杜鲁门总统二十多年前的话，宣称台湾的最终地位仍有待决定。[46]蒋说着说着，“越发激动”，开始“明显地颤抖起来”。他说，华盛顿近来的声明质疑起中国对台湾、澎湖的主权。他说，这“不啻是一记耳光”。蒋接着道歉，表示他对这个题目感受太强烈，“无法自已”。尽管有这段情绪激动的表现，马康卫在蒋、肯会后报告说，美国对台湾关系因为华盛顿、北京近来发展而要付的代价仍属“温和”。[47]

针对蒋一再要求新武器系统和降低美国对台军援的大幅削减，尼克松通过肯尼迪传话，他将在八月份派一名高级军事代表“以有利、友善的方式”评估重要的防务事宜。可是，直到一九七一年十月，美方根本没派出这样的代表团，甚至也没有派人的计划。可是，蒋还是没向华盛顿抱怨。[48]

大约此时，尼克松接受了争取许久的邀请，要和中华人民共和国领导人直接对话。双方同意基辛格将在一九七一年七月秘密访问北京，协调次年在北京举行的高峰会谈之细节。基辛格出发前往拉瓦品第（Rawalpindi），然后秘密溜到北京去的前一个星期，马康卫大使依然不晓得有此秘密安排，回到华盛顿试图了解他在美中关系上能够配合做些什么事。他在六月三十日晋见尼克松，对话十分散漫、毫无条理，喋喋不休的尼克松语，一会儿讲话躲躲闪闪，一会儿又暗示实情，一度还怪异地说他的政府无意暗杀委员长。在对谈之初，马康卫大使先问起，他是否还获授权去发言，美国降低和北京紧张关系的努力，“不会伤害到（台湾）的重大利益”。

尼克松：我觉得差不多就这样。就说我们，我们的……以台湾来说吧，我们已经……我们知道谁是我们的朋友。我们要持续我们跟他们的亲密、友好关系。至于他们的重大利益，你所谓的重大利益，你的意思是，我们会不会把他们交给中共，是不是呀？

马康卫：哦……

尼克松：他们是不是怕这个？

马康卫：我认为他们，他们发现……当然啦……他们知道我们不会这么做。我认为他们想到的是支持他们在联合国的会籍……国际间支持他们。

尼克松：我们将……我们必定将在联合国（支持他们）。我们不会支持任何会把他们赶出去的提议。

马康卫：是的，正是如此。

尼克松立刻转到核心议题。

尼克松：但是我们必须记住，他们也必须准备接受事实，我们会继续一步一步地，与另一方——中国大陆，有更正常的关系。因为我们的利益需要它。不是因为我们喜爱他们，而是因为他们已在那里。

马康卫：是的，确确实实如此。

尼克松：这不是在贬低台湾，这是因为世界局势已经大大改变了。

马康卫：的确如此。

尼克松：之所以这么做就是因为，如我说的，因为在其他方面有很大的考虑。

马康卫：是……是的。

尼克松：这让人很难信服啊。

马康卫：是的，它……

尼克松：我晓得这太困难了。

马康卫：是的，真不容易。

尼克松：他们会看得清清楚楚。他们——我跟他们的交情太久了。

马康卫：的确是啊！

尼克松：他们送了最漂亮的礼物给我们女儿……（声音不清楚）的婚礼等等。我们就是……我们只能这么办啰。个人的考虑是……我们这么说好了，我们不会做出肯尼迪政府对吴廷琰所做的事。因为他们可能会那么想。无论实质上或逻辑上，我们不会对朋友干这种事。

马康卫：是呀，的确如此。

尼克松：你记得吗？

马康卫：是的。当然他们……

尼克松：肯尼迪政府手上不幸沾满吴廷琰的血。那真不好。[49]

过了一夜，尼克松似乎又很遗憾，会被别人怎么看待他对老朋友的做法。次日和基辛格碰头时，他表示即将在北京的洽商，有关台湾问题的谈话重点“太直接了”。他要基辛格“不到必要时，不要泄露出我们愿意放弃对台湾的大部分支持”。他要求基辛格检讨有关台湾议题的整个讨论，“我们不要显得一副抛弃朋友的模样”。可是，基辛格到了北京，完全忽视这些指示，尼克松则因为对历史性突破太过兴奋，忘了他在这个议题上的严峻指示。此外，尼克松告诉基辛格，他希望在北京举行的领导人高峰会议，某些附带议题上能有“若干成就”：释放中国所拘押的美国战俘，至少某些美国谷物象征性地运到中国，最重要的是，“在越战议题上有若干进展”。[50]这些条件在美中关系大突破的兴奋中，也全都忘了。

七月九日凌晨，经过甩掉世界媒体的紧张悬疑之后，基辛格带领一小支随员搭乘一架巴基斯坦民航机，从拉瓦品第起飞，飞越白雪皑皑的兴都库什山脉，再经过广袤的新疆高原，抵达北京。基辛格在当天稍后与周恩来展开第一次会谈。会谈一开始，周恩来很快就营造一种气氛，美方是来自远处祈求中国惠施援手、协助解决问题。基辛格一下子就栽进这个角色。他一开头就说，“在美中之间从前的接触，我们是一个新兴的发展中国家，而中国却是文化先进大国”。周抱怨冲绳交还给日本之后，《美国之音》仍继续从冲绳向中国播音，基辛格没有替《美国之音》辩护，反而推诿怪罪“美国官僚”作此决定。[51]

在说明一九五〇年美国如何卷入台湾局势时，基辛格告诉周恩来说：“由于现在已不值得重述的原因，前任政府把朝鲜前途和台湾前途连在一起，有一部分是因为当时美国国内的意见。”基辛格在北京期间每提到台湾时就说美国卷入当地局势是个或许可以理解的错误，但毕竟是个错误，而尼克松政府的目标就是以让国内反弹及美国国际形象伤害降到最低的方法，结束美国对国民政府的政治、军事支持。基辛格说，美国与北越协议结束中南半岛战争后，在某一段时间内，美国预备把三分之二的兵力撤出台湾，可能就是一年半以内。此外，基辛格指出，美中关系改善后，美国也将开始降低它在台湾还剩的兵力——只剩下对台防务承诺所需或情报搜集所需的程度。[52]

在十七个小时的会谈中，基辛格只有一次而且还是挺温和地，提到台湾和大陆的统一应是和平的。这位美国特使说：“我们非常希望，台湾问题将和平解决。”周答说：“我们尽可能做。”基辛格也只有一次提到美中之间“共同放弃使用武力”之协议，这是尼克松上台之前美国在历次华沙会谈之主要焦点。但是现在基辛格提的是毛泽东一九五五年在日内瓦会议前所提的此一协议的妥协方案。他说，美国预备签署“贵方在一九五五年所提议”的协定。周含糊地回答，但是指出现在任何这类协议必须反映台湾问题是中国内政事务这个事实。[53]

周清楚表示，他和毛的目标是，美国承认北京是中国唯一合法政府。基辛格说：“我必须诚实告诉你，未来一年半我们不可能正式承认中华人民共和国是中国唯一的政府。”但是他说，（尼克松）政府“必会在总统第二任期的初期解决这个政治问题（亦即退出台湾）”。至于美国结束军事、政治支持之后台湾的命运，基辛格预测岛上“政治演变”很可能朝周恩来“所指的方向”发展，也就是与大陆统一。他强调，（尼克松）政府不可能在短期内正式宣布此一政策目标，但“只要贵我双方有了基本共识，我们将不会阻挡基本演变”。[54]

毛、周和两蒋父子一样，特别担心台独这个选项。基辛格一再重申美国“不会支持台湾独立”。周说这个声明“非常重要”，并一再回到这个主题，特别追问彭明敏这个个案，显然他曾经十分注意它的发展。周暗示他和蒋介石就这个主题有过接触。他说，蒋抱怨美国中情局涉入到彭明敏的逃亡。我们在前文说过，蒋深信美国中情局应该为彭逃离台湾负责，但他从来没有公开谈论彭的潜逃出境和中情局的角色。周毫无疑问，反映毛的地缘政治观点，提到日本的经济扩张“一定导向军事扩张”，他一再提到，美国撤离台湾后，日本将试图在军事上或其他方面取代美国在台湾的角色 。[55]

周说，蒋介石也反对“两个中国”、“一中一台” 和 “台独”。在这里他又暗示和蒋介石有过沟通。他说，国民党领导人将会因为知道美国会反对日本填补其军事地位而松了一口气。周回想到当年曾在蒋之下担任黄埔军校政治部主任，因此他“很了解蒋”。周似乎很有信心地表示，蒋对台湾地位问题，以及美军撤离后日本在台角色的危险，与北京观点相同。他一度提到，蒋能够控制他的部队，但“他部队里有人刻意要冒险……刻意给他和你们制造麻烦”。[56]

经过这第一轮会谈后，周立刻向毛报告，美方的立场比他们所希望的还要好。基辛格没对尼、毛峰会设定任何条件，他也费了许多唇舌声明美国的目标是终止对台湾的军事、政治关系，承认中华人民共和国是中国唯一合法政府。基辛格曾说，这些都可以在尼克松的第二任期内（即一九七七年初以前）达成。基辛格也暗示美国会做做样子，在联合国反对“两个中国” 的决议案（给予北京安理会席次、准许台北留在大会），但是美方明白表示这个方案一定会失败，结果就是台北退出或被驱出联合国。[57]

毛从基辛格的话看出来，美国非常迫切要从越南脱身。他分析，美国只求在他们（美军）撤退出和河内接管之间，安排一段让他们不致颜面扫地的空当。毛向周说，猴子进化为人，要花一段时间，美国人现在还处在“人猿阶段”。他告诉周，中国在台湾问题上不用急，但越南还在打仗，中国不应该在这个题目上退让。[58]

次日，周恩来和基辛格会谈，周遂采用更严厉、恃强凌弱的态度。他在越南问题上特别强硬，强调中国对越南人民的大业有道德承诺。他明白表示，如果必要，中国预备继续支持北越，不顾美国挫折之后的报复。换句话说，除了没什么意义的一句话——北京赞同谈判解决——基辛格根本得不到任何暗示说：中国愿意协助美国退出越南。周恩来滔滔不绝地指控美国“侵略”、“干预”，有一大堆

“傀儡”，基辛格只一再说中国有“原则”，周是个“有原则的人”，毛具有“伟大的内在力量”。表演完了对美国特使的下马威之后，周提议双方决定尼克松到访的日期，很少再谈达成什么协议。[59]

二

七月十五日，基辛格一行人搭乘另一架巴基斯坦民航机离开北京，九十分钟后，尼克松上了国际电视，宣布此一戏剧性大突破。宣布前一个钟头，尼克松首次告知他的资深外交官国务卿，这个在北京的外交杰作。罗杰斯吞下一肚子的怒火，急电台北。马康卫大吃一惊，赶去见代理外交部长杨西昆，告诉他即将播报的新闻。看完尼克松在电视上的讲话后，北美司司长钱复立刻缮打一份背景报告，附上自己的想法，呈报给委员长和蒋经国。[60]

听完钱复报告后，蒋经国以行政院长严家淦的名义起草了一份温和的公开声明，带着它到委员长官邸。根据钱复的说法，委员长“非常镇定”，没有咆哮，也没有显示怒意。蒋批准了这篇声明稿；它表示“非常惊讶和遗憾”，谴责共产党，并且宣称绝不向“任何强权暴力”低头。[61]次日上午，国民党和独立的报纸都宣称不能信任美国，国民大会也指责尼克松“背叛”。但是，当天还有往后的日子，台湾人民处变不惊地处理日常事务。外国外交官、记者，以及周恩来、基辛格都对这份镇静感到意外。[62]

华盛顿方面，新任驻美大使沈剑虹向助理国务卿葛林提出抗议。根据沈的回忆录，也对美国背着国民党政府和共产党秘密交易感到灰心。这是国民党政府官员就此事所作最强烈的抗议，但是沈大使可能夸大了他对葛林的责备。根据美方对沈、葛谈话的记录，他温和地强调，（基辛格）密访北京“不能说是友好的行为”，并表示感谢葛林保证美国继续支持台湾。[63]

七月十七日，尼克松发电文给蒋，表示他“深为遗憾”，未能早点告诉他打算在北京会谈。但是，他解释说，“亚洲自由国家的人民”将“最先受惠于美国和中华人民共和国降低紧张关系的努力”。尼克松保证美国将维持与蒋的“国家”（country，不是他的“政府”）的友好关系，会继续遵守它对台湾的防御条约承诺。这时候，尼克松已经晓得，基辛格已在北京答应如果美国成功退出越南的话，这个承诺将在一九七七年之前终止。在这时，蒋可能也很清楚基辛格答应了什么，因为周已经告知他有此临时协议。[64]

虽然台湾人民处变不惊，依据马康卫后来的说法，国民党领导阶层内却“群情激昂”。除了两蒋父子之外，台北大部分官员都被“基辛格惊奇”所震动，至少有少数人认为必须采取“大动作”，以反制国际间对中国主张它有权“接管台湾成为中国不可分的一部分”。[65]

一九七一年十月，周、基再次碰头时，周恩来告诉基辛格国民党内在此一危机上的分歧，出现一段有趣的发展。根据周恩来的说法，基辛格“震撼”之后，国民党内三大“亲日派”人物联袂访问日本，和佐藤荣作首相、岸信介前任首相就台湾未来有“非常重要的谈话”。台北三名访客分别是：蒋的亲信助手张群（当时担任“总统府”秘书长）、“国防部长”黄杰和在台北的世界反共联盟荣誉主席、大保守派谷正纲。周说，日本东道主对如何解决台湾在联合国的问题，作了“一些建议”。根据周的说法，佐藤和岸向蒋传达了“非常保密的信息”，宣称台湾前途的“唯一希望”是采取分离路线，放弃对大陆的一切主张和虚矫——跟杨西昆的构想非常接近的建议（除了杨强调政府台湾化之外）。[66]

周恩来也会告诉基辛格，蒋“密切关注”此一危险发展，这里再次暗示他和蒋就此事有所接触，而这个中间人就是他的消息来源。根据周的说法，蒋“不同意”东京提议、明显也得到国民党亲日派支持的方案，因为它会“使台湾变成日本的属国”。周说，蒋“很不放心”、“十分害怕”黄杰；在台湾他被认为是老蒋过世后，和蒋经国争取可能的竞争对手。基辛格断然重申美国将强力反对日本推翻蒋经国的计谋，但周的结语还是提醒说：“只要蒋介石还在世，他不会让日本军力进入台湾，但你也晓得，蒋……已经八十五岁啰。”[67]

周特别强调委员长对日本及黄杰的忌惮。当时香港盛传国共双方在此一殖民地进行接触。[68]具体的事证不足，但是以周这段不寻常的话和香港的传言来看，有可能蒋通过他们在香港的中间人向周保证，他会誓死抗拒日本人的任何阴谋，如传闻由岸信介建议并得到黄杰赞同的方案。

基辛格完成七月北京行回到华盛顿后，告诉满心欢喜的尼克松，这项突破会

“向全球发出巨大震波”，令苏联惊慌得“深陷敌意”，使日本紧抱美国的态度松动，并且“在台湾惹起暴力动乱”。基辛格和尼克松对中国领导的佩服已近乎迷恋。基辛格声称他注意到中国领导人“非常的意识形态，其信念的强度已近乎狂热”，但同时又认为他们展现出“精神上的安全感，使他们能在其原则框架内与别人交往时，既锱铢必较又可靠”。[69]

尼克松向基辛格担保说，没有人比他本人“对此一（与中国和解的）倡议更不抱幻想”。可是很讽刺的是，尼克松同时建议基辛格在和媒体谈话时，要指出他（总统）“和周恩来有相同的性格……和背景”。譬如，两人“都在逆境中淬炼出坚强信念，面临危机镇定如恒……坚忍勇敢……愿意冒险，（而且又）细腻……几迈温文尔雅”。[70]

在如何处理蒋介石这个关键问题上面，基辛格只能建议言语上尽量虚与委蛇，同时准备大破裂的来临。他说：“至于台湾，我们也只能借由重申我们的外交关系和共同防御条约来期望降低损害，即使我们已明显预见未来几年会有一番政治演变。”[71]

在这段过渡期间，尼克松派共和党新星、保守派的加州州长里根，代表美国出席双十庆典。当天早上，在士林官邸喝茶时，里根解释尼克松即将访问北京，也重申尼、基一再表达的台湾重大利益必会充分受到保障的保证，蒋很客气地回应。里根毫无疑问相信自己所说的话，而蒋也说他“不质疑（尼克松）总统的好意”；但是蒋也指出，他认为除非攸关到避免重大危机——而今重大危机并不存在——否则没有理由走这一趟。他说，他确定北京会专心从美国这里榨取台湾问题方面的让步，此行将对他的政府“特别有伤害”。蒋希望尼克松知道，他和台湾人民绝不允许中共接管台湾，必要时将战到最后一兵一卒以保卫台湾。[72]

蒋希望能尽量保住美国的支持，越多越好避免金融、企业界对台湾前途出现恐慌，他觉得一定要让美国人及全世界晓得，台湾可以应付好尼、毛峰会的一切冲击。因此，当天“总统府”前的庆典上，里根被奉为上宾。数十万民众欢呼雷动，蒋介石夫妇一如往常笑容满面，挥手致意。

九月间，尼克松宣布美国将支持中华人民共和国进入联合国大会和安全理事会，同时反对任何将台湾排除出大会的方案。可是，尼克松明晓得北京将排斥允许（台湾）以任何身份留在联合国的安排。由于这个理由，很可能即使美国提案获得通过，大会也会在一年内把台北驱逐出会。蒋氏父子完全了解他们别无选择。驯服地退出安理会、冀望保住大会席次，台湾丧失地位依旧是尽早的事，只不过加倍遭到羞辱罢了。况且，蒋和周恩来还有非正式的协议——台北和北京在反对“两个中国”方案上的立场一致，绝不退让。台北“总统府”内的想法，归结起来就是“宁为玉碎，毋为瓦全”。[73]于是乎，国民党政府代表团十月二十五日在联大即将表决驱逐它出会的前一刻，宣告退出联合国。蒋觉得安慰的是，他认为联合国已经变成“可耻的组织”“蛇鼠一窝”，不复值得留恋。一切都不变，国民党政府仍将屹立不摇，“绝不允许外来力量干预其事务”。[74]

台湾人民再次处变不惊。“联合国投票当天，没有人激动。生活一切照常。孩童上学念书，太太上街买东西。晚间人人打开电视机，但新闻播报一如平日，没有特别节目。”国民政府代表团一名团员回到台北时公开宣称，这样的结果基本上对台湾有利。他说：“退会反而替国家省了不少钱和人力。我们卸下重担，现在可以做更多有意义的事情。”即使某些长期批判委员长及其政府的外国记者也不禁忖想：有哪些国家“在经历国民政府所遭遇的一连串拂逆之后，能够不愤怒、不屈膝”。国际新闻也不尽然全是坏消息。在联合国失利前不久，巨人少棒队才在美国赢了世界少棒冠军，激起岛内球迷不分省籍的民族热情。一千多万人，包括蒋家人，绝大部分在半夜守在电视机前观赏决赛。[75]

基辛格十月重访北京之前，和尼克松有一番长谈。尼克松试图替自己的行为在政治、道德上找掩护，说服自己并没有出卖美国的台湾盟友。他告诉基辛格，他们必须“切记每件事最终都会曝光。如果我们出卖台湾，我可不认为我们有秘密交易，你明白吗？我知道我们在做什么，但是我要非常小心”。[76]

再次到了北京，基辛格再向周恩来重申，美国“预备推动与中华人民共和国的关系正常化，我们明白你们心中的想法”。他重述，美国不会支持或鼓励创设一个“台湾独立运动”、“两个中国”的架构或是“一中一台”的策略，它也将反对日本在台湾建立军事力量。最令人瞩目的是，他还明白表示，美国不会坚持中华人民共和国使用和平手段把台湾统一进中国。他说：“若是中华人民共和国能在能力范围内行使自己的主权，宣布它愿意以和平方式解决（台湾问题），

（美国的）行动就会方便多了。”说完这句话，基辛格接着送上一张空白支票：“但是不论你们是否如此做（意即采取和平手段统一与否），我们将继续往我所指出的方向走。”[77]如果周恩来向蒋通风报信，他必定传上这段对话，它彰显出尼克松政府的意图：一旦和台北断交，它会容忍中方以武力接管台湾。

台湾退出联合国后，“外交部”次长杨西昆向蒋介石“私下坦诚地”报告，需要把台湾的政治权力移转给本省人。委员长深切明白情势，但他完全、明确、平静地拒绝了任何类似的行动。[78]他继续走防御性、不认输的策略，那是他们父子一九六九年底首次听到尼、基预备采取激进路线时所制定的策略。这个策略涉及到展现怒意，接受必要的羞辱和损失，长久坚守，保持尊严，固守原则，尽速发展经济与军事实力，威胁要誓死作战以防止中共武力犯台，等候天意干预。它有点像一九三七年以前对付日本军国主义者的策略，也像他在面对抗战、战时与美国同盟、史迪威风波、马歇尔调处、东北必败、国共内战将败、大陆即将失守、杜鲁门艾奇逊时期的政治危机，以及和艾森豪威尔、杜勒斯为外岛防卫交涉等等，所采取的策略。

在这些紧张时刻，尽管觉得受出卖、被鄙视，委员长仍设法使对美关系尽可能亲近。二十世纪七十年代初期，尽管尼克松要诡计、玩阴险，蒋还是继续支持美国在中南半岛的战争，并配合华盛顿搜集中国情报。他也在全球每一个外交据点奋战，设法将国军现代化，并且秘密发展核武器。但是同样重要的是，这个策略也要求比以往更专注台湾的经济成长，提升全民生活、公共卫生和教育水平。

蒋经国看得更远，同意杨西昆的见解，风雨欲来只会更强化一个结论：最终目标是要引进本省人进入党、政、军，组成真正有代表性的民主，在逻辑上就是让本省人当家。基于务实以及哲学和民族主义的理由，他认为未来民主的台湾可以依然坚持一个中国的理想。蒋经国和杨西昆不同的是，他认为这个过程要花一个世代的时间去完成，因此不能失去政治控制是非常重要的。

两蒋父子根本就不期待基辛格对十月间在北京进行的第二回合中美会谈，会有一丝一毫的真话。即使如此，当基辛格回国后，蒋还是派外交部长周书楷到华盛顿听取基辛格的简报，并且表示委员长对事件不以为然但平静的反应。周按着蒋对他的指示，告诉基辛格说，在台湾失去联合国席次，中美关系又频生变化之下，台湾最需要的是民众和企业界“平静的气氛”。周书楷说，最怕的是资金外逃或股市恐慌。他以务实的态度解释说，如果国民党政府能顶得住初期冲击，维持经济稳定，保持工业生产，老百姓才不在乎是否还是联合国会员。[79]

这乃是坦白接受美中和解、台湾在国际失势的现实——也正是基辛格和尼克松所想要听的话。它反映出台北的一种政策思维，而且正是基辛格曾和沈剑虹谈话时所鼓励的想法。基辛格建议，以目前来讲，国民政府“应该埋头苦干，坐稳了……静观变化……不贸然行动”。即使如此，基辛格仍觉得需继续对国府官员要弄心机。他再次向沈剑虹保证，美国不会放弃它对台湾的防卫承诺，也不会改变它和台北的双边关系。沈要告辞时，基辛格又表示，北京之行是“非常痛苦”的一项任务。沈觉得这是“鳄鱼要吞噬食物前的眼泪”。[80]

委员长读到沈剑虹、周书楷报告和基辛格谈话的内容，最令他生气的可能是，美国领导人竟然把他和其高级助手当成黄毛小童糊弄。然而，他倒是同意基辛格的判断，如果国民党政府未来几年能够维持稳定，情势可能会有许多转变。[81]近来的发展已增加蒋身后接班平稳过渡的概率；至于毛泽东死后大陆的接班问题恐怕没那么平稳。蒋和任何人都没想到，让他和台湾觉得天道报应的事正要因尼克松的个性阴险而在华盛顿的水门大厦引爆。

尼克松预备展开历史性的一九七二年北京行，先给委员长一封信，向他保证：“我心中牢记着贵政府之利益。”尼克松心中仍对背叛蒋有愧疚感。一月间，他对基辛格又说道：“我们没有出卖台湾。我们一点也没有。”基辛格急急附和称是，可是旋即指称罗杰斯提议，尼克松促使中方承诺不用武力解决台湾问题是“不可思议”的想法。尼克松有一度遗憾，因受制于北京会谈的脉络，却不能重申对国民党政府的条约承诺，不过他接下来又猜度，如果大陆攻打台湾，“我们还是可以行使条约吧！”基辛格说：“喔，是呀。”[82]

二月二十一日，在全世界注目之下，尼克松终于在北京紫禁城旁毛泽东的寓邸和毛碰面。自从蒋介石时代以来，政府就拆除许多旧城墙，也拆除从前门到天安门之间蜿蜒的胡同，使得天安门广场成为巨大的公共空间，巨大的斯大林式建筑物和单调的劳工住宅的钢筋水泥，在紫禁城周遭冒出来，但是城里仍无摩天大楼；古城仍旧具有成吉思汗都城的味道——街上常见骆驼，不是水牛；每年春天必有沙尘暴；人们吃水饺、面条和馒头，不是米饭。

第一次会谈在陈列软垫座椅的接待室举行，随员、译员分列两侧，领导人寒暄客套。一向嘲弄、讽刺的尼克松，好像被毛泽东震慑住。毛泽东说："我们共同的老朋友蒋介石对此很不以为然。"稍后他又说，蒋"跟我们交往比你还长久"，指出中共一度曾与蒋合作，但"也跟他吵，跟他打"。他说，蒋"依然坚持一个中国，这一点我们可以好好利用。因此我们可以说这个问题相当容易解决"。[83]

次日，尼克松和周恩来更仔细讨论中、美所面对的问题。周恩来回想起一九五八年蒋和共产党领导人如何合作，化解杜勒斯要强迫委员长从金门、马祖撤军，从而切断台湾和大陆关系那一段故事。他说，他的政府只担心在日本、美国活动的台独团体，不担心台湾，因为委员长在台湾一定会镇压台独。"他有能力这么做。"周告诉尼："你不应该强加什么在我们身上，我们也不应该强加什么在蒋介石身上。"这是会谈中周恩来差一点就要提到放弃使用武力的唯一一次。[84]

他说，最好"当你（尼克松）还在职的时候"推行一个中国原则。但是，他重提和基辛格说过的担忧：蒋可能不久于人世。"总统先生，你应该了解蒋介石来日不多了。"他解释说，"我们不是要求你除掉蒋介石。我们会自己来。"尼问："和平地?"周答说："是的。我们有自信……当我们自己解决了这个问题，你的部队理所当然就可以走了，很自然的!"[85]

尼克松答说，他的目标是美中关系正常化。他说："如果我当选连任，我有五年时间去达成它。"但是，他强调，他"不能作出秘密交易，握握手，就说第二任期内会达成它。如果我这么做，报界一问起来，我一定被修理"。尼克松解释，他需要的是"活动空间"，希望在上海签署的联合公报能提供这点要求。也就是公报文字不能让台湾"在未来两三个月，和未来二三四年，成为大问题"。讨论到越南战争时，尼告诉周，即使公报文字写得再技巧，还是会被说，"中华人民共和国要求我们的是处理台湾问题，他们如愿了；而我们要求的是在越南问题上的协助，我们却一无所获"。[86]

最重要的是，事情果真是如此发展。这份著名的一九七二年二月二十七日上海公报，在台湾问题上运用技巧的文字申明：“美国确认（acknowledge）——中文版则说‘承认’（recognize）——到海峡两岸所有的中国人认为中国只有一个，而台湾是中国的一部分。美国政府不反对这个立场。”美方接着把“美国部队及军事设施撤离台湾”的最终目标，和其“台湾问题和平解决的利益”联结起来，间接表示和平解决是撤军的报偿。可是，私底下基辛格对周明白保证，这个暗示的条件“不影响总统对你说他将会做的事……我们不是订定条件。无论如何，我们会做（结束与台北的军事、外交关系）”。[87]尼克松二月二十八日在上海举行记者会声明，在共同防御条约下，美国对台湾的承诺不变。[88]

尼克松飞回华盛顿之际，东亚事务助理国务卿葛林以及基辛格的助理何志立展开向美国东亚盟国简报北京峰会的行程。来到台北，委员长说明他只要听基辛格亲口简报。除此之外，蒋倒是藏住他对尼克松以及白宫团队之背信弃义的愤恨。在他指示下，美方和蒋经国进行“长时间、友善的会谈”。令何志立意外的是，蒋经国非常镇静，没有斥责美国人，反而强调只要共同防御条约和美国军援继续下去，他并不太烦恼。[89]

根据蒋经国的说法，美方向他担保，固然上海公报提到美国预备和北京关系正常化，但这并不是建立外交关系。[90]葛林并没有出席基辛格和中方的会谈，不清楚基辛格说话内容，但此时却明白表示，美国没有改变它对台湾的政策，也将和国民党政府“继续维持外交关系”，信守对台北的防务承诺。何志立向基辛格报告，蒋经国以及他们见到的台湾其他官员，“特别关心美国对台湾经济发展的持续支持”。何志立的评估是，台湾人民和领导人将“努力顺应局势，以典型的中国人之决心，他们可能会适应得不错”。他预言：“我们和他们的关系将会继续下去，因为他们已走投无路了。”[91]

虽然国民党的路线是别无选择，只好接受美国对大陆的新做法，但还是发生一段风波：外交部长周书楷在台北答复记者发问时表示，国民政府也可以和莫斯科来个“华沙会谈”。蒋经国快速决定这是下下之策。他下令发表声明，绝不打“苏联牌”，解除周书楷外长职务，并且终止和克格勃特务路易斯的接触（他曾试图掀起苏、蒋合作的传闻）。蒋经国果决地摒弃苏联牌，反映出老蒋对此策略的短暂迷恋亦已终止；蒋氏父子下定决心，即使面对可恶的尼克松，还是得尽可能地与美国保持密切关系，同时试图替未来打造基础。

华盛顿方面，沈剑虹大使在三月一日先后见了基辛格和尼克松，得到和过去一样的担保：美国在北京明白表示，它不会改变和台湾的外交关系，或“放弃”与台湾的共同防御条约。即将回来述职的沈剑虹问尼克松，换了你是（台湾）首脑，你会怎么做。尼克松答说，首先，“我不会提起美国是否有承诺这个问题。现在你提起这个问题，只会伤害到自己。我必须很坦白地说……第二点是，他要怎么做、贵政府对大陆要怎么样，坦白说我没有答案”。说完这些称不上建议的建议，尼克松并请沈向“老朋友”委员长问好。[92]

就和往常遭遇重大挫败（如被迫退守台湾）一样，蒋会寻找“荒漠甘泉”，找寻绝境中光明的一面。自从一九四九年此一最沉重的打击以来，光明面不多，不过蒋已找到不少个。虽然美国已不再坚持北京不用武力解决台湾问题，中、美的和解实质上保障了在可预见的将来共产党对台湾的军事威胁停留在微乎其微的状态，这可以增加投资人信心。蒋家父子也可期待，北京加入联合国、跻身五强，又和美国和好，将替台湾删去“台独”或“两个中国”的选项，它也会影响中国外交政策往更和平的方向发展。

挺讽刺的是，台湾在国际间加速坠入不寻常的孤立状态，却使政府在本国更受支持。这个情势有助于蒋经国身边的改革派说服国民党的强硬派，由于危机更需推动本土化和政治改革。许多学生活跃分子和独立意识的本省人开始认为，在可预见的将来，台湾的改革将是最可期待的。彭明敏在密歇根接到蒋经国邀请回台，只要他不挑战国民党光复大陆的教条及其控制军队，就准许他自由参加省级政治活动。彭拒绝了，但许多流亡在日本的台独人士接到类似邀请后，纷纷回台。[93]

三月份国民大会开议，蒋向大会报告：“心怀愧疚（光复大陆未成），余恳请大会另选贤明接任我职。”出席代表不理他的请求，照样推选他为第五任“总统”，并不意外。[94]比老蒋正式当选连任更重要的是，五月间，六十二岁的蒋经国出任行政院长。他立刻将本省籍阁员加了一倍，变成六人，提名本省人（徐庆钟）为副院长及（谢东闵）省主席，并有三名本省人获选入国民党中央委员会（常务委员会）。党外人士、台北市长高玉树出任交通部长。蒋经国又促成中央民意机关增额一百一十九席，其中大多数为本省人当选。六月十日，蒋经国颁布被称为“十诫”的“公务员十大革新要点”，禁止公务员上酒家、公共食堂或其他不当场所，婚丧喜庆不得奢靡铺张。警察全省检查禁止公务员涉足的夜总会，发现顾客具公务员身份即予逮捕。蒋经国亦发动肃贪，逮了不少人，警备总部本身就有五十人被捕。行政院人事行政局长（王正谊，蒋经国祖母王太夫人家族后人）贪污罪名成立，被判无期徒刑。有位海关副局长则遭处死刑处分（指豫源轮白庆国案，白后来由死刑改判无期徒刑）。[95]

同时，蒋经国专注和其他国家发展经济关系，不问其意识形态或与北京的关系。因此，台北立刻成功地在被迫关掉大使馆的许多国家设立经济文化办事处。因此之故，即使在尼克松破天荒访问中国之后的几个月，即一月至九月，台湾整体贸易较去年同期成长了令人不敢想象的百分之四十三。尼克松和基辛格虽然要了两蒋，却认真、成功地支持台湾维系它在国际重要金融组织，如亚洲开发银行、世界银行的会籍。基辛格和尼克松也批准美国进出口银行对台湾放款，如五千八百万美元现代化钢厂设备贷款，以及全额贷款给两座核能发电厂。[96]

三

一九七二年春天，委员长依然耳聪目明，虽已年登八十四岁，身体算是相当健康。但是，一些病痛开始上身，尤其是一九六九年发现，但一直保密到此时的心脏问题。新的小毛病包括假牙越来越不舒服、关节酸痛、腿疼、身高萎缩。他现在经常是一副温和、慈祥的样子，情绪平静，讲话时笑容满面。但是适逢国家遭遇拂逆时，助理有时候发现他仍会大发脾气，这在六十年代是很少有的事（除了在日记中）。他仍然严以律己，每天洗冷水澡，不论坐在餐桌或是庭院锦鲤池畔椅子，一定腰杆挺直。

委员长的部属不晓得他有心脏病，但熊丸医师晓得三年前阳明山车祸诊断出来的心脏瓣膜问题日益恶化。七月底，也就是尼克松北京行五个月后，熊丸陪他在官邸庭院散步时，委员长心脏病发。熊立刻替他注射了一针，虽然保住性命，却自此陷入昏迷。[97]

"总统府"对外宣布他得了肺炎，国内媒体也不敢妄加揣测。一连几个月，只有蒋夫人、蒋经国、孔二小姐和医疗团队（现在作为美国心脏病学会会长的余南庚医师），见得到委员长。孔二小姐负责打理病人的"琐事"，夫人向医护人员频频"呼喝下令"。但是据熊丸的说法，蒋经国和孔二小姐每天上午出席医疗会报，核准当天的诊疗。[98]病榻上的蒋不能出席双十庆典，这可是一九四九年来台后的第一次。政府发言人在外籍记者追问下否认他得了重病，但是谣言不止息，外国人和大多数台湾人要么认为他不论得的是什么病，恐将一病不起，不然就是以为他已经死了。

北京的毛泽东也已经老了。他说的话比起往常更难听得懂，"稍为动动就呼吸急促，脸色发黑"。他神智清楚，但越来越古怪而且爱胡思乱想。不过不像比他大六岁的宿敌，毛泽东依然当家。大约此时，体检中发现周恩来得了癌症。这时候在内部斗争上反复无常的毛泽东，决定让邓小平复出，增加温和派的势力。[99]

台湾一九七二年十二月的选举，党外候选人史无前例大肆批评，"诋毁"政府甚至"总统"，也抵触动员戡乱国策。警备总部和其他安全单位建议取缔，但蒋经国不准。不过，他倒是逼《大学杂志》主编下台，并下令国立台湾大学校长停聘十四位政治上好直言的教授（即台大哲学系事件，被停聘者不尽是"教授"，也有副教授、讲师）。即使如此，政治觉醒的本省人现在认为持续冲撞言论自由的限制，可以达成权力移转给多数族群。[100]

一九七三年一月，昏迷了六个月的蒋介石，不可思议地恢复意识。在他的家人和部属看来，这不啻是天意。不久，他可以坐上轮椅，并且理性地但极其孱弱地和蒋经国对话。根据蒋经国助手的说法，一般他只向老人家报告好消息。[101]毫无疑问，这包括尼克松当选连任的消息。它不是个坏消息，因为两蒋认为，让政治上已经跛行的尼克松继续主持美国和中国大陆、台湾的关系，总比自由派民主党当家的政府来得好。

蒋从医院回到士林官邸。蒋夫人每天探望他两次。蒋经国每天早上都到，晚间再回来和父亲共进晚餐，通常余南庚和熊丸两位医师随侍。有一次，熊丸见到蒋经国念《孟子》给父亲听。多年前父亲念这位古代圣人的书给儿子听，而今反转过来，相当感人。[102]到了夏天，病人已能坐着和孙子孝勇及其新婚妻子方智怡合照。同时，孝武的妻子受不了虐待，回到欧洲；根据中国法律，她不能带走子女，他们被留给孝武。

同时，北京方面，复出的邓小平接管了周恩来负责的外事，对两蒋展开新的和平攻势。但是经国不为所动，认为人民若是怀疑他和大陆寻求和解，会在台湾——不仅是本省人——引起强烈甚至暴力的反应，吓跑了投资人。

十月初，蒋夫人飞往纽约探望病重的大姐霭龄。到了美国，宋美龄经过体检，发现她本人罹患乳腺癌，旋即回到台北。四天后，宋霭龄病故。两姊妹都是意志坚强的女性，她们的丈夫互相在权力上争胜，但多年下来，姊妹感情一向深厚。蒋夫人拖到次年才接受乳房手术，但先在台北荣民总医院接受化疗。她把病情瞒着丈夫，只告诉他，她得了重感冒，恐怕有一阵子不能来看他。次月，八十六岁的蒋介石，看来非常孱弱，和国民党九个领导人合照。这是将近十八个月来，他首次正式露面。[103]

同一个月，基辛格亲口告诉毛泽东，由于美国“国内情势”冲击，意即水门事件，已经使得尼克松第二任期内无法和台湾断绝关系。毛泽东发现，美中关系进入新阶段不满两年，美国人就要毁弃他们最重要的承诺——保证五年之内终结与台湾的外交和军事关系。对于毛泽东而言，这个承诺加上他希望反制苏联威胁（现已越来越小）才是他和“美帝”修好的基本理由——这个修好政策相当有损他的革命家形象。中共党内现在有人指控周恩来被基辛格和尼克松骗了。[104]

同时，在强大的政治压力下，尼克松同意卖给蒋介石政府另一批先进武器，包括十五艘驱逐舰、两艘潜水艇、六十辆 M－48 坦克。他还批准诺斯洛普在台湾的飞机装配厂打造一百架现代化的 F－5 E 防卫战斗机。[105]周恩来的政敌现在更加炮火猛烈抨击。此时，美、中政府已在双方首都互设“联络办事处”，周恩来、邓小平领导的温和派决心要维持对美国的突破。

一九七四年八月九日，尼克松不名誉地辞职下台，由直升机从白宫草坪载走。虽然尼克松下台时，台北天未破晓，蒋家父子可能盯着电视看。* 就和肯尼

* 这种说法应该不可能，台湾当时电视仍未全天候播出，听广播倒是有可能。——编者注

迪总统遇刺一样，两蒋一定把尼克松不名誉下台看做是天谴。新任总统福特接篆立刻就签可了致周恩来的一封电文。由基辛格拟稿的这份电文，保证履行前任总统对台湾问题所做的承诺。但是，事实上并非如此。一九七四年十一月，华盛顿照会蒋经国，固然美国将继续追求与北京关系的正常化，“现有（与北京）的关系形式合乎我们的需求”。[106]

蒋介石的暂时忍辱策略再次获得成效。他的儿子现在又多出几年时间，以迎接美国将与台湾断交的冲击，而且美国对台军售看样子也有可能无限期地维持下去。至于基辛格，他达成了与中国修好的主要目标——“世界力量相互关系”的大改造，美国增加了对付莫斯科的筹码，也降低了中南半岛可能崩溃的冲击。

蒋夫人的化疗没有成功，她决定到台北荣民总医院接受乳房切除手术（mastectomy）。她还是瞒着丈夫，只说她要到美国去。蒋介石夫妇依然十分气美国，更气尼克松。蒋夫人养病期间，写了长达三十五页的长文，指控种族关系紧张、吸毒、警察贪腐、暴力犯罪等等社会奸邪，正在破坏美国的“精神力量”。她说，美国和“红色中国”的修好，只会鼓舞后者的“侵略倾向”。蒋经国对这篇从未发表的文章“又惊又怒”。[107]

四

一九七五年四月五日是清明扫墓节最后一晚。全中国传统上都相信祖先的鬼魂四处游走，准备回到打扫得干干净净的住所。当天晚上，蒋的医师熊丸在士林官邸庭院散步，抬头可见满天星斗。他回到室内就寝后不久，值班医师紧急召唤他。蒋介石心跳停止了。熊丸披上袍子，冲到楼下蒋的寝室。打了强心针后，他的心脏恢复跳动。蒋夫人赶到病榻之侧，蒋介石心跳又停了。医生再打了一针。不久，蒋经国也闻讯赶来，此时老先生又停止心跳。熊丸准备打第三针，夫人却轻碰他的手，叹了一口气说：“停了吧!”距午夜还有几分钟。此时，从台北到高雄，全岛突然风雨大作、雷电交加。即使哈佛学成归台的官员也认为这不应该是纯属巧合。[108]救护车旋即把老“总统”的遗体送往不远的荣民总医院。

委员长过世后两小时，政府发表了一份号称是一星期前写下的遗嘱。内容如下：

> 自余束发以来，即追随总理革命，无时不以耶稣基督与总理信徒自居，无日不为扫除三民主义之障碍、建设民主宪政之国家，艰苦奋斗。
>
> 近二十余年来，自由基地日益精实壮大，并不断对大陆共产邪恶展开政治作战，反共复国大业方期日新月盛。全国军民、全党同志，绝不可因余之不起而怀忧丧志！希望一致精诚团结，服膺本党与政府领导，奉主义为无形之总理，以复国为共同之目标，而中正之精神自必与我同志同胞，长相左右。
>
> 实践三民主义、光复大陆国土、复兴民族文化、坚守民主阵容，为余毕生之志事，实亦即海内外军民同胞一致的革命职志与战门决心。
>
> 惟愿坚此百忍，奋励自强，非达成国民革命之责任绝不中止！矢勤矢勇，毋怠毋忽。[109]

严家淦立刻宣誓继任“总统”。根据中国古礼，高官逢父丧应守丧三年。蒋经国也呈辞行政院长，但新任“总统”批示不准。国民党中央委员会还推选他为主席。蒋经国开始一个月的守丧，期间写成一篇纪念父亲的文章《守父灵一月记》。三十天的国殇期间，政府要求全岛电影院、夜总会、酒吧及其他娱乐场所全部停业。禁打高尔夫、网球和棒球。电视和电台只播放有关蒋介石的纪录片或民众悼念的新闻，配上哀乐。[110]

美国副总统洛克菲勒代表福特总统于一九七五年四月十五日抵达台北，他向记者们表示双方友谊长存，但避免提到国民政府或美国对台湾的防务承诺——福特总统一月间在国会发表国情咨文时也避谈这个问题。洛克菲勒也没提到（台湾）的新领导人，但至少他到场了。蒋介石在大战期间的其他盟国统统没有派代表来吊丧。[111]

前任总统尼克松从加州圣克里蒙住家发出唁电，称呼蒋是“我们时代的历史巨人之一”。不过，这未必是各方的共识。对他评价最友善的多数历史学者和记者，称他是掌握了一切优势，却“失去中国”的人。罗素·贝克（Russell Baker）形容蒋的失败“悲壮”、“惊人”。“他的败有如文斯·龙巴迪（Vince Lombardi，著名的美式足球教练）的胜。”许多人则重复史迪威离华时的评语：

蒋介石是傲慢、无知、无能的领导人，只知追求权力，对抗战、对中国或对中国人民毫无贡献。《纽约时报》撰文指出他的过世使我们又“记起二十世纪政治史上不朽的幻想”——委员长一再宣称，从他的小堡垒他将反攻大陆，击败庞大的解放军。蒋应该很骄傲，有那么多人在那么长久的时间里对他要击败共产党巨人的信念，深信不疑。[112]

蒋经国、蒋纬国两兄弟按习俗把父亲遗体包上白布。依照蒋的指示，他的《圣经》、《荒漠甘泉》和唐诗选集放入棺木。有人发现委员长忘了提《三民主义》，赶紧送来一本。一连五天，灵榇放在国父纪念馆。蒋曾经主持了上千次的总理纪念周会，纪念这位创党人提携他成为国民党和中国的领导人。据报道，全台有两百五十万人排队瞻仰遗容，其中包括被蒋关了许多年的雷震。四月十五日，美国的南越盟友果如蒋的预料崩溃了。西贡于当天失陷，美国外交官和陆战队员当天从大使馆屋顶仓皇搭直升机逃命。

委员长的告别式于一九七五年四月十六日，一个灰沉沉、多云的星期三，在国父纪念馆举行。灵柩四周围满百合花，还有一座巨大的白色菊花十字架。在僧侣的诵经声中，蒋夫人戴着墨镜，向铜棺行三鞠躬，蒋经国、蒋纬国，以及代表第三代的孝武也依礼行三鞠躬。然后棺木封上，基督教牧师周联华主持仪式，军乐队奏哀乐，十名执绋人抬起棺木步出纪念馆，送上以白花、黄花布置成教堂状的灵车。礼炮二十一响，向一代伟人致敬。[113]

蒋夫人由蒋经国、蒋纬国两侧搀扶，跟在灵车后走了几百米。遗属旋即坐上轿车，出殡行列缓缓经过又湿又热的台北市，上了公路，穿过小镇。数十万民众夹道恭送，其中有大专学生、男女童子军、邮差、护士、后备军人披麻戴孝，有佛教僧尼身穿袈裟，一群女子则穿黄袍、头戴方顶帽，还有乐师弹奏国乐。许多人低声啜泣。军乐队和中学生乐队也鸣奏挽歌。过程全都经过细心安排，但是未必崇拜这位已逝领导人的外国观察家感觉，出席者不论其政治背景都认为这是历史性的一刻。[114]

出了城，车队经过数以百计的小型工厂，其间还穿插着刚要春收的翠绿田地。穿过山区蜿蜒小路，车队来到离台北约六十公里、竹林环绕的慈湖。这是蒋氏生前喜爱的僻静处所，常使他想起故乡浙江山区的老家。他一直希望有朝一日能回归故土，埋在溪口镇上方雪窦寺附近的母亲灵塚旁。

五

蒋出殡当天，自知来日无多的毛泽东端坐房里，静静聆听以十二世纪古诗谱写的哀乐。那位诗人以此告别一名被贬谪边疆、赍志以殁，际遇有如蒋介石的爱国官员。[115]

结　语

蒋介石和毛泽东一样，相信要恢复中国的主权及世界地位，条件就是国家统一、强而有力的中央政府，以及愿意牺牲一切保家卫国、有纪律的人民。蒋、毛也都明白，他们或友或敌所打的军事大战，从来都不只是为了领土完整或政治权力，还有对现代中国重回泱泱大国怀有截然不同的憧憬。虽然毛泽东有他战术上务实的一面，马列主义理论以及中国古代法家思想，打造出他的严苛手段。可是以蒋介石而言，儒家的服从、和谐、稳定和务实观念，加上孙中山的改革理想与“训政”主张，构成这位国民党领袖的威权手段和对人类进步的期许。

蒋不论在大陆和台湾期间，个人对中国统一的信念绝不动摇。虽然他和军阀妥协使国家不致四分五裂，虽然在试图建立一支现代化军队时，姑息日本人达六年之久，他却从来不曾正式放弃中国对任何领土的主权。他对中国应该要维持统一的坚定信念，或许正是一九四八年东北战败后，没有努力坚守华南半壁江山的原因之一。他反而选择退守台湾，在这里他终于能完全地独裁控制，维持一个中国的原则，并追求他长期的梦想——以儒家及基督教价值为基础建立一个现代华人政府。

一九二八年底，在极端不利的条件下，蒋形式上把中国一统旗帜，虽然政府实质命令只能及于少数省份。在“南京时期”，既无外国援助、外贸又不振，东北及其重大岁入来源皆被日本人抢走，他在经济、社会和民间生活上仍可达成相对亮丽的进展。此时，世界陷入经济萧条，日本人蚕食鲸吞的侵略节节进逼，加上还得与称兵作乱的军阀以及苏联支持的共产党持续作战。从一九二八年起，眼看与日本终究无法避免一战，蒋展开宏大的计划，以战略矿物支付德国，由德国协助打造一支现代化部队；计划往大西南大规模撤退；把许多兵工厂往长江上游搬迁；兴建滇缅公路；成功推行全国货币；禁止在沿海省份新建工业；将故宫博物院无价珍藏迁往四川；全力围剿共产党军队，逼其走上“长征”，撤离到离蒙古仅只数百英里的边区。

由于认识到往后数年，他在意识形态上的大敌也是中共的支持者——苏联，将是军援唯一可能的来源，蒋在一九三六年“西安事变”之前已同意与中共联合抗日。明知国共合作流于形式，他信守承诺，甚至还对中共提供金钱资助。这一切都是为了确保苏联对华军援。

抗日战争终于爆发时，蒋在上海、长江流域投入精锐部队展开长期浴血抗战，头两年就折兵损将达百万人，但是他号召中国人民进行马拉松作战，取得西方国家道义支持，令日军伤亡惨重，只能占领中国四分之一领土、管辖中国三分之一人口。他和苏联交涉成功，获得数亿元的军事援助，包括一度有数百架军机由苏联人驾机参与抗日。历四年之久，损失了八成以上工业生产能力和财税来源的自由中国，除了苏联援助，一直都独立与日本奋战。数千万难民涌入大后方，可是卡路里消耗量大致仍能维持和之前相同的水平，而且通货膨胀虽厉害但不可怕。

大战结束，中国在蒋介石领导下跻身世界五大强国之列，成为联合国安全理事会五个常任理事国之一。在蒋主政之下，他达成废除一切不平等条约、终止中国百年之耻；除了外蒙古、香港、澳门和沙皇在东北之权利，他收复了前人失去的领土。难怪蒋在中国又成为全民拥戴的人物。关于苏联战后的意图，他看得清清楚楚；和他来往的许多美国高级官员却错得离谱，可是大家都没有给予他公允的评价。

当然，蒋自己也做了许多错事。他对多党制的代议民主制度不仅只有三分钟热度，有时候行动还与他信奉的儒家精神、基督教诲，以及对真诚和道德的信念互相矛盾。他有几次批准的极端行动，已到可怕的无视道德甚至是堕落的地步。例如一九四七年，他下令或批准“二二八”事件，一九四七至一九四八年把数十万大军送进东北遭歼灭，以及一九四九年撤守台湾后头几年的大规模执刑。这些行为都属违反人性之事，而且以蒋本身的目标来讲也没有必要。

蒋在日记或其他地方，从来没替自己这些极端行动辩解。如果被逼问，他或许会指说这是时代的不幸——针对世界文化走向的一场无情战争，血流成河，数百万人丧生、数亿人受苦，而套用他的话：中国文明存亡绝续系于此一大战。他曾经自称是“战争之人”，暗示他肩负道德重担，和杜鲁门及丘吉尔下令轰炸广岛和德累斯顿（Dresden）的决定，并无两样。但是，当然他这些最无情的决定也帮助他掌握权位；对此，他可能会声称：他和其民主国家盟友一样，受民之托，必须竭尽所能，领导国家为生存和统一而奋斗。

在台湾的二十五年间，蒋主持一个稳定、和平的微型社会，有机会进行建设；以经济和社会指标而言，他相当成功，替台湾的经济奇迹奠定基础——这份成绩在他撒手人寰时，可谓功大于过。蒋过世之后三十年，若他于地下有知，则必定大为折服今天台湾有最先进的、低费用的全民健保制度，媲美全球的第一流的教育体系，以及高科技经济的亮丽成绩。他一定很欣慰，一度贫穷的这个小岛于二〇〇七年外汇储备居全球第四位，以购买力均价为准，人均所得为三万八百美元——一九六〇年仅为一千二百美元。

蒋在台湾的政治遗产则依然有高度争议。我们可以理解，他和他儿子不一样，在大多数本省人心目中仍然非常不孚众望。二〇〇七年，民进党政府把全台湾地区两百多座蒋介石铜像及雕像拆除。大部分的石雕像被支持者保住，包括一座骑在马背上的蒋介石雕像，都移到其慈湖暂厝之地附近一座公园。蒋家后人担心日后还有其他不敬的动作，同意未来将把蒋介石、蒋经国父子遗体归葬溪口老家——显然他们在当地会最受欢迎。二〇〇三年以一百零五岁高龄去世的宋美龄，在遗嘱中亦要求，在适当时机将其遗体由纽约迁葬上海宋氏家族墓园，置于二姊庆龄之侧。如果这一点做不到，她要求葬于溪口她丈夫之侧。显然她的最爱是亲共产党的二姊。[1]

二〇〇八年三月，孙中山和蒋介石的大老党在台湾又告复起。原本独裁的、以外省人为主的国民党在一场大胜中赢回台湾的领导人宝座——最令人印象深刻的是，它获得大多数本省人的支持。以民主而言十分可喜的是，民进党接受败选的事实，确保台湾地区第二次政权和平转移。新任领导人马英九是外省第二代，反映了台湾地区在族群融和上的进步。马英九显然是个温和的务实派，主张台湾继续自由，不过他也有隐约的“一个中国”观念。

我们不清楚蒋介石晚年是否和儿子有相同观念，认为全民民主同时是台湾长期生存，也是两蒋父子留给后人遗产的唯一希望。直到临终，他很可能都认为蒋经国缓慢的民主改革只是要安抚本省人及美国的意见。即使如此，在他过世三十年之后，他可能仍会佩服二十世纪八十年代蒋经国领导的民主改革，导致台湾和平过渡到多数统治。

他或许也会认为，二十一世纪头十年最能促进“一个中国”理想的因素，就是两岸民间交流的热络，以及双方经济业已大大整合。二〇〇八年，台湾上万家企业在大陆的投资总额超过一千亿美元，而且这些台商有一百万名台湾员工及眷属在对岸定居、工作。

蒋或许也会相信，最后中国统一的最佳希望系于大陆的制度变化，它们有一部分是受到台湾嘈杂却活泼的民主模式之鼓舞。蒋曾经对魏德迈将军提到他的此一卓见，当时他说：“如果我去世时仍是个独裁者，我必将和所有的独裁者一起为后人遗忘。但是，如果我能替民主政府建立确实稳定的基础，我将永远活在中国每个家中。”——他这里的中国指的是两岸。[2]

二十一世纪初始，若蒋于九泉之下回来略微看一看世界，他必定也会大吃一惊，中华人民共和国已然变成受人尊敬的国家，拥有核武器和洲际导弹，还有太空船绕月飞行；以第三世界水准而言家庭农业繁荣，有巨额外汇储备，甚且整体经济可望在三十年之内追上美国。事实上能这样成功同时源自于中国过往的创业精神也有新的市场经济导向。蒋可能会认为，若无日本或苏联的干预，他早就可以击败中国共产党，中国的经济起飞也可提前二十年起动，数百万中国人民也用不着在战争中丧生送命。

他也会特别高兴，为了解决后毛泽东时期缺乏有力的伦理哲学、宗教或意识形态，现阶段的中国共产党已经以民族主义和古老的儒家思想，来取代阶级斗争和世界革命；两者皆是以回头汲取中国丰富的文化和伟大的历史，来界定国家的道德与伦理核心。所以，蒋肯定会将中国的新领导人视为现代儒家，和他一样致力于使中国成为治理良善、和谐、稳定和繁荣的社会，在世界舞台上扮演强大、但被公认是和平的角色。

七至十三章注释

第七章　雅尔塔、东北和战后战略

1. Charles F. Romanus and Riley Sunderland, *Time Runs Out in the CBI* (Washington: D. C.: Office of the Chief of Military History, Department of the Army, 1959), p. 16.

2. 同上注，p. 52。

3. 同上注。

4. 虽然美方在自由中国的大部分地区已掌握空中优势，但不代表日本空军就毫无作为。

5. Albert C. Wedemeyer, *Wedemeyer Reports* (New York: Holt, 1958), pp. 277 – 278.

6. Herbert Feis, *The China Tangle: The American Effort in China from Pearl Harbor to the Marshall Mission* (Princeton, N. J.: Princeton University Press, 1953), pp. 195, 204.

7. Chiang Diaries, Hoover, December 2 and 6, 1944, box 43, folder 24.

8. Wang Chaoguang, "Wartime Rivalry and the Deliberation of Postwar Issues." paper presented at Harvard University Conference on Wartime China, Maui, January 2004; F. F. Liu (刘馥), *A Military History of Modern China, 1924 – 1949* (Princeton, N. J.: Princeton University Press, 1956), p. 219.

9. RGASPI, collection 17, inventory 128, file 822, sheets 7 – 21.

10. Wedemeyer, *Reports*, p. 205.

11. Peter Vladimirov, *The Vladimirov Diaries* (New York: Doubleday, 1975), p. 289。

12. Chiang Diaries, Hoover, November 11, 1944, box 43, folder 23；秦孝仪，《大事长编》卷五，p. 2474。

13. Chiang Diaries, Hoover, November 22, 1944, box 43, folder 23.

14. Barbara Tuchman (杜希曼), *Notes from China* (New York: Collier Books, 1971), pp. 77 – 79.

15. 后来，毛泽东在一份党内文件写说，中共当然“绝不会干这种事”。1945 年 1 月他也告诉赫尔利了。见 Michael M. Sheng（盛慕真），*Battling Western Imperialism*：*Mao*，*Stalin*，*and the United States*（Princeton，N. J.：Princeton University Press，1997），p. 90.

16. 秦孝仪，《大事长编》卷五，1945 年 1 月 14 日，p. 2506；*White Paper*，p. 79.

17. Robert E. Sherwood，*Roosevelt and Hopkins*（New York：Harper and Brothers，1950），p. 512；Romanus and Sunderland，*Time Runs Out*，pp. 331 – 332.

18. Sheng（盛慕真），*Battling Western Imperialism*，p. 93.

19. Feis，*China Tangle*，p. 236.

20. 同上注，pp. 226 – 239。

21. 同上注，p. 249。

22. Harry Harding（何汉理）and Yuan Ming，eds.，*Sino-American Relations*，*1945 – 1955*（Wilmington，Del.：SR Books，1989），p. 67；Robert E. Sherwood，*Roosevelt and Hopkins*（1948；New York：Bantam Books，1950），vol. 2，p. 511.

23. Sheng（盛慕真），*Battling Western Impermlism*，p. 93. 盛慕真引用毛泽东 1949 年 2 月 3 日给周恩来的电报，毛提到斯大林将和罗斯福、丘吉尔会面。盛从这里合理地认为，斯大林已传话给毛，告诉他即将要进行三巨头会议。

24. 同上注，p. 94；Sherwood，*Roosevelt and Hopkins*，pp. 512，516；Feis，*China Tangle*，p. 240.

25. Chiang Diaries，Hoover，February 21，1945，box 44. folder 3.

26. Romanus and Sunderland. *Time Runs Out*，p. 338.

27. Chiang Diaries，Hoover，March 15，1945，box 44，folder 4.

28. Feis，*China Tangle*，p. 278.

29. Don Lohbeck，*Patrick J. Hurley*（Chicago：Henry Regnery Company，1956）. pp. 372 – 377.

30. Feis，*China Tangle*，p. 277.

31. *Liberation Daily*（《解放日报》），April 9，1945.

32. Lohbeck，*Hurley*，p. 370.

33. Chiang Diaries，Hoover，April 13，1945，box 44，folder 5.

34. *White Paper*，p. 83.

35. 同上注，pp. 84 – 85；Feis，*China Tangle*，p. 276.

36，*White Paper*. pp. 268 – 270.

37. 郭廷以编，《白崇禧先生访问纪录》，上下二册（台北：中央研究院近代史研究所口述历史丛书 4，1984），p. 475。

38. 同上注，pp. 475 – 478。

39. Jonathan D. Spence（史景迁），*The Search for Modern China*（New York：W. W. Norton，1990），p. 482.

40. Joseph J. Heinlein，"Political Warfare：The Chinese Nationalist Model." Ph. D. diss.，A-

merican University, 1974, p. 482; *White Paper*, p. 101.

41. Conrad Brandt, Benjamin Swartz (史华慈), and John K. Fairbank (费正清), *A Documentary History of Chinese Communism* (Cambridge: Harvard University Press, 1959), p. 419; Feis, *China Tangle*, pp. 290 – 291.

42. Romanus and Sunderland, *Time Runs Out*, pp. 350 – 352; Hsi-sheng Ch'i. "The Military Dimension, 1942 – 1945," in James C. Hsiung (熊玠) and Steven I. Levine, *China's Bitter Victory* (Armonk, N. Y.: M. E. Sharpe, 1992), pp. 165 – 166.

43. Wang Chaoguang, "Wartime Rivalry", p. 7; Haruo Tohmatsu (等松春夫), "The Strategic Correlation between the Sino-Japanese and Pacific Wars," paper presented at Harvard University Conference on Wartime China, Maui, January 2004, p. 17; Romanus and Sunderland, *Time Runs Out*, pp. 278, 287, 289; Feis, *China Tangle*, p. 297; Wedemeyer, *Reports*, pp. 301, 338.

44. Lohbeck, *Hurley*, pp. 370, 376 – 377; Chiang Diaries, Hoover, June 15, 1945, box 44, folder 7; Ray Huang (黄仁宇), *Chiang Kai-shek and His Diary as a Historical Resource* (Armonk, N. Y.: M. E. Sharpe, 1996), part 2, p. 140.

45. Sheng (盛慕真), *Battling Western Imperilism*, pp. 105 – 106.

46. Theodore H. White (白修德) and Annalea Jacoby, *Thunder Out of China* (New York: William Sloane Associates, 1946) p. 266; 关于"保证"请见 Chiang Diaries, Hoover, May 24. 1945, box 44, folder 6.

47. *Time* (《时代周刊》), December 24, 1945.

48. 同上注；秦孝仪，《大事长编》卷五，pp. 2565 – 2566。

49. 关于"日本占领区"请见 Sheng (盛慕真), *Battling Western Imperialism*, pp. 97, 103. 关于"越过长江"请见秦孝仪，《大事长编》卷五，p. 2571。关于"三篇文章"请见 Wang Chaoguang, "*Wartime Rivalry*," p. 27.

50. Chiang Diaries, Hoover, July 5, 1945, box 44, folder 8.

51. 蒋经国，《蒋经国先生传记》（台北：行政院新闻局，1989），第二册，pp. 272 – 273; Jay Taylor (陶涵), *The Generalissimo's Son* (Cambridge: Harvard University Press, 2000), p. 126.

52. Feis, *China Tangle*, pp. 317 – 321.

53. Romanus and Sunderland, *Time Runs Out*, pp. 317 – 321, 365 – 366. 这条输油管运送了 11600 吨的燃料。丘吉尔、陈纳德等人 1943 年预测，战争结束了，公路都还不会建好。结果是提前五个月完工。

54. Romanus and Sunderland, *Time Runs Out*, pp. 15, 341. 1944 年 11 月 30 日，美国有 27739名军事人员派在中国，接下来八个月人数更大幅增加。

55. 抢回密支那机场，的确使美国空运司令部得到更短、更安全的一条通路。

56. Chiang Diaries, Hoover, July 28, 1945 (每周反省), box 44, folders 8, 13.

57. 同上注。

58. 同上注。

59. Chiang Diaries, Hoover, July 31, 1945, box 44, folder 8; Feis, *China Tangle*, pp. 334 – 335; Romanus and Sunderland, *Time Runs Out*, p. 391.

60. Romanus and Sunderland, *Time Runs out*. p. 359.

61. Jack Samson, *The Flying Tiger: The True Story of General Clair Chennault and the U. S. 14th Air Force* (Guilford, Conn. : Lyons Press, 1987), p. 265.

62. Romanus and Sunderland. *Time Runs Out*, pp. 368, 381.

63. Sheng (盛慕真), *Battling Western Imperialism*, p. 106.

64. Chiang Diaries, Hoover, August 10, 1945, box 44, folder 9.

65. Romanus and Sunderland, *Time Runs Out*, pp. 394, 395; Feis, *China Tangle*, p. 337.

66. 秦孝仪,《大事长编》卷五, 1945 年 8 月 14 日, p. 2639。

67. Feis, *China Tangle*, pp. 342 – 344.

68. 同上注。

69. 同上注, pp. 348 – 350。

70. Tang Tson (邹谠), America's Failure, p. 305.

71. 陈立文,《从党务发展看东北接收》(台北: 东北文献出版社, 2000), p. 302 ; Steven I. Levine, *Anvil of Victory: The Communist Revolution in Manchuria, 1945 – 1948* (New York: Columbia University Press, 1987), p. 103; Sheng (盛慕真), *Battling Western Imperialism*, p. 105.

72. Levine, *Anvil of Victory*, p. 102; Sheng (盛慕真), *Battling Western Imperialism*, pp. 100 – 102; Tang Tsou (邹谠), *America's Failure*, p. 303.

73. Wang Chaoguang, "Wartime Rivalry," p. 35.

74. 《白崇禧先生访问纪录》, p. 242。

75. Rira Mona, "The Chinese Utilization of the Japanese Army after the Victory of the Sino-Japanese War," paper presented at Harvard University Conference on Wartime China, Maui, January 2004, p. 6; 同上注, p. 243. 中共声称, 从 8 月 11 日到 10 月 10 日, 共军俘虏或受降二十万伪满及日军部队, 并且杀或伤了一万人。被俘者绝大多数是伪满部队, 由当地村庄的民警民兵组成。见 Tang Tsou (邹谠), *America's Failure*, *p*. 311.

76. Levine, *Anvil of Victory*, p. 43. 到了 1946 年底, 阎锡山部队仍有"许多"日本人。

77. Sheng (盛慕真), *Battling Western Imperialism*, pp. 103 – 104; Romanus and Sunderland, *Time Runs Out*, p. 395; Tang Tsou (邹谠), *America's Failure*, p. 308.

78. Dimitri Volkogonov, *Stalin: Triumph and Tragedy* (London: Forum, 1991), p. 531.

79. Zhang Baijia (章百家), "Zhou Enlai and the Mashall Mission," in Larry I. Bland, ed. , *George C. Manhall's Mediation Mission to China; Dccember 1945 – January 1947* (Lexington, Va. : George C. Marshall Foundation, 1998), p. 203.

80. Levine, *Anvil of Victory*, p. 140; 何长工, 《何长工回忆录》(北京: 解放军出版社, 1987), pp. 403 – 430。何长工当时担任中共中央东北局的军械部长。多年来, 中共有一个说法：斯大林是在是 1947 年才见风转舵，决定和毛泽东站在同一边。因此中共表示，斯大林直到 1947 年秋天才大量移交日本武器给中共。见 *Sergei Goncharov*, *John Lewis*, *and Xue Litai*（薛理泰），*Uncertain Partners*: *Stalin*, *Mao*, *and the Korean War*（Stanford, Calif.: Stanford University Press, 1993），p. 14. 但是，仔细读完何的回忆录后，可知实情完全不是如此——虽然坦克和重炮的确拖到 1947 年秋天才交付，或许是为了减缓美方若知道苏联移交日本武器会有的激烈反弹。另参见 Levine, *Anvil of Victory*, p. 104.

81. James Harrison, *The Long March to Power*: *A History of the Chinese Communist Party*（New York: Praeger, 1972），pp. 366 – 367. U. S. intelligence reports provided a smaller estimete. See Lyman P. Van Slyke, *The Chinese Communist Movement*: *A Report of the U. S. War Repertment*, *July 1945*（stanford, Calif.: Stanford University Press, 1968），p. 168.

82. Sheng（盛慕真），*Battling Western Imperialism*, p. 106，引用丁晓春，《东北解放战争大事记》（北京：中共党史资料出版社，1987）。

83. Feis, *China Tangle*, pp. 380, 381.

84. 毛泽东，《中共中央关于同国民党进行和平谈判的通知》，《毛泽东选集》（北京：国际出版社，1949），第四册，p. 49。

85. Chiang Diaries, Hoover, August 28, 1945, box 44, folder 9.

86. Henry Luce, "Chungking Diaries," October 1945, cited by Laura Tyson Li, *Madame Chiang Kai-shek*（New York: Atlantic Monthly Press, 2006），p. 265; Han Suyin（韩素音），*Eldest Son*; *Zhou Enlai and the Making of Modern China*（New York: Hill and Wang, 1994），p. 261.

87. Chiang Diaries, Hoover, September 2, 1945, box 44, folder 10.

88. Chiang Diaries, Hoover, September 4, 1945, box 44, folder 10.

89. Chiang Diaries, Hoover, September 9, 1945, box 44, folder 10.

90. Chiang Diaries, Hoover, September 10 and 20, 1945, box 44, folder 10.

91. Chiang Diaries, Hoover, September 7, 1945, box 44, folder 10.

92. Sheng（盛慕真），*Battling Western Imperialism*, p. 108，引用杨奎松，《抗战胜利后中共夺取东北的战略与苏联》，《中共党史研究》，1991 年增刊，pp. 60 – 71。苏联应该有保证，如果蒋介石政府在东北发动攻势，苏联红军会直接支持中共。

93. Sheng（盛慕真），*Battling Western Imperialism*, pp. 106 – 108.

94. Chiang Diaries, Hoover, September 13, 1945, box 44, folder 11; Feis, *China Tangle*, p. 382.

95. 秦孝仪，《大事长编》卷五，1945 年 9 月 18 日，p. 2675。

96. Chiang Diaries, Hoover, October 9, 1945, box 44, folder 11.

97. Chiang Diaries, Hoover, October 11, 1945, box 44, folder 11.

98. Chiang Diaries, Hoover, November 4, 1945, box 44, folder 12.

99. 同上注；杜聿明，《辽沈战役亲历记》（北京：文史资料出版社，1985），pp. 520 – 525。

100. Chiang Diaries，Hoover，November 9，1945，box 44，folder 12.

101. Chiang Diaries，Hoover，November 6，1945，box 44，folder 12.

102. Chiang Diaries，Hoover，November 12，1945，box 44，foldcr 12.

103. 秦孝仪，《大事长编》卷五，p. 2717。

104. Chang Kia-ngau（张嘉璈），*Last Chance in Manchuria：The Diary of Chang Kia-ngau*. ed. Donald G. Gillin and Ramon H. Myers（马若孟）（Stanford，Califi.：Hoover Institution Press，1989），p. 118.

105. 秦孝仪，《大事长编》卷五，1945 年 11 月 12 日，p. 2722。

106. Wedemeyer，*Reports*，pp. 359 – 361.

107. 同上注，pp. 346，451。

108. Chiang Diaries，Hoover，November 15，1945，box 44，folder 12.

109. Chiang Diaries，Hoover，November 17，1945，box 44，folder 12. 蒋介石在 1951 年 8 月 7 日的日记中回忆这场 1945 年 11 月的谈话，见秦孝仪，《大事长编》卷五，p. 4680。他在 1945 年 11 月 16 日的日记中，只提到当天和军官们有两次会议，见 Chiang Diaries，Hoover，November 15，1945，box 44，folder 12.

110. Chiang Diaries，Hoover，November 17，1945，box 44，folder 12.

111. Chang Kia-ngau（张嘉璈），*Last Chance in Manchuria*，p. 33.

112. 同上注，p. 158；Goncharov，Lewis，and Xue Litai（薛理泰），*Uncertain Partner*，p. 11.

113. 秦孝仪，《大事长编》，1945 年 12 月 5 日，p. 2737。

114. 张龄告（Zhang Lingau，音译），《蒋经国在东北》，浙江省奉化市政协文史资料研究委员会编，《蒋氏父子》（天津：天津古籍出版社，1994），pp. 211 – 240。

115. Chiang Kai-shek（蒋介石），*Soviet Russia in China*（New York：Farrar，Strauss and Cudahay，1957），p. 232. 另参见秦孝仪，《大事长编》卷十，1951 年 8 月 7 日，p. 4753。

116. Larry I. Bland，ed.，*The Papers of George Catlett Marshall*（Baltimore：John Hopkins University Press，2003），vol. 5，p. 372.

117. Sheng（盛慕真），*Battling Western Imperialism*，p. 120. Zhang Baijia（章百家），"Zhou Enlai and the Marshall Mission，" pp. 208 – 209.

118. Chiang Diaries，Hoover，December 12，1945，box 44，folder 13.

119. Dorothy Borg and Waldo Heinrichs，*Uncertain Years：Chinese-American Relations，1947 – 1950*（New York：Columbia University Press，1980）.

120. 同上注，p. 14；Levine，*Anvil of Victory*，p. 53.

121. *FRUS*（*1945 – 1953*），vol. 7：*The Far East：China*，pp. 767 – 769.

122. *White Paper*，pp. 606，608；Feis，*China Tangle*. p. 420. 范宣德此时是远东事务局局 长（Feis，*China Tangle*. p. 351）。大约同一时间，艾奇逊出任副国务卿，因而在国务卿贝尔纳斯经常出外时代理国务卿职务。

123. Chiang Diaries, Hoover, December 18, 1945, box 44, folder 13.

124. 同上注。

125. 秦孝仪,《大事长编》卷五, 1945 年 12 月 19 日, p. 2740; Huang (黄仁宇), *Chiang Kai-shek*, p. 159.

126. 同上注。

127. 根据作者与近百名国民党人士的对话,这些人都经历抗战期间的流亡生活。

128. Chiang Diaries, Hoover, October 26, 1945, box 44, folder 11.

129. John Robinson Beal, *Marshall in China* (Toronto: Doubleday Canada, 1970), p. 114.

130. Arthur N. Young, *China's Wartime Finance and Inflation* (Cambridge: Harvard University Press, 1965), pp. 174, 182.

131. Tang Tsou (邹谠), *America's Failure*, p. 313.

132. 同上注。

133. William C. Kirby (柯伟林), "The Chinese War Economy" in James C. Hsiung (熊阶) and Steven I. Levine, *China's Bitter Victory* (Armonk, N. Y: M. E. Sharpe, 1992), p. 204.

134. Wedemeyer, *Reports*, p. 363.

135. Chen Lifu (陈立夫), *The Storm Clouds Clear over China* (Stanford, Calif.: Hoover Institution Press, 1994), pp. 184, 185.

136. 我个人曾经在酒会中和蒋轻轻握过手。驻重庆美国大使馆官员麦尔比 (John F. Melby) 也说过他很"震惊"这位著名的将领握手很轻。他还说,马歇尔的眼神"不和对方接触",和委员长坚定的注视大不相同。见 John E Melby, *The Mandate of Heaven* (Toronto: University of Toronto Press, 1968), p. 55.

137. Beal, *Marshall in China*, p. 125.

138. Wedemeyer, *Reports*, p. 382.

139. *FRUS (1945 – 1953)*, vol. 7: *The Far East: China*, pp. 795 – 797. 马歇尔也说,如果共产党不肯妥协, "将失去美国人的同情。"见 Bland, *Papers of George Catlett Marshall*, p. 400.

140. *FRUS (1945 – 1953)*, vol. 7: *The Far East: China*, pp. 797, 804; Bland, *Papers of George Catlett Marshall*, p. 400.

141. Forrest C. Pogue, *George Marsball; Ordeal and Hope* (New York: Viking, 1966), p. 367.

142. *New York Times*, April 26, 1970.

143. Beal, *Marshall in China*, pp. 400, 607.

144. Bland, *Papers of George Catlett Marshall*, p. 404; *FRUS (1945 – 1953)*, vol. 7: *The Far East: China*, pp. 848 – 849.

145. Feis, *China Tangle*. pp. 427 – 428.

第八章　妄想胜利

1. Chiang Diaries，Hoover，December 30，1945，box 44，folder 13.

2. 同上注。

3. *White Paper*，p. 137；Larry I. Bland，ed.，*George C. Marshall Interviews and Reminiscences for Forrest C. Pogue*，3d ed.（Lexington，Va.：George C. Marshall Foundation，1996），p. 409.

4. Chiang Diaries，Hoover，August 7，1951，box 49，folder 3.

5. Michael M. Sheng（盛慕真），*Battling Western Imperialism：Mao，Stalin and the United States*（Princeton，N. J.：Princeton University Press，1997），p. 110.

6. 秦孝仪，《大事长编》卷六，pp. 2760，2766。

7. *FRUS*（*1949*），vol. 8：*The Far East*，*China*，pp. 137－140；秦孝仪，《大事长编》卷六，p. 2768。

8. 秦孝仪，《大事长编》卷六，1946 年 1 月 15、19 日，pp. 2759，2773。

9. 苏联在中国东北经济合作的备忘录，秦孝仪，《大事长编》卷六，1946 年 1 月 21 日，pp. 2773，2782。

10. Chang Kia-ngau（张嘉璈），*Last Chance in Manchuria*（Stanford. Calif.：Hoover Institution Press，1989），p. 208.

11. 1946 年 1 月 5 日，杜鲁门对国务卿贝尔纳斯说的话，请参见 Harry S. Truman. *Memoirs by Harry S. Truman*，*1945*：*Year of Decisions*（New York：Konecky & Konecky Military Books，1999）p. 552.

12. Chiang Diaries，Hoover，January 18，1946，box 45，folder 2.

13. Larry I. Bland，ed.，*The Papers of George Catlett Marshall*（Baltimore：John Hopkins University Press，2003），vol. 5，p. 420 n. 2. 周恩来显然是用一次性的密码而非密码机，因此他和延安之间的信息往返没有被美国人破解。

14. 同上注，p. 444。

15. Chiang Diaries，Hoover，January 22 and 23，1946，box 45，folder 2.

16. *White Paper*，pp. 139－140.

17. Chiang Diaries，Hoover，January 31 and February 2，1946，box 45，folder 2.

18. Zhang Baijia（章百家），"Zhou Enlai and the Marshall Mission，" in Larry I. Bland ed.，*George C Marshall's Mediation Mission to China*，*December 1945－January 1947*（Lexington，Va.：George C. Marshall Foundation，1998），p. 203.

19. Bland，*Marshall's Mediation Mission*，pp. 215－218.

20. Tang Tsou（邹谠），*America's Failure in China*，1941－1950（Chicago：University of Chicago Press，1963），p. 411.

21. 同上注，p. 411；*White Paper*. pp. 140－143.

22. Bland，*Papers of George Catlett Marshall*，pp. 434，435.

23. Chiang Diaries，Hoover，January 22 and February 2，1946，box 45，folders 2，3.

24. 根据蒋介石的日记，马歇尔告诉蒋，他对这趟旅行很满意，但是毛泽东很“狡猾”。Chiang Diaries，Hoover，March 8，1946，box 45，folder 4. 但在马歇尔的正式报告中，他说和毛泽东的谈话“直率无隐”，且毛主席“应允全面配合”。

25. Bland，*Papers of George Catlett Marshall*，p. 490.

26. Steven I. Levine，*Anvil of Victory*（New York：Columbia University Press，1987），p. 73.

27. 秦孝仪，《大事长编》卷六，1946 年 3 月 7 日，p. 2819。

28. Bland，*Papers of George Catlett Marshall*，pp. 497，501.

29. Sheng（盛慕真），*Battling Western Imperialism*. p. 132.

30. Levine，*Anvil of Victory*，p. 80.

31. Sheng（盛慕真），*Battling Western Imperialism*，p. 132；秦孝仪，《大事长编》卷五，1946 年 3 月 19 日，p. 2828。

32. *New York Times*，March 17，1946，p. 26.

33. Chiang Diaries，Hoover，March 13，1946，box 45，folder 4.

34. Chang Kia-ngau（张嘉璈），*Last Chance*，p. 300.

35. Dorothy Borg and Waldo Heinrichs，*Uncertain Years：Chinese American Relations，1947 – 1950*（New York：Columbia University Press，1980），p. 10.

36. Chiang Diaries，Hoover，March 31 and April 1，1946，box 45，folder 4，5.

37. Sheng（盛慕真），*Battling Western Imperialism*，p. 135.

38. *New York Times*，April 30，1946.

39. Bland，*Papers of George Catlett Marshall*，pp. 525，530.

40. *White Paper*，p. 149.

41. Bland，*Papers of George Catlett Marshall*，p. 528.

42. 同上注。

43. *White Paper*，p. 151.

44. 秦孝仪，《大事长编》卷六，1946 年 4 月 2 日、3 日，p. 2848。

45. Bland，*Papers of George Catlett Marshall*，p. 529；White Paper，p. 151.

46. Zhang Baijia（章百家），“Zhou Enlai and the Marshall Mission，” p. 221.

47. Bland，*Papers of George Catlett Marshall*，p. 534；*White Paper*，151.

48. Chiang Diaries，Hoover，April 19，1946，box 45，folder 5.

49. Chiang Diaries，Hoover，April 26，l946，box 45，folder 5.

50. Bland，*Papers of George Catlett Marshall*，p. 535；Chiang Diaries，Hoover. April 28，1945，box 45，folder 5.

51. Bland，*Papers of George Catlett Marshall*，p. 5.

52. John Robinson Beal，*Marshall in China*（Toronto：Doubleday Canada，1970），pp. 27 – 28.

53. Zhang Baijia（章百家），“Zhou Enlai and the Marshall Mission，” p. 222.

54. Beal, *Marshall in China*, p. 34.

55. Bland, *Papers of George Catlett Marshall*, p. 556.

56. 同上注, pp. 543, 566。

57. Chiang Diaries, Hoover, May 11, 1946, box 45, folder 6; Bland, *Papers of George Catlett Marshall*, pp. 552, 548 – 552.

58. Bland, *Papers of George Catlett Marshall*, p. 562.

59. Sheng（盛慕真）, *Battling Western Imperialism*, p. 140.

60. 郭廷以编,《白崇禧先生访问纪录》, 上下二册（台北：中央研究院近代史研究所口述历史丛书 4, 1984）, pp. 815 – 816。

61. Bland, *Papers of George Catlett Marshall*, pp. 586, 564 – 565.

62. 蒋介石日记中记载占领发生在 5 月 19 日。Chiang Diaries, Hoover, May 23, 1946, box 45, folder 6.

63.《白崇禧先生访问纪录》, p. 166。

64. Beal, *Marsball in China*, p. 66.

65. Bland, *Papers of George Catlett Marsball*, p. 567.

66. *White Paper*, pp. 156 – 157.

67. Bland, *Papers of George Catlett Marshall*, p. 578.

68. 同上注, pp. 570, 574, 579, 586。

69. Beal, *Marshall in China*, p. 222.

70. Bland, *Marshall Interviews and Reminiscences*, p. 607.

71. John Leighton Stuart, *The Forgotten Ambassador*: *The Reports of John Leighton Stuart*, *ed.* Kenneth W. Rea and John C. Brewer（Boulder, Colo.: Westview, 1981）, p. 99.

72. Chiang Diaries, Hoover, May 25, 1946, box 45, folder 6.

73. Chiang Diaries, Hoover, June 6, 1946, box 45, folder 7; Bland, *Paper of George Catlett Marshall*, p. 578.

74. 秦孝仪,《大事长编》卷六, 1946 年 6 月 3 日、6 日, pp. 2922, 2924。

75. Chiang Kai-shek（蒋介石）, *Soviet Russia in China*（New York: Farrar, Strauss and Cudahy, 1957）, p. 168.

76. Chiang Diaries, Hoover, June 14, 1946, box 45, folder 7.

77. *White Paper*, p. 159.

78. Bland, *Papers of George Catlett Marshall*, p. 589.

79. 同上注, p. 590。

80. Chiang Diaries, Hoover, June 26, 1946, box 45, folder 7.

81. Bland, *Papers of George Catlett Marshall*, p. 614.

82. Beal, *Marsbah in China*, p. 109.

83. Chiang Diaries, Hoover, June 30, 1946, box 45, folder 7.

84. Ramon H. Myers（马若孟）、"Frustration, Fortitude, and Friendship: Chiang Kai-shek's Reactions to Marshall's Mission," in Larry I. Bland, ed., *George C. Marshall's Mediation Mission to China, December 1945 – January 1947* (Lexington. Va.: George C. Marshall Foundation, 1998), p. 160.

85. Chiang Diaries, Hoover, June 30, 1946, box 45, folder 7.

86. Bland, *Papers of George Catlett Marshall*, p. 618.

87. Chiang Diaries, Hoover, July 14, 1946, box 45, folder 8.

88. *FRUS (1946)*, vol. 9: *The Far East: China*, pp. 1295 – 1297.

89. Bland, *Papers of George Catlett Marshall*, p. 635.

90. 同上注，pp. 634, 637。

91. Myers（马若孟），"Frustration," p. 159.

92. E. R. Hooton, *The Greatest Tumult: The Chinese Civil War, 1936 – 1949* (London: Brassey's, 1991), pp. 69 – 70; Bland, Papers of George Catlett Marshall, p. 626.

93. Sheng（盛慕真），*Battling Western Imperialism*, pp. 155 – 156.

94. Bland, *Papers of George Catlett Marshall*, p. 696.

95. Beal, *Marshall in China*, pp. 122 – 123; *New York Times*, July 20, 1946, p. 26.

96. Beal, *Marshall in China*, p. 145.

97. Bland, *Papers of George Catlett Marshall*, pp. 632, 668 – 669. 关于牯岭的描述见于马歇尔夫人给友人的一封信。

98. Bland, *Papers of George Catlett Marshall*, p. 635; Beal, *Marshall in China*. pp. 122 – 123.

99. Albert C. Wedemeyer, *Wedemeyer Reports* (New York: Holt, 1958), pp. 366 – 370; Bland, *Papers of George Catlett Marshall*, p. 627.

100. Bland, *Papers of George Catlett Marshall*, p. 634.

101. *FEER* 1, no. 4 (November 6, 1946).

102. Bland, *Papers of George Catlett Marshall*, p. 652.

103. 秦孝仪，《大事长编》卷五，1946 年 8 月 16 日，p. 2996。

104. Bland, *Marshall Mission*, p. 229.

105. 同上注。

106. Bland, *Papers of George Catlett Marshall*, p. 664.

107. Myers（马若孟），"Frustration," pp. 162 – 163.

108. Bland, *Papers of George Catlett Marshall*, p. 687.

109. Beal, *Marshall in China*, pp. 176 – 177.

110. 同上注。

111. Chiang Diaries, Hoover, September 18, 1946, box 45, folder 10.

112. Bland, *Papers of George Catlett Marshall*, p. 701.

113. 同上注，p. 701。

114. 同上注，p. 703。

115. Myers（马若孟），“Frustration.” p. 165.

116. Bland，*Papers of George Cadett Marshall*，p. 710.

117. Chiang Diaries，Hoover，October 6，1946，box 45，folder 11；Beal，*Marshall in China*，pp. 225 – 226；Bland，*Papers of George Catlett Marshall*，p. 710.

118. Bland，*Paper of George Catlett Marshall*，p. 714.

119. *White Paper*，p. 196.

120. 孙其明，《和谈内战交响曲：毛泽东和蒋介石在抗战胜利初期》（上海：上海人民出版社，1992），pp. 355 – 364。

121. Bland，*Papers of George Catlett Marshall*，pp. 718 – 719.

122. 同上注，pp. 720 – 721；Beal，*Marshall in China*，pp. 246 – 247；*White Paper*，pp. 198 – 199.

123. Bland，*Papers of George Catlett Marshall*，p. 726.

124. 同上注，pp. 724 – 725。马歇尔描述追悼会场景。

125. Chiang Diaries，Hoover，October 24，1946，box 45，folder 11；Bland，*Papers of George Catlett Marshall*，p. 727.

126. 政府年度报告，秦孝仪，《大事长编》卷五，p. 3117。

127. 秦孝仪，《大事长编》卷六，1946 年 10 月 26 日，pp. 3038 – 3042。

128. Bland，*Papers of George Catlett Marshall*，p. 742；*White Paper*，206 – 207.

129. Beal，*Marshall in China*，pp. 279，280.

130. Bland，*Papers of George Catlett Marshall*，pp. 750，765.

131. 同上注，pp. 750 – 752.

132. Beal，*Marshall in China*，p. 313.

133. Bland，*Papers of George Catlett Marshall*，pp. 751 – 752；*FRUS*（*1946*）vol. 10：*The Far East*：*China*，p. 581；Levine，*Anvil of Victory*，p. 131.

134. Beal，*Marshall in China*，pp. 315.

135. Chiang Diaries，December 5，1946，box 45，folder 13.

136. Bland，*Papers of George Catlett Marshall*，p. 761；*White Paper*，pp. 605 – 609.

137. Suzanne Pepper（胡素珊），*Civil War in China*（1978；Berkeley University of California Press，1980），pp. 54 – 57.

138. Beal，*Marshall in China*，pp. 333 – 334.

139. *White Paper*，p. 218

140. 秦孝仪，《大事长编》卷六，1947 年 1 月 9 日，pp. 3114 – 3115。

141. Bland，*Marshall Interviews and Reminiscences*，p. 575.

142. Chiang Diaries，Hoover，January 10，1947，box 46，folder 4.

143. 秦孝仪，《大事长编》，1947 年 1 月 12 日、2 月 2 日，pp. 3115 – 3116，3133。

144. Chiang Diaries, Hoover, January 4 and 5, 1947, box 46, folder 4: Odd Arne Westad（文安立）, *Decisive Encounters*（Stanford, Calif.: Stanford University Press, 2003）, p. 64; Edward L. Dreyer, *China at War*（Longman, N. Y.: 1995）, p. 330.

145. Westad（文安立）, *Decisive Encounters*, p. 65.

146. 秦孝仪,《大事长编》卷六, 1947 年 2 月 16 日, pp. 3139, 3143。

147. Chiang Diaries, Hoover, February 28, 1947, box 46, folder 5.

148. 秦孝仪,《大事长编》卷六, 1947 年 2 月 16 日, pp. 3139 – 3141。

149. Beal, *Marshall in China*, pp. 360 – 361, Stuart, *Forgotten Ambassador*, p. 65.

150. Stuart, *Forgotten Ambassador*, p. 72.

151. 秦孝仪,《大事长编》卷六, 1947 年 2 月 24 日, p. 3145。

152. Chiang Diaries, Hoover, February 27, 1947, box 46, folder 5.

153. Beal, *Marshall in China*, pp. 247.

154. Levine, *Anvil of Victory*, p. 132.

155. *White Paper*, p. 238.

156. Westad（文安立）, *Decisive Encounters*, p. 78.

157. 同上注, p. 76。

158. Levine, *Anvil of Victory*, p. 184.

159. Westad（文安立）, *Decisive Encounters*, p. 182.

160. Chen Lifu（陈立夫）, *The Storm Clouds Clear over China*（Stanford, Calif.: Hoover Institution Press, 1994）, p. 197; *Time*（《时代周刊》）, May 25, 1947.

161. 以下两段有关"二二八"事件的叙述, 摘自下列书中的平衡报道, Lai Tse-han（赖泽涵）, Ramon H. Myers（马若孟）, and Wei Wou（魏萼）, *A Tragic Beginning: The Taiwan Uprising of February 28, 1947*（Stanford, Calif.: Stanford University Press, 1991）; *White Paper*, p. 309.

162. 秦孝仪,《大事长编》卷六, 1947 年 2 月 28 日, p. 3148。

163. "二二八"事件起因和解决的文件, 秦孝仪《大事长编》卷六, 1947 年 3 月 10 日, p. 3153。

164. *FRUS*（*1947*）, vol. 7: *The Far East*, p. 442.

165. 秦孝仪,《大事长编》卷六, 1947 年 3 月 5 日 – 17 日, pp. 3150 – 3158。

166. Beal, *Marshall in China*, pp. 247.

167. *White Paper*, p. 243.

168. Stuart, *Forgotten Ambassador*, pp. 90 – 92; 蒋介石在会议上公告, 秦孝仪,《大事长编》卷六, 1947 年 5 月 18 日, p. 3188。

169. Chiang Diaries, Hoover, April 2, 1947, box 46, folder 7.

170. U. S. Central Intelligence Agency, "Chinese Capabilities for Control of All of China," ORE 77 – 48, December 10, 1948, p. 2, in *Tracking the Dragon*, *National Intelligence Estimates on China*

during the Era of Mao, *1948 – 1976*, (Pittsburgh: U. S. Government Printing Office, 2004); Levine, *Anvil of Victory*, p. 149; E. R. Hooton, *The Greatest Tumult*: *The Chinese Civil War*, *1936 – 1949* (London: Brassey's, 1991), pp. 91, 94.

171. Dreyer, *China at War*, pp. 330 – 331 ; Levine, *Anvil of Victory*, p. 154.

172. Pepper (胡素珊), *Civil War in China*, pp. 242 – 243.

173. 秦孝仪《大事长编》卷六，1947 年 4 月 30 日，p. 3197。

174. 蒋纪念张灵甫的演说，秦孝仪，《大事长编》卷六，1947 年 5 月 24 日，p. 3218。

175. Chiang Diaries, Hoover, May 24, 1947, box 46, folder 8.

176. Pepper (胡素珊), *Civil War in China*, pp. 58 – 65, 89 – 93; Stuart, *Forgotten Ambassador*, pp. 136, 104, 106.

177. Pepper (胡素珊), *Civil War in China*, pp. 64 – 65. 胡素珊只提重庆的数字。

178. 同上注，pp. 67 – 68。

179. 1947 年 2 月，蒋说是三亿元。秦孝仪，《大事长编》卷六，1947 年 2 月 21 日，p. 3393。

180. Stuart, *Forgotten Ambassador*, p. 175

181. Hooten, *Tumult*, pp. 89 – 90; Dreyer, *China at War*, pp. 330 – 331.

182. 蒋给熊式辉的电报。秦孝仪，《大事长编》卷六，pp. 3231, 3263, 3281。

183. Hooten, *Tumult*, pp. 89 – 90; Dreyer, *China at War*, pp. 330 – 331; Wedemeyer, *Reports*, p. 382.

184. Yu-ming Shaw (邵玉铭), *An American Missionary in China*: *John Leighton Stuart and Chinese-American Relations* (Cambridge: Harvard University Press, 1992), p. 206.

185. *White Paper*, p. 386.

186. Stuart, *Forgotten Ambassador*, p. 133; *White Paper*, p. 386.

187. Wedemeyer, *Reports*, p. 388.

188. *White Paper*, p. 257; Wedemeyer, *Reports*, p. 389.

189. Chiang Diaries, Hoover, August 19, 1947, box 46, folder 11.

190. Wedemeyer, *Reports*, pp. 397 – 398; *White Paper*, p. 260.

第九章　大失败

1. Te-kong Tong (唐德刚) and Li Tsung-jen (Li Congren, 李宗仁), *The Memoirs of Li Tsung-jen* (Boulder, Colo. : Westview, 1979), p. 453.

2. 杜聿明，《辽沈战役概述》，《辽沈战役亲历记：原国民党将领的回忆》（北京：文史资料出版社，1985），pp. 1 – 3; E. R. Hooten, *The Greatest Tumult*: *The Chinese Civil War*, *1936 – 1949* (London: Brassey's, 1991), p. 92; Edward L. Dreyer, *China at War* (New York: Longman, 1995), p. 331.

3. John Leighton Stuart, *The Forgotten Ambassador*: *The Reports of John Leighton Stuart*, ed.

Kenneth W. Rea and John C. Brewer (Boulder, Colo.: Westview 1981), p. 144.

4. 蒋给熊式辉的电报，秦孝仪，《大事长编》卷六，1947 年 8 月 5 日，p. 3281。

5. *White Paper*, pp. 261 – 262.

6. 同上注，pp. 324, 348, 371 – 377。

7. Dreyer, *China at War*, p. 93；秦孝仪，《大事长编》卷六，1947 年 10 月 2 日，p. 3316。

8. Suzanne Pepper（胡素珊），"The KMT-CCP Conflict, 1945 – 1949: The Nationalist Era in China," in Lloyd Eastman（易劳逸），ed. *The Nationallis Era in China* (Cambridge, Eng.: Cambridge University Press, 1991), pp. 340 – 341; Hooten, *Greatest Tumult*, p. 94.

9. Chiang Diaries, Hoover, November 10, 1947, box 46, folder 14.

10. Stuart, *Forgotten Ambassador*, p. 157.

11. 同上注，p. 154。

12. 1947 年 12 月 19 日，美国大使馆南京电报，*FRUS (1947)*, vol. 7: *The Far East, China*, p. 411.

13. 同上注。

14. 毛泽东，《毛泽东选集》（北京：外文出版社，1961），p. 172。

15. Hooten, *Greatest Tumult*, pp. 94 – 95.

16. 杜聿明，《辽沈战役概述》，pp. 5 – 6。

17. 同上注，pp. 5 – 9；Chiang Diaries, Hoover, January 11 and 12, 1948, box 41, folder 17.

18. Dreyer, *China at War*, p. 330；Hooten, *Greatest Tumult*, p. 96.

19. Chiang Diaries, Hoover, February 3, 1948, box 46, folder 18.

20. 卫立煌的报告，秦孝仪，《大事长编》卷七，1948 年 2 月 5 日，pp. 3381, 3382。

21. 杜聿明，《辽沈战役概述》，p. 9. 据杜聿明说，蒋下令除了二月派去的后卫各师之外，全面撤退；之后又重复这个命令。

22. 同上注，p. 8；秦孝仪，《大事长编》卷七，1948 年 2 月 24 日，p. 3395。

23. 秦孝仪，《大事长编》卷七，1948 年 2 月 28 日，pp. 3397 – 3398；杜聿明，《辽沈战役概述》，p. 9。

24. 杜聿明，《辽沈战役概述》，p. 9。

25. *White Paper*, p. 329. 虽然他在一个星期前告诉卫立煌，"调东北最精锐到锦州"，蒋 3 月 1 日写下该是时候"对东北做最后决定了"。秦孝仪，《大事长编》卷七，1948 年 3 月 1 日，p. 3399。想必蒋指的是全面退出东北，包括从锦州撤退到长城以南。

26. Stuart, *Forgotten Ambassador*, pp. 166 – 167.

27. *FEER* 4, no. 5 (February 4, 1948): 105; *FEER* 4, no. 6 (February 12, 1948): 121.

28. Stuart, *Forgotten Ambassador*, p. 189.

29. Odd Arne Westad（文安立），*Decisive Encounters* (Stanford, Calif.: Stanford University Press, 2003), p. 186; *FEER* 4, no. 13 (March 31, 1948): 304. 可是，稍早的时候，美国提供

二十架 C－46 运输机、一百万发机关枪子弹，以及价值四千五百万美元的谷物，作为应急措施。

30. Stuart，*Forgotten Ambassador*，p. 200.

31. 杜聿明，《辽沈战役概述》，p. 9. 虽然巴大维将军（General Barr）晓得蒋下令卫立煌将主力部队退至锦州，他报告说，蒋一度告诉他“基于政治考量，排除弃守满洲旧都长春”。蒋的日记和卫立煌、杜聿明等人的回忆录，都证实蒋此时已确切决定全面撤退。（见 *White Paper*，pp. 325－326）。

32. Chiang Diaries，Hoover，March 25，1948，box 46，folder 19.

33. Chen Lifu（陈立夫），*The Storm Clouds Clear over China*（Stanford，Calif.：Hoover Institution Press，1994），pp. 198－200；Stuart，*Forgotten Ambassador*，pp. 164－165.

34. 蒋介石在国民大会的演讲，秦孝仪，《大事长编》卷七，1948 年 3 月 29 日，pp. 3416－3420。

35. *Time*（《时代周刊》），January 6，1948.

36. Te-kong Tong（唐德刚）and Li Tsung-jen（李宗仁），*Memoirs*，p. 465.

37. Stuart，*Forgotten Ambassador*，pp. 193－194.

38. *White Paper*，pp. 327－329.

39. 杜聿明，《辽沈战役概述》，pp. 12－13。

40. 秦孝仪，《大事长编》卷十，1951 年 8 月 7 日，pp. 4784－4785。

41. Sergei N. Goncharov，John W. Lewis，and Xue Litai（薛理泰），*Uncertain Partners：Stalin，Mao，and the Korean War*（Stanford，Calif.：Stanford University Press，1993），p. 25.

42. Hooten，*Greatest Tumult*，p. 99.

43. 杜聿明，《辽沈战役概述》，p. 15。

44. 同上注。

45. 同上注，p. 16.

46. 同上注，p. 14.

47. “General Barr's Report，” in *White Paper*，p. 333.

48. 秦孝仪，《大事长编》卷七，1948 年 10 月 5 日，p. 3496。

49. Jonathan Spence（史景迁），*The Search for Modern China*（New York：W. W. Norton，1990），pp. 501－502.

50. 蒋经国演讲词，见上海市档案馆，file Q6－7－90，n. d.

51. 1995 年 10 月 2 日，蒋经国的同事陈至京（Chen Zhijing，音译），在上海受访。

52. 杜聿明，《辽沈战役概述》，p. 17。

53. American Consulate General Hong Kong，dispatch no. 45，September 25，1948，National Archives，RG 59，General Records of the Department of State，decimal file 1945－1949，box 7275.

54. “General Barr's Report.” p. 335.

55. 谷振寰（一三〇师参谋长），《五十三路军在东北》，《辽沈战役亲历记：原国民党将领的回忆》(北京：文史资料出版社，1985)，pp. 600 – 602。

56. Chiang Diaries, Hoover, October 10, 1948, box 47, folder 5.

57. Chiang Diaries, Hoover, October 10 – 16, 1948, box 47, folder 5; Hooten, *Greatest Tumult*, p. 100; 杜聿明,《辽沈战役概述》, pp. 17 – 20。

58. 廖耀湘,《什么发生在辽沈战役》,《辽沈战役亲历记：原国民党将领的回忆》(北京：文史资料出版社，1985)，p. 174。

59. 杜聿明,《辽沈战役概述》, p. 19。

60. 同上注，p. 24。杜聿明回忆 1945 年的事件时，肯定蒋原先的计划如同他所说。

61. 廖耀湘,《辽西战役纪实》, p. 174; Hooten, *Greatest Tumult*, pp. 101 – 102.

62. Chiang Diaries, Hoover, October 30, 1948, box 47, folder 5.

63. Levine, *Anvil of Victory*, p. 136.

64. Boorman, Biographical Dictionary, vol. 3, p. 406.

65. 秦孝仪,《大事长编》卷七，1948 年 11 月 10 日，p. 3526。

66. 秦孝仪,《大事长编》卷十，1951 年 8 月 7 日，pp. 4814 – 4816。

67. *Time* (《时代周刊》), January 6, 1948.

68. *White Paper*, *p*. 321.

69. 我曾在拙作讨论此一假设，见 *The Generalissimo's Son* (Cambridee: Harvard University Press, 2000)

70. *White Paper*, p. 333.

71. 蒋对谈话的记录，秦孝仪,《大事长编》卷七，1948 年 10 月 29 日，p. 3514。

72. Dreyer, *China at War*, p. 338; Hooten, *Greatest Tumult*, pp. 146 – 148.

73. Chiang Diaries, Hoover, November 20, 23, and 27, 1948, box 47, folder 7.

74. 1995 年 6 月 10 日，蒋纬国在台北受访。

75. Stuart, *Forgotten Ambassador*, p. 284.

76. 陈布雷的信，秦孝仪,《大事长编》卷七，1948 年 11 月 13 日，p. 3528。

77. 1948 年 11 月 9 日，蒋给杜鲁门的信函，秦孝仪,《大事长编》卷七，p. 3524; Dorothy Borg and Waldo Heinrichs, *Uncertain Years: Chinese American Relation. 1947 – 1950* (New York: Columbia University Press, 1980), p. 65.

78. 引用于秦孝仪，《大事长编》卷六，p. 3541; Stuart, *Forgotten Ambassador*, pp. 280, 291 – 292; Laura Tyson Li, *Madame Chiang Kai-shek* (New York: Atlantic Monthly Press, 2006), p. 297.

79. Stuart, *Forgotten Ambassador*, p. 284.

80. *Time* (《时代周刊》), January 6, 1948.

81. 秦孝仪,《大事长编》卷六，p. 3543.

82. *White Paper*, p. 323; 秦孝仪,《大事长编》卷六，1948 年 12 月 13 日，p. 3551.

83. Borg and Heinrichs, *Uncertain* Years, p. 76.

84. Chiang Diaries, Hoover, December 12 and 31, 1948, box 47, folder 7.

85. Hooten, *Greatest Tumult*, pp. 112, 113, 120.

86. Chiang Diaries, Hoover, December 6, 1948, box 47, folder 7.

87. Hooten, *Greatest Tumult*, p. 148; Chiang Diaries, Hoover, December 26, 1948, box 47, folder 7.

88. Chiang Diaries, Hoover, December 31, 1949, box 47, folder 7.

89. *New York Time*, January 1, 1949.

90. Chiang Diaries, Hoover, December 31, 1948, box 47, folder 7.

91. Stuart, *Forgotten Ambassador*, p. 294.

92. Chiang Diaries, January 1, 8, and 11, 1949, box 47, folder 7.

93. "当战犯吊死", 见秦孝仪,《大事长编》卷六, 1949 年 1 月 11 日, p. 3581; 海、空军总部迁移, 见 Central Intelligence Agency (CIA), "Probable Developments in China, ORE45 - 49, June 16, 1949," in *Tracking the Dragon: National Intelligence Estimates on China during the Era of Mao, 1948 - 1976* (Pittsburgh: U. S. Government Printing Office, 2004), p. 15; 秦孝仪,《大事长编》卷七, 1949 年 1 月 4 日, p. 3571。

94. Stuart, *Forgotten Ambassador*, pp. 297 - 298.

95. Michael M. Sheng (盛慕真), *Battling Western Imperialism: Mao, Stalin, and the United States* (Princeton, N. J.: Princeton University Press, 1997), p. 164.

96. 一位和张学良亲近的华裔美籍友人告诉我这件事。

97. 1996 年 5 月 22 日, 夏功权(蒋介石的飞机驾驶和侍从武官)在台北受访; 1996 年 5 月 22 日, 蒋经国的媳妇(Nancy Chiang)在台北受访。

98. 1996 年 5 月 22 日, 夏功权在台北受访。

99. 同上注。参见故宫博物院网站 http://www.npm.gov.tw/。

100. Chiang Diaries, Hoover, January 8, 1949, box 47, folder 9.

101. Chiang Diaries, Hoover, January 10, 1949, box 47, folder 9.

102. Chiang Diaries, Hoover, January 22, 1949, box 47, folder 9.

103. Brian Crozier (柯如齐), *The Man Who Lost China* (New York: Charles Scribner's Sons, 1976), p. 330.

104. 1996 年 5 月 22 日, 夏功权在台北受访。

105. 同上注。

106. 2002 年 11 月 20 日, 王冀(Wang Chi, 音译)在华盛顿受访。Boorman, *Biographical Dictionary*, vol. 2, p. 51.

107. Boorman, *Biographical Dictionary*, vol. 2, p. 51; Chiang Diaries, Hoover, January 24, 1949, box 47, folder 9.

108. Boorman, *Biographical Dictionary*, vol. 2, p. 51.

109. 周宏涛口述, 汪士淳著,《蒋公与我》(台北: 天下文化, 2003), p. 90。

110. "Memorandum of A. I. Mikoyan to the Presidium on His January and February Visit to China," doc. P2375，引用 Andrei Ledovsky，"Mikoyan's Secret Mission to China in January and February 1949," *Far Eastern Affairs*，vol. 2：Moscow（1995）：73 – 93；Goncharov，Lewis，and Xue Litai（薛理泰），*Uncertain Partners*. pp. 40 – 44；Sheng（盛慕真），*Batting Western Imperialism*，p. 166.

111. 米高扬（A. I. Mikoyan）给苏联常务委员会的一、二月中国访问备忘录。

112. 同上注；Te-kong Tong（唐德刚）and Li Tsung-jen（李宗仁），*Memoirs*，pp. 502 – 503，508，512.

113. Borg and Heinrichs，*Uncertain Years*，p. 79；David Finkelstein（冯德威），*Washington's Taiwan Dilemma*，*1949 – 1950*（Fairfax，Va.：George Mason University Press，1993），p. 126.

114. Finkelstein（冯德威），*Washington's Taiwan Dilemma*，*1949 – 1950*，pp. 120 – 146.

115.《联合报》（台北，1988 年 3 月 22 日）。据朱浤源教授说，麦克阿瑟的行事历上有这个会议的记录，但是没有记载谈话内容。

116. 2003 年 10 月 21 日，朱浤源在台北受访。朱是台湾研究孙立人的一位学者，曾经访问过孙的儿媳。参见上注。

117. 蒋经国，《蒋经国先生全集》（台北：行政院新闻局，1991），第二册，pp. 216 – 217。

118. 同上注，pp. 380 – 399.

119. Tang Tsou（邹谠），*America's Failure in China*，*1941 – 1950*（Chicago：University of Chicago Press，1963），p. 497；康纳利（Tom Connally）参议员 1949 年 9 月 9 日在参议院辩论时说是三亿美元。李宗仁说，中国政府 1948 年 8 月保存在上海的黄金、美钞总值三亿五千万美元（见 Te-kong Tong［唐德刚］and Li Tsung-jen［李宗仁］，*Memoirs*，pp. 506 – 507）。根据莫成德（Livington T. Merchant）的说法，1949 年 4 月岛上的黄金库藏，"据信约莫两百万盎司"（Finkelstein［冯德威］），*Taiwan Dilemma*，p. 150）。当时担任蒋秘书的周宏涛说，有二十万两（即一千万克）的黄金留在上海，不及运出（周宏涛，《蒋公与我》）。

120. 蒋经国，《蒋经国全集》，第二册，p. 221。

121. 1996 年 5 月 22 日，夏功权在台北受访。

122. Chiang Diaries，Hoover，March 25，1949，box 47，folder 11；April 22，1949，box 47，folder 12.

123. Crozier（柯如齐），*Man Who Lost China*，p. 332.

124. Te-kong Tong（唐德刚）and Li Tsung-jen（李宗仁），*Memoirs*，p. 515；Chiane Diaries，Hoover，April 22，1949，box 47，folder 12.

125. 同上注。

126. Chen Jian（陈兼），*Mao's China and the Cold War*（Chapel Hill：University of North Carolina Press，2001），p. 70.

127. Sheng（盛慕真），*Battling Western Imperialism*，p. 166.

128. Warren Cohen（孔华润），"Conversations with Chinese Friends：Zhou Enlai's Associates

Reflect on Chinese-American Relations in the 1940s and the Korean War" *Diplomatic History* 2, no. 3 (1987): 288.

129. Dreyer, *China at War*, p. 345; 秦孝仪，《大事长编》卷七，1949 年 4 月 25 日，p. 3633.

130. 1996 年 5 月 22 日，夏功权在台北受访。

131. 同上注。

132. Chiang Diaries, Hoover, May 2 and 3, 1949, box 47, folder 12.

133. 美国总领事根据第二手资讯报告说，蒋委员长父子 5 月 18 日仍在上海。见 1949 年 5 月 19 日致函国务院的电文，*FRUS (1949)*, vol. 8: *The Far East: China*, p. 334.

134. Tang Tsou（邹谠），*America's Failure in China*, p. 451.

135.《蒋经国日记》（长沙：华南人民出版社，1988），p. 216。

136. 1996 年 5 月 22 日，夏功权在台北受访。

137. 2003 年，毛高文在台北受访。

138. American Consulate General Taipei radiogram to Secretary of State, May 18, 1949, National Archives, RG 59, box 7387.

第十章 荒漠甘泉

1. Chiang Diaries, Hoover, July 6, 1949, box 47, folder 15; Hung-mao Tien（田弘茂），*The Great Transition: Political and Social Change in the Republic of China* (Stanford, Calif: Hoover Institution Press, 1989), pp. 66 – 67.

2. 1997 年 5 月 22 日、29 日，夏功权在台北受访。

3. 同上注；秦孝仪，《大事长编》卷七，p. 3661。

4. Denny Roy, *Taiwan. A Political History* (Ithaca, N. Y.: Cornell University Press, 2003), p. 76.

5. U. S. Central Intelligence Agency "Probable Developments in China," ORE 45 – 49, June 16, 1949, in *Tracking the Dragon: National Intelligece Estimates on China during the Era of Mao, 1948 – 1976* (Pittsburgh: U. S. Government Printine Office, 2004), p. 37. S

6. *FEER* 6, no. 16 (April 20, 1949): 495

7. *FEER* 8, no. 4 (January 26, 1950): 116; *FEER* 9, no. 11 (September 14. 1950): 307; *FEER* 7, no. 21 (November 1950): 665; Boorman, *Biographical Dictionary*, vol. 4, p. 41.

8. David Finkelstein（冯德威），*Washington's Taiwan Dilemma*, 1949 – 1950 (Fairfax, Va.: George Mason University Press, 1993), p. 170.

9. *FEER* 6, no. 18 (May 4, 1949): 545; Hung-mao Tien（田弘茂），*Great Transition*, pp. 22 – 23.

10. 毛泽东，《论人民民主专政》（北京：外文出版社，1952），p. 10。

11. Sergei N. Goncharov, John W. Lewis, and Xue Litai（薛理泰），*Uncertain Partners: Stalin*,

Mao, and the Korean War (Stanford, Calif.: Stanford University Press, 1993), pp. 72 – 76.

12. Chiang Diaries, Hoover, December 31, 1949, box 47, folder 20.

13. Finkelstein（冯德威）, *Washington's Taiwan Dilemma*, p. 171, 引用 1949 年 7 月 14 日，美国总领事馆致函国务院的电文。

14. Te-kong Tong（唐德刚）and Li Tsung-jen（Li Congren, 李宗仁）, *The Memoirs of Li Tsung-jen* (Boulder, Colo.: Westview, 1979), pp. 529 – 541.

15. *White Paper*, pp. 311 – 359.

16. Chiang Diaries, Hoover, August 24, 26, 29, and 30, 1949, box 47, folder 16.

17. Boorman, *Biographical Dictionary*, vol. 4, p. 7.

18. American Embassy Taipei cable to Department of State, September 15, 1949, National Archives, RG 59, box 7387.

19. Consul General at Taipei cable, November 3, 1949, *FRUS (1949)*, vol. 9: *The Far East: China*, pp. 406 – 407.

20. Consul General at Taipei cable, November 6, 1949, *FRUS (1949)*, vol. 9: *The Far East: China*, pp. 411 – 412; Finkelstein（冯德威）, *Washington's Taiwan Dilemma*, pp. 191 – 192.

21. American Embassy Taipei cable to Department of State, November 5, 1949, National Archives, RG 39, box 7387.

22. Chiang Diaries, Hoover, November 9 – 13, 1949, box 37, folder 19.

23. 1996 年春天，王升回复我的提问。

24. Chiang Diaries, Hoover, November 19, 1949, box 37, folder 19.

25. 蒋经国,《蒋经国先生传记》(台北：行政院新闻局，1989)，第一册，p. 68。

26. Chiang Diaries, Hoover, December 12, 1949, box 47, folder 19.

27. Te-kong Tong（唐德刚）and Li Tsung-jen（李宗仁）, *Memoirs*, p. 475.

28. Chiang Diaries, Hoover, November 23 and 29, 1949, box 47, folder 19.

29. Chiang Diaries, Hoover, November 30, 1949, box 47, folder 19.

30. Boorman, *Biographical Dictionary*, vol. 2, p. 177.

31. 秦孝仪,《大事长编》卷七，1949 年 12 月 9 日，p. 3847。

32. 1996 年 5 月 22 日，夏功权在台北受访。

33. Brian Crozier（柯如齐）, *The Man Who Lost China* (New York: Charles Scribner's Sons, 1976), p. 344.

34. Tang Tsou（邹谠）, *America's Failure in China, 1941 – 1950* (Chicago: University of Chicago Press, 1963), p. 501.

35. Chiang Diaries, Hoover, December 25 and 31, 1949, box 47, folder 20.

36. 董显光,《蒋介石传》(台北：中国出版社，1953)，p. 477。

37. Tang Tsou（邹谠）, *America's Failure*, pp. 512 – 513.

38. Memorandum of Conversation, Dean Acheson, Omar N. Bradiey. et al., December 29,

1949, National Archives, RG 59, box 7387.

39. Tang Tsou（邹谠）, *America's Failure*, p. 529; John W. Garver（高龙江）, *Chinese-Soviet Relations 1937–1945*（NewYork: Oxford University Press, 1988）, p. 20.

40. Chiang Diaries, Hoover, January 6 and 7, 1950, box 48, folder 2.

41. 秦孝仪,《大事长编》卷九，1950年1月6日，p. 4120。

42. Tang Tsou（邹谠）, *America's Failure*, p. 529; U. S. Central Intelligence Agency, "Prospects for an Early Successful Chinese Communist Attack on Taiwan," July 26, 1950, IM–312, D/FE, obtained by FOI request.

43. 秦孝仪,《大事长编》卷九，1950年1月8日、3月13日。

44. Chiang Diaries、Hoover, February 2, 13, 14, 16, and March 24, 1950, box 48, folders 3, 4.

45. 2005年2月21日，宋仲虎给档案馆馆长丹尼逊（Dr. Elena Danielson）的备忘录，Hoover Institution Archives，由宋先生提供给我。

46. Chiang Diaries, Hoover, January 26 and February 2, 3, and 20, 1950, box 48, folders 2, 3; Peter Wang, "A Bastion Created, a Regime Reformed, an Economy Re-Engineered, 1949–1970," in Murray A Rubinstein, ed., *Taiwan: A New History*（Ar-monk, N. Y.: M. E. Sharpe, 1999）, p. 323.

47. Te-kong Tong（唐德刚）and Li Tsung-jen（李宗仁）, *Memoirs*, p. 493. 1996年5月25日王升在台北接受访问，他说在1949年至1951年期间，查出两千七百多名共产党特务。

48. 1996年5月25日，王升在台北受访。

49. Allen Whiting, "Mystery Man of Formosa," *Saturday Evening Post*, March 12, 1955, p. 117.

50. 2003年10月20日，朱浤源在台北受访。另参见秦孝仪,《大事长编》卷九，1950年5月12日，p. 4249。

51. Chiang Diaries, Hoover, January 12, 1950, box 48, folder 2.

52. 同上注，p. 4124; Roy, *Taiwan*. p. 11.

53. Tang Tsou（邹谠）, *America's Failure*, p. 532.

54. Chiang Diaries, Hoover, January 15, 16, and 18, 1950, box 48, folder 2.

55. Chiang Diaries, Hoover, January 18, 1950, box 48, folder 2.

56. 蒋对革命实践研究院的演说，秦孝仪,《大事长编》卷九，1950年1月30日，p. 4141。

57. Chiang Diaries, Hoover, February 14 and 16, 1950, box 48, folde 3.

58. 1996年6月5日，蒋纬国在台北受访。

59. Chiang Diaries, Hoover, February 14, 19, and March 1, 1950, box 48, folders 3, 4.

60. Boorman, *Biographical Dictionary*, vol. 4, pp. 29–31.

61. Chiang Diaries, Hoover, March 3, 1950, box 48, folder 4.

62. Westad（文安立），*Decisive Encounters*，p. 302；E. R. Hooton，*The Greates Tumult*：*The Chinese Civil War*，*1936－1949*（London：Brassey's，1991），pp. 168－169.

63. 2003 年 4 月 3 日，郝柏村在台北受访。

64. Chiang Diaries，Hoover，May 1，9，and 18，1950，box 48，folder 6.

65. 秦孝仪，《大事长编》卷九，1950 年 5 月 21 日。

66. Hung-mao Tien（田弘茂），*Great Transition*，p. 67.

67. Bruce Dickson，"The Lessons of Defeat：The Reorganization of the Kuomintang on Taiwan，1950－1952，" *China Quarterly* 133（March 1993）：56－84.

68. Chiang Diaries，Hoover，February 9，14，May 16，30，31，and June 9，1950，box 48，folders 3，6，7.

69. U. S. Central Intelligence Agency，"Prospects."

70. Bruce Cumings，*Origins of the Korean War*（Princeton，N. J.：Princcron University Press，1981），p. 528.

71. U. S. Central Intelligence Agency，"Prospects."

72. Goncharov，Lewis，and Xue Litai（薛理泰），*Uncertain Partners*，p. 196；Chen Jian（陈兼），*China's Road to the Korean War*：*The Making of the Sino-American Confrontation*（New York：Columbia University Press，1994），pp. 120－125；Westad（文安立），*Decisive Encounters*，pp. 319－320.

73. 文安立在他的大作 *Decisive Encounters* 中，模糊地写道毛泽东"别无选择"，只能同意优先进攻韩国。依据文安立的说法，这只是因为若要求金日成暂缓一年，就违背毛的革命原则（p. 320）。

74. Gregory Henderson，*Korea*：*The Politics of the Vortex*（Cambridge：Harvard University Press，1968），p. 149.

75. Chen Jian（陈兼），*Mao's China and the Cold War*，p. 102.

76. *FEER* 9，no. 11（September 14，1950）：307；*FEER* 8，no. 26（June 29，1950）：852.

77. 2003 年 10 月 12 日，周联华在台北受访。

78. CIA memorandum，May 11，1950，file AOI，878. OA12，obtained by FOI request.

79. *FEER* 8，no. 24（June 15，2006）：783.

80. Finkelstein（冯德威），*Washington's Taiwan Dilemma*，pp. 307－311.

81. Cumings，*Origins of the Korean War*，p. 535.

82. 薛月顺编，《陈诚回忆录：建设台湾》（台北：国史馆，2005）：1996 年 5 月 29 日，陈立夫在北投受访。

83. *FRUS*（1950），vol. 7：*Korea*，pp. 359－361；秦孝仪，《大事长编》卷九，1950 年 5 月 12 日，p. 4249。

84. Top Secret State Department Memorandum，"Hypothetical Development of the Formosan Situation，May 3，1950."来函单位与收函者不明，不过很可能是出自中国事务组或情报研究局之

手。这份备忘录收在情报研究局的档案中，National Archives，INR files，box 4195，doc. 793. 00/5 – 350.

85. Cumings，*Origins of the Korean War*，p. 537.

86. Finkelstein（冯德威），*Washington's Taiwan Dilemma*，p. 328.

87. 杜念中，《时报周刊》，9 月 1 日到 7 日，1990，pp. 8 – 11 。1990 年（未叙明月日）杜在美国佐治亚州的雅典市采访鲁斯克。接受访问后，鲁斯克获悉孙立人仍然在世，深表惊慌，怕因揭露此事会对孙造成困扰。孙密函鲁斯克，首见于 Tomas J. Shoenbaum，*Waging Peace and War*（New York：Simon and Schuster，1988），p. 209. 2003 年 10 月的访问中，专门研究孙立人的朱浤源教授说，孙被软禁三十三年获释后，他曾于 1988 年及 1989 年访问孙立人。孙否认曾经写过密函给鲁斯克，也绝未密谋推翻蒋介石。

88. Leonard A. Kusnitz，*Public Opinion and Foreign Policy*：*America's China Policy. 1949 – 1979*（Westport，Conn. ：Greenwood，1984），p. 34.

89. Finkelstein（冯德威），*Washington's Taiwan Dilemma*，pp. 315，316.

90. Chiang Diaries，Hoover，June 25，1950，box 48，folder 7.

91. 1950 年 6 月 25 日，杰塞浦（Phillip C. Jessup）与总统在布莱尔宾馆会谈的重点记事，请见杜鲁门总统图书馆网站：http：//www. trumanlibrary. org.

92. 1950 年 6 月 26 日，艾尔塞（George M. Elsey）与杜鲁门总统对话备忘录，请见杜鲁门总统图书馆网站：http：//www. trumanlibrary. org.

93. Chiang Diaries，Hoover，June 26，1950，box 48，folders 7，8.

94. *New York Times*，June 28，1950.

95. Chiang Diaries，Hoover，June 28 and 29，1950，box 48，folder 7.

96. Dean Rusk as told to Richard Rusk，*As I Saw It*，ed. Daniel S. Papp（New York：Norton，1990），pp. 175 – 176. 据鲁斯克的说法，"（台北）非常高级的官员"告诉他这件事。蒋的提议附有前提条件，即美国以现代武器完全装备 33000 名部队，并提供两年的训练；Chiang Diaries，Hoover，June 28，1950，box 48，folder 7.

97. Chiang Diaries，Hoover，June 30，1950，box 48，folder 7.

98. Chiang Diaries，Hoover，July 7，1950，box 48，folder 8.

99. 1950 年 6 月 25 日，杰塞浦（Jessup）谈话重点记事。

100. Chen Jian（陈兼），*Mao's China and the Cold War*，pp. 126 – 130，139.

101. *New York Times*，July 4，1950.

102. Chiang，Diaries，Hoover，July 4，1950，box 48，folder 8.

103. Chiang Diaries，Hoover，July 7，1950，box 48，folder 8.

104. 同上注。

105. Nancy Bernkopf Tucker（唐耐心），"A House Divided：The Unitcd States，the Department of State and China，" in Warren I. Cohen（孔华润）and Akira Iriye（入江昭），eds. *The Great Power in East Asia*，*1953 – 1960*（New York：Columbia University Press，1990），pp. 36 – 38；*New York*

Times, July 6, 1950.

106. Dean Acheson, *Present at the Creation*: *My Years in the State Department* (New York: Norton, 1969), p. 422.

107. Chiang Diaries, Hoover, July 7, 1950, box 48, folder 8.

108. 麦克阿瑟将军和哈里曼（A. W. Harriman）的对话备忘录（未叙明日期），请见杜鲁门总统图书馆网站：http：//www. trumanlibrary. org.

109. *New York Times*, August 1, 1950.

110. Chiang Diaries, Hoover, July 31, 1950, box 48, folder 8.

111. *New York Times*, August 5, 1950.

112. John W. Garver（高龙江）, *The Sino-American Alliance* (Armonk, N. Y.: M. E. Sharpe, 1997), p. 39.

113. Karl Lott Rankin, *China Assignment* (Seattle: University of Washington Press, 1964), p. 48.

114. Chiang Diaries, Hoover, July 10, 11, 12, and August 5, 1950, box 48, folders 8, 9; *FRUS* (*1950*), vol. 6: *East Asia and the Pacific*. p. 371; Garver（高龙江）, *Sino-American Alliance*, p. 115.

115. Chiang Diaries, Hoover, July 28 and August 18, 1950, box 48, folders 8, 9.

116. Chiang Diaries, Hoover, August 24, 1950, box 48, folder 9.

117. 薛月顺编，《陈诚回忆录》, p. 576。

118. Dickson, "Lessons of Defeat," p. 67.

119. 同上注，p. 68。

120. Chiang Diaries, Hoover, July 22, 1950, box 48, folder 8.

121. Dickson, "Lessons of Defeat," p. 63.

122. Chiang Diaries, Hoover, February 1, 1951, box 48, folder 16.

123. 1960 年，救国团改由教育部指导。

124. 蒋给陈诚的指示，秦孝仪，《大事长编》卷十，1950 年 11 月 14 日，p. 4404.

125. Dickson, "Lessons of Defeat," pp. 70, 72, 76, 79.

126. 同上注，p. 63。

127. 同上注，p. 64。

128. Chiang Diaries, Hoover, July 13 and 21, 1950, box 48, folder 8.

129. 1998 年 5 月 29 日，陈立夫的访问。

130. 1954 年 11 月 14 日总统访问，Papers of Harry S. Truman: Post-Presidential Files，请见杜鲁门总统图书馆网站：http：//www. trumanlibrary. org.

131. 麦克阿瑟将军和哈里曼（A. W. Harriman）的对话备忘录（未叙明日期），请见杜鲁门总统图书馆网站：http：//www. trumanlibrary. org.

132. Chiang Diaries, Hoover, August 30 and September 1, 1950, box 48, folders 9, 10.

133. Chiang Diaries, Hoover, September 7, 1950, box 48, folder 10.

134. 同上注。

135. Chiang Diaries, Hoover, September 2, 1950, box 48, folder 10.

136. Chiang Diaries, Hoover, September 12, 1950, box 48, folder 10.

137. 薛月顺编,《陈诚回忆录》, p. 580。

138. Chiang Diaries, Hoover, September 12 and 15, 1950, box 48, folder 10.

139. Chiang Diaries, Hoover, September 19, 1950, box 48, folder 10; Chen Jian (陈兼), *Mao's China and the Cold War*, p. 161.

140. Goncharov, Lewis, and Xue Litai (薛理泰), *Uncertain Partners*, pp. 188 - 195.

141. 董显光,《蒋介石传》, p. 526, 引述范登堡 (Vandenberg) 将军的报告。

142. George Kennan, *Memoirs*, 1950 - 1963 (New York: Pantheon, 1983), p. 94.

143. Tang Tsou (邹谠), *America's Failure*, p. 575.

144. 同上注, pp. 584, 585.

145. Garver (高龙江), *Sino-American Alliance*, p. 43.

146. Chiang Diaries, Hoover, November 29, 1950, box 48, folder 12.

147. Christopher Andrew and Oleg Gordievsky, *KGB: The Inside Story of Its Foreign Operations from Lenin to Gorbachev* (New York: Harper Collins, 1990), pp. 393 - 397.

148. Chiang Diaries, Hoover, December 1, 1950, box 48, folder 13.

149. Chen Jian (陈兼), *Mao's China and the Cold War*. pp. 91 - 92.

150. 美国哥伦比亚广播公司访问, 秦孝仪,《大事长编》卷九, 1950 年 12 月 9 日, p. 4432.

151. Karl Rankin, *China Assignment* (Seattle: University of Washington Press, 1964), pp. 99 - 100.

152. *New York Times*, December 22, 1950.

153. *FRUS* (*1951*), vol. 7: *Korea and China*, pp. 42 - 43.

154. 同上注, p. 56。

155. 荷兰驻北京大使馆的报告, 同上注, p. 50。

156. 蒋对改革委员会的演讲, 秦孝仪,《大事长编》卷十, 1951 年 1 月 8 日, pp. 4444 - 4445。

157. *New York Times*, January 12, 13, 18, and 19, 1951; *FRUS*, vol. 7: *Korea and China*, pp. 88, 89, 1518, 1519.

158. Chiang Diaries, Hoover, January 13, 1951, box 48, folder 15.

159. Acheson, *Present at the Creation*, p. 516.

160. Chiang Diaries, Hoover, January 17, 1951, box 48, folder 15.

161. Chiang Diaries, Hoover, January 20, 1951, box 48, folder 15.

162. Chiang Diaries, Hoover, January 20 and 21, 1951, box 48, folder 15.

163. Chiang Diaries, Hoover, January 31, 1951, box 48, folder 15.

164. 庄莱德访问，口述历史（Arlington, Va.: Association for Diplomatic Studies and Training, 2006）, p. 31.

165. Chiang Diaries, Hoover, January 21, 1950, box 48, folder 15.

166. Chiang Diaries, Hoover, May 29, 1951, box 48, folder 19.

167. Chiang Diaries, Hoover, June 18, 1951, box 49, folder 1.

168. Chiang Diaries, Hoover, July 12 and 14, 1951, box 49, folder 2.

169. Chiang Diaries, Hoover, June 18, 1951, box 49, folder 1.

170. Rankin, *China Assignment*, p. 113.

171. Chiang Diaries, Hoover, April 10, 1951, box 49, folder 18.

172. Chiang Diaries, Hoover, July 5, 1951, box 49, folder 2.

173. Chiang Diaries, Hoover, July 8, 1951, box 49, folder 2.

174. Chiang Diaries, Hoover, July 5, 1951, box 49, folder 2.

175. Chiang Diaries, Hoover, July 31, 1951, box 49, folder 2.

176. 秦孝仪，《大事长编》卷十，1951 年 2 月 9 日，pp. 4479 – 4480。

177. 关于冈村宁次和台湾的详情，请见 http://forum.axishistory.com.

178. Chiang Diaries, Hoover, July 3, August 30 and 31, 1951, box 49, folder 2.

179. Chiang Diaries, Hoover, September 31 and October 11, 31, 1951, box 49, folder 4.

180. Chiang Diaries, Hoover, April 14, 18, 27, 1952, box 49, folder 2.

第十一章　操控保护者

1. 1996 年 5 月，一名熟悉这些作业的台湾国民政府空军军官在台北受访。受访者要求匿名。

2. James Lilley（李洁明）, *China Hands: Nine Decades of Adventure, Espionage, and Diplomacy in Asia*（New York: Public Affairs, 2004）, pp. 79 – 80, 82 – 83, 85 – 86.

3. Alfred W. McCoy, *The Politics of Heroin in Southeast Asia*（New York: Harper and Row, 1972）, pp. 171 – 178.

4. John W. Garver（高龙江）, *The Sino-American Alliance*（Armonk, N. Y.: M. E. Sharpe, 1997）, p. 30.

5. Chiang Diaries, Hoover, April 15, 1951, box 49, folder 15.

6. Laura Tyson Li, *Madame Chiang Kai-shek*（New York: Atlantic Monthly Press, 2006）, p. 340.

7. 同上注，pp. 343, 350。

8. Chiang Diaries, Hoover, February 12, 1952, box 49, folder 10.

9. 2004 年 5 日，某位宋氏亲戚在加州受访。

10. 蒋介石给宋美龄的电报，秦孝仪，《大事长编》卷十一，1952 年 9 月 2 日，p. 4702。

11. Chiang Diaries, Hoover, August 10, 1951, box 49, folder 3.

12. *FRUS*（*1951*）, vol. 7: *Korea and China*, p. 1641: Robert P. Newman, "Clandestine Chinese Nationalist Efforts to Punish Their American Detractors," *Diplomatic History* 7, no. 3（Summer 1983）: 205 – 222.

13. *FRUS*（*1952*）, vol. 14: *China and Japan*, pp. 76 – 77；秦孝仪，《大事长编》卷十，1951 年 1 月 31 日，p. 4463。

14. Chiang Diaries, Hoover, August 8, 1951, box 49, folder 3.

15. Chiang Diaries, Hoover, October 7 and 16, 1952, box 49, folder 18.

16. Tyson Li, *Madame Chiang*, p. 351.

17. Chiang Diaries, Hoover, November 9 and 29, 1952, box 49, folder 19.

18. Karl Rankin, *China Assignment*（Seattle: University of Washington Press, 1964）, p. 155.

19. Chiang Diaries, Hoover, January 31, 1953, box 50, folder 2.

20. 同上注。

21. Tom Wicker, *Dwight D. Eisenhower*（New York: Henry Holt and Company, 2002）p. 30.

22. Nancy Bernkopf Tucker（唐耐心）, *Taiwan*, *Hong Kong*, *and the United States*, *1945 – 1992*（New York: Twayne, 1994）, pp. 33 – 38.

23. Dwight D. Eisenhower, *The White House Years*: *Mandate for Change*（Garden City, N. Y.: Doubleday, 1963）, p. 181.

24. 同上注，p. 180。

25. White House Memorandum of Conversation between President Johnson and former President Eisenhower, *FRUS*（*1964 – 1968*）, vol. 2: *Vietnam*, p. 300. 艾森豪威尔告诉约翰逊"我上任后已传了三个信息给朝鲜人和中国人。一是通过尼赫鲁，一是通过蒋介石，另一是通过参与停火谈判的较低层人士"。

26. Chen Jian（陈兼）, *Mao's China and the Cold War*（Chapel Hill: University of North Carolina Press, 2001）, p. 171。

27. 周明主编,《历史在这里沉思》，共三册（北京：华夏出版社，1987），p. 290，引用 Jung Chang（张戎）and Jon Halliday, *Mao*（New York: Knopf, 2005）, p. 374.

28. Chen Jian（陈兼）, *Mao's China and the Cold War*, p. 113.

29. Chiang Diaries, Hoover, April 15, 1953, box 50, folder 5.

30. Chiang Diaries, Hoover, April 10, 18, and 20, 1953, box 50, folder 5.

31. Chiang Diaries, Hoover, May 25, 1953, box 50, folder 6.

32. Chiang Diaries, Hoover, June 23, 1953, box 50, folder 7.

33. 同上注。

34. Chiang Diaries, Hoover, June 25, 1953, box 50, folder 7.

35. Chiang Diaries, Hoover, June 30, 1953, box 50, folder 7.

36. Eisenhower, *White House Years*, pp. 185 – 187.

37. Chiang Diaries, Hoover, July 1, 1953, box 50, folder 8.

38. Chiang Diaries, Hoover, July 12, 1953, box 50, folder 8.

39. Chiang Diaries, Hoover, July 17 and 31, 1953, box 50, folder 8. 中华人民共和国国防大学1991年一份出版品声称，美国批准这项攻击，有一万名国军部队参战，死了三千人。Garver（高龙江）, *Sino-American Alliance*, pp. 76–77.

40. 秦孝仪,《大事长编》卷十二，1953年6月19日，p. 5268。

41. Stephen Ambrose, *Eisenhower*, vol. 2 (New York: Simon and Schuster, 1984), p. 99.

42. State Department Memo of NSC Meeting, August 14, 1958, *FRUS* (*1958–1960*), vol. 19: *China*, p. 53.

43. Chiang Diaries, Hoover, November 28 and 29, 1953, box 50, folder 12.

44. Boorman, *Biographical Dictionary*, vol. 3, p. 167.

45. Chiang Diaries, Hoover, March 9, 1951, box 48, folder 15.

46. Chiang Diaries, Hoover, March 11, 17, 31, and April 6, 1951, box 48, folder 15.

47. *New York Times*, August 30, 1951; September 15, 1961; and October 16, 1952.

48. 1996年6月4日，谢聪敏在台北受访。谢说，有位国民党立委告诉他的数字还更高，有六万至七万人之多。

49. 1954年，保安司令部宣布，在当年头三季共破获858宗颠覆案，涉案人有1745人，其中597人判定有罪，推估一整年就有750人。National Intelligence Estimate, "Morale on Taiwan," April 16, 1955, *FRUS* (*1955–1957*), vol. 2: *China*, p. 484n.

50. K. C. Wu（吴国桢）, "Formosa," *Look*, June 29, 1954, pp. 39–43.

51. Chiang Diaries, Hoover, January 17 and 19, 1952, box 51, folder 2.

52. Chiang Diaries, Hoover, May 4 and 6, 1953, box 51, folder 4.

53. Chiang Diaries, Hoover, April 9–11, 1953, box 51, folder 5.

54. "The K. C. Wu Story," *The Reporter*, April 27, 1954, pp. 18–20.

55. AmEmb Taipei cable to Department of State, April 21, 1954, National Archives, RG 59, U. S. State Department files, 1950–1954, box 4218.

56. Chiang Diaries, Hoover, April 20 and 29, 1954, box 50, folder 18.

57. *FRUS* (*1952–1954*), vol. 14: *China and Japan*, p. 115.

58. 同上注，pp. 363–364.

59. 1995年11、12月，前美国军官和中情局官员的访问，受访者要求匿名。

60. Tucker, *Taiwan*, *Hong Kong*, *and the United States*, p. 64.

61. 1996年4月17日，某位曾在大陈岛服役的美国陆战队军官，在弗吉尼亚州阿灵顿受访。

62. 同上注。

63. 1995及1996年间，若干位20世纪50年代及60年代曾在台湾服役的中央情报局及军方情报官，在华盛顿地区受访。

64. *FRUS*（*1952－1954*），vol. 14：*China and Japan*，pp. 195－196.

65. Rankin，*China Assignment*，p. 162.

66. Richard Nixon，*The Memoirs of Richard Nixon*（New York：Grosser and Dun-lap，1978），p. 126；*FRUS*（*1952－1954*），vol. 14：*China and Japan*，pp. 210，126.

67. *New York Times*，January 1，1954.

68. Chiang Diaries，Hoover，February 21 and April 3，1953，box 51，folders 3，5.

69. McCoy，*Politics of Heroin*，p. 173.

70. *FRUS*（*1952－1954*），vol. 14：*China and Japan*，p. 335.

71. SNIE 43-1-57，*FRUS*（*1955－1957*），vol. 2：*China*，pp. 515-518；NIE 43-2-57，*FRUS*（*1955－1957*）. vol. 2：*China*，pp. 585－593.

72. *FRUS*（*1952－1954*），vol. 14：*China and Japan*，pp. 641，642.

73. Eisenhower，*White House Years*，p. 338.

74. U. S. Embassy Taipei radiogram to SecState，November 30，1953，*FRUS*（*1952－1954*），vol. 14：*China and Japan*，p. 332n.

75. Chen Jian（陈兼），*Mao's China and the Cold War*，pp. 134－135.

76. Ambrose，*Eisenhower*，p. 184.

77. Chiang Diaries，Hoover，April 2，10 and 17，1954，box 50，folder 18.

78. Chen Jian（陈兼），*Mao's China and the Cold War*，p. 137.

79. 同上注，p. 139。

80. Chiang Diaries，Hoover，May 1，1954，box 50，folder 19.

81. Amemb Taipei radiogram to SecState，*FRUS*（*1952－1954*），vol. 14：*China and Japan*，p. 490.

82. Garver（高龙江），*Sino-American Alliance*，p. 115.

83. Chen Jian（陈兼），*Mao's China and the Cold War*，pp. 168－169.

84. He Di（何迪）and Gordan H. Chang（张少书），"The Absence of War in the U. S. /China Confrontation over Quemoy and Matsu in 1954－1955：Contingency，Luck，Deterrence，" *American Historical Review* 98（December 1993）；Tucker，*Taiwan*，pp. 38－42.

85. Chen Jian（陈兼），*Mao's China and the Cold War*，pp. 168－169.

86. *FRUS*（*1952－1954*），vol. 14：*China and Japan*，p. 562.

87. *New York Times*，September 5，1954.

88. 1961 年，我和一起学中文的一些同学到金门，曾经放过空飘气球，带着肥皂和传单，到大陆。风向一变，中共方面也朝厦门空飘带着肥皂的气球。

89. *New York Times*，September 13，1954；*FRUS*（*1952－1954*），vol. 14：*China and Japan*，p. 582.

90. Chiang Diaries，Hoover，September 9，10，11，and 30，1954，box 51，folders 3，4.

91. Rankin，*China Assignment*，p. 209.

92. *New York Times*, September 6, 7, and 8, 1954.

93. *FRUS* (*1952 - 1954*), vol. 14: *China and Japan*, p. 829.

94. 同上注, pp. 833 - 835。

95. 同上注。

96. 1955 年 2 月 1 日, 艾森豪威尔在给葛伦瑟将军 (Gruenther) 的信中提到这个报告, 见 Ambrose, *Eisenhower*, p. 236.

97. Evgeny A. Negin and Yuri N. Smirnov (当时参与核武研发的苏联核子物理学家), "Did the USSR Share Atomic Secrets with China?" Parallel History Project on Cooperative Security website, http://www. php. isn. ethz. ch, accessed March 15, 2008.

98. *New York Times*, October 13, 1954.

99. Chiang Diaries, Hoover, October 31, 1954, box 51, folder 4.

100. Chiang Diaries, Hoover, November 11 and December 13, 1954, box 51, folders 5, 6.

101. Eisenhower, *White House Years*, p. 466.

102. *New York Times*, December 26 and November 27, 1954.

103. Kenneth W. Condit, *History of the Joint Chiefs of Staff, vol. 6: The Joint Chiefs of Staff and National Policy, 1955 - 1956* (Washington, D. C.: Historical Office, Joint Chiefs, 1992), p. 194.

104. *FRUS* (*1955 - 1957*), vol. 2: *China*, pp. 69 - 83; Eisenhower, *White House Years*, pp. 555 - 556.

105. Condit, *Joint Chiefs*, p. 197.

106. 同上注, pp. 196 - 199; *FRUS* (*1952 - 1954*), vol. 14: *China and Japan*, p. 832; *FRUS* (*1955 - 1957*), vol. 2: *China*. pp. 515 - 516.

107. Condit, *Joint Chiefs*, pp. 197 - 198.

108. *FRUS* (*1955 - 1957*), vol. 2: *China*, p. 171; *FRUS* (*1952 - 1954*) . vol. 14: *China and Japan*, p. 832. 1955 年 4 月 25 日, 雷德福 (Redford) 在和蒋介石的谈话中, 叙述杜勒斯对叶公超的声明, 见 *FRUS* (*1955 - 1957*), vol. 2: *China*, pp. 514, 516.

109. *FRUS* (*1955 - 1957*), vol. 2: *China*, pp. 167 - 168.

110. 1955 年 4 月 25 日, 雷德福 (Redford) 和蒋介石在谈话中都提到这封信, 参见 *FRUS* (*1955 - 1957*), vol. 2: *China*, pp. 514, 516.

111. Eisenhower, *White House Years*, pp. 470 - 471.

112. "March 3 Conversation between President Chiang and Secretary Dulles," *FRUS* (*1955 - 1957*), vol. 2: *China*, pp. 321 - 328; Foreign Service Dispatch, Amembassy Taipei 444, March 15, 1955. Full text is in U. S. Embassy Manila, Foreion Servicc Dispatch no. 441, March 15, 1955, obtained by FOI request.

113. Condit, *Joint Chiefs*, pp. 203 - 204; Eisenhower, *White House Years*, p. 477.

114. Garver (高龙江), *Sino-American Alliance*, p. 131; *New York Times*, March 17, 1955.

115. Ambrose, *Eisenhower*, p. 239.

116. 同上注，pp. 241 –242。

117. Victor M. Gobarev, "Soviet Policy towards China: Developing Nuclear Weapons, 1949 –69," *Journal of Slavic Military Studies* 12, no. 4 (1999): 21, cited by June Chang（张戎）and Jon Halliday in *Mao* (New York: Knopf, 2005), p. 397.

118. *FRUS* (*1955 –1957*), vol. 2: *China*, pp. 510 –513.

119. Condit, *Joint Chiefs*, p. 206.

120. *FRUS* (*1955 – 1957*), vol. 2: *China*, pp. 511 – 513; Ambrose, *Eisenhower*, pp. 242 –244.

121. 同上注。

122. 同上注。

123. *FRUS* (*1955 –1957*), vol. 2: *China*, pp. 510 –513,

124. 同上注，pp. 510 –513, 523 –525。

125. Chiang Diaries, Hoover, April 25, 27, and 29, 1955, box 51, folder 11. 他写饶伯森是"混账"，但雷德福至少还是"正人君子"。

126. Condit, *Joint Chiefs*, p. 208.

127. Harry Harding（何汉理）and Yuan Ming, eds., *Sino-American Relations, 1945 – 1955* (Wilmington, Del.: SR Books, 1989), pp. 276 –277.

128. Ambrose, *Eisenhower*, p. 244.

129. *FRUS* (*1955 –1957*), vol. 2: *China*, pp. 519 –520.

130. Condit, *Joint Chiefs*, p. 208.

131. Wendell L. Minnick, "Target Zhou Enlai," *FEER* 158, no. 28 (July 13, 1995): 54.

132. 关于周恩来与基辛格 1971 年的讨论，请见 *FRUS* (*1969 – 1972*), vol. 17: *China*, pp. 503 –504.

133. Chiang Diaries, Hoover, April 16, 1955, box 51, folder 11.

134. Chiang Diaries, Hoover, May 28, 1955, box 51, folder 12.

135. Wellington Koo, Reminiscences of Wellington Koo, Oral History, Butler Library, Columbia University, undated, pp. 287 –288.

136. Rankin, *China Assignment*, p. 273.

137. 1995 年 6 月 10 日，蒋纬国在台北受访。

138. Murray A. Rubinstein, ed., *Taiwan: A New History* (Almonk, N. Y.: M. E. Sharpe, 1999), p. 325.

139. 1995 年 9 月 7 日，李国鼎在台北受访。

140. Hung-mao Tien（田弘茂）, *The Great Transition: Political and Social Change in the Republic of China* (Stanford, Calif.: Hoover Institution Press, 1989), p. 23; *FEER* 27, no. 15 (October 8, 1959): 585; Rubinstein, *Taiwan*, pp. 325 –328.

141. Rubinstein, *Taiwan*, p. 327.

142. *FEER* 29, no. 5 (August 4, 1960): 292.

143. *FEER* 27, no. 15 (October 8, 1959): 585.

144. Chiang Diaries, Hoover, January 29 and February 16, 1951, box 48, folder 15.

145. *FEER* 27, no. 15 (October 8, 1959): 585.

146. Hung-mao Tien (田弘茂), *Great Transition*, p. 29.

147. *FEER* 13, no. 10 (September 2, 1952): 132.

148. Hung-mao Tien (田弘茂), *Great Transition*, p. 27.

149. *FEER* 14, no. 18 (April 30, 1953): 567.

150. 同上注。

151. 秦孝仪,《大事长编》卷十二, 1951 年 2 月 8 日、1952 年 5 月 30 日、9 月 6 日, p. 4478。

152. Chiang Diaries, Hoover, February 27, 1951, box 48, folder 16. 美国军事顾问团(MAAG)也反对此一方案,认为每个军种都最清楚自己的需要。

153. Richard Hughes, "Portrait of Chiang on His Mountaintop," *New York Times Magazine*, September 28, 1958.

154. Rankin, *China Assignment*, p. 252.

155. U. S. Mission Geneva cable, Johnson to SecState, *FRUS* (*1955 - 1957*). vol. 3: *China*, p. 200.

156. 北京在书面协定中,只愿说:双方应"不诉诸武力以解决两国之间在台湾地区的争议。"请参见 John King Fairbank (费正清), *Sino-American Relations 1949 - 1971* (New York: Praeger, 1972), p. 127.

157. Chiang Diaries, Hoover, July 27, 1955, box 51, folder 14.

158. *FRUS* (*1955 - 1957*), vol. 3: *China*, p. 584.

159. Chen Jian (陈兼), *Mao's China and the Cold War*, p. 171.

160. Chiang Kai-shek (蒋介石), *Soviet Russia in China* (New York: Farrar, Strauss and Cudahy, 1957), pp. 6 - 7.

161. 同上注, pp. 345 - 349。

162. 1996 年 5 月 18 日,李焕在台北受访;1998 年 3 月 10 日,马英九在台北受访。

163. Chen Jian (陈兼), *Mao's China and the Cold War*, p. 173.

164. Memorandum of Conversation, Taipei, March 14, 1958, Dulles and Chiang Kai-shek, et al., *FRUS* (*1958 - 1960*), vol. 19: *China*, p. 9.

165. Victor Marchetti and John D. Marks, *The CIA and the Cult of Intelligece* (New York: Knopf, 1980), p. 122.

166. American Embassy Taipei radiogram to Department of State, May 22, 1958, *FRUS* (*1958 - 1960*), vol. 19: *China*, pp. 145 - 146.

167. Department of State memorandum of Conversation, Dulles, Casey, et al. , September 9, 1958, *FRUS* (*1958 - 1960*), vol. 19: *China*, p. 281.

168. Chen Jian (陈兼), *Mao's China and the Cold War*, pp. 178 - 179. 毛泽东刚接到实施"大跃进"以来的第一批收成报告，各地无不谎报数字，稻、麦明明均歉收，却拿奇迹般的成功数字往上报。

169. Roy Medvedev, *China and the Superpowers* (Oxford, Eng. : Blackwell, 1986), p. 33; Chen Jian (陈兼), *Mao's China and the Cold War*, p. 179.

170. Li Zhisui, *The Private Life of Chairman Mao* (New York: Random House, 1994), pp. 270 - 271.

171. Chen Jian (陈兼), *Mao's China and the Cold War*, p. 188.

172. Alen J. Day, ed. , Peter Jones and Siân Kevill, comps. , *China and the Soviet Union, 1949—1984* (London: Facts on File, 1985), pp. 11 - 12.

173. 苏联驻北京大使馆代办安东若夫（S. F. Antonov）1959 年 10 月 21 日的日记"Summary of a Conversation with the Chairman of the CC CPC [Central Committee Communist Party of China] Mao Zedong on 14 October 1959." 参见 the Cold War International History Project 网站: http: //www. mtholyoke. edu/acad/intrel/maoconv. htm, accessed August 28, 2008.

174. ChenJian (陈兼), *Mao's China and the Cold War*, p. 193.

175. 蒋介石的要求维持机密，但是书中记述被回绝，见 *FRUS* (*1958 - 1960*), vol. 19: *China*, pp. 509 - 510.

176. 1958 年 8 月 25 日白宫关于台湾海峡情势的会议备忘录，请见 *FRUS* (*1958 - 1960*), vol. 19: *China*, p. 73.

177. *FRUS* (*1958 - 1960*), vol. 19: *China*, p. 98. 关于艾森豪威尔抱怨蒋"不听我们的劝告，又来跟我们发牢骚"。

178. Day, *China*, pp. 11 - 12.

179. *FRUS* (*1958 - 1960*), vol. 19: *China*, p. 121.

180. Tyson Li, *Madame Chiang*, p. 376. 李（Li）没有举出这次节目的日期。

181. American Embassy Taipei cable to Department of State, September 19, 1958, *FRUS* (*1958 - 1960*), vol. 19: *China*, p. 227.

182. Eisenhower, *White House Years*, pp. 691 - 692.

183. 同上注, p. 692.

184. *FRUS* (*1955 - 1957*), vol. 3: *China*, p. 592.

185. Operations Coordinating Board Memorandum, "Report on Taiwan and the Government of the Republic of China (NSC 5723)," April 20, 1959, National Archives, Department of Defense File, 1959, box MNR2。

186. 1958 年 9 月 3 日史密斯给杜勒斯的国务院备忘录，请见 *FRUS* (*1958 - 1960*)。vol. 19: *China*, pp. 122 - 124.

187. Memorandum by Regional Planning Adviser in the Bureau of Far Eastern Affairs, "Taiwan Straits Crisis: Where Do We Go from Here?" September 18, 1958, *FRUS* (*1958 – 1960*), vol. 19: *China*, p. 222. 这份备忘录提到的情报文件迄今尚未解密，但这个主题已经很清楚了。十年后，蒋介石告诉鲁斯克，美国"绝不可动念以核武对付中国"；见 Dean Rusk, *As I Saw It* (New York: W. W. Norton, 1990), p. 288. 但这是在北京已经试爆核弹，台北也已经秘密发展类似武器之后，显然只是一种恫吓。1958 年如 1953 年，当美国很可能用核武对付中共，而中国还没有核武可以攻击台湾之时，蒋介石父子都没有类似的声明。

188. Ambrose, *Eisenhower*, p. 484.

189. Chen Jian（陈兼）, *Mao's China and the Cold War*, pp. 192, 194.

190. Ambrose, *Eisenhower*, p. 485.

191. *New York Times*, October 1, 1958.

192. 同上注。

193. *New York Times*, October 3, 1958.

194. Chen Jian（陈兼）, *Mao's China and the Cold War*, p. 198.

195. 同上注，p. 199。

196. *New York Times*, October 6, 1958.

197. *FRUS* (*1958 – 1960*), vol. 19: *China*, p. 379.

198. 同上注，p. 470。

199. 1958 年 10 月 21 日在台北，国务卿杜勒斯准备的谈话重点，请见 *FRUS* (*1958 – 1960*), vol. 19: *China*, p. 415.

200. American Embassy Taipei cable, October 21, 1958, *in FRUS* (*1958 – 1960*), vol. 19: *China*, p. 416.

201. 同上注。

202. *FRUS* (*1958 – 1960*), vol. 19: *China*, pp. 421 – 422.

203. 同上注，pp. 422 – 423。

204. Department of State Memorandum of Conversation, Taipei, Dulles, Chiang, et al., *FRUS* (*1958 – 1960*), vol. 19: *China*, pp. 431 – 432.

205. 钱复，《钱复回忆录》（台北：天下出版社，2005），p. 80。That the missiles were Matadors is from National Security Archive Electronic Briefing Book no. 197 edited by William Burr-posted August 18, 2006 at http://www.gwu.edu/ nsarchiv, doc. 7, pp. 64 – 66, accessed September 1, 2008.

206. *FRUS* (*1958 – 1960*), vol. 19: *China*, pp. 440 – 441.

207. Chiang Diaries, Hoover, October 23, 1958, Box 67, Folder 1.

208. 公报的定稿同上注，pp. 442 – 443；*New York Times*, October 28, 1958, p. 58.

209. 1995 年 11 月 28 日，王冀在华盛顿受访。王是一个知名的华裔美国人，当时是国会图书馆中文部主任。他说在 1994 年 12 月到北京时，会见了全国人大常委会委员长乔石（乔石长期担任中国情报和安全组织的首长）。乔石告诉王，蒋介石写给周恩来的信。乔石似乎没必要在三十六年后编造这个故事。相关的解密国务院文件删去蒋介石要求核武的文字。2009 年 9 月，曹聚仁的儿子曹景行在香港公开说他父亲曾为毛泽东和蒋介石传递信息，他没对金门的主题多作说明，只说毛泽东告诉他父亲“台湾的表现值得赞赏”，只要蒋介石不要和美国亲近，他可以继续管理台澎金马，可管许多年。香港和台北有些观察家怀疑曹景行的说法。参见 http：//big5. chinanews. com. cn：89/tw/tw-lscq/news/2009/09 –28/1891678. shtml].

210. *FRUS/*（*1969 –1976*），vol. 17：*China*，pp. 765 –766. 周恩来说只要改变炮击，蒋介石就会“了解”了，但是据乔石之前的说辞，很可能两岸之间确有秘密沟通，在对基辛格之前的谈话中，周恩来试图保护在香港和蒋介石的秘密接触。

211. New York Times，October 25，1958.

212. *FRUS*（*1958 –1960*），vol. 17：*China*，pp. 509 –510. 1975 年蒋经国在向立法院做半年度的报告中，揭露了这个暗中进行的计划。参见 *China Quarterly* 64（December 1975）：808.

第十二章　换档

1. 孙宅巍，《陈诚晚年》（合肥：安徽人民出版社，1996），p. 151。

2. Boorman，*Biographical Dictionary*，vol. 1，p. 364；1996 年 6 月 5 日，蒋纬国在台北受访。

3. 陈鹏仁主编，《蒋夫人宋美龄女士画传》（台北：近代中国，1998），pp. 181 –191。

4. 引用自 Laura Tyson Li，*Madame Chiang Kai-shek*（New York：Atlantic Monthiy Press，2006），pp. 374，376.

5. 陈鹏仁，《蒋夫人》，pp. 181 –191。关于白宫午餐，参见 Tyson Li，*Madame Chiang*，pp. 374，375.

6. 2002 年 5 月，2003 年 4 月，蒋家成员在台北受访；2006 年 8 月 30 日，曾参加过“八仙俱乐部”的一位成员给我的电子邮件。

7. National Intelligence Estimate no. 43 –64，March 11，1964，p. 5，FOI request to the CIA.

8. *New York Times*，December 1. 1960.

9. *New York Times*，September 4，1960.

10. 孙宅巍，《陈诚晚年》，pp. 122 –123. *New York Times*，June 4，1960. 蒋接获情报（或许是要求之后才得到）声称雷震窝藏匪谍——但是他深怕证据不足。陈诚认为处理这件案子应该符合扩大统一阵线的目的，推测指的是温和的反对派、台湾成员和海外华人。最后，雷震被判相对较轻的十年徒刑，反映出蒋介石想要减低美国的批评声浪，以及缩小对陈诚所言统一阵线的冲击。Chiang Diaries，September 6，8，16，22，24，1960，Hoover，Box 68，folder 3.

11. Sun Lifan，*Chen Cheng*，pp. 122 –123.

12. *FRUS*（*1958 –1960*），vol. 19：*China*，pp. 724 –726.

13. *Foreign Broadcast Information Service*，*Daily Report*，*Asia and Pacific*，Septcmber，23，

p. DDD. 2, September 27, p. DDD. 13; *New York Times*, October 9 and 22, 1960.

14. John Israel（易社强）, "Politics on Formosa," *China Quarterly* 15（July-September 1963）: 6.

15. Stephen Ambrose, *Eisenhower*, vol. 2（New York: Simon and Schuster, 1984）, p. 580.

16. *New York Times*, June 19, 1960.

17. *FRUS*（*1958 – 1960*）, vol. 19: *China*, pp. 677, 679, 680, 690.

18. 同上注，pp. 686, 687。

19. *FRUS*（*1958 – 1960*）vol. 19. *China*, pp. 688, 689, 748。

20. *New York Times*, October 14, 1960.

21. 同上注；*New York Times*, November 12, 1960.

22. *FRUS*（*1961 – 1963*）, vol. 22: *Northeast Asia*, p. 2n.

23. 钱复，《钱复回忆录》，（台北：天下文化，2005）, pp. 115 – 116。

24. CIA Field Information Report, Taipei, June 27, 1961, FOI request to the CIA; Enclosure to a State Department memo to the White House, February 22, 1961. *FRUS*（*1961 – 1963*）, vol. 22: *Northeast Asia*, p. 94.

25. Alfred W. McCoy, *The Politics of Heroin in Southeast Asia*（New York: Harper and Row, 1972）, p. 176.

26. *FRUS*（*1961 – 1963*）, vol. 22: *Northeast Asia*, pp. 50 – 51.

27. *FRUS*（*1961 – 1963*）, vol. 22: *Northeast Asia*, pp. 58, 60.

28. 同上注，pp. 76 – 79。

29. 同上注，pp. 76 – 78。

30. 同上注，pp. 102 – 103。

31. 同上注，pp. 89 – 91。

32. 同上注，p. 160。

33. *FRUS*（*1961 – 1963*）, vol. 22: *Northeast Asia*, p. 148.

34. 同上注，p. 184。

35. 同上注，p. 195, 196, 196n。

36. 同上注，p. 203。

37. 同上注，pp. 204 – 207。

38. 同上注，pp. 218, 218n。

39. *FEER 36*, no. 6（May 10, 1962）: 267.

40. *FRUS*（*1961 – 1963*）, vol. 22: *Northeast Asia*, pp. 220 – 221, 223 – 224.

41. 同上注，p. 220。

42. 同上注，p. 232n。

43. *FRUS*（*1961 – 1963*）, vol. 22: *Northeast Asia*. p. 228.

44. 同上注，pp. 247 – 248, 268, 270, 274。

45. 同上注，pp. 275, 297。

46. 同上注，pp. 283－284。

47. 同上注，pp. 285－288，292。

48. *FRUS*（*1961－1963*），vol. 22：*Northeast Asia*，pp. 285－288，292.

49. 同上注。

50. 同上注。

51. 同上注，p. 313。

52. 1995 年 11 月 30 日，高立夫（Ralph Clough）在华盛顿受访。

53. *FRUS*（*1961－1963*），vol. 22：*Northeast Asia*，p. 337 and p. 337n.

54. 1996 年 5 月 31 日，熊丸在台北受访。熊在这次受访时提到他亲眼看见美国医生两手发抖。熊在 1998 年的口述历史则说，蒋夫人说美国医生在开刀前两手发抖。蒋夫人 1962 年给宋子文的一封信说，老蒋坚持要用美国医生，但她其实很反对。参见 Tyson Li，*Madame Chiang*，p. 382. 这次处理不当的手术究竟确切日期是哪一天，并不清楚，但明显是在 1962 年之前。熊丸在口述历史及 1996 年接受我访谈时，记错了，把事情记成 1969 年车祸之后。参见《熊丸先生访问纪录》（台北：中央研究院近代史研究所，口述历史丛书（69），1998）。

55. 1962 年 7 月 2 日，宋美龄给宋子文的信，引用自 Tyson Li，*Madame Chiang*，p. 382.

56. 1995、1996、1998、2003、2004 年，蒋介石多位前任秘书、助理，在台北分别受访。

57. *FRUS*（*1961－1963*），vol. 22：*Northeast Asia*，p. 330.

58. 同上注，p. 338，p. 338n，p. 334n.

59. 钱复，《钱复回忆录》，pp. 115－116。

60. 1995 年 11 月 30 日，高立夫（Ralph Clough）在华盛顿受访，以及 1995 年 8 月 29 日，钱复在台北受访。1963 年 9 月 23 日，高立夫在给哈里曼（Averell Harriman）的信上提到柯克和蒋的对话。这封信现收藏于美国国会图书馆手稿部，参见 Harriman Papers，Kennedy-Johnson-Administrations，subject files：Kirk.

61. *FRUS*（*1961－1963*），vol. 22：*Northeast Asia*，pp. 342－346.

62. American Embassy Taipei Airgram no. A－649，February 22，1963；and Air-gram no. A－757，March 23，1963，National Archives，RG 59，State Department Files，box 3669.

63. *FRUS*（*1961－1963*），vol. 22：*Northeast Asia*，p. 352.

64. CIA Taipei report no. TDCS DB－3/654，567，May 9，1963，FOI request to the CIA.

65. 国务院最高机密备忘记事“Visit of Chiang Ching-kuo，US-GRC Consultations Concerning Possible Actions against the Mainland，” background paper，September 17，1965，Lyndon B. Johnson Library，National Security File（China），memos，vol. 4，7/65－10/65，pp. 1－2.

66. Nancy Bernkopf Tucker（唐耐心），*Taiwan*，*Hong Kong*，*and the United States*，*1945－1992*（New York：Twayne，1994），p. 65.

67. *FRUS*（*1961－1963*），vol. 22：*Northeast Asia*，p. 405.

68. Chiang Diaries，November 2，one week reflection，3，1963，Hoover，Box70，Folder 10.

69. *FRUS*（*1961－1963*），vol. 22：*Northeast asia*，doc. 197。

70. 1996 年 5 月 17 日，温华雄（Wen Huaxiong，音译）在台北受访。

71. *FRUS*（*1964 – 1968*）：vol. 30：*China*，doc. 26.

72. K. T. Li（李国鼎），*Economic Transformation of Taiwan*，ROC（London：Shephrard-Walwyn，1988），p. 111.

73. John Franklin Cooper，*Taiwan*：*Nation-State or Province?*（Boulder，Colo.：Westview，2003），p. 95.

74. Richard Hughes，"Portrait of Chiang on His Mountaintop，" *New York Times Magazine*，September 28，1958.

75. 2003 年 10 月 3 日，楚嵩秋、钱复和郝柏村在台北受访。

76. Tyson Li，*Madame Chiang*，p. 385.

77. 2003 年 10 月 21 日，一位要求匿名的亲属受访。

78. Tyson Li，*Madame Chiang*，p. 424.

79. American Embassy Taipei cable to the Department of State，August 2，1963，National Archives，RG 59，State Department Files，box 3669；American Embassy Taipei Airgram no. A-498，December 4，1963，National Archives，RG 59，State Department Files，box 3867.

80. *FRUS*（*1964 – 1968*），vol. 30：*China*，p. 22.

81. 同上注，p. 161。

82. 同上注，pp. 112 – 113，116。

83. 同上注，p. 143. 3。

84. 曾于20 世纪60 年代在台湾任职的中央情报局高级官员，1995 年在弗吉尼亚州阿灵顿受访。可查证自 National Security Archive Electronic Briefing Book no. 197，http：//www. gwu. edu/ – nsarchiv，ed. William Burr，accessed August 18，2006.

85. 1964 年 11 月 23 日，蒋介石给约翰逊总统的信，FOI request to U. S. Department of State.

86. *FRUS*（*1964 – 1968*），vol. 30：*China*，pp. 41 – 55.

87. George McT. Kahin，*Intervention*：*How America Became Involved in Vietname*（New York：Doubleday，1986），p. 332.

88. Joyce K. Kallgren，"Vietnam and Politics in Taiwan，" *Asian Survey* 6，no. 1（January 1966）：28.

89. Gabriel Kolko，*Anatomy of a War*（New York：New Press，1985），p. 211. 96. American Embassy Taipei Airgram，1963，National Archives，RG 59，State Department Files，box 3669.

90. American Embassy Taipei Airgram，1963，National Archives，RG 59，State Department Files，box 3669.

91. Melvin Gurtov，"Recent Developments on Formosa，" *China Quarterly* 31（July-September 1967）：59 – 60.

92. 2003 年 4 月 11 日，陆以正在台北受访。陆以正是国民党政府前官员，1965 至 1966 年蒋夫人访美行程大部分由他随行。

93. State memcon，Rusk-Chiang Ching-kuo，September 22，1965，NSF，China，1/165 – 1/3/66，Lyndon B. Johnson Library，Austin，Tex.

94. Min S. Yee，*Boston Globe*，May 6，1968.

95. *FRUS*（*1964 – 1968*），vol. 30：*China*，p. 279.

96. 1995 年 11 月 30 日，高立夫（Ralph Clough）在华盛顿受访。

97. 曾于 20 世纪 60 年代在台湾任职的中央情报局高级官员，1995 年在弗吉尼亚州阿灵顿受访。*FRUS*（*1964 – 1968*），vol. 30：*China*，p. 267.

98. 蒋介石的观点，我从 1995 到 2006 年间对蒋介石和蒋经国的友人、副官和秘书的访问中取得，这些人包括李焕、秦孝仪、张宝树、楚嵩秋、余纪忠、马英九、钱复、马树礼、宋楚瑜等等。另参见 Mark Plummer，"The New Look in Government，" *Asian Survey* 9，no. 1（January 1969）：18 – 22；Hung-mao Tien（田弘茂），*The Great Transition*，*Political and Social Change in the Republic of China*（Stanford，Calif.：Hoover Institution Press，1989），p. 69. 蒋介石退守台湾十七年之后，二十四个县市警察局长，没有一个是本省人；一百二十个分局长，只有五人为本省人。二十二个县市财政局长，只有两人为本省人；二十二个税捐稽征处长，只有一人为本省人。内阁阁员只有一人为本省人，部长级以下高层官员几乎全是外省人，三军将领无一是本省人。参见 Plummer. "New Look，" p. 21；Hung-mao Tien（田弘茂），Great Transition. p. 69.

99. Plummer，"*New Look*，" pp. 18 – 22.

100. *FEER* 89，no. 32（August 8，1975）：28.

101. *FRUS*（*1958 – 1960*），vol. 19：*China*，p. 529.

102. Joseph J. Heinlein，"Political Warfare：The Chinese Nationalist Model，" Ph. D. diss.，American University，1974，pp. 584 – 584.

103. *Christian Science Monitor*，May 7，1986.

104. *FRUS*（*1964 – 1968*），vol. 30：*China*，pp. 351 – 352.

105. 同上注，p. 490。

106. 严家淦在华盛顿和约翰逊总统会谈时说，这是蒋的估计。同上注，p. 559.

107. 1996 年 4 月 30 日，丁大卫（David Dean）在弗吉尼亚州费尔法克斯受访。

108. *FRUS*（*1964 – 1968*），vol. 30：*China*，p. 59.

109. 同上注，p. 491.

110. 同上注，p. 553. Melvin Gurtov，"Recent Developments on Formosa." *China Quarterly* 31（July-September 1967）：61.

111. Richard Nixon，"Asia after Vietnam，" *Foreign Affairs* 46，（October 1967）.

112. 2008 年 4 月 19 日，钱复在台北受访，他在 1967 年 10 月担任蒋介石的机要秘书。

113. AmEmbassy Taipei Airgram，A-249，September 30，1967，National Archives，RG59，/50/65/6. shelf 4，1967 – 1969，China Policy File，China box 1984.

114. 同上注。

115. *FEER 63*, no. 9 (March 1, 1968): 352。

116. *FRUS* (*1964 – 1968*), vol. 30: *China*, pp. 638 – 640.

117. *FEER 62*, no. 43 (October 26, 1968): 184.

118. *FRUS* (*1964 – 1968*), vol. 30: *China*, pp. 661, 674 – 675.

119. Chen Jian (陈兼), *Mao's China and the Cold War*, p. 240.

120. 1995 年 5 月台北《中国时报》有关路易斯的系列报道。另亦参考 1995 及 1996 年，我和好几位蒋介石部属及美国官员的访谈记录。

121. *FEER* 64, no. 17 (April 26, 1969): 240.

122. *FRUS* (*1964 – 1968*), vol. 30: China. p. 704.

123. Johnson, "Visit of Chiang Ching-kuo," pp. 5 – 6. AmEmbassy Taipei Airgram A-1037, June 20, 1966, National Security Archive (George Washington University), Electronic Briefing Book no. 19, ed. William Burr, October 13, 1999, http//www. gwu. edu/ ~ nsachiv.

124. AmEmbassy Taipei Airgram A-1037, June 20, 1966, National Security Archive (George Washington University), Electronic Briefing Book no. 19, ed. William Burr, October 13, 1999, http: //www. gwu. edu/ ~ nsachiv.

125. 2008 年 4 月 19 日，钱复在台北受访。

126. *FRUS* (*1969 – 1976*), vol *17*: *China*, pp. 7 – 8.

127. 同上注，p. 51。

128. 同上注，p. 399。

129. *FRUS* (*1969 – 1976*), vol. *E – 13*: *Documents on China*, p. 4.

130. 2008 年 4 月 19 日，钱复在台北受访。

131. 同上注。

132. National Security Archive (George Washington University) Electronic Briefing Book no. 195, http: //www. gwu. edu/ ~ nsarchiv.

133. 2008 年 4 月 19 日，钱复在台北受访。

134. *FRUS* (*1969 – 1976*), vol. *17*: *China*, p. 52.

135. 同上注，pp. 67, 69。

136. *FEER 65*, no. 37 (September 7 – 13, 1969) . 173 – 189.

137. 1995 年 9 月 7 日，李国丁在台北接受采访；Ralph W. Huenemann，"台湾家庭计划"，《现代中国》16, no. 21 (April 1990): 173 – 189。

138. *FRUS* (*1969 – 1976*), vol. 17: *China*, p. 53 n. 3.

139. 同上注，pp. 53 – 54。

140. *FRUS* (*1969 – 1976*), vol. 17: China, pp. 55 – 56.

141. 关于蒋介石的观点，我依赖 1995 到 2006 年间对他们父子俩许多部属、助理和秘书的访问，受访名单已见前引注 98。

142. *FEER* 60, no. 20 (May 12 – 18, 1968): 343.

143. 1996年5月31日，熊丸在台北受访。陈三井访问，《熊丸先生访问纪录》（台北：中央研究院近代史研究所，口述历史丛书（69），1998），pp. 117－118。

144. 翁元，《我在蒋介石父子身边的日子》（台北：书华出版社，1994），pp. 118，128－131。

145. 熊丸，《熊丸先生访问纪录》，pp. 117－118。*FRUS*（*1969－1976*），vol. 17：*China*，p. 146；Tyson Li，*Madame Chiang*，pp. 400－401.

146. Chen Jian（陈兼），*Mao's China and the Cold War*，pp. 245－249.

147. *FRUS*（*1969－1976*），vol. 17：*China*，pp. 88，143

148. 同上注，pp. 88－90。

149. 同上注，p. 105。

150. 同上注，p. 137。

151. Sheldon Appleton，"Taiwan Portents of Change，" *Asian Survey* 1，no. 11（January 1971）：68.

第十三章　尼克森和晚年岁月

1. *FRUS*（*1969－1976*），vol. 17：*China*，1969－1972，pp. 147－149、

2. 同上注。

3. 同上注，p. 150。

4. *FRUS*（*1969－1976*），vol. 17：*China*，*1969－1972*，p. 198.

5. 同上注，p. 154。

6. James C. H. Shen（沈剑虹），*The U. S. and China*：*How the U. S. Sold Out Its Ally*（Washington，D. C.：Acropolis Books，1983），p. 67.

7. Roy Medvedev，*China and the Superpowers*（New York：Blackwell，1986），

8. *FRUS*（*1969－1976*），vol. 17，*China*，*1969－1972*，p. 182.

9. 与涉及会谈的美国外交官员的许多谈话。

10. State Department cables 27045，February 24，and 028259，February 26，1970 to Amembassy Taipei，FOI request. "误导"这词来自2008年4月19日，钱复在台北受访，另参见*FRUS*（*1969－1976*），vol. 17：*China*，1969－1972，p. 186.

11. *FRUS*（*1969－1976*），vol. 17：*China*，*1969－1972*，p. 187. Chiang Diaries，March 1，1970，Box 75，Folder 14.

12. 同上注，pp. 192－194. 1970年3月27日的事件，请见pp. 193－196。

13. 1995年4月28日，俞国华在台北受访。2008年4月19日，钱复在台北受访。

14. *FRUS*（*1969－1976*），vol. 17：*China*，*1969－1972*，p. 197.

15. Richard M. Nixon，*Memoirs*（New York：Gosset and Dunlop，1978），p. 547.

16. *FRUS*（*1969－1976*），vol. 17：*China*，*1969－1972*，p. 202.

17. Shen（沈剑虹），*US. and China*，p. 439.

18. *FRUS*（*1969－1976*），vol. 17：*China*，*1969－1972*，p. 220.

19. 同上注，p. 225。

20. Chen Jian（陈兼），*Mao's China and the Cold War*（Chapel Hill：University of North Carolina Press，2001），p. 256。

21. *FRUS*（*1969－1976*），vol. 17：*China*，*1969－1972*，pp. 225－226.

22. 同上注，p. 228。

23. *FRUS*（*1969－1976*），vol. 17：*China*，*1969－1972*，p. 230.

24. 同上注，p. 232。

25. 同上注。

26. 同上注，p. 233。

27. 同上注，pp. 234－235。

28. *FEER 71*，no. 10（March 6，1971）：31. *New York Times*，December 20，1999.

29. *FRUS*（1969－1976），vol. 17：*China*，*1969－1972*，pp. 237－238.

30. 同上注，p. 241。

31. 当时我在美国驻香港总领事馆，负责报告中国的国际关系，包含中美关系。

32. 2004 年 4 月，一位宋家成员在加州受访。

33. *FEER 73*，no. 31（July 31，1971）：6.

34. *FRUS*（*1969－1976*），vol. 17：*China*，*1969－1972*，p. 296. 关于"稍微冷却一下"请见 p. 254. Edgar Snow：*New York Times*，December 11，1970.

35. *FRUS*（*1969－1976*），vol. 17：*China*，*1969－1972*，p. 254.

36. Chen Guying（陈鼓应），"The Reform Movement among Intellectuals in Taiwan since 1970，" *Bulletin of Concerned Asian Scholars*（July-September 1982）：34. "Popular pressures" see：*FEER 71*，no. 10（March 6，1971）：31.

37. 关于彭案关系人，取自 1996 年 6 月 4 日彭明敏的同侪谢聪敏，在台北受访。关于驱逐出境，见 Sheldon L. Appleton，"Taiwan Portents of Change，" *Asian Survey*，11，no. 1（January 1971）：68－73.

38. Chen Jian（陈兼），*Mao's China and the Cold War*，p. 261. 关于"欢喜得冲昏了头"，请见 Chiang Diaries，April 16，1971，Hoover，Box 76，Folder 10.

39. Shen（沈剑虹），*U. S. and China*，pp. 58－59. 关于再向白宫查证，参考 2008 年 4 月 19 日，钱复在台北受访。

40. State cable to Taipei，April 30，1971，National Archives，RG 59，China Pol，box 2202；Amembassy Taipei cable to SecState，2537，April 30，1971，National Archives，RG 59，SNF（1970－1973），China Pol，box 2203.

41. Y. C. Wang（汪一驹），*Chinese Intellectuals and the West*，*1872－1949*（Chapel Hill：University of North Carolina Press，1966），p. 440，quoting Arthur Salter，*Personality in Politics*（London：Faber and Faber，1947）. 关于办公桌上的照片，参见 John Robinson Beal，*Marshall in*

China (Toronto: Doubleday Canada, 1970), pp. 360 – 361.

42. 关于“遗嘱”，参见 T. V. Soong Collected Papers, Hoover Institution Archives, Stanford, Calif.

43. *FRUS* (1969 – 1976), vol. 17: *China*, *1969 – 1972*, p. 293.

44. 同上注，p. 295。

45. 2003 年 4 月 3 日，郝柏村在台北受访。

46. Chiang Diaries, April 29, 1971, Hoover, Box 76, Folder 10.

47. *FRUS* (*1969 – 1976*), vol. 17: *China*, *1969 – 1972*, p. 293, 300, 309 – 311.

48. 同上注，p. 344。

49. 同上注，pp. 348 – 354。

50. 同上注，pp. 355, 356。

51. 同上注，pp. 394, 396, 403。

52. 同上注，p. 368, 369。杜鲁门派第七舰队进入台湾海峡的原因是，美国领导圈内存在一个一致共识——后来也证明正确——认为朝鲜南侵是中、俄要在东亚搞革命改造的大计划之一环，这项计划由中共协助，必要时由它担任主力后援。

53. 同上注，pp. 445 – 446。

54. 同上注，pp. 370 – 372。

55. 同上注，pp. 372, 383。

56. 同上注，pp. 405, 447。周恩来提到蒋介石的时候说“美国应该当心”。给人的印象是，要提防蒋介石的接班人。

57. 同上注，pp. 291, 294, 348, 412, 448。

58. Chen Jian（陈兼），*Mao's China and the Cold War*, p. 268. *FRUS* (*1969 – 1976*), vol. 17: *China*, *1969 – 1972.*

59. *FRUS* (*1969 – 1976*), vol. 17: *China*, 1969 – 1972, p. 422.

60. 1996 年 5 月 16 日，钱复在台北受访。

61. 同上注。

62. *FEER 73*, no. 31 (July 31, 1971): 7.

63. *FRUS* (*1969 – 1976*), vol. 17: *China*, *1969 – 1972*, pp. 456 – 457.

64. 同上注，p. 458。Chiang Diaries, July 16, 1971, Hoover, Box 76, Folder 13.

65. *FRUS* (*1969 – 1976*), vol. 17: *China*, *1969 – 1972*, pp. 599, 602.

66. 同上注，pp. 514 – 515, 602。

67. 同上注，pp. 514 – 515。

68. 同上注，p. 591。

69. *FRUS* (*1969 – 1976*), vol. 17: *China*, *1969 – 1972*, pp. 454 – 455.

70. 同上注，p. 459。

71. 同上注，pp. 446, 527, 538。

72. *FRUS*（*1969 – 1976*），vol. 17：*China*，*1969 – 1972*，p. 586.

73. 同上注，p. 493. Harvey Feldman（费浩伟）1999 年 1 月给作者的信。根据钱复 2008 年 4 月 19 日在台北受访，前任外交部长沈昌焕建议用这句成语。

74.《领袖精神万古长青——总统蒋公哀思实录》，台北，《中央日报》特刊，1971 年 10 月 25 日（编按：日期有误）。关于“数年最大之心愿”，参见 Chiang Diaries，end of October reflection，1971，Hoover，Box 76，Folder 16.

75. *FEER 74*，no. 46，November 13，1971：60；no. 50，December 11，1971：17. 关于威廉波特世界少棒冠军，见 Sheldon Appleton，“Taiwan Portents of Change，” *Asian Survey* 11，no. 1（January 1971）：68，37.

76. *FRUS*（*1969 – 1976*），vol. 17：*China*，*1969 – 1972*. p. 560.

77. 同上注，p. 505。

78. 同上注，599 – 601，629。十二月，华盛顿传话给杨西昆说，他的观点“已交美国政府内部适当层级予以考量”。

79. 同上注，pp. 582，584。

80. 同上注，pp. 581，591，593。关于“鳄鱼的眼泪”请见 Shen（沈剑虹），*U. S. and China*，p. 77.

81. Shen（沈剑虹），*U. S. and China*，p. 77. *FRUS*（*1969 – 1976*），vol. 17：*China*，*1969 – 1972*，p. 593.

82. *FRUS*（*1969 – 1976*），vol. 17：*China*，*1969 – 1972*，pp. 668 – 669.

83. 同上注，p. 678。

84. 同上注，pp. 765，766，772。

85. 同上注，pp. 766 – 768。

86. 同上注，pp. 768 – 770，773。

87. *FRUS*（*1969 – 1973*）. *vol. E – 13*：*Documents on China*，doc. 100.

88. William Bader and Jeffery T. Bergner，*The Taiwan Relations Act*（Menlo Park，Calif：SRI International，1989），p. 159.

89. *FRUS*（*1969 – 1976*），vol. 17：*China 1969 – 1972*，p. 835. 关于“何志立感到意外”的资料来自 1997 年 10 月 10 日，何志立在华盛顿接受的电话访问。

90. 蒋经国引自 *FEER* 102，no. 2（January 12，1979）：22。

91. *FRUS*（*1969 – 1976*），vol. 17：*China 1969 – 1972*，p. 858.

92. 同上注，pp. 837，840。

93. 同上注，p. 626。

94. *FEER 75*，no. 11（March 11，1972）：6. 关于蒋的想法，请见 Chiang Dairies，March 11，April 10，1972，Hoover，Box，Folder.

95. J. Bruce Jacobs，“Taiwan 1972：Political Season，” *Asian Survey* 13，no. 1（January 1973）：102 – 112.

96. Appleton, "Taiwan Portents," p. 37. 关于"亚洲开发银行"，请见 *FRUS*, *1969 – 1976*, vol. 17: *China*, p. 115.

97. Chiang Diaries, July 20, 21 July 21, 1972, Hoover, Box, Folder. 关于"隔天"等，参考1996年5月16日，钱复在台北受访；熊丸，《熊丸先生访问纪录》（台北：中央研究院近代史研究所，口述历史丛书（69），1998）；1996年5月31日，熊丸在台北受访。

98. 1996年5月31日，熊丸在台北受访。

99. Li Zhisui（李志绥），*The Private Life of Chairman Mao* (New York: Random House, 1994), pp. 573 – 574.

100. 1995年8月29日、1996年5月16日，钱复在台北受访；1996年5月16日，张祖诒在台北受访。关于"知识分子"等，参见 Chen Guying（陈鼓应），"The Reform Movement among Intellectuals in Taiwan since 1970," *Bulletin of Concerned Asian Scholars* (July-September 1982): 35.

101. 1995、1996年间和多名蒋经国旧属的访问；1996年5月19日，蒋孝勇在台北受访；1996年5月31日，熊丸在台北受访。

102. 1996年5月31日，熊丸在台北受访。

103. 熊丸，《熊丸先生访问纪录》；同上注，关于周恩来，请见：*FEER* 82, no. 49 (December 10, 1973): 22.

104. William Burr, ed., *The Kissinger Transcripts: The Top Secret Talks with Beijing and Moscow* (New York: Free Press, 1999), pp. 114 – 115. *FEER* 84, no. 19 (May 13, 1974): 30.

105. *FEER* 87, no. 4 (January 24, 1975): 22; *FRUS* (*1969 – 1976*), vol. 17: *China*, pp. 1119 – 1120.

106. See the National Security Archive Electronic Briefing Book, no. 18, at http://www.gwu.edu/~nsarchiv/NSAEBB/NSAEBB 19/.

107. 熊丸，《熊丸先生访问纪录》；熊丸先生1996年5月31日受访。宋美龄的报告见 Laura Tysod Li, *Madame Chiang Kai-shek* (New York: Atlantic Monthly Press, 2006).

108. 我在另一本著作中描述了蒋介石咽下最后一口气前几个小时的情况，*The Generalissimo's Son* (Cambridge: Harvard University Press, 2001), p. 321. 我在1996年5月31日访问当天在现场的熊丸医生，他提供最权威的经过之叙述。可是，熊丸在访谈中漏掉一件事，当天夜里委员长心脏病发，即刻被送到荣民总医院。经国随蒋夫人之后赶到病榻之侧。关于雷电交加的反应来自 *FEER* 88, no. 16 (April 18, 1975): 20. 政府宣布蒋在晚间11时20分心脏病发，送到荣总后，于11时50分逝世，蒋夫人及经国随侍在侧。*New York Times*, April 6. 1975.

109. *New York Times*, April 6, 1975. 英文版以比较不具共产主义色彩的同僚（colleagues）取代同志（comrades）。

110. Taylor（陶涵），*Generalissimo's Son*, p. 321；同上注。

111. *New York Times*, April 12 and 14, 1975.

112. *New York Times*，April 7，April 27，1975。

113. 以下两段取材自何若然（Richard Halloran）刊登在 *New York Times*，April 17，1975. 的文章。

114. 同上注。

115. 王守稼等编，《毛泽东晚年过眼诗文录》（香港：八龙书屋，1993），pp. 17，871 – 874. 毛泽东显然没有像其他报道所书，多添两行字悼念蒋介石，参见熊向晖，《我的情报与外交生涯》（北京：中共党史出版社，1990），pp. 289 – 290；and June Chang（张戎）and Jon Halliday，*Mao*（New York：Alfred A. Knopf，2005），p. 628.

结语

1. 2008 年 7 月 16 日，宋家亲戚给作者的电子邮件。

2. Albert C. Wedemeyer Papers，a memorial tribute given at Washington National Cathedral，April 16，1975，box 1，folder 19，Hoover Institution Archives，Stanford，California. 魏德迈也许在 20 世纪 60 年代访问过台湾，我们不知道。但是他引用的像是蒋介石当时讲的话，而非 1947 年。魏德迈和蒋介石的确有通信，但是在哈佛收藏的信中没有找到引用的出处。